上海出版资金项目
Shanghai Publishing Funds

当代中国心理科学文库
总主编 杨玉芳

An Equate-to-Differentiate Way of
Decision-Making

决策心理：齐当别之道

李纾 著

华东师范大学出版社
·上海·

图 5.1 该悖论最初在中国心理学会工业心理专业委员会2010年学术会议上报告时被冠名为**落花悖论**(饶俪琳,2010)。落花悖论(Fallen flowers paradox)是指跨期决策是否能表征为期望最大化的运算过程,其中剔除选项中共同成分的创意源于2008年,作者看到人间四月天里海棠花瓣随时从树枝上飘落而产生的联想。

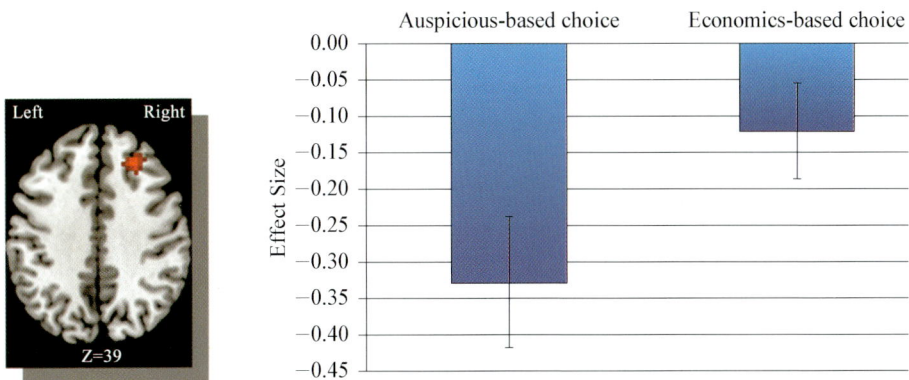

图 23.2 fMRI 实验结果

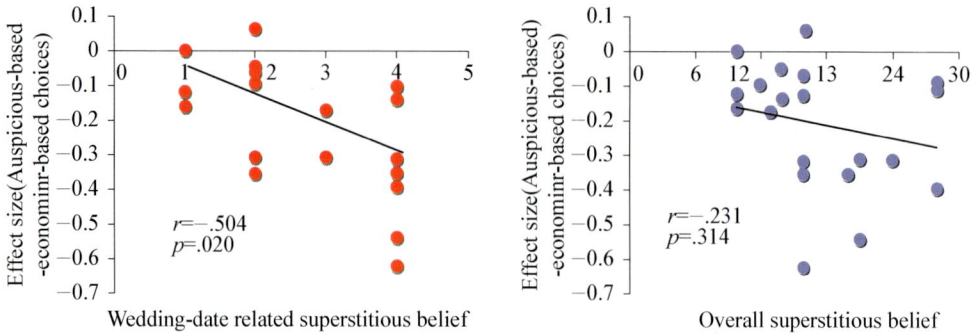

图 23.3 两种决策(经济的选择 vs. 吉祥的选择)在右侧额叶中/上回的效果量差异与迷信观念的相关

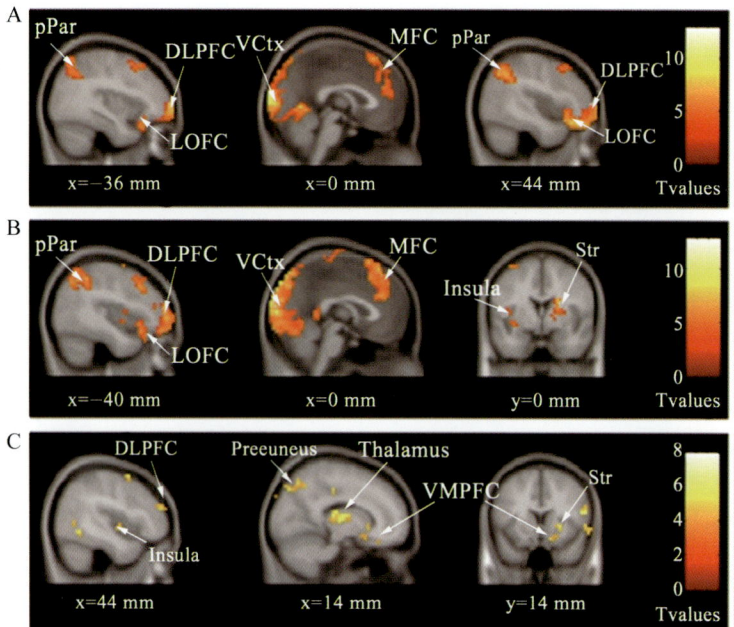

图 24.6 获得与损失条件下时间折扣的神经机制及其比较：(A)时间折扣获得时激活的脑区；(B)时间折扣损失时激活的脑区；(C)时间折扣获得与时间折扣损失的差异脑区。

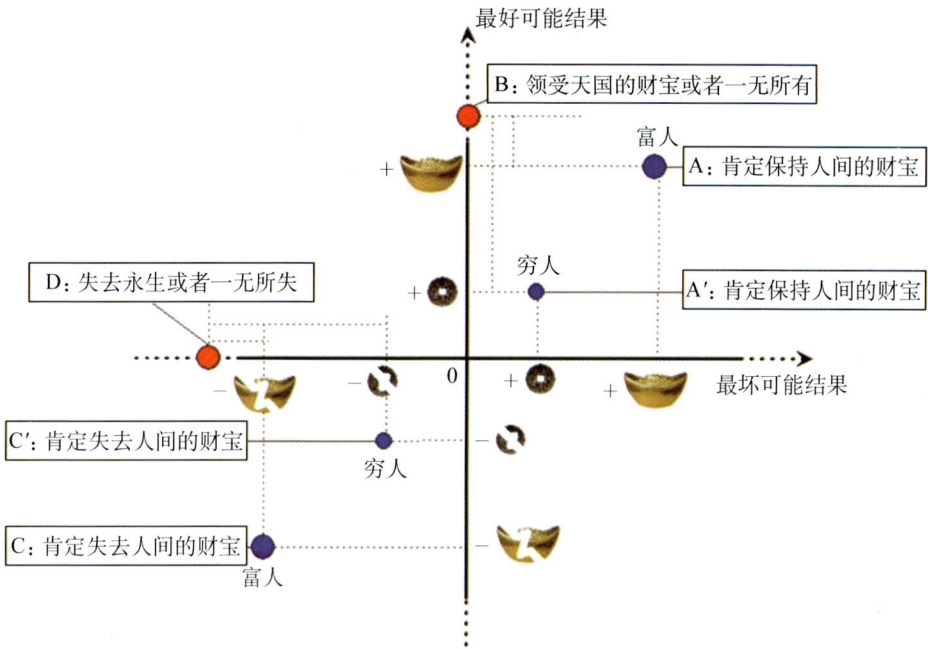

图 29.1 少年富人问题:受益框架/受损框架(李纾,饶俪琳,许洁虹,2010)

图中标注:
- 最好可能结果
- B:领受天国的财宝或者一无所有
- 富人
- A:肯定保持人间的财宝
- 穷人
- A′:肯定保持人间的财宝
- D:失去永生或者一无所失
- 最坏可能结果
- C′:肯定失去人间的财宝
- 穷人
- C:肯定失去人间的财宝
- 富人

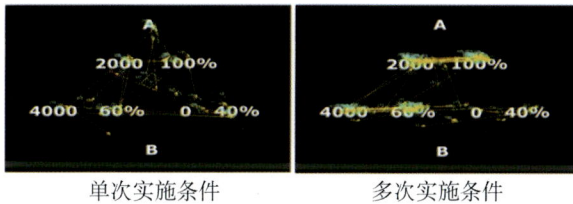

单次实施条件　　　　多次实施条件

图 30.4 被试在单次实施预案条件和多次实施预案条件中的眼动轨迹示意图(以粮食情景中的试次为例,绿圈表示注视点,黄色直线表示扫视)。从图中可以看出,在单次实施预案的条件下(左图),被试的信息搜索与加工更多地基于维度的方向进行;在多次实施预案的条件下(右图),被试的信息搜索与加工更多地基于选项的方向进行,符合补偿性规则所要求的加权求和模式。

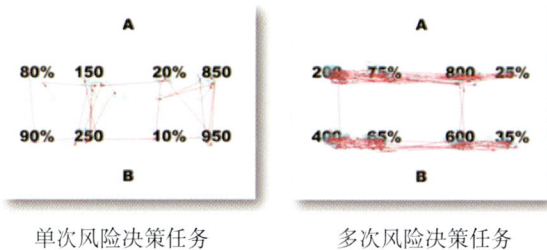

单次风险决策任务　　　　多次风险决策任务

图 30.6 被试在单次风险决策任务和多次风险决策任务中眼动轨迹示意图

图 39.3 母亲的灰发(左)与沙巴的灰云(右)

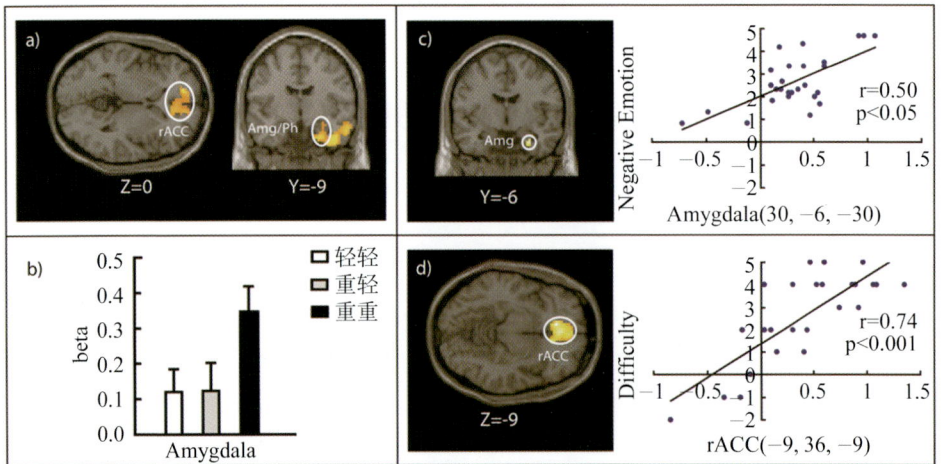

图 44.3 重—重损失决策的神经元反应:a)在重—重相对于轻—轻条件下,喙部扣带 rACC(15, 51, 0)和杏仁核/旁海马皮层 Amg/Ph(30, −9, −15)的激活。b)条形图展示了抽取解剖定义的双侧杏仁核在轻—轻、重—轻和重—重条件下的 beta values。c)在重—重相对于轻—轻条件下的杏仁核的激活是与选择的自我报告的负性情感正相关的。d)在重—重相对于轻—轻条件下的喙部扣带的激活是与自我报告的选择难度正相关的。所有散点图仅仅是为了展示的目的。每个点代表一个单一被试的数据。标注:rACC, rostral anterior cingulate cortex; Amg, amygdala; Ph, parahippocampal gyrus.

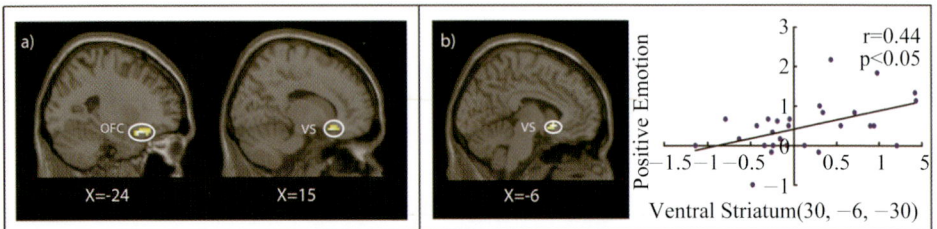

图 44.4 重—轻损失决策相关的神经元反应:a)重—轻相对于轻—轻条件显著激活的脑区包括眶额叶皮层 OFC(−24, 18, −18)和腹侧纹状体 VS(15, 24, −15);b)重—轻相对于轻—轻条件下腹侧纹状体 VS 的激活与自我报告的选择中的积极情感正相关。散点图仅仅是展示的目的。每个点的数据来自于一个单一的被试。标注:OFC,眶额叶皮层;VS,腹侧纹状体。

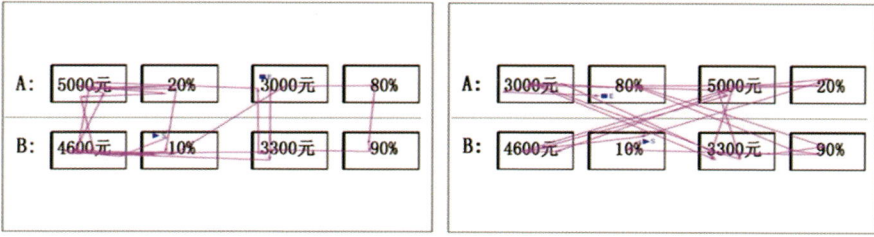

图 53.4 非交叉呈现(左图)及交叉呈现(右图)问题情景中的典型样例。箭头表示眼跳;"▶S"和"■E"分别表示眼跳轨迹的起点和终点。

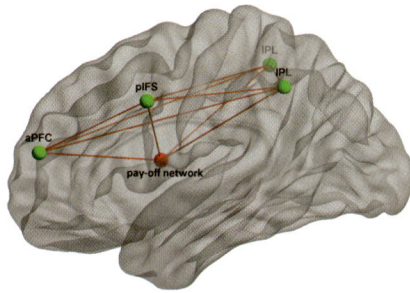

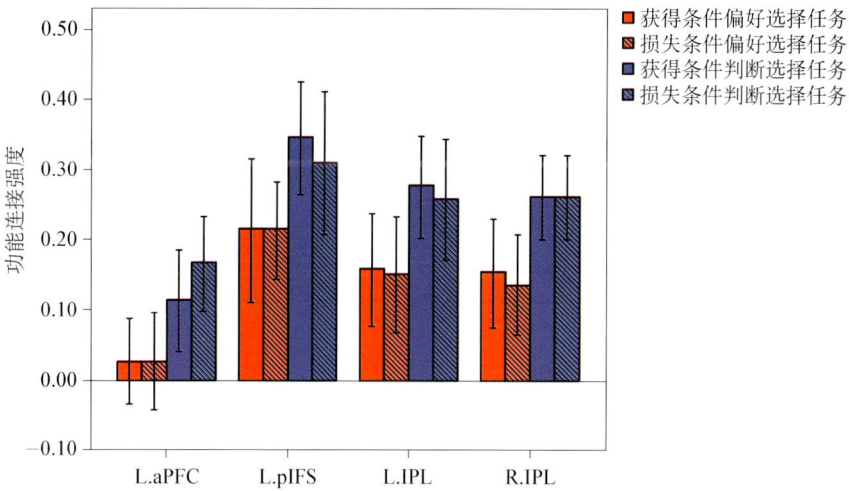

图 55.2 上图为报酬脑网络与概率脑网络示意图;下图为偏好决策和判断决策中报酬脑网络与概率脑网络间的功能连接强度比较。缩写:L. aPFC,左侧前额叶皮层;L. pIFS,左侧后部额下回;L. IPL,左侧顶下小叶;R. IPL,右侧顶下小叶;pay-off network,概率网络。

总主编序言

《当代中国心理科学文库》(下文简称《文库》)的出版,是中国心理学界的一件有重要意义的事情。

《文库》编撰工作的启动,是由多方面因素促成的。应《中国科学院院刊》之邀,中国心理学会组织国内部分优秀专家,编撰了"心理学学科体系与方法论"专辑(2012)。专辑发表之后,受到学界同仁的高度认可,特别是青年学者和研究生的热烈欢迎。部分作者在欣喜之余,提出应以此为契机,编撰一套反映心理学学科前沿与应用成果的书系。华东师范大学出版社教育心理分社彭呈军社长闻讯,当即表示愿意负责这套书系的出版,建议将书系定名为"当代中国心理科学文库",邀请我作为《文库》的总主编。

中国心理学在近几十年获得快速发展。至今我国已经拥有三百多个心理学研究和教学机构,遍布全国各省市。研究内容几乎涵盖了心理学所有传统和新兴分支领域。在某些基础研究领域,已经达到或者接近国际领先水平;心理学应用研究也越来越彰显其在社会生活各个领域中的重要作用。学科建设和人才培养也都取得很大成就,出版发行了多套应用和基础心理学教材系列。尽管如此,中国心理学在整体上与国际水平还有相当的距离,它的发展依然任重道远。在这样的背景下,组织学界力量,编撰和出版一套心理科学系列丛书,反映中国心理学学科发展的概貌,是可能的,也是必要的。

要完成这项宏大的工作,中国心理学会的支持和学界各领域优秀学者的参与,是极为重要的前提和条件。为此,成立了《文库》编委会,其职责是在写作质量和关键节点上把关,对编撰过程进行督导。编委会首先确定了编撰工作的指导思想:《文库》应有别于普通教科书系列,着重反映当代心理科学的学科体系、方法论和发展趋势;反映近年来心理学基础研究领域的国际前沿和进展,以及应用研究领域的重要成果;反映和集成中国学者在不同领域所作的贡献。其目标是引领中国心理科学的发展,推动学科建设,促进人才培养;展示心理学在现代科学系统中的重要地位,及其在我国社会建设和经济发展中不可或缺的作用;为心理科学在中国的发展争取更好的社会文化环境和支撑条件。

根据这些考虑,确定书目的遴选原则是,尽可能涵盖当代心理科学的重要分支领域,特别是那些有重要科学价值的理论学派和前沿问题,以及富有成果的应用领域。作者应当是在科研和教学一线工作,在相关领域具有深厚学术造诣,学识广博、治学严谨的科研工作者和教师。以这样的标准选择书目和作者,我们的邀请获得多数学者的积极响应。当然也有个别重要领域,虽有学者已具备比较深厚的研究积累,但由于种种原因,他们未能参与《文库》的编撰工作。可以说这是一种缺憾。

编委会对编撰工作的学术水准提出了明确要求:首先是主题突出、特色鲜明,要求在写作计划确定之前,对已有的相关著作进行查询和阅读,比较其优缺点;在总体结构上体现系统规划和原创性思考。第二是系统性与前沿性,涵盖相关领域主要方面,包括重要理论和实验事实,强调资料的系统性和权威性;在把握核心问题和主要发展脉络的基础上,突出反映最新进展,指出前沿问题和发展趋势。第三是理论与方法学,在阐述理论的同时,介绍主要研究方法和实验范式,使理论与方法紧密结合、相得益彰。

编委会对于撰写风格没有作统一要求。这给了作者们自由选择和充分利用已有资源的空间。有的作者以专著形式,对自己多年的研究成果进行梳理和总结,系统阐述自己的理论创见,在自己的学术道路上立下了一个新的里程碑。有的作者则着重介绍和阐述某一新兴研究领域的重要概念、重要发现和理论体系,同时嵌入自己的一些独到贡献,犹如在读者面前展示了一条新的地平线。还有的作者组织了壮观的撰写队伍,围绕本领域的重要理论和实践问题,以手册(handbook)的形式组织编撰工作。这种全景式介绍,使其最终成为一部"鸿篇大作",成为本领域相关知识的完整信息来源,具有重要参考价值。尽管风格不一,但这些著作在总体上都体现了《文库》编撰的指导思想和要求。

在《文库》的编撰过程中,实行了"编撰工作会议"制度。会议有编委会成员、作者和出版社责任编辑出席,每半年召开一次。由作者报告著作的写作进度,提出在编撰中遇到的问题和困惑等,编委和其他作者会坦诚地给出评论和建议。会议中那些热烈讨论和激烈辩论的生动场面,那种既严谨又活泼的氛围,至今令人难以忘怀。编撰工作会议对保证著作的学术水准和工作进度起到了不可估量的作用。它同时又是一个学术论坛,使每一位与会者获益匪浅。可以说,《文库》的每一部著作,都在不同程度上凝结了集体的智慧和贡献。

《文库》的出版工作得到华东师范大学出版社的领导和编辑的极大支持。王焰社长曾亲临中国科学院心理研究所,表达对书系出版工作的关注。出版社决定将本《文库》作为今后几年的重点图书,争取得到国家和上海市级的支持;投入优秀编辑团队,将本文库做成中国心理学发展史上的一个里程碑。彭呈军社长是责任编辑。他活跃机敏、富有经验,与作者保持良好的沟通和互动,从编辑技术角度进行指导和把关,帮助作者少走弯路。

在作者、编委和出版社责任编辑的共同努力下,《文库》已初见成果。从今年初开始,有一批作者陆续向出版社提交书稿。《文库》已逐步进入出版程序,相信不久将会在读者面前"集体亮相"。希望它能得到学界和社会的积极评价,并能经受时间的考验,在中国心理学学科发展进程中产生深刻而久远的影响。

杨玉芳

2015 年 10 月 8 日

目 录

第二篇　智慧决策——在经过改造的表征空间里做决策

第三篇　理解并改进决策(上)——折射在文化遗产上的齐当别之道

第四篇　理解并改进决策(中)——生存的决策法则

第五篇　理解并改进决策(下)——决策的跨文化差异

第六篇　选择与情绪

第七篇　权变的研究方法

第八篇　超越实证（What is beyond）

序　聚万念于一念的决策法则：齐当别之道
——为李纾的新书作序

这是一本关于人类决策的著作。人类作为有别于其他物种的灵长类生物，最为显著的特征就是其做选择、判断和决策的能力，以及在做选择、判断和决策的过程中所具有的理性思考和感性知觉。人类可以在确定情形下做出使个人和整体利益或效用最大化的选择(确定性决策)，也可以在具有风险的情况下推断风险发生的可能性和结果的好坏(风险决策)。人类可以在当前推知未来发生事件可能带来的后果大小(跨期决策)，也可以判断由于空间的转移可能对结果产生的影响(空间决策)。理性常常表现在人类能够为了整体的利益牺牲一点个人利益，为了未来的利益放弃一点眼前的利益；而感性的表现则是如此理性行为的出现常常并不稳定。

自从诺贝尔奖得主司马贺先生(Herbert Simon)提出人类决策的满意原则(satisficing principle)之后，卡尔曼(Daniel Kahneman)和图孚斯基(Amos Tversky)先生又发现了众多人类决策中的感性表现。他们以决策的理性模型(利益或效用最大化原则)作为对照基础，将人类决策中出现的不符合理性的判断和选择方式一一挖掘出来，从而勾画出了一幅人类究竟是凭着什么启发式原则或者直觉(heuristics)做决策的细腻图像，为研究人类的实际决策行为做出了巨大贡献。他们也因此分别获得了诺贝尔奖和格劳梅耶心理学奖。

而现在放在我眼前的这本书，是李纾先生站在巨人的肩膀上，进一步追究卡尔曼和图孚斯基发现的现象，不仅对这些现象发生的边界条件(boundary condition)加以更精确的界定，而且对这些现象背后的原因进行更深入追溯的结果。比如，就基于"亚洲疾病"发现的著名框架效应(framing effect)，作者进行了进一步剖析。他发现如果(1)改变实际可以救活的人数以及相应的概率，或者(2)用图形代替语言来陈述问题，或者(3)变化达到终极得失状态的程式数量，都可能避免卡尔曼和图孚斯基发现的框架效应；而且因此原先用来解释框架效应的预期理论(prospect theory)也会失效。如此从多个角度挑战框架效应和预期理论,在目前的决策研究领域恐怕还无第二人。这本原创著作,每读完一节,就会让人产生一点豁然开朗的感觉,这样一节一节读下去,到最后就有醍醐灌顶的效果。

这是一本用推理和理性研究人类决策行为过程中不符合理性、不符合"规则"的书。而那些不符合理性又不符合规则的决策行为,通过作者敏锐的观察、大胆的假设和小心的求证,却又存在着相当一致的规律性,那就是齐当别决策法则。齐当别决策法则指的是一种"决策表征系统,认为决策者在诸多决策中趋于采用单一策略,……即,对于二择一决策问题,决策者会'齐同'掉选项在某一维度的差别,并以另一维度的差别作为最终决策依据,即选择在另一维度上效用更大的选项"(p. 18)。本书以此齐当别决策法则作为一条红线,串起四大决策领域(确定性决策、风险性决策、跨期决策、空间决策)中存在的多种与现有决策理论预测不相符合的异象(Anomaly),然后将它们之间的共性一一展现出来,表现出齐当别决策法则强大的解释力。

这是一本厚重却又轻松的书。厚重的物理表现是全书超过 600 页,印刷出来够厚够重;厚重的实质表现是内容既全面又细致,从人如何做聪明决策,到做智慧决策,再到理解并改进决策,一直到变换不同的研究方法并寻找决策理论与社会制度实践的关系,作者从现实生活和个人体验中寻找养分,研究既简单又复杂的各种决策情境,用齐当别决策法则来解释各种有趣的现象。说本书轻松,则是因为作者能够把复杂的问题用简单直白的语言表达出来,而且还常常用妙趣横生的字眼来描述或解释某些现象。看一看某些小节的题目,相信你就希望马上翻开书读起来。比如"亲情:父子冷战;友情:同伴拒斥;爱情:第三性(女博士)",再比如"以一念代万念;不自由,毋宁死;澳门赌场箴言析;财主进天国——难!"等等。所以,看似厚重的书读起来却轻松有趣,而且能让我们对平时熟视无睹的现象从全新的角度进行观察和思考。

这是一本作者积毕生的思考、研究、实证而写就的书。它凝聚了李纾先生二十多年来对人类决策的探索、灵感、创意、心血和智慧。我和李纾相识已经有三十年(说起来真不敢相信!)。我们曾经都是杭州大学(现浙江大学)心理系的硕士研究生,不过他在人机工效学领域,而我在管理心理学领域,所以当时并不知道他对决策科学的热爱。毕业之后我们各奔东西,他去了澳大利亚,我去了美国。直到我博士毕业去了香港科技大学工作之后才了解到李纾在《组织行为和人类决策过程》(OBHDP)期刊上发表了论文。因为我自己的硕士论文和博士论文都发表在 OBHDP 上,因此产生了惺惺相惜的感觉。1997 年全球社会困境研究双年会(International Social Dilemma Conference)在澳大利亚举行,我们得以在悉尼重逢。记得那次在 Coogee 海滩散步的时候,我们自然地谈到了可以合作的研究课题,于是就有了我们后来联合在《国际商学》(JIBS)期刊上发表的论文,对中国人和澳大利亚人在与同胞和非同胞做生意时竞争行为的异同有了全新的发现和解释。

收到李纾的邀请为此书作序,我感到莫大的荣幸。这本书内容丰富,文字简练老到,既有清晰的科学逻辑,又含深刻的哲学理念。而且当你细读作者设计的每一个实验情景时,又会发现其无所不在的机智幽默,以及对中西文化的到位解读。这是一本让人耳目一新的学术著作,不仅能让学者体会到学术的奥妙和趣味,而且能让社会实践者和企业管理者学习到无数可以巧妙运用的决策心理学原理,比如"吃亏是福",比如"难得糊涂",从而使自己的工作和生活更加妙趣横生,精神和心灵更加充实幸福。

——陈晓萍

华盛顿大学福斯特商学院 Philip M. Condit 讲席教授

《组织行为与人类决策过程》主编

2015 年 9 月于美国西雅图

英文序

I do not read Chinese, so I have not read this book. However, on the basis of earlier papers on the same topic, I find this to be an interesting theory that can account for a large number of results. Like the best of other theories of its type, including Prospect Theory, it is probably wrong in its account of some phenomena, while at the same time calling attention to important and neglected properties of human judgments and decisions. In particular, it calls attention to our tendency to reduce decisions to "dominance structures", in which real conflicts and trade-offs seem to disappear.

—Jonathan Baron

Jonathan Baron is Professor of Psychology at the University of Pennsylvania. He is the author of *Thinking and Deciding* (Chinese translation of 4th edition). He is editor of the journal *Judgment and Decision Making* and past president of the Society for Judgment and Decision Making (2007).

德文序

Dieses lesenswerte Buch handelt von dem "equate-to-differentiate"-Prinzip bei Entscheidungen unter Risiko. Dabei handelt es sich eher um eine Heuristik als um ein so genanntes rationales Modell. Da Menschen oft Heuristiken verwenden und ich diese in meiner Forschung untersuche, schätze ich die Beiträge von Dr. Li sehr. Dieses Buch ist in chinesischer Sprache geschrieben und so kann ich den Inhalt nicht vollständig bewerten. Ich weiß jedoch, dass Dr. Li ein exzellenter und produktiver Forscher ist, und hoffe, dass die Kapitel chinesischen Forschern und Studenten dabei helfen, menschliches Entscheiden zu verstehen. Das Buch beschäftigt sich im Wesentlichen mit Situationen, in denen alle Wahrscheinlichkeiten und Konsequenzen bekannt sind. Ich persönlich möchte Forscher und Studenten dazu ermutigen, sich auch mit Entscheidungen unter Unsicherheit zu befassen, also mit Situationen, in denen Wahrscheinlichkeiten nur schwer oder gar nicht abschätzbar und nicht alle Konsequenzen im Voraus bekannt sind. Vielleicht werden wir von dieser Forschung mehr im nächsten Buch von Dr. Li lesen.

—Gerd Gigerenzer

Gerd Gigerenzer is Director at the Max Planck Institute for Human Development and Director of the Harding Center for Risk Literacy in Berlin. His academic books include *Simply Rational*, *Simple Heuristics That Make Us Smart* and *Bounded Rationality: The Adaptive Toolbox* (with Reinhard Selten, a Nobel Laureate in economics). He is the President of Herbert Simon Society (2015 -).

意大利文序

Conosco Shu e i suoi lavori da diversi anni. Da quando, assieme, abbiamo supervisionato un brillante studente dell'Accademia delle Scienze Cinese (il primo accordo di co-tutela di tesi di Dottorato siglato dall'università degli studi di Trento con un partner Cinese in ambito psicologico).

Shu ha studiato i vari fenomeni del giudizio e della scelta ancorandosi alla classica nozione di rappresentazione mentale. Modernità e classicità sono gli ingredienti della monumentale opera di Shu che consentiranno al lettore di lingua Cinese di avvicinarsi con ottica nuova ai temi fondamentali della psicologia del giudizio e della decisione.

—Nicolao Bonini

Nicolao Bonini is professor of Cognitive Psychology at the University of Trento where he teaches "Psychology of consumer choice and economic decisions". He is past President of the European Association of Decision Making.

自序　生逢其时研究行为决策

　　17 岁离家上山下乡，到福建省与江西省交界的泰宁插队落户。一炎炎夏日，只身钻进原始森林砍柴。头上顶的是茂密的树木和寄生林，一缕阳光也渗不进，脚下踩的是淤积腐烂的树枝叶，散发着霉变的气息。在这与外部隔绝的世界，一切无声无息，生命在此默默繁衍：一只颜色斑斓、不知是何变种的硕大蜻蜓，一朵随便就长出的、传说中的灵芝。注视这些绚烂的生命，我突然间怕了：周遭再生意盎然也只被一个叫做"李纾"的人无意间照过一次面。这种令我脊背发凉的恐慌之意，不可言状。多年后看叶子奇的《草木子》，方读到能表达此意之语："幽忧于狱，恐一旦身先朝露，与草木同腐，实切悲之。"从那一时刻起，我对自己说，我无法听领袖的话，在这里"扎根农村一辈子"。也因为有那一瞬间刻骨的怕，萌发了要在这世上留下"走一遭"印记的想法。

　　于是，我搬离知青队喧闹的集体宿舍，借宿在村尾一废弃的孤零小木厝，伴着装满谷物的棺材，夜深收听《美国之音》的"英语 900 句"广播。后来，我作为"文革"后恢复高考的 77 级考生，考回家乡的福州大学机械系铸造专业。但大学时代的我仍懵懵懂懂不知"印记"何物方能不负少年头。大二时，福建师大中文系的泰宁知青温八一对我讲了"弗洛伊德"的梦，启蒙我心理学的内容可以那样无拘无束；大四时，蹭了福建华南女子学院名誉院长、卡特尔 16PF 中文版修订者刘永和(Phyllis Yung-Hou Liu)博士的一场"行为主义"讲座，我明白了心理学的研究方法又是那样严谨可操作。心理学在我心目中注定要取代枯燥的机械制造，但那时仍没有遇到能令我着迷的偏好问题。

　　直到 1982 年的一天，我翻开父亲订阅的中国科学技术情报研究所重庆分所编译的《科学》(*Scientific American* 中文版)杂志，这年第 5 期刊登了一篇名为《偏好的心

理学》(*The psychology of preferences*)的文章,其中决策心理学的先驱 Kahneman 和 Tversky 介绍了他们一系列"反直觉"的研究成果。

如李德明翻译的中文摘要所说:"当人们作抉择时,他们总是不那么客观。实验性调查表明这类与客观性的背离往往遵循可用数学描述的规律性模式。"

至此,我认定了研究行为决策是今世在人间"走一遭"留下的印记。认准目标,内心欢喜。随即利用业余时间开始了我的偏好研究。到了该为自己的"坊间"研究找个"名正言顺"的平台的时候,偶读了1981年刊登在《十月》第4期的长篇小说《沉重的翅膀》,女作家张洁极力推崇"行为科学",在她编的故事中说道:

> H 大学的陈校长,是中国工业心理学专家。这个学校明年要开工业心理学专业。这位校长七十多岁了,亲自出马,带着教师和研究生,到工厂做调查研究。工业心理学是很重要的一个学科。前些年,心理学打倒了,现在逐步恢复。师范大学是搞教育心理学的,只有 H 大学是真正搞工业心理学的,这是我们国内唯一的一条根。陈校长是英国留学学工业心理学的……(p. 105)

后在翻阅1983年全国研究生招生目录时,联想到小说中所提及的 H 大学即是杭州大学,留学英国的"陈校长",即是因素分析之父英国心理学家斯皮尔曼(C. E. Spearman)的弟子——陈立教授。猜中了张洁布下的字谜,心中窃喜。当年全国仅有4所大学设有心理学系(北京大学、北京师范大学、华东师范大学、杭州大学),在这4个备选项中我选择了考杭州大学工业心理学。闷头连续考研3年,屡败屡战,终在1985年戴上了"桔红色的校徽",可以不必藏着掖着做自己喜欢的研究。

何谓决策? 有个非常形象的比喻:一个人驻足于岔路口,然后选择一条路线,其目的是达到渴望的目标,或者避免不愉快的结果,这就是决策,这也是我多年求学所经历过的。今天的人类已经历了几十万年的进化历程,在这一过程中,人类之所以能成功地完成觅食、保障安全、选择配偶、保护后代等"生存任务",以至主宰地球,正是因为我们通过自然选择的过程,拥有了一种独特的技能——做出好的决策。然而,行为决策是一门很年轻的科学。

von Winterfeldt 和 Edwards 在《决策分析与行为研究》(*Decision Analysis and Behavioral Research*)一书的前言中提出:"和决策分析一样,行为决策理论的开端是1947年 von Neumann 和 Morgenstern 所著《博弈论与经济行为》(*Theory of Games and Economic Behavior*)一书第二版的出版。"《组织行为与人类决策过程》(*Organizational Behavior and Human Decision Processes*)期刊前主编 Naylor 说:"任何科学研究领域都有其历史意义上的基准。在'决策与判断'领域,其基准便是 Ward

Edwards 于 1954 年发表在《心理学公报》(*Psychological Bulletin*)上的文章——《决策理论》(*The Theory of Decision Making*)。"该文章既介绍了经济学领域在决策理论上的一些重要文献,又总结了自 von Neumann 和 Morgenster 的《博弈论与经济行为》一书问世以来,心理学在风险决策领域中的研究成果。这篇综述及 Thrall 等人编著的《决策过程》(*Decision Processes*)标志着行为决策已经成为心理学研究中的一个重要主题,并促进了随后行为决策理论(Behavioral Decision Theory)的发展。Ward Edwards 对行为决策的学科形成与理论发展做出了巨大贡献,被后人誉为"决策理论之父"(Father of Behavioral Decision Theory)。为纪念 Ward Edwards 开办并主持"贝叶斯定理研究会"(Bayesian Research Conference)41 年,从第 44 届以来,该会易名为"爱德华贝叶斯定理研究会"(Edwards Bayesian Research Conference)。

《思维与决策》一书的作者 Jonathan Baron 应我邀请为中文版写序时说:

> 判断和决策领域在全球的发展参差不齐。本领域的中心在以色列,那里聚集着一大批执着于理性地探索经济行为和决策判断的学者。判断和决策领域的研究是英语国家心理学的一部分,现在它也成为了德语国家学术文化中的一部分,且正渐渐地走入西班牙学术界和日本学术界。

行为决策科学引入中国始于 1983 年春,诺贝尔奖获得者 Herbert Simon(司马贺)到中国科学院心理研究所进行科研合作(图1),其间在北京大学系统地讲授了认

图1 诺贝尔经济学奖获得者 Herbert Simon 1983 年访问中国科学院心理研究所。左起:潘菽(中国科学院学部委员)、Herbert Simon、陈立(伦敦大学博士)、荆其诚(辅仁大学硕士,荆先生为 Simon 取名为司马贺)、徐联仓(苏联教育科学院心理研究所副博士)。

知心理学,其中包括满意原则、启发式搜索等行为决策问题。随后,Simon 将讲课内容整理为《人类的认知——思维的信息加工理论》(1986)一书,并将其出版。该书当是中国行为决策领域的启蒙之书。

自此以后,行为决策研究开始在中国的土地上生根发芽。杭州大学(现浙江大学)心理学系于 1985 年招收了 9 名工业心理学专业的硕士生,其中 3 名毕业生将自己的研究锚定在**行为决策**。谢晓非于 1999 年在北京大学首次开设"风险认知与决策"课程,2001 年首次开设"决策行为"课程;李纾于 2005 年在中国科学院心理研究所首次以"行为决策"为方向招收研究生;陈晓萍于 2010 年成为行为决策的学术旗舰期刊《组织行为与人类决策过程》的首位华裔主编。2004 年,第 28 届国际心理学大会在北京召开,诺贝尔奖得主 Kahneman 教授作了题为"认知错觉的前景"主题演讲,极大鼓舞了国内为数不多的决策研究者。2014 年 7 月,由李纾担任主任,谢晓非、张志学、刘永芳、何贵兵、李爱梅任副主任的中国心理学会决策心理学专业委员会(Committee of Psychology in Decision Making)正式成立,并在北京举办第二届"决策与脑研究国际研讨会暨第一届全国决策心理学学术年会"。

如今,决策与判断已不再是一个新生学科。在五十余年的发展中,行为决策研究积累了丰富的研究成果,并且相继催生了行为经济学(behavioral economics)、神经经济学(neuroeconomics)、行为博弈论(behavioral game theory)、行为金融学(behavioral finance)、行为法学(behavioral law)等相关新兴学科,对心理学、经济学、法律、医学、政治学、人工智能、认知科学、会计学、金融学和管理学(如市场营销、组织行为等)等应用领域更产生了重要和深远的影响。行为决策研究之所以能以如此快的速度对其他学科产生深刻而广泛的影响,是因为该领域研究的前沿问题,往往也是社会关注的热点问题,这亦是行为决策研究的吸引人之处。2003 年,在美国广受欢迎的心理学期刊——《普通心理学评论》(第 6 卷第 2 期)所评选的 20 世纪 100 名最著名的心理学家中,本领域的研究者 Simon 和 Tversky 分列第 37 和第 94 名。

能在对的时间,相遇对的人研究行为决策,我很知足、感恩。在漫漫道路上下求索时,Tversky 睿智的思想,吸引我上路,在漫长的不眠之夜,琢磨他提出的各种决策悖论和异象,并催生了一简洁的"齐当别"决策理论,以不变应万变,助人做出多、快、省的决策;在完成博士论文及入行初期,得到决策理论之父 Ward Edwards 和决策大家 Lola Lopes 的首肯和亲荐;现又能召集北大、北师大、南开、华东师大、浙大、厦大等名校毕业生一起做研究。今世得此机缘,如是幸运,夫复何求。

起草于 2014 年 4 月 12 日北京懿品阁

附件:决策理论之父 Ward Edwards 手书签名的推荐信:

1542 Plateau Avenue
Los Altos, CA 94024-5320
415-948-8847

June 2, 1994

To Whom it May Concern:

Dr. Shu Li has asked me to write a letter of reference about him; this is it.

I haven't met Dr. Li. I know about him mainly from reading his PhD thesis and advising the University of New South Wales that I thought it was an excellent one, fully worthy of the PhD. Quotes from my review sent to the University authorities follow:

"First, let me get the formalities out of the way. This thesis is devoted to experiments that collectively have the goal of explaining virtually all of the phenomena that are collectively called the cognitive illusions in terms of what Mr. Li calls equate-to-differentiate theory, a new theory developed by Li. The fundamental theoretical idea is that, when stimuli among which choices are to be made differ in more than one way, the decision maker (hereafter DM) treats as equal (or, if not equal, then only trivially different) all differences not on the "most important" dimension, and bases decision on that dimension alone. Since one cannot be sure a priori which dimension will appear to be most important to a subject, one must ask. Importance is a function both of salience of the dimension and of spread on it.

"The dissertation contains some 43 reports of experiments; most reports are less than a page long. In general, the behavior of the majority of subjects is taken as the basis for reaching general conclusions about what human beings do. This widely used methodology places this study exactly in the mainstream of cognitive illusions work. However, its conclusions are markedly different from those, for example, of prospect theory--perhaps the only competitor this model has in its claimed generality.

"The research is original; some of the specific experiments are quite clever. For my own opinion of the significance of the work, see below; however, it is entirely clear that Li will be a force to reckon with among the cognitive illusions researchers.

"The thesis is extremely well-written; the fact that English is Mr. Li's second language has not prevented him from telling his story clearly and well. Li is obviously a master of the cognitive illusions literature. His review is as cogent as any I have seen written from a distance. Because he has not had easy access to unpublished materials and unwritten information about current research, he is well behind the frontier of what is going on in behavioral decision theory and decision analysis--but that is inevitable, given his location. He'll catch up very quickly as his work gets known and people send him as-yet-unpublished

-2-

materials to read.

"His method, as I commented above, is a standard one in this literature. I happen to dislike it intensely--but it has impeccable credentials. Similar comments apply to his data analysis.

"His thesis is of thesis length, i. e. far longer than a journal article, and therefore far too long. But its bibliography shows that he is already in process of publishing it in bits and pieces as a set of journal articles. I wish he had written it that way in the first place--but I am in the minority on this topic. He should without delay get as many journal publications out of it as he can.

"He should certainly be awarded the degree of PhD. If some kind of a dissertation prize is available, he should be nominated for it."

For Dr. Li to have done a PhD thesis of this quality under the difficult financial and other personal circumstances he had to deal with is, I think, remarkable. As I said in my review of his thesis, if he has an opportunity to interact with Western researchers in cognitive psychology and behavioral decision theory, I think he will go far, by the research-oriented standards of major Western universities. I am not in a position to say anything about his teaching ability; I can only reiterate that I found his review of the cognitive illusions literature excellent.

I understand that Dr. Li is seeking an academic position. I hope he finds one. My best guess is that any University in China or in any of the Pacific Rim countries that hired him would come in later years to feel that he was a wise choice and an effective faculty member. Given his interests and topic, he should fit in well in any of four possible academic settings: a Department of Psychology, a decision-science-oriented Department (for example, a Department of Decision Sciences) in a Business School, a decision-science-oriented Department of Industrial or Systems Engineering (or perhaps Operations Research) in an Engineering School, or a specialized Research Institute.

Sincerely,

Ward Edwards
Professor of Psychology and of
Industrial and Systems Engineering
University of Southern California
Visiting Professor of Decision
Analysis, Stanford University

Ward Edwards

DEPARTMENT OF ENGINEERING-ECONOMIC SYSTEMS
TERMAN ENGINEERING CENTER
STANFORD UNIVERSITY
STANFORD, CALIFORNIA 94305-4025

Air Mail

Dr. Shu Li
School of Psychology
University of New South Wales
PO Box 1
Kensington
New South Wales 2033
Australia

引言：准确了解人类决策

人类并非是独特的物种，人类与黑猩猩基因的共同性高达 98% 以上，而所剩不到 2% 的差异甚至比不上同一种蝴蝶不同翅膀之间的基因差异（Diamond，1991）。为何人类能成为主宰并改变地球的不二物种？人类做了什么样的决策使之在进化过程中胜出，一直是科学家非常关心的未解之谜。

"人类如何进行决策"是近几十年来经济学、行为科学、心理学和神经科学等学科极为关注的重大科学问题。我们无时无刻不进行着决策，小至选择转基因食品、接种疫苗，大至选择医疗保险、养老计划。这些决策都无一例外地影响着我们个人和社会的未来（李纾，梁竹苑，孙彦，2012）。亚马逊创始人 Jeff Bezos 在普林斯顿大学 2010 年毕业典礼上的讲话中曾归结出："聪明是一种天赋，而善良是一种选择，而选择比天赋更重要，是选择塑造了我们的人生。"据美国科学院（Research Briefing，1986）报告[①]：**"没有哪一项基础科学的研究目标能比'了解人类如何思维、解决问题、做出决定，如何改进我们解决问题和制定政策的能力'这一研究目标更有前景、更为重要。"**美国国家科学基金会（National Science Foundation，NSF）于 2006 年发布《投资美国未来：2006—2011 战略规划报告》（National Science Foundation Investing in America's Future：Strategic Plan FY 2006—2011），报告中将决策科学（decision science）作为与因特网（internet）、新型材料（advanced materials）、教育和制造业（manufacturing）等并列的 11 个重点发展方向之一。美国国立卫生研究院（NIH）于 2011 年发布的"**跨越毕生的决策**"（Decision Making Across the Life Span）研究计划，鼓励研究者进行能够促进我们对跨越毕生的决策所涉及的认知的、情感的、动机的和社会的过程理解的研究项目。**决策（decision making）**是美国心理协会（APA）列出的 21 个对社会有重大影

---

① A report from the National Academy of Science（Research Briefing，1986）stated that "There are no more promising or important targets for basic scientific research than understanding how human minds, with or without the help of computers, solve problems and make decisions, and improving our problem-solving and decision making capabilities."（p. 19）.

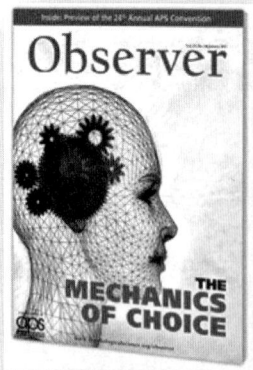

响的心理学研究领域(research in action)之一①。迄今已有三位研究决策的认知和行为的心理学家和行为经济学家获得了诺贝尔经济学奖,他们是Herbert Simon(司马贺,中科院外籍院士)(1978)、Maurice Allais(1988)和Daniel Kahneman(2002)。其中,心理学界历史上仅有的两位诺贝尔经济学奖得主Herbert Simon和Daniel Kahneman,均出自决策领域。2012新年伊始,心理科学协会(APS)期刊《观察家》(*Observer*)刊登了首篇封面文章《**选择的机制**》(*The Mechanics of Choice*),着重指出:"在当今世界,各学派的心理学家都明确地赋予'**理解并改进决策**'这类研究愈来愈大的优先权。"(Wargo, 2012)

有两类决策对人类生存和繁衍至关重要:一是风险决策,二是跨期决策。

风险决策是人类赖以生存和发展的重大决策。美国国家科学基金会(NSF)常年鼓励"**决策、风险和管理科学项目**"(Decision, Risk and Management Sciences Program)的申请,旨在增进对个体、群体、组织和社会决策的理解和提高决策的有效性。人类生活在一个充满着不确定的世界里。所有生物,从筑巢的蜜蜂到建筑的工程师,都必须对未来进行预测,以便决定下一步的行动。风险决策指决策者在对未来情况不完全确定、但是确知各种决策后果以及各种后果出现概率情况下的决策。面对变化、不确定的世界,人们如何应对并做出决策? 即便在科技日益发达的今天,我们仍然不知道孕育我们生命的地球会在何时、何地发生地震;我们仍然不知道如何治疗夺命的癌症、艾滋病。更为严峻的考验是,环境的加速变化对人类适应能力提出更高的要求。一个人在短暂的生命周期里就需要面对人类历史从未经历过的不确定,如不断出现的新疾病(如SARS、甲型H1N1流感)、全球加速变暖可能造成的严重的生态和社会经济后果。不管从个体层面还是群体层面,人类要生存下去,必须适应这个充满未知和不确定性的世界(李纾,2009)。心理学家Daniel Kahneman于2002年获得诺贝尔经济学奖,就是因为是他"把心理学的,特别是关于不确定条件下人的判断和决策的研究思想,结合到了经济学中"。2009年5月14日,《自然》杂志刊登社论——《为未知做好准备》(*Bracing for the unknown*),呼吁科学界要充分应对未来不确定性的挑战。

风险决策亦是孕育现代决策理论的发源领域。最早关于理性风险决策的研究源

---

① 详细说明可见:http://www.apa.org/research/action/index.aspx.

于 1654 年夏天两位法国数学家 Pascal 和 Fermat 以通信的形式对赌博问题进行的讨论。他们的通信导致了数学期望(mathematical expectation)概念的诞生,也因此产生了经典的期望价值理论(expected value theory)。这一概念作为规范性决策模型的基础和核心在经济学和心理学理论中都扮演着重要的角色(von Neumann & Morgenstern, 1947)。然而,如何进行风险决策仍是人类不断认识和改造世界过程中遇到的未解之谜。主流风险理论认为,风险决策是一个补偿性的、期望值最大化的过程;而非主流的风险理论则认为,风险决策是非补偿性的,并不遵循期望法则所假设的加权求和等过程。这一谜团为何一直没有得以破解,或许是因为我们未找到能揭示其心理过程的令人信服的证据。因此,在很长的一段时间里,该领域的重要的研究问题会是:风险决策的基本规则是什么? 是基于期望法则做出的吗? 概率、奖赏在决策过程中扮演什么角色? 如何综合考察个体、社会和环境的因素对人类风险决策的影响,从而解释人类决策的复杂性?

跨期决策指的是人们对发生在不同时间的结果做出判断或选择(Frederick, Loewenstein, & O'Donoghue, 2002)。苏格兰经济学家 John Rae(1834)首次提出了跨期决策的社会行为和心理行为问题,认为跨期决策会影响一个国家的**经济发展**和**财富积累**。从进化论的角度看,跨期决策是人类社会从**狩猎文明**进入**农耕文明**的过程中发展出的一种**重要**的决策能力。只有人类足够勇敢地做出"播种**当下即可食用**的种子,换取**季后或许更多的收成**"这样一个**跨期**决策时,我们才得以告别狩猎文明进入农耕文明。这种决策既是人类个体行为的重大特征,又是关系到国计民生的重要决策。今天的人类已经历了几十万年的进化历程,在这一过程中,人类之所以能成功地完成觅食、保障安全、选择配偶、保护后代等"生存任务",以至主宰地球,正是因为我们通过自然选择的进程,拥有了一项独特技能——做出好的**可持续的适应性决策**。这意味着,人类必须在不确定的自然和社会环境中,去权衡即时的满足和长远的利益;历史上一个民族或国家的强大,亦重复演绎着是依靠"即时掠夺和侵略战争"还是依靠"绿色可持续发展"的权衡。

但是,人们在面对次优的即刻选项与占优但延迟的选项时,往往不自觉选择前者(例如,吸毒、网瘾、高利贷、杀鸡取卵式的生态破坏)。这种短视的决策会导致形成过度肥胖、网络成瘾、药物依赖等问题人群,从而造成个人和社会成本难以计量的巨大浪费。已有研究证明,跨期选择与国计民生的许多重要方面有着非常紧密的关系。Yesuf 等人(2008)的研究发现,时间偏好与环保行为有关,时间折扣越高的农民越不愿意采用土地保护措施;Wang 等人(2010)的研究发现,国民的耐心程度与一个国家的创新程度有关,国民在跨期选择任务中越偏好"占优但延迟"的选项,国家的研究和发展投入(Research & Development,衡量国家创新程度的指标)越高;Preis 等人

(2012)的研究还发现,国民越着眼未来,人均 GDP 值越高,并且经计算发现,德国是全世界最有远见的国家。

与风险决策类似,主流跨期理论认为,跨期决策是一个补偿性的、折扣求和最大化的过程;而非主流的跨期理论则认为,跨期决策是非补偿性的,并不遵循折扣家族理论所假设的折扣求和过程(图1)。因此,在很长的一段时间里,该领域的重要的研究问题会是:趋利避害是否是决策的基本准则? 如何理解人类决策中的有限理性甚至非理性? 真实的跨期决策是如何做出的? 是什么促使我们做出绿色、环保、可持续的决策? 是什么促使一个国家资助基础科学的研究? 如何综合基因、神经、心理/行为等多层次的研究证据,揭示决策各层次的内在机制以及不同层次之间的关联? 希望通过对以上问题的研究,能加深人们对跨期决策机制的理解,从而为人类远见和绿色意识的培养与实践提供科学的理论支持。

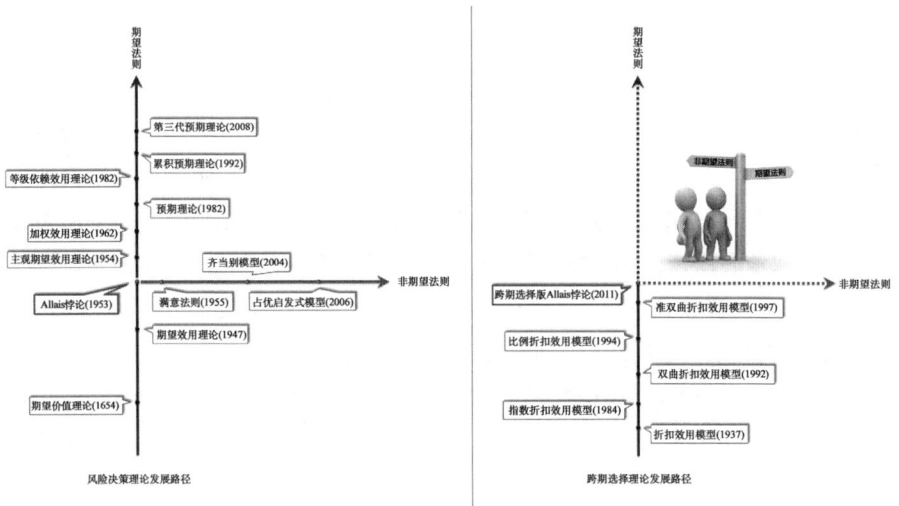

图1 风险决策与跨期决策的理论发展路径。在这两类决策的理论模型中,尽管不同研究者提出的"加权求和"函数形式各不相同,但主流理论均一致地尊奉"加权求和"最大化的期望法则。这两条研究线路都遭到来自实验证据的质疑和批判,随后即涌现出众多"变种"模型。这两类理论在悖论、偏差、领域特异性(domain-specific)等方面均面临着共同的挑战。

风险决策、跨期决策不仅对人类生存和繁衍至关重要,且研究这两类决策(加上空间决策)或有助于我们破解一个谜团:人类凭什么能别于其他物种而跃然成为"万物之灵"。

在探索能够表征人类有别于其他物种的潜在行为标志物时,先哲们曾想到劳动、语言、使用工具、艺术、农牧业等。然而,陆续有研究证据表明,动物也具备这些技能。例如,猴子能遣词造句,大象能踢球作画,海獭以使用工具进食而著名,蚂蚁更是以蘑菇养蚜虫在农业和畜牧业中颇有建树,其与人类的差别也仅在程度、规模上不同而已(王志芳,2014)。

或许,在所剩无几的可能(possibilities)之中,"商贸"活动作为人类文明进步的象征,能成为区别人类与动物的标记(现代人类的商品交易活动明显区别于其他物种,至今尚未发现其他物种具有这种活动能力)。其原因有二:第一,贸易须发生在生产物质可自给自足之后,若无盈余物品,则无法产生交换行为;第二,若要构成完整的贸易活动,人们须意识到交换中存在异地交货(空间决策)问题、延期交货(跨期决策)问题和可能无法交货(风险决策)问题。或许正是学会了如何在这些空间、时间、概率等"虚"维度上表征选项,方使得人类在漫长的进化历程中得以生存、发展,并能够在与其他物种的竞争中胜出。这也是本书作者们将大量时间、精力投在研究风险决策和跨期决策问题上的原因之一。望读者悉知、重之,或可用之。

致谢:本引言获益于受命参与撰写《关于"2011～2020 年我国学科发展战略"系列研究:神经科学和心理学》以及《国家自然科学基金委员会生命科学部"十三五"心理学发展战略和优先领域调研报告》。

参考文献

Diamond, J. M. (1991). *The rise and fall of the third chimpanzee*. Random House.

Frederick, S., Loewenstein, G., & O'donoghue, T. (2002). Time discounting and time preference: A critical review. *Journal of Economic Literature*, *40*, 351-401.

Preis, T., Moat, H. S., Stanley, H. E., & Bishop, S. R. (2012). Quantifying the advantage of looking forward. *Nature Scientific Report*, *2*, 350.

Rae, J. (1905). *The sociological theory of capital*. (C. Mixter, Ed.). London: Macmillan.

von Neumann, J., & Morgenstern, O. (1947). *Theory of games and economic behavior*. Princeton: Princeton University Press.

Wang, M., Rieger, M. O., & Hens, T. (2010). How time preferences differ: Evidence from 45 countries. *Swiss Finance Institute Research Paper*, (09-47).

Wargo, E. (2012). The inner workings of decision making. *Observer*, *25*(1), 13-18.

Yesuf, M. & Bluffstone, R. (2008), Wealth and time preference in rural Ethiopia, EfD discussion paper 08-16, the Environment for Development Initiative and Resources for the Future (www. rff. org), Washington DC.

李纾. (2009). 风险决策学科发展研究[M]//中国科学技术协会(Ed.), 2008—2009 心理学学科发展报告. 北京:中国科学技术出版社.

李纾,梁竹苑,孙彦. (2012). 人类决策:基础科学研究中富有前景的学科. 中国科学院院刊. 27(增刊), 52—65. DOI: 10. 3969/j. issn. 1000-3045. 2012. Z1.006.

王志芳. (2014). 万物之灵的危机. 科技导报, 32(1), 84.

第一篇 聪明决策
——在给定的表征空间内做决策

决策(choice)指做出决定或选择,是一种"在各个选项中考虑各种因素并做出选择"的认知加工过程。其中,各决策选项通常是事先给定的,不会改变。而判断(judgment)则有别于决策,它是"将所提供选项的信息进行辨别和分类"的过程。一般认为,决策与判断包含不同的决策系统,且具有不同的决策标准。

本书的第一篇主要介绍:人们如何在 N 维空间中对备择选项(option/alternative)进行表征,如何选择决策策略进行决策,如何应用齐当别规则在异同之间做出判断与决策;细究人们的决策,会发现诸多所谓违背规范化理论的决策"悖论"或"异象",齐当别规则又是如何解释这些"悖论"或"异象"的。本篇的旨趣即从齐当别的视角看决策公理/原则、决策模型/理论等一一教导我们"应该"如何做决策;而我们表征、比较选项的种种方式左右着我们"实际"怎样做决策。

第1章 备择选项的表征维度、选择策略及齐当别规则

共同作者：刘洪志

1.1 备择选项的表征维度

1.1.1 N维表征空间

成型的决策理论通常首先考虑将决策选项(备择选项)以不同形式进行表征,以描述决策者如何按照某种途径达成决策目标,较常见的是 Tversky 和 Sattath(1979)所提出的树形结构(tree structure)的表征形式。但是,树形结构并非是以集合的描述方式达成决策目标的唯一途径。N维空间的表征形式是指在一个N维空间中以点 x 来表征决策选项的方式,它或比离散的树形结构更能充分地表征决策选项(Pruzansky, Tversky, & Carroll, 1982)。

De Soete, Carroll 和 DeSarbo(1986)基于 Tucker(1960)和 Slater(1960)的早期想法,提出了漂移向量(wandering vector)模型,用N维的欧式空间(euclidean space)及随机向量 V 来表征决策选项。假设向量 V 是以 μ 为均值的正态分布,那么对选项 i 和 j

的比较结果是由三个向量所决定的:x_i 和 x_j,选项 i、j 和 V 的代表向量,以及漂移向量 V 的实现(realization)。当 x_i 在 V 上的正投影超过 x_j 在 V 上的正投影时,决策者会偏好选项 i 而不是选项 j。二择一选择的概率公式为:$P_{ij} = \text{Prob}(x_i \cdot V > x_j \cdot V)$。

Méndez(1974)也采用 N 维空间来表征决策选项。用 A_i 表示 m 个选项中的第 i 个选项,那么 A_i 能且只能表征 N 维空间中的第 i 个点。用 D_j 表示 N 维空间中第 j 个维度,O_{ij} 表示选项 A_i 在第 j 个维度上的客观结果。当决策仅限于双选项的问题时,最常见的冲突选择形式是:选项 A_1 在一个或一组维度上比选项 A_2 好,但选项 A_2 在另一个或另一组维度上比选项 A_1 好。图 1.1 为用三维空间来表征选项 A_1 和 A_2 的二择一问题。

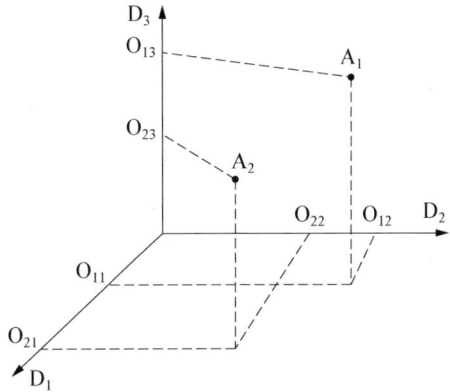

图 1.1 表征二择一选项问题的三维空间。在一组维度(D_2 和 D_3)上,选项 A_1 比选项 A_2 好,但是在另一维度(D_1)上,选项 A_2 比选项 A_1 好,这构成了常见的冲突选择(Li, 1994)。

1.1.2 虚实空间所对应的决策类型

按照 N 维空间的决策选项表征方式,决策空间应由若干维度构成,这些维度可分为实维度(real dimension)和虚维度(virtual dimension)两种类型,分别表征决策的实空间和虚空间。其中,实维度是指可直接测量的"实在"维度,如重量、长度、颜色等,它所构建的决策空间一般对应多属性决策。虚维度是指"看不见、摸不着",通过表征构建所得到的维度,如概率、时间、空间等,其所对应的决策类型包括风险决策、跨期决策、空间决策等。

根据决策空间维度的虚实,我们将决策类型做如下划分:

1.1.2.1 实维度

多属性决策(multiattribute choice):指人们在包含多个属性的选项中进行兑易(trade off)并做决策的过程。例如,择偶偏好选择、商品购买选择、人力资源选择等,均属于多属性决策。经典的多属性决策理论是多属性效用理论(multiattribute utility theory, MAUT),它认为决策者会先识别选项的各个属性及其相对重要性(权重),并评估各个属性的价值或效用,然后根据其权重将各选项整合为一个总价值或总效用,最终选择总价值或总效用最大的选项。

确定性决策(riskless choice/choice under certainty)指的是决策者事先知道某一可能状态一定会发生的决策。一个经典的确定性决策模型是加权可加性模型

(weighted additive models),它强调决策者会将选项的所有维度结果的价值以不同权重加总,从而计算出一个总价值,并选择总价值最高的选项,其公式为:$v(x_1, x_2, \cdots, x_n) = w_1x_1 + w_2x_2 + \cdots + w_nx_n$。

1.1.2.2 虚维度

与实维度不同的是,虚维度中的空间、时间、概率等维度是看不见、摸不着的。但是,能够识别这些维度并做出对应的风险决策、跨期决策、空间决策,这可能恰恰是人类区别于动物的行为标记。

本书作者以为,"贸易活动"是人类文明进步的象征,这或许能成为人类与动物的区别标记之一。其主要原因或是:构成完整的贸易活动,人们须面临并解决交换中存在异地交货(空间决策)问题、延期交货(跨期决策)问题和可能无法交货(风险决策)问题。或许正是学会了如何利用这些空间、时间、概率等看不见、摸不着的"虚"维度来表征商贾活动中林林总总的备选项,方使得人类在漫长的进化历程中得以生存、发展,并能够在与其他物种的竞争中胜出。

风险决策(risky choice/choice under risk)是指决策者不知道哪种自然状态将会发生,但知道这些自然状态发生概率的一类决策。第一个风险决策的规范性理论是期望价值(expected value, EV)理论,迄今为止,研究者已据此发展了许多风险决策的修正模型。如 Lopes(1990)所言,目前主要有两种不同类型的基本理论模型来解释风险决策,一是源自 Bernoulli(1738)的加权效用家族模型,另一源自众多研究者(如 Allais, 1986; Lopes, 1984, 1987; Quiggin, 1982; Yaari, 1987)提出的"等级相关"价值家族理论模型。虽然决策理论在逐渐发展,但大多数理论都在努力证明:通过转换结果(outcome)或结果概率(probability),价值法则仍继续适用。总之,风险决策分析的主体建立在同一个理论——EV 理论基础之上;几乎现存的所有心理模型都是围绕一个决策法则——期望法则(即期望最大化或期望最小化)发展起来的。这些模型可统称为期望家族理论,其公式可表示为 $U = \sum \pi(p_i) \cdot v(x_i)$,其中心思想是结果(outcome)被概率所权重:概率越小,权重后所得的总价值越小。

相较于风险决策研究,不确定决策的研究相对较少。这里的"不确定"指的是不清楚决策问题的关键特征(Abelson & Levi, 1985)。因此从某种程度上说,不确定条件下决策的心理学研究尚未真正开始。虽然一些经验证据暗示,风险决策理论或许并不能直接适用于不确定决策(Stevenson, Busemeyer, & Naylor, 1990),但学界通常认为,探索较简单的风险决策任务(概率已知)的决策机制有助于更好地理解较复杂的不确定决策任务(概率未知或需估计概率)的决策机制。

跨期决策(intertemporal choice)是指对发生在未来不同时间点上的结果做出选

择的决策过程,它需要决策者在眼前的利益与未来的利益之间做出权衡与取舍(Frederick, Loewenstein, & O'donoghue, 2002;Prelec & Loewenstein, 1991)。跨期决策研究的一个重要发现是,与当前或近期损益相比,人们总是倾向于赋予未来损益更小的权重,这种现象叫做时间折扣(time discounting)(梁竹苑,刘欢,2011)。研究者一般用时间折扣率(discounting rate)来表示时间折扣的程度,即由于人们的时间偏好而对未来结果(收益或损失)打折扣的比率(何贵兵,陈海贤,林静,2009)。主流的跨期决策理论认为,人们会按照一定比率把未来结果折扣到现在,通过比较选项的现值进行决策,如折扣效用模型(discounted-utility model)(Samuelson, 1937)、双曲线折扣模型(Mazur, 1984)、准双曲线折扣模型(Laibson, 1997)等。这些模型可归属于"折扣家族模型"(the family of discounting models),因为它们均以时间折扣为基础,以不同的折扣函数形式对人们的跨期决策行为进行拟合。折扣家族模型源自经济学领域,其本质是认为决策者会采取时间折扣的策略将远期收益进行折扣计算。如折扣效用模型认为,人们会以恒定的折扣率将未来结果折扣到现在,即 $U(t) = \sum \pi(t_i) \cdot v(x_i)$。其中心思想是结果(outcome)被时间所折扣:时间越长,折扣后所得的总价值越小。

空间决策(spatial choice)是指对发生在不同空间地点上的结果做出选择的决策过程。它包含了人们对商品、服务等在距离上的偏好(Hunt, Boots, & Kanaroglou, 2004)。经典的空间决策模型认为,人们会根据距离的远近将选项的结果以不同的权重进行求和,并选择总效用最大的选项,如经济学家 Hotelling(1929)提出的空间决策模型(spatial choice model)。由于空间决策的不确定性较小,因此也有研究者将其视为多属性决策进行分析(Timmermans, 1984)。其中心思想是结果(outcome)被空间所损耗[1]:空间距离越远,损耗后所得的总价值越小。

确定性决策、风险决策、跨期决策以及空间决策的主流模型都坚持加权求和或折扣求和的原则,但众多研究发现,人们在真实决策中往往会采取一些启发式法则,如占优启发式模型(priority heuristic, PH)(Brandstatter, Gigerenzer, & Hertwig, 2006)、齐当别模型(Li, 1994)、兑易模型(the tradeoff model)(Scholten & Read, 2010)等。

1.2 选择策略

在 N 维空间的选项表征系统中,决策问题或可被重新表述为:在 N 维空间中的

---

① 试想挑一担稻米进京贩卖,一担稻米经沿途洒散、挑夫充饥后还能剩多少。

点 A₁ 和 A₂ 是如何被判断并选择出来的? 显然,不同决策模型对这个问题的回答并不相同。

1.2.1　三因素分类体系

Stevenson, Busemeyer 和 Naylor(1990)归纳了决定决策模型特点的通用法则,并将其总结为三个因素:补偿性(compensatory)与非补偿性(non-compensatory)、整体性(holistic)与维度性(dimensional)、确定性(deterministic)与随机性(probabilistic)。

(1) 补偿性 vs. 非补偿性

补偿性理论是指决策者会加工选项的所有相关信息并兑易选项间的价值(Payne & Bettman, 2004),它允许选项在某一维度上的缺点被另一维度上的优点所补偿。**非补偿性理论**是指有选择性地获取信息并避免进行价值之间的兑易(Payne & Bettman, 2004),这意味着在某一维度上处于劣势的选项通常会被拒绝。

(2) 整体性 vs. 维度性

整体性(holistic)**理论**,也称为**基于选项的**(alternative-based)**理论**,它指的是决策者会在选项内进行信息加工,即加工整合一个选项的所有维度的信息之后再加工另一选项的信息。**维度性**(dimensional)**理论**,也称为**基于属性的**(attribute-based/attribute-wise)**理论**,是指更关注维度信息的加工策略,它会先加工众多选项在某一维度上的价值信息,然后再加工众选项在另一维度上的信息(Payne & Bettman, 2004)。

(3) 确定性 vs. 随机性

确定性(deterministic)**理论**,它假设在一组二择一的选择中,对某一选项的偏好要么是真的,要么是假的,是一个非此即彼的判断,即存在一个固定的分割点。**概率性**(probabilistic)**理论**,也称为**随机性**(stochastic)**理论**,它假设对某一选项的偏好是一个属于闭区间[0, 1]的概率函数,根据两者分布的条件概率来综合确定其选择结果(Busemeyer & Townsend, 1993; Kubovy, Rapoport, & Tversky, 1971)。

1.2.2　三因素分类体系与虚实维度划分的典型决策模型

决策理论中的一个典型策略是**加权求和**策略(weighted additive strategy),它通常被认为是决策理论的规范性策略。按照加权求和策略,决策者会衡量每个选项中的每个维度的相对重要性(权重),并将选项在所有维度上的价值按各自的权重加总以计算每个选项的总价值,然后选择总价值最大的选项(加权求和一般遵循价值最大化原则(value maximization))。由此可见,加权求和策略会使用所有的决策信息,并比较选项的总价值,这意味着允许某一价值低的维度被另一价值高的维度所补偿,因此加权求和策略属于补偿性策略。

此外,加权求和策略也属于基于选项的策略,因为决策者会在估计某一选项的价值之后再估计另一选项的价值。许多经典的决策理论,如期望价值理论(expected value theory, EVT)、期望效用理论(expected utility theory, EUT)(Edwards, 1954; Savage, 1954; von Neumann & Morgenstern, 1944)、预期理论(prospect theory, PT)(Kahneman & Tversky, 1979; Tversky & Kahneman, 1992),以及众多风险决策的非线性的期望模型,均遵循加权求和法则,因此这些理论均属于补偿性和基于选项的理论。

一般情况下,遵循加权求和策略会消耗大量的认知资源,而一些研究者发现人们有时会采用更简捷的启发式决策策略。例如,人们有时会采用齐当别(equate-to-differentiate, ETD)策略(Li, 1994; Li, 2004),即选择在差别最大维度上价值最大的选项,而不关注差别较小的维度上的价值。由于不需要加工选项的所有信息,且可以同时比较两选项在某一维度上的价值,齐当别模型被认为是非补偿性和基于维度的(attribute-based)决策理论。

大多数基于加权求和的经典理论均属于确定的(deterministic)理论,如期望价值理论、期望效用理论、预期理论等,它们都认为对选项结果的预测与评价是非对即错的。但是,近些年提出的一些理论,如决策场理论(decision field theory, DFT)(Busemeyer & Townsend, 1993)、竞争累加模型(Leaky, competing accumulator model, LCAM)(Usher & McClelland, 2001),它们虽然遵循加权求和法则,但认为决策是随机的(probabilistic),即对某一选项的选择结果是以概率函数的形式表征的。

目前来看,大多数决策理论均能划归到 Stevenson, Busemeyer 和 Naylor(1990)的三因素分类体系中,表1.1列举了一些经典的决策理论在三因素分类体系中的决策特点。

表1.1　三因素分类体系下典型决策理论特点总结

决策模型	全称	补偿性	非补偿性	基于选项	基于维度	确定	随机
EVT	Expected Value Theory	√		√		√	
EUT	Expected Utility Theory	√		√		√	
PT	Prospect Theory	√		√		√	
DFT	Decision Field Theory	√		√			√
ETDM	Equate-to-Differentiate Model		√		√	√	
TDM	Tradeoff Model		√		√	√	
PH	Priority Heuristic		√		√	√	

1.3　什么是齐当别规则?

齐当别模型提出了一个描述决策选项的表征系统,并借助该系统说明,决策者会在确定决策、不确定决策、风险决策、跨期决策中连贯一致地采用同一种决策法则,即齐当别法则。

齐当别模型假设,对于任何给定的维度 D_j,对于某一特定个体,在某一特定时刻会存在一个单调递增效用函数 $u_{ij} = U_j(O_{ij})$ 的特殊转换,以表示对在该维度的所有可能的客观结果的主观估计。按照齐当别模型的假设,维度的构建及其心理物理学函数具有以下特点:

第一,维度的测量可以为任一水平变量(如称名变量、顺序变量、等距变量及比率变量)。维度的测量单位可以为单一属性(如重量、长度),亦可为多个属性(如赌博结果/赌博概率,绩效/安全/成本)。各维度的价值称为客观结果(objective outcome)。维度的构建及其数量由最初问题的框架或表征形式所决定,但须满足“任何选项只能表示维度决策空间中唯一一点”这一条件。在一些研究中,“维度”(dimension)与“属性”(attribute)两个术语常可互换使用,但本章统一采用“维度”一词,因为“维度”所具有的一些特性,“属性”一词可能并不具备。

第二,对于任一给定维度,选项在该维度的客观结果会根据某一效用函数而被赋予特定效用,以表征与客观结果相对应的主观价值。效用函数的形式会根据不同维度而相应变化,选项在某一维度上的差异判断是由其主观价值所决定的,而非其客观价值。该效用函数具有一些独特特点,例如,尽管各维度的客观价值无法相互比较(这些维度可能并非在同一测量范畴上),但效用函数能够将客观价值转换为可相互比较的主观价值。此外,即使各维度的客观价值可以相互比较,但仍要根据效用函数进行转换,然后再比较转换后的效用。例如, $U(¥40) - U(¥20) > U(¥660) - U(¥640)$ 。

1.3.1　弱占优原则的应用

弱占优原则主张,如果选项 A 在所有维度上都至少与选项 B 一样好,且选项 A 至少在一个维度上肯定好于选项 B,那么选项 A 占优于选项 B。[1]

---

[1] Weak dominance states that if alternative A is at least as good as alternative B on all attributes, and alternative A is definitely better than alternative B on at least one attribute, then alternative A dominates alternative B.

在构建描述二择一选择的表征系统时,齐当别模型将许多决策行为解释为在选项的诸多维度中进行差别判断的加工过程,即齐同掉较小的维度差别(dimensional differene),只保留最大的维度差别作为最终决策的依据。从认知加工角度看,齐当别模型所假设的认知加工过程均处于人类的认知能力范围之内。

齐当别模型假设,决策者会审视选项的所有可能结果,以确定一个主观价值差别最大的维度。对于其余维度,决策者会将两选项在这个(些)维度上的差别视为相等或近似相等,最终以弱占优原则达成决策。当选项被表征为单一维度空间时,只有一个维度可作为差别最大的维度,决策者会根据两选项在该维度上所对应的效用值做出决策。此时,这种"判断"与"决策"是必需且行之有效的,而且二者是等价的——决策者会选择被"判断"为最具价值的选项。

当决策选项包含多个维度时,能否达成决策取决于在未齐同维度上不同选项的效用差别。即,除了某一组维度(或一组维度)外,决策者会假设众选项在其余维度上的效用均相等,并选择在这个"例外"(exceptional)维度上效用最大的选项。用图1.1中的选择举例,在一维度(D_2 和 D_3)上,选项 A_1 比选项 A_2 好,但是在另一维度(D_1)上,选项 A_2 比选项 A_1 好。决策者会齐同 $U_2(O_{12})$ 与 $U_2(O_{22})$、$U_3(O_{13})$ 与 $U_3(O_{23})$,并将 $U_1(O_{11})$ 与 $U_1(O_{21})$ 作为最后决策结果的依据,从而选择选项 A_2;或者齐同掉维度(D_1),选择 $U_2(O_{12})$ 与 $U_2(O_{22})$(或 $U_3(O_{13})$ 与 $U_3(O_{23})$)作为决策结果的依据,从而选择选项 A_1。

齐同过程会导致一些决策信息的丢失,因为齐当别原则并不会累计所有选项及所有维度的效用差异,以产生累积偏好。这种信息丢失会导致人们在精心设计的实验中产生所谓的决策"悖论"或者"异象"。换句话说,齐同过程在选择过程中起着重要作用。决策者会始终处于决策冲突状态,直到在齐同过程中达成满意的方案。齐同过程不仅能使随后的"辨别"过程成为可能,也能为降低决策后的模糊性以及减小后悔程度提供帮助。

因此,齐当别模型有别于其他的规范性决策模型,因为它并未要求决策者遵循所有的理性决策法则,例如独立性(independence)、传递性(transitivity)、不变性(invariance)、占优原则(dominance principle),以及其他基于**求和序数效用函数**(overall ordinal utility function)的法则。齐当别模型承认占优原则,但这里的占优原则指的是维度内的比较,而不是所有维度总价值的比较。这是因为占优辨别过程(dominance detecting process)被认为是齐当别加工过程(equate-to-differentiate process)的一种特殊情况,这与维度间差别的齐同过程并不存在冲突。因此,根据齐当别策略与根据占优辨别策略所做出的决策结果应该别无二致。

总之,齐当别策略在整个判断过程中是非补偿性的,因为它不允许选项在某一维度的缺点被另一维度的优点所补偿。齐当别策略亦非是基于选项的,而是基于维度的,因为所有选项在某一维度上被评估后才开始考虑下一维度。最后,虽然该模型允许决策者在多次选择中的选择结果可变(choice variability across repetitions),但这并不意味着它是随机的模型,而是一个"个体的"确定的模型。之所以说它是"个体的",主要基于两个原因:一是效用函数在个体之间存在差别,每个人的效用函数都会随着不同情况和条件而变化;二是维度排序过程,即确定哪些维度的差别被齐同,哪些维度的差别被差别化,完全是依赖于不同个体的(individual dependent)。

此外,能被齐当别模型所解释和预测的决策问题一般是二择一选择的决策问题,对于三个或三个以上选项的决策问题的适用性可能会受限,因为这种条件下的信息加工过程(使用两选项/所有选项消去过程 binary/overall alternative elimination)可能会超越一般人的认知能力。

1.3.2 齐当别规则的公理化

Li(2001)尝试对齐当别模型作公理化分析。

公理化分析

假设 $A = (A_1, A_2, \cdots, A_n)$ 为多选项的有限集合,其中 $A_1, A_2 \in A$ 是所考虑的一对选项,用符号">"表示在一对选项中的偏好。

假设 $S = \{1, \cdots, m\}$ 为 M 维主观空间,用以表征选项集合 A,其中 A_i 能且只能由 M 维空间中的第 i 个点表示。

选项 A_i 可表征在 M 维空间上,其形式为 $A_i = (O_{i1}, \cdots, O_{im})$,其中 O_{ij} ($j = 1, \cdots, m$) 是选项 A_i 在维度 j 上的客观价值水平。选项 A_i 各个维度可为任一度量水平变量(如称名变量、顺序变量、等距变量及比率变量)。

齐当别模型认为,选项 A_i 各维度价值的测量由其效用或主观价值所决定。即,选项 A_i 在维度 j 上的度量值由单调效用函数 $u_{ij} = U_j^{t, p}(O_{i,j})$ 所转化,其中 p 为个体在某一确定时间间隔 t 所形成的函数,表示选项 A_i 在维度 j 上的主观价值。

假设

$$|U_{j_0}^{t, p}(O_{1, j}) - U_{j_0}^{t, p}(O_{2, j})| = \max\{|U_j^{t, p}(O_{1, j}) - U_j^{t, p}(O_{2, j})|; j = 1, \cdots, m\}$$

即 $j_0 = \text{argmax}\{|U_j^{t, p}(O_{1j}) - U_j^{t, p}(O_{2j})|, j = 1, \cdots, m\}$

令 $a_j = \max\{0, U_j^{t, p}(O_{1j}) - U_j^{t, p}(O_{2j})\}$,$b_j = \min\{0, U_j^{t, p}(O_{1j}) - U_j^{t, p}(O_{2j})\}$

令 $E(A_1, A_2) = \begin{cases} (a_1, a_2, \cdots, a_m)^T, & \text{若 } U_j^{t, p}(O_{1, j} - U_j^{t, p}(O_{2, j})) > 0 \\ (b_1, b_2, \cdots, b_m)^T, & \text{若 } U_j^{t, p}(O_{1, j} - U_j^{t, p}(O_{2, j})) < 0 \end{cases}$

易发现:当 $U_{j_0}^{t, p}(O_{1j}) - U_j^{t, p}(O_{2j}) = 0$ 时,$E(A_1 - A_2) = (0, \cdots, 0)^T$

如果 $U_{j_0}^{t;p}(O_{1,j}) - U_{j_0}^{t;p}(O_{2,j}) > 0$，那么 $E(A_1,A_2) \geqslant 0$，且 $E(A_1,A_2) \neq 0$。在这种情况下，有三种子情况：

(1.1)　对于所有 $j \neq j_0$，如果 $U_j^{t;p}(O_{1,j}) - U_j^{t;p}(O_{2,j}) > 0$，

则存在强占优性(*strong dominance*)，即 A_1 强占优于 A_2；

(1.2)　对于所有 $j \neq j_0$，如果 $U_j^{t;p}(O_{1,j}) - U_j^{t;p}(O_{2,j}) \geqslant 0$ 且至少有一种条件为 $U_{j_1}^{t;p}(O_{1,j}) - U_{j_1}^{t;p}(O_{2,j}) = 0$，

则存在弱占优性(*weak dominance*)，即 A_1 弱占优于 A_2；

(1.3)　如果存在至少一个 j_2，使得 $U_{j_2}^{t;p}(O_{1,j}) - U_{j_2}^{t;p}(O_{2,j}) < 0$，

则存在等占优性 (*equated dominance*)，即 A_1 占优于 A_2，对于所有 $U_j^{t;p}(O_{1,j}) - U_j^{t;p}(O_{2,j}) < 0$ 均可视为 $U_j^{t;p}(O_{1,j}) - U_j^{t;p}(O_{2,j}) = 0$。

类似地，如果 $U_{j_0}^{t;p}(O_{1,j}) - U_{j_0}^{t;p}(O_{2,j}) < 0$，则 $E(A_1,A_2) \leqslant 0$ 且 $E(A_1,A_2) \neq 0$。此时也存在三种子情况：

(2.1)　对于所有 $j \neq j_0$，如果 $U_j^{t;p}(O_{1,j}) - U_j^{t;p}(O_{2,j}) < 0$，

则存在强占优性(*strong dominance*)，即 A_2 强占优于 A_1；

(2.2)　对于所有 $j \neq j_0$，如果 $U_j^{t;p}(O_{1,j}) - U_j^{t;p}(O_{2,j}) \leqslant 0$ 且至少有一个 $U_{j_1}^{t;p}(O_{1,j}) - U_{j_1}^{t;p}(O_{2,j}) = 0$，

则存在弱占优性，(*weak dominance*)，即 A_2 弱占优于 A_1；

(2.3)　如果至少存在一个 j_2，使得 $U_{j_2}^{t;p}(O_{1,j}) - U_{j_2}^{t;p}(O_{2,j}) > 0$，

则存在等占优 (*equated dominance*)，即 A_2 占优于 A_1，对于所有 $U_j^{t;p}(O_{1,j}) - U_j^{t;p}(O_{2,j}) < 0$ 均可视为 $U_j^{t;p}(O_{1,j}) - U_j^{t;p}(O_{2,j}) = 0$。

总之，只有当适用于占优性或冲突被解决时，决策者才能形成对二择一选择问题的偏好。即，当且仅当 $E(A_1,A_2) \geqslant 0$ 且 $E(A_1,A_2) \neq 0$ 时，$A_1 > A_2$；当且仅当 $E(A_1,A_2) \leqslant 0$ 且 $E(A_1,A_2) \neq 0$ 时，则 $A_2 < A_1$。

1.4　为什么偏是齐当别规则？

人们时常面临这种情况：需要从相互冲突（竞争）的选项中选出一个选项作为决策结果。作为信息时代消费者的我们虽属幸运，但同样也存在烦恼。面对商品和服务，我们有巨大的选择空间，且其范围尚在增加，这是幸运的。同时，过多的选择使人烦恼，因为这导致我们每时每分都面临着决策：买还是不买？买什么特性的？买哪个品牌？对于消费品的不同属性，消费者常要进行困难的价值兑易，如购买轿车时所考虑的价格与安全性，或购买诸多商品时所面临的环保性与方便性之间的兑易。迄今

为止,研究者已研发出繁多的决策法则与策略来帮助人们达成决策。但这些决策法则是否符合决策者的决策特性?是否能够满足人的决策需求?是否在人的认知能力范围内?这些问题尚缺乏满意的回答。

正是针对以上问题,齐当别模型提出了一个决策表征系统,认为决策者在诸多决策中趋于采用单一策略,即齐当别规则。即,对于二择一决策问题,决策者会"齐同"掉选项在某一维度的差别,并以另一维度的差别作为最终决策依据,即选择在另一维度上效用更大的选项。

齐当别模型并非是遵循"追求最好"(aim for the best)或"避免最差"(aim to avoid the worst)的后果主义①哲学思想。作为一种决策法则,齐当别模型是一种近似估计法则,其哲理内涵十分简洁。以计算圆的面积为例:当精确计算圆面积的公式 πr^2 不适用时,用简洁的公式 $a \times b$ 计算即可达成计算目的。从李约瑟的图解(图 1.2)中易看出其思路:使用齐当别规则的决策者虽明知公式 $a \times b$ 并不能如 πr^2 那样精确计算圆面积,但还是愿意采用公式 $a \times b$ 以迅速地估算出圆面积。采用齐当别规则抑或会随之产生种种问题,如导致违背规范化决策公理的令人费解的悖论行为模式。但这并非意味着只有精确计算才是最好的,因为精确的定量法则常常意味着在信息整合过程中采取高负荷的认知加工过程和复杂的决策策略。在没有决策支持系统(decision support systems)(即专家系统(expert systems)、人工智能系统(artificial

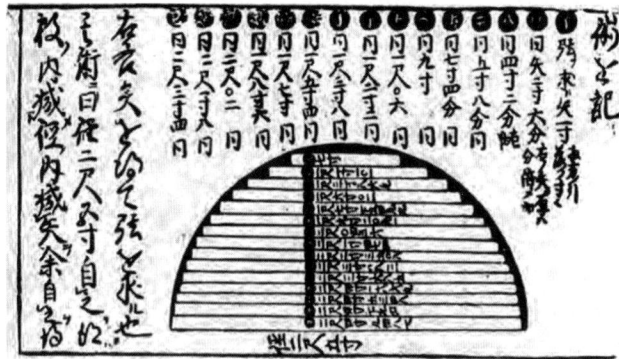

图 1.2a 整合圆内切片矩形以测量圆面积的方法(源自 *Kaisan-ki Komoku* (＋1 687) of Mochinaga Toyotsugu & Ohashi Takusei,起源于 Sawaguchi Kazuyuki's *Kokon Sampo-ki* (c.＋1 670))本图取自 Fig. 83, Needham(1959, p. 144),已获许可。

---

① 后果主义(consequentialism)又称后果论,是伦理学中的学说,指一个行为的对错由该行为就总体而言是否达到最高内在价值来决定,即结果主义的道德推理取决于道德行为的后果。

intelligence systems），以及信息管理系统（executive information systems）（Marakas，1999））帮助的情况下，让人类决策者对众多选项进行定量判断并排序几乎不可能。若需在非占优选项之间达成决策，一种可能的方法是"齐同"掉那些竞争维度的差别（相当于将圆剩余部分的面积四舍五入），以使弱占优原则（相当于 a×b）派上用场。这种启发式的决策方式使得决策在不需对众多（计算上和情绪上的）决策困难与冲突进行兑易与取舍的情况下顺利达成。在齐同过程之后，被"辨别"出的选项可近似视为接近圆面积的最大的内接矩形的面积。利用齐当别模型，我们能够解释诸多现实中的经验证据，以及违背规范化理论的决策异象。

若要利用所有信息以达成最终决策，人类须构建一个求和序数效用函数，如下所示：

$$v_i = V(u_{i1}, u_{i2}, \cdots, u_{ij}, \cdots, u_{iM})。$$

可问题是：我们是否拥有足够的认知资

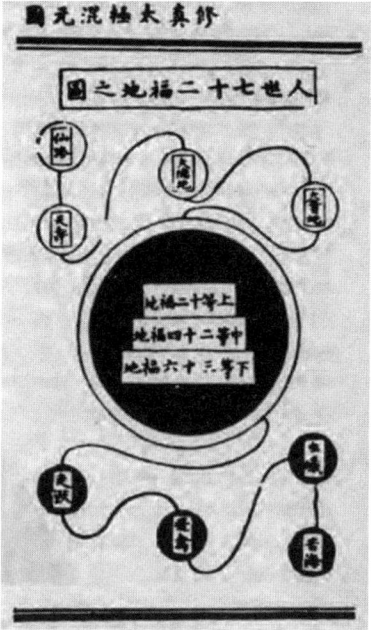

图 1.2b 内切于圆的矩形（源自 Hsiao Tao-Tshun's Hsiu Chen ThaiChi Hun Yuan Thu, c. +11th century）本图取自 Fig. 84, Needham（1959, p.144），已获许可。

源和认知能力，根据"求和序数效用函数"运算后做出判断与决策？若答案为肯定，则存在两种方法来评估决策选项。一是基于选项的（holistic）方法，即精细加工各选项并赋予其总价值。二是将各选项分解为若干维度，分别评估每个维度，并按一定顺序组合各维度，以反映个体对各选项总价值的效用。要达到这一目的，至少需要两个决策法则，以使决策顺利达成：可加性法则（additive rule）（见 Keeney & Raiffa, 1976, Chap. 3）和整合法则（averaging rule）（见 Anderson, 1981）。这通常意味着决策者需构建一个总价值函数（value function）v，以对可用信息进行更完全的评估，并允许决策者在不同维度之间进行兑易。通过构建模型，便能够以数学方式描述人们如何做出判断与决策，即将不同来源的信息进行整合并形成一个总的评估。简言之，对于"我们是否有足够的认知资源与认知能力"这一问题，如果答案为肯定（尽管这与事实相反），那么一定存在一个总价值函数 v 作为最终的决策标准。

如果答案为否定，则受限的认知能力定会驱使人类寻求其他更为简洁的价值评估法则。如果决策与判断并非等同，那么决策（choice）应被定义为"人们愿意表现出来的与偏好一致的行为"。选择任务(choice task)是指为决策者提供由一些有价值的可能结果所组成的选项的任务,而将所提供的选项进行分类的任务并非是选择任务(而是判断任务)。通常认为,决策与判断包含不同的加工系统,每个系统有其独特的理想决策者标准,因此任何关于系统内的理性标准的争论都将是徒劳的。

齐当别模型不认为人类拥有足够的认知能力来进行"求和序数效用函数"的精细运算。本书想传达的旨意是,人类不能整合所有个体效用或效用差别等全部信息,以形成总的主观价值,但人类能够以齐当别的方式加工相关信息。这是因为,人类的认知能力毕竟有限,并非人人都拥有"最强大脑"①,不可能如电子计算机一般充分利用所有可得信息,而只能以某种启发式的方式来处理信息,来更加快速、高效地达成决策。

致谢:感谢 Lola Lopes 和 Ward Edwards 建议增写模型的公理化部分。齐当别的公理化是在新南威尔士大学数学学院 Wei Zengxin(韦增欣)博士的帮助下完成的。感谢 Lola Lopes 和 Ward Edwards 的推荐使我获得研究生涯的首个职位:UNSW Vice-Chancellor's Postdoctoral Research Fellow。

参考文献

Abelson, R. P., & Levi, A. (1985). *Decision making and decision theory*. In G. Lindzey & E. Aronson (Eds.), The Handbook of Social Psychology (3rd ed., Vol. I, pp. 231 - 309). New York: Random House.

Allais, M. (1986). "*The general theory of random choices in relation to the invariant cardinal utility function and the specific probability function*", Working paper NO. C4475, Centre d'Analyse Economique, Ecole des Mines, Paris, France.

Anderson, N. H. (1981). *Foundations of information integration theory*. New York: Academic Press.

Aschenbrenner, K. M., Albert, D., & Schmalhofer, F. (1984). Stochastic choice heuristics. *Acta Psychologica*, 56(1), 153 - 166.

Baron, J. (2004). *Normative Models of Judgment and Decision Making* (pp. 19 - 36). The Blackwell handbook of judgment and decision making.

Bernoulli, D. (1738). *Specimen theoriae novae de mensura sortis*. Comentarii Academiae Scientiarum Imperiales Petropolitanae, 5, 175 - 192. (Trans. by L. Sommer in Econometrica, 1954, 22, 23 - 36.)

Brandstätter, E., Gigerenzer, G., & Hertwig, R. (2006). The priority heuristic: Making choices without trade-offs. *Psychological Review*, 113, 409 - 432.

Busemeyer, J. R., & Townsend, J. T. (1993). Decision field theory: a dynamic-cognitive approach to decision making in an uncertain environment. *Psychological Review*, 100(3), 432 - 459.

De Soete, G., Carroll, J. D., & DeSarbo, W. S. (1986). The wandering ideal point model: A probabilistic multidimensional unfolding model for paired comparisons data. *Journal of Mathematical Psychology*, 30(1), 28 - 41.

Edwards, W. (1954). The theory of decision making. *Psychological Bulletin*, 51, 380 - 417.

Einhorn, H. J., & Hogarth, R. M. (1981). Behavioral decision theory: Processes of judgment and choice. *Annual*

---

① 我们的脑不尽是"最强大脑"。Ward Edwards 在私人电子邮件(10 May 1994)中说:My main problem with your model is simply that it doesn't describe me. I know damn well that I can handle 2 - 5 dimensional tradeoffs in a very coarse option space quite straightforwardly; I do it often enough to know not only that I can but also how I go about it. Above 4 or 5 dimensions, it gets tough; I find myself using devices like ignoring unimportant dimensions, though I am more likely to go to a more technical set of tools if the decision is worth hard work … I'm often amazed at how my wife is willing to simply declare for an option, often without devoting even a minute to trying for alternatives to it.

Review of Psychology, *32*,53‑88.

Frederick, S., Loewenstein, G., & O'donoghue, T. (2002). Time discounting and time preference: A critical review. *Journal of Economic Literature*, *40*(2),351‑401.

French, S., Maule, J., Papamichail, N. (2009). *Decision analysis and multiple objectives* (pp. 162‑217). Decision Behaviour, Analysis and Support.

Hotelling, H. (1929). Stability in competition. *Economic Journal*, *39*,41‑57.

Hunt, L. M., Boots, B., & Kanaroglou, P. S. (2004). Spatial choice modelling: new opportunities to incorporate space into substitution patterns. *Progress in Human Geography*, *28*(6),746‑766.

Keeney, R. L., & Raiffa, H. (1993). *Decisions with multiple objectives: preferences and value trade-offs*. Cambridge: Cambridge university press.

Kubovy, M., Rapoport, A., & Tversky, A. (1971). Deterministic vs probabilistic strategies in detection. *Perception & Psychophysics*, *9*(5),427‑429.

Laibson, D. (1997). Golden eggs and hyperbolic discounting. *The Quarterly Journal of Economics*, *112*(2),443‑477.

Li, S. (1994). *Equate-to-differentiate theory: A coherent bi-choice model across certainty, uncertainty and risk*. Unpublished doctorial dissertation, University of New South Wales.

Li, S. (2001). Extended research on dominance violations in similarity judgments: The equate-to-differentiate interpretation. *Korean Journal of Thinking and Problem Solving*, *11*(1),13‑38.

Li, S. (2004). A behavioral choice model when computational ability matters. *Applied Intelligence*, *20*(2),147‑163.

Lopes, L. L. (1984). Risk and distributional inequality. *Journal of Experimental Psychology: Human Perception and Performance*, *10*,465‑485.

Lopes, L. L. (1987). Between hope and fear: The psychology of risk. *Advances in Experimental Social Psychology*, *20*, 255‑295.

Lopes, L. L. (1990). *Re-modeling risk aversion: A comparison of Bernoullian and rank dependent value approaches*. In G. M. von Furstenberg (Ed.), Acting Under Uncertainty: Multidisciplinary Conceptions (pp. 267‑299). Boston: Kluwer Academic Publishers.

Marakas, G. M. (2003). *Decision support systems in the 21st century* (Vol. 134). Upper Saddle River, NJ: Prentice Hall.

Mazur, J. E. (1984). Tests of an equivalence rule for fixed and variable delays. *Journal of Experimental Psychology: Animal Behavior Processes*, *10*(4),426‑436.

Méndez, R. T. (1974). *Consumers' evaluations of multiple-attribute objects*. Stanford University.

Payne, J. W. (1982). Contingent decision behavior. *Psychological Bulletin*, *92*,382‑402.

Payne, J. W., & Bettman, J. R. (2004). *Walking with the scarecrow: The information processing approach to decision research*. Blackwell handbook of judgment and decision making, 110‑132.

Payne, J. W., Bettman, J. R., & Johnson, E. J. (1992). Behavioral decision research: A constructive processing perspective. *Annual Review of Psychology*, *43*,87‑131.

Prelec, D., & Loewenstein, G. (1991). Decision making over time and under uncertainty: A common approach. *Management Science*, *37*(7),770‑786.

Pruzansky, S., Tversky, A., & Carroll, J. D. (1982). Spatial versus tree representations of proximity data. *Psychometrika*, *47*(1),3‑24.

Quiggin, J. (1982). A theory of anticipated utility. *Journal of Economic Behavior & Organization*, *3*(4),323‑343.

Samuelson, P. A. (1937). A note on measurement of utility. *The Review of Economic Studies*, *4*(2),155‑161.

Savage, L. J. (1954). *The foundations of statistics*. New York: Wiley.

Scholten, M., & Read, D. (2010). The psychology of intertemporal tradeoffs. *Psychological Review*, *117*(3),925‑944.

Slater, P. (1960). The analysis of personal preferences. *British Journal of Statistical Psychology*, *13*(2),119‑135.

Stevenson, M. K., Busemeyer, J. R., & Naylor, J. C. (1990). *Judgment and decision-making theory*. In M. D. Dunnette & L. M. Hough (Eds.), *Handbook of industrial and organizational psychology* (2nd ed., Vol. 1, pp. 283‑374). Palo Alto, California: Consulting Psychologists Press, Inc.

Svenson, O. (1979). Process descriptions of decision making. *Organizational Behavior and Human Performance*, *23*,86‑112.

Timmermans, H. (1984). Decompositional multiattribute preference models in spatial choice analysis: a review of some recent developments. *Progress in Human Geography*, *8*(2),189‑221.

Tucker, L. R. (1960). Intra-individual and inter-individual multidimensionality. *Psychological Scaling: Theory & Applications*, 155‑167. Usher, M., & McClelland, J. L. (2001). The time course of perceptual choice: the leaky, competing accumulator model. *Psychological review*, *108*(3),550.

von Neumann, J., & Morgenstern, O. (1944). *Theory of games and economic behavior* (1st ed.) Princeton, NJ: Princeton University Press.

Yaari, M. E. (1987). The dual theory of choice under risk. *Econometrica*, *55*,95‑115.

何贵兵,陈海贤,林静.(2009).跨期选择中的反常现象及其心理机制.应用心理学,15(4),298—305.

梁竹苑,刘欢.(2011).跨期选择的性质探索.心理科学进展,19(7),959—966.

第2章 不变性原则与框架效应（上）

共同作者：刘扬

2.1 框架效应的概念

1972年度诺贝尔经济学奖得主Arrow(1982)认为,理性决策所具备的基本前提条件之一是不变性原则(invariance principle),即,对一个抉择问题所作等价的描述应该引出相同的偏好顺序。如,同一温度,既可表达为摄氏,也可表达为华氏,不同表达不应该引起对温度感觉的变化。再如,我们经常会在超市看到"买一赠一"或"半价出售"的促销广告。实际上,对于"买一赠一"和"半价出售"的商品,在商家大规模出售时,两者让利空间是相同的,不应该引发消费者的偏爱转变(Li, Sun, & Wang, 2007)。然而,Tversky和Kahneman(1981)借助"亚洲疾病问题"(Asian disease problem)向人们揭示了决策者的风险偏好依赖于选项的描述方式,即,一个包含确定备择方案和风险备择方案的二择一决策结果会受到描述方式的影响。他们将这种对同一问题的等价描述却导致不同的决策偏好的现象称为框架效应(framing effect)。亚洲疾病问题是框架效应的经典案例,中国读者最早接触亚洲疾病问题的中文描述应不早于1982年。那一年,中国科学技术情报研究所重庆分所编的《科学》(*Scientific American* 中文版)翻译了Kahneman和Tversky的文章《**偏好的心理学**》(the psychology of preferences)。自此,框架效应(当初被李德明研究员译为心情效应)这一人类决策行为中明显违背不变性原则的非理性偏差首次进入了中文读者的视野。亚洲疾病问题如下所述,决策者被要求在**生还**(正面框架,positive frame)或者**死亡**(负面框架,negative frame)的情景下,在一个确定选项和一个概率(风险)选项之间进行选择。N 为被试人数,括号内为选择各方案的人数百分比。

案情故事:

想象美国正在对付一种罕见的亚洲疾病,预计该种疾病的发作将致死 600 人。现有两种与疾病作斗争的方案可供选择。假定对各方案产生后果的精确科学估算如下所示:

正面框架(N = 152)

如果采用 A 方案,200 人将生还。【72%】

如果采用 B 方案,有 1/3 的机会 600 人将生还,而有 2/3 的机会将无人生还。【28%】

负面框架(N = 155)

如果采用 C 方案,400 人将死去。【22%】

如果采用 D 方案,有 1/3 的机会将无人死去,而有 2/3 的机会 600 人将死去。【78%】

你偏好两个方案中的哪一个?

不难看出,方案 A 和 C 是相同的,而方案 B 和 D 一样。但实验结果显示,当备择方案的结果被正面描述为拯救生命时,大部分人(72%)偏好确定备择方案;当备择方案的结果被负面描述为丧失生命时,大部分人(78%)则偏好风险备择方案。即,人们在正面框架下更关注受益,表现出风险规避;在负面框架下更关注损失,倾向于风险寻求。根据 Fagley 和 Miller(1990)的计算,备择结果的框架(语义描述)解释了 25% 的选择变异。

2.2 框架效应的解释机制

2.2.1 补偿性模型(预期理论)的解释

自框架效应首次提出以来,研究者对人们决策过程中为何会出现框架效应这一决策偏差的原因——框架效应的心理机制进行了众多探讨。Kahneman 和 Tversky(1979)的预期理论(prospect theory)为解释框架效应提供了主要理论架构。预期理论属于一种补偿性(计算)模型,该理论提出了参照点(reference point)这一核心概念,其认为人们的决策依赖于不同的参照点。预期理论中使用"价值(value)"这一概

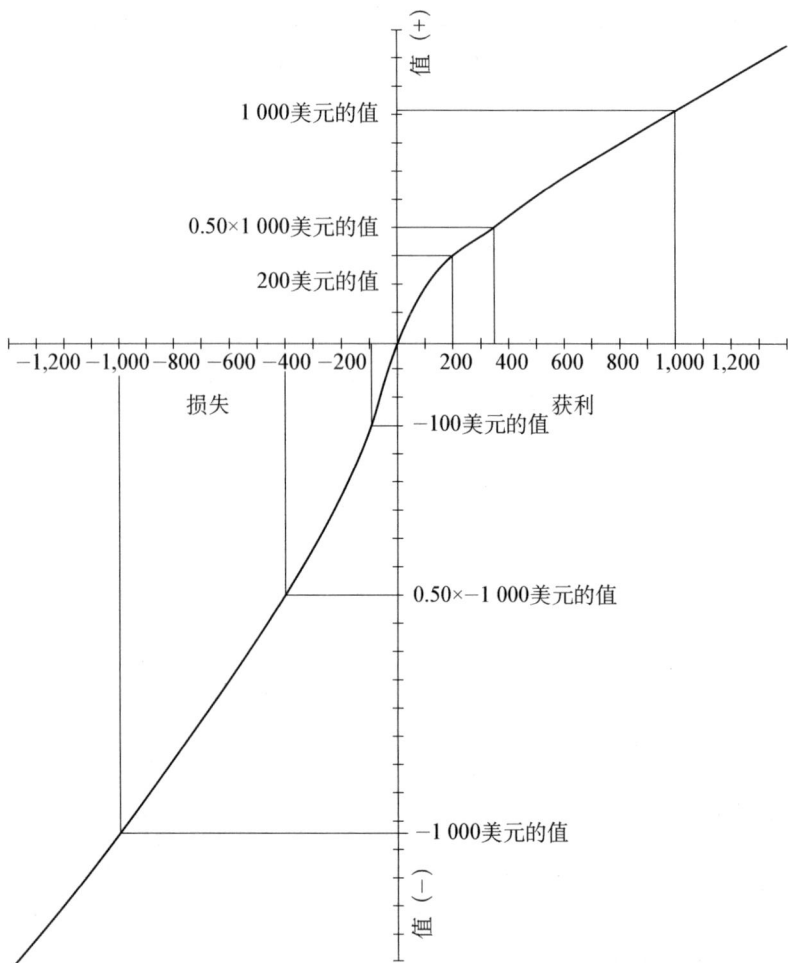

图 2.1 S形价值函数曲线把表示收益的值的凹形部分与表示损失的值的凸形部分结合在一起。原点以右的凹形部分反映在收益框架下做抉择时,人们厌恶冒险;左边的凸形部分反映在损失框架下做抉择,人们转而追求冒险(转引自 *Scientific American* 中文版,Kahneman & Tversky, 1982)。

念代替了经典经济学理论中的"效用"(utility),并提出了 S 形的价值函数,如图 2.1 所示,获得的价值函数是凹函数(concave,横坐标轴以上),损失的价值函数是凸函数(convex,横坐标轴以下),并且损失比获得的价值函数更陡峭。

Tversky 和 Kahneman(1981)使用参照点和价值函数对他们发现的风险选择框架效应进行了解释。按照预期理论,人们的决策过程是通过一系列精密的计算过程得到最终的决策结果的。以亚洲疾病问题为例,在正面框架下,人们决策参照点是

600人将会死亡,因此挽救生命是一种获得;而在负面框架下,人们决策的参照点是没人死亡,因此丧失生命是一种损失。根据S形价值函数,在获得情境下,若获得的价值函数用2/3的幂函数来表示,则选项A的预期(prospect)$[200^{2/3}=34.20]$大于选项B的预期$[1/3\times600^{2/3}+2/3\times0^{2/3}=23.71]$,因此人们会选择预期值更大的方案A(200人将生还);同理,在损失情境下,若用3/4的幂函数来表示损失的价值函数,则选项C的预期$[(-400)^{3/4}=-89.44]$小于选项D的预期$[2/3\times(-600)^{3/4}+1/3\times0^{3/4}=-80.82]$,这样,人们会选择预期值更大的方案D(有1/3的机会无人将死去,而有2/3的机会600人将死去)。按照预期理论的解释,人们在决策中表现出不一致是由同一选项在不同的框架中,根据价值函数计算出来的某种"期望"值大小不一而导致的。

2.2.2 非补偿性模型(齐当别模型)的解释

其他研究者提出了一些解释框架效应的非补偿性模型,试图采用更简捷经济的方式来描述框架效应背后的心理机制。如,模糊痕迹理论(fuzzy-trace theory)(Reyna & Brainerd, 1991)认为,记忆表征或记忆痕迹存在着一个由详实、精确表征(verbatim)到简要、模糊痕迹(gist)的连续体。人们天生倾向于用该连续体上更接近于模糊一端的模糊痕迹来表征信息,即人们在思考和解决问题时更偏好直觉而非逻辑的加工方式,这符合认知惰性(cognitive inertia)的观点。使用该模型或可解释风险选择框架效应,以亚洲疾病问题为例,在正面框架下,方案A通常会被人们以模糊痕迹的方式表征为"一些人得救",而方案B则被表征为"一些人得救或没有人得救"。这样,按照直觉人们就会在这两个方案之间更偏好于A;同理,在负面框架下,人们也会采用类似的表征方式,从而在方案C和D之间更偏好D。模糊痕迹理论为风险选择框架效应提供了另一种解释机制,但尚未推广到其他决策领域出现的框架效应中。也有研究者使用其他理论对决策中的某种框架效应做出解释。Ramanathan和Dhar(2010)的研究采用了调节焦点理论来解释消费决策中的促销框架效应。此外,建构水平理论(construal level theory,亦称解释水平理论)(Trope & Liberman, 2003)也被用以解释促销框架效应(刘红艳等,2012)和风险选择框架效应(段锦云等,2013;钟毅平等,2009)。但这些理论均只针对某一两种具体的框架效应,解释范围具有一定的局限性,是否适用于解释其他框架效应还需后续研究予以检验。

齐当别模型(Li, 1994; 2001; 2003; 2004)解释框架效应的方式很简单。Li和Adams(1995)注意到,"亚洲疾病问题"中先后两次决策**不是在同一维度上**进行的。在"亚洲疾病问题"中,B方案(有1/3可能600人得救,2/3可能一个人都不能得救)的"零一结果"(最坏可能结果)与A方案(200人将得救)的"肯定结果"之间的差异,在正面框架里显得非常突出;而 D 方案(有 1/3 的可能一个人也不死,2/3 的可能死亡 600 人)的"零—结果"(最好可能结果)与 C 方案(400 人将死去)的"肯定结果"之间的差异,在负面框架里显得非常突出,如图 2.2 所示。这意味着,风险选择框架效应之所以影响最终的选择,可能是因为框架改变了人们对可能结果之间的大小差别的知觉,导致人们最终在不同维度上进行决策。即,正面框架下,人们在最**坏**可能结果维度上进行决策,从而选择了在该维度上占优的 A 方案;而负面框架下,人们在最**好**可能结果维度上进行决策,从而选择了在该维度上占优的 D 方案。因此,如果尝试将原问题中的维度差别向相反方向转换,便有可能产生与框架效应相悖的选择结果(Li & Adams, 1995;李纾,房永青,张迅捷,2000)。

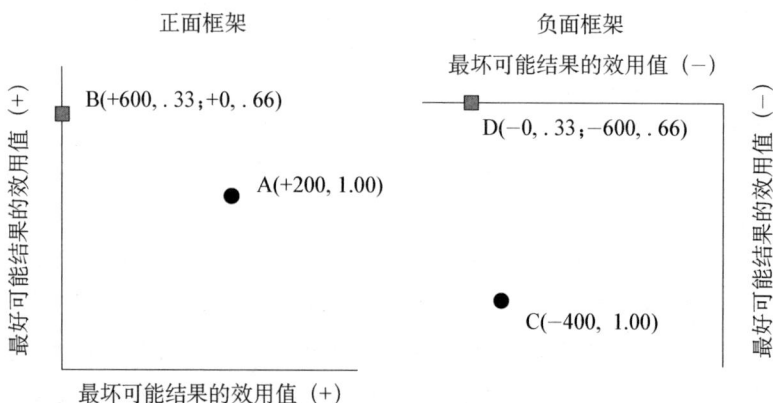

图 2.2 亚洲疾病问题:正面框架/负面框架(转引自李纾,2001, p. 178)

2.2.2.1 修正选项参数以检验齐当别模型

在"反转维度差别"可能消除框架效应这一思路的指导下,为了检验齐当别模型对框架效应的解释力,李纾设计了一系列涉及框架效应的实验,如"美洲疾病问题"和"赶火车问题"(Li, 1998)。这些实验都是通过改变、修正原"亚洲疾病问题"的选项参数以检验齐当别模型。其实验结果表明,只有不同的框架或者语义能够改变不同维度上可能结果的差异大小时,框架效应才有可能产生;只改变不同的框架条件而没有改变不同维度上可能结果的差异大小时,框架效应则不会产生。这些发现从实证的角度证实框架效应的心理机制确实遵从齐当别模型中提出的"齐同—辨别"的过程。

美洲疾病问题。该问题参照 Tversky 和 Kahneman(1981)的亚洲疾病问题,仍包括两个选项,一个风险选项和一个确定选项。为了使可能的零一结果与确定结果之间的差异变小,在"美洲疾病问题"中,我们将确定选项中的"200 人获救与 400 人死亡"改为"20 人获救"(版本 1)与"580 人获救"(版本 4)。这样的改变会使零—结果与确定结果之间的差异更难区分(相比于整体的 600 人来说,20 人与 0 人更接近),从而使可能的获得或损失 600 条生命与确定的获得或损失 20 条生命之间的差异更容易区分。相对应的概率从亚洲疾病问题中的 1/3 降为 1/30,以保证选项的期望值保持恒定。据此,美洲疾病问题(Li, 1998)如下所述:

案情故事:

想象政府正在对付一种罕见的**美洲**疾病,预计该种疾病的发作将致死 600 人。现有两种与疾病作斗争的方案可供选择。假定对各方案产生后果的精确科学估算如下所示:

版本一:正面框架

如果采用 A 方案,20 人将生还。

如果采用 B 方案,有 1/30 的机会 600 人将生还,而有 29/30 的机会将无人生还。

版本二:负面框架

如果采用 C 方案,580 人将死去。

如果采用 D 方案,有 1/30 的机会无人将死去,而有 29/30 的机会 600 人将死去。

版本三:正面框架

如果采用 A 方案,580 人将生还。

如果采用 B 方案,有 29/30 的机会 600 人将生还,而有 1/30 的机会将无人生还。

版本四:负面框架

如果采用 C 方案,20 人将死去。

如果采用 D 方案,有 29/30 的机会将无人死去,而有 1/30 的机会 600 人将死去。

因此,当题目中比较对称的比例 200:400 变为不对称的 20:580 时,依据齐当别模型,本实验的结果将不同于预期理论中 S 形效用函数的预测,而在版本一和二的条件下,人们都是在最坏结果维度上进行决策的,从而均将倾向于风险寻求;相反,在版本三和四的条件下,人们都是在最好结果维度上进行决策的,从而均倾向于风险规避。这样,人为地将原亚洲疾病问题中的维度差别反转后,选择结果就不同于经典框架效应的结果。最终,实验的结果支持了齐当别模型的预测,而没有表现出预期理论预测的框架效应(Li, 1998)。这一结果也不能用"符号反转效应(sign reversing effect)"和"类别表征效应(categorical representation account)"来解释。

赶火车问题。该问题则将对齐当别模型的检验拓展至除生命、金钱问题以外的时间成本领域,证明了齐当别模型对框架问题决策结果的预测并不具有领域特异性,而是在各种领域都可通用。该问题改编自 Van Schie 和 Van der Pligt's(1990)的赶火车问题。其中版本一和版本三的参数与 Van Schie 和 Van der Pligt's(1990)保持一致,而版本二和四中则对参数进行了修改,以使最坏可能结果(可能损失 2.5 小时和确定损失 2 小时)之间的差异比最好可能结果(可能损失 0.5 小时和确定损失 2 小时)之间的差异更容易齐同掉。此外,除了原始的度假情景,还增加了哥哥受伤的生命领域的情景。赶火车问题(Li, 1998)如下所述:

度假情景:

假如你计划回家度过年中假期,通常你乘坐一班 2 小时的列车。不幸的是,全国性的罢工阻断了火车服务,你不得不在另外两种较慢的列车中选择其一,两个选项的费用是相同的。请仔细阅读以下两个选项,并选择你更偏好的一项。

版本一:

选项A:你将需要换乘一次,中间只有 2 分钟的时间,若稍有延迟将赶不上第二趟列车。这个选项有 50% 的概率能及时换乘,那将比你平时的行程多花 1 小时;同时有 50% 的概率错过换乘,那就会导致你比平时的行程多花 3 小时。这个选项就像一个赌博游戏:50% 的可能损失 1 小时,50% 的可能损失 3 小时。

选项B:你将需要换乘一次,中间的时间很长,所以绝对来得及换乘,这样将比你平时的行程多花 2 小时。这个选项就像:100% 的可能损失 2 小时。

版本二:

选项A:你将需要换乘一次,中间只有 2 分钟的时间,若稍有延迟将赶不上第二趟列车。这个选项有 1/4 的概率能及时换乘,那将比你平时的行程多花 0.5 小时;同时有 3/4 的概率错过换乘,那就会导致你比平时的行程多花 2.5 小时。这个选项就像一个赌博游戏:25% 的可能损失 0.5 小时,75% 的可能损失 2.5 小时。

选项B:你将需要换乘一次,中间的时间很长,所以绝对来得及换乘,这样将比你平时的行程多花 2 小时。这个选项就像:100% 的可能损失 2 小时。

哥哥受伤情景:

假如你家在一个农村小镇,你刚得知最亲的哥哥因为受伤命不久矣,你要赶回家见他最后一面。通常你乘坐一班 2 小时的列车。不幸的是,全国性的罢工阻断了火车服务,你不得不在另外两种较慢的列车中选择其一,两个选项的费用是相同的。请仔细阅读以下两个选项,并选择你更偏好的一项。

版本三:

选项 A: 你将需要换乘一次,中间只有 2 分钟的时间,若稍有延迟将赶不上第二趟列车。这个选项有 50% 的概率能及时换乘,那将比你平时的行程多花 1 小时;同时有 50% 的概率错过换乘,那就会导致你比平时的行程多花 3 小时。这个选项就像一个赌博游戏:50% 的可能损失 1 小时,50% 的可能损失 3 小时。

选项 B: 你将需要换乘一次,中间的时间很长,所以绝对来得及换乘,这样将比你平时的行程多花 2 小时。这个选项就像:100% 的可能损失 2 小时。

版本四:

选项 A: 你将需要换乘一次,中间只有 2 分钟的时间,若稍有延迟将赶不上第二趟列车。这个选项有 1/4 的概率能及时换乘,那将比你平时的行程多花0.5 小时;同时有 3/4 的概率错过换乘,那就会导致你比平时的行程多花 2.5 小时。这个选项就像一个赌博游戏:25% 的可能损失 0.5 小时,75% 的可能损失 2.5 小时。

选项 B: 你将需要换乘一次,中间的时间很长,所以绝对来得及换乘,这样将比你平时的行程多花 2 小时。这个选项就像:100% 的可能损失 2 小时。

实验结果显示,在未修改参数的版本一和三中,被试均未表现出预期理论预测的损失领域的风险寻求(选择风险选项的比例在版本一和三中分别为 51% 和 42%),而在修改参数后的版本二和四中人们表现出更强的风险寻求倾向,这与齐当别的预测一致。时间领域和生命领域中的结果一致表明,并不是领域特异性导致的实验结果与预期理论的不一致,而确实是因为参数差异的改变引起了被试选择的改变。这就支持了齐当别模型的观点,即,负面框架并不必然导致对于风险寻求的偏好。

2.2.2.2 借助维度间差别判断任务检验齐当别模型

为了进一步检验齐当别模型对框架效应解释的有效性,后续研究在"登山队问题"(Li, 1993)和"瓦斯爆炸问题"(Li & Adams, 1995)中引入维度间差别判断任务,而不只限于使用原始亚洲疾病问题中的选择任务。这两个实验采用了一种称为"匹配"(matching)的判断任务,它将各备择方案的最好可能结果相互配对,又将各备择方案的最坏可能结果相互配对,然后要求被试判断哪一种结果之间的差异最大。齐当别模型推测,被试若判断最好可能结果之间的差异最大,他们应"就"最好配对中拥有较好结果的方案。反之,被试若判断最坏可能结果之间的差异最大,他们应"避"最坏配对中拥有较坏结果的方案。以下是两个研究的具体选择题目及结果：

登山队问题

版本一：正面框架

设想有一个由5人组成的登山队在攀登一雪山时遇险。登山队大本营的指挥部面临两种抢救方案：一是利用直升机将伤员运往省城医院抢救；二是利用汽车将伤员运往附近当地医院抢救。经专家仔细估算，两种方案所产生的可能结果如下：

方案A：肯定救活1人。

方案B：15%的机会救活4人，有40%的机会救活1人，但是有45%的机会救活不了任何人。

选择任务：假如您是营救中心的指挥员，请您在方案A和方案B之间作一个选择。

匹配任务：选出差别最大的配对。

C："肯定救活1人"对"15%的机会救活4人"。

D："肯定救活1人"对"45%的机会救活不了任何人"。

版本二：负面框架

设想有一个由5人组成的登山队在攀登一雪山时遇险。登山队大本营的指挥部面临两种抢救方案：一是利用直升机将伤员运往省城医院抢救；二是利用汽车将伤员运往附近当地医院抢救。经专家仔细估算，两种方案所产生的可能结果如下：

方案A：肯定有4人遇难死亡。

方案B：15%的机会1人遇难死亡，有40%的机会4人遇难死亡，有45%的机会5人遇难死亡。

选择任务：假如您是营救中心的指挥员，请您在方案A和方案B之间作一个选择。

匹配任务：选出差别最大的配对。

C："肯定有4人遇难死亡"对"15%的机会1人遇难死亡"。

D："肯定有4人遇难死亡"对"45%的机会5人遇难死亡"。

本研究采用的登山队问题保留了原案情故事，但对博弈参数（gamble parameter）做了修改，并将相同的问题呈现在正负两个不同的框架之中。本登山队问题不同于亚洲疾病问题之处在于：(1)其风险备择方案中的可能结果比亚洲疾病问题多出一个;(2)其可能结果所发生的概率毫无疑问地超出了原预期理论所定义的"小概率"的范围①。这样,若采用与亚洲疾病问题完全相同的概率参数来检验框架效应,新版的预期理论便不得不牺牲其预测精度:S形的价值函数将预测在正面框架下偏好保守而在负面框架下偏好冒险,而高估0.3小概率的权重函数将预测完全相反的镜像反应,即,在正面框架下偏好冒险而在负面框架下偏好保守。

在选择任务之后,紧跟着的是新设计的匹配任务。所配对的参数因正负框架不同而有所不同。在本配对题中,确定方案的结果本身既可看成是最好结果又可看成是最坏结果。"齐当别"模型推测,人们选择方案A(保守方案),是因为被试在最坏可能结果之间(配对D)刻意避免了方案B所提供的较坏结果(45%的机会"救活不了任何人"或"5人遇难死亡");人们选择方案B(冒险方案),是因为被试在最好可能结果之间(配对C)精心挑选了方案B所提供的较好结果(15%的机会"救活4人"或"1人遇难死亡")。包含匹配任务的两种问卷版本如上文所示。

若遵从经典的框架效应,当备择方案被正面地描述成拯救生命时,大部分人应该更偏好确定选项;当备择方案被负面地描述成丧失生命时,大部分人应该更偏好风险选项。然而,尽管本实验亦采用了与亚洲疾病问题相同的语义转换方式,在正面框架下的结果却仍与框架效应相背,即仍选择冒险选项(64%的中国被试及66%的澳大利亚被试在第一对选择题中均喜欢冒险)。实验结果显示无论在正面框架还是在负面框架下,大部分被试都喜欢冒险:67%的被试($N = 195$)在备择方案被正面地描述成拯救生命时选择方案B;76%的被试($N = 196$)在备择方案被负面地描述成丧失生命时亦选择方案B。该实验结果再次表明,采用不同的框架并不能预测性地决定不同的决策偏好。

瓦斯爆炸问题。本研究采用了Li和Adams(1995)"瓦斯爆炸问题"的案情故事。齐当别模型在本题中对选择和配对之间关系的推测类似于在登山队问题中的推测。问卷分为正负两个版本,如下所示:

版本一:正面框架

设想有一座大型煤矿发生瓦斯爆炸,有500名矿工遇难。煤矿的上级领导现面临两种抢救方案:一是利用直升机将伤员集中运往省城医院抢救;二是利用汽车将伤员分散运往附近各当地医院抢救。经专家仔细估算,两种方案所产生

---

① 预期理论将高估(overweighting)小概率作为解释受益时偏好冒险(如赌博)而受损时偏好保守(如买保险)的原因。在1979年版的预期理论里,小概率约为$p < 0.1$。在1992年版的预期理论里,$p = 0.3$,甚至都算是小概率。

的可能结果如下:

方案 A:有 60% 的机会救活 100 人,且有 40% 的机会救活 500 人。

方案 B:有 15% 的机会救活 400 人,有 45% 的机会救活不了任何人,有 40% 的机会救活 500 人。

选择任务:假如您是上级领导,请您在方案 A 和方案 B 之间作一个选择。

匹配任务:选出以下两个选项中差别最大的配对。

C:"40% 的机会救活 500 人和 15% 的机会救活 400 人"对"40% 的机会救活 500 人"。

D:"60% 的机会救活 100 人"对"45% 的机会救活不了任何人"。

版本二:负面框架

设想有一座大型煤矿发生瓦斯爆炸,有 500 名矿工遇险。煤矿的上级领导现面临两种抢救方案:一是利用直升机将伤员集中运往省城医院抢救;二是利用汽车将伤员分散运往附近各当地医院抢救。经专家仔细估算,两种方案所产生的可能结果如下:

方案 A:有 60% 的机会 400 人遇难死亡,且有 40% 的机会无人遇难死亡。

方案 B:有 15% 的机会 100 人遇难死亡,有 45% 的机会 500 人遇难死亡,有 40% 的机会无人遇难死亡。

选择任务:假如您是上级领导,请您在方案 A 和方案 B 之间作一选择。

匹配任务:选出以下两个选项中差别最大的配对。

C:"40% 的机会无人遇难死亡和 15% 的机会 100 人遇难死亡"对"40% 的机会无人遇难死亡"。

D:"60% 的机会 400 人遇难死亡"对"45% 的机会 500 人遇难死亡"。

本实验的被试包括 43 名澳大利亚大学生和 73 名中国大学生。所有被试都应邀做了选择任务和匹配任务,且每人只对一种框架条件做反应。实验结果显示,有 74% 的被试在正面框架(拯救生命)中选择了方案 A,但只有 44% 的被试在负面框架(丧失生命)中也选择了方案 A。一共有 76 名被试的反应(65%)表现出框架效应,偏好顺序和框架条件之间存在着显著关系($\chi^2(1) = 10.67$,$p < 0.01$)。另外,共有 77 名被试的反应(66%)符合"齐当别"决策模型的预测。框架条件、匹配类型和偏好顺序之间也存在着显著关系($\chi^2(3) = 19.31$,$p < 0.001$)。

综合两个实验的结果,选择变异可以被框架变量所解释的效应(phi squared)在不同决策问题中变化无常:在登山队问题中为无显著性水平的 1%($p > 0.05$),在瓦斯爆炸问题中为达到显著性水平的 9%($p < 0.01$),这就给预期理论的解释造成困

难。相比之下,采用相同的检验方法(phi squared),选择变异可以被匹配类型所解释的效应在不同决策问题中均达到显著性水平:在登山队正面框架中为9%($p <$ 0.05),在登山队负面框架中为18%($p < 0.01$);在瓦斯爆炸正面框架中其效应为8%($p < 0.05$),在瓦斯爆炸负面框架中为8%($p < 0.05$)。这便显得齐当别模型的"匹配"机制比预期理论的"框架"机制更能提供一致有效的解释。

上述研究通过选择任务和匹配任务两种不同的任务类型,均证明了齐当别模型对风险选择中框架效应的解释的有效性。后续相关研究亦证实了齐当别模型能有效地解释和预测框架效应(Li, 1998; Li & Adams, 1995; Li & Xie, 2006; Sun, Li, & Bonini, 2010; Sun, Li, Bonini, & Su, 2012;李纾等,2009;李纾,房永青,张迅捷,2000;江程铭,2013)。

致谢:本研究部分得到澳大利亚研究理事会(ARC)项目"Equate-to-differentiate theory: Decision making subject to cognitive capacity"(ARC: F79700830)的资助。感谢 *Journal of Economic Psychology* 给初做研究的作者好好上了一课:首篇行为决策论文"Can the conditions governing the framing effect be determined?"(稿件编号:92-070)1992 年投稿,历经 2 任主编(从 Stephen Lea 的拒稿到 Alan Lewis 的接受决定)更替,1998 年付梓。同时,感谢作者的导师 Austin Adams 的耐心指导,感谢新南威尔士大学的 Mary Ferguson,华南女子学院的张迅捷以及杭州大学的张智君帮助收集实验数据。此外,感谢 Robin E. Pope 和 Alan J. MacFadyen 以及三位匿名审稿人对研究初稿的评论,感谢 John D'Souza 对文章所做的英文修改和润色。

第3章 不变性原则与框架效应（下）

共同作者：刘扬

近年来，行为决策中的框架效应研究出现了一些新动向。为此，作者梳理了框架效应研究的几个新思路：首先，从研究领域来看，框架效应研究的焦点从最初的风险决策（risky choice/decision making）逐渐扩展至跨期决策（intertemporal choice/decision making）；其次，从框架效应类型来看，出现了排除语言影响后更纯净的图形框架效应；再次，从框架效应的解释机制来看，研究者对经典的预期理论这一补偿性（计算）模型提出了质疑，更多地采用非补偿性模型解释，其中以齐当别模型和模糊痕迹理论为代表。鉴于上一章已经详细阐述了框架效应的解释机制，这一章主要介绍关于框架效应研究的两个发展趋势（刘扬，孙彦，2014）。

3.1 框架效应研究领域的转变——从风险决策到跨期决策

3.1.1 风险决策中的框架效应

Tversky 和 Kahneman(1981)通过"亚洲疾病问题"首次提出了框架效应的概念，在该研究中发现的框架效应属于风险选择框架效应，即当人们面临无风险的确定选项和有风险的不确定选项时,这两个选项是以正面框架还是以负面框架描述会影响人们的风险偏好。此后的研究者探索了风险选择框架效应影响决策过程中的一些调节变量:个体差异因素,如性别(Fagley et al.,2010;Huang & Wang,2010;何贵兵,梁社红,刘剑,2004;张凤华,邱江,邱桂凤,张庆林,2007)、职业类型(股民或大学生)(孙彦等,2009)、人格特质(刘涵慧,周洪雨,车宏生,2010);决策情境因素,如情绪(Cassotti et al.,2012;Cheung & Mikels,2011;Seo et al.,2010;刘永芳,毕玉芳,王怀勇,2010)、选项的呈现方式(选择(choice)、评级(rating)、排序(ranking))(Kühberger & Gradl,2011)、决策任务的时间距离(钟毅平,申娟,吴坤,2009)、心理距离(段锦云,朱月龙,陈婧,2013)、决策任务的领域(Huang & Wang,2010)、损益概率大小(孙彦等,2009)等。此外,研究者对现实生活中与风险密切相关的决策领域——健康领域中的框架效应也进行了深入探讨,Updegraff 和 Rothman(2013)在其综述中详细梳理和总结了健康信息框架效应中的调节变量、中介变量以及一些未解之谜。

3.1.2　跨期决策中的框架效应

风险决策和跨期决策是行为决策研究的两大领域,与风险决策中丰硕的研究成果相比,跨期决策中的框架效应研究则略显薄弱。Loewenstein(1988)将参照点(reference point)的概念引入跨期决策,首次提出了跨期决策中的框架效应——延迟—提前框架效应(delay-speed-up framing effect)。研究发现,相比于有机会提前消费,当要求延迟消费时,人们表现得更不耐心,对未来获得的折扣更大,换句话说,人们愿意出很少的钱提前拿到购买的商品,而当现在购买的商品延迟拿到时,却需要更多钱来补偿,这一结果得到后续研究者的支持(Malkoc & Zauberman,2006;Weber et al.,2007;王鹏,刘永芳,2009)。之后研究者又提出了获得—损失框架效应(gain-loss framing effect):相比于获得,人们对损失的折扣更大(Loewenstein & Thaler,1989;Shelley,1994),其与延迟—提前框架效应具有相同的心理机制。正是因为参照点的不同,人们将延迟看作一种损失,而将提前视为获得,从而按照预期理论中价值函数的解释,对延迟的商品表现出更大的折扣。而马文娟等(2012)认为,得失框架效应在获得型跨期选择中存在,并受到任务难度的影响;但在损失型跨期选择中并未发现得失框架效应,出现了实验性分离。此外,Read,Frederick,Orsel 和 Rahman(2005)发现,跨期选择中获得的时间分别以"日期"(如,6月1日 vs. 6月30日)和"延迟天数"(如,今天 vs. 30天后)两种不同方式表述时,会影响个体对现在或延迟获得的选择,这种框架效应被称为日期—延迟框架效应(date-delay framing effect)(Malkoc,Zauberman, & Bettman,2010;Weber et al.,2007)。Frederick,Read,LeBouef 和 Bartels(2011)研究发现了一种"年龄—延迟效应"(age-delay effect),与通常的延迟多少年的描述方式相比,当未来的时间以决策者以后的某个年龄为框架(如"当你45岁时")描述时,人们对未来获得的折扣更小。另一种框架效应是 Read, Frederick 和 Scholten(2013)提出的利息—利率—钱数框架(interest earned-interest rate-total amount earned framing),即将跨期决策中小而早(smaller-sooner, SS)的获得和大而迟(larger-later, LL)的获得分别以利润、利率和钱数三种不同框架表述时会分别导致不同的跨期决策结果,他们由此提出了用一种启发式模型(difference-ratio-interest-finance-time model, DRIFT)来描述这种结果框架对跨期决策的影响。

近些年来,我们对跨期决策中的框架效应进行了进一步探索。

Li, Su 和 Sun(2010)在跨期决策中发现了与风险决策中的"伪确定性效应"(the pseudo-certainty effect)(Kahneman & Tversky, 1982)相对应的伪即时性效应(the pseudo-immediacy effect)。在实验中,无框架组的被试完成经典的跨期选择题目,在小而早(SS)的获得和大而迟(LL)的获得之间选择,如两个选项分别为:A. 100 周后获得 3 200 元,B. 110 周后获得 3 300 元;伪即时性框架组的被试则需要完成一个两阶段的任务,在第一阶段,需要经过 100 周的注册期以获得第二阶段的参加资格,等到第二阶段时,被试也需要在 SS 和 LL 两个选项间进行选择,但此时两个选项已经变为:A'. 现在获得 3 200 元,B'. 10 周后获得 3 300 元。研究结果发现,当选项以伪即时框架呈现时,人们会忽略第一阶段的等待时间,而误认为此时在选项 A 中可以立即获得,从而导致人们更多偏好 SS 选项,而当移除该框架时,人们则更多偏好 LL 选项。该结果与跨期决策中经典的即时性效应相似,但因为实验中通过两阶段的操纵,人们产生一种即时获得的虚假感知,从而导致偏好反转(preference reversals, PR),因而这一框架效应被称为伪即时性效应。

江程铭(2013)探索了跨期决策中的一种时间单位框架效应,研究发现,跨期决策中相同的时间延迟分别用月(如,A. 12 个月后获得 2 500 元人民币;B. 36 个月后获得 6 000 元人民币)和年(如,A. 1 年后获得 2 500 元人民币;B. 3 年后获得 6 000 元人民币)两种单位描述会导致不同的决策结果,人们在以年为单位描述时更倾向于选择 LL 选项。此外,针对跨期决策中的框架效应,Zhao 等人(2015)发现了跨期选择中一种"隐藏的时间机会成本效应"(hidden opportunity cost of time effect)。时间机会成本指的是,做某件事的时间其实可以用来做另外一件事,因此当你选择做某件事的同时牺牲了做另外一件事的机会,从而构成一种时间机会成本。他们的研究结果表明,当明确说出跨期选择中的时间机会成本时,人们会更偏好 SS 选项;而当时间机会成本被"隐藏"时,人们则会更偏好 LL 选项。是否明确指出时间机会成本也形成了跨期选择中的一种新的框架类型。

Liu, Li 和 Sun(2014)研究发现,对于相同的一段时间,相比于未分解描述形式

(如,假如现在是 6 月 1 日,从现在起到 9 月 30 日,这段时间对您来说有多久?),以分解形式(如,假如现在是 6 月 1 日,从现在起,经过 7 月、8 月,到 9 月 30 日,这段时间对您来说有多久?)描述时,人们会觉得时间更长。因此,我们预测相对于未分解框架,当跨期决策中选项的时间维度以分解框架描述时,人们认为这段时间更长,从而更不愿意等待,最终导致在跨期决策中人们更偏好 SS 选项。

　　跨期选择中的框架效应亦可以用齐当别模型做出解释。在经典的跨期决策中,需要决策者在小而早(SS)的获得和大而迟(LL)的获得之间选择,该决策中包含"时间"和"结果"两个维度。按照齐当别模型的解释,人们在跨期决策过程中,并不是将两选项中的结果按照时间折扣到同一时间点进行比较的,而是分别比较两个选项在时间维度和结果维度上的差异,然后将较小的维度差异齐同掉,利用较大的维度差异来进行选择(Li, 2004;江程铭,2013)。按照该理论,跨期决策中的时间分解框架效应可以得到很好的解释。Liu 等人(2014)发现,分解时间会增长人们的时间知觉,因此在跨期决策中将时间维度按照分解和不分解两种形式进行表征时,会对跨期决策产生不同的影响。依据齐当别模型,当时间维度以分解形式呈现时,人们知觉到的LL 选项中的延迟时间会更长,导致 SS 与 LL 选项在时间维度上的差异更大,因此,人们在决策中会将较小的结果维度差异齐同掉,而选择时间维度上占优的选项;反之,以不分解的形式呈现时间维度时,人们会认为结果维度上的差异更大,从而将时间维度差异齐同掉,选择在结果维度上占优的选项。该解释机制也适用于时间单位框架效应(江程铭,2013),在用不同时间单位描述时间延迟时,人们之所以表现出不同的决策结果,是因为时间单位的改变影响了人们对时间维度上差异大小的知觉。具体来说,相比以月为单位,以年为单位描述时间时,两选项在时间维度上的差异更小,人们会将时间维度上的差异齐同掉,而以差异更大的结果维度差异为决策依据,从而选择获得更大的 LL 选项。此外,跨期决策中的日期—延迟框架效应也可以按照该逻辑进行相应的解释,但其解释力度还需后续实证研究的进一步检验。

　　一言而概之,行为决策中的框架效应研究起源于风险决策,其研究证据积累得相对充实、全面。但近些年来研究者逐渐将目光投向人类决策的另一重要领域——跨期决策。这些研究成果加深了我们对于人们进行跨期决策时选项表征过程的理解,并为了解框架效应为什么能够影响人们的跨期决策提供了线索。

3.2　框架效应类型的转变——从言语框架效应到图形框架效应

3.2.1　图形框架效应

Tversky 和 Kahneman(1981)借助"亚洲疾病问题"首次提出的决策框架效应,以及后来有关框架效应的大量研究都存在一个明显的问题:在这些研究中,决策问题的背景信息均通过文字形式呈现,这样,言语表述与决策问题本身的特征对决策的影响就混淆在一起了,研究者始终无法脱离言语特征探讨决策偏差的本质。为了分离言语表述的干扰,探索决策偏差的本质特征,李纾课题组(Sun, Li, & Bonini, 2010; Sun, Li, Bonini, & Su, 2012)在一系列研究中采用无言语表述的图形形式呈现决策信息,首次发现在控制了言语表述影响的条件下,决策本身依然会出现违背描述不变性的决策偏差。我们将其称为图形框架效应(graph framing effect),而将通过文字形式呈现的框架效应称为言语框架效应(verbal framing effect)。

在实验中(Sun et al., 2012),我们采用图形方式呈现决策中的文字和数字信息,信息本身保持不变,通过操纵图形表征在不同维度的相对突出性,从而对人们最终的决策产生影响。如,在"MP3购买问题"中,其实验情景是:设想你将要购买一个MP3,有两个品牌(A和B)可供选择,通过返修率和存储能力两个维度来评价A和B两个品牌。实验任务是让被试在0(一点不喜欢)到9(非常喜欢)的9点量表上分别对品牌A(返修率为2%,内存为1G)和品牌B(返修率为6%,内存为2G)的偏好程度进行评分。两个选项的信息分别用以下两个图形来表征,如图3.1所示。

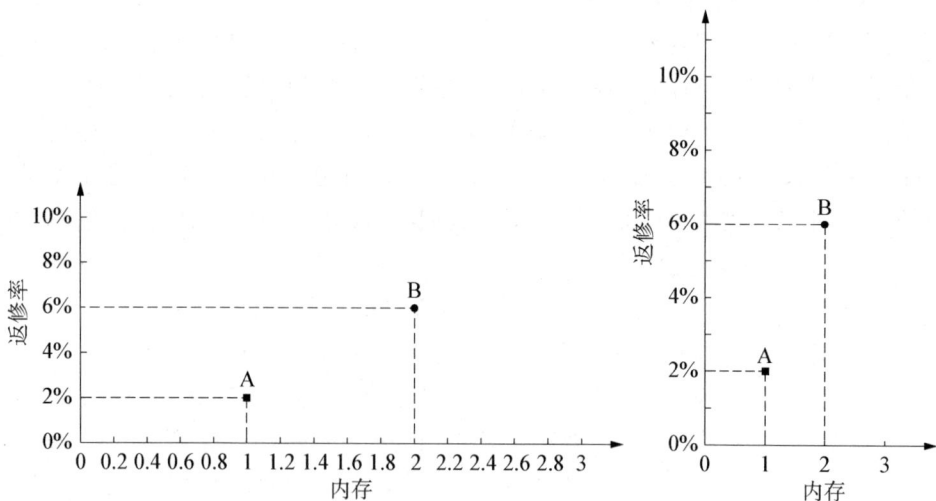

图3.1 "MP3购买问题"中选项信息呈现方式

(左图为相对突显存储能力维度的问题版本;右图为相对突显返修率维度的问题版本)

被试被随机分到两个图形版本中的任意一个,实验结果证实了坐标轴图形中图形框架效应的存在,即对品牌类型的偏好受到了图形版本的影响:在突显存储能力维度的版本(图3.1的左图)中,人们更偏好内存更大的品牌B;而在突显返修率维度的版本(图3.1的右图)中,人们更偏好返修率更低的品牌 A。

在其他实验中(Sun et al., 2012),我们检验了在其他类似于"MP3 购买问题"的双选项问题(包括员工招聘问题、奖学金申请问题和疫苗选择问题)中是否也存在图形框架效应。每个问题的两个维度同样呈现于坐标轴图形的两个轴上,结果显示,在这些问题中,被试在两种图形版本中偏好均发生显著变化,证实了图形框架效应普遍存在于现实生活的不同情境中。此外,我们分别在多选项的坐标轴图形和两选项的饼状图形中检验图形框架效应(Sun et al., 2010)的有效性,采用的实验情景分别是"员工招聘问题"和"赌盘游戏",实验结果同样支持了图形框架效应的存在(孙彦,黄莉,刘扬,2012)。总之,我们在实验中均检验了图形维度突出性操纵的有效性,即在图3.1的左图中 A、B 在横轴上的差异相对更突出,而在图3.1的右图中 A、B 在纵轴的差异相对更突出。

3.2.2 图形框架效应的心理机制

对于图形框架效应的心理机制,我们也做了相应探索,基于属性替代理论(Kahneman & Frederick, 2002)和齐当别模型(Li, 2001),我们提出了解释图形框架效应的两阶段心理加工过程模型(process model)——图形编辑的齐当别模型(GEM)。如图3.1所示。

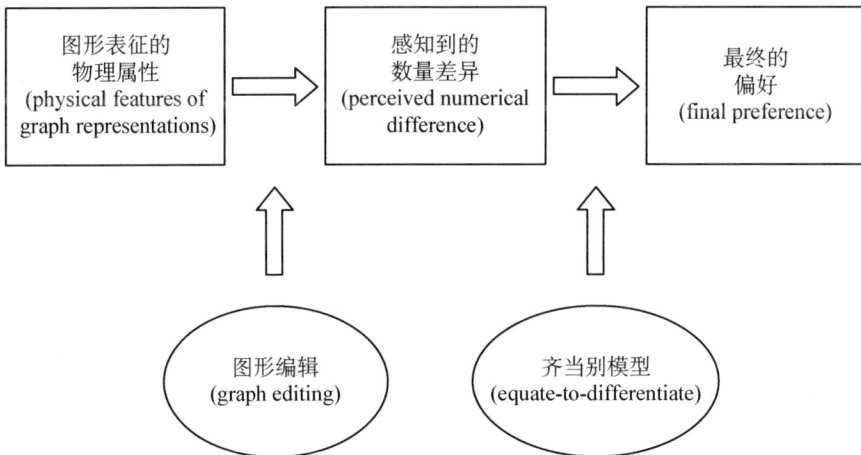

图3.1 图形框架效应的两阶段心理加工模型——图形编辑的齐当别模型
(The Graph-edited Equate-to-differentiate Model, GEM)(Sun, Li, Bonini, & Su, 2012)

在图形框架效应的第一阶段——图形编辑加工阶段,决策者对图形的物理属性(比如,距离、大小)进行编辑,根据属性替代的启发式,人们会使用物理属性差异作为替代来对选项间数值差异进行评估。而在第二个偏好选择阶段,根据齐当别模型,人们会将差异较小的维度齐同掉,使用差异较大的维度来做出最终的决策,选择出差异较大维度上占优的选项。我们的实验结果证实了图形编辑的齐当别模型解释图形框架效应的有效性(Sun et al., 2012)。

我们在上述不同实验情景、不同图形中均证实了人们的判断与决策中图形框架效应的有效性和普遍性。鉴于图形框架能够排除语言本身对框架效应的影响这一优势,我们将图形框架效应引入了风险决策研究领域。Sun, Li, Bonini 和 Liu(2016)发现了风险决策中的图形框架效应,实验与上述的"MP3 购物问题"的实验范式一致,也采用坐标轴来表征风险选择中的概率维度和钱数维度,通过坐标轴的相对长短来操纵对应维度在决策中的重要性,具体的图形表征如图 3.2(左图为相对突显钱数的问题版本;右图为相对突显概率的问题版本)所示,其中,选项 A 为"80%的概率得到50 元,20%的概率得到 0 元",选项 B 为"40%的概率得到 100 元,60%的概率得到0 元"。

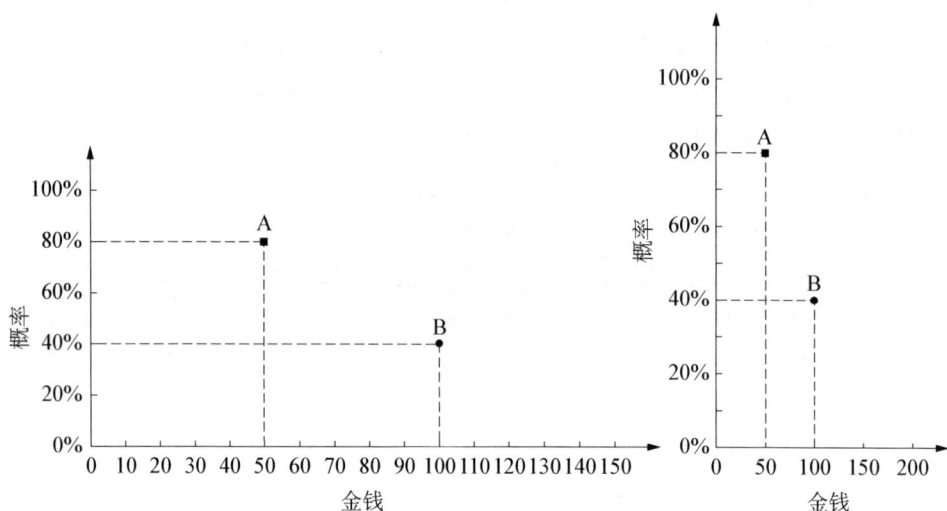

图 3.2 "风险选择"中选项呈现方式(左图为相对突显钱数的问题版本;右图为相对突显概率的问题版本)

研究发现,与决策无关的坐标轴长短确实会影响人们的风险决策。具体来说,相对较长的坐标轴上表征的维度在决策中所占的重要性比重更大,从而导致人们依据该维度做出最后的决策。此外,通过对决策反应时的测量,发现人们的决策过程同样会受到图形框架效应的影响。这一结果同样排除了传统风险选择框架效应研究中语言描述的影响,证实了人们在风险决策中表现出的框架效应现象的稳定性。

前人有关风险决策框架效应的研究也使用扇形图(McElroy, Seta, & Waring, 2007；Wang, 2004)、饼图(Garcia-Retamero & Galesic, 2010；Miu & Crişan, 2011)、条形图(Garcia-Retamero & Galesic, 2010)等图形呈现选项。其中 Wang(2004)的研究结果发现,用部分扇形图强调生存选项与用完整扇形图展现生存和死亡结果时,人们的选择有显著差异,同样在积极框架下,前者中人们倾向于风险寻求,而后者中则表现出风险规避。李晓明和刘心阁(2013)操纵了星号图的大小和相对大小来研究其对人们的风险规避行为的影响。以上风险决策框架效应的研究中都涉及了图形,但这些研究探讨的都是图形刺激对传统框架效应的调节作用,与我们研究的图形框架效应有本质区别:前人有关图形刺激的研究中不同图形呈现的信息是不同的,不能算作框架效应,但我们的图形框架操作只改变了信息的图形呈现方式而保持了信息本身不变,因此属于一种新的框架效应。

从上述对目前研究成果的总结来看,图形框架效应的研究才刚刚起步,研究范围和深度都有待进一步扩展。但相对传统的言语框架效应,图形框架效应能排除语言本身特性对框架效应的影响,得到纯净的框架效应,从而能更有力地证明框架效应的存在,这一独特的优势正逐渐得到研究者的关注,未来关于框架效应的研究或许会更多地关注图形框架对人们行为决策的影响。

致谢:感谢《心理科学进展》的"决策心理学专栏"为作者提供了全面梳理 20 多年对框架效应所做研究的机会。正是有趣的框架效应最初吸引作者弃工从理,走上心理学研究道路,也正是这迷人的研究课题促使课题组更多成员倾心学术探索,为伊消瘦终不悔。

参考文献

Arrow, K. J. (1982). Risk perception in psychology and economics. *Economic Inquiry*, 20(1), 1‐9.

Cassotti, M., Habib, M., Poirel, N., Aïte, A., Houdé, O., & Moutier, S. (2012). Positive emotional context eliminates the framing effect in decision-making. *Emotion*, 12(5), 926‐931.

Cheung, E., & Mikels, J. A. (2011). I'm feeling lucky: The relationship between affect and risk-seeking in the framing effect. *Emotion*, 11(4), 852‐859.

Fagley, N. S., Coleman, J. G., & Simon, A. F. (2010). Effects of framing, perspective taking, and perspective (affective focus) on choice. *Personality and Individual Differences*, 48(3), 264‐269.

Fagley, N., S, & Miller, P., M. (1990). The effect of framing on choice: Interactions with risk-taking propensity, cognitive style, and sex. *Personality and Social Psychology Bulletin*, 16(3), 496‐510.

Frederick, S., Read, D., LeBouef, R., & Bartels, D. (2011). *Tempora lreferences and temporal preferences: The age-delay effect in intertemporal choice*. Working paper.

Garcia-Retamero, R., & Cokely, E. T. (2011). Effective communication of risks to young adults: Using message framing and visual aids to increase condom use and STD screening. *Journal of Experimental Psychology: Applied*, 17(3), 270‐287.

Huang, Y., & Wang, L. (2010). Sex differences in framing effects across task domain. *Personality and Individual Differences*, 48(5), 649‐653.

Kahneman, D., & Frederick, S. (2002). Representativeness revisited: Attribute substitution in intuitive judgment. In T. Gilovich, D. Griffin, & D. Kahneman (Eds.), *Heuristics and biases: The psychology of intuitive thought* (pp. 49‐

81). Cambridge, UK: Cambridge University Press.

Kahneman, D. , & Tversky, A. (1979). Prospect theory: An analysis of decision under risk. Econometrica: *Journal of the Econometric Society*, *47*, 263 - 291.

Kahneman, D. , & Tversky, A. (1982). The psychology of preferences. *Scientific American*, *246*(1), 160 - 173

Kühberger, A. , & Gradl, P. (2011). Choice, rating, and ranking: Framing effects with different response modes. *Journal of Behavioral Decision Making*, *26*, 109 - 117.

Li, S. (1993). What is wrong with Allais' certainty effect? *Journal of Behavioral Decision Making*, *6*, 271 - 281.

Li, S. (1994). *Equate-to-differentiate theory: A coherent bi-choice model across certainty, uncertainty and risk*. Unpublished doctorial dissertation, University of New South Wales.

Li, S. (1998). Can the conditions governing the framing effect be determined? *Journal of Economic Psychology*, *19*(1), 133 - 153.

Li, S. (2001). Equate-to-differentiate: The role of shared and unique features in the judgment process. *Australian Journal of Psychology*, *53*, 109 - 118.

Li, S. (2003). Violations of conjoint independence in binary choices: The equate-to-differentiate interpretation. *European Journal of Operational Research*, *148*, 65 - 79.

Li, S. (2004). A behavioral choice model when computational ability matters. *Applied Intelligence*, *20*, 147 - 163.

Li, S. , & Adams, A. S. (1995). Is there something more important behind framing? *Organizational Behavior and Human Decision Processes*, *62*(2), 216 - 219.

Li, S. , & Xie, X. (2006). A new look at the "Asian disease" problem: A choice between the best possible outcomes or between the worst possible outcomes? *Thinking & Reasoning*, *12*(2), 129 - 143.

Li, S. , Su, Y. , & Sun, Y. (2010). The effect of pseudo-immediacy on intertemporal choices. *Journal of Risk Research*, *13*(6), 781 - 787.

Li, S. , Sun, Y. , & Wang, Y. (2007). 50% off or buy one get one free? Frame preference as a function of consumable nature in dairy products. *Journal of Social Psychology*, *147*(4), 413 - 421.

Liu, Y. , Li, S. , & Sun, Y. (2014). Unpacking a time interval lengthens its perceived temporal distance. *Frontiers in Psychology*, *5*: 1345.

Loewenstein, G. F. (1988). Frames of mind in intertemporal choice. *Management Science*, *34*(2), 200 - 214.

Loewenstein, G. , & Thaler, R. H. (1989). Anomalies: intertemporal choice. *The Journal of Economic Perspectives*, *3*(4), 181 - 193.

Malkoc, S. A. , & Zauberman, G. (2006). Deferring versus expediting consumption: The effect of outcome concreteness on sensitivity to time horizon. *Journal of Marketing Research*, *43*(4), 618 - 627.

Malkoc, S. A. , Zauberman, G. , & Bettman, J. R. (2010). Unstuck from the concrete: Carryover effects of abstract mindsets in intertemporal preferences. *Organizational Behavior and Human Decision Processes*, *113*(2), 112 - 126.

McElroy, T. , Seta, J.J. , & Waring, D. A. (2007). Reflections of the self: how self-esteem determines decision framing and increases risk taking. *Journal of Behavioral Decision Making*, *20*(3), 223 - 240.

Miu, A. C. , & Crişan, L. G. (2011). Cognitive reappraisal reduces the susceptibility to the framing effect in economic decision making. *Personality and Individual Differences*, *51*(4), 478 - 482.

Ramanathan, S. , & Dhar, S. K. (2010). The effect of sales promotions on the size and composition of the shopping basket: regulatory compatibility from framing and temporal restrictions. *Journal of Marketing Research*, *47*(3), 542 - 552.

Read, D. , Frederick, S. , & Scholten, M. (2013). DRIFT: An analysis of outcome framing in intertemporal choice. *Journal of Experimental Psychology: Learning, Memory, and Cognition*, *39*(2), 573 - 588.

Read, D. , Frederick, S. , Orsel, B. , & Rahman, J. (2005). Four score and seven years from now: The date/delay effect in temporal discounting. *Management Science*, *51*(9), 1326 - 1335.

Reyna, V. F. , & Brainerd, C. J. (1991). Fuzzy-trace theory and framing effects in choice: Gist extraction, truncation, and conversion. *Journal of Behavioral Decision Making*, *4*(4), 249 - 262.

Seo, M. - G. , Goldfarb, B. , & Barrett, L. F. (2010). Affect and the framing effect within individuals over time: Risk taking in a dynamic investment simulation. *Academy of Management Journal*, *53*(2), 411 - 431.

Shelley, M. K. (1994). Gain/loss asymmetry in risky intertemporal choice. *Organizational Behavior and Human Decision Processes*, *59*(1), 124 - 159.

Sun, Y. , Li, S. , & Bonini, N. (2010). Attribute salience in graphical representations affects evaluation. *Judgment and Decision Making*, *5*(3), 151 - 158.

Sun, Y. , Li, S. , Bonini, N. & Liu, Y. (2016). Effect of graph scale on risky choice: Evidence from preference and process in decision-making. *PLoS ONE*, *11*(1), e0146914.

Sun, Y. , Li, S. , Bonini, N. , & Su, Y. (2012). Graph-framing effects in decision making. *Journal of Behavioral Decision Making*, *25*(5), 491 - 501.

Trope, Y. , & Liberman, N. (2003). Temporal construal. *Psychological Review*, *110*(3), 403 - 421.

Tversky A, & Kahneman D. (1992). Advances in prospect theory: Cumulative representation of uncertainty. *Journal of Risk and Uncertainty*, *5*, 297 - 323

Tversky, A. , & Kahneman, D. (1981). The framing of decisions and the psychology of choice. *Science*, *211*(4481),

42　　**决策心理：齐当别之道**

453 - 458.

Updegraff, J. A. , & Rothman, A. J. (2013). Health message framing: moderators, mediators, and mysteries. *Social and Personality Psychology Compass*, 7(9),668 - 679.

Van Schie, E. C. M. , Van der Pligt, J. , (1990). Problem representation, frame preference, and risky choice. *Acta Psychologica*, 75,243 - 259.

Wang, X. T. (2004). Self-framing of risky choice. *Journal of Behavioral Decision Making*, 17(1),1 - 16.

Weber, E. U. , Johnson, E. J. , Milch, K. F. , Chang, H. , Brodscholl, J. C. , & Goldstein, D. G. (2007). Asymmetric discounting in intertemporal choice a query-theory account. *Psychological Science*, 18(6),516 - 523.

Zhao, C‐X. , Jiang, C‐M. , Zhou, L. , Li, S. , Rao, L‐L, & Zheng, R. (2015). The hidden opportunity cost of time effect on intertemporal choice. *Frontiers in Psychology*. 6;311.

段锦云,朱月龙,陈婧.(2013).心理距离对风险决策框架效应的影响.心理科学,36(6),1404—1407.

何贵兵,梁社红,刘剑.(2004).风险偏好预测中的性别差异和框架效应.应用心理学,8(4),19—23.

江程铭.(2013).跨期选择的心理机制:基于齐当别的视角.博士学位论文.中国科学院大学.

李纾,毕研玲,梁竹苑,孙彦,汪祚军,郑蕊.(2009).无限理性还是有限理性?——齐当别抉择模型在经济行为中的应用.管理评论,21(5),103—114.

李纾,房永青,张迅捷.(2000).再探框架对风险决策行为的影响.心理学报,32(2),229—234.

李晓明,刘心阁.(2013).图形表征的物理突显性对风险回避行为的影响.心理科学,36(6),1383—1387.

刘涵慧,周洪雨,车宏生.(2010).人格特征对不同类型框架下决策的影响.心理科学,33(4),823—826.

刘红艳,李爱梅,王海忠,卫海英.(2012).不同促销方式对产品购买决策的影响——基于解释水平理论视角的研究.心理学报,44(8),1100—1113.

刘扬,孙彦.(2014).行为决策中框架效应研究新思路——从风险决策到跨期决策,从言语框架到图形框架.心理科学进展,22(8),1205—1217.

刘永芳,毕玉芳,王怀勇.(2010).情绪和任务框架对自我和预期他人决策时风险偏好的影响.心理学报,42(3),317—324.

马文娟,索涛,李亚丹,罗笠铢,冯廷勇,李红.(2012).得失框架效应的分离——来自收益与损失型跨期选择的研究.心理学报,44(8),1038—1046.

孙彦,黄莉,刘扬.(2012).决策中的图形框架效应.心理科学进展,20(11),1718—1726.

孙彦,许洁虹,陈向阳.(2009).封面故事、选项框架和损益概率对风险偏好的影响.心理学报,41(3),189—195.

王鹏,刘永芳.(2009).时间框架对决策的影响.心理科学,32(4),840—842.

张凤华,邱江,邱桂凤,张庆林.(2007).决策中的框架效应再探.心理科学,30(4),886—890.

钟毅平,申娟,吴坤.(2009).风险决策任务中时间距离对框架效应的影响.心理科学,32(4),920—922.

第4章 独立性原则与艾勒（Allais）悖论（上）

在1952年巴黎的一次国际研讨会上，1988年度诺贝尔经济学奖得主 Allais (Maurice Allais,译为艾勒)以口头提问的形式向主观期望效用(subjective expected utility, SEU)理论奠基人 Savage 呈现了两对简单的选择题,结果 Savage 做出的反应竟违背了他自己提出的独立性原则(independence principle)或称为"确定事件原则"(sure thing principle),同时也违背了期望效用理论。Allais(1953)设计的原选择问题与以下问题(风险决策的概率形式)相似:

第一对二择一选择题

选项 A	完全肯定获得一好结果	$1,000,000
选项 B	0.10 的概率获得一非常好结果	$5,000,000
	0.89 的概率获得一好结果	$1,000,000
	0.01 的概率获得一坏结果	$0

第二对二择一选择题

选项 C	0.11 的概率获得一非常好结果	$1,000,000
	0.89 的概率获得一坏结果	$0
选项 D	0.10 的概率获得一非常好结果	$5,000,000

0.90 的概率获得一坏结果　　　　　　　$0

第一对选择题包含了一个确定选项和一个风险选项。第二对选择题其实是从第一对选择题脱胎而来:消除了一个各选项所共同拥有的可能结果(0.89 的概率获得 $1,000,000),选项 A 便成了选项 C,而选项 B 便成了选项 D。

面对第一对二择一选择题,Savage 本人偏爱 A(肯定选项),这种选择在期望效用理论里意味着:

$$u(1,000,000) > 0.10u(5,000,000) + 0.89u(1,000,000) + 0.01u(0)$$

或　　　　　　　$(1-0.89)u(1,000,000) > 0.10u(5,000,000)$

然而,面对第二对二择一选择题,Savage 则偏爱 D,这种选择在期望效用理论里意味着逆向的不等关系:

$$0.11u(1,000,000) < 0.10u(5,000,000)$$

期望效用理论(EU)假设概率是线性的,因此,从以上两个不等式导出:$(1-0.89) > 0.11$。这即后人所谓的"艾勒悖论(Allais Paradox)"。

Savage 随后将 Allais 的原选择题重组成 100 个可能的抽奖券的表格形式(表 4.1),这样便可清楚看出他的选择为什么违背了他自己提出的确定事件原则。

表 4.1　艾勒悖论——确定事件原则之反例:如果 $f \geqslant g$,那么 $f' \geqslant g'$

	状态概率		
	0.89 不相关事件	0.10 相关事件	0.01 相关事件
选项	s_1	s_2	s_3
f	$1M	$1M	$1M
g	$1M	$5M	$0
f'	$0	$1M	$1M
g'	$0	$5M	$0

对照表 4.1 可看出:

A(1, 1M)	即	f
B(0.89, 1M)(0.10, 5M)(0.01, 0)	即	g
C(0.11, 1M)(0.89, 0)	即	f'
D(0.10, 5M)(0.9, 0)	即	g'

Savage 的初始反应违背了他的确定事件原则。按照确定事件原则，当消除了 f 和 g 中的无关状态 I（即 s_1）后，决策者的选择应该保持不变。也就是说，$f \succ g$，则 $f' \succ g'$。然而人们的实际选择却是 $f \succ g$，$g' \succ f'$，违背了确定事件原则和独立性原则。同样，依据独立性原则，对任何非零概率 p 和结果 C，其中（A，p；C，$1-p$）表示由概率 p 产生结果 A 和概率（$1-p$）产生结果 C 的选项，如果 $A \succ B$ 那么（A，p；C，$1-p$）$\succ$（B，p；C，$1-p$）。人们对选择 A(C) 或选择 B(D) 的偏爱不应受到由 0.89 的概率所产生的共同结果值（$ \$1,000,000$ 或 $\$0$）的影响。艾勒悖论违背了期望效用理论的独立性原则，成为欲推翻期望效用理论的杠杆（详细综述请参见，例如，Machina，1987）。

4.1　艾勒(Allais)悖论的解释机制

Allais 本人对艾勒悖论亦有自己的解释。他在获诺贝尔经济学奖演讲时，阐述了他对以他名字命名的艾勒悖论的看法：

> "艾勒(Allais)悖论"只是在外表上显得自相矛盾，它实际上符合了非常深刻的心理现实——接近确定事件时对安全的偏好(Allais，1997，p. 6)。

4.1.1　补偿性模型(预期理论)的解释

自艾勒悖论问世以来，研究者在 20 世纪七八十年代陆续积累了许多实验证据，证明人们在实际决策中会违背独立性原则。决策领域也因此新发展了许多修正线性假说的理性期望模型(rational expectation model)。这些模型大都从修正线性概率的假设入手，提出各可能结果的效用不再被客观概率所乘，而是被非线性的决策权重(decision weights)所乘。而决策权重不必遵守概率的数学定律，并假定互补事件(complementary events)的决策权重之和可以小于 1，即，$w(p) + w(1-p) < 1$，从而将期望效用理论所无法解释为最大化反应的艾勒悖论等问题，再次成功地描述为一种新的期望最大化的抉择反应。

以极具代表性的 Kahneman 和 Tversky(1979) 的预期理论为例，该理论提出了一个非线性的权重函数 π（图 4.1）。其中，大、中概率被权重函数所低估(underweighted)，小概率被权重函数所高估(overweighed)。低估大、中概率的结果可导致被权重的概率之和小于 1，即，$\pi(p) + \pi(1-p) < 1$。这种权重函数的特性被 Kahneman 和 Tversky 称之为"次确定性"(subcertainty)。正是这所谓的"次确定性"化解了 Allais 所发现的悖论：$(1 - 0.89)u(1,000,000) > 0.10u(5,000,000) >$

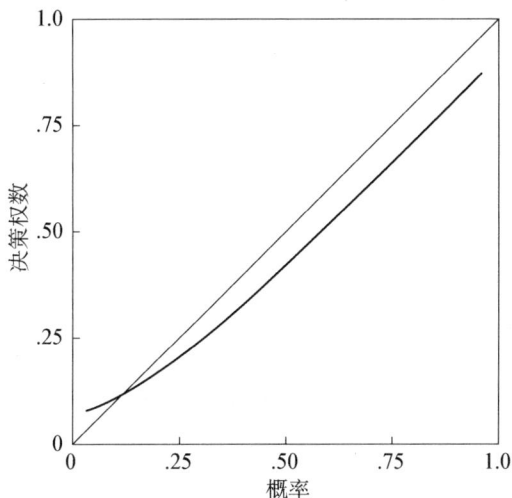

图 4.1 π 函数曲线图(转引自 *Scientific American* 中文版,Kahneman & Tversky, 1982)

0.11u(1,000,000) 或(1−0.89)＞0.11。请注意,期望理论是预先假定被人们选定的方案一定是具备了某种"最大值"的方案,即,在第一对选择题中,A 的"总价值"＞B 的"总价值";在第二对选择题中,D 的"总价值"＞C 的"总价值",从而演绎出"次确定性"关系：π(1.0)−π(0.89)＞π(0.11)。

4.1.2 非补偿性模型(齐当别模型)的解释

"齐当别"模型看艾勒悖论的方式与现代派生的理性期望模型完全不同。该模型注意到,若假设人们对金钱的主观价值函数(效用)为非线性的凹型函数,在第一对选择题中,B 方案的"坏结果"(获零元)与 A 方案的"肯定结果"(获一百万元)之间的差异显得非常突出;而在第二对选择题中,D 方案的"好结果"(获五百万元)与 C 方案的"好结果"(获一百万元)之间的差异显得非常突出(图 4.2)。这意味着,在第一对选择题中大部分人的决策是在**最坏**可能结果维度上进行,在第二对选择题中大部分人的决策是在**最好**可能结果维度上进行。艾勒悖论之所以会产生,是因为人们的先后两次决策**不是固定在同一维度**上进行的。

从图 4.2 中可见,改变"共同结果值"可以改变最好和最坏可能结果维度上的相对差别。因此,如果研究者借此尝试将原问题中的维度差别朝相反方向转换,便有可能产生与原艾勒悖论相反的选择结果。在这种思路的指导下,作者设计了一系列涉及艾勒悖论的实验。

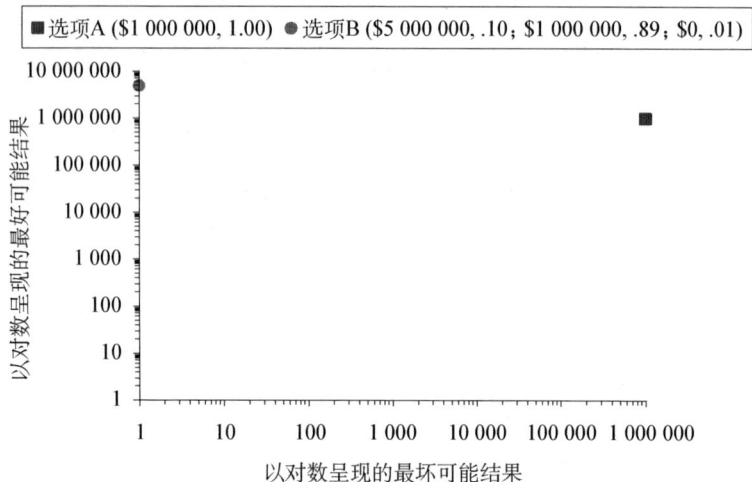

图 4.2a 艾勒悖论的第一对选择题:略去次最好可能结果并采用对数函数作为效用函数

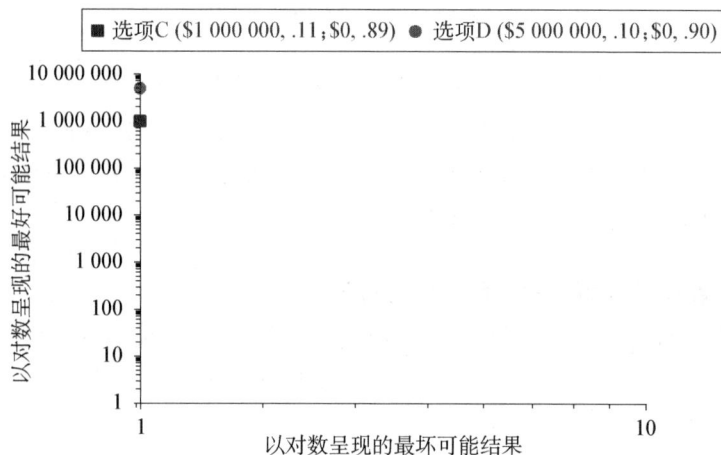

图 4.2b 艾勒悖论的第二对选择题:采用对数函数作为效用函数(Li,Taplin 和 Zhang(2007),p.1397)

4.1.3 登山队问题

Li(1993)设计的登山队问题与艾勒悖论一样,该题的第二对选择实际上是消除了第一对选择中一个各方案所共享的可能结果(有 67％的机会救活 1 人)后所衍生的。中译版的登山队问题如下所述,括号内为选择各方案的人数百分比。

案情故事:

　　设想有一个由 5 人组成的登山队在攀登一雪山时遇险。登山队大本营的指挥部面临两种抢救方案:一是利用直升机将伤员运往省城医院抢救;二是利用汽车将伤员运往附近当地医院抢救。经专家仔细估算,两种方案所产生的可能结果如下:

方案 A:肯定救活 1 人。【35.5%】

方案 B:有 11% 的机会救活 3 人,有 67% 的机会救活 1 人,但是有 22% 的机会救活不了任何人。【64.5%】

假如您是营救中心的指挥员,请您在方案 A 和方案 B 之间作一个选择。

作为营救中心的指挥员,您已经做好了您的抉择。可是现在情况发生了变化,一是天气状况恶化,二是通向出事地点的道路发生塌方。经专家最新的估算,两种方案现在所产生的可能结果如下:

方案 A:有 33% 的机会救活 1 人,但是有 67% 的机会救活不了任何人。【62.5%】

方案 B:有 11% 的机会救活 3 人,但是有 89% 的机会救活不了任何人。【37.5%】

请您在方案 A 和方案 B 之间作一个选择。

Li(1993)调查 259 人的结果表明,被试所表现出的不一致的冒险趋势亦违背了期望效用理论的独立性原则,但是其违背的类型与艾勒悖论完全相左。即,大多数被试在第一对选择题中选择风险备择方案,而在第二对选择题中变换其选择。

若预先假定被人们选定的方案一定是具备了期望理论所认定的“最大值”的方案,第一次选择的结果意味着:$\pi(1.0)v(1) < \pi(0.11)v(3) + \pi(0.67)v(1)$,或 $\pi(0.11)v(3) > \pi(1.0)v(1) - \pi(0.67)v(1)$;第二次选择结果意味着:$\pi(0.33)v(1) > \pi(0.11)v(3)$。从而可演绎出与权重函数“次确定性”相悖的“超确定性”(supercertainty) 关系:$\pi(0.33) + \pi(0.67) > \pi(1.0)$。

然而,依“齐当别”模型所设计的逻辑:在第一对选择题中,B 方案的“坏结果”(救活不了任何人)与 A 方案的“肯定结果”(肯定救活 1 人)之间的差异被设计成相对不显著;而在第二对选择题中,B 方案的“坏结果”(89% 的机会救活不了任何人)与 A 方案的“坏结果”(67% 的机会救活不了任何人)之间的差异却被设计成相对显著。以这样的尝试将登山队问题中的维度差别朝着与艾勒悖论问题相反的方向转换,便产生与艾勒悖论相反的选择结果。

4.1.4 瓦斯爆炸问题

Li 和 Adams(1995)设计的瓦斯爆炸问题与艾勒悖论一样,该题的第二对选择实际上是变更了第一对选择中的共享可能结果(减少了 40％的机会救活 500 人/增加了 40％的机会 500 人遇难死亡)后演变而来。不同的是,这个共同的可能结果是以分离的"透明"(transparent)形式呈现给被试的。中译版的瓦斯爆炸问题如下所述,括号内为选择各方案的人数百分比。

案情故事:

设想有一座大型煤矿发生瓦斯爆炸,有 500 名矿工遇险。煤矿的上级领导现面临两种抢救方案:一是利用直升机将伤员集中运往省城医院抢救;二是利用汽车将伤员分散运往附近各当地医院抢救。经专家仔细估算,两种方案所产生的可能结果如下:

正面框架(N = 162)

方案 A:有 60％的机会救活 100 人,有 40％的机会救活 500 人。【77％】

方案 B:有 15％的机会救活 400 人,有 45％的机会救活不了任何人,有 40％的机会救活 500 人。【23％】

假如您是上级领导,请您在方案 A 和方案 B 之间作一选择_____。

现在您已经做好了您的抉择。可是情况发生了变化,预计要在前往医院途中使用的医疗设备无法如期送到。这一变化将对以上两方案产生相同的影响:减少了 40％的机会救活 500 人。据专家最新的估算,两种方案现在所产生的可能结果如下:

方案 A:有 60％的机会救活 100 人,有 40％的机会救活不了任何人。【70％】

方案 B:有 15％的机会救活 400 人,有 85％的机会救活不了任何人。【30％】

请您在方案 A 和方案 B 之间作一个选择_____。

负面框架(N = 198)

方案 A:有 60％的机会 400 人遇难死亡,有 40％的机会无人遇难死亡。【30％】

方案 B:有 15％的机会 100 人遇难死亡,有 45％的机会 500 人遇难死亡,有 40％的机会无人遇难死亡。【70％】

假如您是上级领导,请您在方案 A 和方案 B 之间作一选择_____。

现在您已经做好了您的抉择。可是情况发生了变化,预计要在前往医院途中使用的医疗设备无法如期送到。这一变化将对以上两方案产生相同的影响:增加了 40％的机会 500 人遇难死亡。据专家最新的估算,两种方案现在所产生的可能结果如下:

方案 A:有 60%的机会 400 人遇难死亡,有 40%的机会 500 人遇难死亡。
【61%】

方案 B:有 15%的机会 100 人遇难死亡,有 85%的机会 500 人遇难死亡。
【39%】

请您在方案 A 和方案 B 之间作一个选择_____。

Li 和 Adams(1995)所报告的瓦斯爆炸问题结果显示,在正面框架里,偏爱顺序和共同结果之间不存在显著关系($\chi_2(1)=2.28$,$p>0.05$),表明多数被试的反应符合独立性原则的立场;在负面框架里,偏爱顺序和共同结果之间存在显著关系($\chi^2(1)=39.15$,$p<0.001$),表明多数被试的反应不符合独立性原则的立场。在第一对选择里,偏爱顺序和框架条件之间存在显著关系($\chi^2(1)=79.99$,$p<0.001$),表明多数被试的反应不符合不变性原则的立场;在第二对选择里,偏爱顺序和框架条件之间不存在显著关系($\chi^2(1)=2.92$,$p>0.05$),表明多数被试的反应符合不变性原则的立场。

实验结果表明,期望效用理论的不变性原则在第一对选择题中被违背而在第二对选择题中被遵守;期望效用理论的独立性原则在正面框架中被遵守而在负面框架中被违背。"齐当别"模型的解释是:在正面框架里所操纵的"共同结果值"变化是为了促使大部分人的两次决策都在最坏可能结果维度上进行,而在负面框架里所操纵的"共同结果值"变化则是为了鼓励大部分人的两次决策分别在两个不同可能结果维度上进行(第一次决策是在次好①可能结果维度上进行;第二次决策是在最坏可能结果维度上进行)。所收集到的数据表明:只有"共同结果值"的变化能够改变不同维度上可能结果的大小差异,艾勒悖论才有可能产生;改变了"共同结果值"而没有改变不同维度上可能结果的大小差异,艾勒悖论则不可能产生。

4.1.5 对齐当别模型解释的检验

为验证人们对 Allais 选择题的反应确实是受"齐当别"策略的支配,后续研究(李纾,2001)采用了一种称为"判断"的任务。它将各备择方案的最好可能结果相互配对,又将各备择方案的最坏可能结果相互配对,然后要求被试判断哪一种结果之间的差异最大。被试若判断最好可能结果之间的差异最大,"齐当别"模式则推测,被试应挑选最好配对中拥有较好结果的方案(B 或 D)。反之,被试若判断最坏可能结果之间的差异最大,"齐当别"模式则推测,被试应避免最坏配对中拥有较坏结果的方案

① 两方案共享的可能结果恰巧都是最好结果。

(B或D)。请注意,在第一对选择题中,肯定方案的结果本身既可看成是最好结果(与B的最好结果相比较时)又可看成是最坏结果(与B的最坏结果相比较时)。因此,人们选择方案A(保守方案),是因为被试在最坏可能结果之间("肯定获一百万元"对"0.01的概率获得零元")刻意避免了方案B所提供的较坏结果(0.01的概率获得零元);人们选择方案B(冒险方案),是因为被试在最好可能结果之间("肯定获一百万元"对"0.10的概率获得五百万元")精心挑选了方案B所提供的较好结果(0.10的概率获得五百万元)。

此检验实验要求被试次第完成两种任务:选择任务和判断任务。选择任务即艾勒(Allais)的选择题,呈现给被试的选择题如前所示。判断任务如下所示:

第一对判断题(选出差别最大的配对)
F:"肯定获一百万元"对"0.10的概率获得五百万元"
G:"肯定获一百万元"对"0.01的概率获得零元"
第二对判断题(选出差别最大的配对)
I:"0.11的概率获得一百万元"对"0.10的概率获得五百万元"
J:"0.89的概率获得零元"对"0.90的概率获得零元"

Allais式的选择结果意味着,选择类型与共同结果值之间存在着一定的关系。当共同结果的值为$1,000,000时,人们喜欢肯定的备择方案;当共同结果的值减至$0时,人们变换其选择方案。若考虑"第三变量"(判断类型),便可获得更多的信息,并构成列联表(表4.2)。

表4.2 艾勒(Allais)第一和第二对问题的选择和判断结果 ($N = 122$)

		共同结果的值			
		一百万元 判断		零元 判断	
		F	G	I	J
选择	A(C)	13	(34)	5	(5)
	B(D)	(46)	29	(97)	15

注:下面划线的数据是艾勒悖论所要求的。括号内的数据是"齐当别"决策模型所要求的(李纾,2001)。

如表4.2所示,在第一次选择和判断中,此项实验有过半数的被试(61%)喜欢风险方案B。其结果与Allais式的选择结果不尽相符,然而,选择变异可以被判断类型所解释的效应(phi squared)为显著性水平的 11%($p < 0.01$)。在第二次选择和判断中,此项实验的大部分被试(92%)喜欢方案 D。其结果非常符合 Allais 式的选择结果,其中亦有 7%($p < 0.01$)的选择变异可以被判断类型所解释。

综合两次选择和判断的结果,一共有 159 次反应(65%)符合 Allais 的立场。选择类型与共同结果值之间存在显著关系($\chi^2(1) = 31.34$, $p < 0.01$)。另一方面,一共有 182 次反应(75%)符合"齐当别"决策模型的立场。共同结果值、判断类型和选择类型之间也存在着显著关系($\chi^2(3) = 52.47$, $p < 0.01$)。

4.2 讨论与启示

所有生物,从筑巢的蜜蜂到建桥的工程师,都必须对未来进行预测,以便决定下一步的行动。为了做出最佳选择,既要考虑各行动结果的潜在价值,又要考虑各行动结果的发生概率。17 世纪数学家 Blaise Pascal 和 Pierre de Fermat 将这两种考虑的产物加工形成了期望价值的概念。

$$EV = \sum_{i=1}^{n} p_i x_i$$

其中, p_i 表示随机事件 $i(i = 1, \cdots, n)$ 发生的概率, x_i 表示随机事件 i 发生所产生的结果。

期望价值理论是用于风险状态下决策的第一个规范性理论。此后,迫于该理论不能解释和预测行为而遭到质疑的压力,人们不断地对风险状态下的决策模型进行修正。Bernoulli(1738)所讨论的圣彼得堡(St. Petersburg)悖论证明,如果人们的风险决策是某种期望值的最大化,这个期望值绝不是 EV。而艾勒悖论(Allais, 1953)又证明,如果人们的风险决策还是某种期望值的最大化,这个期望值既不是 EV 也不是 EU。然而,尽管在该领域的理论发展过程中涌现了许多自认为不同的决策模型,心细的读者不难发现,以这两大派别为代表的主流决策模型实际上只研究及采用了一种评价法则——期望法则(expectation rule)。证明期望法则具有合法性的理念一直驱动着这个领域里的研究者。

以后所派生出的理性期望模型(rational expectation model)也只是朝着一个方向修正原有的模型。即,预先假定被人们选定的方案一定是具备了某种"最大值"的方案,如果被选中的方案被证明不具备客观上的"最大值",那就转而证明被选中的方案是具备了主观上的"最大值";如果通过对客观风险结果或者对结果的客观概率做适当的转化后被选中的方案仍然被证明不具备某种"最大值",那么,就采用 WU = $\sum w(p_i)u(x_i)$ 之类或者更复杂的期望值的计算以证明被选中的方案具备了另一种

"最大值"。理性期望模型的百年发展,从 EU 理论的传统或 Bernoullian 版本,到 EU 理论的 von Neumann 和 Morgenstern 版本,到 Savage 的主观 EU 理论,到 weighted utility 模型(Edwards, 1962),到 rank-dependent utility 模型(Quiggin, 1982),到 sign-dependent utility 模型(Einhorn & Hogarth, 1986),到 rank-and sign-dependent utility 模型(Luce & Fishburn, 1991),到 AUSI expected utility 模型(Grant & Kajii, 1998)等,均未跳出这个窠臼。

该领域内的研究者总是从预测失败中想到"最大化"的标准可能出了差错,要做的事是再接再厉修改不符实际的"最大化"标准,而鲜有人怀疑"最大化"的原则本身会出错(毕研玲,李纾,2007)。

然而,根据人们的实际选择演绎出非线性的价值函数(如在受益和受损区域分别为凹形和凸形的 S 状价值函数 v)和非线性的权重函数(如 π 函数),然后利用演绎出的非线性函数来让人信服修正后的"最大化"选择模型是有效度的,这种做法并不能证明"最大化"假设本身是正确的。这样做犹如能寻觅到证据来证明一古老的假设——地球是扁平的。寻求证据说明被选中的方案可以被主观函数演算成具有某种"最大值",就好比寻求证据说明心理反应(如,扭曲、错觉、放大等)是物理变化的非线性函数。虽然人们可以不断找出比传统对数函数更适合个体的心理物理函数,说该函数可使人们在主观上将地平线知觉更加"扁平",但找到这样的心理物理函数并不构成对"地球是扁平的"这一假设的证明。

这些结果表明,由判断任务所揭示的齐当别策略能够对不同"共同结果值"条件下的风险决策行为做出较连贯的解释。这些结果连同"登山队问题"等实验结果,一道质疑了人类风险决策行为是某种期望值的最大化的观点。也许,不断修正的期望模型最终又能演绎出新的主观价值函数或主观概率函数,将人们的风险决策行为圆满地描述为最大化过程。但也许,指导人们做风险决策的原则根本就不是期望法则,而是如 Simon(1955)提出的"满意法则"(satisficing rule)等其他法则。修正的期望模型只不过是为掩盖旧错误而犯下的新错误,现在到了后来人考虑摆脱"期望法则"怪圈的时候了。

致谢:1992 年选择将 What is wrong with Allais' certainty effect? 这篇论文投给 *Journal of Behavioral Decision Making* 的原因是该刊物要求提供 50 字的作者简介,冀发表时可以留下一段文字:His work on decision making under risk would not be possible without the support of his wife, a one-time soprano, who sews day and night to cover his fees.

第 5 章　独立性原则与艾勒（Allais）悖论（下）

共同作者:饶俪琳

在跨期决策领域中,Paul Samuelson 于 1937 年所提出的折扣效用理论(discounted-utility theory)不仅被认为是一种规范性理论,同时也被看作是一种描述性理论(Frederick, Loewenstein, & O'Donoghue, 2002; Samuelson, 1937)。折扣效用理论认为,对于任何一个跨期选择(即,在时间 t 获得结果 x)来说,其价值就是选项中结果的现在效用 U(x)和一个时间折扣指数函数 F(t)的乘积。对于一个混合的跨期选择(即,一个选项中包含多个时间点、多种结果)来说,其价值就是将每个时间点的每种结果效用简单相加。如果选项 A 的总效用大于选项 B 的总效用,那么,人们倾向于选择选项 A。然而,有大量证据表明人们系统地违背了折扣效用理论(discounted-utility theory)。比如,共同差异效应(common difference effect)、量级效应(magnitude effect),获得—损失不对称(gain-loss asymmetry),延迟—提前不对称(delay-speedup asymmetry)等(Benzion, Rapoport, & Yagil, 1989; Prelec & Loewenstein, 1991; Thaler, 1981)。这些异象迫使研究者们不断修改折扣效用理论。

在那些为了解释异象而修改的理论中,最突出的莫过于双曲线折扣模型(Ainslie, 1975)。该模型认为折扣率并不是恒定的,而是在现在与近期未来之间的折扣率高于在近期未来与远期未来之间的折扣率。通过修正折扣函数的形式,研究者们发展出了许多理论,包括单参数双曲折扣(one-parameter hyperbolic discounting)(Mazur, 1984)、广义双曲折扣(generalized hyperbolic discounting)(Loewenstein & Prelec, 1992)、比例折扣(proportional discounting)(Harvey, 1994),以及准双曲折扣

(quasi-hyperbolic discounting)(Laibson, 1997)。然而,这些模型都只是关注选项中只包含单个时间结果的跨期选择。当面临选项中包含多个时间结果的跨期选择时,这些模型都认为存在可加性和独立性假设。可加性假设指的是对于结果序列的偏好是基于跨期选择中的每个成分的简单相加(Loewenstein & Prelec, 1993)。独立性假设指的是在一个时间点发生的结果的价值或效用独立于其他时间点发生的结果(Prelec & Loewenstein, 1991)。

因为风险和延迟在心理上具有相似性,并且风险和延迟可能存在类似的心理过程(Weber & Chapman, 2005),跨期决策的理论发展一直沿袭着风险决策理论发展的道路(Loewenstein & Prelec, 1992)。在各自的研究领域里,分别产生了一系列的修正模型。尽管每个模型的函数形式各异,大多数理论模型都假设了最大化原则,即,人们通过计算每个结果的数学期望(mathematical expectation),再将其求和后选择总价值或总效用最大的选项。而双方研究的差别在于,相对于风险决策理论而言,跨期决策的理论还没那么复杂,也还不能灵活应对实证的挑战。例如,风险决策的研究已经不仅仅局限于单纯获得或单纯损失的情境,而已扩展到获得与损失的混合情境。示例可见于符号依赖性效用模型(sign-dependent utility model)(Einhorn & Hogarth, 1986)、等级与符号依赖性效用模型(rank-and sign-dependent utility model)(Luce & Fishburn, 1991),以及注意交换模型的转化(Birnbaum, 2008)。

著名的艾勒悖论(Allais, 1953)挑战了风险决策最大化假设的基石。艾勒悖论表明人们的行为会违背剔除公理(cancellation axiom)。剔除公理指的是如果两个选项中有一个针对某一事件的共同结果,那么人们的选择偏好应该独立于那个共同结果的价值(Savage, 1954)。从艾勒悖论之后,越来越多的研究者抛弃了期望最大化的假设,建立了许多新的描述性风险决策理论(比如,Brandstätter, Gigerenzer, & Hertwig, 2006; Li, 2004; Rubinstein, 1988)。

5.1 落花悖论(Fallen flowers paradox):跨期版的艾勒悖论

大多数的跨期决策模型还尚未抛弃可加性和独立性假设。一个决策理论一旦要求"独立性"或"可加性",也就默认"剔除公理",即人们的偏好并不受到备择选项中共同成分的影响。为了更好地说明剔除公理,表 5.1 中表示的是具有多时间点结果的跨期选择问题。在问题Ⅰ中,可加性模型预期,同时在选项 A 和选项 B 中的第 2 个时间点上加入一个共同成分 X,将不会影响对原来两个选项的选择偏好。如果在问题Ⅰ和问题Ⅰ′上人们的偏好不一致,那么剔除性公理就被违背了。然而,如果艾勒的假设也适用于跨期决策,我们或早或晚都会遇到一个跨期决策版的艾勒悖论。

表 5.1　多时间点跨期选择问题举例

	选项	时间点 1	时间点 2	时间点 3
问题 I	A	a	X	0
	B	0	X	b
问题 I′	C	a	0	0
	D	0	0	b
问题 II	A	a	0	0
	B	0	0	b
问题 II′	C	a + X	0	0
	D	X	0	b

受到艾勒悖论的启发,Rao 和 Li(2011)对"剔除公理"提出质疑,并提出了新悖论(悖论的命名见图 5.1)。其悖论问题如下:

问题 1:

　A:现在获得￥1,000,000,1 年后损失￥2,000,000

　B:1 年后损失￥2,000,000,10 年后获得￥5,000,000

问题 2:

　C:现在获得￥1,000,000

　D:10 年后获得￥5,000,000

在问题 1 中,71.1％的人选择了选项 B,但是在问题 2 中,76.7％的人选择了选项 C。值得注意的是,问题 2 是由问题 1 剔除了共同成分"1 年后损失￥2,000,000"而得到的。以上两个问题表明,如果将共同成分加入原选项的不同时间点,剔除公理会被违背。如果共同成分加入到原选项所具有的相同时间点,如表 5.1 中的问题 II和 II′,可加性模型同样假设人们的偏好不会发生改变。Rao 和 Li(2011)指出,若共同成分加入到原选项所具有的相同时间点,同样会导致违背剔除公理的现象产生。

问题 3:

　A:现在获得￥10,000

　B:1 年后获得￥30,000

问题 4:

　C:现在获得￥10,010,000

　D:现在获得￥10,000,000,1 年后获得￥30,000

在问题 3 中,66.7%的人选择了选项 B,但是在问题 4 中,51.1%的人选择了选项 C。值得注意的是,问题 3 是由问题 4 剔除了共同成分"现在获得￥10,000,000"而得到的。面对删除了一个共同成分的两个选项,人们做出了与剔除共同成分之前截然不同的决策,这违背了"剔除公理"。

图 5.1　该悖论最初在中国心理学会工业心理专业委员会 2010 年学术会议上报告时被冠名为**落花悖论**(饶俪琳,2010)。落花悖论(Fallen flowers paradox)是指跨期决策是否能表征为期望最大化的运算过程,其中剔除选项中共同成分的创意源于 2008 年,作者看到人间四月天里海棠花瓣随时从树枝上飘落而产生的联想。

这两个悖论是目前任何基于"独立性"和"可加性"的折扣家族模型都无法解释的。因此该研究挑战了主流跨期决策理论的基本理论前提。如同艾勒悖论(Allais,1953)成为推翻风险决策期望效用理论的杠杆,迫使许多新生模型放弃了最大化假设一样(Brandstätteral,2006;Li,2004;Rubinstein,1988),该悖论也使得折扣家族模型面临着是否继续坚持跨期决策折求和法则的挑战。

5.2　讨论与启示

当艾勒悖论质疑风险决策理论中的剔除公理时,最大化原则的支持者们仍然坚信风险决策可以被描述成最大化某些函数的形式。问题不在于是否是最大化,而在于是何种函数被最大化了(详见上一章的讨论)。同样,我们并不怀疑未来还会有研究者坚持最大化原则,通过修改折扣效用理论使其能够解释我们的数据。就如同Carlin(1996)所说:"攻击最大化原则就如同攻击希腊神话中的九头蛇……砍死一头,长出两头。"

与其坚持最大化原则,不如从自然决策过程中提取基本心理特征,这才是建构跨期决策理论的有效策略。如同 Rubinstein(2003)所说:"要结合经济学和心理学的方式打开决策者的黑箱,而不仅仅是修改函数形式。"从非补偿的角度来看,一些基于特征的模型或许提供了一些违背剔除公理这一现象的解释。比如,基于相似性的时间偏好模型(Rubinstein, 2003)、齐当别模型(the equate-to-differentiate model)(Li, 2004)和兑易模型(the tradeoff model)(Scholten & Read, 2010)。相似性解释假设个体通过使用相似性信息来简化决策过程(Rubinstein, 2003)。当面临"现在获得¥1,000,000"和"10年后获得¥5,000,000"这对选择时,大多数人考虑这两个选项中的钱数是更类似的,但这两个选项中的时间差异较大。因此,时间维度是决策依据。从齐当别的角度来看,人类的选择行为可以被看作是人们齐同更小差异的维度(金钱或者时间),使得差异更大的维度作为决策依据。问题2中观测到的即刻效应(immediacy effect)就可以被看作是人们齐同金钱维度的差异,将时间维度作为最终决策依据的结果。

当面临"现在获得¥1,000,000,1年后损失¥2,000,000"与"1年后损失¥2,000,000,10年后获得¥5,000,000"这对选择时,基于相似性的时间偏好模型和齐当别模型尚未能清晰地解释人们是如何做出决策的。而兑易模型(Scholten & Read, 2010)则尝试做出解释。兑易模型认为,当面临问题2时,时间维度上的差异显著大于金钱维度上的差异,因此人们倾向于选择C。当面临问题1时,不同的人可能有不同的考虑。有些人可能认为问题2和问题1是一样的,因此,做出了符合剔除公理的决策,而另一些人可能仍然在特征内进行比较,通过比较1,000,000和0之间的差异与5,000,000和0之间的差异,认为5,000,000和0之间的差异更大,从而选择A。

值得指出的是,现有的跨期决策研究中,大多使用的是单纯获得或单纯损失的情境。也就是说,被试被要求在一个小而早(SS)的获得和一个大而迟(LL)的获得之间,或者在一个小而早(SS)的损失和一个大而迟(LL)的损失之间进行选择。有研究者曾用伊索寓言中蚂蚁和蚂蚱的故事作为跨期决策的例子。蚂蚱的决策是在夏天的时候尽情玩乐,而蚂蚁的决策是在夏天的时候为冬天储备食物(McClure, Laibson, Loewenstein, & Cohen, 2004)。这样的选择就如同在现在获得10元还是明天获得11元之间进行决策这样简单。

然而,读者应注意到,伊索寓言中的蚂蚁和蚂蚱真正面临的选择是"夏天玩乐,冬天死于饥饿",还是"夏天储备食物,冬天靠粮食活下来"。蚂蚁和蚂蚱面临的选择很好地反映了现实生活中的跨期决策。现实生活中,选择通常是在"先获得后损失"和"先损失后获得"之间进行的,如同问题1中的选择。据我们所知,目前还尚未有跨期决策模型来解释这类决策问题,这或许也是为何现有跨期决策模型难以解释"落花悖论"(跨期决策版的艾勒悖论)的原因之一。

总之,受到艾勒悖论的启发,我们设计了实验并证实了我们的猜测:主流的跨期决策理论如果仍遵循剔除公理,在跨期决策中理当存在一个跨期决策版的艾勒悖论(Rao & Li, 2011)。该悖论表明,凡是基于独立性或可加性的任何跨期决策理论都无法解释我们所发现的悖论(Rao & Li, 2011)。这项研究挑战了主流跨期决策理论的基本理论前提,从根本上质疑跨期决策可以被"折扣求和最大化"算式所描述。此悖论能够加深我们对跨期决策的理解,指引未来研究从新的思路来思考人们是如何做出跨期决策的,并使新的理论模型能够适用于"得"、"失"兼备的情境。该研究论文作为"the lead article"发表在 *Judgment and Decision Making* 期刊上。该刊主编 Jonathan Baron 曾如是评说:I would want to publish if it were only a good classroom demonstration, as I am sure it will be used for that (at least by me).

致谢:本文谨献给 Maurice Allais 教授,以纪念其提出具有重要历史意义的艾勒悖论。

参考文献

Ainslie, G. (1975). Special reward: A behavioral theory of impulsiveness and impulse control. *Psychological Bulletin*, *82*, 463 - 496.

Allais, M. (1953). Le comportement de l'homme rationel devant le risque: Critique des postulats et axioms de l'école americaine [Rational man's behavior in face of risk: Critique of the American School's postulates and axioms]. *Econometrica*, *21*, 503 - 546.

Allais, M. (1997). An outline of my main contributions to economic science. *American Economic Review*, *87*(6), 3 - 12.

Baron, J. (2008). *Thinking and deciding* (Fourth ed.). Cambridge: Cambridge University Press.

Benzion, U., Rapoport, A., & Yagil, J. (1989). Discount rates inferred from decisions: An emperimental study. *Management Science*, *35*(3), 270 - 284.

Bernoulli, D. (1738). *Specimen theoriae novae de mensura sortis*. Comentarii Academiae Scientiarum Imperiales Petropolitanae, 5, 175 - 192. (Trans. by L. Sommer in Econometrica, 1954, 22, 23 - 36.)

Birnbaum, M. H. (2008). New paradoxes of risky decision making. *Psychological Review*, *115*, 463 - 501.

Brandstätter, E., Gigerenzer, G., & Hertwig, R. (2006). The priority heuristic: Making choices without trade-offs. *Psychology Review*, *113*(2), 409 - 432.

Carlin, P. S. (1996). Can the maximization principle be discarded? A comment. *Journal of Economic Behavior and Organization*, *29*, 351 - 353.

Edwards, W. (1962). Subjective probabilities inferred from decisions. *Psychological Review*, *69*, 109 - 135.

Einhorn, H. J., & Hogarth, R. M. (1986). Decision making under ambiguity. *Journal of Business*, *59*, S225 - 250.

Frederick, S., Loewenstein, G., & O'Donoghue, T. (2002). Time discounting and time preference: A critical review. *Journal of Economic Literature*, *40*, 351 - 401.

Grant, S., & Kajii, A. (1998). AUSI expected utility: An anticipated utility theory of relative disappointment aversion. *Journal of Economic Behavior & Organization*, *37*(3), 277 - 90.

Harvey, C. M. (1994). The reasonableness of non-constant discounting. *Journal of Public Economics*, *53*, 31 - 51.

Kahneman, D., & Tversky, A. (1979). Prospect theory: An analysis of decision under risk. *Econometrica*, *47*, 263 - 291.

Kahneman, D., & Tversky, A. (1982). The psychology of preferences. *Scientific American*, *246*(1), 160 - 173.

Laibson, D. (1997). Golden eggs and hyperbolic discounting. *Quarterly Journal of Economics*, *112*, 443 - 477.

Li, S. (1993). What is wrong with Allais' certainty effect? *Journal of Behavioral Decision Making*, *6*, 271 - 281.

Li, S. (1996). What is the price for utilizing deductive reasoning? A reply to generalized expectation maximizers. *Journal of Economic Behavior and Organization*, *29*, 355 - 358.

Li, S. (2004). A behavioral choice model when computational ability matters. *Applied Intelligence*, *20*(2), 147 - 163.

Li, S., & Adams, A. S. (1995). Is there something more important behind framing? *Organizational Behavior and Human Decision Processes*. *62*, 216 - 219.

Li, S., Taplin, J. E., & Zhang, Y. (2007). The equate-to-differentiate's way of seeing the prisoner's dilemma. *Information Sciences*. *177*(6), 1395 - 1412.

Loewenstein, G., & Prelec, D. (1992). Anomalies in intertemporal choice: Evidence and an interpretation. *Quarterly Journal of Economics*, *107*(2), 573 - 597.

Loewenstein, G., & Prelec, D. (1993). Preferences for sequences of outcomes. *Psychological Review*, *100*(1), 91 - 108.

Luce, R. D., & Fishburn, P. C. (1991). Rank-and sign-dependent linear utility models for finite first-order gambles. *Journal of Risk and Uncertainty*, *4*, 29 - 59.

Machina, M. J. (1987). Choice under uncertainty: Problems solved and unsolved. *The Journal of Economic Perspectives*, *1*(1), 121 - 154.

Mazur, J. E. (1984). Tests of an equivalence rule for fixed and variable reinforcer delays. *Journal of Experimental Psychology: Animal Behavior Processes*, *10*, 426 - 436.

McClure, S. M., Laibson, D. I., Loewenstein, G., & Cohen, J. D. (2004). Separate neural systems value immediate and delayed monetary rewards. *Science*, *306*, 503 - 507.

Prelec, D., & Loewenstein, G. (1991). Decision making over time and under uncertainty: A common approach. *Management Science*, *37*, 770 - 786.

Quiggin, J. (1982). A theory of anticipated utility. *Journal of Economic Behavior & Organization*, *3*(4), 323 - 343.

Rao, L.-L. & Li, S. (2011). New paradoxes in intertemporal choice. *Judgment and Decision Making*, *6*, 122 - 129.

Rubinstein, A. (1988). Similarity and decision-making under risk (Is there a utility theory resolution to the Allais Paradox?). *Journal of Economic Theory*, *46*, 145 - 153.

Rubinstein, A. (2003). "Economics and psychology"? The case of hyperbolic discounting. *International Economic Review*, *44*(4), 1207 - 1216.

Samuelson, P. A. (1937). A note on measurement of utility. *The Review of Economic Studies*, *4*, 155 - 161.

Savage, L. J. (1954). *The foundations of statistics*. New York: Wiley.

Scholten, M., & Read, D. (2010). The psychology of intertemporal tradeoffs. *Psychological Review*, *117*, 925 - 944.

Simon, H. A. (1955). A behavioral model of rational choice. *Quarterly Journal of Economics*, *69*, 99 - 118.

Thaler, R. (1981). Some empirical evidence on dynamic inconsistency. *Economics Letters*, *8*, 201 - 207.

Weber, B. J., & Chapman, G. B. (2005). The combined effects of risk and time on choice: Does uncertainty eliminate the immediacy effect? Does delay eliminate the certainty effect? *Organizational Behavior and Human Decision Processes*, *96*, 104 - 118.

毕研玲, 李纾. (2007). 有限理性的"占优启发式"和"齐当别"决策模型的作为——当 Allais 悖论杠杆撬动了期望效用理论. 心理科学进展, 15(4), 682—688.

李纾. (2001). 艾勒悖论(Allais Paradox)另释. 心理学报, 33(2), 176—181.

第6章 遵期望法则而诱导出的权重函数 π（上）

    1979 年版预期理论(以下简称 PT)(Kahneman & Tversky，1979)和1992年版累积预期理论(以下简称 CPT)(Tversky & Kahneman，1992)是对经济学和心理学等学科产生重大影响的决策理论。该理论的优美之处在于解释了一些期望效用理论(以下简称EU)所无法预测和描述的决策行为，特别是违背确定事件原则的艾勒悖论(Allais，1953)。Kahneman 和 Tversky 的工作将来自心理研究领域的综合洞察力应用在了经济学当中，使预期理论成为风险条件下行为决策的重要描述性模型(descriptive model)。

    在 EU 理论中，个体决策依据 EU 最大化的原则来进行，且遵循确定事件原则。预期理论与期望效用理论的不同之处在于：(1)用根据相对参照点划分受益和受损领域的价值函数代替效用函数。(2)与价值函数相乘的是非线性的权重函数 π，而不是线性的概率值。权重代表对选项进行估计时其相应概率的影响程度，而非对概率可信程度的度量。比如人们相信抛出的硬币面朝上的概率为 0.5，但对硬币面朝上这一事件进行估计时却可能赋予一个小于 0.5 的权重值。(3)预期理论允许对相同选项的不同描述产生不同的偏好行为,比如违背不变性原则的框架效应。

价值函数与权重函数是预期理论的两大基石。尤其是权重函数的提出,不仅可以解释诸如购买保险和彩票等偏好行为,而且可以化解对 EU 提出致命挑战的艾勒悖论。本节首先从 PT 权重函数的特性入手,回顾推导权重函数的基本假设及权重函数各特性的推导过程,进而介绍 Li(1995)沿袭相同的推导逻辑,导出与权重函数 π 相悖的"特性",以及 Tversky 运用 CPT 的权重函数 w 来回答 Li 的质疑。希望透过这些讨论让人们对预期理论的权重函数有更深刻的了解,从而促使人们重新思考 Tversky 和 Kahneman 缺省(by default)地假设最大化原则的合理性(梁哲,李纾,许洁虹,2007)。

6.1 权重函数的由来

Ward Edwards 是最早介绍主观期望效用最大化模型的学者之一,并指出主观概率不一定遵循客观概率的规则。Edwards 在 1961 年的综述文章《行为决策理论》(Edwards, 1961)中总结了 1954 年以后的实验研究,并指出主观期望效用模型在预测人们的赌博选择时表现平平。其后,Edward(1962)提出了主观概率(subjective probabilities)这一概念。他认为,主观概率之和不一定要等于 1。Edwards 的这一想法深深地影响了他和 Coombs 的学生 Tversky 以及诺贝尔奖获得者 Kahneman,并在这二人的预期理论中得到了进一步的发展。

Edwards 指出,如果假定主观概率 S(1)=1,那么艾勒悖论一类问题的结果将与"互补事件的主观概率和等于 1"相矛盾,这意味着 S(p)不该被看成是一个主观概率。他进一步指出,解决这种矛盾的方法之一是用"权重函数"取代"主观概率"作为客观概率的度量,没有理由说明权重函数应当遵守客观概率的概率规则。

Edwards(1955)在效用测量实验中发现,被试在只有赢或中止游戏两种可能结果的赌博游戏(bets)中,主观概率高于客观概率,客观概率的范围是[0,1];而在只有输或中止游戏两种可能结果的赌博游戏中,主观概率与客观概率基本相同。换言之,结果的得失(payoff)与主观概率的形状存在着较大的交互作用,而这是主观效用最大化模型所不允许的。Edwards 进一步指出,这种获益和损益的交互作用使得研究者难以对得出高估小概率(overweighed low probabilities)、低估中大概率这一结论的实验进行评估,因为几乎每种赌博都包括输和赢两种可能。

Edwards(1962)发展了其对决策权重的分析,指出允许权重函数依预期(prospects)的类别而有所不同。他形象地将权重比作一本书,认为不同事件的权重函数对应于该书的不同页,也就是说事件不同,该事件的权重会分属不同的类别。他根据获得的数据将该书定义为 5 页,每页定义了一个可能的结果序列类别:类别 1 为所有可能结果的效用值都大于零时;类别 2 为最坏结果的效用值为零时;类别 3 为至少有一个结果的效用值大于零,一个结果的效用值小于零时;类别 4 为最好结果的效用值为零时;类别 5 为所有可能结果的效用值都小于零时。

Kahneman 和 Tversky1979 年版的预期理论是 Edwards 在 1962 年提出的模型的特例。可以说 Edwards 提出的"决策权重"的思想对包括 Kahneman 与 Tversky 在内的心理学家们产生了重大的影响,1979 年版的预期理论也是对 Edwards 关于决策权重这一预见性思想的重要推进和扩展(李纾,谢晓非,2007)。

在 1979 年版预期理论中,Kahneman 和 Tversky(1979)设计了一系列风险条件下决策的选择题,并统计人们的实际选择偏好。他们假设决策者之所以选择 A(B)而非 B(A)是因为 A(B)的总价值量大于 B(A),因此建立起相应的不等式,推导出了权重函数的相关特性。预期理论认为,权重函数 π 是概率 p 的递增函数,同时 $\pi(0) = 0$, $\pi(1) = 1$, 且 π 函数(参见图 6.1)还具有以下几个基本特性:①次可加性(subadditive);②高估小概率;③次确定性;④次比例性(subproportionality)。

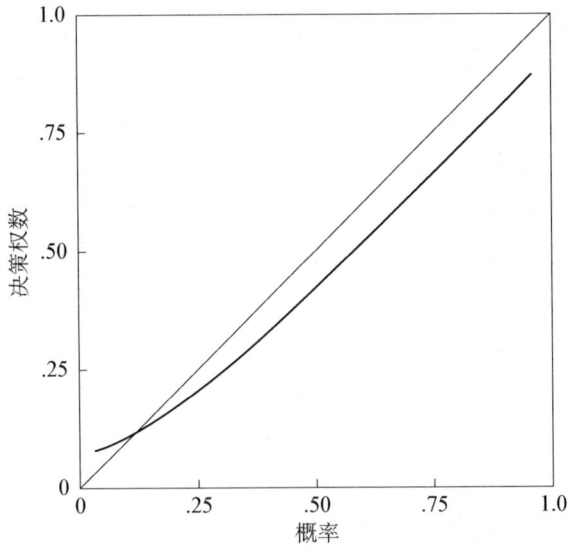

图 6.1 π 函数曲线图。决策权数表示对概率性的主要评价。对决策的经典分析假设决策权数(粗线)与概率性(细线)相符。然而,最近的研究说明决策权数并不与概率性相符。因为,应用概率性是为了得到赌博的值,但是,对概率性的主观反应使其用公式表示一个实际的值函数的工作复杂化了。尤其是必然性与可能性之间的差异和可能性与不可能性之间的差异能给出比概率性中间范围内与之相当的差异更大的权数。用图示的曲线说明决策权数的重要性质,不可能性被定为权数 0,必然性被定为权数 1。小概率性相对于不可能性是优势的,中间的和大概率性相对于必然性是劣势的。这种小概率性优势通过增加不可能发生的事件的效果而增加彩票和保险单的诱惑力(转引自 *Scientific American* 中文版,Kahneman & Tversky, 1982)。

6.1.1　次可加性(subadditive)

次可加性:对于小概率 p,当 $0 < r < 1$ 时有 $\pi(rp) > r\pi(p)$。该特性由问题 1 推导出:

问题 1　　　　　　　　　　　　　　被试的反应

A:(6 000, 0.001)[①]　　　　　　　73%　　$N = 66$

B:(3 000, 0.002)　　　　　　　　　27%

根据大多数被试(73%)的实际选择偏好,得到:

$$v(6\,000)\pi(0.001) > v(3\,000)\pi(0.002),$$

因此:

$$\pi(0.001)/\pi(0.002) > v(3\,000)/v(6\,000) \tag{1}$$

因为价值函数在受益时是凹函数,所以:

$$v(3\,000)/v(6\,000) > 1/2,$$

因此:

$$\pi(0.001)/\pi(0.002) > 1/2$$
$$\pi(0.001) > 1/2\pi(0.002)$$

6.1.2　高估小概率(overweighted low probabilities)

高估小概率:对小概率 p, $\pi(p) > p$。该特性由问题 2 推导出:

问题 2　　　　　　　　　　　　　　被试的反应

A:(5 000, 0.001)　　　　　　　　　72%　　$N = 72$

B:(5)　　　　　　　　　　　　　　28%

由实际选择偏好可得

$$v(5\,000)\pi(0.001) > v(5) \tag{2}$$

因此:　　　　　$\pi(0.001) > v(5)/v(5\,000) > 0.001$

通过(5 000, 0.001)vs. (5)和(−5 000, 0.001)vs. (−5)这二对选项,Kahneman 和 Tversky 不仅导出高估小概率事件的 π 函数特性,并借此解释了为什么人们爱买彩票和保险这两个常见的现象。

[①] 依 Kahneman 和 Tversky 1979 年版的预期理论的表达习惯,(6 000, 0.001)代表有 0.001 的可能获得 6 000元,0.999 的可能一无所获。本章节亦采用这种表达形式来表示风险条件下的选项,如是肯定获得,括号中的概率 1 可省略,例如肯定获得 6 000 元,记为(6 000)。

6.1.3 次确定性(subcertainty)

次确定性:当 $0 < p < 1$,$\pi(p) + \pi(1-p) < 1$。该特性由问题 3—4 推导出:

问题 3	被试的反应	
A:(2 500, 0.33; 2 400, 0.66)	18%	$N = 72$
B:(2 400)	82%	

问题 4	被试的反应	
A:(2 500, 0.33)	83%	$N = 72$
B:(2 400, 0.34)	17%	

问题 3 和**问题 4** 是艾勒悖论选择题(Allais, 1953)的变式。由**问题 3** 的实际选择偏好可得不等式:$v(2\,400) > \pi(0.66)v(2\,400) + \pi(0.33)v(2\,500)$,即

$$[1-\pi(0.66)]v(2\,400) > \pi(0.33)v(2\,500) \tag{3}$$

由**问题 4** 的实际选择偏好可得不等式:

$$\pi(0.33)v(2\,500) > \pi(0.34)v(2\,400) \tag{4}$$

由不等式(3)(4)可得到

$$[1-\pi(0.66)] > \pi(0.34),或$$
$$\pi(0.66) + \pi(0.34) < 1$$

将高估小概率的特性 $\pi(p) > p$ 和 $\pi(p) + \pi(1-p) < 1$ 一起分析,便得出权重函数高估小概率,而低估中高概率的特性。

6.1.4 次比例性(subproportionality)

次比例性:当 $0 < p$, q, $r \leqslant 1$,$\pi(pq)/\pi(p) \leqslant \pi(pqr)/\pi(pr)$。当 $0 < p$, q, $r \leqslant 1$,如果 (x, p) 等价于 (y, pq),那么可知在 (x, pr) 与 (y, pqr) 中,人们更偏好 (y, pqr),即,$\pi(p)v(x) = \pi(pq)v(y)$,$\pi(pr)v(x) \leqslant \pi(pqr)v(y)$,因此可得:$\pi(pq)/\pi(p) \leqslant \pi(pqr)/\pi(pr)$。该特性由问题 1 和 5 推导出:

问题 5	被试的反应	
A:(6 000, 0.45)	14%	$N = 66$
B:(3 000, 0.90)	86%	

由实际选择偏好可得:

$v(3\,000)\pi(0.90) > v(6\,000)\pi(0.45)$ 因此:

$$v(3\,000)/v(6\,000) > \pi(0.45)/\pi(0.90) \tag{5}$$

由**问题 1** 的不等式(1)和不等式(5)可得到：

$$\pi(0.001)/\pi(0.002) > \pi(0.45)/\pi(0.90)$$

也就是说,对于一个固定的概率比值 r(如 0.5),概率值小的权重的比值比概率值大的权重的比值更接近 1(unity)。

权重函数(特别是次确定性)引入 PT 中,成功地解释了艾勒悖论。但从权重函数的产生过程可知,π 函数的推导建立在最大化假设为真的前提下,因而其本身并不能为最大化假设为真增添新的证据。Kahneman 和 Tversky(1979)认为,虽然该理论可以从各种结果的偏好中推导出价值函数,但因权重函数的引入,决策的实际权衡过程要比 EU 复杂得多。比如由于权重函数的引入,即使价值函数是线性的,决策权重本身既可以产生规避风险又可以产生追求风险的行为。由此可见,权重函数的引入使预期理论在预测实际选择行为时变得更加灵活,更不易被证伪。

6.2 Li 对权重函数的质疑及 Tversky 的阐释

Li(1995)依据"齐当别"决策模型预测风险行为的思路,设计了 13 组选择问题,将50%以上被试选择的选项即看作是具有最大价值的选项,从而对推导权重函数特性的合理性提出质疑。该研究发表在 *Journal of Economic Behavior and Organization* 前,Tversky 在 1993 年曾作为 *Psychonomic Bulletin & Review* 审稿人,亲笔签名反对该文发表,他认为,PT 虽无法将 Li(1995)的风险决策实验结果描述为最大化过程,可是他和 Kahneman 所改进的 CPT 可以将 Li(1995)的风险决策实验结果圆满地描述为最大化过程。以下列举了 Li(1995)的部分选择问题和 Tversky 的阐释(详文见附录)。

6.2.1 高估小概率之特性

6.2.1.1 对高估小概率特性的质疑

Li(1995)重做了 PT 中的两组选项(5 000, 0.001)vs. (5)(**问题 2**)和(−5 000, 0.001)vs. (−5),证实了对小概率事件的高估可以产生"受益时偏好风险寻求"(risk-seeking preferences for gains)而"受损时偏好风险规避"(risk-averse preferences for losses)的现象,而后将这组选项中的价值量扩大 1 000 倍得到**问题 6**。

问题 6	被试的反应
A:(5,000,000, 0.001)	26% $N = 403$
B:(5 000)	74%

此时,被试的反应模式改变了,由实际选择偏好可得:

$$\pi(0.001)v(5,000,000) < v(5,000),或$$

$$\pi(0.001) < v(5,000)/v(5,000,000)$$

据预期理论,价值函数在受益时为凹函数,因此 $v(5,000)/v(5,000,000) > 0.001$,如此就推导不出 $\pi(0.001) > 0.001$ 的特性。

6.2.1.2 Tversky 的阐释

Tversky 认为在该文中 Li 犯了两个错误,其中之一是忽略了预期理论的新版本 (CPT)。在 CPT 中,Tversky 和 Kahneman 认为人们对风险条件 $(p_1, x_1, \cdots, p_n, x_n)$ 的选择是通过对 $\sum_{j=1}^{n} \pi_j U(x_j)$ 的计算而做出的,这与 PT 相同。与 PT 不同的是,CPT 运用累计概率代替单一概率来计算结果的权重值,这种等级依赖(rank-dependence)的特点不仅可以解决艾勒悖论,而且不会像 PT 一样违背随机优势(stochastic dominance)原则。对 $(p_1, x_1, \cdots, p_n, x_n)$, $x_1 \geqslant \cdots \geqslant x_K \geqslant 0 > x_{K+1} \geqslant \cdots \geqslant x_n$, $k \in \{0, \cdots, n\}$,权重函数

$$\pi_j = \begin{cases} w^+(p_1 + \cdots + p_j) - w^+(p_1 + \cdots + p_{j-1}),如果 j \leqslant k, \\ w^-(p_1 + \cdots + p_j) - w^-(p_1 + \cdots + p_{j-1}),如果 j > k。 \end{cases}$$

其中的 w^+ 和 w^- 为单调递增函数,数值在 $[0, 1]$ 之间,且 $w^+(0) = w^-(0) = 0$, $w^+(1) = w^-(1) = 1$, $w^+(p) = p^\gamma / [p^\gamma + (1-p)^\gamma]^{1/\gamma}$, $w^-(p) = p^\delta / [p^\delta + (1-p)^\delta]^{1/\delta}$。

为了简化讨论,Tversky 使用了特殊的权重函数 $w(p) = p^\gamma / [p^\gamma + (1-p)^\gamma]^{1/\gamma}$,其中 $\gamma = 0.61$。根据这个权重函数可得 $w(0.001) = 0.014$。应用到**问题 2** 和**问题 6**,可以得到不等式:

$$0.001 < \frac{v(5)}{v(5\,000)} < w(0.001) = 0.014 < \frac{v(5\,000)}{v(5,000,000)}$$

即,尽管实际的选择是高估小概率所不能预测的行为(受益时风险规避,受损时风险寻求),这一不等式仍然可以导出高估小概率($w(0.001) > 0.001$)的特性。

6.2.1.3 对 Tversky 阐释的再质疑

Kahneman 和 Tversky 在 PT 中指出,对小概率的高估($\pi(p) > p$)可以解释买保险和买彩票的行为,而 S 形价值函数却倾向于抑制这类行为。对预期理论这种可以做出左右逢源预测的特点,Li(1998)分析 Tversky 和 Kahneman(1981)设计的亚洲疾病问题(有 1/3 的机会 600 人将生还 vs. 有 1/3 的机会无人将死去)时指出:S 形价值函数在受益(损)时是凹(凸)函数的特性可以预测受益时风险规避,受损时风险寻

求,然而高估小概率的特征又可以预测相反的反应模式(受益时风险寻求,受损时风险规避)。在 PT 中这种被高估的小概率的范围只是 $p < 0.1$,所以,PT 可明确将所观察到的行为(受益时风险规避,受损时风险寻求)归结于价值函数与权重函数的联合作用。然而,在 CPT 中被高估的"小"概率的范围扩大了,甚至 $w(1/3) > 1/3(w(p) = p^\gamma/[p^\gamma + (1-p)^\gamma]^{1/\gamma},\ \gamma = 0.61)$。这样,对原亚洲疾病问题的任何反应(无论是风险规避还是风险寻求),CPT 的解释便总是有理。

然而,Li(1998)设计的赶火车问题(见第 2 章)可以根据 CPT 权重函数表达式从被试的实际选择中推导出:$w^-(0.5) > 0.5$。即,在 $[0.5,\ 1]$ 区间内也存在被高估的概率。这意味着,即使令 $\gamma = 0.61$,公式 $w(p) = p^\gamma/[p^\gamma + (1-p)^\gamma]^{1/\gamma}$ 只能得出 $w^-(0.5) = 0.42$,还是不能灵活到可以高估概率 $p = 0.5$,来解释实际的选择行为。

6.2.2 低估中高概率之特性

6.2.2.1 对低估中高概率特性的质疑

问题 7   被试的反应
A:(5 100, 0.01; 5, 0.99)   56% $N = 129$
B:(5 100, 0.01; 5 000, 0.001)   44%

根据 PT,决策过程存在前期编辑(editing)和后期评价(evaluation)两个阶段。Kahneman 和 Tversky(1979)提出了被试用来构造问题表征的一系列编辑操作,剔除(cancellation)就是其中一个重要的编辑操作,它可以使被试忽略各选项中的共有成分。如果被试运用了剔除操作,**问题 7** 中的共有成份(5 100, 0.01)会被排除,这样就可表示为:

$$\pi(0.99)v(5) > \pi(0.001)v(5,000)$$

与**问题 2** 中的不等式(2)结合可得:

$$\pi(0.99)v(5) > \pi(0.001)v(5,000) > v(5)$$

因此:

$$\pi(0.99) > 1。$$

Li(1995)通过削掉不等式两端价值函数 v(5) 得到 $\pi(0.99) > 1$。从而证明中高概率事件也存在 $\pi(p) > p$,由此对权重函数高估小概率事件,低估中高概率事件的特性提出了质疑。

6.2.2.2 Tversky 的阐释

Tversky 针对该题指出,Li(1995)在这里犯了另外一个错误。即在涉及肯定受益时,没有使用正确的计算公式对价值进行表示。同时预期理论指出,在确定性条件下,共同的成份(common components)允许被剔除掉,但不允许剔除掉共同的结果(common outcomes),尤其是在选项之一涉及确定受益时。他还指出预期理论新版本的一个优点在于无论 x, y 同为正,同为负,还是一个为正一个为负都可使用相同的公式(原文见附录)。把这个公式应用到**问题 2** 和**问题 7** 中,可以得到:

$$0.014 = w(0.001) > \frac{v(5)}{v(5\,000)} > \frac{w(0.011) - w(0.01)}{1 - w(0.01)} = \frac{(0.058 - 0.055)}{0.094\,5} = 0.003$$

这是与 PT 相一致的。

至于共同的成份是否能剔除,Li(1993)对一组类似的选项作分析时认为,无论是 Tversky 和 Kahneman(1986)还是 Quiggin(1982)都没有详细说明等级依赖的权重函数(a rank-dependent weighting function)如何应用于剔除操作。如果剔除操作发生在权重之前,那么,不管是应用 PT 的 π 还是应用 CPT 的 w,都会导致相同的结果。如果剔除操作发生在权重之后,那么,从原始的艾勒悖论选择题中将导不出所谓的次确定性,因为:$w(1.0) + w(0.01) > w(0.90) + w(0.11)$。如此看来,由等级依赖思路所产生的问题比所解决的问题更多。

另外,对 Tversky 和 Kahneman(1986)提出的透明性是剔除操作的必要条件的验证一直没停过。如:Li(1994b; 2003)对透明性能否在剔除原则中起作用的质疑,以及 Bonini, Tentori 和 Rumiati(2004)对 Li 实验的重复验证,结果均不支持 Tversky 和 Kahneman 的透明性假设。

6.2.3　次确定性之特性

问题 8　登山问题

情景概要:有 4 人在登山过程中遇到雪崩,现有两种救援方案:

A:采纳方案 A,则一定有 1 人可获救;【35%】

B:采纳方案 B,则有 11% 的机会 3 人获救,67% 的机会 1 人获救,22% 的机会无人获救。【65%】

问题 8′

情景概要:当你对**问题 8** 的两种方案进行了选择后,情况又发生了变化,天气变得很恶劣,去事故地点的道路也出现了滑坡。根据专家新的评估,有两种结果:

A′:若 A 被采纳,则 33% 的机会 1 人可以获救,67% 的机会无人能获救。

【63%】

B′:若 B 被采纳,则 11% 的机会 3 人可以获救,89% 的机会无人能获救。

【37%】

由**问题 8** 的实际选择偏好可得:

$$\pi(1.0)v(1) < \pi(0.11)v(3) + \pi(0.67)v(1)$$
$$\pi(0.11)v(3) > \pi(1.0)v(1) - \pi(0.67)v(1) \qquad (6)$$

由**问题 8′** 的实际选择偏好可得:

$$\pi(0.33)v(1) > \pi(0.11)v(3) \text{ 结合不等式(6),可得:}$$
$$\pi(0.33)v(1) > \pi(1.0)v(1) - \pi(0.67)v(1),即:$$
$$\pi(0.33) > \pi(1.0) - \pi(0.67),或$$
$$\pi(0.33) + \pi(0.67) > 1$$

通过**问题 8** 和**问题 8′** 的两组选项,证明了 $\pi(p) + \pi(1-p) > 1$ 的存在,这与 Kahneman 和 Tversky 得出的次确定性($\pi(p) + \pi(1-p) < 1$)的特性相矛盾。而 Tversky 认为该事例确是对预期理论观点的一个疑问,它没有直接违背任何给定的假设,却无法用于权重函数。Li(2004a)对**问题 8** 和**问题 8′** 这类"艾勒"型反应做了"齐当别"的解释。

6.2.4 次可加性之特性

问题 9　　　　　　　　　　　　被试的反应

A:(60, 0.45)　　　　　　　　　60%　　$N = 88$

B:(30, 0.90)　　　　　　　　　40%

由实际选择偏好可得:

$$\pi(0.45)v(60) > \pi(0.90)v(30) \text{ 因此:}$$
$$\pi(0.45)/\pi(0.90) > v(30)/v(60) \qquad (7)$$

因为受益时的价值函数为凹函数,所以 $v(30)/v(60) > 1/2$,因此:

$$\pi(0.45)/\pi(0.90) > 1/2 \text{ 即:}\pi(0.45) > 1/2\pi(0.90)$$

这里,大概率也表现出次可加性:$\pi(rp) > r\pi(p)$,这与预期理论中只有小概率才具有次可加性的特性相矛盾。

6.2.5　次比例性之特性

问题 **10**　　　　　　　　　　　　　　被试的反应

A:(100, 0.98; 30, 0.02)　　　　　　　54% 　 $N = 97$

B:(100, 0.98; 60, 0.01)　　　　　　　46%

与**问题 7**中相同,Li(1995)认为两个选项中的共有部分(100,0.98)被排除后可表示为:

$$\pi(0.02)v(30) > \pi(0.01)v(60),因此:$$

$$v(30)/v(60) > \pi(0.01)/\pi(0.02)$$

与**问题 9**中的不等式(7)相结合,可得到:

$$\pi(0.45)/\pi(0.90) > \pi(0.01)/\pi(0.02)$$

这与次比例性: $\pi(pq)/\pi(p) \leqslant \pi(pqr)/\pi(pr)$ 是相矛盾的。

Tversky 认为在**问题 9**中,用新的公式可得到:

$$v(30)/v(60) < w(0.45)/w(0.90) \tag{8}$$

而**问题 10**与**问题 7**存在相同的问题,正确的表示为:

$$\frac{v(30)}{v(60)} > \frac{w(0.99) - w(0.98)}{1 - w(0.98)} \tag{9}$$

将不等式(8)和不等式(9)相结合,得:

$$\frac{w(0.99) - w(0.98)}{1 - w(0.98)} < \frac{v(30)}{v(60)} < \frac{w(0.45)}{w(0.90)} \tag{10}$$

这与次比例性相一致。用 PT 中的函数形式也可以得出相似的结论,只是不等式 10 的左端变为 $w(0.01)/[1 - w(0.98)]$ [①]。

6.3　没有定论的结论

Li 在 1995 年的研究中采用与 Kahneman 和 Tversky 相同的推导逻辑,得到了一系列与 π 函数特性相悖的结果。其研究目的并不在于提出比预期理论更符合实际的权重函数,而是质疑推导权重函数的期望法则是否正确。如果指导人们进行风险决

---

① 将 PT 中的公式:如果 $p + q = 1$,且 $x > y > 0$ 或 $x < y < 0$ 时,$V(x, p; y, q) = v(y) + \pi(p)[v(x) - v(y)]$,运用到问题 10 中,可得到:$v(30) + \pi(0.98)[v(100) - v(30)] > v(100)\pi(0.98) + v(60)\pi(0.01)$,整理后可得 $\pi(0.01)/[1 - \pi(0.98)] < v(30)/v(60)$。

策的原则根本就不是期望法则,而是其他法则,比如 Simon 的"满意法则"(satisficing rule),那么,π 函数便是子虚乌有。在用 EU 解释艾勒悖论失败后,为挽救 EU 理论而提出的 π 函数只是一个用来掩盖旧错误的新错误。针对 Li 摒弃最大化原则的主张,Tversky 认为决策过程中任何明确的选择法则都可以描述成某个函数的最大化。因此,问题不在于选择过程是否被描述成一个最大化的过程,而是究竟哪个函数被最大化了(原文见附录)。对此,Li(1996)指出,或许某些理论可以将其部分或全部数据圆满地描述为最大化过程。问题是,推导出最大化的函数就能保证最大化假设为真吗?演绎推理是从已知事物中得出结论的过程,这个结论只有在前提为真时才可能为真。换句话说,当期望最大化假设为真时,你尽可以找到一个被最大化的函数,但从期望最大化过程中推出这样一个函数的存在,并不能证明最大化假设本身是正确的。

Paul S. Carlin(1996)曾就 Li 这篇质疑 π 函数的文章发表专文评论。其认为在某种程度上,Li(1995)呈献的证据可以反驳 Kahneman 和 Tversky 的预期理论,但不能因此就说最大化原则无效,因为预期理论不是在 EU 失效后提出的唯一一个最大化理论,比如 Machina(1982)的普遍期望效用理论(generalized expected utility),Loomes 和 Sugden(1982)以及 Sugden(1993)的后悔理论(regret theory)等。或许我们可以证明某一最大化理论无法解释实际的决策行为,但我们无法一一验证所有的最大化理论,这使得行为决策中是否存在最大化过程的争论一直没有停止。希望不久的将来,分析决策过程的技术可以帮助我们摆脱传统行为决策研究存在的困境:攻击最大化原则如同杀死希腊神话中的九头蛇——斩去一个头会生出两个头(Carlin,1996),为期望最大化原则的百年争论做个了断。

致谢:感谢 Ward Edwards 和 Amos Tversky 对权重函数领域做出的重要贡献,特别感谢 Ward Edwards 对作者质疑非线性概率的宽容,他并无不悦,反而认为作者的论文应获论文奖提名。

附录 Amos Tversky[①] 不匿名的审稿信

C

Referee Report on: "Is There a Decision Weight?" by Shu Li

This article presents subjects' responses to a series of selected problems involving decision under risk. On the basis of these data, the author concludes that "there is no such thing as the π function" (page 17) postulated by prospect theory.

Although the choice problems were cleverly designed, and the empirical results are not without interest, the analysis suffers from two major defects. First, the author has applied an incorrect formula to the evaluation of strictly positive (and strictly negative) prospects. Second, the author has neglected the new version of prospect theory,[1] which resolves most of the objections raised in the article. The following comments address the choice patterns observed by the author and demonstrate their consistency with the theory. To simplify the discussion, I have adopted a particular weighting function, namely $w(p) = p^{\gamma} / [p^{\gamma} + (1-p)^{\gamma}]^{1/\gamma}$, with $\gamma = .61$ (see T&K 92, equation 6 and figure 13), which appears to provide a good fit for several data sets. I'll confine my discussion to nonnegative prospects; the nonpositive prospects are treated similarly.

Problems 1 and 2. The author concludes on the basis of these problems that, contrary to prospect theory, there is no overweighting of small probabilities. This conclusion is invalid. According to the above weighting function, $w(.001) = .014$, yielding substantial overweighting. The modal choices in problems 1 and 2 then are expected whenever

$$v(5) / v(5,000) < w(.001) = .014 < v(5,000) / v(5,000,000),$$

which holds for many reasonable value functions (e.g., $v(x) = \log((x/5)+1)$).

Problem 3. Here, as in problems 9 and 10, the author does not apply the appropriate formula for (irregular) prospects involving a sure gain. While it is true that prospect theory permits the cancellation of common components under certain conditions, it does not permit the routine cancellation of common outcomes, especially when one prospect involves a sure gain and the other does not. One advantage of the new version of prospect theory is that it applies the same formula to regular and irregular prospects. Applying this formula (with the proposed weighting function) to the modal preferences in problems 1 and 3 yields

$$.014 = w(.001) \geq \frac{v(5)}{v(5,000)} > \frac{w(.011) - w(.010)}{1 - w(.010)} = \frac{.058 - .055}{.945} = .003,$$

which is perfectly consistent with prospect theory.

---

[1]Tversky, A., & D. Kahneman (1992). Advances in prospect theory: Cumulative Representation of Uncertainty. *Journal of Risk and Uncertainty, 5*, 297-323.

---

① Tversky 的研究影响深远,成就卓著。他在心理学顶级期刊《心理学评论》(*Psychological Review*)上发表文章高达 19 篇,平均不到两年就有一篇,创下该期刊创立一个世纪以来个人文章发表的最高记录。他与 Kahneman 提出预期理论的经典论文发表于 1979 年的 *Econometrica* 期刊,该论文提出的风险条件下的预期理论对决策研究影响巨大,目前已被引用 36 077 次(Google 学术搜索),或居心理学类论文首位。在 Tversky 逝世后的 2003 年,也就是在 Kahneman 获得诺贝尔奖不到两个月后,他被追授格劳梅耶心理学奖(Grawemeyer Award for Psychology)(与 Kahneman 分享)。该奖的评定委员会认为:"在人类科学中,很难找到一个理论比 Kahneman 和 Tversky 的理论更有影响力。"

Problem 4. As the author notes, the modal preferences in this problem imply w(.27) > .2727. This condition is met by the proposed weighting function since w(.27) = .302.

Problems 5, 6, and 7. These observations are commonly referred to as "peanuts effect." When one faces a choice between fifty cents for sure or an even chance to get a dollar, people often exhibit risk seeking, presumably because the amounts appear trivial. This is a valid observation, albeit of limited significance. For this reason, researchers commonly avoid trivial amounts with either hypothetical or real choices.

Problem 8. This case is actually problematic from the standpoint of prospect theory. It is not accommodated by the above weighting function, although it does not directly violate any stated assumption.

Problems 9 - 13. In 9 and 10 the author, again, uses the inappropriate cancellation assumption. When the proper formula is used, the problem vanishes. Applying the new version of the theory to problem 10 yields

$$\frac{v(30)}{v(60)} > \frac{w(.99) - w(.98)}{1 - w(.98)}.$$

Thus, the modal choices in problem 10 through 13 are expected to hold whenever

$$\frac{w(.99) - (w.98)}{1 - w(.98)} < \frac{v(30)}{v(60)} < \frac{w(.30)}{w(.60)}, \frac{w(.40)}{w(.80)}, \frac{w(.45)}{w(.90)},$$

that are consistent with subproportionality. A similar conclusion holds in the original version as well; there the term on the left is w(.01) / (1 - w(.98)).

Russian Roulette. Here the author missed the point altogether. The problem to be explained is why, contrary to utility theory, people are willing to pay more to reduce the risk from one-sixth to zero than to reduce it from two-thirds to one-half. The author's reformulation does not describe the problem correctly.

Finally, the author argues that the results become understandable once the maximization assumption is dropped. However, any definite rule for choosing between prospects can be described as a maximization of some function. The issue, therefore, is not whether choice can be described as a maximization, but rather which function is being maximized.

Summary. In light of the errors of omission and commission detailed above, the present paper is not publishable. At the same time I am impressed by the author's ingenuity, and I would like to encourage the author to continue work in the field.

Amos Tversky

第7章 遵期望法则而诱导出的权重函数 π（下）

共同作者：饶俪琳、谭越展

借助权重函数 π，Kahneman 和 Tversky 解释了一些期望效用(EU)理论无法预测和描述的异象(anomaly)(如艾勒悖论)，使预期理论成为风险决策的重要模型。上一章节回顾了权重函数的基本假设及权重函数各特性的推导过程，介绍了沿用相同的推导逻辑得出的种种反例，提出对该函数特性的质疑，及 Tversky 对质疑的回应和解释。冀通过对权重函数的审视，将质疑的焦点转向期望最大化原则本身。

本章节欲进一步说明，π 函数的主要特性是人为地通过演绎法间接推导出来的，并不是通过实验直接测量获得的。因此，通过实验测量对 π 函数的主要特性进行检验，亦是一条有效的检验途径。

7.1 俄罗斯轮盘赌(Russian roulette)阐释的主观概率感受

俄罗斯轮盘赌是一种疯狂玩命赌博，赌博者要将装有子弹的左轮枪(可装六颗子弹)对准太阳穴扣动一次扳机。如果赌博者运气好，扣动了一个空弹膛，那他在这场赌博中就赢得某种赌注。如果赌博者运气不好，扣动了一个有子弹的弹膛，那他就在这场赌博中丧命。

Kahneman 和 Tversky(1979)讲述了一对玩俄罗斯轮盘赌的备择方案：

假如你被迫玩俄罗斯轮盘赌（Russian roulette），在左轮手枪（revolver）里装上子弹，将轮子旋转，然后对着自己的头部扣动扳机。现给你一个机会花钱从手枪里买出一颗子弹。试想，同样是买 1 颗子弹出来，把左轮枪里的子弹数从 4 减至 3 和从 1 减至 0 这两种情况下，你会开出同样的价格吗？与把死亡概率由 4/6 变成 3/6 相比，大多数人会愿意花更多的钱使死亡概率由 1/6 变成 0（Kahneman & Tversky，1979，p. 283）。

Kahneman 和 Tversky（1979）借这一经典的例子来解释预期理论中概率权重函数 π 的非线性，即，两种方案都只能减少 1/6 的死亡概率，但人们对两种方案却表现出不同的主观感受。由此推论人们对客观概率的感受性是呈倒 S 形非线性的，即小概率被高估，而中到大概率被低估。这些性质使得 π 函数在中间区间上相对水平且变化平缓，但临近两端（$\pi(0) = 0$ 和 $\pi(1) = 1$）时却徒增变化。这个例子通俗易懂，也与人们的实际经验相符。随着 Kahneman 获得 2002 年诺贝尔经济学奖并在北京第 28 届国际心理学大会作了"认知错觉的前景"的主题演讲，非线性的 π 函数渐为大家所熟悉。然而，长久以来并未有人对人们对概率变化的真实感受性进行测量，并据此对 π 函数提出质疑。

7.2 1992 年版的权重函数公式对概率变化的推算

在 1992 年版累积预期理论（CPT）中，Tversky 和 Kahneman（1992）为将客观概率转变成权重，提出了一个具有回归性（regressive）、非对称性和 S 形特性的单一参数函数：

$$w^+(p) = \frac{p^\gamma}{(p^\gamma + (1-p)^\gamma)^{1/\gamma}}$$

$$w^-(p) = \frac{p^\delta}{(p^\delta + (1-p)^\delta)^{1/\delta}}$$

如果有人举反例质疑由最大化假设推导出权重函数的真实性（例如，Chernyshenko, Miner, Baumann, & Sniezek, 2003；Levy & Levy, 2002；Neilson & Stowe, 2002；Nwogugu, 2006），这单一参变量函数能够对这些质疑做出更灵活的解释。另一方面，有了这单一参变量函数的公式，也使得"死亡概率减少"的情景可以应用于公式中，从而可以被检验。这就为证伪研究指明了一条新途径。

表 7.1 和图 7.1 显示了运用上述公式计算出，当从仅上了 1 颗子弹（或 2、3、4、5、6 颗子弹）的左轮枪里取走 1 颗子弹时的权重变化。

表7.1　当δ＝0.61时,死亡概率的减少和其相应概率/权重(ΔP/ΔW)的变化

装载的子弹数	死亡概率	W(p)	(概率的变化)		(权重的变化)
6	6/6	1	1/6	0. 637 286 99	0. 362 713
5	5/6	0. 637 286 99	1/6	0. 512 750 077	0. 124 536 9
4	4/6	0. 512 750 077	1/6	0. 420 639	0. 092 116 007
3	3/6	0. 420 639	1/6	0. 335 952 1	0. 098 468 69
2	2/6	0. 335 952 1	1/6	0. 238 760 98	0. 097 191 12
1	1/6	0. 238 760 98	1/6	0	0. 238 760 98
0	0/6	0			

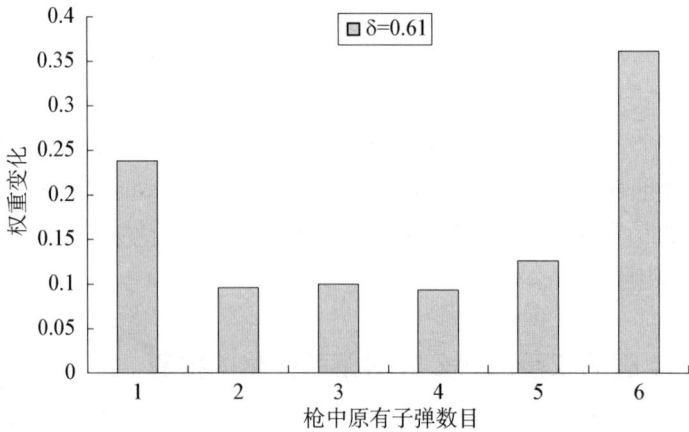

图7.1　在俄罗斯轮盘赌任务中(6种条件,枪中原有子弹数目分别为1、2、3、4、5和6),在δ＝0.61时,减少1颗子弹所引起的权重变化。权重变化公式为 ΔW＝W(p)−W(p−1/6)(转引自张阳阳等,2014)。

在研究概率权重函数的曲率时,Wu 和 Gonzalez(1996)宣称:

实验研究中始终显示了倒 S 形权重函数在 $p < 0.40$ 的某一个定点处表现为下凹上凸……回到俄罗斯轮盘赌的例子中,小概率的凹曲度的程度说明了,相比于从有两颗子弹的左轮枪中买走一颗子弹,人们愿意花更多的钱从只有一颗子弹的左轮枪中买走最后一颗子弹。同时大概率的凸曲度的程度说明了,相比于从有五颗子弹的左轮枪中买走一颗子弹,人们愿意花更多的钱从有六颗子弹的左轮枪中买走一颗子弹(Wu & Gonzalez,1996,p. 1677)。

上述讨论达成了针对权重函数倒 S 的共识:其曲率是先凹后凸。图 7.1 所示的权重变化 U 形趋势最终将能被倒 S 形权重函数家族所描述。

7.3 推算出的权重之差与直接测量出的概率之差感受

Li 等人(2009)认为,尽管 Kahneman 和 Tversky 的说明与直觉相符,但是 π 函数的主要特性是人为地通过演绎法间接推导出来的,并不是通过实验直接测量获得的。因此,仍有必要通过实验测量对其进行检验。Li 等人(2009)采用"出价"和"握力"两种任务,直接测量了人们对概率变化的感受性。

实验材料由计算机屏幕呈现。其"出价"任务如下所示:

假设你被迫玩这种俄罗斯轮盘赌,但是你有机会花钱从转动弹膛中买出一颗子弹。现在弹膛中有_____颗子弹,你愿意花多少钱从中买出 1 颗子弹?_____元(上限是你本人所有的现金储蓄)

其"握力"任务的指导语为:请用握力计把你取出这颗子弹后的高兴程度(大小)表示出来。

结果发现,实验测量所得的决策者愿意出钱的数额,以及感受到的高兴程度,随着手枪弹膛中子弹数的增加而降低。即当左轮手枪里的子弹数是 1 的时候,人们确实愿意花最多的钱把这颗子弹买出,同时感受到的高兴程度最强烈,而随着手枪里的子弹数的增加,人们愿意支付的钱数及感受到的高兴程度也随之降低(图 7.2)。重复方差分析结果表明"出价"和"握力"("出价"任务 $F(5,345)=5.76$, $p<0.001$;"握力"任务中 $F(5,205)=4.89$, $p<0.001$)主效应均显著:人们对于每次都减少相同死亡概率的反应都是不同的。这个结果说明了在取出一颗子弹的情况下,不管是"愿意支付的钱数"还是"感受的高兴程度"都不是一个常数。

这一结果与用 π 函数推导出的结果不一致。虽然 π 函数预测,与把死亡概率由 4/6 变成 3/6 相比,大多数人会愿意花更多的钱使死亡概率由 1/6 变成 0,但是 π 函数亦推论出,与把死亡概率由 4/6 变成 3/6 相比,人们会愿意花更多的钱使死亡概率由 6/6 变成 5/6。即,按照 π 函数的推导,决策者愿意出钱的数额不应当随着子弹数的增加呈单调递减趋势(图 7.2),而是表现出一种 U 形趋势,即先降后升(图 7.1)。这是诸如 π 函数这样倒 S 形概率权重函数的共同特性。而实验结果表明,所有倒 S 形概率权重函数所推导出的权重变化函数都与实际测量的变化感受不符。

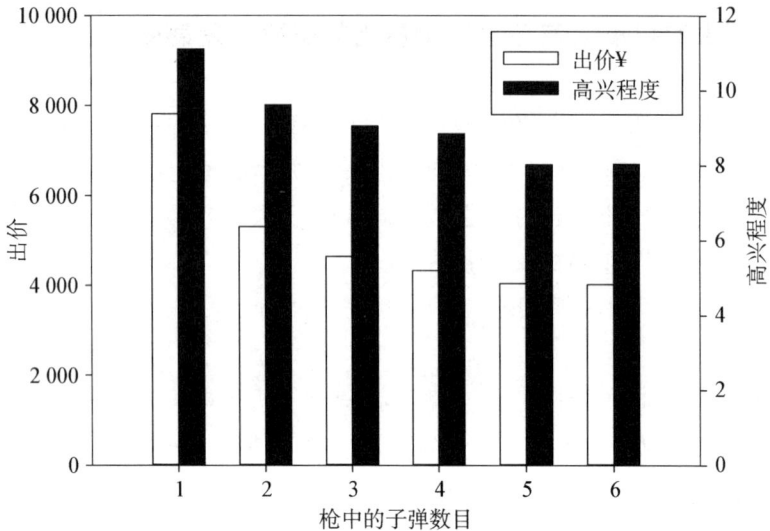

图 7.2 在俄罗斯轮盘赌任务中(6 种条件,枪中原有子弹数目分别为 1、2、3、4、5 和 6),减少 1 颗子弹被试愿意支付的钱数和感受的高兴程度。白色柱状图表示,被试愿意为减少 1 颗子弹所支付的钱数和枪中原有子弹数目的关系($N = 70$),曲线 $y = e^{8.211+0.806/x}$ 最适合描述二者的关系。黑色柱状图表示,减少 1 颗子弹被试所感受的幸福程度和枪中原有子弹数目的关系($N = 42$),曲线 $y = 11.057 \cdot x^{-0.182}$ 最适合描述二者的关系(转引自张阳阳等,2014)。

7.4 对预期理论权重函数的再质疑

本章节的发现是继李纾于 1995 年在 *Journal of Economic Behavior and Organization* 撰文检验权重函数 π 后对预期理论提出的再质疑。其所讨论的俄罗斯轮盘赌问题为预期理论提供了很好的理论依据。预期理论假设,选项中结果的效用并不与线性概率相乘,而是被非线性决策权重 π 所加权,这些决策权重体现了决策者对客观概率的主观评价。由于函数 π 是 p 的非线性函数而非客观概率,因此函数 π 不一定符合数学概率的规则。

然而,心细的读者一定会注意到决策权重 π 的非线性,并不是通过直接测量主观评价得到的(如假设的"小概率的权重"可以通过测量"人会愿意花更多的钱使死亡概率由 1/6 变成 0"得到),而是通过人为演绎推导而得出的。即,决策权重 π 的特征是通过推导演绎得来的,它假设了赌徒们会选择在所有选项中期望值最大的一项。

在上一章,我们报告了采用与 Kahneman 和 Tversky(1979)一模一样的方法,却

得到与权重函数 π 众特性相悖的实验结果。即,这一函数的推导是在假定决策者会最大化某期望值的前提下完成的:50%以上的被试选择了总价值最大的选项。然而,由选择行为推导出的权重函数 π 的性质却是自相矛盾的。

在这一章中,我们采用一种更为直接的方式重新审视非线性特征,即,观察到的非线性特征是通过直接测量人们对概率下降的非线性感觉所得出的,而不是间接地从人们的偏好选择所推导出来的(如,Kahneman & Tversky, 1979)。我们根据这种测量得出了两个结论:第一,观察到的数据是非线性的,但是从实验得出的非线性特征与权重函数(Tversky & Kahneman, 1992)所预测的特征不相符。第二,更重要的是,表征概率下降的单调递减函数不能被任何 S 形加权函数家族成员所收编。

在决策研究领域中,心理物理法首先被运用于分析被试对"金钱"的反应,而后延伸到分析被试对"概率"的反应。针对"价值(金钱)"的心理物理学引进了效用的概念,针对"概率"的心理物理学引进了主观概率的概念,这两种概念都被利用于修正及发展期望法则的新理论。

风险决策理论的百年发展路径大致是,当期望价值(EV)理论无法解释人们实际的决策行为时,决策研究者借助实验心理学中感知觉研究的成果,认为人们对金钱的感受性与金钱的客观价值不同,用主观效用代替客观价值以解释违背期望价值理论的现象。而当采用主观效用也无法对实际决策行为做出准确解释时,学者开始转向修改期望法则中的另一个成分——客观概率,将客观概率转化成主观概率,或者所谓概率的权重函数。风险决策的传统研究大多都是在期望价值理论的框架下对期望公式稍作修改,期望法则支持者可以接受其概率函数或结果函数可能有误,但是从不承认期望法则——加权求和的范式本身有错。当通过这种范式得到的结论一而再、再而三地受到质疑时,我们是否应当怀疑这种范式本身就存在问题呢?

在有风险与无风险的情况下所测量到的效用或主观概率的差异让我们不禁发问:为什么理论家缺省地认为,人们的真实选择是一个期望最大化的过程?为什么理论家假定心理物理学在这一过程中扮演的是一个加权的角色?如果人们真实选择的过程并不是基于期望值的最大化,而是基于满意性法则(Simon, 1995)、"可容性"(admissibility)(Levi, 1986)、占优启发式(Brandstättar, Gigerenzer, & Hertwig, 2006)、齐当别(Li, 1994a, 2004b),或其他可行的法则,那么在有风险与无风险的情况下所测量到的效用或主观概率的差异将永远存在。比如,从风险决策所推导出的金钱效用函数与从直接观察得到的效用函数是不同的。在 Markowitz 类型的效用中,第一类凹函数和凸函数就不同于经典的金钱效用。凹函数在正区间下反映的是边际效用递减的现象。同样地,在现今研究中,人们对概率下降直接测量出的概率之差的感受显然不同于由权重函数 $w(p)$ 计算出的权重之差。

这一问题在 Tversky(1969)有关非可传递性的实验中表现得更加明显。现有五组彩票:(a)(5.00, 7/24);(b)(4.75, 8/24);(c)(4.50, 9/24);(d)(4.25, 10/24);(e)(4.00, 11/24)。在前四组彩票的数据中,可粗略地认为相邻两组彩票的概率相同,因此,在这4组彩票中的选择皆是基于报酬(x)维度的。而(a)组和(e)组的概率差异很大,以至于影响了决策维度,使得选择是基于概率(p)维度。然而,细心的读者会问,既然 Tversky 的非可传递性刺激材料是为了使人们做的选择与非补偿性(非期望值最大化)模型保持一致而构建的,那么为什么 Tversky 不将被试对于该刺激材料的反应解释为一个非补偿性过程(即认为人们的决策仅取决于报酬(x)或概率(p)维度),而解释为一个补偿性过程(即假设人们根据对各维度判断的总和而得出的排序做出选择)? (更多讨论详见 Li, 1998,2001)。

对于上述问题我们做如下推测,基于非期望法则假设的关于效用或主观概率(例如相似性模型,Leland, 1994;Rubinstein, 1988)的演绎应当得出与基于期望法则假设(例如预期理论)不同的结果。当且仅当这一推论所依据的假定选择过程符合真实的选择过程时,演绎法所推导出的效用或主观概率才会与在非风险条件下所得结果一致。为了测量在 Tversky 的非传递性实验中的效用和主观概率,我们须假设被选择的选项并不是期望值较高的选项,而是在主要维度(报酬(x)与概率(p))上占优势的选项,也就是差异更显著的维度——我们可由递减的敏感度得出哪一种差异在主观(而非客观)上更为明显(关于非风险案例的相似分析详见 Li, 2004b)。

总而言之,我们的分析并非试图提出一个比 Kahneman 和 Tversky 的权重函数更能匹配、拟合选择行为的函数。我们想说的是,如果期望假设本身就是错误的,那么 Li 等人(2009)所得的结果既在意料之内也在情理之中了。后续研究工作的重心应从探讨哪一函数被最大化转移到探究人们究竟是否追求某种形式的最大化。

这也意味着自 Bernoulli 时代以来,心理物理函数在风险决策中的运用便已是错误的了。

致谢:这一部分研究能成型,应归功于新南威尔士大学数学学院 Libo Li 的洞见。他看出,借助 1992 年版累积预期理论(CPT)优美的权重函数公式,可计算出权重之差 ΔW,从而为检验俄国轮盘赌引出的非线性权重函数问题提供了可证伪的可能。感谢 Tversky 的学生 Richard Gonzalez,这部分内容的修改在很大程度上得益于与 Richard Gonzalez 的讨论,其讨论亦促使我们关注 George Wu 有关概率权重函数的研究工作。

参考文献

Allais, M. (1953). Le comportement de l'homme rationel devant le risque: Critique des postulats et axioms de l'école americaine [Rational man's behavior in face of risk: Critique of the American School's postulates and axioms]. *Econometrica*, *21*, 503 – 546.

Bonini, N., Tentori, K., & Rumiati, R. (2004). Contingent application of the cancellation editing operation: The role of semantic relatedness between risky outcomes. *Journal of Behavioral Decision Making*, *17*(2), 139 – 152.

Brandstätter, E. Gigerenzer, G., & Hertwig, R. (2006). The priority heuristic: making choices without trade-offs. *Psychology Review*, *113*, 409 – 432.

Carlin, P. S. (1996). Can the maximization principle be discarded? A comment. *Journal of Economic Behavior and Organization*, *29*(2), 351 – 353.

Chernyshenko, O., Miner, A., Baumann, M., & Sniezek, J. (2003). The impact of information distribution, ownership, and discussion on group member judgment: The differential cue weighting model. *Organizational Behavior and Human Decision Processes*, *91*, 12 – 25.

Edwards, W. (1955). The prediction of decisions among bets. *Journal of Experimental Psychology*, *50*(3), 201 – 214.

Edwards, W. (1961). Behavioral decision theory. *Annual Review of Psychology*, *12*, 473 – 98.

Edwards, W. (1962). Subjective probabilities inferred from decisions. *Psychological Review*, *69*(2), 109 – 135.

Kahneman, D., & Tversky, A. (1979). Prospect theory: An analysis of decision under risk. *Econometrica*, *47*, 263 – 291.

Kahneman, D., & Tversky, A. (1982). The psychology of preferences. *Scientific American*, *246*, 136 – 142.

Leland, J. W. (1994). Generalized similarity judgments: an alternative explanation for choice anomalies. *Journal of Risk and Uncertainty*, *9*, 151 – 172.

Levi, I. (1986). *Hard Choices: Decision Making Under Unresolved Conflict*. Cambridge: Cambridge University Press.

Levy, H., & Levy, M. (2002). Arrow-Pratt risk aversion, risk premium and decision weights. *Journal of Risk and Uncertainty*, *25*, 265 – 290.

Li, L-B., He, S-H., Li, S., Xu, J-H., & Rao, L-L. (2009). A closer look at the Russian roulette problem: A re-examination of the non-linearity of the prospect theory's decision weight π. *International Journal of Approximate Reasoning*, *50*, 515 – 520.

Li, S. (1994a). *Equate-to-differentiate theory: A coherent bi-choice model across certainty, uncertainty and risk*. Unpublished doctorial dissertation, University of New South Wales.

Li, S. (1994b). What is the role of transparency in cancellation? *Organizational Behavior and Human Decision Processes*, *60*, 353 – 366.

Li, S. (1995). Is there a decision weight π? *Journal of Economic Behavior and Organization*, *27*(3), 453 – 463.

Li, S. (1996). What is the price for utilizing deductive reasoning? A reply to generalized expectation maximizers. *Journal of Economic Behavior and Organization*, *29*(2), 355 – 358.

Li, S. (1998). Tian Ji and Chariot-racing: violation of dominance in similarity judgment of Chinese characters. *Psychologia*, *41*, 20 – 31.

Li, S. (2001). Extended research on dominance violations in similarity judgments: the equate-to-differentiate interpretation. *Korean Journal of Thinking and Problem Solving*, *11*, 13 – 38.

Li, S. (2003). Violations of conjoint independence in binary choices: The equate-to-differentiate interpretation. *European Journal of Operational Research*, *148*, 65 – 79.

Li, S. (2004a). An alternative way of seeing the Allais-type violations of the sure-thing principle. *Humanomics*, *20* (1&2), 17 – 31.

Li, S. (2004b). A behavioral choice model when computational ability matters. *Applied Intelligence*, *20*, 147 – 163.

Loomes, G., & Sugden, R. (1982). Regret theory: An alternative theory of rational choice under uncertainty. *The Economic Journal*, *92*, 805 – 824.

Machina, M. J. (1982). 'Expected utility' analysis without the independence axiom. *Econometrica*, *50*, 277 – 323.

Neilson, W., & Stowe. J. (2002). A further examination of cumulative prospect theory parameterizations. *Journal of Risk and Uncertainty*, *24*, 31 – 46.

Nwogugu, M. (2006). A further critique of cumulative prospect theory and related approaches. *Applied Mathematics and Computation*, *179*, 451 – 465.

Quiggin, J. (1982). A theory of anticipated utility. *Journal of Economic Behavior & Organization*, *3*(4), 323 – 343.

Rubinstein, A. (1988). Similarity and decision-making under risk (Is there a utility theory resolution to the Allais Paradox?). *Journal of Economic Theory*, *46*, 145 – 153.

Simon, H. A. (1955). A behavioral model of rational choice. *The Quarterly Journal of Economics*, *69*, 99 – 118.

Sugden, R. (1993). An axiomatic foundation for regret theory. *Journal of Economic Theory*, *60*, 159 – 180.

Tversky, A. (1969). Intransitivity of preferences. *Psychological Review*, *76*(1), 31 – 48.

Tversky, A., & Kahneman, D. (1981). The framing of decisions and the psychology of choice. *Science*, *211*, 453 – 458.

Tversky, A. , & Kahneman, D. (1986). Rational choice and the framing of decisions. *Journal of Business*, *59*, S251 – S278.

Tversky, A. , & Kahneman, D.(1992). Advances in prospect theory: Cumulative representation of uncertainty. *Journal of Risk and Uncertainty*, *5*(4),297 – 323.

Wu, G. , & Gonzalez. R. (1996). Curvature of the probability weighting function. *Management Science*, *42*, 1676 – 1690.

李纾,谢晓非.(2007).行为决策理论之父:纪念 Edwards 教授 2 周年忌辰.应用心理学,17(2),99—107.

梁哲,李纾,许洁虹.(2007).预期理论权重函数 π 的由来、质疑及 Tversky 的阐释.经济数学,24(4),331—340.

张阳阳,饶俪琳,梁竹苑,周媛,李纾.(2014).风险决策过程验证:补偿/非补偿模型之争的新认识与新证据.心理科学进展,22(2),205—219.

第8章 被得失金钱的"程数" 所整形的价值函数 v

共同作者:刘欢

8.1 预期理论中的 S 形价值函数

期望效用(expected utility)用"效用"代替"价值"解释决策行为:与某一价值对应的心理效用与概率的乘积为该风险选项的期望效用,人们在决策时遵循期望效用最大化原则。但是,后续研究发现一些难以用期望效用理论解释的现象,其中最有名的就是"艾勒悖论"(Allais, 1953)。Kahneman 和 Tversky(1979)以"艾勒悖论"为原型,设计了违背期望效用的另一种决策问题。

问题 1:

A:80%的机会获得 4 000 元。【20%】

B:肯定获得 3 000 元。【80%】

问题 2:

C:20%的机会获得 4 000 元。【65%】

D：25％的机会获得3 000元。【35％】

在问题1中，多数被试倾向于选择B选项，即B>A。问题2中C选项可表示为（A，0.25），D选项也可以表示为（B，0.25），根据期望效用理论，两个选项乘以相同的概率不会改变两个选项的偏好关系，即预期的结果应该为D>C，而实际的结果恰好相反（C>D）。这是因为概率从1降为0.25意味着确定事件变为概率事件，这种变化对人们的影响更大。人们在决策过程中更加看重确定选项的现象被称为确定效应（certainty effect）（Kahneman & Tversky，1979），而这一效应违背了期望效用理论。

此外，人们在获得框架下风险规避而在损失框架下风险寻求，该效应被称为镜像效应（reflection effect）（Kahneman & Tversky，1979）。预期效用理论中效用函数为凹形，能够解释人们在获得框架下的风险规避倾向，而难以解释在损失框架下的风险寻求倾向。

在此基础上，Kahneman和Tversky（1979）在其提出的预期理论中对价值函数进行了界定，认为其具有三个特点：(1)对人们的决策起作用的并非是最终的状态，而是相对于参照点的改变；(2)在价值函数上，获得部分是凹形的，而损失部分是凸形的；(3)损失部分的斜率大于获得部分。

8.1.1 损失、获得是由参照点来定义的

人们的知觉模式往往是对变化更为敏感，而较少去考虑绝对状态。比如，当我们要判断明天气温的高低时，往往是以今天的气温或是适应的气温为参照点来做判断。同样地，人们在做决策时也并不是根据最终的结果，而是最终结果相对于参照点的变化，Kahneman和Tversky（1979）认为人们在决策中所使用的参照点可以是目前的状况，也可以是自己期望或者适应的状态。参照点不同，人们对同一种状态的知觉也不同，这也可以理解在面对下述两个在本质上是一致的问题时为什么人们的选择倾向并不一致。

问题3：

除了你自己所拥有的钱以外，你已经得到1 000元，现在需要你做出选择：

A：50％的机会获得1 000元。【16％】

B：肯定获得500元。【84％】

问题4：

除了你自己所拥有的钱以外，你已经得到2 000元，现在需要你做出选择：

C：50％的机会损失1 000元。【69％】

D：肯定损失500元。【31％】

在面对问题 3 时,有 84% 的个体选择 B 选项,而在面对问题 4 时,有 69% 的个体选择 C 选项(Kahneman & Tversky, 1979)。从最终的结果上来说,A 选项和 C 选项是等价的,即除了自己所拥有的钱外,A=C="50% 获得 2 000 元,50% 获得 1 000元";B 选项和 D 选项也是等价的,即 B=D="肯定获得 1 500 元"。人们的选择之所以发生反转是因为两个问题中参照点不同,知觉到的损失与获得也不同。问题 3 中的参照点为"已经得到 1 000 元",A 选项和 B 选项均为获得,选择倾向会更加保守;而问题 4 将"已经得到 2 000 元"作为参照点,C、D 选项被知觉为损失,选择倾向会更加冒险。可见,人们对选项中变化的部分更为敏感,对人们决策起决定作用的并非最终结果,而是相对于参照点的变化,参照点在其中起关键作用。

8.1.2 获得部分为凹形,损失部分为凸形

在感知觉的研究中发现,与物理变化对应的心理反应并非是线性而是凹形的,比如,人们很容易知觉到 3℃ 和 6℃ 之间的差异,而难以知觉到 13℃ 和 16℃ 之间的差异。同样的,价值函数也并非线性的,100 元与 200 元之间的差异往往被认为比 1 100元与 1 200 元之间的差异更大;价值函数的另一个特征是损失与获得的曲线并非一致,如在问题 5 中大部分被试会选择 B,即 $\pi(0.25)v(6\,000) < \pi(0.25)v(4\,000) + \pi(0.25)v(2\,000)$,而在面对问题 6 时,大部分被试会选择 C,即 $\pi(0.25)v(-6\,000) > \pi(0.25)v(-4\,000) + \pi(0.25)v(-2\,000)$。由此可以得到:$v(6\,000) < v(4\,000) + v(2\,000)$,而 $v(-6\,000) > v(-4\,000) + v(-2\,000)$。可见,价值函数的获得部分是凹形的,因此,表现在获得框架下人们更加保守;而损失部分是凸形的,表现在损失框架下人们更加冒险(Kahneman & Tversky, 1979)。

问题 5:
A:25% 的机会获得 6 000 元。
B:25% 的机会获得 4 000 元,25% 的机会获得 2 000 元,还有 50% 获得 0 元。
问题 6:
C:25% 的机会损失 6 000 元。
D:25% 的机会损失 4 000 元,25% 的机会损失 2 000 元,还有 50% 损失 0 元。

8.1.3 损失规避(loss aversion):损失曲线比获得曲线更陡

假想你现在正在参加下面这个游戏:
现在抛一枚硬币,如果正面朝上的话,你将获得 50 元;如果正面朝下,你将损失50 元,你是否愿意参加该游戏?
硬币正面朝上和朝下的概率是相等的,即参与者有 50% 的概率获得 50 元,50%

的概率损失 50 元。根据期望价值(expected value)理论,该游戏的期望价值为 $50\% \times 50 + 50\% \times (-50) = 0$,那么可以推测选择参加和选择拒绝参加该游戏的人应该是相等的,即各占 50%。但实际上的结果是,被试普遍不愿意参加该游戏(Kahneman & Tversky, 1979)。Kahneman 和 Tversky 在实验中发现随着赌博游戏中获得损失绝对值的增大,损失规避也就越强烈,当 $x > y \geqslant 0$ 时,人们更愿意选择(y, 50%;$-y$, 50%),即 $U(y) + U(-y) > U(x) + U(-x)$,也就是 $U(-y) - U(-x) > U(x) - U(y)$。若将 y 设为 0,则得到 $U(x) < -U(-x)$,即损失的心理效用大于等量的获得的心理效用;当 y 不断趋近 x,就得到效用函数 U 在 x 点的导数,即 $U'(x) < U'(-x)$,即,损失效用函数的斜率大于获得效用函数的斜率,在价值函数上体现为损失曲线比获得曲线更陡,那么在价值上相等的损失和获得所对应的效用并不相同,损失比等量获得产生的心理效用更大,这种现象被命名为"损失规避"(loss aversion)。

结合上述三个特点,可以得到如本篇第 2 章图 2.1 所示的价值函数。即,决策的参照点被看作是原点,原点右侧的获得价值函数为凹形,原点左侧的损失价值函数为凸形,且损失曲线比获得曲线更加陡峭,在整体上表现为 S 形。

8.2 探讨损失规避的新视角——程数(route)

8.2.1 损失规避的原因探索

作为价值函数的三大核心特点之一,损失规避被视为解释决策行为的基本原则,其背后的机制也受到了关注。研究者从情感、认知及神经科学的视角对其进行了探讨。

人们对将要失去的物品所具有的情感依恋(emotional attachment)被认为是产生损失规避的原因之一:失去物品会带来心理不适感,卖方可能会为了回避威胁心理状态的因素而提高价格(Carmon et al.,2003);越是喜欢的物品,损失规避倾向就越强烈(Dhar & Wertenbroch, 2000)。从根本上看,损失规避可能仅仅是情感预测的错误(Kermer, Driver-Linn, Wilson, & Gilbert, 2006),人们可能高估了损失带来的情感反应,从而导致损失规避。

另外,认知因素也会对损失规避产生影响:交易物品的可替代性(Chapman, 1998)、物品的重要程度(Chen, Lakshminarayanan, & Santos, 2006)都能影响损失规避。操纵买卖双方的认知视角,也可以降低损失规避的程度(Carmon & Ariely, 2000)。

神经科学研究使用 fMRI 技术发现,在面对损失时,大脑的纹状体和前额叶皮层的活动强度降低,这些脑区在处理获得时激活强度变大,且其强度的变化和损失规避行为相同,即损失导致这些区域的激活强度的变化幅度大于获得(Tom, Fox, Trepel, & Poldrack, 2007)。这也从生理基础层面为损失规避现象的普遍性提供了有力证据。

对目前文献所报告以及生活中的损失规避现象作仔细分析发现,当谈到损失的时候,首先出现在人们脑海的是金钱和物品,损失金钱和物品的先决条件是事先已经拥有了该金钱和物品。另外,能体现具体得失过程的损失可能产生更强烈的损失规避感。如,实际成本(out-of-pocket cost)的效用大于机会成本(opportunity cost)的效用(Sayman & Öncüler, 2005; Thaler, 1980)。这给了我们一个启发:损失规避的产生跟损失、获得发生的过程有关,且获得或损失的实际发生过程不同,其引起的心理感受强度也会有所不同。在此基础上,刘欢、梁竹苑和李纾(2009)引入了一个"**程数**"的概念:同一拥有物(possession)(可见或不可见)在起始状态和最终状态之间经过拥有者的次数,即该拥有物的所有权变更次数。程数不同,其引起的心理感受强度也可能不同。用"程数"的视角分析以往的研究发现:在经典的损失规避研究中,获得是"单程"(one-route)——从无到有;而损失是"双程"(two-route)——从无到有,再从有到无。损失比获得多了"一程",损失导致的心理感受比获得更强烈,所以出现了损失规避现象。

8.2.2 验证程数的实验

传统损失规避的对象均为物品和金钱,按照程数的定义则此过程即为"双程损失—单程获得"的实验情境。我们设计了不同于"双程损失—单程获得"的另外三种实验情境:"获得与损失程数相等"、"单程损失—双程获得"、"单程获得—双程损失"和"三程获得—双程损失"的比较。

(1) **获得与损失程数相等**。我们选择了一个现实生活中存在的损失和获得程数相等的对象,即寿命。寿命不具有"先得后失"的特性,即"折寿"无须先"增寿"。实验设计了关于"增寿—折寿"的实验任务,此时获得和损失的程数相等,均为单程(one-route)。具体实验材料如下:

材料 1:研究表明,你所在地区目前的饮食习惯有 50% 的可能**增寿** 5 个月,50% 的可能**折寿** 5 个月,你会接受这种饮食习惯吗?

为了避免偏爱现状效应以及被试难以放弃自己已有饮食习惯所造成的影响,实验材料将"得失各半"的饮食习惯描述为一种中性状态。结果发现,愿意和不愿意接受该饮食习惯的被试人数之间没有显著差异,即当损失和获得的程数相等时,并未发生损失规避现象。

(2) **单程损失—双程获得**。损失金钱或物品发生的前提是,须先拥有金钱或物品。那么有没有不需要拥有就可以失去的东西呢？康德曾说："人只有一种天赋的权利,即与生俱来的自由。"(Kant, 1797/1991, p. 50)自由是人们与生俱有的事物,故而,失去自由或重获自由的程数与金钱和物品截然相反:失去自由是无须先拥有的单程损失——从有到无;而重获自由是双程获得——失去自由,再恢复自由。我们设计了一个有关自由的"得失各半"的实验材料,具体如下:

材料2:假设你由于酒后驾驶被罚拘留十天,在第五天的时候你有机会玩一个抛掷硬币的游戏,如果出现反面的话,你就**失去**五天自由(即拘留时间增加五天),如果出现正面的话,你就**获得**五天自由(即能被立即释放),你是否愿意参加这个游戏?

在该实验中,愿意与不愿参加游戏的被试人数间不存在显著差异,即说明在面对双程获得(重获自由)和单程损失(失去自由)时,被试并没有出现损失规避现象。

(3) **"单程获得—双程损失"和"三程获得—双程损失"的比较。**以上两个实验使用了两种不同于以往研究的实验情境,证明了当获得的程数大于或等于损失的程数时不会出现损失规避现象,但未能直接证明当获得或损失的程数发生变化时,损失规避的程度也将发生变化。从这个思路出发,我们设计了一种可以直接比较的实验情境,当损失的程数相同时,变化相应的获得的程数,比较这两种情况下相应的损失规避程度的差异。

损失规避的经典赌博任务中使用的是金钱,其程数为"单程获得—双程损失",我们设计了一个与之相对的"三程获得—双程损失"的退税实验任务。退税经历了"赚钱—交税—退税"的过程,因此相对于赚钱(单程获得)来说,"退税"可被看作是"三程获得"。而纳税与"输钱"相同,都是双程损失。在本实验任务中,用损失规避系数 λ (λ=获得值/损失值)作为衡量损失规避程度的指标。

材料3:假设现在有一个抛掷硬币的游戏,如果出现正面的话,你**赢得** x 元,如果出现反面的话,你**输掉** 50 元,当 x 大于( )时,你才愿意参加这个游戏。(单程获得—双程损失)

材料4:假设现在有一个抛掷硬币的游戏,如果出现正面的话,国家向你**退税** x 元,如果出现反面的话,你向国家**交税** 50 元,当 x 大于( )时,你才愿意参加这个游戏。(三程获得—双程损失)

被试间的差异比较发现两个实验情境中损失规避系数的差异边缘显著,说明虽然输掉的钱和缴纳的税款都是损失 50 元(均为两程损失),与退税情境(三程获得)相比,赢钱情境(单程获得)下的损失规避系数更大,损失规避程度更高。该实验通过比较证实了损失程数相同时,获得程数越多,损失规避程度越小。

8.2.3　心理强度在程数与损失规避间的中介作用

通过操纵不同于传统"单程获得—双程损失"的实验,我们的实验结果验证了获得和损失的程数变化可以影响损失规避的倾向。然而,现有研究极少直接验证经典损失规避现象的基本特征,即"损失带来的心理感受强于等量获得带来的心理感受"。直接测量个体面对各程获得或损失时的心理感受强度是有必要的,因此我们推测,获得或损失的程数越多,其产生的心理感受也越强。在实验中,我们除了使用传统的无刻度线(Kermer et al.,2006)测量心理感受强度,还在此基础上增加了握力计测量的方式。使用两种方式测量不同程数的获得或损失的心理感受强度的作用在于,如果在程数与心理感受强度的关系上得到相似的结果,一方面可以很好地验证这两种测量心理感受强度方式的有效性,另一方面也可以互相检验不同实验中研究结果的可靠性。

材料 5:

a:现在你**丢失**了一辆自行车。

b:你**找回**了自己丢失的自行车。

材料 6:

a:现在你**患上**了某种疾病。

b:经过治疗已经**痊愈**了。

c:痊愈后旧病**复发**了。

材料 7:

a:你通过正常收入**挣得**了 500 元。

b:现在你需要向国家**交税** 500 元。

c:根据税收优惠政策,国家向你**退税** 500 元。

材料 5—7 为我们使用的测量心理感受强度的材料,用无刻度线和握力计测验的实验结果如下:

表 8.1　无刻度线和握力计测量各得失情境的心理感受强度的比较

材料	情境	程数	事后检验	
			无刻度线	握力计
5	丢自行车 找回自行车	双程损失 三程获得	找回自行车＞丢自行车	找回自行车＞丢自行车
6	生病 痊愈 旧病复发	单程损失 双程获得 三程损失	旧病复发＞痊愈＝生病	旧病复发＝痊愈＞生病

材料	情境	程数	事后检验	
			无刻度线	握力计
7	赚钱 交税 退税	单程获得 双程损失 三程获得	退税＞交税＝赚钱	退税＞交税＝赚钱

从结果可以看出,心理感受强度随着获得或损失程数的增加而呈上升趋势,除材料6的事后检验结果稍有差别,用握力计测量各程获得或损失的心理感受强度的结果,与用无刻度线测量的结果基本相同。这说明两种测量方法均有一定可靠性,该结果进一步支持了研究假设,即随着获得或损失程数的增加,心理感受强度呈逐步上升趋势。

8.3　如何看待程数

8.3.1　程数与参照点的对比

预期理论认为,影响个体决策的不是最终的结果,而是结果相对于参照点的变化。个体现有的状态和预期的目标都可以被看作是参照点(Yates & Stone, 1992)。然而参照点具有不确定性,依个人和时间的不同而不同(Kahneman & Tversky, 1979；Novemsky & Kahneman, 2005),因此某种状态被人们知觉为损失还是获得,因个人和时间的不同而不同(Thaler & Johnson, 1990)。可见,预期理论并未直接提出参照点是导致损失规避的原因,只是用参照点的概念说明了损失规避现象:人们根据不同的参照点将某种结果知觉为损失和获得,而对损失的感受比对等量的获得的感受强烈就导致了损失规避现象。不同于主流损失规避研究中的"参照点说",我们提出了损失规避的另一种解释——"程数说",它不仅关注同一物品相对于决策者的"参照点"(进为"获得",出为"损失"),更注重同一物品"经过"所有者的次数对人们心理感受的影响,认为程数通过改变心理感受强度影响损失规避程度。

总的来看,程数说与参照点说的主要差异有三点:

其一,参照点说认为,影响个体决策的是结果相对于参照点的变化。程数说则认为,"结果相对于参照点的变化"只描述了同一物品"经过"决策者的最终状态,而影响个体决策的不仅仅是"经过"的最终状态,更重要的是"经过"的**历史次数**,即得失的程数。

其二,参照点说旨在界定在什么条件下变动参照点会出现损失规避,是对损失规避现象何时出现的说明:由于损失函数更陡峭,所以决策者知觉到的损失比等量获得产生的心理效用更大。而程数说旨在探讨为什么会出现损失规避,是对损失规避现象心理机制的解释:损失规避现象中,损失所产生的更大的心理效用,可能是由其更多的程数所决定的。

其三,验证参照点说和程数说的途径各不相同。程数说认为,如果操纵参照点的同时恰好能使损失程数大于获得程数,则可导致损失规避,如"双程等量损失(失$50)vs.单程等量获得(得$50)";如果操纵参照点时未能同时使损失程数大于获得程数,便可能不会导致损失规避,如"单程等量损失(折寿5个月)vs.单程等量获得(增寿5个月)",甚至可能导致"损失寻求",即获得的效用大于等量损失的效用。反之,如果在操纵参照点而保持程数不变的条件下能导致损失规避现象的出现,其结果则能支持参照点说。

根据我们提出的程数说,价值函数的损失部分之所以更加陡峭的原因是损失程数大于获得程数。如果我们能够操纵得失的程数,使得损失的程数不再大于获得的程数,损失规避现象应当随之消失,价值函数上损失部分更加陡峭这些特性也将随之消失。

8.3.2 程数引发的思考

鉴于损失可能带来的心理感受远远大于获得,即使公平、和谐的分配方案也可能带来"不和谐"的心理感受。从"程数"的角度研究损失规避(e. g.,刘欢,梁竹苑,李纾,2009;李小平,2015),则有助于人们更好地认识、预测及干预由主观损失规避引起的各种"不和谐"感受或矛盾冲突,也为科学决策提供了心理学方面的依据。例如,在现实生活中,为了改变损失规避引起的各种"不和谐"感受,根据本研究中"得失程数的变化可影响损失规避程度"的结果,我们对现实干预提供的建议是,不能仅局限于设法转换参照点,如通过改变人们对结果得失状态的认知来改变"损失"与"获得"的视角,更应着力于设法改变"损失"与"获得"的程数,以有效地减少主观的损失规避感。例如,无论企业还是个人总会将纳税看成损失,从而产生损失规避感。如果政府制定优惠政策时,采用的是"多退税"而不是"少交税"的政策,可以使纳税人的关注点从对应心理效用小的"收入"(单程获得)转变为对应心理效用大的"退税"(三程获得),从而减少纳税人的损失规避行为。

同样,我们也可以通过程数说来更好地理解生活中的一些现象。

如,在2014年3月8日发生的马航MH370客机失踪事件,本来已经慢慢接受亲人已经离开这一事实的家属听到马来西亚总理在记者会上谈到"不确定是坠机"这一消息后(http://world. huanqiu. com/exclusive/2014-03/4889352. html),希望重新点燃。当家属们再次听到"坠机"的消息时,从满怀希望的状态直接掉入彻底失望的状态,而此时的他们比最开始听到这个消息更为伤心。同样一个噩耗,否定后再被接受(三程)比直接被接受(单程)导致的心理感受也更为强烈。

在严歌苓的长篇小说《妈阁是座城》中非常生动地描述了嗜赌如命的人的疯狂行为,对于那些身家比赤贫还少1个亿的赌徒来说,输得不能再输的时候,往往赌得也更加疯狂。在这些赌徒的心理账户中,钱(借的)根本没有入账就已经易主了。他们没有经历过从无到有的获得过程,输起来也不会出现损失规避,因此会更加冒险。所以,俗语说"光脚的不怕穿鞋的"也可以从程数上来解释,因为前者从来没有得到过"鞋"(没有程数),所以也不怕损失;而后者因为倍加珍惜得到的"鞋"而在行为上有所顾忌(一旦输掉就是双程损失)。

于是乎,通过操纵得失的程数,抑或能有效地改变得失给人们带来的心理感受,进而达到干预损失规避的目的。

致谢:本文部分得到中国科学院"百人计划"、中国科学院知识创新工程重要方向项目(KSCX2-YW-R-130)、国家自然科学基金面上项目(70871110;70701036)、北京市教育委员会共建项目专项的资助。国家自然科学基金面上项目"损失规避的性质探索"于2014年在国家自然科学基金委员会管理科学部组织的结题项目绩效评估会上被评为"特优"。感谢 Tversky 的学生、在 1992 年版预期理论(Advance in prospect theory: Cumulative representation of uncertainty)中负责实验和数据分析的 Richard Gonzalez 建议我们采用术语"route"以表达"程数"之意。

参考文献

Allais, M. (1953). Le comportement de l'homme rationel devant le risque: Critique des postulats et axioms de l'école americaine [Rational man's behavior in face of risk: Critique of the American School's postulates and axioms]. *Econometrica*, *21*, 503-546.

Ariely, D., & Simonson, I. (2003). Buying, bidding, playing, or competing? Value assessment and decision dynamics in online auctions. *Journal of Consumer Psychology*, *13*, 113-123.

Carmon, Z., & Ariely, D. (2000). Focusing on the forgone: how value can appear so different to buyers and sellers. *Journal of Consumer Research*, *27*, 360-370.

Carmon, Z., Wertenbroch, K., & Zeelenberg, M. (2003). Option attachment: When deliberating makes choosing feel like losing. *Journal of Consumer Research*, *30*, 15-29.

Chapman, G. B. (1998). Similarity and reluctance to trade. *Journal of Behavioral Decision Making*, *11*, 47-58.

Chen, M. K., Lakshminarayanan, V., & Santos, L. R. (2006). How basic are behavioral biases? Evidence from capuchin monkey trading behavior. *Journal of Political Economy*, *114*, 517-537.

Dhar, R., & Wertenbroch, K. (2000). Consumer choice between hedonic and utilitarian goods. *Journal of Marketing Research*, *37*, 60-71.

Kahneman, D., & Tversky, A. (1979). Prospect theory: An analysis of decision under risk. *Econometrica*, *47*, 263-292.

Kermer, D. A., Driver-Linn, E., Wilson, T. D., & Gilbert, D. T. (2006). Loss aversion is an affective forecasting error. *Psychological Science*, *17*, 649-653.

Knetsch, J. L. (1989). The endowment effect and evidence of nonreversible indifference curves. *The American Economic*

Review, *79*,1277‑1284.

Liberman, N., Idson, L. C., & Higgins, E. T. (2005). Predicting the intensity of losses vs. non-gains and non-losses vs. gains in judging fairness and value: A test of the loss aversion explanation. *Journal of Experimental Social Psychology*, *41*,527‑534.

Novemsky, N., & Kahneman, D. (2005). The boundaries of loss aversion. *Journal of Marketing Research*, *42*, 119‑128.

Samuelson, W., & Zeckhauser, R. (1988). Status quo bias in decision making. *Journal of Risk and Uncertainty*, *1*, 7‑59.

Sayman, S., & Öncüler, A. (2005). Effects of study design characteristics on the WTA‑WTP disparity: A meta analytical framework. *Journal of Economic Psychology*, *26*,289‑312.

Thaler, R. (1980). Toward a positive theory of consumer choice. *Journal of Economic Behavior and Organization*, *1*, 39‑60.

Thaler, R. (1988). Anomalies: The winner's curse. *The Journal of Economic Perspectives*, *2*,191‑202.

Thaler, R., & Johnson, E. J. (1990). Gambling with the house money and trying to break even: the effects of prior outcomes on risky choice. *Management Science*, *36*,643‑660.

Tom, S. M., Fox, C. R., Trepel, C., & Poldrack, R. A. (2007). The neural basis of loss aversion in decision-making under risk. *Science*, *315*,515‑518.

Yates, F. J., & Stone, E. R. (1992). The risk construct. In J. F. Yates (Ed.) *Risk-taking behavior*. (pp. 1‑25). New York: Wiley.

李小平.(2015).损失规避源于损失程数多于获得? ——损失规避的得失程数变化视角的再检验.心理科学,38(2),394—399.

刘欢,梁竹苑,李纾.(2009).得失程数的变化:损失规避现象的新视点.心理学报,41(12),1123—1132.

[德]康德.(1991).法的形而上学——权利的科学(沈叔平,译,P.50).北京:商务印书馆.

第9章　当价值函数与权重函数无法精确赋值时：被遗忘的4折风险倾向

共同作者：魏子晗

期望价值理论是第一个用于解决风险决策问题的规范性决策理论，von Neumann 和 Morgenstern（1944）修正了该理论中的客观价值，提出了期望效用（expected utility，EU）理论，之后，Savage（1954）对这一理论进行了发展，摒弃了客观概率，提出了主观期望效用（subjective expected utility，SEU）理论。SEU 理论认为，决策结果的客观效用与决策结果的客观概率并不是决策者进行决策的决定性因素，每个个体所估计的主观效用和主观概率才是决策的关键所在。然而，Savage 的理论仍然无法预测和描述一些决策行为，如艾勒悖论（Allais，1953）、Ellsberg 悖论（Ellsberg，1961）、框架效应（Tversky & Kahneman，1986）。1979年 Kahneman 和 Tversky 提出了预期理论，用价值函数替代效用函数，用权重函数 π 替代概率函数，成功地解释了期望效用理论所无法解释的决策行为，如违背确定事件原则（sure thing principle）的艾勒悖论，以及违背不变性（invariance）原则的框架效应。

从理论发展的角度来看，这些决策模型尽管各有不同，但都遵循了同一个评估原则——期望法则，即，认为风险决策需要对其价值和概率进行期望值的计算，然后依据最大化原则选择期望价值或效用最大的选项。价值函数(效用函数)和权重函数(概率函数)可看作理论的两座基石,而期望法则是连接这两座基石的黏合剂。长久以来,理论家们都致力于验证期望法则的有效性,各个新理论亦都试图通过改善价值函数和概率函数,以确保价值和概率的期望值能有效预测实际决策行为。

然而,一个有趣却又严峻的问题是,当价值函数与权重函数给不出精确值的时候,这些理论又如何解释和预测人们的决策呢?

9.1 缺客观概率的不确定决策

决策问题可以被归为三大类:确定决策、风险决策和不确定决策。如果决策者知道决策行为将带来什么结果,这种决策问题被称作确定决策;如果决策者不知道决策行为将带来什么结果,但是知道可能发生什么结果及其发生概率,那么这种决策问题被称作风险决策;如果决策者知道可能发生什么结果但不知其发生概率,那么这种决策问题被称作不确定决策。

与风险决策相比,对不确定决策的研究还相对较少。不确定性被认为是定义不良(ill-defined)型决策问题的典型特征(Abelson & Levi, 1985)。心理学对不确定决策的研究从来没有另起过炉灶,几乎所有不确定决策的主流研究都沿着同一条路径向前推进——趋近于期望效用和主观期望效用理论的研究方向(Einhorn & Hogarth, 1988)。然而,正如前文所述,期望价值与主观期望效用等理论都基于同样的原则——期望法则。对于不确定决策来说,概率是模糊的,在没有精确的概率值的情况下,就无法进行期望计算,更不能依据最大化原则进行选择。因此,从理论上讲,基于期望法则的期望价值理论、主观期望效用理论以及预期理论均难以对不确定决策行为进行解释和预测。亦有实证研究表明,风险决策理论并不能直接应用于不确定决策情境(Stevenson, Busemeyer, & Naylor, 1990)。

9.1.1 不确定选项的表征——"弱占优原则"的解释

占优原则(dominance principle)认为,如果选项 A 在所有维度上都优于选项 B,那么选项 A 相对于选项 B 来说是优势选项(Lee, 1971; von Winterfeldt & Edwards, 1986),这是传统意义上的"强占优原则"。即,如果存在这样的优势选项,最佳决策选项就毫无疑问是该优势选项,不需要经过其他决策分析。占优原则是规范性理论的基础,任何理性的决策者都应选择占优的选项。然而,在风险决策和不确定决策中,到底什么是决策的维度?这仍然是一个未解决的问题。研究者们(例如,Tversky, 1969; Montgomery, 1977; Ranyard, 1982)普遍认为风险决策包含两个决策维度:

损失或获得的大小(x)和损失或获得的概率(p),并认为这两个决策维度可以独立地变化。然而,当用这两个决策维度表征稍复杂的风险决策问题时(如,包含两个或两个以上可能结果的选项),用这两个独立的维度去解释决策过程就遭遇了困难。

Li(2004)认为,在不确定决策中,决策者对决策问题的表征并非如规范性理论所说的那样将选项划分为结果(x)和概率(p)两个维度,而是将决策维度表征为 N 个可能结果,并比较选项间在不同结果维度上的差异,最后对不同结果维度进行维度间的(interdimentional)排序,选择最重要的维度进行决策。在这种表征方式下,不确定决策应遵循直觉性的"弱占优原则"。

为了验证这一假设,Li(2004)设计了以下的不确定决策问题(问题1)。

问题1

博弈 A:一未知的机会获得 270 元钱,一未知机会失去 56 元钱。

博弈 B:一未知的机会获得 920 元钱,一未知机会失去 23 元钱。

在问题 1 中,博弈 B 无论在最好可能结果维度(可能获得 920 元>可能获得 270 元)还是在最坏可能结果维度(可能失去 23 元>可能失去 56 元)上都优于博弈 A。依据"强占优原则"或者"弱占优原则",在这两种博弈中,博弈 B 是优势选项,被试在任何时候都应该选择博弈 B,即选择博弈 B 的概率应该为 100%。然而,若基于主流期望价值理论、期望效用理论或者主观期望价值理论进行不确定决策,我们则无法对决策概率精准赋值,亦无法做出期望值最大化的选择。

实验结果验证了这一假设,32 名新南威尔士大学的心理系学生以及 50 名福州大学财政金融系学生对该决策问题作答,他们100%地选择了博弈 B。这一结果验证了强占优或弱占优原则,同时也对期望价值(EV)、期望效用理论(EU)和主观期望效用理论(SEU)对不确定决策的解释提出了质疑。因为 EV, EU 和 SEU 等理论都无法对问题 1 的决策结果以及选择比例做精确的预测。

9.1.2　齐当别模型对不确定决策的解释

齐当别模型认为,在面临两个可能结果的不确定决策时,个体依据效用差异较大的维度进行决策,即看两个选项最好(坏)可能结果的效用差异是否比最坏(好)可能结果的效用差异更大。

Li(2004)设计了如下的决策问题(问题2),以检验齐当别模型是否适用于解释不确定决策。实验使用了两种不同的任务:选择任务与匹配任务。按照齐当别模型的预测,被试将根据差异最大的维度进行决策,其决策结果将与被试在匹配任务中选择出来的"差异最大的维度"的占优选项是吻合的。被试为澳大利亚和中国 83 名学生,他们分别完成了"选择"和"匹配"两个任务(问题2)。

问题2

选择任务(请选出你偏好的一个选项):

选项A:一未知的机会赢得110元钱或者损失10元钱。

选项B:一未知的机会赢得395元钱或者损失15元钱。

匹配任务(请选出差别最大的一个选项):

选项C:"一未知的机会赢得110元钱"vs."一未知的机会赢得395元钱"

选项D:"一未知的机会损失10元钱"vs."一未知的机会损失15元钱"

该决策问题改编自Stevenson,Busemeyer和Naylor(1990)的研究,最初的问题来源于Lichtenstein和Slovic(1971)有关"偏好反转"(preference reversal)的研究(参见本篇第13章)。Li(2004)剔除了原问题中精确的概率信息,取而代之的是一些模糊的表示可能性的名词。

在剔除了精确的概率值并且有意使"选项A"和"选项B"在最坏可能结果维度上(损失10元 vs. 损失15元)的主观差异不显著的条件下,大部分被试(79%)在问题2中都倾向于选择B选项。这一结果与Reyna和Brainerd(1995)的实验结果吻合。在他们的研究中,将著名的亚洲疾病问题中的精确人数模糊化为"一些人",结果发现框架效应消失了。列联分析的结果表明,被试在匹配任务上的表现能够很好地解释其在选择任务上的表现,解释力为18.5%(phi squared,$p<0.01$)。问题1和问题2的结果都与齐当别模型的预测一致。

9.1.2.1 不确定规避 vs.不确定寻求

Savage(1954)的主观期望效用理论曾被尊为主流决策理论,被广泛地用于指导人们如何在不确定情境下进行理性决策(Sarin & Wakker,1992)。但是,主观期望效用理论的效用最大化假设受到了Ellsberg悖论(Ellsberg,1961)的质疑。Ellsberg的实验结果得到了众多研究者的重复验证和拓展(如Becker & Brownson,1964;Slovic & Tversky,1974;Yates & Zukowski,1976;Anand,1990;Kashima & Maher,1995)。其中有一些研究(如Becker & Brownson,1964;Yates & Zukowski,1976)发现,被试不仅倾向于规避不确定选项,还愿意为避免不确定选项支付更多的钱。这些实验结果还显示,相对于"不确定"(概率未知),人们更加偏好于"风险"(概率已知)。人们不愿意在概率不明确的选项上下注,这种"不确定规避"的倾向可能导致了人们违背Savage的确定事件原则。主观期望效用理论的支持者倾向于用不确定规避来解释上述现象。从直觉上看,用不确定规避解释Ellsberg悖论具有一定的说服力。然而,不确定规避更像是一种决策现象而非决策机制,隐藏在现象背后的决策机制仍尚不清楚。

齐当别模型认为,之所以会产生不确定**规避**现象,是因为决策者对**不确定结果间**的差别进行了齐同,而把相对**确定结果间**的差异看作差别较大的维度,使得**确定结果间**的差异成了决策的关键依据。

Li(2004)设计了如下的决策任务和匹配任务(问题3),从齐当别模型的视角对不确定规避现象进行了解释。

问题3

选择任务(请选出你偏好的一个选项):

选项A:肯定获得25元。

选项B:一未知的机会获得未知数额的钱,一未知的机会一无所获。

匹配任务(请选出差别最大的一个选项):

选项C:"肯定获得25元"vs."一未知的机会获得未知数额的钱"

选项D:"肯定获得25元"vs."一未知的机会一无所获"

从齐当别模型的角度来看,出现不确定规避现象的关键因素在于决策者如何匹配决策维度的差异。例如,在当前的决策问题中,是否会发生不确定规避的关键在于,决策者是否会将两个相对确定的结果(确定得到**25元** vs. 未知机会**一无所获**)看作差异最大。

Li(2004)的研究结果验证了齐当别模型的假设。28名澳大利亚被试完成了问题3中的选择任务和匹配任务,其结果如表9.1所示。多数被试(71%)表现了不确定规避行为,与此对应的是,在选择确定选项的被试中,绝大多数被试(90%)都认为匹配任务中的D选项(肯定获得25元 vs. 一未知的机会一无所获)是差异最大的。对表9.1中的数据进行列联分析,结果表明个体在匹配任务中的选择能够有效地解释被试在选择任务中的选择,解释力为42%($p<0.001$)。上述结果部分支持了齐当别模型的假设:决策者之所以规避不确定选项,抑或是因为决策者将确定结果之间的差异作为决策的关键依据。

表9.1　被试在问题3的选择任务与匹配任务中的反应列联表

		选择任务	
		A	B
匹配任务	C	2	(6)
	D	(18)	2

注:括号中的数字表示决策方式符合齐当别模型预测的被试数。

依据齐当别模型的思想,当我们操纵选项的匹配模式,使得两个选项的不确定结果间的差异变大,确定结果间的差异变小时,个体对不确定选项的态度可能会发生变化。在问题3的基础上,Li(2004)设计了问题4和问题5,以验证齐当别模型的这一假设。与问题3中的决策问题相似,在问题4和问题5中,决策问题都包含了两个选项,一个选项的结果及其概率都已知,另一个选项的结果及其概率都未知。但与问题3不同的是:(1)问题4缩小了"确定性结果"与"一无所获"之间的差异,而问题5增大了"确定性结果"与"一无所获"之间的差异;(2)问题4和问题5还将决策情境由获得领域扩展到损失领域。其中,缩小(或扩大)"确定性结果"与"一无所获"之间的差异是为了验证在问题3中观察到的决策倾向是否会因为这种差异的变化而发生反转(或增强)。而将决策由获得领域扩展到损失领域则是为了将"最大差异"维度从一个维度转移到另一个维度上,从而在损失和获得领域得到完全相反的镜像偏好(mirror-image preference)结果。

问题 4-1

选择任务(请选出你偏好的一个选项):

选项 A:肯定获得 1 元。

选项 B:一未知的机会获得未知数额的钱,或一无所获。

匹配任务(请选出差别最大的一个选项):

选项 C:"肯定获得 1 元"vs."一未知的机会获得未知数额的钱"。

选项 D:"肯定获得 1 元"vs."一未知的机会一无所获"。

问题 4-2

选择任务(请选出你偏好的一个选项):

选项 A:肯定损失 1 元。

选项 B:一未知的机会损失未知数额的钱,或一无所失。

匹配任务(请选出差别最大的一个选项):

选项 C:"肯定损失 1 元"vs."一未知的机会损失未知数额的钱"。

选项 D:"肯定损失 1 元"vs."一未知的机会一无所失"。

问题 5-1

选择任务(请选出你偏好的一个选项):

选项 A:肯定获得 1 000 元。

选项 B:一未知的机会获得未知数额的钱,或一无所获。

匹配任务(请选出差别最大的一个选项):

选项 C:"肯定获得 1 000 元"vs."一未知的机会获得未知数额的钱"。

选项 D:"肯定获得 1 000 元"vs."一未知的机会一无所获"。

问题 5 – 2

选择任务(请选出你偏好的一个选项):

选项 A:肯定损失 1 000 元。

选项 B:一未知的机会损失未知数额的钱,或一无所失。

匹配任务(请选出差别最大的一个选项):

选项 C:"肯定损失 1 000 元"vs."一未知的机会损失未知数额的钱"。

选项 D:"肯定损失 1 000 元"vs."一未知的机会一无所失"。

19 名和 18 名澳大利亚被试分别完成了问题 4 和问题 5。如表 9.2 和表 9.3 所示,被试在选择任务和匹配任务中的选择比例,依据确定性结果的金额大小以及获得/损失领域这两个因素划分为 4 种情况,可以看出,个体对不确定性持有 4 种不同态度:当确定性获得/损失额距离 0 较远时(如,确定性获得/损失 1 000 元),在获得领域个体出现"不确定性规避"现象,而在损失领域则出现反向的"不确定性寻求"现象;当确定性获得/损失额在 0 附近时(如:确定性获得/损失 1 元),在获得领域个体出现"不确定性寻求"现象,而在损失领域出现反向的"不确定性规避"现象。这 4 种问题都包含不确定选项,且不确定性程度完全相同,但个体对不确定性却持有多种不同的态度,这种态度的多样性无法简单地用"不确定性规避"倾向来解释。

表 9.2 问题 4 和问题 5 中被试在选择任务中选择确定性选项的比例

确定性选项	获得	损失
1 元	21%	84%
1 000 元	72%	22%

表 9.3 问题 4 和问题 5 中被试在匹配任务中选择"确定性结果"vs."一无所获/一无所失"的比例

确定性选项	获得	损失
1 元	42%	21%
1 000 元	83%	72%

9.1.2.2 被遗忘的 4 折风险倾向

上述的不确定性规避与不确定性寻求现象正是 4 折的风险倾向(fourfold pattern of risk preferences)在不确定决策中的体现。Markowitz(1952)曾提出,由于风险结果的大小不同,存在 4 折的风险倾向:当风险结果较大时,人们在获得上表现为风险规避而在损失上表现为风险寻求;而当风险结果较小时,出现相反的现象,人们在获得上表现为风险寻求而在损失上表现为风险规避(表9.4,左)。之后 Kahneman 和 Tversky(1979)关注了与风险结果的概率(outcome probability)相关的4折现象:即在风险概率较低时,人们在获得上表现为风险寻求,而在损失上表现为风险规避;而当风险概率较大时,出现相反的情况,人们在获得上表现为风险规避而在损失上表现为风险寻求(表9.4,右)。

表9.4 4折风险倾向

	风险结果的大小		风险概率的大小	
	小	大	低	高
获得	风险寻求	风险规避	风险寻求	风险规避
	(1元,0.1)≻0.1元	1元≻(10元,0.1)	(100元,0.05)≻5元	95元≻(100元,0.95)
损失	风险规避	风险寻求	风险规避	风险寻求
	−0.1元≻(−1元,0.1)	(−10元,0.1)≻−1元	−5元≻(−100元,0.05)	(−100元,0.95)≻−95元

注:"≻"表示被试在两个选项中的偏好;(1元,0.1)表示有0.1的可能性获得1元钱;−1元表示确定损失1元钱。

预期理论及其后续修正的累积预期理论(Kahneman & Tversky, 1979;Tversky & Kahneman, 1992)都无法解释这种与风险结果大小(outcome magnitude)相关的4折风险倾向。而齐当别模型不仅能够很好地解释与风险概率相关的4折风险倾向,同时也可以很好地解释与风险结果大小相关的4折风险倾向。齐当别模型认为,被试面对这些含有不确定选项的决策问题时,决策的关键在于决策者将"确定性结果"(确定获得/损失1元/1 000元)和"零结果"(一无所获/一无所失)之间的差异看作是可作为决策关键依据的较大差异,还是看作可以"齐同"掉的较小差异。结合选择任务与匹配任务的数据,齐当别模型的这一假设再次得到了验证。在损失领域,当确定性结果的金额从1元增加到1 000元时,被试在选择任务中选择确定性选项的比例由21%增加到72%,与此同时,被试在匹配任务中选择"确定结果 vs. 一无所获"差异最大的比例也从42%增加到83%。另一方面,在损失领域,当确定性结果的金额由1元增加到1 000元时,被试在选择任务中选择确定性选项的比例由84%减少到22%,与此同时,被试在匹配任务中选择"确定结果 vs. 一无所失"差异最大的比例则由21%增加到72%。

9.2 讨论与启示

最后,让我们回到 Ellsberg 问题上来。当前对 Ellsberg 问题的主流解释是"不确定性假设"。这一假设认为,如果两个选择在本质上是完全一样的,仅仅在表述的不确定程度上有所差异,那么人们会倾向于选择那个表述上确定程度更高的选项(Yates & Zukowski, 1976)。然而,如果不考虑维度间差异的变化情况,就说两个选项仅仅在不确定性表述上有差异,这是不严谨的。可见,"不确定性假设"这一解释所依赖的前提条件是无法成立的,因此,对这一解释的探索也是无意义的。在基于期望效用的那些决策与判断理论中,对于任何选项来说,如果其结果为零,或概率为零,那么其效用也必然为零,因此传统理论认为,所有零结果或零概率的效用都是零。然而,依据齐当别模型,零结果的概率变化和零概率的结果变化都会引起整个决策情境发生改变,导致各个维度差异发生改变,不能将所有零结果和零概率等同。本章所呈现的实验结果也说明了这一点。

此外,本章的研究还发现,在不确定决策中会出现与风险决策类似的 4 折风险倾向。这种在不确定决策中呈现的 4 折风险倾向说明,决策者并不是依赖于各个选项的总价值或总效用的排序进行决策。相反,由于个体认知加工能力的局限性,他们仅仅依赖于那些差异较大的维度,而齐同并忽视掉那些差异较小的决策维度。因此,当维度的差异发生变化时,决策者所依赖的决策维度就会发生改变,才会导致由于风险结果的量值不同,或由于风险概率的量值不同,人们会出现风险寻求和风险规避两种完全不同的行为倾向。

致谢:本研究部分得到澳大利亚研究理事会(ARC)项目"Equate-to-differentiate theory: Decision making subject to cognitive capacity"(ARC: F79700830)的资助,在此感谢 ARC,感谢作者的导师 Austin Adams 耐心的指导。

参考文献

Abelson, R. P. , & Levi, A. (1985). Decision making and decision theory. *The handbook of social psychology*, *1*(3), 231 - 309.

Allais, M. (1953). Le comportement de l'homme rationel devant le risque: Critique des postulats et axioms de l'école americaine [Rational man's behavior in face of risk: Critique of the American School's postulates and axioms]. *Econometrica*, *21*, 503 - 546.

Anand, P. (1990). Analysis of uncertainty as opposed to risk: An experimental approach. *Agricultural Economics*, *4* (2), 145 - 163.

Becker, S. W. , & Brownson, F. O. (1964). What price ambiguity? Or the role of ambiguity in decision-making. *The Journal of Political Economy*, 62 - 73.

Einhorn, H. J. , & Hogarth, R. M. (1988). *Decision making under ambiguity: A note* (pp. 327 - 336). Springer Netherlands.

Ellsberg, D. (1961). Risk, ambiguity, and the Savage axioms. *The Quarterly Journal of Economics*, *75*, 643 - 669.

Kahneman, D. , & Tversky, A. (1979). Prospect theory: An analysis of decision underrisk. *Econometrica*, *47*, 263 - 291.

Kashima, Y. , & Maher, P. (1995). Framing of decisions under ambiguity. *Journal of Behavioral Decision Making*, *8* (1), 33 - 49.

Lee, W. (1971). *Decision theory and human behavior*. New York: Willy.

Li, S. (2004). Equate-to-differentiate approach: An application in binary choice under uncertainty. *Central European*

Journal of Operations Research, *12*(3),269–294.

Lichtenstein, S. , & Slovic, P. (1971). Reversals of preference between bids and choices in gambling decisions. *Journal of Experimental Psychology*, *89*(1),46–55.

Markowitz, H. (1952). The utility of wealth. *Journal of Political Economy*, *60*(2),151–158.

Montgomery, H. (1977). *A study of intransitive preferences using a think aloud procedure* (pp. 347–362). Springer Netherlands.

Ranyard, R. (1982). Binary choice patterns and reasons given for simple risky choice. *Acta Psychologica*, *52*(1), 125–135.

Reyna, V. F. , & Brainerd, C. J. (1995). Fuzzy-trace theory: An interim synthesis. *Learning and Individual Differences*, *7*(1),1–75.

Sarin, R. , & Wakker, P. (1992). A simple axiomatization of nonadditive expected utility. *Econometrica*, *60*(6), 1255–1272.

Savage, L. J. (1954). *The foundations of statistics*. New York: Wiley.

Slovic, P. , & Tversky, A. (1974). Who accepts Savage's axiom? *Behavioral Science*, *19*(6),368–373.

Stevenson, M. K. , Busemeyer, J. R. , & Naylor, J. C. (1990). *Judgment and decision-making theory*. In Dunnette MD and Hough LM (Eds), Handbook of industrial and organizational psychology (2nd ed. , Vol. 1). Consulting Psychologists Press, Inc, Palo Alto, California, pp. 283–374.

Tversky, A. (1969). Intransitivity of preferences. *Psychological Review*, *76*(1),31–48.

Tversky, A. , & Kahneman, D. (1986). Rational choice and the framing of decisions. *Journal of Business*, *59*, S251–S278.

Tversky, A. , & Kahneman, D. (1992). Advances in prospect theory: Cumulative representation of uncertainty. *Journal of Risk and Uncertainty*, *5*(4),297–323.

von Neumann, J. , & Morgenstern, O. (1944). *Theory of games and economic behavior*. Princeton: Princeton University Press.

von Winterfeldt, D. , & Edwards, W. (1986). *Decision analysis and behavioral research*. Cambridge: Cambridge University Press.

Yates, J. F. , & Zukowski, L. G. (1976). Characterization of ambiguity in decision making. *Behavioral Science*, *21*(1), 19–25.

第 10 章 确定事件原则与分离效应

*共同作者:*汪祚军

WON?   CHEERS!

LOST?   CHEERS UP!

What time is it?   It's a football time!

以上是新加坡虎牌啤酒(Tiger Beer)公司在英国足总杯期间播放的一则广告。这则广告似乎很完美,因为它意图涵盖买酒喝的所有可能情况:赢了会饮酒——喝酒庆祝(cheers);输了会饮酒——借酒浇愁(cheers up)。这样,无论输赢,该公司的啤酒都笃定有销路。那么,当输赢未定时,人们是否也会买酒喝呢? 根据 Savage(1954)在其《统计学基础》(*The Foundations of Statistics*)一书中提出的确定事件原则(sure thing principle),在结果不确定时人们也会买酒喝。

确定事件原则是规范决策理论的一条基本原则。Savage 把这一原则描述为:如果决策者知道事件 E 会发生,他采取行动 A;如果知道事件 E 不会发生,他仍会采取行动 A;那么,决策者在不知道事件 E 是否会发生的情况下,也会采取行动 A。Savage(1954)以美国总统大选背景下的商业决策为例对该原则做了如下注解:

> 在总统大选期间(只有两个候选人),有一个商人正在考虑购买某项不动产。他这样问自己,如果已经知道民主党人落选,他是否买这项不动产;如果已经知道共和党人落选,他是否买这项不动产。对于这两种情况,他给出的答案都是买。那么,如果商人既不知道民主党人落选,也不知道共和党人落选,那它是否买这项不动产呢?

Savage 指出,根据确定事件原则,该商人在不知道是民主党人落选,还是共和党人落选的情况下也应该做出购买不动产的选择。然而,一系列研究表明,决策者并非总是遵循这一原则。Tversky 和 Shafir(1992)让被试玩一个"50%可能赢＄200,50%可能输＄100"的两阶段赌博游戏。在知道第一次赢了的情况下,69%的被试选择再玩一次同样的游戏;在知道第一次输了的情况下,59%的被试选择再玩一次同样的游戏;然而,在不知道第一次是赢还是输的情况下,很多人却拒绝玩第二次(只有36%的被试选择了再玩一次)。Tversky 和 Shafir 把这一违背确定事件原则的现象称为分离效应(disjunction effect)。分离效应在其他一系列情景中得到证实,例如在夏威夷度假情景中,研究者让被试假想他们刚刚经历过一场艰难的期末考试,现在他们有机会以非常优惠的价格购买一种去夏威夷度假的打折票。然后问三组不同的被试,如果他们知道考试通过了,或知道考试没通过,或不知道考试是否通过的情况下,是否愿意购买这种去夏威夷度假的打折票。结果表明,两种确定条件下(知道考试通过,知道考试没通过),大部分(54%和57%)被试愿意购买这种打折票;而在不确定条件下(不知道考试是否通过),则只有较少(32%)被试愿意购买这种打折票(Tversky & Shafir, 1992)。在一次性二人囚徒困境博弈(prisoner's dilemma game)中,研究者发现,在得知对方竞争的情况下,97%的人选择了竞争;得知对方合作的情况下,84%的人选择了竞争;但在对方策略不明的情况下,选择竞争的人减少到了63%,而选择合作的人则增加到了37%(Shafir & Tversky, 1992)。

10.1 产生分离效应的原因及其检验

自发现分离效应以来,许多研究者就试图探讨这一现象产生的原因,主要有如下几种观点。

10.1.1　基于理由的假设(reason-based decision making)

Tversky 和 Shafir(1992)主张人们根据理由进行决策,认为决策者为了解决不确定性和冲突,或是为了说服自己或他人,经常会搜寻或构建理由来支持他们的决策。根据这一观点,确定事件原则之所以会被违背是由于分离情境(不知道事件 A 是否发生)中的理由冲突使得决策者缺乏明确的行动理由所致。具体而言,如果事件 E 发生,决策者有很好的理由选择行动 A;如果事件 E 不发生,决策者也选择行动 A,只是选择的理由不同。这样,在不知 E 是否发生时,选择行动 A 的理由变得很不清晰,从而选择非 A 的行动,导致确定事件原则被违背。

以上述两阶段赌博游戏中的分离效应为例,Tversky 和 Shafir(1992)的分析是,赢了再参加游戏是因为即使第二次输了也还会白赚 $100;输了再参加游戏则是因为想反败为胜;而当第一次游戏输赢不明时,参加第二次游戏的理由变得不清晰,所以大多数人选择不参加。在夏威夷度假情景中,知道通过了考试,去度假可以看成是庆祝成功;当知道没通过考试,去度假又可以看成一种安慰;而当不知道是否通过考试时,去夏威夷度假就缺乏一个明确的理由,所以很多人宁愿花钱等到考试结果出来后才做决定。

10.1.2　思维惰性(reluctance-to-think)假设

Shafir 等人(Shafir & Tversky, 1992; Tversky & Shafir, 1992)还进一步提出了思维惰性假设来解释分离效应。该假设认为,在不确定情境中,决策者不能或者不愿意沿着决策树的分支去思考所有可能的结果(只能将决策停留在决策树的节点上),从而无法形成一种清晰的偏好,导致确定事件原则被违背。Dawes(2001)用一系列实验来证明,人们不能够做出理性的决策并不是因为愚笨,而是因为懒惰。以上述一次性二人囚徒困境博弈为例,在已知对方合作或竞争的情况下,选择合作和选择竞争的各个报酬值(payoff)一目了然,竞争的获益明显大于合作的获益,因此绝大多数人选择竞争。但当对方策略不明时,由于决策者不能或者不愿沿着决策树的分支进行系列推理(consequentialist reasoning),从而只能根据善良的愿望选择合作,即选择了不利于自身的非优势策略(图 10.1)。van Dijk 和 Zeelenberg

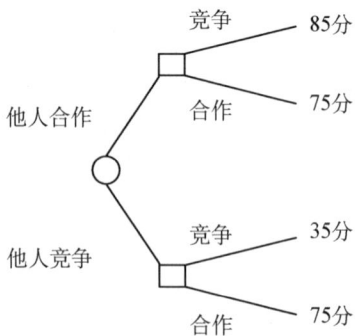

图 10.1　决策树示意图

(2007)在关于好奇与后悔的实验中也利用思维惰性假设来解释他们的实验结果。

10.1.3　对基于理由的假设和思维惰性假设的检验

Tversky 等人(Tversky & Shafir, 1992; Shafir & Tversky, 1992)对分离效应的解释一直都是含混不清的,他们在一种情景下(例如,在两阶段赌博游戏中)用基于理由的假设来解释分离效应,而在另外一种情景下(例如,在囚徒困境博弈中)又用思维惰性假设来解释分离效应。其原因可能在于:一方面,Shafir 和 Tversky 在将"基于理由的假设"应用到囚徒困境博弈等问题中去时遇到困难;另一方面,他们又试图表明,"思维惰性假设"(而不是"基于理由的假设")对各种不同的决策、信息搜索、概率判断、推理任务中的非系列性(non-consequential)行为都能做出普遍一致的解释。

为此,研究者对"思维惰性假设"和"基于理由的假设"进行了一系列检验。根据 Shafir 和 Tversky(1992)的观点,不确定性的存在使得决策者很难完全把注意力集中在决策树的某个分支上,而扩大注意的范围又会有损判断的敏锐性。产生分离效应的必要条件是决策者不能沿着决策树的分支去弄清每一种结果的含义。因而,如果"思维惰性假设"成立,当采取行动的理由从双重不相容的理由变成单一理由时,确定事件原则仍然会被违背,因为决策理由的改变并没有改变产生分离效应的条件——决策树的结构(例如,决策树分支数及不确定性程度)并没有改变(图 10.1)。如果"基于理由的假设"成立,那么当只有单一理由时,决策者就会遵循确定事件原则;而当存在双重不相容的理由时,决策者就会由于不同理由之间的冲突而缺乏采取行动的明确理由,从而导致确定事件原则被违背。

Li 等人(2012)通过设置一系列单一理由情景和双重理由情景,在假想以及现实情景中对"思维惰性假设"和"基于理由的假设"进行了检验。例如,在 2005 年荷兰世界青年足球锦标赛和 2010 年南非世界杯足球赛期间,研究人员询问现场观球的被试,在知道自己支持的球队赢了/输了/不确定是赢了还是输了的情况下,多大程度上愿意购买某一品牌的"啤酒"或"矿泉水"? 根据"基于理由的假设",在被询问是否购买"啤酒"时,应该会出现分离效应。因为此种情境中,在已知自己支持的球队赢了或输了的条件下被试都有明确的理由买酒喝(赢球,庆祝一下;输球,借酒解愁!),而输赢未知时,被试则缺乏明确的买酒喝的理由,从而导致分离效应的产生。反之,在"矿泉水情境"中则不应出现分离效应,因为无论是在知道自己支持的球队赢了/输了,还是输赢未知时,被试均具有一致的买矿泉水喝的理由(解渴)——不存在由于理由冲突而导致不确定条件下缺乏买水喝的理由的情况。而根据"思维惰性假设",无论是买啤酒还是买矿泉水的情景中均应出现分离效应。因为在不确定(输赢未知)条件下,被试均会因不愿意沿着决策树的分支进行思考(意即思考球队赢了自己会怎样做;输了又会怎样做),从而相比于两种确定条件下,更倾向于不买啤酒或矿泉水。

上述球赛情景和其他决策情景的实验结果均表明,在不存在理由冲突的决策情境(例如,矿泉水情景)中,分离效应减弱了。汪祚军、李纾和房野(2011)通过选取具有不同文化背景的被试,构建和修改一系列问题情境,并使用情绪指标替代选项偏爱指标来检验"基于理由的假设"和"思维惰性假设"。结果同样发现,当分离情境中的决策是基于不相容的双重理由时,确定事件原则被违背了;而当分离情境中的决策是基于某种单一理由时,确定事件原则没有被违背。实验结果支持了"基于理由的假设"而不利于"思维惰性假设"。

10.1.4 齐当别模型的解释

Li 和 Taplin(2002)也在一次性二人囚徒困境博弈中检测到分离效应,但给出了不同的解释。他们利用齐当别模型来解释分离效应,认为囚徒困境博弈中的决策行为是权衡在"自己收益维度"上做选择还是在"他人收益维度"上做选择的过程。人们选择竞争是因为最终决策只在"自己收益维度"上进行;人们选择合作是因为最终决策只在"他人收益维度"上进行。以 Shafir 和 Tversky(1992)实验中的囚徒困境博弈为例,在知道对方采取了合作或竞争策略时,个体所面临的都只是简单的冲突(竞争选项在"自己收益维度"上更好,合作选项在"他人收益维度"上更好),选择竞争会给自己带来最大的利益(竞争选项>合作选项),因此人们多会将"他人收益维度"上的差异"齐同"掉,只在"自己收益维度"上进行选择(选择利己的竞争选项)。在对方策略不明时,在"他人收益维度"上,竞争选项和合作选项之间的排序关系保持不变(所有的合作选项>竞争选项);在"自己收益维度"上,选择竞争或选择合作所带来的可能结果的排序变得模糊(不是所有的竞争选项>合作选项),其差异便容易会被"齐同"掉,从而使部分被试改在"他人收益维度"上做选择(选择利他的合作选项)。Li 和 Taplin(2002)设计了多种囚徒困境博弈的变式来操纵"自己收益维度"或"他人收益维度"上的差异,结果发现,齐当别模型能更满意地对违背"确定事件原则"决策行为做出解释。

10.2 对分离效应的质疑

10.2.1 从语义学角度的质疑:不确定性 vs. 问题描述

分离效应真的存在吗?这仍然是一个值得探讨的问题,一些研究甚至从根本上质疑了分离效应的存在。Bagassi 和 Macchi(2006)从语义学的角度探讨了分离效应,他们强调问题描述背后隐含的意义对决策的影响,认为产生分离效应的原因并非是不确定性,而是因为对问题情境的描述误导了被试。如果仍然保留不确定性而改变对问题情境的描述,分离效应就会消失。Bagassi 和 Macchi(2006)将 Tversky 和 Shafir 的两阶段赌博游戏的情境进行了改编:

> 假想你刚刚玩了一个 50％的概率赢￥200,50％的概率损失￥100 的投掷硬币游戏。硬币已经掷出,你赢了￥200/损失￥100/不知道赢了￥200 还是损失￥100,<u>直到你决定再玩一次同样的游戏才知道结果</u>。你是否愿意再玩一次?

上述情景为 Tversky 和 Shafir(1992)的原始情景(改编的版本中没有加下划线部分的内容)。结果表明,在原始情景中,确定事件原则被违背了,而在修改后的版本中并没有出现违背确定事件原则的现象。Sun, Li 和 Li(2008)在"透明"和"非透明"两种情景中均获得了与 Bagassi 和 Macchi(2006)一致的结果。这些研究结果"意味着确定性或不确定性条件并不是产生分离效应的关键因素,为人们质疑分离效应的稳定性留有余地"。

10.2.2 方法学问题:基于群体 vs. 基于个体

Lambdin 和 Burdsal(2006)认为,以往有关分离效应的研究(Tversky & Shafer, 1992; Kuhberger, Komunska, & Perner, 2001)存在方法学问题。根据分离效应的定义,只有满足三个条件(分别称之为条件 A、条件 B 和条件 C)才能判定是否出现了分离效应。以上述两阶段赌博任务为例,只有某一个体同时满足条件(A)"在第一次赢了的情况下决定再玩一次同样的游戏"和条件(B)"在第一次输了的情况下决定再玩一次同样的游戏",以及条件(C)"在不知道第一次是赢了还是输了的条件下选择不玩",才能认定确定事件原则被违背了。以表 10.1 中 20 名假想被试在三种决策情景下的选择(1 表示愿意再玩一次同样的游戏,0 表示不愿意再玩一次同样的游戏)为例,知道第一次赢了/知道第一次输了/不知道第一次是赢了还是输了的情景下,愿意再玩一次同样游戏的被试百分比分别为 70％,70％和 40％。根据以往研究采用的数据分析方法(Tversky & Shafer, 1992; Kuhberger et al. 2001),确定事件原则显然被违背了(不确定情景下愿意再玩一次的被试百分比明显低于两种确定条件下愿意再玩一次的被试百分比)。然而,对个体数据进行分析则发现,同时满足条件 A、B 和 C(行为模式为"110")的被试人数为 0,即 20 名被试中无一违背确定事件原则。

表 10.1　20 名假想被试在三种决策情境中的决策结果

被试	第一次赢了	第一次输了	不知道第一次是赢了还是输了
1	1	0	0
2	1	0	0
3	1	1	1
4	1	1	1
5	0	1	0
6	1	0	0
7	1	1	1
8	0	1	0
9	1	1	1
10	1	1	1
11	0	1	0
12	1	1	1
13	0	1	0
14	1	0	0
15	1	1	1
16	1	0	0
17	1	1	1
18	1	0	0
19	0	1	0
20	0	1	0
频数	14	14	8
百分比	0.70	0.70	0.40

　　基于此,Lambdin 和 Burdsal(2006)建议采用个体的数据分析方法,而不是比较三种条件下的平均数。Li 等人(2012)在其研究中比较了检测分离效应的"基于群体"和"基于个体"的方法,结果发现,"基于个体"的检验方法比"基于群体"的检验方法更为敏感。此外,为检验基于理由的假设,汪祚军和李纾(2012)依据被试的行为反应将其分为"确定事件原则违背组"(同时满足 A、B、C 三种条件)和"确定事件原则遵循组"(不能同时满足 A、B、C 三种条件)并对这两组被试的决策原因进行分析。如果基于理由的假设成立,即确定事件原则之所以被违背是由于决策者在两种确定条件下的理由冲突导致不确定条件下决策者缺乏明确的采取行动的理由(Tversky & Shafir, 1992),那么:(1)违背确定事件原则的被试在不确定条件下知觉到的"理由冲突"程度应显著高于遵循确定事件原则的被试在不确定条件下知觉到的"理由冲突"程度;(2)违背确定事件原则的被试在不确定条件下知觉到的"理由清晰"程度应显著低于其在两种确定条件下知觉到的"理由清晰"程度,而遵循确定事件原则的被试在不确定条件下知觉到的"理由清晰"程度则应介于其在两种确定条件下知觉到的

"理由清晰"程度之间。研究结果证实了上述推论,进一步为基于理由的假设提供了证据。

10.2.3 边界条件:分离情境 vs. 非分离情境

Aumann 是继 Kahneman 之后第二位获得诺贝尔经济学奖的以色列希伯来大学教授。他因为"通过对博弈理论的分析增强了世人对合作与冲突的理解"而获奖。虽然 Aumann 并非十分直接地研究分离效应,但他对违背确定事件原则的解释对理解分离效应该有所启示。Aumann 等首先区分了两种问题情境——事件分离问题情境(disjoint)和事件非分离问题情境(not disjoint)。以下的两个例子直观地说明了这两种情境的区别。在情境一中,民主党人落选和共和党人落选是两个分离的事件,民主党人落选就意味着共和党人当选,反之亦然。也就是说若情境中发生的两个事件是非此即彼的,这样的情境就是事件分离情境。以此观之,在情境二中,民主党人落选和共和党人落选就不是非此即彼的分离事件,而是两个非分离的事件,因而这样的情境被定义为事件非分离情境。

情境一:本章开头 Savage 所举的例子。

情境二:在总统大选中,有三个候选人:民主党候选人、共和党候选人、独立候选人(1912 年美国的总统大选的真实情境)。这位商人问自己,如果已经知道民主党人落选,他是否买这项不动产;如果已经知道共和党人落选,他是否买这项不动产;对于这两种情况,他给出的答案都是买。如果商人既不知道民主党人是否落选,也不知道共和党人是否落选,那他是否买这项不动产呢?

Aumann 等认为,在事件分离情境中,人们的选择会遵循确定事件原则:如果这个商人不知道两个候选人中谁将落选,他仍然决定购买这项不动产。但在事件非分离情境中,人们可能会按照下列思维方式和决策过程违背确定事件原则:假定商人认为民主党人获胜、独立党人获胜和共和党人获胜这三个事件发生的概率分别为 2/7、3/7 和 2/7。商人相信,独立候选人提出的经济改革政策一旦被实施,不动产的价值将上扬,所以,只要他认为独立候选人获胜的概率会超过 1/2,就决定买那项不动产。这一来,如果商人得知民主党将落选,他对独立候选人获胜的预期概率就达到 3/5,从而做出买的决定。同样,如果商人得知共和党将落选,也做出买的决定。有趣的是,如果商人没有得到关于任何人将落选的信息,他对独立候选人获胜的预期概率就维持在 3/7,从而做出不买的决定——确定事件原则被违背了!

在 Tversky 和 Shafir 的两阶段赌博游戏中,赢 $200 的可能性是 50%,输 $100

的可能性也是50％,只有赢和输两种可能,不存在第三种状态,然而实验中却出现了分离效应。在夏威夷度假的实验中,学生考试的结果只有通过和不通过两种可能,也不存在第三种状态,然而这些情境中都存在分离效应,这显然与 Aumann 所认为的在事件分离情境中人们的选择会遵循确定事件原则不符。然而,Aumann 对事件非分离情境的探讨及其研究思路为继续探讨分离效应指出了一个崭新的方向。

10.3 应用:分离效应能否消除

确定事件原则是理性决策理论中最广为接受的一条原则。它假定人们会进行系列性推理,即人们在考虑采取何种行为时,要考虑这一行为会产生的后果,这些后果可以是经济上的(例如,代价或报酬)也可以是心理上的(例如,后悔或失望)。然而,分离效应则违背了这一原则,从而使人们做出不"理性"的决策。例如,在 Tversky 和 Shafir(1992)的度假情境中,既然通过了考试,被试愿意去度假;而没通过考试,被试也愿意去度假,那么考试通过或者不通过就是无关信息,因为它不会改变被试去度假的决定。然而实验却表明,在分离情境中(不知道是否通过考试),考试通过或者不通过这一无关信息却影响了人们的决策,很多人宁愿花钱等到考试结果出来再做决定。另外,在 Shafir 和 Tversky(1992)的囚徒困境博弈中,分离情境下的被试放弃了采用最有利于自身的优势策略。既然分离效应妨碍了人们做出理性的决策,那么如何才能减少或者消除分离效应呢?

要减少或者消除分离效应还要从其产生的原因着手。思维惰性假设强调问题结构的不确定性蒙蔽了决策者,使决策变得困难,从而产生了分离效应。按照思维惰性假设,如果操作不确定性,让决策者清晰地看到决策问题的潜在结构,分离效应就会消失。Tversky 和 Kahneman(1986)认为"理性决策原则在透明情况下能得到遵循,而在不透明的情况下则会被违背",并把这种过程类比为视错觉,认为当提供辅助手段的时候,"错觉"就会消失。在 Tversky 和 Shafir(1992)的两阶段博弈问题中,当让分离情境中的被试思考(回想)他们在赢的情境中和输的情境中的选择偏好时,或者同时呈现三种情境时,分离效应明显减少。然而,也有实验得出了不同的结果。本书作者在1993年和1994年的实验证明,即使在透明情境下,确定事件原则仍然会被违背。未来的研究可以更多考察如何从决策理由的角度或齐当别模型的视角探讨消除分离效应的策略。

10.4 扩展:情绪版分离效应

不确定性常被看成是一种消极的状态。有趣的是,van Dijk 和 Zeelenberg(2006)

在分离效应中发现了不同的情绪模式。他们发现,不确定性的结果对情绪有一种缓冲作用:当积极的结果不确定时,人们的情感也相对没有确定的积极结果产生的情感那么积极;当消极的结果不确定时,人们的情感也相对没有确定的消极结果产生的情感那么消极。以对积极情绪的缓冲作用为例,他们向被试呈现三种情景:一种是告诉被试他们肯定获得一张 CD,第二种是告诉被试他们肯定获得一张两人用的餐券,第三种情况是告诉被试他们获得了一张 CD 或者一张两人用的餐券,但不确定是哪一种。因变量是被试当时的情绪状态(快乐、满意等)。结果发现,在不确定性情况下,被试的(积极的或消极的)情绪受到缓冲,都没有确定情况下那么强烈。

Wang, Li 和 Jiang(2012)推断,在情绪领域亦可能存在类似行为领域的分离效应,即知道事件 E 发生,人们会"高兴";知道事件 E 不发生,人们会"高兴",而在不知道事件 E 是否发生的情况下,则不会如此"高兴"。为此,该研究设置了一系列问题情境来检验这一情绪领域的分离效应。例如,让大学生被试假想他们申请了两所国外高校(学校 A 和学校 B),其中学校 A 为知名高校,学校 B 为普通高校。现在学校 B 接受了他们的申请,并要求其在本学期内做出是否就读的决定,否则取消录取资格。然后让被试评定"在本学期内,你知道学校 A 拒绝了你的申请/接受了你的申请/不知道是否接受你的申请"三种条件下的高兴程度。结果表明,不确定条件下(不知道是否被学校 A 接受),被试的高兴程度均低于其在两种确定条件下(知道被学校 A 拒绝/接受)的高兴程度。Wang 等人(2012)将该效应称为情绪版分离效应。此外,他们的研究还进一步证明,被试的情绪评定在三种决策情境以及被试的行为反应之间起着中介作用。该研究结果与一部经典美国电影《浴血金沙》中的台词相吻合:"The worst is not so bad when it finally happens. Not half as bad as you figure it'll be before it's happened"。

10.5　启示与展望

确定事件原则是长期以来被一些心理学家和经济学家所信奉的一条重要的规范性理论原则。然而,一系列实验研究则表明,人们实际的决策行为与这一原则相违背。自 Tversky 和 Shafir(1992)首次提出分离效应以来,众多研究报告了不同情境中分离效应的存在,然而,鲜有研究对产生分离效应的原因进行探索和考察。如果规范性模型(normative model)的基础是反思,描述性模型(descriptive model)的基础是观察,那么指导性模型(prescriptive model)的基础就是设计(Baron, 2008)。探明确定事件原则被违背的原因将为指导性决策模型——"设计"出使人们的行为更接近于规范性标准的思维方式——提供心理学理论基础和方法依据。

致谢：本章所报告的研究部分得到国家自然科学基金(31170976；31200791)、浙江省自然科学基金(LQ12G01001)和教育部人文社科基金(12YJC190029)项目资助。

参考文献

Aumann, R. J., Hart, S., & Perry, M. (2005). Conditioning and the Sure-Thing Principle. Discussion Paper Series dp393 (June2005), Center for Rationality, Hebrew University of Jerusalem (Downloadable: http://www.ma.huji.ac.il/hart/abs/stp.html)

Bagassi, M., & Macchi, L. (2006). Pragmatic approach to decision making under uncertainty: The case of the disjunction effect. *Thinking and Reasoning*, *12*, 329 – 350.

Baron, J. (Eds). (2008). *Thinking and deciding*. Cambridge: Cambridge University Press.

Dawes, R. M. (2001). *Everyday irrationality: How pseudo-scientists, lunatics and the rest of us systematically fail to think rationally. Boulder, CO, US*: Westview Press, 224.

Kühberger, A., Komunska, D., & Perner, J. (2001). The disjunction effect: Does it exist for two-step gambles. *Organizational Behavior and Human Decision Processes*, *85*, 250 – 264.

Lambdin, C., & Burdsal, C. (2007). The disjunction effect reexamined: Relevant methodological issues and the fallacy of unspecified percentage comparisons. *Organizational Behavior and Human Decision Processes*, *103*, 268 – 276.

Li, S. (1993). What is wrong with Allais' certainty effect? *Journal of Behavioral Decision Making*, *6*, 271 – 281.

Li, S. (1994). What is the role of transparency in cancellation? *Organizational Behavior and Human Decision Processes*, *60*, 353 – 366.

Li, S., & Taplin, J. E. (2002). Examining whether there is a disjunction effect in Prisoner's Dilemma Games. *Chinese Journal of Psychology*, *44*(1), 25 – 46.

Li, S., Jiang, C-M, Dunn, J. C., & Wang, Z-J. (2012). A test of "reason-based" and "reluctance-to-think" accounts of the disjunction effect. *Information Sciences*, *184*, 166 – 175.

Savage, L. J. (1954). *The foundations of statistics*. New York: Wiley.

Shafir, E., & Tversky, A. (1992). Thinking through uncertainty: Nonconsequential reasoning and choice. *Cognitive Psychology*, *24*, 449 – 474.

Sun, Y., Li, S., & Li, Y-M. (2008). Reexamine the role of the description of problem texts in the disjunction effect. *Journal of Psychology*. *142*(3), 261 – 265.

Tversky, A., & Kahneman, D. (1986). Rational choice and the framing of decisions. *Journal of Business*, *59*, 251 – 278.

Tversky, A., & Shafir, E. (1992). The disjunction effect in choice under uncertainty. *Psychological Science*, *3*, 305 – 309.

van Dijk, E., & Zeelenberg, M. (2006). The dampening effect of uncertainty on positive and negative emotions. *Journal of Behavioral Decision Making*, *16*, 341 – 352.

van Dijk, E., & Zeelenberg, M. (2007). When curiosity killed regret: Avoiding or seeking unknown in decision-making under uncertainty. *Journal of Experimental Social Psychology*, *16*, 656 – 662.

Wang, Z-J., Li, S., & Jiang, C-M. (2012). Emotional response in a disjunction condition. *Journal of Economic Psychology*, *33*, 71 – 78.

汪祚军, 李纾. (2012). 不确定性决策违背"确定事件原则"的心理机制再探. 应用心理学, 18, 24—31.

汪祚军, 李纾, 房野. (2011). 再探究不确定状态下违背"确定事件"原则的原因. 心理科学, 34(6), 1463—1468.

第11章　联合独立性原则与维度差别

共同作者:魏子晗

风险决策中的确定事件原则(sure thing principle)、不确定决策中的独立性原则(independence principle)以及多属性决策中的联合独立性原则(conjoint independence principle),被认为是决策理论的三大核心思想。根据 Fishburn 和 Wakker 的综述(1995),在风险决策中的独立性原则与确定事件原则是等价的,而确定性事件原则与联合独立性原则在数学定义上也是等同的。至此,本书已介绍了在风险决策中违背确定事件原则的现象,并用齐当别模型对这两种现象进行了解释。同样地,在多属性决策中,也存在违背联合独立性原则的现象,而这种违背联合独立性原则的现象同样可以用齐当别模型来解释和检验。

Fishburn 和 Wakker(1995)定义了多属性决策的联合独立性原则:选项集 $X_{j=1}^{n} X_{j} = (x_1, x_2, \cdots, x_n)$ 表示包含 n 组选项的一个选项集,对于任何两个选项 x, $y \in X_{j=1}^{n} X_{j}$,$x \geqslant y$ 应该与 x, y 的共同值是相互独立的。也就是说,对于任意 $j = \{1, \cdots, n\}$,都可被划分为 I(x 与 y 的共同部分) 和 R(x 与 y 的非共同部分) 两个部分,在 I 部分,有 $x = y$ 和 $x' = y'$,在 R 部分,有 $x = x'$ 和 $y = y'$。因此如果 $x \geqslant y$,则有 $x' \geqslant y'$。Fishburn 和 Wakker(1995)给出了联合独立性的一个例子,如表11.1所示。

表 11.1　联合独立性原则:如果 $x > y$,则 $x' > y'$

	R	I	R	I
x	3	1	5	7
y	4	1	6	7
x'	3	2	5	8
y'	4	2	6	8

11.1　多属性决策中违背联合独立性原则的现象

Li(2003)设计了以下 3 个实验,用以探索多属性决策中违背联合独立性原则的现象,并用齐当别模型对该现象进行了解释。回顾本书前文所述,在风险决策中违背确定事件原则的现象,如艾勒悖论,常常被认为是由于共同结果的呈现方式并不明显导致人们无法"理性"地意识到这些共同特征与决策无关(Tversky & Kahneman, 1986;Shafir & Tversky, 1992)。因此,Tversky 和 Kahneman(1986)认为,当选项共同结果被"透明"呈现时,不会出现违背确定事件原则的现象。此外,即使共同信息呈现得非常明显,依据等级依赖性(rank-dependence)理论家族(Allais, 1988;Lopes, 1984, 1987;Quiggin, 1982;Yaari, 1987)的思想,违背确定事件原则是由于决策者赋予每个结果的权重依赖于"结果概率"和"结果大小"的排序。由于多属性决策的结果呈现方式相当明显,同时不存在概率信息的排序干扰,因此,如果多属性决策同样违背联合独立性原则,就能够排除结果呈现方式的明显程度以及依赖于概率和结果排序的解释。

11.1.1　实验 1:采购产品问题

175 名中国大学生志愿者参与了该实验,被试被要求完成一个虚拟的选择任务,从工厂提供的两种采购方案中选择一种,任务指导语如下:

> 想象您是一个采购代理商,现在您的任务是从某工厂采购 2 种产品:产品 A 和产品 B。工厂的销售人员告诉您,产品 A 和产品 B 都是畅销的产品,您选择购买任意一种产品,都需要额外花 300 元购买一种滞销的附加产品。为了能够买到 A 或者 B,您同意购买这种附加产品的要求。同时,您也被告知,由于产品 A 和产品 B 都供不应求,所以您只能购买 A 或 B 中的一种。A 和 B 的价格如下(表 11.2)所示,您愿意购买 A、B 哪种产品?

表 11.2　实验 1 选项设置与实验结果

	价格	被试选择比例($N = 175$)
产品 A	2 500 元	18%
产品 B	7 400 元	82%

从实验结果可以看出,大部分被试(82%)都选择购买了价格更高的产品 B。依照联合独立性原则,购买产品 A 与购买产品 B 的价格都可以被分成 R 和 I 两个部分,在 I 部分,产品 A=产品 B,即它们都需要花费 300 元购买额外的产品,而在 R 部分,产品 A≠产品 B,它们的价格不同。依据联合独立性原则,I 部分价格并不会影响个体对产品 A 和产品 B 的偏好,因此,无论是否有 300 元的额外花费,被试对 A 和 B 的偏好不应该受到影响。如果被试依据是否是畅销品来进行决策,那么由于指导语中明确表明 A 和 B 同样都是畅销品,那么被试对两个选项的偏好也应该是相同的。然而,实验结果却违背了联合独立性原则的预期,被试表现出更偏好产品 B。然而,依据心理物理学原理,尽管这一额外花费的绝对值相同,但增加的 300 元额外花费,会使得产品 A(在 2 500 元的基础上增加 300 元额外花费)比产品 B(在 7 400 元的基础上增加 300 元的额外花费)看起来增加更多的额外花费,这使得被试更偏好价钱更高的产品 B。

11.1.2　实验 2:教职应聘问题

实验 1 表明选项的共同值会导致"价格"维度内差异的变化,进而产生违背联合独立性原则的现象。实验 2 对实验条件做了调整,以观察违背联合独立性原则的现象,并验证齐当别模型对这种现象的解释。

50 名澳大利亚大学生参与了该实验,他们对一项虚拟决策问题作答。该问题的指导语如下:

想象您现在负责贵学院招聘委员会工作,您要从两位应聘贵学院教职的候选人中选择一位。这一决策十分困难。因为两位应聘的博士生在教学经验、研究能力、学术成就、应聘原因以及工作设想等方面都旗鼓相当,所以您决定只基于以下有差异的信息进行决策。请您阅读下面的信息并做出您的选择。

候选人 A:在一流国际学术期刊上发表了 1 篇论文。

候选人 B:在国内学术期刊上发表了 3 篇论文。

在被试进行选择之后,被试紧接着阅读下面的指导语:

> 在您已经做了决定之后,您又收到了关于两位应聘者的额外信息,即"候选者 A 和候选者 B 都还有一篇论文已经被一流国际学术期刊所接受"。在看到这条信息之后,请您再次考虑选择哪位候选人,并对您的选择信心进行评分。

由于之后补充的额外信息对于两个候选人是完全相同的,因此依据联合独立性原则,无论是否有该额外的信息,被试的选择均不应该发生变化。即,原来选择候选人 A 的被试在第二次选择中应依旧选择候选人 A;而原来选择候选人 B 的被试在第二次选择中应依旧选择候选人 B。而依据齐当别模型,被试在该选择中主要依据两个维度的差异进行抉择:论文数量与论文质量维度。在第一次选择中,选择候选人 A 的被试主要以论文质量为关键决策维度,认为两个候选人在论文质量的差异大于候选人在论文数量上的差异;而选择候选人 B 的被试则主要以论文数量为关键决策维度,认为两个候选人在论文数量维度上的差异大于在论文质量上的差异。然后,在补充了额外信息之后,这两个维度上的差异发生了变化,增加额外信息之后,两个候选人在论文数量维度上的差异不变,但在论文质量维度上差异减小。依据齐当别模型的预期,在第一次选择候选人 B 的被试在第二次选择时选择倾向无变化,依然会依据论文数量,选择候选人 B;而第一次选择候选人 A 的被试则可能在第二次选择中发生选择反转,由于两个候选人在论文质量维度上的差异减小,被试可能会转换决策维度而依据论文数量的差异选择候选人 B。

观察到的结果违背了联合独立性原则的预测,但符合齐当别模型的预测。将被试选择 A 记为 -1,选择 B 记为 $+1$,然后乘以被试的选择信心,以得到一个新的连续变量(选择强度)。结果发现,两次"选择强度"出现显著的交互作用(图 11.1)($F(1$,

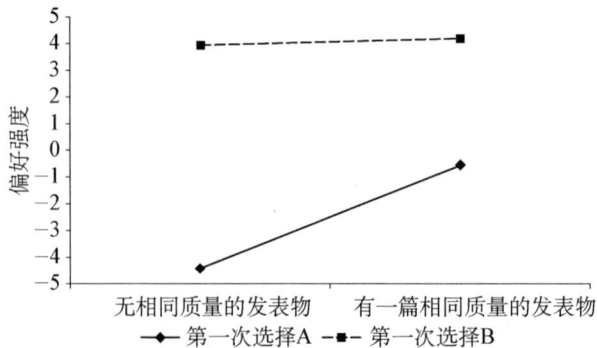

图 11.1 实验 2 结果

48$) = 15.70$，$p < 0.001$），即第一次选择候选者 B 的被试并不受有无附加信息的影响,在第二次选择中仍然选择候选者 B($t(27) = 0.56$，$p > 0.05$）；而第一次选择候选者 A 的被试则受到了附加信息的影响,在第二次选择中显著地改变了自己的偏好,更倾向于选择候选者 B($t(21) = 4.91$，$p < 0.001$）。

表 11.3　实验 2 卡方分析结果

	第一次选择 A		第一次选择 B	
	第二次选择 A	第二次选择 B	第二次选择 A	第二次选择 B
第一次选择	22[24]	0[0]	0[0]	28[16]
第二次选择	13[6]	9[18]	1[2]	27[14]
	$\chi^2(1) = 11.31$，$p < 0.00$		$\chi^2(1) = 1.02$，$p = 0.31$	
	[$\chi^2(1) = 28.80$，$p < 0.00$]		[$\chi^2(1) = 2.13$，$p = 0.14$]	

注:[　]表示 40 名新加坡被试的选择结果。

卡方检验(表 11.3)的结果也为验证齐当别模型的假设提供了支持:第一次选择候选者 A 的被试其第二次选择受到了附加信息的影响($\chi^2(1) = 11.31$，$p < 0.01$），但是第一次选择候选者 B 的被试其第二次选择不受到附加信息的影响($\chi^2(1) = 1.02$，$p = 0.31$）。该实验结果在 40 名新加坡被试中也得到了验证(表 11.3)。

11.1.3　实验 3:子女抚养权问题

实验 3 改进了实验条件的设置,为验证齐当别模型提供了进一步证据。96 名新南威尔士大学本科生参与了实验 3,该研究所使用的任务改编于 Shafir(1993)曾做过的研究,要求被试参与一项司法决策,其指导语如下:

> 想象您是陪审团中的一员,现在有一起离婚后争夺独生子女抚养权的案件。如果考虑到经济、社会、情感等因素,将会使该案件案情十分复杂,难以决策。因此,您决定基于以下观察而做出您的判断。您认为父母哪个应该得到独生子女的抚养权? 请阅读下面信息做出您的选择。
>
> 家长 A:收入稳定;有很好的住房条件;教育子女有些不得法;非常热衷于参与社交活动。
>
> 家长 B:教育程度非常高;适当参与社交活动;经济收入不太稳定;住房条件一般。

与实验2相似,在被试完成第一次决策之后,紧接着被试获得了新的额外信息,并被要求再做一次决策。实验3设计了两种不同的附加信息(唯括弧内的句子不同),被试随机分为两组,两组其指导语如下所示:

现在您已经做出了您的选择,与此同时,您获得了有关案情的新信息,无论父母双方是谁获得了孩子的抚养权,**孩子的祖父母都将给予抚养孩子的一方额外的经济补助(抚养孩子的一方都将减少公务出差,从而减少由于出差导致无法在孩子身边照顾孩子的情况)**。现在请您重新考虑两个家长的情况,做出您的选择。您认为哪个家长应该得到抚养权?

在实验3的决策任务中,A方能够提供较好的物质条件,B方能够提供较好的精神条件。被试在第一次选择中选择A说明其更看重物质条件,认为A和B在物质条件维度上的差异要大于精神条件维度上的差异;第一次选择B则说明更看重精神条件,认为在精神条件维度上的差异要大于物质条件维度上的差异。根据齐当别模型,在提供了额外信息之后,信息的类型与第一次选择结果会出现交互作用。当额外信息是有关经济条件的时候,由于这一额外信息缩小了两个选项在物质条件维度上的差异,因此会影响第一次选择A的被试进行再次选择,但不会影响第一次选择B的被试进行再次选择。与此相反,当额外信息是有关精神条件的时候,由于这一额外信息会缩小两个选项在精神条件维度上的差异,因此会影响第一次选择B的被试再次选择,但不会影响第一次选择A的被试再次选择。

实验结果验证了齐当别模型的预测。如图11.2所示,在获得了"减少公务出差"的信息之后,被试选择与附加信息之间的交互作用显著 ($F(1, 49) = 5.54$, $p <$

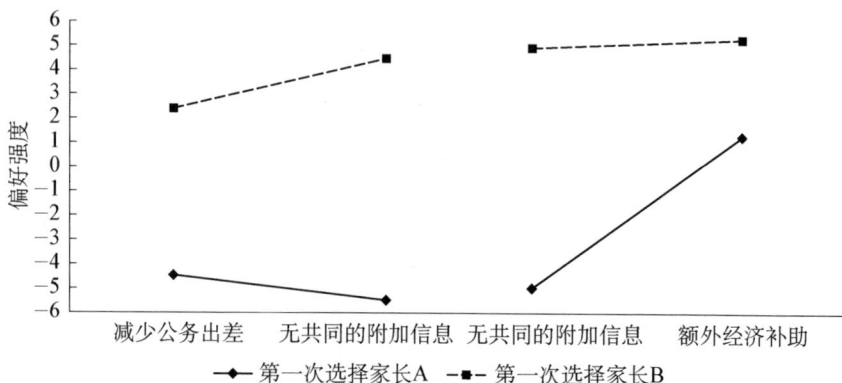

图 **11.2**　实验3结果

0.03），第一次选择 A 的被试在第二次选择时并没有发生改变($t(12) = 1.03$，$p >$ 0.05），而第一次选择 B 的被试在第二次选择时显著地改变了自己的偏好($t(37) =$ 3.07，$p < 0.01$）；相反，在获得了"额外经济补助"的信息之后，被试选择与附加信息之间的交互作用同样显著($F(1, 43) = 31.25$，$p < 0.001$），第一次选择 A 的被试在第二次选择时显著地改变了自己的偏好($t(14) = 5.23$，$p < 0.001$），而第一次选择 B 的被试在第二次并没有受到额外信息的影响($t(29) = 1.58$，$p > 0.05$）。此外，卡方分析的结果(表 11.4)同样验证了这一假设。

表 11.4　实验 3 卡方分析结果

	第一次选择 A		第一次选择 B	
	第二次选择 A	第二次选择 B	第二次选择 A	第二次选择 B
减少公务出差	12	1	9	29
增加经济补贴	5	10	2	28
	$\chi^2(1) = 10.15$，$p < 0.01$		$\chi^2(1) = 3.58$，$p = 0.058$	

在 Li(2003)的这 3 个实验中，选项的共同特征呈现方式非常"透明"，选项也不存在概率排序的干扰，也就排除了"呈现方式显著性"以及"等级依赖"对违背独立性的解释。这 3 个实验表明，在多属性决策中同样存在着违背联合独立性原则的现象，正如风险决策中的确定事件原则、不确定决策中的独立性原则一样。这些实验验证了齐当别模型的预测，即在多属性决策中，选项共同的价值并不会在决策中被忽略或被剔除。相反，由于某些共同特征导致决策维度之间的差异发生变化，会对决策结果产生重要的影响。

11.2　讨论与启示

人们在决策中是否使用了"剔除"原则，对于这一问题的研究有许多争议。尽管已有大量的研究表明，人们在判断和决策过程中违背了剔除原则，但是当 Tversky 和 Kahneman(1986)提出了共同信息是否"明显"地呈现这种解释之后，以往许多发现的违背剔除原则的现象也被认为是符合"剔除—关注"模型的。本章采用多属性决策任务，将共同特征非常明显地呈现给被试，尽管如此，依然没有减少被试违背联合独立性的现象。这说明，违背联合独立性的现象是稳定存在的，并不能用共同信息是否"明显"呈现来解释。与此同时，这些研究结果支持了齐当别模型对有共同特征决策的预测，即，人们在面对两个选项时，总是将两个选项在某一个维度上齐同，然后基于另一个维度进行选择。结合本章节多属性决策研究的结果以及之前章节对风险决策的研究结果来看,再次说明了人们的信息加工能力是有限的,无法像诸如期望价值理论、预期理论所预测的那样,进行效用的整合和计算。相反,齐当别模型则能够更好地预测实际决策过程。

除了理论的贡献之外,本章节所介绍的 3 个实验在市场消费应用中也有启示作用。在当今信息时代,我们能够接触到海量的商品和服务。当面对这些海量商品和服务时,我们究竟该买还是不该买? 应该买哪个? 购买什么样的物品? 购买哪个牌子的物品? 这些都是需要我们在几分钟之内做出决定的。本章的研究提示我们能够通过改变不同商品的组合方式来引导消费者做出决策。人们选择购买什么商品,并不仅仅依赖于该商品本身的价值,商品之间的对比同样会对消费者的行为产生巨大的影响。依照以往的决策理论,当两种商品没有一方特别占优的时候,生产商就没有必要改变那些共同的特征。但我们的研究表明,为了让消费者购买我们所期望的产品,不仅仅应该考虑那些独有的特征,还应该考虑商品的共同特征。消费者并不直接比较两种商品的价值排序,而是对比商品在不同维度上的差异,因此,商品的共同特征也会对选择结果产生重要影响。请市场营销人员谨记,如果你对你的产品减少或者增加一些与竞争产品完全相同的特征,亦可能真正左右消费者的决策行为。

致谢:感谢澳大利亚研究理事会(Australian Research Council, ARC)对作者在澳洲做博士后时期的资金支持。感谢新南威尔士大学(UNSW)英语工作坊的 Catherine Maitland 帮助改进英文表达,并感谢 *European Journal of Operational Research* 的三位匿名审稿人对论文提出的意见和建议。

参考文献

Allais, M. (1988). *The General Theory of Random Choices in Relation to the Invariant Cardinal Utility Function and the Specific Probability Function*. The (U, θ) *Model A General Overview* (pp. 231 - 289). Springer Netherlands.

Fishburn, P., & Wakker, P. (1995). The invention of the independence condition for preferences. *Management Science*, 41(7), 1130 - 1144.

Li, S. (2003). Violations of conjoint independence in binary choices: The equate-to-differentiate interpretation. *European Journal of Operational Research*, 148(1), 65 - 79.

Lopes, L. L. (1984). Risk and distributional inequality. *Journal of Experimental Psychology*: *Human Perception and Performance*, 10(4), 465 - 485.

Lopes, L. L. (1987). Between hope and fear: The psychology of risk. *Advances in Experimental Social Psychology*, 20, 255 - 295.

Quiggin, J. (1982). A theory of anticipated utility. *Journal of Economic Behavior & Organization*, 3(4), 323 - 343.

Shafir, E. (1993). Choosing versus rejecting: Why some options are both better and worse than others. *Memory & Cognition*, 21(4), 546 - 556.

Shafir, E., & Tversky, A. (1992). Thinking through uncertainty: Nonconsequential reasoning and choice. *Cognitive Psychology*, 24(4), 449 - 474.

Tversky, A., & Kahneman, D. (1986). Rational choice and the framing of decisions. *Journal of Business*, 59, S251 - S278.

Yaari, M. E. (1987). The dual theory of choice under risk. *Econometrica*, 55(1), 95 - 115.

第12章　剔除原则与共享特征

共同作者:苏寅、郑蕊、魏子晗

　　生活在物质和信息大爆炸时代,每天都有成千上万的新商品或新服务诞生,让我们的生活变得丰富多彩;同时,生活在今天的人们又同样是苦恼的,因为商品或服务过于丰富的属性,让人们的决策变得愈加困难。例如,当你走进快餐店,看到下面两种套餐:A. 小汉堡＋大可乐;B. 大汉堡＋小可乐。请试想你会选择哪种套餐? 再试想如果商家现在推出优惠活动:购买任一个套餐,即可获赠限量版湿纸巾一包(图12.1)。你会改变选择吗? 而如果将赠品改为冰红茶,你会改变选择吗?

套餐A　　　　　　套餐B

图 12.1　套餐选择示意图

12.1 剔除原则(cancellation)

作为消费者,我们每天都要面对上述类似选择,对于两种相似(拥有共享特征)却又有所不同(分别具有一些独有特征)的商品,究竟是什么决定了我们的选择? 以往的研究者认为消费者在两种商品之间作选择时,备选商品在某个属性上具有相同的特征(共享特征)时,这些特征对决策者的偏好不产生任何影响,即共享特征对商品的总价值(或效用)的贡献相同,不应该影响最终的选择,而一些备选商品并不相同(独有特征)的特征与属性在决策中可能起到重要的作用。因此,消费者会将注意的焦点放在两种商品的独有特征上,而忽略两者的共享特征,并在决策过程中将其简化,研究者称其为剔除原则(Tversky, 1972)。基于这一假设,研究者进一步提出了"剔除—关注"模型(cancellation-and-focus model),即决策者通过两步完成多属性决策:(1)剔除选项的共享特征;(2)关注选项的独有特征,将其作为决策的出发点(Houston & Sherman, 1995; Houston, Sherman, & Baker, 1989,1991)。这种决策模型认为,在决策或偏好判断中,选项的共享特征会被决策者剔除,选项的独有特征则会被赋予更高的决策权重。而主流决策理论,如期望效用(expected utility)理论、主观期望效用(subjective expected utility)理论都有类似的"剔除"思想,认为选项如果有共同的成分,则在选择过程会把共同成分剔除,共同成分并不参与决策过程。大量的研究为剔除—关注模型提供了实验证据(Houston & Sherman, 1995; Houston et al., 1989,1991)。随后又有研究指出,人们的实际决策,如政治选举(Houston & Roskos-Ewoldsen, 1998)和消费决策(Dhar & Sherman, 1996),确实遵循剔除—关注模型。在最近的一项研究中,Sütterlin, Brunner 和 Opwis(2008)利用眼动追踪技术,为剔除—关注模型提供了进一步的证据:决策者在进行多属性决策时对共享特征的关注程度(注视点数量和注视点总时长)确实小于对独有特征的关注程度,因此,Sütterlin 等人推断共享特征并没有成为决策的依据。据此,在开篇的决策问题中,如果人们遵循补偿性模型进行决策,无论加入"冰红茶"(相关共享特征)或是"湿纸巾"(无关共享特征),消费者均不会改变原先的选择。然而,如果决策者并非遵循补偿性模型预期的加权求和决策过程,而是采用某种非补偿的启发式策略进行决策,结果是否依然如此?

以往研究表明,决策的规则可以按照加工方式分为两类(Bettman, 1979):**特征加工**(processing by attribute)和**备选项加工**(processing by alternative)。前者认为,消费者在决策时是通过一一比较商品各项特征来进行决策的,而后者则认为消费者在决策时会将备选商品作为整体来进行比较。依据"剔除—关注"模型理论,消费者的加工模式更类似于特征加工,消费在选择时会通过逐特征比较,直接忽略商品共享特征,进而只单独比较独有特征,因而人们在赠品不同的条件下的选择应该没有差异。而齐当别理论(Li, 2004)认为人们通过"弱占优"原则达成决策,即在决策时,人们必须把差别较小的维度"齐同"掉,而将"辨别"差别较大的维度作为最终决策的依据。这样一来,在商品决策过程中,共享特征与独有特征是否有关,就会影响到消费者对选项间差别大小的判断,进而人们在赠品不同情境下的选择就会有所不同。那么消费者在进行商品选择过程中是不是会忽视所有的共享特征呢? 请再回头想一想开篇的决策问题,赠品(湿纸巾、冰红茶)不同是否会影响你的选择呢? 为了明确究竟哪种理论能更好地解答这一问题,本章节报告了作者及其同事分别采用选择任务、判断任务和眼动追踪技术对"剔除—关注"模型理论与齐当别理论进行的比较和检验。

12.2　研究一:选择任务中的共享特征

本书作者(Li, Zheng, & Li, 2007; Su, Rao, Li, Wang, & Li, 2012)通过操纵共享特征的"质"与"量",要求被试在每种决策情景下分别回答 7 个决策问题(表12.1),即在 7 对备选项(包括 1 对不含共享特征的选项和 6 对包含一种共享特征的选项)中,分别在 6 点量表中指出其偏好(1:非常确定选择 A; 6:非常确定选择 B)。在该情景中,不包含共享特征的决策问题首先呈现,随后,其余 6 个包含共享特征的决策问题以随机顺序出现。共有来自北京大学的 64 名本科生(女:31 人;男:33 人)参与了本次实验,被试的平均年龄为 20.79 岁。被试通过张贴海报形式招募,实验结束后,每名被试获得一份小礼物作为参与实验的报酬。

表 12.1　选择任务的 7 个决策问题

问题 1	
选项 A	选项 B
小号鸡汉堡	大号鸡汉堡
大杯冰可乐	小杯冰可乐

问题 2	
选项 A	选项 B
小号鸡汉堡	大号鸡汉堡
大杯冰可乐	小杯冰可乐
十对烤鸡翅	十对烤鸡翅

问题 3	
选项 A	选项 B
小号鸡汉堡 大杯冰可乐 一对烤鸡翅	大号鸡汉堡 小杯冰可乐 一对烤鸡翅

问题 4	
选项 A	选项 B
小号鸡汉堡 大杯冰可乐 大杯装雪碧	大号鸡汉堡 小杯冰可乐 大杯装雪碧

问题 5	
选项 A	选项 B
小号鸡汉堡 大杯冰可乐 品尝杯雪碧	大号鸡汉堡 小杯冰可乐 品尝杯雪碧

问题 6	
选项 A	选项 B
小号鸡汉堡 大杯冰可乐 大包湿纸巾	大号鸡汉堡 小杯冰可乐 大包湿纸巾

问题 7	
选项 A	选项 B
小号鸡汉堡 大杯冰可乐 小包湿纸巾	大号鸡汉堡 小杯冰可乐 小包湿纸巾

研究结果显示,被试对包含不同共享特征的备选项的偏好如图 12.2 所示。单因素重复测量方差分析结果显示,不同的共享特征确实对被试选择偏好产生不同的影响 ($F(6, 378) = 60.32$, $p < 0.001$, $\eta^2 = 0.49$)。配对比较检验(LSD)结果显示,当"十对烤鸡翅"作为共享特征加入两个备选套餐时,被试更偏爱在饮料维度占优的选项 A($p < 0.001$);而当"大杯装雪碧"作为共享特征加入两个备选项时,被试更偏爱食品维度占优的选项 B($p < 0.001$);当"一对烤鸡翅"($p = 0.18$)、"品尝杯雪碧"($p = 0.32$)、"大包湿纸巾"($p = 0.10$)或"小包湿纸巾"($p = 0.15$)分别作为共享特征加入备选套餐时,被试的选择偏好并未发生显著变化。本实验从决策结果的角度

表明:共享特征的加入确实可能影响人们的多属性决策,即当加入备选项的共享特征与独有特征相关且量较大时,人们的选择结果确实会发生显著变化。这一结果暗示人们的多属性决策可能并非遵循补偿模型所假设的加权求和计算过程。

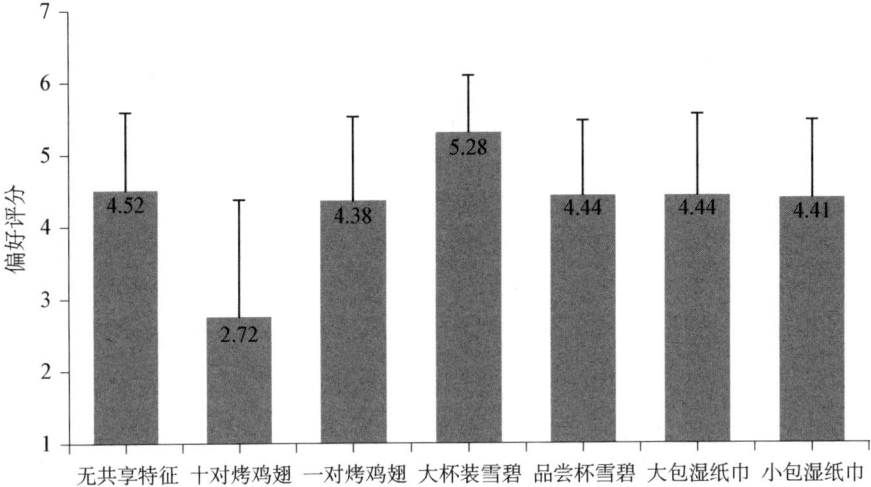

图 12.2 被试对包含不同共享特征备选项的偏好。1 表示"非常确定选择 A";6 表示"非常确定选择 B"。

12.3 研究二:判断任务中的共享特征

对于这种违背剔除原则的现象,主流的解释有两种,一种解释是由于共享特征的呈现方式不明显导致了违背剔除原则现象的产生。选项的共享特征,如在艾勒悖论中的共同风险结果,在决策中之所以不能被剔除是由于这些共同部分以简化的方式呈现,并不直接显现出两者的相同部分(例如,Shafir & Tversky, 1992; Tversky & Kahneman, 1986)。然而,这种解释并不能站得住脚。Li(1994)的研究中发现,即使这些共享特征非常清晰地呈现出来,如果它们会影响到选项不同维度的差异性判断,剔除原则仍然无法成立。另一种解释这类现象的理论则是"等级依赖型理论"(Allais, 1988; Lopes, 1984, 1987; Quiggin, 1982; Yaari, 1987),这种理论认为,决策者对每个结果赋予不同的决策权重,决策结果依赖于决策权重的排序,而决策权重又依赖于其他选项结果和结果的概率。

因此,如果像 Birnbaum 和 McIntosh(1996)指出的那样,是由于共享特征的呈现方式不明显而导致违背了剔除原则,那么,当共享特征非常明显地呈现出来时,被试就应该遵循剔除原则,在决策中不再考虑选项共同成分的影响。如果等级依赖型理论能够解释违背剔除原则的现象,那么,在多属性选择中,由于选择不涉及不确定性,也就不存在"权重依赖于其他选项结果和结果的概率"的问题,因此,也就不会出现违背剔除原则的现象。

Li(2001)利用三个实验,用以验证齐当别模型对多属性决策违背"剔除"原则的解释,同时冀排除上述"呈现方式明显程度"以及"等级依赖型理论"两种解释。实验选择的任务为**判断任务**,而非一般的**偏好选择**任务。选用这种判断性任务来验证齐当别模型是一种更为**苛刻**的条件。研究者们普遍认为,判断任务比偏好选择任务涉及的信息加工过程更为简单(Tversky, 1972; Tversky, Sattath, & Slovic, 1988),因此,相对于偏好选择任务,判断任务能够引起被试进行更多的定量分析。在判断性任务中,被试对信息的加工更加充分和仔细,进而更可能遵循主流的定量规则,如:独立性原则、传递性原则(transitivity principle)、不变性原则、占优性原则等。此外,对于此实验中采用的相似性判断任务来说,任务要求比较两个备选刺激与目标刺激的相似性,这样更容易使得刺激的共享特征得以更加明显地呈现。

12.3.1 实验1:生物共享特征与相似性判断

Li(2001)将已有的**偏好选择**任务改编为**相似性判断**任务。在相似性判断任务中,主试给被试呈现一个目标参考刺激和两个备选刺激,被试需要判断两个备选刺激哪一个与目标参考刺激更为相似。被试是 66 名新南威尔士大学选修基础心理学课程的本科生。Li(2001)设计了两个版本的判断任务,两个版本的参考目标刺激都是一个"猿猴"图片,两个备选刺激是两个"人脸"图片。两个版本的不同之处在于两个选项的共享特征中是否有一个"多毛的身体"。刺激材料如图 12.3 和图 12.4 所示。

可以看出,对于两个版本材料中的两个备选项来说,选项 A 在"毛发"维度上更接近目标参考刺激选项,而选项 B 在"外貌"上更接近目标参考刺激选项。按照齐当别模型的预测,决策者会齐同选项在一个维度上的差异,而依据另一个维度的差异做出选择。因此,如果被试在第一版本的材料中选择了备选刺激 A,那说明被试是将"外貌"这一维度进行了齐同,而将"毛发"这一维度上的差异作为决策的关键;相反,如果被试在第一版本的材料中选择了备选刺激 B,那么说明被试是将"毛发"这一维度上的差异进行了齐同,而将"外貌"这一维度的差异作为决策的关键。在第二版本的材料中,由于两个选项共享特征中增加了一个多毛发的身体,依据齐当别模型,在"毛发"维度上两个选项的差异会减小,因此,在版本一中选择选项 B 的被试会遵循剔除原则,不考虑该共享特征,依旧会选择选项 B;相反,在版本一中选择选项 A 的被试则有可能会出现违背剔除原则的现象,由于"毛发"维度的差异减小,从而出现选择反转。

版本1：

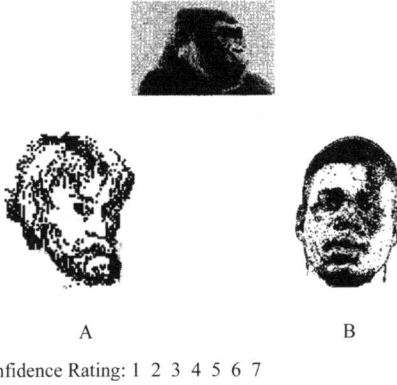

A B

Confidence Rating: 1 2 3 4 5 6 7

图12.3 Li(2001)研究中实验1的刺激材料版本一

版本2：

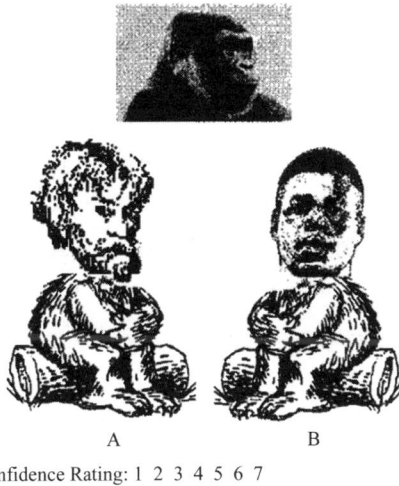

A B

Confidence Rating: 1 2 3 4 5 6 7

图12.4 Li(2001)研究中实验1的刺激材料版本二

研究结果验证了这一假设,被试的选择在两种版本中出现了显著的交互作用($F(1, 64) = 9.86$, $p < 0.01$)。交互作用的结果与齐当别模型所预测的一致,在第一版材料中选择选项B的被试在第二版本中仍旧选择选项B,其选择不受增加的"毛发身体"这一共享特征的影响($t(41) = 0.64$, ns),而在第一版材料中选择选项A的被试更多地在第二版本材料中改变了自己的选择($t(23) = 2.57$, $p < 0.02$)。这一实验从一定程度上验证了齐当别模型,同时也排除了共享特征"显著性"对违背剔除原则的影响。在该实验中所使用的材料非常"明显地"展现了两个选项的共享特征,结果

仍然出现了违背剔除原则的现象。这说明,共享特征的呈现方式是否显著并不是违背剔除原则的关键原因。

由实验1结果可知,即使选项的共享特征被非常明显地呈现出来,也避免不了人们违背剔除原则的行为。但是,我们注意到,在 Houston 和 Sherman(1995)的研究中,两个选项的共享特征与其他独有特征是完全无关联的,而在问题1中,两个选项的共享特征(如多毛发的身体)和其他独有特征(如多毛发的脸)则关联密切,属于同一个主维度(毛发)。因此,实验2试图探索违背剔除原则的关键原因是否是由于共享特征与其他独有特征属于同一个主要决策维度所导致的。

12.3.2 实验2:共享字母与单词数判断

实验2的任务改编自 Tversky 和 Kahneman(1983)对"代表性"和"易得性"启发式的研究。该研究发现,被试估计由7个字母组成的、以"ing"结尾(____ing)的单词(全集中的一个子集)数目远远大于估计由7个字母组成的、倒数第二个字母为n(_____n_)的单词(全集)数目。这是由于人们更容易想起以"ing"结尾的单词,"ing"结尾的单词的易得性和代表性更高。

依据剔除原则,如果人们判断由7个字母组成的、以"ing"结尾的单词数目大于由7个字母组成的、倒数第二个字母为"n"的单词数目的话,那么,在两个选项上增加共享成分,应该不影响对这两种单词数目的判断。而依据齐当别模型的推断,如果被试对全集中的一个子集的数目估计高于对全集数目的估计真的是由子集元素的易得性和代表性更高,那么,当两个选项同时加入一个易得性较高的其他元素,如"re",则会减小子集在易得性维度上与全集的差异,这一共享特征会进而导致被试改变原有的判断,对子集数目与全集数目的判断的差异也会更小。

被试是99名新南威尔士大学的本科生,两组被试分别被要求完成以下4种不同的问题,一组被试完成前两个问题,另一组被试完成后两个问题:

问题1.1

在一篇4页(约2000字)的小说里,你估计你可能会遇到多少个单词,其结构是_____n_(由7个字母组成,n在第六个位置)的?

问题1.2

在一篇4页(约2000字)的小说里,你估计你可能会遇到多少个单词,其结构是re___n_(由7个字母组成,以 re 开头,n在第六个位置)的?

问题2.1

在一篇4页(约2000字)的小说里,你估计你可能会遇到多少个单词,其结构是____ing(由7个字母组成,以 ing 结尾)的?

问题 2.2

在一篇 4 页(约 2 000 字)的小说里,你估计你可能会遇到多少个单词,其结构是 re__ing(由 7 个字母组成,以 re 开头,以 ing 结尾)的?

实验结果提供了对齐当别模型支持性的证据,其结果如表 12.2 所示:

表 12.2　Li(2001)研究中实验 2 的实验结果

共享特征	易得性						被试间曼—惠特尼秩和检验
	ing (N = 49)			_n_ (N = 50)			
	平均值	中值	众数	平均值	中值	众数	
__	27.31	15	15	13.08	9	10	$p < 0.001$
re	24.27	10	10	14.47	9	8	$p > 0.05$

被试内曼—惠特尼秩和检验 $p < 0.001$	被试内曼—惠特尼秩和检验 $p > 0.05$

问题 1.1 和问题 2.1 的结果重复验证了 Tversky 和 Kahneman(1983)的研究,被试对由 7 个字母组成的、以 ing 结尾的单词数目的估计远远大于对由 7 个字母组成的、"n"在第六个位置的单词数目的估计($p < 0.001$);然而,加入共同的以"re"开头的特征之后,被试对两种单词数目的估计变得差异不显著($p > 0.05$)。此外,与齐当别理论预期相符,问题 1.1 与问题 1.2 没有显著差异,而问题 2.1 和问题 2.2 差异显著,被试估计由 7 个字母组成的、以"re"开头的单词数目比由 7 个字母组成的单词数目更少($p < 0.001$)。

12.3.3　实验 3:操纵共享特征,改变相似性判断

前两个实验分别证实了共享特征能够影响被试的选择和判断,且齐当别模型可以解释这一现象。实验 3 的目的则是更为直接地验证齐当别的决策模型,检验是否可以依据齐当别模型通过操纵共享特征的属性进而改变被试的选择。

实验 3 同样使用了相似性判断任务,被试是 96 名新南威尔士大学本科生。首先被试完成一个简单的相似性判断任务,参考目标刺激为"**新加坡**",两个备选刺激为"**中国**"和"**英国**"。在完成该判断问题之后,被试要继续完成一个附加的判断任务。目标参考刺激没有变化,仍然是"新加坡",两个备选刺激则发生了变化。一半的被试的备选刺激为:"**中国+世界各地的中国城**","**英国+世界各地的中国城**";另一半被试的备选刺激为:"**中国+世界各地的英国殖民地**","**英国+世界各地的英国殖民**

地"。

选择这种刺激材料的原因是,在社会文化水平上,新加坡更接近中国,而在政治制度维度上,新加坡则更接近英国。第一个简单选择可以探测被试在主观上将哪一个维度齐同,依据哪个维度差异做判断。如果被试在第一个简单判断中认为中国与新加坡更为相似,则说明他是以社会文化的差异作为关键维度进行判断,而将政治制度维度齐同,那么增加的共享特征"世界各地的英国殖民地"就不会改变这一齐同过程,也不会影响被试的第二次判断;然而,增加"世界各地的中国城"则会改变这一齐同过程,进而改变被试的第二次判断。相反,对于在第一次简单任务中判断英国与新加坡更相似的被试,增加共享特征"世界各地的中国城"不会影响其第二次判断;而增加共享特征"世界各地的英国殖民地"则会改变其第二次判断。

研究结果证实了齐当别模型的预测(图12.5)。一方面,在第二次判断任务中增加了"世界各地的中国城"这一共同信息之后,被试的选择出现显著的交互作用($F(1, 43) = 7.60$, $p < 0.01$):第一次判断任务中认为英国更像新加坡的被试,其第二次判断结果没有发生改变($t(14) = .96$, $p > 0.05$),而第一次判断任务中认为中国更像新加坡的被试显著地改变了他们的判断($t(29) = 3.39$, $p < 0.01$);另一方面,在第二次判断任务中增加了"世界各地的英国殖民地"这一共同信息之后,被试的选择出现相反的交互作用($F(1, 49) = 50.85$, $p < 0.001$):第一次判断任务中认为中国更像新加坡的被试,其第二次判断结果没有发生改变($t(32) = 2.01$, $p > 0.05$),而第一次判断任务中认为英国更像新加坡的被试其第二次判断结果显著地与第一次不同($t(17) = 6.04$, $p < 0.001$)。

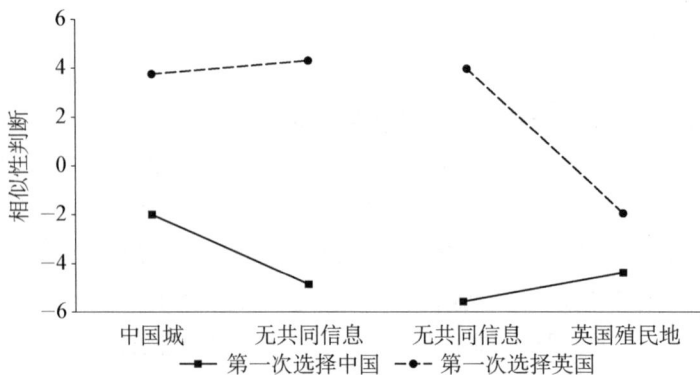

图12.5 Li(2001)研究中实验3的研究结果

以上3个实验共同验证了齐当别模型,说明选项的共享特征在决策中是否会被剔除,并非依赖于这些共享特征是否被明显地呈现出来,也并不依赖于选项结果的排序;共享特征是否会被剔除的关键取决于,这些共享特征是否会影响人们做判断或选择时所依赖的关键维度的差异。正如齐当别模型所预测的那样,如果这些共同特征对选项某些维度的差异产生了影响,那么这些共同特征就不会被剔除,它们依然会对判断结果产生有效的影响。

12.4 研究三:眼动追踪所揭示的共享特征

以上研究为共享特征对决策和判断的影响提供了证据。然而,虽然问卷实验能够有效地测量决策与判断的结果,但却难以打开信息加工过程这一黑箱。为了回答诸如上述问题,研究三利用眼动追踪技术探究人们进行决策时的信息搜索与加工过程(Su, et al., 2012)。研究三仅沿用研究一中食品套餐决策情景中的 7 个选择问题。由于包含信息数量(兴趣区)的差异,不包含共享特征选择问题在实验中呈现给被试,但所采集眼动数据不与其他 6 个包含不同共享特征的选择问题一同分析。为了记录和分析被试在备选套餐间进行比较时的加工过程,该研究将两个备选套餐同时呈现给被试。所有独有特征均呈现在共享特征上方。共 58 名大学生参加了本实验(女:28 人;男:30 人),被试的平均年龄为 21.76 岁。被试通过网络论坛招募,所有被试均视力或矫正视力正常。

对被试在所有 7 个决策问题中的选择结果进行卡方检验。结果如图 12.6 所示,当面对包含不同共享特征的备选套餐时,被试的选择结果存在显著差异 ($\chi^2(6) = 17.88$, $p < 0.01$)。总体比例差异检验结果进一步显示,当"十对烤鸡翅"作为共享特征加入两个备选套餐时,选择在饮料维度占优的选项 A 的被试比例显著提高 ($z = 2.83$, $p < 0.01$);而当"大杯装雪碧"作为共享特征加入两个备选项时,选择在食品

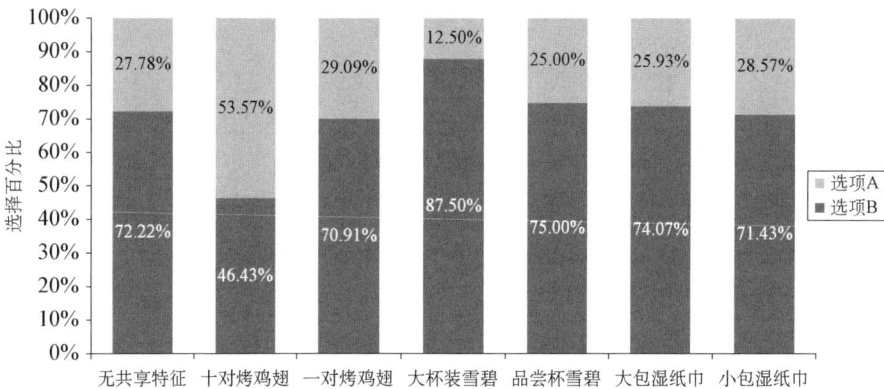

图 12.6 被试对包含不同共享特征备选项的选择百分比

维度占优的选项 B 的被试比例显著提高 ($z = 2.05$, $p = 0.02$)。如图 12.6 所示，当"一对烤鸡翅"($z = 0.16$, $p = 0.44$)、"品尝杯雪碧"($z = 0.34$, $p = 0.37$)、"大包湿纸巾"($z = 0.22$, $p = 0.41$) 或"小包湿纸巾"($z = 0.09$, $p = 0.46$) 分别作为共享特征加入备选套餐时，被试的选择偏好并未发生显著变化。

12.4.1 对共享特征的关注

本实验对共享特征关注的分析采用以共享特征类型为被试内变量，注视次数、注视时长，及最后注视时间分别作为因变量的单因素重复测量方差分析。对某个特征的"注视总时长"表征了决策者在决策过程中对这一特征的关注。特征对决策者的吸引力越大，则注视时长越长。与此类似，对某个特征的注视次数同样表征了决策者对这一特征的关注(Pomplun, Ritter, & Velichkovsky, 1996)。此外，本实验假设"对某个特征最后一次的注视出现得越晚，则该特征在决策过程中扮演的角色越重要"，即该特征被决策者越深层地加工。图 12.7A 呈现了被试对不同共享特征的注视次数。与预期相符，重复测量方差分析结果显示，共享特征类型对注视次数存在显著主效应 ($F(5, 270) = 9.87$, $p < 0.001$, $\eta^2 = 0.16$)。配对比较检验(LSD)结果进一步显示，被试对"十对烤鸡翅"、"大杯装雪碧"和"品尝杯雪碧"的注视次数显著多于对其他共享特征的注视次数($ps < 0.01$)。图 12.7B 呈现了被试对不同共享特征的注视时长。与注视次数结果相似，共享特征类型对注视次数存在显著主效应 ($F(5, 270) = 8.40$, $p < 0.001$, $\eta^2 = 0.14$)。配对比较检验(LSD)结果进一步显示，被试对"十对烤鸡翅"、"大杯装雪碧"和"品尝杯雪碧"的注视时长显著长于对其他共享特征的注视时长($ps < 0.01$)。上述结果表明被试对不同共享特征的关注不同。平均而

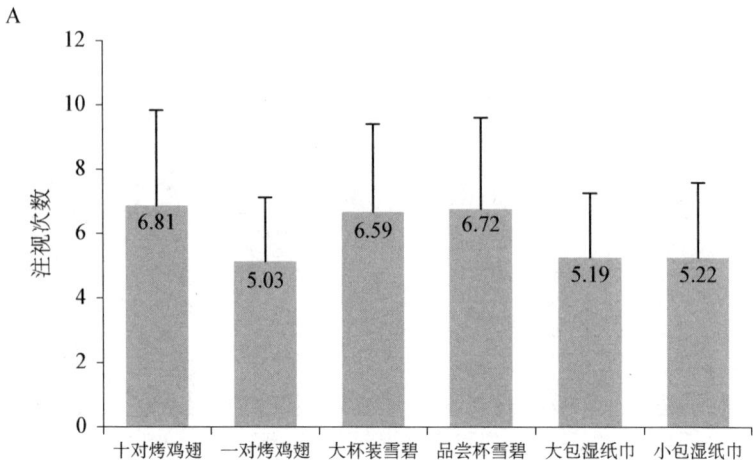

A

B

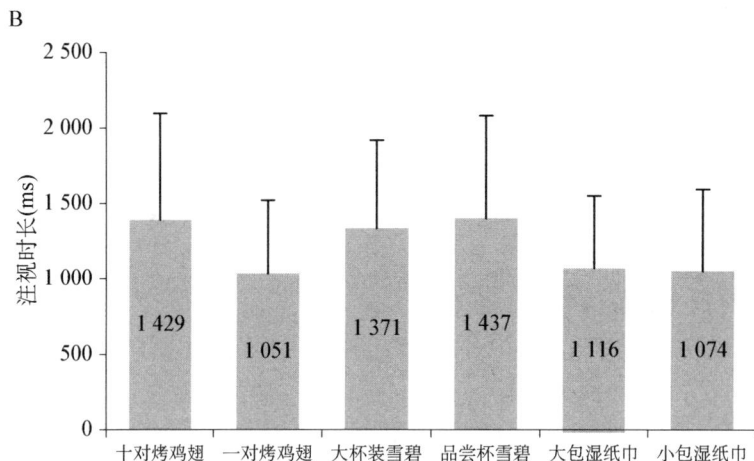

图 12.7　被试对不同共享特征的注视次数(A)和注视时长(B)

言,对决策结果有显著影响的共享特征("十对烤鸡翅"和"大杯装雪碧")会受到更多关注。这与本研究的预期一致。然而,与预期相悖的是被试对不影响决策结果的"品尝杯雪碧"同样给予了很高程度的关注。其原因可能是"品尝杯"的词频相对较低,决策者的好奇心引起了更多的关注。

图 12.8 呈现了决策者对不同共享特征的最后注视时间。结果与预期一致:共享特征类型对最后注视时间存在显著主效应 $(F(5, 270) = 2.88, p = 0.015, \eta^2 = 0.05)$。配对比较检验结果进一步显示,被试对"十对烤鸡翅"和"大杯装雪碧"的最后一次注视出现的时间晚于其他所有的共享特征($ps < 0.05$)。上述结果表明,在决

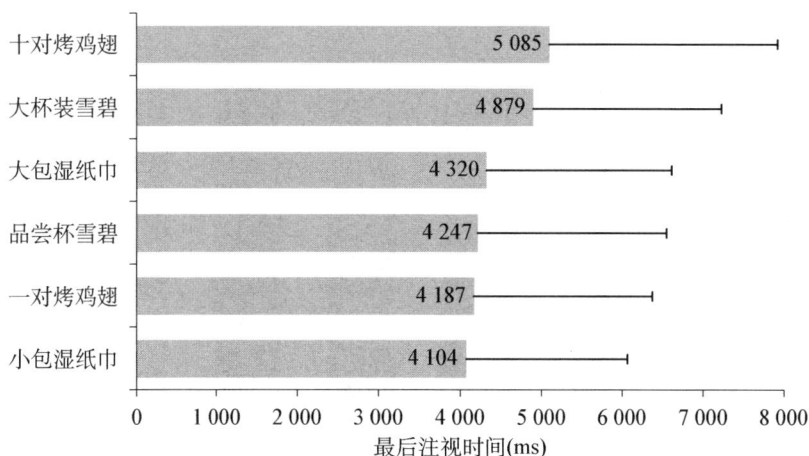

图 12.8　被试对不同共享特征的最后注视时间

策过程中,影响选择结果的(与独有特征相关且量较大的)共享特征受到了更多的关注,且在决策过程的后期仍被持续加工。相反,不影响选择结果的(与独有特征相关且量小的或与独有特征无关的)共享特征在决策过程中受到较少关注,且在决策过程的较早阶段便被停止加工。上述结果同样表明对"品尝杯雪碧"意外的高度关注只出现在较早期的决策阶段,随后便快速消失,该结果支持了之前的猜测,即由于人们对"品尝杯雪碧"的陌生与好奇导致了相对较高的关注度。

12.4.2　对独有特征的关注

为了比较被试在决策过程中对不同维度独有特征的关注,本实验记录了被试对每个维度(食品维度和饮料维度)独有特征的注视次数和注视总时长,并分别计算了被试在"食品"和"饮料"维度的注视次数和注视总时间占对独有特征注视总次数和总时间的比例(后分别简称注视次数百分比和注视时长百分比)。本实验还记录了被试在食品和饮料维度中基于维度的眼跳次数,旨在为基于维度的比较过程提供直接证据。若之前预期的再评估过程确实存在,更多的注意会转移到需要对选项间效用差重新评估的维度,同时在该维度内,会伴随有更多的基于维度的眼跳。图 12.9A 分别呈现了在不同决策问题(包含不同种类的共享特征)中,被试在食品和饮料维度的注视次数占两维度总注视次数的平均百分比。重复测量方差分析结果显示,共享特征类型对注视次数百分比存在显著主效应 ($F(5, 270) = 12.55$, $p < 0.001$, $\eta^2 = 0.19$)。配对比较检验结果显示,当"十对烤鸡翅"作为共享特征加入两个备选套餐时,被试在**食品**维度上的注视次数百分比显著提高($ps < 0.01$);而当"大杯装雪碧"作为共享特征加入两个备选项时,被试在**饮料**维度上的注视次数百分比显著提高

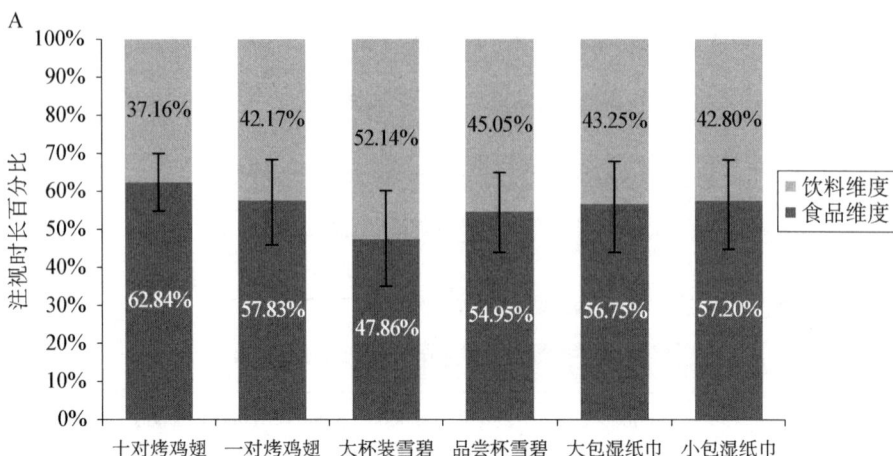

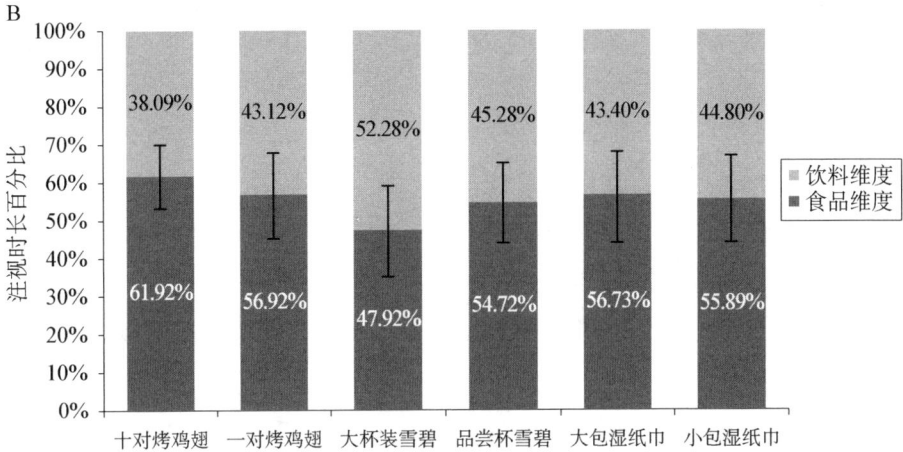

图12.9 被试在食品和饮料维度的注视次数百分比(A)及注视时长百分比(B)

($ps < 0.01$)。图 12.9B 分别呈现了在不同决策问题中,被试在食品和饮料维度的注视时长占两维度总注视时长的平均百分比。与注视次数百分比结果类似,共享特征类型对注视时长百分比存在显著主效应 ($F(5, 270) = 11.13$, $p < 0.001$, $\eta^2 = 0.17$)。配对比较检验结果显示,当"十对烤鸡翅"作为共享特征加入两个备选套餐时,被试在"食品"维度上的注视时长百分比显著提高($ps < 0.01$);而当"大杯装雪碧"作为共享特征加入两个备选项时,被试在"饮料"维度上的注视时长百分比显著提高($ps < 0.01$)。

对被试基于"食品"和"饮料"维度的眼跳次数,分别进行重复测量方差分析(图 12.10)。结果显示,共享特征类型对基于食品维度的眼跳次数存在显著主效应 ($F(5, 270) = 3.44$, $p = 0.005$, $\eta^2 = 0.06$)。配对比较检验结果表明,当"十对烤鸡翅"作为共享特征加入两个备选套餐时,被试基于"食品"维度的眼跳次数显著增加 ($ps < 0.05$)。共享特征类型对基于饮料维度的眼跳次数的主效应未达到显著性水平 ($F(5, 270) = 1.40$, $p = 0.24$)。然而,配对比较检验结果表明,当"大杯装雪碧"作为共享特征加入两个备选套餐时,被试基于"饮料"维度眼跳次数显著或边缘显著地增加($ps < 0.08$)。

上述结果显示,当"十对烤鸡翅"和"大杯装雪碧"作为共享特征加入备选套餐时,被试的注意分别向食品和饮料维度转移,且伴随更多的维度内的眼跳。结果表明,相关共享特征的加入确实触发了决策者对选项在相关维度上差异的再次评估。这些结果支持了之前关于再评估过程的预期。然而,当相关共享特征的量较小时(如"一对烤鸡翅"和"品尝杯雪碧"),被试对相关维度的关注及眼跳虽然有增加趋势,但均未达

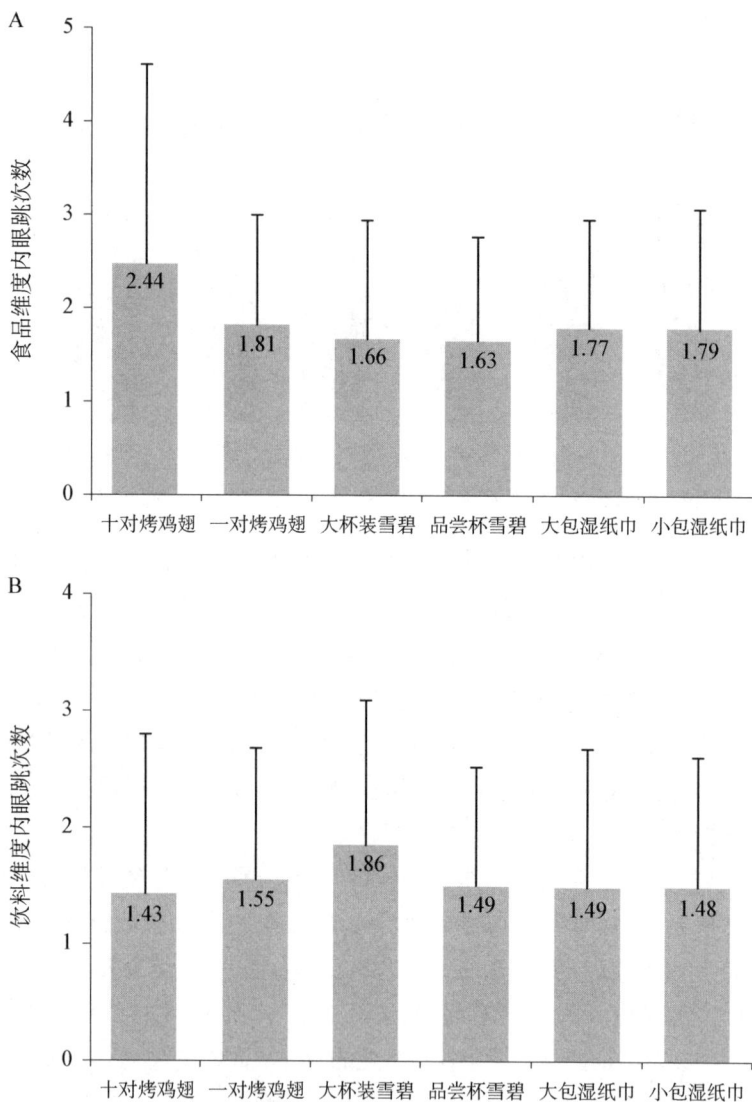

图 12.10 被试在食品维度(A)和饮料维度(B)的相关兴趣区间的眼跳次数

到显著性水平。这一结果说明,与独有特征维度相关但量较小的共享特征的加入,并没有引起选项在维度间差异排序上的变化。因此,虽然短暂的重评估过程可能存在于决策过程中,但研究者并没有观察到决策者转变决策所依据维度的过程。

本实验采用眼动追踪技术,从决策过程的角度说明:共享特征的加入确实可能影响人们的多属性决策,即当共享特征与独有特征相关且量较大时,人们在决策过程中会关注看似相同的共享特征。此外,这些特征的加入,确实会影响到人们在决策过程中对独有特征的加工。这一结果暗示人们的多属性决策可能并非遵循补偿性模型所假设的加权求和的计算过程。

12.5 讨论与启示

消费者在选择多属性商品时,其信息加工究竟是基于属性的(attribute-based)还是基于选项的(alternative-based)方式,是一个长期未解的争议问题。上述研究分别采用问卷调查和眼动追踪技术,从决策结果以及信息加工过程的角度一致地指出,共享特征确实会影响到人们的多属性决策,为基于属性的加工方式提供了新的证据。上述结果一方面表明,人们的实际决策违背了遵循补偿性规则所提出的"剔除—关注"模型的预期;另一方面,上述结果亦说明多属性决策过程可能并非如补偿性模型所预期的是基于选项的,而更可能如非补偿性模型预期的是基于维度的。

致谢:本章所报告的研究部分得到国家自然科学基金重点项目"中国本土品牌成长与创新研究"(70632003)的资助。作者感谢南洋理工大学 Ching Meng Fong, Ng Ley Tin 和 Stella Ho,沈阳师范大学刘长江、高利苹,烟台师范大学葛明荣,心理研究所施维帮忙构思选择情景与收集数据。

参考文献

Allais, M. (1988). *The General Theory of Random Choices in Relation to the Invariant Cardinal Utility Function and the Specific Probability Function*. The (*U*, *θ*) *Model A General Overview* (pp. 231 - 289). Springer Netherlands.

Bettman, J. R. (1979). *An information processing theory of consumer choice*. Reading, MA: Addison-Wesley.

Birnbaum, M. H., & McIntosh, W. R. (1996). Violations of branch independence in choices between gambles. *Organizational Behavior and Human Decision Processes*, 67(1), 91 - 110.

Dhar, R., & Sherman, S. J. (1996). The effect of common and unique features in consumer choice. *Journal of Consumer Research*, 23, 193 - 203.

Houston, D. A., & Roskos-Ewoldsen, D. R. (1998). Cancellation and focus model of choice and preferences for political candidates. *Basic and Applied Social Psychology*, 20, 305 - 312.

Houston, D. A., & Sherman, S. J. (1995). Cancellation and focus: The role of shared and unique features in the choice process. *Journal of Experimental Social Psychology*, 31, 357 - 378.

Houston, D. A., Sherman, S. J., & Baker, S. M. (1989). The influence of unique features and direction of comparison of preferences. *Journal of Experimental Social Psychology*, 25, 121 - 141.

Houston, D. A., Sherman, S. J., & Baker, S. M. (1991). Feature matching, unique features, and the dynamics of the choice process: Predecision conflict and postdecision satisfaction. *Journal of Experimental Social Psychology*, 27, 411 - 430.

Li, S. (1994). What is the role of transparency in cancellation? *Organizational Behavior and Human Decision Processes*, 60(3), 353 - 366.

Li, S. (2001). Equate-to-differentiate: The role of shared and unique features in the judgment process. *Australian Journal of Psychology*, 53(2), 109 - 118.

Li, S. (2004). A behavioral choice model when computational ability matters. *Applied Intelligence*, 20, 147 - 163.

Li, S., Zheng, R., & Li, L-B. (2007). Do shared features of offered alternatives have an effect in consumer choice? *Journal of Economic Psychology*, 28(6), 658 - 677.

Lopes, L. L. (1984). Risk and distributional inequality. *Journal of Experimental Psychology: Human Perception and*

Performance, *10*(4),465.

Lopes, L. L. (1987). Between hope and fear: The psychology of risk. *Advances in Experimental Social Psychology*, *20*, 255 - 295.

Pomplun, M., Ritter, H., & Velichkovsky, B. (1996). Disambiguating complex visual information: Towards communication of personal views of a scene. *Perception*, *25*,931 - 948

Quiggin, J. (1982). A theory of anticipated utility. *Journal of Economic Behavior & Organization*, *3*(4),323 - 343.

Shafir, E., & Tversky, A. (1992). Thinking through uncertainty: Nonconsequential reasoning and choice. *Cognitive Psychology*, *24*(4),449 - 474.

Su, Y., Rao, L - L., Li, X., Wang, Y., & Li, S. (2012). From quality to quantity: The role of common feature in consumer preference. *Journal of Economic Psychology*, *33*(6),1043 - 1058.

Sütterlin, B., Brunner, T. A., & Opwis, K. (2008). Eye-tracking the cancellation and focus model for preference judgments. *Journal of Experimental Social Psychology*, *44*,904 - 911.

Tversky, A. (1972). Elimination by aspects: A theory of choice. *Psychological Review*, *79*,281 - 299.

Tversky, A., & Kahneman, D. (1983). Extensional versus intuitive reasoning: The conjunction fallacy in probability judgment. *Psychological Review*, *90*(4),293 - 315.

Tversky, A., & Kahneman, D. (1986). Rational choice and the framing of decisions. *Journal of Business*, *59*, S251 - S278.

Tversky, A., Sattath, S., & Slovic, P. (1988). Contingent weighting in judgment and choice. *Psychological Review*, *95*(3),371 - 384.

Yaari, M. E. (1987). The dual theory of choice under risk. *Econometrica*, *55*(1),95 - 115.

第 13 章 传递性原则与偏好反转

共同作者:郭慧芳

偏好反转(preference reversals, PR)问题揭示人们的行为或违背了期望效用理论的传递性原则(transitivity principle),或违背了独立性原则,或违背了过程不变性原则(procedure invariance principle)。在典型的偏好反转问题中,人们分别完成一个选择任务和一个出价任务:

选择任务:

彩票 A 提供了 9/12 的机会赢得 110 元及 3/12 的机会失去 10 元(P 选项)。

彩票 B 提供了 3/12 的机会赢得 920 元及 9/12 的机会失去 200 元($\$$ 选项)。

在选择任务中,大多数人选择大概率的**彩票 A**,即"P 选项"。

出价任务(出价买彩票):

彩票 A 提供了 9/12 的机会赢得 110 元及 3/12 的机会失去 10 元。

请写出你愿意买彩票 A 的价钱(　　元)。

彩票 B 提供了 3/12 的机会赢得 920 元及 9/12 的机会失去 200 元。

请写出你愿意买彩票 B 的价钱(　　元)。

在出价任务中,大多数人出更高价购买小概率赢大钱的**彩票 B**,即"$\$$ 选项"。

传统的经济理论认为,愿出更高价购买的彩票应该是价值更大的彩票,也应该是我们更偏好的彩票。但是,人们在选择任务和出价任务中却表现出截然不同的偏好。这种不一致即所谓的偏好反转(Lichtenstein & Slovic, 1971)。

在出价任务的基础上,Li(1994)发展了一个变式——**补贴(subsidizing)任务**:

彩票 A 提供了 9/12 的机会赢得 110 元及 3/12 的机会失去 10 元(P 选项)。

请写出你愿意参加 P 赌博得到的最小补贴(元)。

彩票 B 提供了 3/12 的机会赢得 920 元及 9/12 的机会失去 200 元($\$$ 选项)。

请写出你愿意参加 $\$$ 赌博得到的最小补贴(元)。

发展这个变式的指导思想是,在经济学中,个体应该对他所偏好的事物定高价,且这个偏好的次序应该保持一致。同理类推,个体应该对他所规避的事物索要更多补贴(即索要补贴越多,表明越不喜欢这个选项),且这个偏好的次序也应该保持一致。

13.1 偏好反转的解释机制

对偏好反转现象现有 3 种解释。这些解释均源于对决策理论 3 种重要基本原则的违背:(1)传递性原则(Fishburn, 1985; Loomes & Sugden, 1983),(2)独立性原则(Holt, 1986; Karni & Safra, 1987),(3)过程不变性原则(Goldstein & Einhorn, 1987; Tversky & Thaler, 1990)。解释这种现象的心理模型也不断通过摸索而发展,多数模型的焦点汇聚在不同心理过程的发展阶段。

13.1.1 基于判断(judgment-based)的决策模型的解释

表达理论(expression theory)(Goldstein & Einhorn, 1987)声称,偏好反转现象是由于赌博者对反应成分的映射变化造成的。该理论认为,人们做"选择"时遵循期望效用理论,采用的是一个非线性的凹形效用函数;但在"出价"时,采用的是一个与金钱数量呈线性相关的比例函数。人们在"选择"和"出价"时分别使用两种不同的函数是导致"选择—出价"不一致的原因。尽管表达理论成功预测了"选择—出价"的不一致,但该理论无法解释和预测为什么"出价"和"补贴"同属于"出价"任务,然而"出价—补贴"会产生不一致的判断结果。

权变加权理论(contingent weighting theory)(Tversky, Sattath, & Slovic, 1988)将偏好反转现象归因于刺激物权重的变化。该理论认为,概率的权重在"出价"任务中较低,而在"选择"任务与吸引力判断中较大;而结果(outcome)在"出价"任务中比在"选择"任务中拥有更大的权重。进一步的研究(Slovic, Griffin, & Tversky, 1990)表明,选择维度与反应量表的相容性导致了权重的改变。Gonzalez-Vallejo 等人(1992)采用权重模型来解释诸如"选择与出价不一致","数字概率(numerical probability)与文字概率(verbal probability)不一致"等偏好反转。权变加权理论假设,结合概率与结果的过程是不变的,但在不同任务中,这些因素的权重发生了改变。

由于博弈的价格是以美元的形式呈现的,相容性使得报酬的表达在"出价"任务中比在"选择"任务中的权重更大。然而,相容性的解释也无法解释和预测为什么"出价"和"补贴"任务都是对"金钱刺激"赋以权重,却会产生不一致的判断结果。

过程改变理论(change-of-process theory)(Mellers, Ordoñez, & Birnbaum, 1992)认为偏好反转是由于结合信息的决策策略的变化造成的,即出价是一个概率与数量的乘法函数,而排序是概率与数量的加法函数。因此,彩票结果在"出价"任务中要比在"选择"任务中拥有更大的权重。特别地,过程改变理论认为偏好反转现象中不同任务中的效用是不变的。尤其是假定买入、卖出、避免(avoidance)[①]价格在进行概率的乘积运算时是一致的 $P(x, p; 0) = J[s(p) \cdot u(x)]$。但是,如果这是偏好反转的真正原因,那么在出价任务与补贴任务中概率相同时,两种出价任务的排序不应该出现反转。

然而,本书作者认为,偏好反转的关键问题在于我们的偏好是否由某种期望最大值所决定。在 17 世纪,人们认为风险偏好是期望价值的最大化。而 Bernoulli(1738)所讨论的圣彼得堡(St. Petersburg)悖论证明,如果人们的风险偏好是某种期望值的最大化,这个期望值绝不是 EV。Allais(1953)所讨论的艾勒悖论又证明,如果人们的风险偏好还是某种期望值的最大化,这个期望值既不是 EV 也不是 EU。在 20 世纪70 年代揭露"偏好反转"问题(Lichtenstein & Slovic, 1971)时,人们的风险偏好则被缺省(by default)地认为是**价格**(price)的最大化。

我们认为,偏好反转现象反映的并不是真实的"偏好"反转。它仅仅示例了**判断**与**偏好**不一致的情境。目前关于偏好反转的研究可以这样来描述:决策理论的公理认为,决策者应偏好他们出价最高的博弈,但事实上并非如此。问题的关键在于**出价**与**偏好**是否等同。

对该问题的不同回答会导致对偏好反转的不同看法。如果答案是肯定的,即,价格最大化体现了个体的偏好,那么实验结果确实揭示了两种"偏好"的不一致。这种思路实际上贯穿于现有偏好反转的所有研究之中。研究的关注点起初就停留在"反转"上,而很少有人质疑偏好反转的基本假设。如果答案是否定的,那么"价格最大化"便成了一个被捏造的、误导人的偏好指标。长期以来,能提出一个单一的偏好指标,一直是发展基于判断的决策模型的原动力。

我们或可以这样来理解所谓的偏好反转现象。想象实验者设计了一对具有不同期望价值的博弈选项,向决策者单独呈现各个选项,并要求决策者计算各个选项的期

---

① 避免价格是指被试被告知假设他们必须参加一项赌博,并被要求写出他们为避免参与该赌博给出的最大金钱。

望价值;然后向决策者同时呈现这两个选项,询问他们喜欢哪一个。如果决策者选择了其中一个选项,但是赋予另一个选项更高的期望值,那么,实验者就公开宣称:发现了"偏好反转"! 这种用"期望价值"替代"出价"任务的比喻是公平的,因为,主流理论家认为决策者应该喜欢、偏好价格最大化的选项,即,个体的偏好应符合期望价值最大化。然而,我们从风险理论发展的历史可以看出,从期望价值最大化、期望效用最大化,到主观期望效用最大化,这些被认为应该最大化的选项都被决策悖论证明并不等同于人们实际选择的选项。如此看来,历史上每次描述个体偏好最大化提议的失败,均可以被视为发现了一次"偏好反转"的案例。

"价格最大化"未能成功地描述个体实际的偏好。这并不出乎意料,因为它只是在历史上诸多失败的最大化规范性模型家族的一个新成员,而并没有为问题的解决另辟蹊径。

13.1.2 非基于判断的决策模型的解释

看待偏好反转的另一个视角是齐当别之道(Li, 1994, 2001, 2003a, 2003b, 2004a, 2004b, 2004c, 2006; Li & Fang, 2004; Li, Fang, & Zhang, 2000),该模型认为风险偏好不是"价格最大化"的过程,而是一个"齐当别"过程。我们假定主宰人类决策的机制不是数学期望的最大化,而是侦测"占优性"。齐当别原则指出,利用弱占优原则,在 A 与 B 或者更多的情境下的一个二择一选择,如果至少存在一个类似于 $U_{Aj}(xj) - U_{Bj}(xj) > 0$ 的 j,使个体主观上认为 $U_{Aj}(xj) - U_{Bj}(xj) < 0$ 与 $U_{Aj}(xj) - U_{Bj}(xj) = 0$ 相同,那么个体会认为 A 优于 B;如果至少存在一个类似于 $U_{Bj}(xj) - U_{Aj}(xj) > 0$ 的 j,使个体主观上认为 $U_{Bj}(xj) - U_{Aj}(xj) < 0$ 与 $U_{Bj}(xj) - U_{Aj}(xj) = 0$ 相同,(xj($j = 1, \cdots, M$) 指的是 j 维度的主观值),那么个体认为 B 优于 A(Li, 2001)。

在经典的偏好反转问题(如开篇提及的彩票选择问题)中,在最好可能结果维度上进行比较的是可能赢得 110 元(彩票 A)vs. 可能赢得 920 元(彩票 B);在最坏可能结果维度上进行比较的是可能失去 10 元(彩票 A)vs. 可能失去 200 元(彩票 B)。因为人们对金钱的主观价值(效用)函数为非线性的凹形以及损失规避(loss aversion)的缘故,两张彩票的最好可能结果之间的主观差别小,易于被"齐同"(被看成一样好);两张彩票最坏可能结果之间主观差别大,故在坏结果维度上将"辨别"更坏的结果作为最终选择的依据,即避免选择可能失去 200 元的彩票 B。

若用一个二维表征系统(最好可能结果与最坏可能结果维度)来描述经典的偏好反转的选项设计(图 13.1),则更容易看出,在最坏可能结果维度上,P 选项优于 $\$$ 选项,而在最好可能结果维度上,$\$$ 选项优于 P 选项。若存在一个负加速度增长的效用函数,那么 P 选项与 $\$$ 选项在最坏可能结果维度的差异是非常显著的。为了利用

弱占优原则来做出决策,人们必须齐同两选项在最好可能结果维度或者最坏可能结果维度上较不显著的差异,留下一个差异更大的单维度供个体辨别以做出选择。而偏好反转问题的经典设计使得对最好可能结果进行齐同比对最坏可能结果的齐同更加容易。换言之,设计彩票参数是为了鼓励个体辨别在最坏维度上 P 的可能结果(损失 $10)与 $ 的可能结果(损失 $200)的差异,而非辨别在最好可能结果维度上 P(获得 $100)与 $(获得 $920)的差异。

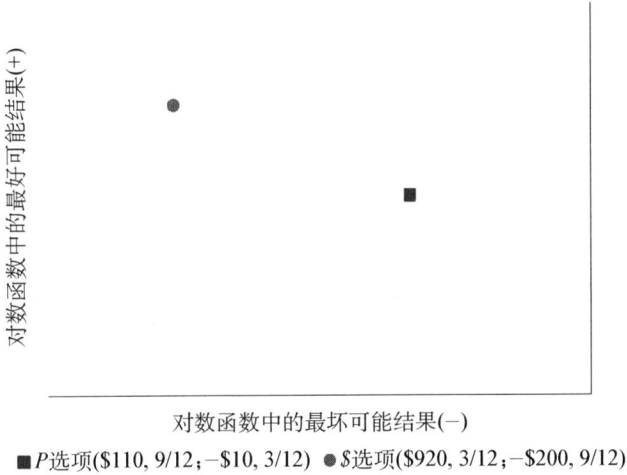

■ P选项($110, 9/12;−$10, 3/12)　● $选项($920, 3/12;−$200, 9/12)

图 13.1　典型的偏好反转(采用对数效用函数来呈现最好可能结果与最坏可能结果)

从上述分析中可以推论,如果各选项在各维度上的差异发生改变,就可能出现别样的偏好模式。受这种思想指导,Li(1994)用 3 对 P 选项与 $ 选项(表 13.1),来探讨在最好可能结果与最坏可能结果维度上操纵不同参数所造成的偏好反转。

表 13.1　参数设置及其对应的期望价值

问题编号	选项	赢结果	赢概率	输结果	输概率	EV
1	A(P 选项)	110	0.75	−10	0.25	80
	B($ 选项)	920	0.25	−200	0.75	80
2	A(P 选项)	120	0.75	−10	0.25	87.5
	B($ 选项)	395	0.25	−15	0.75	87.5
3	A(P 选项)	270	0.64	−56	0.36	152.64
	B($ 选项)	930	0.17	−23	0.83	139.01

注:概率是采用 1/12 的倍数来表达。

问题 1 中的博弈来源于 Stevenson 等人(Stevenson, Busemeyer, & Naylor, 1990)的设计,事实上,这些问题是 Lichtenstein 和 Slovic(1971)的修订版本。Lichtenstein 和 Slovic(1971)在最初的版本中设置 P 选项为(1.10, 0.75; −0.10, 0.25), $ 选项为(9.20, 0.25; −2.00, 0.75),并提出这样的参数设置会使实验出现最大程度的反转。

为证实人们在"选择"任务中,大多数人选择彩票 A 是为了避免选择可能损失 200 元的彩票 B, Li(1994)设计了问题 2 和问题 3。问题 2 维持问题 1 中的"概率"参数不变,但是调整了"结果"参数,我们将原彩票 B 的得失钱数改小。即,彩票 B 提供了 3/12 的机会赢得 395 元及 9/12 的机会损失 15 元。这样一来,两张彩票各自的**最坏**可能结果(可能损失 10 元(彩票 A)vs. 可能损失 15 元(彩票 B))变得易于被看成一样坏。问题 3 的改动更大,在彩票 B($ 选项)优于彩票 A(P 选项)的设置上更加不同,其改动使得 $ 选项在每一个可能性维度上均优于 P 选项。

表 13.2　任务中给出一致性反应的比例

选择 问题情境	选择 vs. 出价	选择 vs. 补贴	出价 vs. 补贴
1	29%($N = 60$)	71%($N = 65$)	15%($N = 40$)
2	68%($N = 52$)	37%($N = 55$)	28%($N = 40$)
3	66%($N = 61$)	64%($N = 54$)	67%($N = 40$)

结果见表 13.2。第一对 P 选项(110, 0.75; −10, 0.25)与 $ 选项中(920, 0.25; −200, 0.75),个体维持对 P 选项的偏好,表现出"选择"与"出价"的不一致——只有 29% 的被试赋予 $ 选项更高的价格,同时选择了 $ 选项。

在第二对 P 选项(120, 0.75; −10, 0.25)与 $ 选项(395, 0.25; −15, 0.75)中,当最坏可能结果之间的差异减小之后,个体更偏好 $ 选项。在这种情况下,"出价"与"选择"被证明是一致的——68% 的个体赋予 $ 选项更高的价格,也同时选择了 $ 选项。因为"可能损失 10 元"(彩票 A)vs. "可能损失 15 元"(彩票 B)是很容易被齐同的,所以大多数被试转而在最好可能结果维度上将"辨别"更好的结果作为最终选择的依据,即,选择可能赢得 395 元的彩票 B。结果,所谓的"偏好反转"现象消失了!

在第三对 P 选项(270, 0.64; −56, 0.36)与 $ 选项(930, 0.17; −23, 0.83)中,当最坏可能结果的差异进行了反转后(即,将 $ 选项的最坏可能结果设置成优于 P 选项的最坏可能结果),偏好的选项从 P 选项变成了 $ 选项,相应地,66% 的个体选择了他们出价更高的彩票 B。

表 13.2 描述了不同任务间的 3 种不一致,为目前解释偏好反转的心理模型出了另一道难题。显然,以"判断"代表"偏好"的路数出了问题,我们在缺乏对偏好了解的同时,对判断的认识也显得不足。

为进一步检验"基于判断"的决策模型能否对偏好反转做出合理的解释,Li(2006)设计了以下两个实验:一个是在不确定视角下的偏好反转(变更最初版本中 P 选项与 $ 选项给定的精确概率);另一个是经典的或风险视角下的偏好反转(沿用最初版本中 P 选项与 $ 选项给定的精确概率)。

13.1.2.1 实验 1 不确定视角下的偏好反转

在这个实验中,Li(2006)将原始偏好反转问题 P 选项与 $ 选项中的精确概率移去,用模糊的概率取而代之。Reyna 和 Brainerd(1995)曾提出模糊痕迹理论,认为问题信息的详细差异并非是推理的要旨,个体倾向于在最低精确性水平上,对表征进行操作。他们证明,去除亚洲疾病问题中的所有数字,用模糊的语句(如"一些"人被救或"没有"人被救)代替,这种处理并没有消除框架效应。事实上,框架效应不仅存在,而且比有数字时更显著。如此推断,"真实的"或"更大的"偏好反转效应的解释也可以应用到不含精确概率的彩票当中。在这个实验中,P 选项与 $ 选项是表 13.1 中的三对博弈的不确定版本。这个实验增加了一个"匹配"(matching)任务,以检验各维度上的相对差异能否预测偏好选项。在操作上,该匹配任务将两彩票在最好与最坏可能结果维度上做了配对。

如果齐当别理论的单维度差异解释可行的话,那么"匹配"任务的结果抑或可解释预测选项的偏好。即,如果选择了 $ 选项,个体应该认为最好可能结果(获得 $ 920 与 $ 270)之间的差别最大,因而做出"最好可能结果"最优化的抉择。另一方面,如果选择了 P 选项,个体应该认为最坏可能结果(损失 $ 23 与 $ 56)之间的差别最大,因而做出"最坏可能结果"最小化的抉择。这个实验的独妙之处在于移去所有精确的概率,反而使得个体更容易辨别哪一个最好(或最坏)的可能结果是好中更好的(或坏中更坏的)。

实验者向新南威尔士大学 32 名大学生被试和福州大学 50 名大学生被试呈现 3 个问题(表 13.3),首先要求被试完成一个选择任务,然后完成一个匹配任务。选择任务是在两个彩票(A 与 B)中做出选择,而匹配任务则是将两个彩票中的最好(坏)与最好(坏)可能结果匹配成两个选项(C 与 D)供被试选择。其中第 3 题未设置匹配任务。

表 13.3　实验 1 中选择任务与匹配任务的刺激

		问题 1			问题 2			问题 3		
	选项	概率	$	$	概率	$	$	概率	$	$
选择	A	?	+ 110	− 10	?	+ 110	− 10	?	+ 270	− 56
任务	B	?	+ 920	− 200	?	+ 395	− 15	?	+ 920	− 23
匹配	C	?	+ 110	+ 920	?	+ 110	+ 395			
任务	D	?	− 10	− 220	?	− 10	− 15			

注: + 表示获得, − 表示损失, ? 表示概率未知。

告知被试选择并无对错之分,主试对他们经过深思的结果更感兴趣。要求被试在选择任务中"选出你偏好的选项";在匹配任务中"选出差异最大的选项"。

在这 3 类问题中,中国和澳大利亚学生的作答的结果出奇地一致。移去问题 1 中的所有精确概率并未阻止个体对 P 选项的偏好。即,大多数(82%)被试(85% 的澳大利亚被试,79% 的中国被试, p < 0.01)在问题 1 中更偏好彩票 A[①]。相反,只有 21% 的个体(20% 的澳大利亚被试,22% 的中国被试, p < 0.01),在问题 2 中更偏好彩票 A。这表明,不是所谓 P 选项中的高概率,而是最坏可能结果的较大差异才是人们选择 P 选项的真正原因。问题 3 是齐当别模型中一个选项占优于另一个选项的例子:B 选项在最好与最坏可能性维度上均优于 A($930 > $270, − $23 > − $56)。显然 B 选项是最佳选项,因此不需要进一步分析。事实上,82 名被试均选择"占优"选项(B 选项)作为他们的偏好选项。

结果显示,在问题 1 与 2 中,"匹配"结果显著地解释了 5.7% [$\chi^2(1) = 4.92$, phi squared = 0.057, $p < 0.03$]与 18.5% [$\chi^2(1) = 15.26$, phi squared = 0.18, $p < 0.01$]的选择变异。这些数据以及问题 3(100% 选择 B)得出的结果与侦测占优性原则的预测是相符的,但难以被"基于判断"的决策模型(如期望价值、期望效用、主观期望效用等)所解释或预测。

13.1.2.2　实验 2 风险视角下的偏好反转

实验 1 的结果与齐当别模型的解释相一致,匹配任务的结果可预测或解释不确定条件下(不含精确概率)的彩票选择。在实验 2 中,我们转向对原始版本(含精确概率)的 P 选项与 $ 选项的检验。Li(2006)设计了一个"部分"出价任务而非"整体"出价任务,冀借此任务更详尽地验证齐当别的解释。这是因为在风险条件下,P 选项与 $ 选项每一个可能结果维度的关系不再如不确定条件下那般清晰。在不确定条件下,我们假定在可

---

① 对 175 个新加坡被试进行问题 1 的测试,个体倾向于对不确定条件下的 $ 选项($M = 89.62)而非 P 选项($M = 17.88)赋予更高的价格($t(174) = 7.379$, $p < 0.001$)。

能结果维度上被表征的是顺序量表(ordinal scale)或更高级的量表(是客观可能结果的增函数)。而在风险性条件下,引入已知概率的处理并不必然提高度量水平(metric level)。

尽管我们可以借助匹配任务来判定在哪个维度上效用函数的差别是最大的,但依旧不能决定在这个维度上哪个结果在主观上更好。也就是说,尽管可以了解被试是将最好可能结果最大化还是将最坏可能结果最小化,但依旧不知道在主观上哪个最好可能结果更好,或者主观上哪个最坏可能结果更坏。

已有众多研究在探索个体对概率和结果评估的主观感受。有数据表明,概率和结果评估之间存在依存性(Edwards, 1962)。一些风险理论假设存在一个转换0至1之间概率的权重函数(Kahneman & Tversky, 1979)。一些理论家认为负权重函数给予低回报更高的权重(例如,对结果评分更低),而正权重函数给予高回报更高的权重(例如,对结果评分更高)(Quiggin, 1982)。也有研究表明,人们对好结果的希望与对坏结果的害怕拥有不同的舒适程度(Lopes, 1987)。更有描述性模型指出,提供更大概率(赢或输)的彩票的吸引力是由于其概率优势决定权重,而提供更大结果(赢或输)的彩票的吸引力是由于其结果优势决定权重(Shafir, 1993)。一些方法更关注于人们在解释小概率事件时的认识不足(Stone, Yates, & Parker, 1994)。行为分析者认为标准概率的学习范式是一种没有样例的样例匹配(Fantino, 1998)。所有这些理论都表明判断过于主观,以至于结果效价与概率评估并不能以简单的心理配对来反映。

事实上,一种判断可能结果之间关系的可行性方法,便是让个体为这些结果设定一个买入或卖出的价格。假设赢的金额越大,概率越大,所设定的价格也会越高。这种方法面临的挑战是,如果这些可能结果之间大小关系(排序)可以借助出价任务来确定,齐当别理论能否对个体在 P 选项与 $\$$ 选项间的偏好行为提供可能的解释?以下研究试图回应这个具有挑战性的问题。

实验者向新南威尔士大学 36 名大学生被试和福州大学 47 名大学生被试呈现 4 对问题(表 13.4)。其中问题 4 和问题 5 源于 Li 的研究(1994);问题 6 的博弈参数源于 Tversky 与 Thaler 的研究(1990);问题 7 源于 Tversky 等人(1990)的可解释偏好反转现象的典型特征的例子。

表 13.4　实验 2 的选择、匹配、出价任务的刺激

任务	选项	问题 4			问题 5			问题 6			问题 7		
		P	$\$$	$\$$	P	$\$$	$\$$	P	$\$$	$\$$	P	$\$$	$\$$
选	A	9 : 3	+110	− 10	9 : 3	+120	− 10	8 : 1	+ 4	0	28 : 8	+10	0
择	B	3 : 9	+920	− 200	3 : 9	+395	− 15	1 : 8	+ 40	0	3 : 33	+100	0
匹	C	9 : 3	+110	+920	9 : 3	+120	+395	8 : 1	+ 4	+40	28 : 8	+10	+100

任务	选项	问题4 P	$	$	问题5 P	$	$	问题6 P	$	$	问题7 P	$	$
配	D	3:9	-10	-220	3:9	-10	-15	1:8	0	0	3:33	0	0
		P	$		P	$		P	$		P	$	
出		9/12	110		3/12	10		3/12	920		9/12	200	9/12	120	3/12	395
价		9/12	15		8/9	4		1/9	40		28/36	10	3/36	100	

注:+表示获得,−表示损失,P表示第一个与第二个结果的可能性比例。

实验者要求被试对已配对的彩票做出3个决策:在二者之间直接进行选择;为可能结果进行匹配;为每一个可能结果设定一个买入价格。选择与匹配任务的指导语与实验1相同。出价任务的指导语如下:

> 在这个任务中,你要将这些博弈看成是彩票,它们赢钱的金额和概率都已给定。你的任务是决定你愿意买入每个彩票的最大价格,请写在每个选项左侧的空白处。

问题4和问题5的结果见表13.5和表13.6。在C、D的匹配任务中,右上方与左下方的单元(下划线的数据)表示与齐当别模型一致的结果。而左上方与右下方是与齐当别模型不一致的结果。这些实验结果有力支持了齐当别模型。一个 $2 \times 2 \times 2$ 的分析揭示了问题4[$\chi^2(3) = 15.08$, $p < 0.01$]与问题5[$\chi^2(3) = 15.08$, $p < 0.01$]中匹配、排序、选择的显著性关系。

表13.5 问题4三种任务的结果总结

		匹配任务			
		C		D	
		排序 (920, 0.25) > (110, 0.75)	排序 (110, 0.75) > (920, 0.25)	排序 (10, 0.25) > (200, 0.75)	排序 (200, 0.75) > (10, 0.25)
选择	A	1(4)	7(1)	0(0)	9(13)
	B	0(13)	0(1)	0(3)	1(10)

注:中国被试的数据在括号内呈现;下划线的数据与齐当别解释相一致;为(920, 0.25)与(110, 0.75)或者(200, 0.75)与(10, 0.25)设定相同的买入价格的数据并未在表中呈现;一个 $2 \times 2 \times 2$ 的卡方检验表明了匹配、排序与选择之间的显著关系 [$\chi^2(3) = 15.08$, $p < 0.01$]。

表 13.6 问题 5 三种任务的结果总结

		匹配任务		
		C		D
		排序 $(395, 0.25) >$ $(120, 0.75)$	排序 $(120, 0.75) >$ $(395, 0.25)$	排序 $(10, 0.25) >$ $(15, 0.75)$	排序 $(15, 0.75) >$ $(10, 0.25)$
选择	A	0(4)	<u>15(5)</u>	0(1)	<u>2(1)</u>
	B	<u>6(5)</u>	5(3)	<u>2(1)</u>	3(4)

注:中国被试的数据在括号内呈现;下划线的数据与齐当别解释相一致;为(390, 0.25)与(120, 0.75)或者 (15, 0.75)与(10, 0.25)设定相同的买入价格的数据并未在表中呈现;一个 2×2×2 的卡方检验表明了匹配、排序与选择之间的显著关系 $[\chi^2(3) = 11.00, p < 0.025]$。

在问题 6 与问题 7(表 13.7、表 13.8)中,出价任务并未进行最坏可能结果的配对。这是由于当博弈中包含零结果(问题 6)时,显然 8/9 得到 0 在最坏可能结果("1/9 一无所获 vs. "8/9 一无所获")中是最糟糕的。在问题 7 中,"33/36 的概率一无所获"是最坏可能结果配对("8/36 的概率一无所获"vs."33/36 的概率一无所获")中最糟糕的。在这种情况下,卡方检验揭示了问题 6 $[\chi^2(2) = 7.13, p < 0.05]$ 与问题 7 $[\chi^2(2) = 7.13, p < 0.05]$ 中匹配、排序与选择之间的关系。

表 13.7 问题 6 三种任务的结果总结

		匹配任务		
		C		D
		排序 $(40, 0.11) >$ $(4, 0.89)$	排序 $(4, 0.89) >$ $(40, 0.11)$	
选择	A	4(6)	<u>1(1)</u>	<u>10(7)</u>
	B	<u>9(8)</u>	1(2)	2(4)

注:中国被试的数据在括号内呈现;下划线的数据与齐当别解释相一致;为(40, 0.11)与(4, 0.89)设定相同的买入价格的数据并未在表中呈现;卡方检验表明了匹配、排序与选择之间的显著关系 $[\chi^2(2) = 7.13, p < 0.05]$。

表 13.8 问题 7 中三种任务的结果总结

	匹配任务	
	C	D
	排序 $(100, 0.08) >$ $(10, 0.78)$	排序 $(10, 0.78) >$ $(100, 0.08)$

		匹配任务			
		C		D	
选择	A	5(4)	8(1)	7(8)	
	B	9(12)	4(1)	2(9)	

注:中国被试的数据在括号内呈现;下划线的数据与齐当别解释相一致;为(100, 0.08)与(10, 0.78)设定相同的买入价格的数据并未在表中呈现;卡方检验表明了匹配、排序与选择之间的显著关系 $[\chi^2(2) = 6.35, p < 0.05]$。

13.2　讨论与启示

齐当别模型所描述的风险决策行为并不是依期望最大化(期望价值、期望效用、主观期望效用)所做出的补偿性过程,而是依侦测占优性(dominance detection)所做出的非补偿性过程,即在最好可能结果与最坏可能结果之间做出选择。Li(1994;2006)的实验表明,匹配任务结果揭示的弱占优策略可以解释个体的风险偏好。鉴于这些结果支持齐当别的解释,那么就出现了一个问题,当强制被试进行整体判断时,基于判断的模型能否保证整体的价值判断是一种无偏差的测量? 目前来看,能够表明判断结果在所有维度上均是无偏测量的证据并不具有说服力。从齐当别的角度看,当进行一个简单的博弈(单纯获得或损失)时,似乎没有证据表明零结果与整体效用是结合在一起的。当进行一个复杂的博弈(获得与损失混合在一起)时,"出价"判断可能并未考虑所有维度的主观值。即,整体的"出价"在可能**获得**的维度上是一种有偏测量,而整体的"补贴"在可能**损失**的维度上亦是一种有偏测量。因此,这对人们能否按照"最大化"原则进行决策提出了质疑。本章所报告的研究有助于理解个体对不同可能结果的感知差异如何影响风险偏好。

Tversky(1969)提出一个非线性差异可加(non-linear additive difference, NLAD)模型,来解释违背传递性原则的现象,认为维度内(intradimensional)的比较可简化评估,且比维度间(interdimensional)的比较更自然。NLAD 规则与齐当别模型有一共同之处,即比较是在维度内进行的。然而,至于评估是遵循补偿性还是非补偿性原则,二者则持相反的观点。NLAD 认为人们有能力构建一个整体的顺序效用函数 $\phi(\delta)$,并根据维度内差异总和的大小排序后进行选择,从而导致了非传递性。NLAD 考虑了所有的维度判断,所以它是补偿性的规则,这些维度判断是维度内差异的非线性函数 $[i.e., \delta(a+b) \neq \delta(a) + \delta(b)]$。相反地,齐当别模型不认为个体能拥有一个定义良好的效用函数 $\phi(\delta)$,且在认知上无法实现多维度的整合。因此,在面临多维度选择时,人们倾向采用导致非传递性的非补偿性规则。齐当别模型的非补偿性属性不允许一个维度上的劣势可以被另一个维度上优势所补偿。因此,传递性原则不再被认为是决策模型必须秉持的原则。

"序字典规则"(lexicographic semi order rule)与齐当别模型的相似之处在于这两个模型都是基于非补偿性规则进行预测的。实际操作起来,Tversky 的(弱)随机非传递性((weak) stochastic intransitivity)原则仅适用于简单的彩票(lotteries)。Tversky(1969)的"序字典规则"策略以及 Tversky 与 Kahneman(1986)的简化"编辑"策略可以解释简单彩票的非传递性,假定 Tversky(1969)所设计的五组彩票的前四种是基于结果维度进行选择的(参见本篇第 7 章),而彩票(a)与(e)是基于概率维度进行选择的。也就是说,假定邻近(adjacent)彩票的概率被视为是相同的,而彩票(a)与彩票(e)的概率差异足以影响评价与选择。然而,Tversky 对非传递性的解释是基于一个代表系统(representing system),成对的简单博弈在结果维度与概率维度上不断发生变化(Ranyard, 1982)。如果采用相同的逻辑,仍采用结果维度和概率维度对现有的数据进行分析,至少存在 3 对选择问题(问题 1 到问题 3)不能被解释。另外,这样的二维度的建构也使得可加规则或可加的差异规则难以在一般风险问题(具有2 个以上可能结果的风险选项)中得以应用。

在现实中,决策者所处的困境是:NLAD 模型在理论上可以解释随机非传递性,然而实际观察到的随机非传递性却不是依据 NLAD 模型的思路所建构的。尽管有证据表明,应用于多种维度内差异(intradimensional differences)的差异函数的形式不能由价值函数与权重函数的形式所推导出,目前的见解既没有为传递性原则的公理化提供合理性理由,也没有说明选项内加工过程(elementwise processing)是否与预期理论(Kahneman & Tversky, 1979; Tversky & Kahneman, 1992)不一致(Budescu & Weiss, 1987)。应运而生的问题是,如果 NLAD 模型可以采用维度**内**的评估,那么,不应该在逻辑上排除这样一个可能性——保证产生传递性的简单可加性模型(simple additive model)亦可形成维度**间**的评估。

匹配与"部分"出价以及匹配与"整体"出价的列联分析表明,"出价"反应数据不足以推导出超出"价钱"以外的"偏好"行为。正如广义期望最大化支持者所声称,赌博者的选项可视为他最大化博弈总体价值的证据;偏好反转的支持者也提出平行的主张,从"出价"所得到的信息确实是人们的真实偏好。这两者都有点类似于盲人哲学家,基于大象不同部位的经验来了解大象的本质。整体而言,对偏好反转的林林总总的解释不外乎将这种现象归因于框架、策略选择、信息权重、决策偏好阶段的表达(expression)等方面(Payne, Bettman, & Johnson, 1992)。然而,Li(1994,2006)的实验均表明,所谓偏好反转的异象(anomaly)并不是出于人们偏好的不一致,而是源于我们对什么是"偏好"的认识不足。

齐当别模型为认识和研究人类的风险决策行为提供了崭新的视角,为人们表现出来的偏好不一致以及价值与效用整合计算的排序提供了一个替代的解释。当面临这种不一致的时候,没有必要从修正"最大化"准则着手,使被选项又成为某种"最大化"的产物,别样的理论途径或是尝试了解,如果"效用"不在数学期望最大化的算式中扮演一个角色(如"效用"或使得被选项不是客观但是主观上最大的),那么"效用"会扮演什么样的角色(如"效用"或使得维度间的差异更容易被"齐同")。考虑到人类决策者的有限认知能力,我们认为,从齐当别的角度看问题,本章节所报告的不一致性均是不可避免且可预测的。

偏好反转反映了在不同任务(选择任务与出价任务)中,"判断"与"偏好"的不一致。那么,在同一任务中,个体的选择是否保持不变呢? 下一章将为你揭晓谜底。

致谢:当本章的主要研究在 1994 付梓时,主编信中说这是"acid-free paper since 1962"。现手捧没有泛黄的单行本,感慨时隔 20 年偏好反转问题仍是一个未解之谜,我们依旧致力于增进对偏好反转的理解。亦时隔 20 年,有幸邀请到模糊痕迹理论的开创者,Valerie Reyna 教授为《心理科学进展》的"决策心理学"撰写专栏文章,介绍人们对信息和线索的模糊处理如何影响记忆、推理、风险认知和决策。希望再过 20 年,我们可以圆满地回答这一科学问题。

参考文献

Allais, M. (1953). Le Comportement de l'Homme Rationnel devant le Risque: Critique des Postulats et Axiomes de l'Ecole Americaine. *Econometrica*, *21*(4), 503 - 546.

Bernoulli, D. (1738). *Specimen theoriae novae de mensura sortis*. Comentarii Academiae Scientiarum Imperiales Petropolitanae, 5, 175 - 192. (Trans. by L. Sommer in Econometrica, 1954, 22, 23 - 36.)

Budescu, D. V., & Weiss, W. (1987). Reflection of transitive and intransitive preferences: A test of prospect theory. *Organizational Behavior and Human Decision Processes*, *39*(2), 184 - 202.

Edwards, W. (1962). Utility, subjective probability, their interaction, and variance preferences. *Journal of Conflict Resolution*, *6*, 42 - 51.

Fantino, E. (1998). Behavior analysis and decision making. *Journal of the Experimental Analysis of Behavior*, *69*(3), 355 - 364.

Fishburn, P. C. (1985). Nontransitive preference theory and the preference reversal phenomenon. *Rivista Internazionale di Scienze Economiche e Commerciali*, *32*(1), 39 - 50.

Goldstein, W. M., & Einhorn, H. J. (1987). Expression theory and the preference reversal phenomena. *Psychological Review*, *94*(2), 236 - 254.

Gonzalez-Vallejo, C., & Wallsten, T. S. (1992). Effects of probability mode on preference reversal. *Journal of Experimental Psychology: Learning, Memory, & Cognition*, *18*, 855 - 864.

Holt, C. A. (1986). Preference reversals and the independence axiom. *The American Economic Review*, *76*, 508 - 515.

Kahneman, D., & Tversky, A. (1979). Prospect theory: An analysis of decision under risk. *Econometrica: Journal of the Econometric Society*, *47*, 263 - 291.

Karni, E., & Safra, Z. (1987). "Preference reversal" and the observability of preferences by experimental methods. *Econometrica: Journal of the Econometric Society*, *55*, 675 - 685.

Li, S. (1994). Is there a problem with preference reversals? *Psychological Reports*, *74*(2), 675 - 679.

Li, S. (2001). Extended research on dominance violations in similarity judgments: The equate-to-differentiate interpretation. *Korean Journal of Thinking and Problem Solving*, *11*(1), 13 - 38.

Li, S. (2003a). The role of expected value illustrated in decision-making under risk: Single-play vs multiple-play. *Journal of Risk Research*, *6*(2),113 – 124.

Li, S. (2003b). Violations of conjoint independence in binary choices: The equate-to-differentiate interpretation. *European Journal of Operational Research*, *148*(1),65 – 79.

Li, S. (2004a). An alternative way of seeing the Allais-type violations of the sure-thing principle. *Humanomics*, *20*(1), 17 – 31.

Li, S. (2004b). A behavioral choice model when computational ability matters. *Applied Intelligence*, *20*(2),147 – 163.

Li, S. (2004c). Equate-to-differentiate Approach: An Application in Binary Choice under Uncertainty. *Central European Journal of Operations Research*, *12*(3),269 – 294.

Li, S. (2006). Preference Reversal: A new look at an old problem. *The Psychological Record*, *56*(3),411 – 428.

Li, S. , & Fang, Y. (2004). Respondents in Asian cultures (eg, Chinese) are more risk-seeking and more overconfident than respondents in other cultures (eg, in United States) but the reciprocal predictions are in total opposition: How and why? *Journal of Cognition and Culture*, *4*(2),263 – 292.

Li, S. , Fang, Y. , & Zhang, M. (2000). What makes frames work? (Article written in Chinese). *Acta Psychologica Sinica*, *32*(2),229 – 234.

Lichtenstein, S. , & Slovic, P. (1971). Reversals of preference between bids and choices in gambling decisions. *Journal of Experimental Psychology*, *89*(1),46.

Loomes, G. , & Sugden, R. (1983). A rationale for preference reversal. *The American Economic Review*, *73*(3), 428 – 432.

Lopes, L. L. (1987). Between hope and fear: The psychology of risk. *Advances in Experimental Social Psychology*, *20*, 255 – 295.

Mellers, B. A. , Ordoñez, L. D. , & Birnbaum, M. H. (1992). A change-of-process theory for contextual effects and preference reversals in risky decision making. *Organizational Behavior and Human Decision Processes*, *52*(3), 331 – 369.

Payne, J. W. , Bettman, J. R. , & Johnson, E. J. (1992). Behavioral decision research: A constructive processing perspective. *Annual Review of Psychology*, *43*(1),87 – 131.

Quiggin, J. (1982). A theory of anticipated utility. *Journal of Economic Behavior & Organization*, *3*(4),323 – 343.

Ranyard, R. (1982). Binary choice patterns and reasons given for simple risky choice. *Acta Psychologica*, *52*(1), 125 – 135.

Reyna, V. F. , & Brainerd, C. J. (1995). Fuzzy-trace theory: An interim synthesis. *Learning and Individual Differences*, *7*(1),1 – 75.

Shafir, E. (1993). Choosing versus rejecting: Why some options are both better and worse than others. *Memory & Cognition*, *21*(4),546 – 556.

Slovic, P. , Griffin, D. , & Tversky, A. (1990). Compatibility effects in judgment and choice. *Insights in decision making: A tribute to Hillel J. Einhorn* (pp. 5 – 27). Chicago: The University of Chicago Press.

Stevenson, M. K. , Busemeyer, J. R. , & Naylor, J. C. (1990). *Judgment and decision-making theory*. In Dunnette MD and Hough LM (Eds), Handbook of industrial and organizational psychology (2nd ed. , Vol. 1). Consulting Psychologists Press, Inc, Palo Alto, California, pp. 283 – 374.

Stone, E. R. , Yates, J. F. , & Parker, A. M. (1994). Risk communication: Absolute versus relative expressions of low-probability risks. *Organizational Behavior and Human Decision Processes*, *60*(3),387 – 408.

Tversky, A. (1969). Intransitivity of preferences. *Psychological Review*, *76*(1),31 – 48.

Tversky, A. , & Kahneman, D. (1986). Rational choice and the framing of decisions. *Journal of Business*, *59*, S251 – S278.

Tversky, A. , & Kahneman, D. (1992). Advances in prospect theory: Cumulative representation of uncertainty. *Journal of Risk and Uncertainty*, *5*(4),297 – 323.

Tversky, A. , & Thaler, R. H. (1990). Anomalies: preference reversals. *The Journal of Economic Perspectives*, *4*(2), 201 – 211.

Tversky, A. , Sattath, S. , & Slovic, P. (1988). Contingent weighting in judgment and choice. *Psychological Review*, *95*, 371 – 384.

第14章 随机性原则与选择反转

共同作者:沈丝楚

14.1 选择反转及其解释机制

人类的选择行为具有一个普遍性的特点:当对同一二择一决策问题进行重复选择时,人们通常会在其后的选择中改变他们原有的选择结果,这即是决策领域里提出的"选择反转"(choice reversals)现象。选择反转不同于本篇第13章节所讨论的偏好反转(preference reversals, PR)。偏好反转并不是严格意义上的"选择"不一致,而是对于选项价值的**判断**与对于选项本身的**偏好**(选择)出现了不一致。而选择反转则指的是在面对本质上完全一样的选择任务时,同一决策者前后两次的决策结果不一致。

14.1.1 随机性(stochastic)模型的解释

目前,尚没有一个决策模型可为选择行为的不一致性或者多变性提供系统的理论解释。一些研究者认为,选择反转现象只是选择规则之盲区所带来的副产品(如Butler, 2000)。为了解释选择反转现象,甚至有许多理论学家将选择的多变性看作是"选择误差"或者是"注意缺陷",并忽略这一问题。即便如此,仍有学者尝试提出理论来解释这一行为。

有理论学家则认为选择行为具有随机性的特征(关于随机性选择模型的具体细

节,可参见 Luce & Suppes, 1965；Tversky, 1972；Tversky & Russo, 1969)。随机性原则假设,对于某一选项的偏好是一个从属于闭区间[0, 1]的概率函数(Busemeyer & Townsend, 1993)。在多维度选项的二择一决策中,维度上选项价值的差异会被逐渐积累,直到达成某一决策(Aschenbrenner, Albert, & Schmalhofer, 1984)。而所谓"随机性选择"(stochastic choice),则是指人们在 i 选项和 j 选项之间做选择时, i 选项被选中的比例大于 j 选项被选中的比例,即, $P(i; i, j) > 0.5$。

14.1.2 非随机性(nonstochastic)模型(齐当别模型)的解释

齐当别模型认为,日常生活中的大多数决策遵循的是弱占优原则(Li, 1994, 1998, 2001a, 2001b)。弱占优(weak dominance)原则意味着:如果选项 A 在所有维度上都起码与选项 B 一样好,且选项 A 至少在一个维度上肯定好于选项 B,那么选项 A 占优于选项 B(参见 Lee, 1971；von Winterfeldt & Edwards, 1986)。理论上,齐当别模型是非补偿性的,因为它并不认为在一个维度上的弱势可以被另外一个维度上的优势所补偿抵消。它并不属于整体性(holistic)模型,而属于维度性(dimensional)模型,即决策者先在 i 维度上对各选项进行评估,然后再在 $i+1$ 维度上对各选项进行评估。尽管齐当别模型允许重复选择时出现选择的多变性,但这一模型在本质上并不属于随机性模型,而是一个"个体"决定性(individual determinant)的模型。原因有二:一是个体的即时体验效用(experienced utility)因情境而异;二是决定齐同哪个维度的差异和辨别哪个维度的差异的搜寻过程因人而异。

选择反转现象亦可以通俗易懂地被齐当别模型所解释和预测。即:(1)每一次二择一的决策是由两选项之间最大的维度差异所决定的;(2)最终决策所倚重的维度上差异的变化导致了原有选择的变化。换言之,造成选择反转的原因并非是被选中的选项本身的**总价值**发生了变化(初选时,A 的总价值>B 的总价值;再选时,B 的总价值>A 的总价值),而是因为初选时,A 与 B 在 i 维度上的差别>A 与 B 在 j 维度上的差别,再选时,A 与 B 在 j 维度上的差别>A 与 B 在 i 维度上的差别。因此,选择的多变性可归因于决策所倚重的维度差异改变。选择反转更像是反映了个体在重复选择中所倚重的维度差别的变化。这一"单一维度差异"的解释可通过"匹配"任务予以验证,即通过比较两选项在各维度上的差别来检验这种维度差异变化是否能预测各种决策条件下的选择反转现象。

前人研究多假设,选择反转现象的出现是因为赋予各个选项的总效用值彼此太接近,难以判断究竟哪一选项的总效用值更大,以至在选择时表现出随机性选择($P(i; i, j) \approx 0.5$)行为。而本章节所报告的研究则从非补偿性的角度提出另外一种解释,即探究齐当别模型能否对观测到的选择反转现象提供一种合理的解释和预测。我们尝试分别在确定性选择、不确定性选择和风险决策 3 种不同的决策情境中进行检验。

情境 1：确定性选择

选择 1 为确定性决策问题，是基于两所大学的录取通知所设计的。其中一所大学在学校**知名度**上更有优势，而另一所大学在**专业**上则更有优势。实验要求被试完成"选择"任务以及相应的二择一选项在每个维度上进行差异比较的"匹配"任务。

选择 1　假设您是高考考生，目前您接到了两所学校的录取通知，具体的学校**知名度**和**专业**情况如下所示：

选择（请圈出两个选项中您更加偏好的一个）

录取通知 A：当地的一所普通省属大学；第 2 喜欢的专业。

录取通知 B：当地的一所重点省属大学；第 3 喜欢的专业。

匹配（请圈出您认为差别最大的配对）

C."当地的普通大学"和"当地的重点大学"。

D."第 2 喜欢的专业"和"第 3 喜欢的专业"。

40 名华南女子学院修普通心理学课程的学生参与实验。被试在间隔 79 天后再做一次同样的"选择"任务和"匹配"任务。

情境 2：不确定性选择

选择 2 为不确定性选择问题，所采用的是 Li(2000)的研究中所使用的选择问题的改进版本。在原先的二择一选择问题中，大多数被试(71%)都选择"肯定获得 25 元"的确定选项[①]。为了促使选项之间的维度差异更加均衡，确定选项的钱数由原先研究中的 25 元减少到本研究中的 15 元。这是基于这样的考虑："肯定获得 15 元"和"一未知的机会一无所获"这一对选项之间的判断差异应该小于"肯定获得 25 元"和"一未知的机会一无所获"，由此可引导被试倾向于选择不确定的选项(选择最好可能结果时，已经将最坏可能结果看作是主观均等的)。选择和匹配任务如下所示：

选择 2

选择（请圈出两个选项中您更加偏好的一个）

A：肯定获得 15 元。

B：一未知的机会获得多于 15 元的一笔数量未知的钱或者一无所获。

[①] Li(2000)报告的结果中，大多数澳大利亚被试(71%)规避了不确定选项。与此一致的是，这些偏好确定获益选项的被试的大多数(90%)在匹配任务中也选择了选项 D 作为差异最大的一组选项，即"肯定获得 25 元"和"一未知的机会一无所获"。分析结果表明，匹配任务显著解释了 42% 的选择变异(phi squared，$p<0.001$)。

匹配(请圈出您认为差别最大的配对)

C:"肯定获得 15 元"和"一未知的机会获得多于 15 元的一笔数量未知的钱"。

D:"肯定获得 15 元"和"一未知的机会一无所获"。

29 名浙江大学心理系的学生志愿者参与研究。被试在间隔 39 天后再做一次同样的"选择"任务和"匹配"任务。

情境 3:风险选择

选择 3 是风险选择问题。在这一类选择(选择 3)中,将向被试呈现 2 个风险选项,其中一个选项为"高概率获得一笔中等数目的钱"(选项 A),另外一个选项为"低概率获得一笔数目更大的钱"(选项 B)。根据 Kahneman 和 Tversky(1979)的研究结果,大多数被试会选择具有高概率(0.80)获得的选项,即选项 A。齐当别模型则认为,增大两选项(A 和 B)获得值之间的差别会产生更多对选项 B 的选择,即被试会更倾向于选择提供更多获得值而获得概率低(0.40)的选项。因此,当风险"概率"的参数朝着预期理论的要求做修正,而风险"获得"的参数朝着齐当别模型的要求做修正时,两个选项的吸引力会变得势均力敌。被试在间隔 63 天后再做一次同样的"选择"任务和"匹配"任务。

选择 3

选择(请圈出两个选项中您更偏好的一个)

A. 你有 80% 的概率获得 30 元,但有 20% 的概率什么也得不到。

B. 你有 40% 的概率获得 60 元,但有 60% 的概率什么也得不到。

匹配(请圈出您认为差别最大的配对)

C. "80% 的概率获得 30 元"和"40% 的概率获得 60 元"。

D. "20% 的概率什么也得不到"和"60% 的概率什么也得不到"。

27 名在中国银行福建分行工作的高级管理人员参与实验。

齐当别模型对 3 个选择问题先后两次测量的预测结果参见表 14.1 与表 14.2。

表 14.1　选择 1—3 第一次测验的选择和匹配任务数据

		选择 1		选择 2		选择 3	
		选择		选择		选择	
		A	B	A	B	A	B
匹配	C	6	(14)	2	(15)	3	(8)
	D	(12)	8	(7)	7	(12)	4

注:括号中的数据是根据齐当别模型做出选择的被试数。

表 14.2　选择 1—3 第二次测验的选择和匹配任务数据

		选择 1		选择 2		选择 3	
		选择		选择		选择	
		A	B	A	B	A	B
匹配	C	5	(17)	1	(12)	3	(8)
	D	(10)	8	(7)	9	(13)	3

注:括号中的数据是根据齐当别模型做出选择的被试数。

鉴于表征系统(最好可能和最坏可能结果维度)可同时描述选择 2(图 14.1)和选择 3,假设人们看重的是获得数值而非获得概率,那么选项 A[①]可看作在最坏可能结果的维度上优于选项 B,而选项 B 可看作在最好可能结果维度上优于选项 A。齐当别模型认为,为了假弱占优原则以达成决策,人们必须"齐同"选项间在最好可能或者最坏可能结果维度上的较小差异,而在具有较大差异的单一维度上通过辨别差异值来做出最终的选择。换言之,如果选择了选项 A,那么在被试看来,在"最坏可能结果"维度上的差异(即选项 D)最为显著,因此基于该维度做出选择以完成"避免最坏"的目标。另一方面,如果选择了选项 B,那么被试则选择了在"最好可能结果"维度上的差异(即选项 C)作为差别最大的配对,从而达成"追求最好"的目标。

选择2

■备择选项A (¥15, 1.00) ●备择选项B (¥15+X, p;¥0, 1−p)

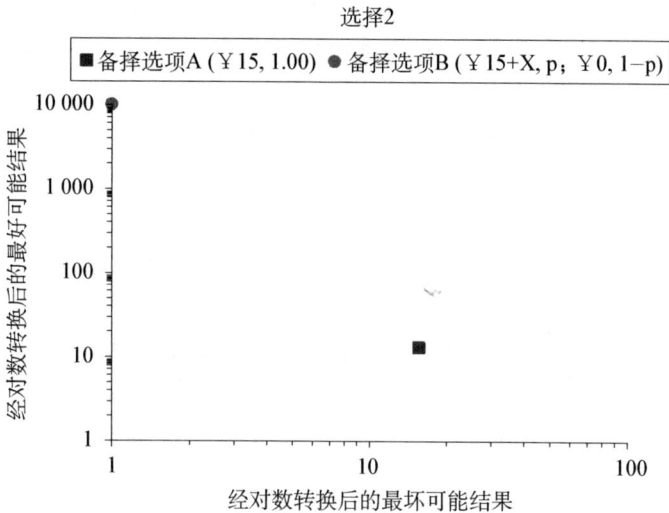

图 14.1 经对数转换后的选择 2 表征

① 选择 2 中的确定性选项 A,其本身既可看作是最好可能结果(与不确定性选项的最好可能结果相比较),又可看作最坏可能结果(与不确定性选项的最坏可能结果相比较)。

列联表的分析结果表明,第一次和第二次测验中选择和匹配任务相关的 ϕ (phi)系数是显著的,φ值落在 0.30 和 0.54 之间,平均值为 0.41。值得注意的是,成对结果的"匹配"选择任务中呈现出较大的效应值,即匹配任务分别显著地解释了第一次测验中选择 1、选择 2 和选择 3 中 9.0％、16.0％和 22.1％的变异,以及第二次测验中选择 1、选择 2 和选择 3 中 11.6％、16.0％和 29.2％的变异。

齐当别模型所提供的解释机制在 3 种决策领域表现出良好的一致性。总而言之,知道了两选项在哪个维度上"差别最大",便可以解释并预测选择反转现象。

另一方面,3 种选择任务平均 60 天间隔期的重测信度数值落在 0.23 和 0.32 之间(表 14.3),重测信度均不显著。一部分被试的选择结果(选择 1 中 37.5％的被试,选择 2 中 31％的被试和选择 3 中 33％的被试)在重测间隔期内有所改变(表 14.4)。普遍的低信度验证了研究者的推测,即,二择一决策的随机性选择结果可以通过重复选择的形式进行测量,且选择并非是决定性的而是概率性的。观测到的选择结果的不一致性亦对传统的选择理论模型提出了挑战。

表 14.3　选择 1—3 中选择一致性的重测数据列联表

		选择 1		选择 2		选择 3	
		第一次		第一次		第一次	
		A	B	A	B	A	B
第二次	A	(9)	6	(4)	4	(11)	5
	B	9	(16)	5	(16)	4	(7)

注:括号中的数据表示在第一次和第二次实验中做出了一致选择的被试数目。

与解释选择反转现象最为相关的结果(表 14.4)为:选择反转或可通过匹配任务中选择结果的改变来解释。效应值的大小(变异解释率)在选择 1、选择 2 和选择 3 中分别为 0.12、0.27 和 0.34,且在 3 种选择领域均显著。因此,研究结果表明,被试在重复选择中并非采用了不同的决策原则;齐当别模型可以并能够对 3 种决策领域中所观测到的选择反转做出一致的解释,即当人们采用不同的齐当别策略(决定齐同哪个维度的差异,依据哪个维度的差异做出选择)时,重复选择中的选择反转和其他令人费解的行为悖论现象便会出现。

表 14.4　表述选择 1—3 中选择和匹配一致性的重测数据列联表

		选择 1		选择 2		选择 3	
		选择		选择		选择	
		V	U	V	U	V	U
匹配	V	(8)	5	(17)	3	(8)	5
	U	7	(20)	3	(6)	1	(13)

注:V＝第一次和第二次测验中选择或匹配任务结果不同的被试数目;U＝第一次和第二次测验中选择或匹配任务结果相同的被试数目。括号中的数据为选择策略与匹配策略共同变化的被试数。

以上三类决策的总体数据分析结果可见表 14.5。其结果表明齐当别模型较好地解释并预测了选择反转现象。以选择 1 为例,可以看出,其被设计成录取通知 A 在"**专业**"维度上优于录取通知 B,而录取通知 B 在"**知名度**"维度上优于录取通知 A。齐当别模型对此解释是,如果被试认为两个选项在一个维度上的效用值是"最均等"的,那么该被试就会选择在另一个"最不同"的维度上具有最佳结果的选项。即,选择录取通知 A(或者 B)的被试倾向于将最终选择完全依托于"**专业**"(或者"**知名度**")维度来决定,而将"**知名度**"(或者"**专业**")维度上的价值看作是齐同的。为了直观地解释这种猜测,该研究设计了匹配任务,如果选项 C(D)被圈出认为是最不同的,那么 B(A)就会被选择,反之亦然。而被试的选择结果正与此相符。审视这三类决策所得出的结论是,在每次选择时,如果被试不认为选项间最大的差异都是来自同一维度,就会导致选择反转。

表 14.5　重测结果数据分析

选择问题序号	N	I	r	φ_1	φ_2	R^2
1	40	79	0.23	−0.30*	−0.34*	0.12*
2	29	39	0.25	−0.42*	−0.40*	0.27**
3	27	63	0.32	−0.47**	−0.54**	0.34**

注:N＝被试数目;I＝重测间隔天数;r＝重测相关系数(信度系数)(来自表 14.4);φ_1＝第一次测验的 phi 系数(来自表 14.2);φ_2＝第二次测验的 phi 系数(来自表 14.3);R^2＝选择多变性可被匹配的改变所解释的变异(来自表 14.5)。

14.1.3　讨论与启示

尽管目前有些决策理论在统计意义上取得预测成功,但是这些决策理论仍只能在"众数"的层面做出预测和解释(正确预测的百分数或者基于随机性选择的解释),而无法系统地解释"少数"人(预测不准的百分数)的决策行为。相比之下,本研究的结果显得更有意思。因为,这些结果不仅可以解释决策中深思熟虑过程的瞬间特性(temporal features of the deliberation process),而且指出观察到的选择结果和选择反转现象应是系统的、一致的和可预测的。此外,这一结论还无需遵循补偿性和随机性模型的前提假设:选择一个选项而非另外一个选项的概率是选项总效用值的递增函数。

如此看来,若有必要建立一个"既能够解释**大多数人**的选择偏好,同时又能够解释**少数人**的选择偏好"的模型,那么,齐当别模型或是一个可行的候选者。

14.2 选择的不可传递性(intransitivity)

在风险决策和确定性决策理论中有一重要的公理为传递性原则(Edwards, 1954;Luce & Suppes, 1965;Samuelson, 1953)。即,偏好应当是可传递的,如果个体偏好选项 A 胜过选项 B,且偏好选项 B 胜过选项 C,那么对于选项 A 的偏好必定超过选项 C。如果这一原则不成立的话,选择的不可传递性将会导致大量资金的无谓投入。假设你偏好选项 B 胜过选项 A,你付出 $ X 用选项 A 交换选项 B。之后,假设你偏好选项 C 胜过选项 B,你付出 $ Y 用选项 B 交换选项 C。最后,假设你偏好选项 A 胜过选项 C,你付出 $ Z 来用选项 C 交换选项 A。请注意你现在又回到了起点,你再次拥有了选项 A,但是你却付出了 $ X+ $ Y+ $ Z 的代价。由于个体在选择中的结果并非保持完全一致,大多数针对二择一选择的理论解释均阐述了某些形式的随机传递性(参见 Tversky, 1969)。

在以下讨论中,我们将使用标志≻表示"偏好"关系。齐当别模型提出,如果所有的选项均可在单一维度上进行表征,那么传递性就不会被违背;然而,如果选项必须由一个以上的维度进行表征,我们将会毫不意外的发现 A≻B, B≻C, C≻A 或者是 B≻A, A≻C, C≻B 这样的偏好关系。依据齐当别之道,我们不难设计出违背传递性原则的一系列选择问题。其中,在初始的相继二择一决策中,所齐同的维度差异均基于同一维度,而后一个二择一决策中所齐同的维度差异则基于另外一个维度。为验证齐当别确能解释选择的不可传递性,我们依据齐当别之道设计可引发三元循环(circular triad)的系列选择问题,施测于中国的高中生群体。他们是自愿参与实验的 50 名长乐二中的学生,54 名福州三中的学生,52 名福州铁路中学的学生以及 50 名平潭一中的学生,年龄分布从 16 岁到 21 岁。

选择 4 假设你是一名高考考生,你个人对于学校**学术声誉**的分级如下所示:

1. 国家重点大学
2. 教育部部属重点大学
3. 教育部部属当地大学
4. 省属当地重点大学
5. 省属当地普通大学

如果你在考试后同时收到了两份录取通知,其中录取你的学校**学术声誉**和**专业**情况如下所示,你会接受其中哪一个学校的录取通知?

录取通知 A:教育部部属当地大学;第 5 喜欢的专业。

录取通知 B:省属当地重点大学;第 4 喜欢的专业。

现在你已经做出了你的选择,你的两名和你关系最好的同学面临相似的选择情景。他们希望你能够假想处于他们的情景做出选择。关于这两名同学的处境信息如下所示。请圈出你的选择。

同学 X:

录取通知 P:省属当地重点大学;第 4 喜欢的专业。

录取通知 Q:省属当地普通大学;第 1 喜欢的专业。

同学 Y:

录取通知 U:省属当地普通大学;第 1 喜欢的专业。

录取通知 V:教育部部属当地大学;第 5 喜欢的专业。

从上述问题可见,事实上我们向被试呈现了三对二择一选项{A, B}, {B, C}和{C, A}(P=B; Q=U=C; V=A)。第一对选择问题被设计为基线问题。齐当别模型推测,偏好选项 A(学校声誉占优)胜过选项 B(专业占优)的人会认为"**学校声誉**"维度的差异比"**专业**"维度的差异更为显著。所谓的三元循环为:偏好选项 A 胜过选项 B,偏好选项 B 胜过选项 C,之后出现反转,即偏好选项 C 胜过选项 A。那些在第一对选择中更为偏重学校声誉的被试所用的策略,无法在第二对选择和第三对选择中保持一致。尽管第二对选择中的维度差异容许他们继续使用前一选择中所使用的策略来做出决策,然而第三对选择中的维度差异则迫使他们不得不基于另外一个维度进行选择。同样地,第二对选择中的选项设计既保持在"**学校声誉**"维度上的差异足够显著,同时加大了一些"**专业**"维度上的差异,但却未显著到足以促使被试基于这个维度进行选择。第三对选择则设计为在"**专业**"维度上的差异显著大于"**学校声誉**"维度上的差异,由此诱导被试趋向于选择更好的专业,也就是选项 C。

结果如表 14.6 所示。在偏好录取通知 A 的人群中,我们可以发现 75 名被试中的 21 名表现出了与传递性原则相悖的行为。若假设这 75 名被试是随机做出选择的,卡方检验拟合度为 $\chi^2(2) = 8.44$, $p < 0.025$。

表 14.6　偏好录取通知 A 的数据

第一对选择	
A≻B　(N = 75)	
第二对选择	第三对选择
B≻C	C≻A
55	36
A≻B≻C	A≻B≻C≻A
55	21
(37.5)	(18.75)

注:主体数据为实际做出选择的被试数目,括号中的数据为推断为随机选择的被试数目。

以下为产生非传递性决策的另一例证(选择 5)。该例证涉及甄选产品工程师的最佳候选人。问题情景改编于 Tversky, Sattath 和 Slovic(1988)的选择任务。这一选择问题施测于 55 名澳大利亚新南威尔士大学的学生。选择 5 与选择 4 的不同之处在于,选择 4 设计为仅仅允许被试进行单向偏好选择,例如 A≻B,而选择 5 则允许被试进行双向偏好选择,例如 A≻B 的同时 B≻A。

选择 5　假设作为一名公司主管,你需要在两名候选人中选取一名作为产品工程师。候选人经由一个遴选机构基于两个属性(**技术知识**和**人际关系**)进行评定,评定值范围从 100(优异)到 20(欠佳)。两个属性均是这个职位所要求的重要属性,然而相对而言技术知识比人际关系更为重要一些。基于下述分数,你将会选择两个候选人中的哪一名?

	技术知识	人际关系
候选人 X	66	56
候选人 Y	62	65
差异	4	9

现在你已经做出了你的选择,如果你更加偏好 X,请继续回答问题 X,并从另外两对候选人中进行选择。如果不是,请继续回答问题 Y,并从另外三对候选人中进行选择。

问题 X(更加偏好候选人 X)

第一对

	技术知识	人际关系
候选人 F	62	65
候选人 G	57	82
差异	5	17

第二对

	技术知识	人际关系
候选人 I	57	82
候选人 J	66	56
差异	9	26

问题 Y(更加偏好候选人 Y)

第一对

	技术知识	人际关系
候选人 M	72	47
候选人 N	79	37
差异	7	10

第二对

	技术知识	人际关系
候选人 P	66	56
候选人 Q	72	47
差异	6	9

第三对

	技术知识	人际关系
候选人 R	79	37
候选人 S	62	65
差异	17	28

选择候选人 X 的被试实际上是从三对二择一选项中进行选择：{X, Y}，{Y, Z} 和{Z, X}，因为本质上 F＝Y，G＝I＝Z，J＝X。另一方面，选择了候选人 Y 的被试实际上是从四对二择一选项中进行决策：{Y, X}，{X, W}，{W, V}以及{V, Y}，因为本质上 P＝X，M＝Q＝W，N＝R＝V，S＝Y。为了验证三元循环 X≻Y，Y≻Z，Z≻X 是否确实存在，或是存在反向的四元循环：Y≻X，X≻W，W≻V，V≻Y，我们首先将被试分为两类："**技术知识**"维度差异最大化者和"**人际关系**"维度差异最大化者。如同之前的选择 4，选择 5 中的第一对二择一选项也被设计为基线问题。而后，我们可以谨慎地创造条件使得"**技术知识**"维度差异最大化者在下一选择中能够继续基于他们原先选定的维度做决策，而"**人际关系**"维度差异最大化者亦复如是。最后一对选择则有意建构条件，促使"**技术知识**"维度差异最大化者转变为"**人际关系**"维度差异最大化者，反之亦然。

表 14.7 呈现了实验结果。所有对选择 5 作答的被试中，总计 55 名被试中的 10 名没有遵循决策的传递性原则。他们中的 5 名没有在选择序列的第 3 对选择中保持传递性，而另外 5 名没有在选择序列的第 4 对选择中保持传递性。因此实验结果并不支持理性决策理论的传递性原则。若假设这 55 名被试除了第一次选择外所做出的选择均是随机决定的，卡方检验拟合度为 $\chi^2(4) = 12.26$，$p < 0.02$。

表 14.7 偏好候选人 X 的被试(N＝18)的三对选择和偏好候选人 Y 的被试(N＝37)的四对选择

第一对选择 Y ≺X　(N＝18)		第一对选择 Y≻X　(N＝37)		
第二对选择	第三对选择	第二对选择	第三对选择	第四对选择
Z ≺Y	X ≺Z	X≻W	W≻V	V≻Y
13	9	27	21	12
Z ≺Y ≺X	X ≺Z ≺Y ≺X	Y≻X≻W	Y≻X≻W≻V	Y≻X≻W≻V≻Y
13	5	27	17	5
(9)	(4.5)	(18.5)	(9.25)	(4.625)

注：主体部分为做出选择的被试数目，括号中的数据为推断为随机选择的被试数目。

为了讨论传递性与本研究数据的关系,我们需要回到规范性决策模型的基本假设上,即人们是否有足够的认知能力来建构一个完全序数效用函数:$v_i = V(u_{i1}, u_{i2}, \cdots, u_{ij}, \cdots u_{iM})$。

由于大多数规范性理论模型所基于的假设为:决策者可以根据某一总序数效用(an overall ordinal utility)对选项进行主观评定,并选择具有最大效用值的选项。因此,为了保证后继决策理论的有效性,"传递性"定是要被视为不能违背的公理。我们可以看到,尽管已有证据表明人们的决策会是非传递性的(例如,Tversky, 1969),Tversky 的后续理论却依然将传递性原则做公理化处理(Kahneman & Tversky, 1979;Tversky & Kahneman, 1986;Tversky, Sattath, & Slovic, 1988)。

相反,齐当别模型则基于不同的基本假设:个体的认知能力不足以建构一个完全序数效用函数——v_i,且不会在决策过程中进行总效用求和计算。齐当别模型的非补偿性原则并不认为在二择一选择中,一个维度上的劣势可以经由另外一个维度上的优势来补偿抵消。因此,传递性公理对于决策模型来说不再是必要的。事实上,齐当别模型对"选择反转"现象做出的解释很简明:若初选与再选时决策所倚重的是同一个维度,则选择不反转;若初选与再选时决策所倚重的是不同的维度,选择则出现反转。

14.3 讨论与启示

选择反转与违背传递性公理的决策行为并不罕见,实际上它们应是很接地气的决策现象和规则。在生活中或不经意间就会遇到对其的事例记载和寓言说教。

在家喻户晓的中国民俗故事《老鼠婆亲》中,即述说了一对老鼠夫妻为替女儿寻觅一位如意郎君从而"鼠目寸光"地违背了"传递性公理"的故事。它们坚持以最伟大、最有本领为标准来筛选女婿——乌云遮蔽了太阳公公,风吹散了乌云,墙挡住了风,而在墙上挖洞的老鼠后生最终成了满意的女婿。然而耐人寻味的是,这"鼠辈"因根本不是太阳公公的对手,一开始就没有入老鼠夫妻的"伟大"法眼(老鼠≻墙≻风≻乌云≻太阳公公≻老鼠)。正所谓众里寻他千百度,那"鼠"却在灯火阑珊处。

类似地,在安徒生童话《老头子做事总不会错》中,亦叙述了一个违背了"传递性公理"的故事。一对老夫妇中的老爷子号称"无论做什么都不会错",他到集市上以物易物,首先基于**合算**的维度进行交易——以马换牛,以牛换羊,以羊换鹅,最后却基于**让老婆子高兴**的维度换了一袋烂苹果(烂苹果≻鹅≻羊≻牛≻马≻烂苹果)。所得仅有一袋烂苹果这样的行为在旁观者看来着实拙劣可笑,然而在老夫妇二人眼中却是恰如所求的可心选择——老婆子正愁借不到苹果。在现实决策中,我们往往不会固执呆板、生搬硬套地进行决策,而是会考量选择中不同维度上的差异来更改自己的决策策略,因而出现"选择反转"这种看似异象、实则具有生态理性的行为。

在"齐当别模型"理论中,这两则故事实则说明了同一个做人的简单道理:快乐和幸福并不是由选项的"总价值"或"总效用"所决定的。选择时所依赖的维度变化,导致决策策略的变化,从而出现了选择反转现象。这种违背传递性公理的选择,实则蕴含着智慧,是一种灵活处事、审时度势的处事策略。

致谢:本研究部分得到澳大利亚研究理事会(ARC)项目"Equate-to-differentiate theory: Decision making subject to cognitive capacity"(ARC: F79700830)的资助。

参考文献

Aschenbrenner, K. M. , Albert, D. , & Schmalhofer, F. (1984). Stochastic choice heuristics. *Acta Psychologica*, 56(1), 153 - 166.

Busemeyer, J. R. , & Townsend, J. T. (1993). Decision field theory: a dynamic-cognitive approach to decision making in an uncertain environment. *Psychological Review*, 100(3), 432.

Butler, D. J. (2000). Do non-expected utility choice patterns spring from hazy preferences? An experimental study of choice 'errors'. *Journal of Economic Behavior and Organization*, 41, 277 - 297.

Edwards, W. (1954). The theory of decision making. *Psychological Bulletin*, 51(4), 380 - 416.

Kahneman, D. , & Tversky, A. (1979). Prospect theory: An analysis of decision under risk. *Econometrica*, 47(2), 263 - 291.

Lee, W. (1971). *Decision theory and human behavior*. New York: Wiley.

Li, S. (1994). *Equate-to-differentiate theory: A coherent bi-choice model across certainty, uncertainty and risk*. Unpublished doctorial dissertation, University of New South Wales.

Li, S. (1998). Can the conditions governing the framing effect be determined? *Journal of Economic Psychology*, 19(1), 135 - 155.

Li, S. (2000). Choice under uncertainty: Why it is easier for a camel to go through the eye of a needle than for a rich man to enter the kingdom of God. *Formosan Journal of Applied Psychology*, 8, 19 - 29.

Li, S. (2001a). Extended research on dominance violations in similarity judgments: The equate-to-differentiate interpretation. *Korean Journal of Thinking and Problem Solving*, 11(1), 13 - 38.

Li, S. (2001b). Equate-to-differentiate: The role of shared and unique features in the judgment process. *Australian Journal of Psychology*, 53, 109 - 118.

Luce, R. D. , & Suppes, P. (1965). *Preference, utility, and subjective probability*. In R. D. Luce, R. R. Bush, & E. Galanter (Eds.), Handbook of mathematical psychology (Vol. 3). New York: Wiley.

Samuelson, P. A. (1953). *Foundations of Economic Analysis*. Cambridge: Harvard University Press.

Tversky, A. (1969). Intransitivity of preferences. *Psychological Review*, 76(1), 31 - 48.

Tversky, A. (1972). Elimination by aspects: A theory of choice. *Psychological Review*, 79(4), 281 - 299.

Tversky, A. , & Kahneman, D. (1986). Rational choice and the framing of decisions. *Journal of Business*, 59(4), S251 - S278.

Tversky, A. , & Russo, J. E. (1969). Substitutability and similarity in binary choice. *Journal of Mathematical Psychology*, 6(1), 1 - 12.

Tversky, A. , Sattath, S. , & Slovic, P. (1988). Contingent weighting in judgment and choice. *Psychological Review*, 95(3), 371 - 384.

von Winterfeldt, D. , & Edwards, W. (1986). *Decision Analysis and Behavioral Research*. Cambridge: Cambridge University Press.

李纾. (2005). 确定、不确定及风险状态下选择反转:"齐当别"选择方式的解释(英文). 心理学报, 37(4), 427—433.

第15章　占优原则与相似性判断

共同作者:魏子晗

> 宋有狙公者,爱狙。养之成群,能解狙之意;狙亦得公之心。损其家口,充狙之欲。俄而匮焉,将限其食,恐众狙之不驯于己也。先诳之曰:"与若芧,朝三而暮四,足乎?"众狙皆起怒。俄而曰:"与若芧,朝四而暮三,足乎?"众狙皆伏而喜。
>
> 《庄子·齐物论》

　　成语"朝三暮四"源于庄周的《庄子·齐物论》,它讲述了一个有趣的小故事:有一个很喜欢猴子的老头在家里养了一群猴子。这些猴子很爱吃橡子,有一年老头家里的橡子收成不好,于是老头就跟猴子商量说,从今以后,每天给你们早上吃3个橡子晚上吃4个橡子,好不好啊? 猴子一听很是恼怒,跳了起来表示不同意。于是,老头又说,那就给你们早上吃4个橡子晚上吃3个吧? 猴子们听了以后便很开心地接受了老头的提议。

　　其实,这个故事反映的又是一个决策与判断问题。从"理性人"的角度来看,我们会觉得猴子表现得很滑稽。我们"理性"地认为决策的维度应该是每天获得的橡子个数,从这个角度来看,选项"早上3个下午4个橡子"和选项"早上4个下午3个橡子"在每天获得的橡子个数这一维度上是完全相等的,都是每天获得7个橡子。猴子对两个完全一样的选项表现出不同的偏好实在是太"非理性"了。这样的选择显然违背了占优(dominance)原则。

15.1 占优原则

占优原则认为,如果选项A在所有维度上优于选项B,那么选项A相对于选项B来说是优势选项(Lee,1971;von Winterfeldt & Edwards,1986),这是传统意义上的"强占优原则"。在存在这样优势选项的情况下,不需要经过其他决策分析,最佳决策选项毫无疑问就是该优势选项。占优原则是规范性理论的基础。占优原则预测,任何理性的决策都应当选择占优的选项。上述的"朝三暮四"的故事违背了占优原则的预测。

15.1.1 违背占优原则

主流的决策研究较少关注违背占优原则的现象,Tversky和Kahneman(1986)曾报告过偏好决策任务中违背占优原则的现象,并用预期理论对这一现象进行了解释,他们认为人们采用了不同的决策编码策略,造成违背占优原则的现象。在这之后,Mellers等人(1992,1995)又报告了在价格判断任务中违背占优原则的现象,他们的研究发现,在所有的控制组实验中,决策者面对有风险概率的选项时都出现了违背占优原则的现象。Mellers等人用构型权重理论(configural-weight theory)解释这一现象,该理论认为决策者对每个结果的决策权重依赖于这些结果相对于其他结果的排序以及这些结果本身的价值。

Li(1994a)的研究中同样也报告了违背占优原则的现象。该研究中,决策者所面临的都是固定的、无风险的决策选项。被试被要求想象自己获得了大奖,他们可以从两个不同的旅行套餐中选择一个自己喜欢的旅游套餐,每个旅行套餐都包含两个目的地,但每个目的地的游玩时间以及旅费金额不同。旅行套餐选项有4种不同的版本,所有版本的两个选项的总的旅游时间和旅费都是相同的。

旅行套餐 A:旅行 11 天,花费 1 700 元,包含两个景点(九寨沟,武夷山)
旅行套餐 B:旅行 10 天,花费 1 600 元,包含两个景点(九寨沟,武夷山)

4个版本的套餐选项如表15.1所示:

表 15.1　Li(1994a)研究中的实验材料以及实验结果

	版本 1			
	九寨沟	武夷山		
旅行套餐 A1	8 天,900 元	3 天,800 元	97%**	N = 37
旅行套餐 B1	7 天,900 元	3 天,700 元	3%	

	版本 2			
	九寨沟	武夷山		
旅行套餐 A2	6 天,1 100 元	5 天,600 元	93%**	N = 41
旅行套餐 B2	6 天,1 000 元	4 天,600 元	7%	

	版本 3			
	九寨沟	武夷山		
旅行套餐 A1	8 天,900 元	3 天,800 元	55%	N = 131
旅行套餐 B2	6 天,1 000 元	4 天,600 元	45%	

	版本 4			
	九寨沟	武夷山		
旅行套餐 A2	6 天,1 100 元	5 天,600 元	57%	N = 140
旅行套餐 B1	7 天,900 元	3 天,700 元	43%	

　　实验结果违背了占优原则。从总体来看,所有 4 个版本中的套餐 A 都是优于套餐 B 的。在版本 1 和版本 2 中,很少有被试(3%—7%)选择旅行套餐 B,而在版本 3 和版本 4 中,近半数人(45%—43%)却选择了旅行套餐 B。

　　违背占优原则的现象有重要的意义,显然,它撬动了主流决策模型的根基——最大化假设。违背占优原则的现象对最大化假设提出了根本性的挑战。在决策过程中,究竟是哪个函数被最大化了? 究竟怎样验证最大化假设呢? 这是非常重要的问题,因为决策函数都是基于"最大化假设"推导出的。演绎推理必须基于一些已知的前提,当且仅当前提条件正确时,结论才是正确的。也就是说,当且仅当最大化假设是正确的,才能够得出决策函数。然而,当前的函数推导却是基于一个无法被验证的前提假设。如果最大化假设无法被证明是正确的,那么基于这一假设所得到的所有函数都值得怀疑。

　　实际上,还有另外一种完全不同的解释机制,在这种解释机制下,我们无需苦苦追寻风险概率和风险结果背后的心理感受量化函数,也无需探究客观概率与价值是如何转换成为主观感受的。在新的解释机制下,核心的决策原则是决策者对决策信息的表征采用了"占优结构搜索"(search for dominance structure)(Montgomery,

1983,1989)。这种决策原则认为,决策是一个搜索占优结构的过程,包含4个阶段:前编辑(pre-editing)阶段、寻找有望的选项(promising alternative)、占优性探测(dominance testing)和占优结构化(dominance structuring)。每一个决策阶段都与特定的决策原则相关。

齐当别模型认为,个体决策是一个齐同所有维度直至剩下最后一个关键维度进行差异比较的过程。齐当别模型可以解释这种违背占优原则的现象。该模型构建了两个维度的效用函数,然后看两个选项在"目的地1的花费和时间"维度上差异大还是在"目的地2的花费和时间"维度上差异大。由于4个版本中每个目的地花费的金钱和时间都不相同,因此,两个目的地在"目的地1的花费和时间"和"目的地2的花费和时间"这两个维度上的效用函数是不同的。一旦确定了两个选项在哪个维度上的差异更大,决策者就只需要选择该维度上较为占优的选项。也就是说,决策者的目的是达到一个齐同占优状态。当选项A比选项B占优时,除了差异最大的那个关键维度,对于其他维度来说,即使选项B在有些维度上客观优于选项A,但在主观上,在这些维度上选项B与选项A都是被齐同了的。这也就不难解释为什么会出现违背占优性原则的现象了。

15.2　相似性判断

根据Li(1993, 1994a, 1994b, 1994c, 1995, 1996, 1998)所提出的齐当别模型,违背占优原则的现象与相似性判断和占优性判断息息相关。因此,Li(2001)的研究从决策行为拓展到相似性判断。

以往有研究认为,决策行为与相似性判断行为包含共同的心理过程,可以将决策和相似性判断看作是同一个心理过程的不同表现(Medin, Goldstone, & Markman, 1995)。许多研究发现,相似性判断研究中存在一些违背主流理论的异象,这些异象与决策研究中所发现的异象是相对应的。例如,Goldstone, Medin和Gentner(1991)的研究让被试评价目标属性之间的相似性和关联性,发现在相似性判断中有违背独立性原则的现象。Rubinstein(1988)的研究说明,在对选项进行相似性判断过程中会出现违背独立性原则现象,而在相似性判断中出现的这种偏差可以解释决策行为中出现的"共同比率"效应。此外,Medin, Goldstone和Markman所做的一项研究(1995)表明,相似性判断中也存在违背传递性的现象:相对于参考的标准选项来说,被试会认为A比B更像参考标准,B比C更像参考标准,而C又比A更像参考标准。齐当别模型亦适用于解释相似性判断中的异象。

15.2.1 违背占优性的相似性判断

本章节开头讲述的"朝三暮四"的故事违背了占优原则,但它可以用非补偿性的齐当别模型来解释。补偿性的主流决策理论认为,个体依据决策选项的总体价值(overall value)来评判选项的优劣,在这种"理性"的视角下,"早上 3 个橡子,下午 4 个橡子"和"早上 4 个橡子,下午 3 个橡子"是相同的(均是 7 个橡子)。然而,猴子们对两个选项却有偏好,它们采用的是非补偿性的策略,将早上与下午所得的橡子数看作是独立的两个维度,分别比较两个选项在两个维度上的差异。

作者(Li, 2001)设计了 7 个相似性判断问题,进一步探索相似性判断中违背占优性的现象,并用齐当别模型解释相似性判断。7 个问题都由一个目标参考刺激和两组备选刺激材料所构成,被试的任务为判断两组备选刺激中的哪一组刺激材料与目标参考刺激更为相似。与"朝三暮四"的故事类似,所有 7 个问题中的两组备选刺激材料都分别在两个不同的维度上与目标刺激材料相似,但是,从总体上来说,占优组备选刺激比非占优组备选刺激与目标参考刺激更为相似。

前 6 个问题使用了不同的文字刺激材料。问题 1 使用英文单词作为刺激材料,两组备选刺激材料分别是"第一人称代词"和"第三人称代词",材料在"主格"与"宾格"两个维度上有差异(WE/US, THEY/THEM),参考目标刺激为"HOME TEAM(主队)"。选择这样的刺激材料的好处在于,尽管材料在"主格"与"宾格"两个维度上有差异,但总体而言却不影响材料与参考目标词(主队)之间的相似程度,无论是 WE 还是 US 都是第一人称代词,都比第三人称代词 THEY 和 THEM 在相似性判断中更加占优。问题 1 的被试为澳大利亚新南威尔士大学的大一学生以及福建华南女子学院英语专业的大三学生。

问题 2 选择罗马数字作为刺激材料,两组备选刺激材料为罗马数字 1 和 2,刺激材料在"大写字母"和"小写字母"两个维度上有差异(I /i, II /ii),参考目标刺激为"优先"(PRIORITY)。无论材料是大写还是小写,这两种备选刺激材料都能很好地代表数字 1 和 2。问题 2 的被试是澳大利亚新南威尔士大学的学生。

问题 3 使用了汉字作为刺激材料。目标参考材料为繁体字(纓),而两组备选刺激材料分别包含成对的两个字,一个对应的简体字和一个半简化字(其中一部分为简体,另一部分为繁体)。占优组的刺激材料是完全由参考目标的繁体字简化而来的,繁体字经过一步简化得到半简化字,经过两步简化则得到简体字。而非占优备选刺激材料并非由参考目标繁体字简化而来。问题 3 的被试是福建建材工业学校选修"语言文学"课程的中国学生,该专业的中国学生有能力区分简体字与繁体字。

问题 4 选用"凤凰"作为目标参考刺激。在古希腊神话中,凤凰是一种像鹰一样的动物,有红色和金色的翅膀,通常是雄性。而在中国神话中,凤凰是一种神鸟,长得像孔雀,既有雄性也有雌性,象征着美满幸福。因此,对于中国被试来说,他们认为,孔雀应比鸡更像凤凰。此外,在中国语言文化下,凤凰包括"凤"(雄性)与"凰"(雌性),因此对于中国被试来说,无论备选刺激的是"公鸡/母鸡",还是"雄孔雀/雌孔雀",都不影响被试对该选项刺激与目标刺激(凤凰)之间相似性的判断。问题4的被试与问题3的被试是完全相同的。

问题5中,目标参考对象为"美国人",两组备选刺激分别是"澳大利亚人"和"加拿大人",同样,两组备选刺激也在两个维度上有所差异——普通居民(加拿大人/澳大利亚人)和特定居民(魁北克人/澳洲土著人)。无论在普通居民的维度上还是在特定居民的维度上,总体而言,在相似性判断中,加拿大人/魁北克人都应比澳大利亚人/澳大利亚土著人更像美国人。问题5的被试是澳大利亚大学生。

问题6使用"父亲的头发/眼睛颜色"作为目标参考刺激,两组备选刺激为儿子/儿媳和女儿/女婿。可以看出,两组备选刺激同样在亲缘关系和婚姻关系两个维度上有差异。与前5个问题的设计不同,前5个问题中两组备选方案尽管在两个维度上有差异,但是这种差异不影响两组选项的占优关系。而在问题6中,在亲缘关系维度上,儿子的头发/眼睛颜色总是比女儿的头发/眼睛颜色更像父亲,但在婚姻关系维度上,儿媳的头发/眼睛颜色却不一定比女婿的更像父亲。问题6的被试同样是澳大利亚大学生。

6个问题分为两种不同的版本:"匹配良好"版本和"匹配不良"版本。在匹配良好版本中,两组备选刺激材料在两种维度上进行了匹配,而在匹配不良版本中,两组备选刺激材料在两种维度上是不匹配的。一半被试回答匹配良好版本的问题,另一半被试回答匹配不良版本的问题。我们认为,当两组备选刺激材料在两种维度上良好匹配时,在相似性判断时,被比较的双方产生一种占优关系;而当两组备选刺激材料在两个维度上不能良好匹配时,在相似性判断时,被比较的双方就无法产生这种占优关系。

图 15.1 相似性判断附加例:目标参考刺激(右:沈葆桢),备选刺激(左:李纾)。**姻缘关系**:沈葆桢=林则徐二女婿,李纾=沈葆夫婿;**血缘关系**:沈蕾=沈葆桢六代孙女,李纾=沈絪青(沈葆桢五代孙女)长子。如果,血缘>姻缘,李纾当属匹配不良组刺激。

6 个问题的刺激材料以及被试的选择结果如表 15.2 所示：

表 15.2   Li(2001)研究的中 6 种文字材料及其实验结果

1 HOME TEAM (匹配良好组)			1 HOME TEAM (匹配不良组)		
备选刺激组 A		备选刺激组 B	备选刺激组 A		备选刺激组 B
Us	vs.	Them	Us	vs.	They
We	vs.	They	We	vs.	Them
40 100%	(N = 40)	0 0%	37 92.5%	(N = 40)	3 7.5%

匹配良好组 vs. 匹配不良组：$z = 1.77$，$p < 0.05$（澳大利亚被试）

2 Priority (匹配良好组)			2 Priority (匹配不良组)		
备选刺激组 A		备选刺激组 B	备选刺激组 A		备选刺激组 B
i	vs.	ii	i	vs.	Ⅱ
Ⅰ	vs.	Ⅱ	Ⅰ	vs.	ii
40 100%	(N = 40)	0 0%	36 90%	(N = 40)	4 10%

匹配良好组 vs. 匹配不良组：$z = 2.05$，$p < 0.05$（澳大利亚被试）

3 缨 (匹配良好组)			3 缨 (匹配不良组)		
备选刺激组 A		备选刺激组 B	备选刺激组 A		备选刺激组 B
缨	vs.	缨	缨	vs.	绥
缨	vs.	绥	缨	vs.	缨
34 89.5%	(N = 38)	4 10.5%	30 75%	(N = 40)	10 25%

匹配良好组 vs. 匹配不良组：$z = 1.67$，$p < 0.05$（中国被试）

4 凤凰 (匹配良好组)			4 凤凰 (匹配不良组)		
备选刺激组 A		备选刺激组 B	备选刺激组 A		备选刺激组 B
公孔雀 peacock	vs.	公鸡 rooster	公孔雀 peacock	vs.	母鸡 hen
母孔雀 peahen	vs.	母鸡 hen	母孔雀 peahen	vs.	公鸡 rooster
34 89.5%	(N = 38)	4 10.5%	28 70%	(N = 40)	12 30%

匹配良好组 vs. 匹配不良组：$z = 2.13$，$p < 0.02$（中国被试）

5 AMERICAN (匹配良好组)			5 AMERICAN (匹配不良组)		
备选刺激组 A		备选刺激组 B	备选刺激组 A		备选刺激组 B
加拿大人 Canadian	vs.	澳大利亚人 Australian	魁北克人 Quebecois	vs.	澳大利亚人 Australian
魁北克人 Quebecois	vs.	澳洲土著人 Aborigines	加拿大人 Canadian	vs.	澳洲土著人 Aborigines
37		3	32		8
92.5%	(N = 40)	7.5%	80%	(N = 40)	20%

匹配良好组 vs. 匹配不良组：$z = 1.62$，$p \cong 0.05$（澳大利亚被试）

6 父亲头发或眼睛的颜色 (匹配良好组)			6 父亲头发或眼睛的颜色 (匹配不良组)		
备选刺激组 A		备选刺激组 B	备选刺激组 A		备选刺激组 B
儿子的头发或眼睛的颜色	vs.	女儿的头发或眼睛的颜色	儿子的头发或眼睛的颜色	vs.	女婿的头发或眼睛的颜色
儿媳的头发或眼睛的颜色	vs.	女婿的头发或眼睛的颜色	儿媳的头发或眼睛的颜色	vs.	女儿的头发或眼睛的颜色
27		13	18		22
67.5%	(N = 40)	32.5%	45%	(N = 40)	55%

匹配良好组 vs. 匹配不良组：$z = 2.03$，$p < 0.05$（澳大利亚被试）

　　上述 6 个问题都是文字呈现的材料，第 7 个问题选用图片作为刺激材料。选用"沙漏"图片作为刺激材料，目标参考刺激为一个半满的"沙漏"，两种备选刺激同样在两个维度上有差异——沙漏的上半部分和沙漏的下半部分。相比之下，不管是沙漏上半部分还是下半部分，占优的刺激组材料(沙漏 A)比非占优的刺激组材料(沙漏 B)更像目标参考刺激。与前 6 个问题相似，问题 7 也分为匹配良好组(组 1 和组 3)与匹配不良组(组 2 和组 4)。所谓匹配良好组，其备选刺激中有一个沙漏与参考目标沙漏完全相同，而占优组的另一个沙漏比非占优组的沙漏更加像目标沙漏，因此，匹配良好组会形成一个弱占优关系。而对于匹配不良组来说，这种弱占优关系就不复存在了。即，沙漏 A 的下半部分比沙漏 B 更像参照目标，而沙漏 B 的上半部分比沙漏 A 更像参照目标。依据齐当别模型，尽管从总体上来说，沙漏 A 比沙漏 B 更像目标参照沙漏，但是被试的选择可能会发生反转，违背这种占优原则。

　　问题 7 的刺激材料如图 15.2 所示：

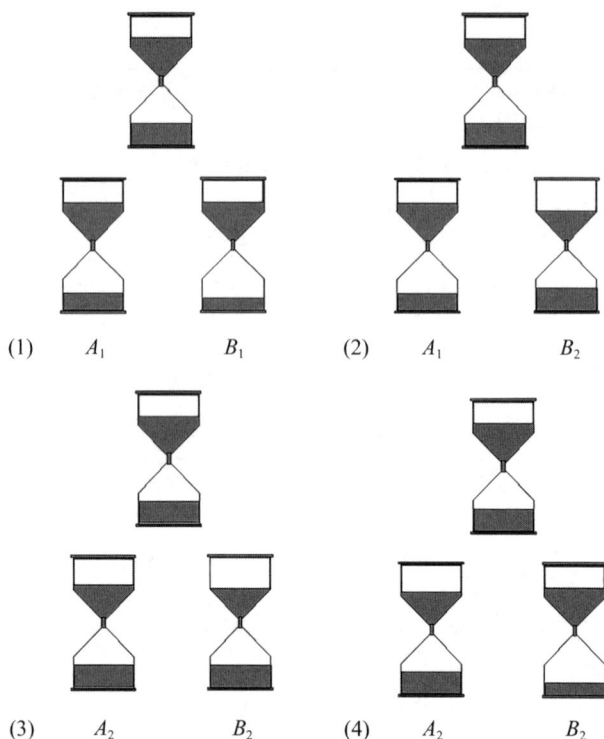

图 15.2 Li(2001)所使用的图片刺激材料

问题 7 的实验结果如表 15.3 所示：

表 15.3 Li(2001)研究中图片刺激材料的实验结果

		组2 (匹配不良组)		
		A	B	
组1	A	66	46	112(85.5%)
(匹配良好组)	B	9	10	19(14.5%)
		75(57.3%)	56(42.7%)	131(100%)

卡方检验显示,匹配良好组与匹配不良组不相关 ($\chi^2(1, N = 131) = 0.88, p = 0.34$)

		组4 (匹配不良组)		
		A	B	
组3	A	72	18	90(90%)
(匹配良好组)	B	6	4	10(10%)
		78(78%)	22(22%)	100(100%)

卡方检验显示,匹配良好组与匹配不良组不相关 ($\chi^2(1, N = 100) = 2.10, p = 0.15$)

以往的相似性判断和决策研究认为,被试会将刺激转换为一种"统一货币"(common currency),保证所有的刺激元素都在统一的框架内被认知加工。在相似性判断的研究领域中,这种统一标尺被认为是心理距离(psychological distance)(如,Shepard, 1962a, 1962b)。而在决策研究领域,这种统一标尺被认为是"效用"(utilities)(如,Luce, 1959),不论损失还是获得,都将被转换为效用。有一个可比的框架,其好处在于,尽管信息整合策略会需要量化水平的评定,判断时可利用"效用"或"距离"作为统一的"总价值"(overall-value)。如果将这种"统一货币"的思路应用于目前的研究,那么,非占优组刺激(如 They/Them、Ⅱ/ii、两次简化的中国汉字、澳大利亚人/澳大利亚土著人、女儿女婿的头发/眼睛的颜色、公鸡/母鸡、不满的沙漏)与参考标准刺激(如 HOME TEAM、PRIORITY、简体中文字、美国人、父亲的头发/眼睛颜色、凤凰以及标准沙漏)之间的"心理距离"应该大于(远于)占优组刺激(如 We/Us、Ⅰ/i、一次简化的汉字、加拿大/魁北克人、儿子儿媳的头发/眼睛的颜色、公孔雀/母孔雀、满的沙漏)与参考标准刺激之间的"心理距离"。这就意味着,选项之间的比较(如:Ⅰ和i vs. Ⅱ和ii)和成分之间的比较(如:Ⅰ vs. Ⅱ和i vs. ii,或者Ⅰ vs. ii和i vs. Ⅱ)都会导致"占优组刺激"比"非占优组刺激"距离"标准参考刺激"更近。由此预测,不管刺激呈现方式是匹配良好还是匹配不良好,相对于非占优组刺激,占优组刺激都应该更容易地被判断为与目标参考刺激更为相似的刺激组。

与利用"效用"作为统一标尺的决策理论相左,齐当别模型则认为,人们的认知能力是有限的,无法对选项的整体效用进行精确地计算和权衡。在相似性判断中亦是如此,人们并没有评价选项与目标刺激的总距离,也并不基于"总距离"而做出判断。齐当别模型认为,由于整合总体信息有难度,因此,人们并不会依据选项整体的"距离",而是将两个选项的某一个维度的差异齐同,然后依据另一个维度上的差异进行相似性判断。因此,对于匹配良好组来说,刺激之间在空间匹配结构上存在这一种占优关系,而对于匹配不良的刺激组来说,就不存在这种占优的空间结构关系。由此可以推测,在匹配良好和匹配不良这两种条件下,决策者的判断当有所不同。在匹配良好组,占优刺激选项会始终维持其占优性;而在匹配不良组,则会出现违背占优原则的现象。

研究结果与以往主流的"统一货币"(Shepard, 1962a, 1962b, Luce, 1959)思想相悖,而与齐当别模型的预测相符。在匹配良好组中,大部分被试(67.5%—100%)都选择了占优刺激组选项(选项A),认为选项A与参考目标刺激更为相似,其中最低的选择比例(67.5%)出现在问题6中,而问题6本身只是一个弱占优(非强占优)的问题。而在匹配不良组中,选择占优刺激组选项的被试比例则大大降低,匹配不良组出现违背占优性现象的比例(7.5%—55%)比匹配良好组出现违背占优性的比例

(0—32.5%)显著增大。这些结果支持了齐当别模型,说明当面临整合性难度较大的任务时,人们囿于认知加工能力有限,并不会自动地对选项进行整体加工。

15.3 "一国两制"的心理学视角——相似性判断

英国在鸦片战争之后获得了香港岛,1984 年,邓小平与玛格丽特·撒切尔夫人就香港主权问题进行了协商,将香港主权归还给了中国,香港于 1997 年回到了祖国的怀抱。针对香港的特殊情况,邓小平开创性地提出了"一国两制"的方针,之后该方针又相继应用于解决澳门、台湾问题。"一国两制"方针指,中华人民共和国在中国大陆地区实行社会主义制度,而在香港、澳门、台湾地区实行资本主义制度。在香港回归之后,香港地区继续实行资本主义制度,其政治、经济制度保持不变,法律法规除极少数条款之外,其他也维持不变。

香港主权在 1997 年交接之后,特区局势非常稳定(Wong, 1998),有些香港学者认为,这是由于"一国两制"的政策发挥了很好的作用,中国有意维持香港的资本主义制度,而香港当地人也不倾向于有任何改变(Lui, 1997)。另外有些人认为,这可能是由于中国政府给予香港非常多的特权,保证了香港的繁荣与稳定。因此,香港人也逐渐接受了"一国两制"所带来的好处,接受了这种繁荣稳定的民主制度(Cheng, 1997)。

在政治领域里,显然"一国两制"制度是史无前例的。从心理学角度来看,一个国家竟然允许两种完全不同的制度共生共存,这为研究"相似性判断"提供了一难得的机会。从认知心理学角度来看,研究人们如何对事物分门归类是一永恒的话题,由于人类具有分类的能力,可以将新的事物划分到已有的类别中,这样大大降低了认识和学习复杂环境的难度。因此,当面临这种两种制度同时存在的特殊情境,作为心理学研究者,我们非常感兴趣的是,当被问到香港/中国属于资本主义还是社会主义时,人们会如何回答。

人们进行分类的认知过程必然涉及相似性判断,Li(1999)探索了在"一国两制"的特殊环境下,人们基于相似性判断的分类过程。实验将采用相似性判断任务,给被试呈现目标参考刺激,以及备选刺激材料,然后让被试判断哪一个备选刺激材料更像参考刺激材料。其中作为参考目标刺激的是"社会主义制度"或者"资本主义制度",而香港/中国将被作为备选刺激材料与其他一些刺激材料配对,如代表资本主义的"美国/波多黎各",或者"日本/冲绳"这类刺激。与本章前两部分所阐述的研究类似,在该研究的相似性判断任务中,刺激选项其实包含两个不同的维度——国家维度和国家所属城市维度。

以往对判断与决策的研究有两个不同的理论,基于选项的(option-based)和基于维度的(attribute-based)。基于选项整体上来看,很显然,"中国/香港"比另一个选项"美国/波多黎各"或者"日本/冲绳"这两个选项更不像资本主义。即,在资本主义相似性的排序上,美国＋波多黎各(日本＋冲绳)＞中国＋香港。然而,单独从基于维度的角度看,在国家维度上,毋庸置疑美国或日本比中国更像资本主义;而在城市维度上,由于香港一直以来作为一个"地区"存在,具有其特殊性,其资本主义特征比波多黎各或冲绳更加像资本主义。即,在资本主义相似性的排序上,备选刺激的各个组成成分的关系应该是:美国(日本)＞香港＞波多黎各(冲绳)＞中国。

依据齐当别模型,被试在这种相似性判断中,将分别判断两个选项在不同维度上的差异,并齐同差异较小的维度,依据差异较大的维度进行判断。也就是说,如果被试认为美国/波多黎各比中国/香港更像资本主义,就意味着,在国家维度上美国减去中国的差异比在城市维度上香港减去波多黎各的差异更大。如果更改一些占优性特征,使得在城市维度上,香港减去波多黎各的差异大于国家维度上美国减去中国的差异,也同样可以将这种关系反转。因此,Li(1999)设计了一个研究来验证这一假设。

与前文所述的相似性判断研究类似,被试分别完成两组不同的问题——匹配良好组和匹配不良组。在匹配良好组中,"国家与国家"维度配对良好,"城市与城市"维度对应良好;而在匹配不良组中,并没有进行这种匹配,国家与城市维度之间有交叉。每组问题分别包含两个问题,一个问题的备选刺激是美国/波多黎各与中国/香港,另一个问题的备选刺激则是日本/冲绳和中国/香港。

实验在 1997 年春天实施,恰逢香港回归中国之前,参加实验的被试包括 80 名澳大利亚本科生、158 名中国大学生。实验材料示例如表 15.4 所示:

表 15.4　Li(1999)所使用的相似性判断实验材料示例

匹配不良组材料 左侧为刺激材料组 A,右侧为刺激材料组 B 资本主义国家			匹配良好组材料 左侧为刺激材料组 B,右侧为刺激材料组 A 资本主义国家		
备选刺激组 A		备选刺激组 B	备选刺激组 B		备选刺激组 A
中国	vs.	波多黎各	香港	vs.	波多黎各
香港	vs.	美国	中国	vs.	美国

实验结果如下表所示:

表 15.5　Li(1999)相似性判断研究结果

| 样本 | 问题 1 | | | |
| | 匹配不良组 | | 匹配良好组 | |
	美国＋波多黎各	中国＋香港	美国＋波多黎各	中国＋香港
中国被试	19(95%)	4(5%)	76(96%)	3(4%)
澳洲被试	75(63.3%)	11(36.7%)	32(64%)	18(36%)
	$\chi^2(1) = 18.30$, $p < 0.001$		$\chi^2(1) = 23.30$, $p < 0.001$	
	$\chi^2(3) = 44.48$, $p < 0.001$			

| 样本 | 问题 2 | | | |
| | 匹配不良组 | | 匹配良好组 | |
	日本＋冲绳	中国＋香港	日本＋冲绳	中国＋香港
中国被试	77(97.5%)	2(2.5%)	75(95%)	4(5%)
澳洲被试	28(56%)	22(44%)	15(50%)	15(50%)
	$\chi^2(1) = 34.77$, $p < 0.001$		$\chi^2(1) = 30.51$, $p < 0.001$	
	$\chi^2(3) = 67.60$, $p < 0.001$			

结果表明,无论是匹配良好组还是匹配不良组,绝大部分中国被试(超过95%)都会认为,中国/香港比另一组刺激更不像资本主义。而对于澳大利亚被试来说,他们的选择并没有中国被试那样一致,当美国/波多黎各作为备选刺激时,较多的被试(匹配不良组63.3%,匹配良好组64%)认为中国/香港不如美国/波多黎各像资本主义,而当日本/冲绳为备选刺激时,被试的选择没有明显倾向于认为日本/冲绳更像资本主义(匹配不良组56%,匹配良好组50%)。两个被试群体在判断选择上的差异显著,而在两个版本之间(匹配不良组和匹配良好组)差异不显著。

由于判断结果在两个样本之间差异显著,而在两个版本之间差异不显著,因此实验结果并没有验证研究最初的假设。两个版本之间选择差异不显著,可能是由于两个选项在总体上与目标参考刺激的相似度的差异稳定,被试总是对所选选项的相似度评定高于另一个;也可能是因为,选项在维度间的差异维持着不变,被试进行选择所依据的关键维度在两个版本上保持着不变。

15.4　讨论与启示

与之前研究"决策"任务的章节不同,本章主要通过"判断"任务检验了齐当别模型对人们违背占优原则的解释力和预测力。

从上述多个研究中我们可以看出,人们在进行相似性判断时,并不会对选项之间的效用或者心理距离进行权衡,而是采用非补偿性的策略,遵循齐当别模型的预测基于多个维度进行决策与判断,即在进行相似性判断时,会齐同一些维度上的差异,并依据另一些维度上的差异做出判断。

实际上,那些涉及"抽取"(elicitation)、"建构"(structuring)、"框架"(framing)等概念的其他模型,都与认知能力息息相关。当前研究所收集到的数据表明,违背规范决策理论的基本原则的现象仍然不少,不仅出现在那些需要直觉加工的任务中,同样还常出现在那些需要整合信息的任务中。在相似性判断中是如此,在偏好选择任务中也同样如此,这些结果共同说明一个基本事实:人类的信息加工能力是非常有限的。

致谢: 与福州相关的人(林则徐、沈葆桢、陈宝琛、林琴南、严复)、事(禁烟、船政、帝师、翻译、开民智)、文(港澳夷情、闽台电报、新式学堂、洋文白话、启蒙教育)、果(终以"一校一届敌日本一国")交织了本章的实验刺激材料。感谢杭州大学的张智君和周滨帮助收集数据。

参考文献

Cheng, J. Y. S. (1997). China's policy toward Hong Kong-A taste of One Country, Two System. *Issues & Studies*, *33*(8),1-25.

Goldstone, R. L., Medin, D. L., & Gentner, D. (1991). Relational similarity and the nonindependence of features in similarity judgments. *Cognitive Psychology*, *23*(2),222-262.

Lee, W. (1971). *Decision theory and human behavior*. New York: Wiley.

Li, S. (1993). What is wrong with Allais' certainty effect? *Journal of Behavioral Decision Making*, *6*(4),271-281.

Li, S. (1994a). *Equate-to-differentiate theory: A coherent bi-choice model across certainty, uncertainty and risk*. Unpublished doctorial dissertation, University of New South Wales.

Li, S. (1994b). Is there a problem with preference reversals? *Psychological Reports*, *74*(2),675-679.

Li, S. (1994c). What is the role of transparency in cancellation? *Organizational Behavior and Human Decision Processes*, *60*(3),353-366.

Li, S. (1995). Is there a decision weight π? *Journal of Economic Behavior & Organization*, *27*(3),453-463.

Li, S. (1996). An additional violation of transitivity and independence between alternatives. *Journal of Economic Psychology*, *17*(5),645-650.

Li, S. (1998). Can the conditions governing the framing effect be determined? *Journal of Economic Psychology*, *19*(1),133-153.

Li, S. (1999). "One Country, Two Systems": A Psychological Perspective. *Psychology & Developing Societies*, *11*(2),157-177.

Li, S. (2001). Extended research on dominance violations in similarity judgments: The equate-to-differentiate interpretation. *Korean Journal of Thinking and Problem Solving*, *11*(1),13-38.

Luce, R. D. (1959). *Individual Choice Behavior a Theoretical Analysis*. John Wiley and Sons.

Lui, Tai-Lok(1997). Middle class politics in Hong Kong on the Eve of 1997. *American Sociological Association (ASA) Paper*.

Medin, D. L., Goldstone, R. L., & Markman, A. B. (1995). Comparison and choice: Relations between similarity processes and decision processes. *Psychonomic Bulletin & Review*, *2*(1),1-19.

Mellers, B. A., Berretty, P. M., & Birnbaum, M. H. (1995). Dominance violations in judged prices of two-and three-outcome gambles. *Journal of Behavioral Decision Making*, *8*(3),201-216.

Mellers, B., Weiss, R., & Birnbaum, M. (1992). Violations of dominance in pricing judgments. *Journal of Risk and Uncertainty*, *5*(1),73-90.

Montgomery, H. (1983). Decision rules and the search for a dominance structure: Towards a process model of decision making. In O. S. Patrick Humphreys & V. Anna (Eds.), *Advances in Psychology* (Vol. Volume 14, pp. 343-369):

North-Holland.

Montgomery, H. (1989). From cognition to action: The search for dominance in decision making. In H. Montgomery & O. Svenson (Eds.), *Process and structure in human decision making* (pp. 23 – 49). Oxford, England: John Wiley & Sons.

Rubinstein, A. (1988). Similarity and decision-making under risk (Is there a utility theory resolution to the Allais paradox?). *Journal of Economic Theory*, *46*(1), 145 – 153.

Shepard, R. N. (1962a). The analysis of proximities: Multidimensional scaling with an unknown distance function. I. *Psychometrika*, *27*(2), 125 – 140.

Shepard, R. N. (1962b). The analysis of proximities: Multidimensional scaling with an unknown distance function. II. *Psychometrika*, *27*(3), 219 – 246.

Tversky, A. , & Kahneman, D. (1986). Rational choice and the framing of decisions. *Journal of Business*, *59* (4), S251 – S278.

von Winterfeldt, D. , & Edwards, W. (1986). *Decision analysis and behavioral research*. Cambridge: Cambridge University Press.

Wong, T. K. Y. (1998). The Implementation of the "One Country, Two Systems" Policy in Hong Kong: A Survey of Public Opinion. *Issues & Studies*, *34* (7), 116 – 146.

第16章 选项间独立原则与信息模糊

共同作者:魏子晗

16.1 选项间独立原则

众多决策模型都认为,决策是个体基于对选项总效用的排序,这类决策模型都隐含着一些基本的行为特征(对决策模型所隐含的基本行为特征的具体讨论,请参考 Luce & Suppes, 1965; Tversky, 1972; Tversky & Russo, 1969),其中有一个重要特征就是**选项间独立原则**(independence between alternatives)。

选项间独立性原则与规范性假设息息相关。Luce(1959, 1977)提出的规范性假设认为,如果 A 是集合 B(x, y, z, t, u……) 的一个包含了 x 的子集,则有:P(x; B) = P(A; B)P(x; A)。由于 P(A; B) ≤ 1,所以 P(x; B) ≤ P(x; A)。基于规范性假设,Luce 进一步提出了无关备择选项的独立性原则(independence of irrelevant alternatives, IIA),他认为,当选择集 S 中存在备择选项 a 和 b 时,若决策者在 a, b 之间永远不可能选择 a,则剔除 a 不会影响 S 中其他备择选项的被选概率。换言之,若选择集 R 是剔除了所有类似于备择选项 a 后的 S 的子集,则其中任一备择选项 x 的被选概率不会发生改变,即:$P_R(x) = P_S(x \mid R)$;该原则还认为选择集 R 中任何两个备择选项的相对被选概率 $P_R(a)/P_R(b)$ 都是一个独立于该选择集的常数(Luce, 1977)。由此可推断出"选项间独立性原则",对其界定如下。

定义 P(A; A, B)表示在选项 A 与选项 B 中选择选项 A 的概率集,选项间独立原则满足以下特征:

如果: P(A; X, A) ⩾ P(B; X, B),那么,P(A; Y, A) ⩾ P(B; Y, B);

或者,

如果: P(B; X, B) ⩾ P(A; X, A),那么,P(B; Y, B) ⩾ P(A; Y, A);

其中,选项 X 与选项 Y 分别是两个不同的标准选项。如果对选项 A 与 B 的偏好取决于个体对其总效用与标准选项总效用的比较,然后按照每个选项的效用排序进行最终的选择,那么,对 A 与 B 的效用排序应保持不变,两个选项被选比率的大小顺序也应该保持不变,与标准选项相互独立。也就是说,使用哪一个标准选项(X 或者 Y)作为参照并不影响 A 与 B 的被选比例的大小顺序。

反之,如果上述前提成立,但结果不成立,那么就违背了选项间独立原则。

16.2 违背选项间独立原则——概率未知 vs. 结果未知

大量的实证研究表明,实际的决策行为(如,艾勒悖论(Allais, 1953), Ellsberg 悖论(Ellsberg, 1961), Myers 效应(Myers et al., 1965),框架效应(Tversky & Kahneman, 1986)等)与许多基于总效用的决策模型不符,违背了这类决策模型所隐含的基本行为特征。这些已发现违背基于总效用的决策模型的实际的决策行为大多集中在确定性决策、风险决策以及不确定性决策 3 类决策行为上, 即,决策者要么知道确定的、无风险的决策结果,要么知道决策结果及其发生的概率,要么知道可能的决策结果,但不知道结果的发生概率。但是,鲜少有人探索决策者不知道决策"结果"时的决策行为。表 16.1 依据决策者对风险结果和风险概率的知晓与否,将决策情境分为 4 种不同类型(Li, 1996)。现实生活中确实存在如表中所分类的"结果未知"的决策情境。如:在对某种蘑菇的毒性不清楚的前提下,决定是否吃该种蘑菇。

表 16.1　根据结果与概率的已知程度对决策情境进行分类

		概率	
		已知	未知
结果	已知	风险(Risk)	不确定(Uncertainty)
	未知	未定义(Not defined)	未定义(Not defined)

注:感谢 Frank Yates 建议作者对决策情境进行分类。

Li(1996)设计了 4 种不同的决策问题,以探索个体在"概率未知结果已知"、"概率已知结果未知"两种决策情境下个体的决策行为,并据此检验了选项间独立原则。50 名福建建材工业学校的中国学生和 63 名南威尔士大学的澳大利亚学生参与了这项研究,4 种决策问题被呈现在一页纸质问卷上,4 种决策问题及其呈现顺序如下所示:

决策问题 1

选项 OU(outcome-unknown):有 50% 的可能性获得未知数额的钱,有 50% 的可能性一无所获。

选项 LP(low-probability):有 25% 的可能性获得未知数额的钱,有 75% 的可能性一无所获。

决策问题 2

选项 PU(probability-unknown):有未知可能性获得 500 元,有未知可能性一无所获。

选项 LP(low-probability):有 25% 的可能性获得未知数额的钱,有 75% 的可能性一无所获。

决策问题 3

选项 OU(outcome-unknown):有 50% 的可能性获得未知数额的钱,有 50% 的可能性一无所获。

选项 LO(low-outcome):有未知可能性获得 250 元,有未知可能性一无所获。

决策问题 4

选项 PU(probability-unknown):有未知可能性获得 500 元,有未知可能性一无所获。

选项 LO(low-outcome):有未知可能性获得 250 元,有未知可能性一无所获。

表 16.2 被试在 4 种决策问题上的选择比例

		中国被试 $N = 50$	澳大利亚被试 $N = 63$	总体被试 $N = 113$
决策问题 1	OU	98%	82%	91%
	LP	2%	18%	9%
决策问题 2	PU	65%	50%	58%
	LP	35%	50%	42%
决策问题 3	OU	59%	62%	60%
	LO	41%	38%	40%
决策问题 4	PU	100%	88%	95%
	LO	0%	12%	5%

被试在每个决策问题上的选择比例如表 16.2 所示,从上述结果可以看出,绝大部分被试在回答决策问题 1 和决策问题 4 时都分别选择了 OU 选项与 PU 选项,而在回答决策问题 2 与决策问题 3 时,被试在两种选项上的选择比例差异不显著。

对于当前的 4 个决策问题,令 P(A; A, B)为从选项 A 与选项 B 中选择选项 A 的概率,根据选项间独立原则,则有:

如果:P(OU; OU, LP) ⩾ P(PU; PU, LP),那么,P(OU; OU, LO) ⩾ P(PU; PU, LO)

或者,

如果:P(PU; PU, LO) ⩾ P(OU; OU, LO),那么,P(PU; PU, LP) ⩾ P(OU; OU, LP)

但是,实际观测结果明显地违背了选项间独立原则:

$$91\%^{**} (N = 113) = P(OU; OU, LP) > P(PU; PU, LP) = 58\%(N = 113)$$

而

$$60\%(N = 113) = P(OU; OU, LO) < P(PU; PU, LO) = 95\%^{**} (N = 113)$$

在此,选项 LP 与选项 LO 分别是两个不同的标准选项。显然,实际选择数据违背了选项间独立性原则:对选项 OU 与选项 PU 的偏好并不独立于标准选项。使用不同的标准选项(LP 或者 LO)作为参照,会影响对选项 OU 与选项 PU 做选择的比例。将 LP 作为标准选项时,被试从(OU, LP)中选择 OU 的比例(91%)显著高于从(PU, LP)中选择 PU 的比例(58%);然而,当标准选项变为 LO 时,对 OU 和 PU 的选择比例发生反转,被试从(OU, LO)中选择 OU 的比例(60%)显著低于从(PU, LO)中选择 PU 的比例(95%)。

主流的决策模型认为选择某选项的概率是被选择选项主观价值或效用的递增函数,是被拒绝选项主观价值或效用的递减函数。Li(1996)的研究则发现,实际决策行为违背了选项间独立原则,从而对主流决策模型的这一假设提出了质疑。

16.3 齐当别模型的解释

齐当别模型可以令人满意地解释上述实验结果。在这 4 种决策问题中,决策问题 1 的两个选项 OU 和 LP 的结果都未知,但 OU 选项比 LP 选项获得未知结果的概率更大;决策问题 4 中 PU 选项比 LO 选项获得的钱更多,但两个选项获得钱的概率都未知。这两个问题的两个选项都只在同一维度(概率或者结果)上定义良好(well-defined),两个选项都在定义良好的维度上具有已知水平的取值。依据齐当别模型的思想,决策者会齐同掉某一维度上差别较小的两个可能结果,而在另一维度上将差异较大的两个可能结果作为选择的决定性因素。因此,对于决策问题1来说,齐当别模型预测个体将会倾向于选择OU而非LP选项,这与实际数据结果是一致的。因为无论从最好可能结果维度(50%的可能性获得未知数额的钱 vs. 25%的可能性获得未知数额的钱)还是最坏可能结果维度(50%的可能性一无所获 vs. 75%的可能性一无所获)上看,都是OU占优于LP。同理,对于决策问题4来说,齐当别模型预测个体将会倾向于选择PU而非LO选项,因为在最差结果(未知可能性一无所获 vs. 未知可能性一无所获)上两个选项无差异,从最好结果的差异(未知可能性获得500元 vs. 未知可能性获得250元)上看,应该选择PU而非LO选项。

决策问题2和决策问题3则与决策问题1和决策问题4不同,决策问题2和3的两个选项在不同维度上定义良好,即,其中一个选项在一个维度(概率或结果)上具有已知水平的取值,而另一选项是则在另一个维度上有已知水平的取值。因此,两个选项无论从最好可能结果维度(问题2:未知可能性获得500元 vs. 25%的可能性获得未知数额的钱;问题3:50%的可能性获得未知数额的钱 vs. 未知可能性获得250元)还是最坏可能结果维度(问题2:未知可能性一无所获 vs. 75%的可能性一无所获;问题3:50%的可能性一无所获 vs. 未知可能性一无所获)进行比较,两个选项之间都没有清晰的**可比**关系,因此,无法判断两个选项的优势性。基于齐当别模型的思想,可以预测:决策问题2和决策问题3在两个选项上的选择比例的差异不大(随机选择),实验结果完全支持了齐当别模型的预测。

16.4 讨论与启示

传统的决策研究往往关注那些决策结果已知的决策情境。在决策结果已知的情况下,决策情境又可以被划分为风险决策(风险概率已知)和不确定决策(风险概率未知)两种类型。Lawson(1985)、LeRoy和Singell(1987)均曾对风险决策与不确定决策的本质区别进行了讨论,这是具有历史意义的。但他们忽略了一种更加普遍的决策情境:**决策结果也同样未知**的情境。旧式中国婚姻可以说是现实

图 16.1 结婚的不确定性红包:是"囍"还是需"Avoid Abuse"?

生活中一个非常典型的"结果未知"的决策情境。旧中国时期的婚姻通常是包办制,大部分时候只有媒婆(婚姻中介)见过新娘和新郎双方,而新娘和新郎在婚礼仪式之前是完全没有见过面的,甚至有时双方父母也是在结婚仪式举行时才能够知道他们的儿媳或女婿长什么样子。在这种情况下,对于男女双方以及双方家庭来说,是否结婚就是一个结果非常不确定的决策。

当决策情境定义不良(ill-defined)时,目前尚没有什么主流的研究范式可用于解释和预测人们的决策行为(Abelson & Levi, 1985)。如果说,当且仅当 u(x) > u(y)成立时,人们才会选择 x 而不选择 y,那么评价选项效用的信息越少,决策就会越困难。也就是说,决策的不确定性越强,决策者就越难以做出选择。当不确定性增加时,由于决策者很难判断和评价各个选项的效用或价值,因此,也就难以对选项形成一个稳定的效用或价值排序。这些基于量化的心理函数对决策行为的解释显然存在缺陷:这些理论总是试图将客观的量化指标转换成为主观的量化指标,这种做法在定义不良好的决策情境中就无法适用了。与这类理论相反的解释是决策应该是基于简单的主旨规则,而非是精确的细节准则。基于这类思想发展而来的一种理论是"模糊痕迹理论"(Reyna & Brainerd, 1995)。

在本章中所讨论的齐当别模型(Li, 1994),既非是量化模型(如期望效用模型)也非是一种定性模型(如模糊痕迹理论)。齐当别模型的提出基于人的认知加工能力是有限的这一基本思想,并认为决策过程中,人们往往将某些差异较小的维度齐同,主要基于某些差异较大的维度进行决策。该决策模型能够很好地解释和预测那些定义不良的决策情境(概率未知或结果未知)。各种有关定义良好以及定义不良的决策情境的研究发现无论在群体还是个人层面都存在违背选项间独立性原则的现象,这说明决策并不是像某些理论所说的那样,选择某一选项的概率是备择选项的主观价值或效用的递增函数,或是其他备择选项的主观价值或效用的递减函数。本章节中研究所观察到的现象也说明,决策并非像一些理论所说的那样,分配给备择选项的主观价值或效用独立于其他备择选项的主观价值或效用,决策行为更符合齐当别模型所预测的行为特征。

致谢:感谢福建建材工业学校的 温八一 协助完成本研究实验执行与数据收集工作,并与作者进行讨论,给予作者许多启发。感谢 Marcus Taft 给予作者在英文写作上的帮助与指导。感谢 Alan J. MacFadyen 以及其他 3 位审稿人对此研究提出的建议与意见。

参考文献

Abelson, R. P. , & Levi, A. (1985). Decision making and decision theory. *The Handbook of Social Psychology*, *1*(*3*), *231 – 309*.

Allais, M. (1953). Le comportement de l'homme rationel devant le risque: Critique des postulats et axioms de l'école americaine [Rational man's behavior in face of risk: Critique of the American School's postulates and axioms]. *Econometrica*, *21*, *503 – 546*.

Ellsberg, D. (1961). Risk, ambiguity, and the Savage axioms. *The Quarterly Journal of Economics*, *75*(4), 643 – 669.

Lawson, T. (1985). Uncertainty and economic analysis. *Economic Journal*, *95*(380), 909 – 927.

LeRoy, S. F. , & Singell Jr, L. D. (1987). Knight on risk and uncertainty. *Journal of Political Economy*, *95*(2), 394 – 406.

Li, S. (1994). *Equate-to-differentiate theory: A coherent bi-choice model across certainty, uncertainty and risk.* Unpublished doctorial dissertation, University of New South Wales.

Li, S. (1996). An additional violation of transitivity and independence between alternatives. *Journal of Economic Psychology*, *17*(5), 645 – 650.

Luce, R. D. , & Suppes, P. (1965). *Preference, utility, and subjective probability* (pp. 249 – 410). New York: Wiley.

Luce, R. D. (1959). *Individual choice behavior: A theoretical analysis.* New York: John Wiley & Sons.

Luce, R. D. (1977). The choice axiom after twenty years. *Journal of Mathematical Psychology*, *15*(3), 215 – 233.

Myers, J. L. , Suydam, M. M. , & Gambino, B. (1965). Contingent gains and losses in a risk-taking situation. *Journal of Mathematical Psychology*, *2*(2), 363 – 370.

Reyna, V. F. , & Brainerd, C. J. (1995). Fuzzy-trace theory: An interim synthesis. *Learning and Individual Differences*, *7*(1), 1 – 75.

Tversky, A. (1972). Elimination by aspects: A theory of choice. *Psychological Review*, *79*(4), 281 – 299.

Tversky, A. , & Edward Russo, J. (1969). Substitutability and similarity in binary choices. *Journal of Mathematical Psychology*, *6*(1), 1 – 12.

Tversky, A. , & Kahneman, D. (1986). Rational choice and the framing of decisions. *Journal of Business*, *59*(4), S251 – S278.

第17章 囚徒困境的"齐当别"解释

共同作者：吴斌

囚徒困境(prisoner's dilemma)是博弈论中具代表性的非零和博弈。设想警察逮捕了两名嫌疑犯,并对他们实行隔离审讯。警察告诉两名嫌疑犯,如果两人之中仅有一人招供,那该名招供的人将会被无罪释放,而另一名保持沉默的人将会受到重罚,判处 10 年监禁;如果两人都招供,那么这两人都会受到中等程度的惩罚,各判处 5 年监禁;如果两人都拒不招供,那么由于证据不足,两人都只会受到轻微的惩罚(punishment),各判处 1 年监禁。

如果你是这两人中的一人,你该怎么办呢? 是选择互相合作(保持沉默)还是互相背叛(招供)? 博弈论从理性人的假设出发,认为人们选择背叛是因为他们在追求自身利益的最大化。不管对方是合作还是背叛,选择招供都是他们的最佳策略。显然,这么做损害了彼此的共同利益。

囚徒困境是研究合作与竞争以及多种经济现象均行之有效的实验范式。考虑到用一个简洁的方式来表示决策者自己的利益和群体间利益存在差异,我们借助"自己报酬维度"(one's own payoff dimension)和"他人报酬维度"(other player's payoff dimension)以表征犯人的选择。当他人的决策已知时,囚徒困境博弈中只有一个相关列。在已知他人合作(图 17.1)或者已知他人竞争(图 17.2)时,抉择通常只包含简单的冲突过程,即,在"自己报酬维度"选择竞争的结果更好,而在"他人报酬维度"选择合作的结果则更优。齐当别模型认为,人们会更倾向于在单一维度上做出选择,而将另一个维度上的结果差异看成是近乎相等的。

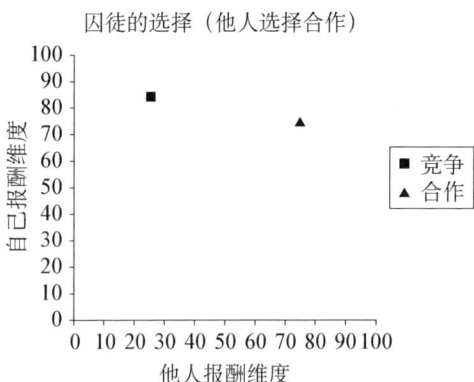

图 17. 1　收益矩阵来自 Shafir 和 Tversky 的 (1992)关于分离效应的研究

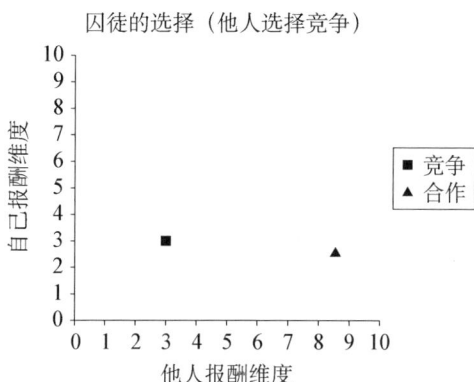

图 17. 2　收益矩阵来自 Shafir 和 Tversky 的 (1992)关于分离效应的研究

　　当他人的决策未知时,囚徒困境博弈矩阵涉及两个相关列。这时,增加的第二列信息实际上改变了冲突的结构(图 17.3)。可以肯定的是合作和竞争之间的顺序关系在"他人报酬维度"上没有改变,而在"自己报酬维度"上发生了改变。也就是说,无论他人的决策是什么,在"他人报酬维度"上合作总是优于竞争的(图 17.1—17.3 中的三角总是在方块的右方);而在"自己报酬维度"上,竞争并非总是优于合作(图 17.1—17.2 中的方块总是在三角的上方;而图 17.3 中的方块有可能在三角的下方)。其结果是,当他人策略已知时大部分人不愿意选择合作,而在他人策略未知时才可能选择合作。

　　对此,Li,Taplin 和 Zhang(2007)借助齐当别之道,提出了对囚徒困境完全不同的解释。即,在标准的囚徒困境中(图 17.3),如果在"自己报酬维度"上的主观差异较小,而在"他人报酬维度"上的主观差异较大,那么在"自己报酬维度"上的差异就会被人为地"齐同"掉,而基于"他人报酬维度"来做决策,从而选择合作。反之,如果在"他人报酬维度"上的主观差异较小,而在"自己报酬维度"上的主观差异较大,那么在

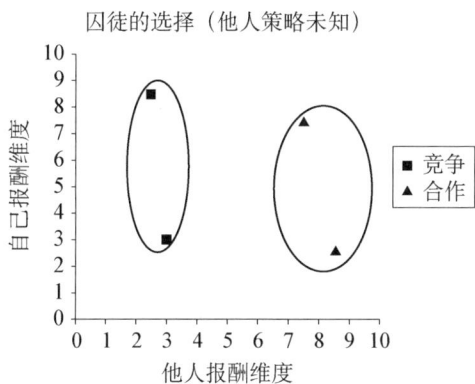

图 17. 3　收益矩阵来自 Shafir 和 Tversky 的 (1992)关于分离效应的研究

"他人报酬维度"上的差异就会被人为地"齐同"掉,而基于"自己报酬维度"来做决策,从而选择背叛。

据此分析,具体倚重"自己报酬维度"还是倚重"他人报酬维度"的齐当别的策略是可随实验条件的变化而改变的。Li, Taplin 和 Zhang(2007)巧妙地设计了 6 个实验来操纵在"自己报酬维度"或"他人报酬维度"上的差异,实验结果支持了齐当别模型所做出的假设。其 6 个实验以及齐当别模型对此的构建和解释如下。

17.1　增加共同收益的影响

如果决策是基于单维度的差异而做出的话,那么就可以通过改变共同收益(common payoff)以改变博弈者的决策行为。这种操纵与我们研究艾勒悖论(见本篇第4—5章)所采用的实验操纵有些类似。在研究艾勒悖论时,我们发现选择反转象似乎依赖于"共同收益"的价值。基于此,该研究设计了两种博弈情境。一种是在博弈者"自己报酬维度"上再增加一个共同收益;另一种是在"他人报酬维度"上再增加一个共同收益。当共同收益添加到收益矩阵时,收益的差异将会沿着报酬维度从低向高移动。人们会在低收益一侧更多地考虑到收益的差异,因为在确定范围内转变客观收益,其效用函数是一一对应的负增长映射函数(negatively accelerated one-to-one mapping function),效用的增长表现为边际递减。在此,囚徒困境博弈中的决策行为被简化为一个在"自己报酬维度"上选择还是在"他人报酬维度"上进行权衡的过程。如果齐当别模型的"单维度差异"假设是正确的话,在"齐同"维度("equated" dimension)上增加共同收益不会改变齐当别策略;而在"不齐同"维度上增加共同收益则会改变齐当别策略。该研究请 84 位本科生完成 Bolle 和 Ockenfels(1990)研究中的装瓶问题(the Bottle Problem),以及两个变式情景(问题 1A 或 1B),如下所示。

实验 1:

问题 1:设想在一个没有矿泉水进口的城市里,你和 X 是仅有的两家矿泉水供应商。两家供应商的矿泉水成本相同,总供应量越大零售价格就会越低。现在有两种装瓶的机器,A 是大机器,a 是小机器。如果两位供应商都使用小机器,零售价就会因为产量低而提高,两位供应商将会得到 50 的利润;如果两位供应商都使用大机器,零售价就会因为产量高而降低,两位供应商将会得到 10 的利润;如果你选择了大机器而 X 使用了小机器,你将会得到 75 的利润,X 将得不到利润,反之亦然。

你将会和 X 同时进行选择,并且两者在决策时并不知道对方的策略,两人的收益结果如下页表格所示,请你做出选择。

		其他博弈者的选择	
		a	A
你的选择	a	你:50 他人:50	你:0 他人:75
	A	你:75 他人:0	你:10 他人:10

请进行选择,并对你自己的决策自信程度进行评价:

A(大装瓶机器),a(小装瓶机器)/决策自信程度评定:1、2、3、4、5、6、7。

问题 1A: 在前面的决策中我们忽略了新机器是否和装配线匹配的问题。如果某一家矿泉水供应商的新机器和已有的装配线匹配,而另外一家不匹配的话,该矿泉水供应商将得到 30 的额外收益。设想现在**你**拥有的装配线是匹配的,但是你不知道其他生产商的情况和策略。供应商的重新评估决策的结果如下表所示。

		其他博弈者的选择	
		a	A
你的选择	a	你:50 + 30 他人:50	你:0 + 30 他人:75
	A	你:75 + 30 他人:0	你:10 + 30 他人:10

问题 1B: 在前面的决策中我们忽略了新机器是否和装配线匹配的问题。如果某一家矿泉水供应商的新机器和已有的装配线匹配,而另外一家不匹配的话,该矿泉水供应商将得到 30 的额外收益。设想现在 X 拥有的装配线是匹配的,但是你不知道其他生产商的情况和策略。供应商的重新评估决策的结果如下表所示。

		其他博弈者的选择	
		a	A
你的选择	a	你:50 他人:50 + 30	你:0 他人:75 + 30
	A	你:75 他人:0 + 30	你:10 他人:10 + 30

Tversky 和 Kahneman(1986)将违背**确定事件原则**(见本篇第 10 章)归因于选项

描述的不透明(non-transparent)。如同其他决策公理,当描述透明(transparent)时,确定事件原则通常被遵循,而当其不透明时则有可能被违背。因此,在此实验中,我们尝试避免人为地遮蔽共同收益以保持(不)确定程度不发生改变。

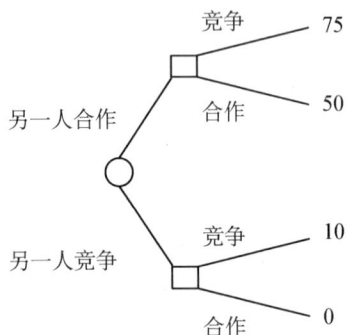

图 17.4 分离效应的树形图,分别用方块和圆圈表示决策点和机会点(感谢李力搏提供树形图)

Shafir 和 Tversky(1992)尝试用图 17.4 中的树图来说明并解释分离效应(disjunction effect)(见本篇第 10 章)。即,当对手选择合作时,被试在博弈树的上方做选择;如果对手竞争时,被试在博弈树的下方做选择。可以看出,当已知对手的策略时,竞争是最好的选择。然而,当不知道对手的策略时,大部分被试会选择合作。Shafir 和 Tversky(1992)认为由于不确定性的存在,使得被试很难在博弈树的单一分支上保持关注。因此,不能将对确定事件原则的解释归因于人们不愿意考虑所有的结果,或认为他们不愿意完全地计算当前情形下对所有结果的偏好。

Li, Taplin 和 Zhang(2007)则认为,产生囚徒困境中分离效应的原因不是缘于决策树的复杂性,而是缘于三种条件下的决策所基于的"维度"发生了变化。在两种确定条件下,由于在"自己报酬维度"上,竞争均明显地优于合作,因此决策者倾向于将"他人报酬维度"上的差异"齐同"掉,而在"自己报酬维度"上做决策,选择对自己有利的行为(竞争);而在不确定条件下,由于在"自己报酬维度"上,竞争策略不再明显地优于合作策略,而在"他人报酬维度"上,合作策略仍明显地优于竞争策略,这样,决策者抑或倾向于将"自己报酬维度"上的差异"齐同"掉,而在"他人报酬维度"上做决策,选择对他人有利的行为(合作)。

值得注意的是,实验中额外收益的"透明性"是通过以下方式得以保证:(1)使用强调"共同收益"的语句:"如果任意一方的新机器和现存的流水线匹配就可以得到30 额外的利润,不匹配则得不到。"(2)把共同收益分别列入收益公式(如 50+30)而不是只计算总收益(如 80)。这是由于,只呈现最后的总收益虽然简化了介绍过程,但人为地遮蔽了共同收益的存在。

如果额外利润被认为是不能"剔除"的话,被试将会仔细考虑两个不同的事件树中每个不同分支的收益结果。这种区别对分离效应的"不确定"假设不重要,但是对齐当别模型的维度差异假设却很重要。这是因为,齐当别策略将随着不同维度间的差异而相对地进行改变。而对于透明假设不重要,是由于实验中 30 的额外利润并没有改变在简单分离情形中违背了确定事件原则所要求的条件,即在某种意义上,这并没有改变博弈树的结构,诸如博弈树分支的个数、每一个分支结果的数量、博弈树中每个结果的顺序以及不确定的程度。Shafir(1994, p. 404)认为,人们不能识破潜在的分离是在简单分离情境中违背确定事件原则所必需的条件。如果在囚徒困境博弈中合作行为的出现是因为失误率(failure rate),即未能合适地考虑决策树的每个相关分支,那么合作率将在现有的两个选择之间保持近似的不变。

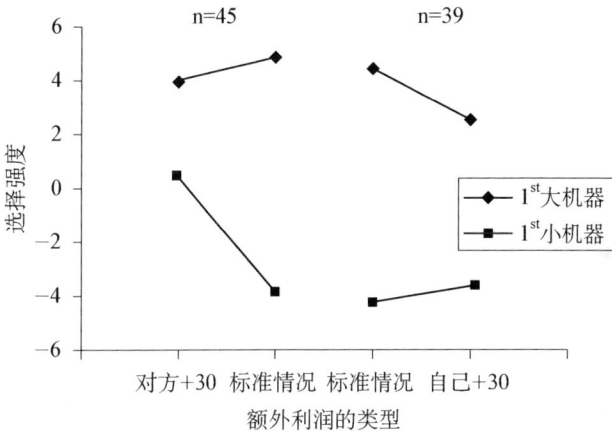

图 17.5 左半边表示问题 1 和 1B 结果的均值($N=45$),右半边表示问题 1 和 1A 结果的均值($N=39$);选择强度(strength of choice)为变量选择和判断的自信程度的乘积。

分析问题 1 和 1A 的被试数据,发现额外利润的类型和第一次选择的模式的交互作用显著 $F(1, 37) = 7.74$, $p < 0.01$。这种交互作用的特征和齐当别模型的预测一致。即不管是否存在额外利润,被试在第一次选择小机器 a 的决策并不受影响($t(13) = 1.69$, $p > 0.05$);然而当额外利润增加时,被试第一次选择大机器 A 的决策明显地发生转变($t(24) = 2.56$, $p < 0.02$)。可以推断额外利润增加到"相同"还是"不同"维度上的差异将改变初始选择,显著的交互作用证实了这一推论。

问题 1 和 1B 的数据显示额外利润的类型和第一次选择的模式的交互作用显著($F(1, 43) = 22.94$, $p < 0.001$)。也就是说,第一次选择大机器 A 的被试所做的决策不受共同收益的影响($t(32) = 1.81$, $p > 0.05$);然而,共同收益的加入会使得第一次选择大机器 A 的被试出现明显的选择转变($t(11) = 3.77$, $p < 0.01$)。可以看出,第一次选择小机器 a 的被试不论额外利润是否存在都保持了一致的判断和选择,而第一次选择小机器 a 的被试在两次的选择中却出现了不一致。问题 1 和 1B 间的交互作用强于问题 1 和 1A 之间的交互作用则表明,"求辨"的转变更容易发生在从"他人报酬维度"(选择 a)转到"自己报酬维度"(选择 A),而非从"自己报酬维度"转到

"他人报酬维度"。对此,Shafir 和 Tversky(1992)提出的决策树假设则不能解释额外利润引起的决策转变。

这种有趣的交互作用可以在表 17.1 中所见,当他人增加了 30 额外利润时,在第一次选择大机器 A 的 33 名被试都没有改变自己的选择;但是,当自己增加了 30 单位额外利润时,25 名被试中有 7 名被试改变了他们原有的选择。反之,在第一次选择小机器 a 的被试中,当他人增加了额外利润时,12 名被试中有 6 名被试改变了他们原有的选择;但是当自己增加了额外利润时,14 名被试中有 2 名被试改变了他们原有的选择。在这两种情况下,2(额外利润的类型)×2(反应)的卡方检验显示,在额外利润的类型和反应之间存在显著的相关关系。因此,实验结果支持了选择的改变是由于倚重"自己报酬维度"还是倚重"他人报酬维度"的齐当别策略改变的假设。

表 17.1　额外利润的类型与第一次回答类型

额外利润的类型	没有 30 额外利润的第一次回答类型			
	第一次选大机器		第一次选小机器	
	a(小机器)	A(大机器)	a(小机器)	A(大机器)
30 额外利润加给你	7	18	12	2
30 额外利润加给对方	0	33	6	6
	$\chi^2(1) = 10.51$, $p < 0.01$		$\chi^2(1) = 3.87$, $p < 0.05$	

总之,此实验的数据结果更倾向于支持齐当别假设而非是透明假设,同时也提供了证据表明确定事件原则不会因信息透明度而得以恪守(Li & Adams, 1995; Bonini, Tentori, & Rumiati, 2004)。

17.2　对收益结果的操纵

该研究通过构建两个镜像博弈对收益结果进行操纵,其中一个博弈的结构是使"他人报酬维度"上的结果差异难以辨别,另一个博弈则是使得"自己报酬维度"上的结果差异难以辨别。当"自己报酬维度"上的结果差异很小时,辨别过程将会在"他人报酬维度"进行,因而在他人维度上收益结果价值更大的那一选项将会被选择。同样地,当"他人报酬维度"上的差异很小时,辨别过程将在"自己报酬维度"上进行,因而在自己维度上收益结果价值更大的那一选项将会被选择。基于此,该研究采用被试内实验设计,由 71 位本科生完成装瓶问题的博弈变式以检验齐当别假设。其中,当两个人都选择合作时均将得到 R 分,如果都选择竞争则只得到 P 分。但当两个人的策略不一样时,背叛的一方将得到 T 分,而选择合作的得到 S 分。

以下两个镜像博弈是基于检验"单一维度"假设而设计的不对称博弈,但是其收益矩阵仍均符合囚徒困境的基本关系要求,即:$T > R > P > S$ 且 $2R > T + S$。

实验 2:

B1 和 B2 分别为一处没有矿泉水进口地区的仅有的两家矿泉水厂的拥有者,两家供应商的矿泉水价格相同,但供应量大的一方成本会更低。现在有两个规格的装瓶机器,A 是大机器,a 是小机器。如果两位供应商都使用小机器,那么产量减少,导致市场上矿泉水的市场价格更高,两位生产商都将得到更多的利润。如果都使用大的机器,则产量将会增加,那么矿泉水的价格会更低,两位生产商都将得到较少的利润。如果 B1 使用大机器,而 B2 使用小机器,那么 B1 将会得到最大的利润,而 B2 的利润为 0,反之亦然。

B1 和 B2 是同时做决策的,也就是说你并不知道对方会选择哪种装瓶机器。收益结果见下表。如果你是 B1,你将如何决策?

		对方(B2)的选择	
		a	A
你(B1)的选择	a	你:50 他人:50	你:40 他人:55
	A	你:55 他人:0	你:45 他人:10

请在以下 9 个数字中选择出能表示你想法的数字,**1 表示非常肯定选择小机器 a;5 表示中立;9 表示非常肯定选择大机器 A:**

(小机器 a)1 2 3 4 5 6 7 8 9(大机器 A)

如果你是 B2,你将如何决策?

		对方(B1)的选择	
		a	A
你(B2)的选择	a	你:50 他人:50	你:0 他人:55
	A	你:55 他人:40	你:10 他人:45

实验结果显示,当"自己报酬维度"上的差异很小时,被试的竞争倾向(选择大机器 A 的愿意程度)($M = 5.38$)显著小于"他人报酬维度"上的差异很小时被试的竞争倾向($M = 6.94$)($t(70) = 2.77$,$p < 0.01$)。在两个镜像博弈之间合作或竞争行为的差异和"单维度差异"假设所预测的相符。

17.3 对效用曲率的操纵

事实上,前两个实验中合作的可能性是随着相关维度的差异变化而改变的,这就为我们的进一步研究提供了新的思路,即操纵博弈双方的效用曲率(utility curvature)。该研究将利用沉没成本效应(sunk cost effect)操纵效用曲率。

沉没成本效应是指人们更倾向于把时间、金钱和精力继续投入到之前已经投资过的项目中(Arkes & Blumer, 1985;Navarro & Fantino, 2005)。考虑到沉没成本效应的作用,先前的投资将使投资者的效用曲率变得更加陡峭,即单位收益所产生的边际效用增加更大。这就使投资者"自己报酬维度"之间的差异比"他人报酬维度"之间的差异更容易被辨别。为了检验这些假设,该研究设计了两种备选的决策条件:一种是被试已有前期的投资;另一种是被试没有前期的投资。该研究请 60 名银行高级工作人员完成装瓶问题的变式任务,且需要对同一收益矩阵(见 17.1 的实验 1)选择两次,即被试需要面对两个沉没成本被操纵的假设情景。以下是补充的指导语:

实验 3:

在矿泉水资源被开发之前,一位生产者在时间、金钱、广告以及环境保护方面已有巨大的前期投入,而另一位生产者则没有。除此之外,两位生产者的其他背景完全一样。

假使你是先前已投资很多的生产者,你将如何决策?

假使你是先前没有投资很多的一方,你将如何决策?

实验结果发现,假定已有前期投资的被试($M = 7.53$)选择大机器的倾向显著高于没有前期投资的被试($M = 5.93$, $t(59) = 3.29$, $p < 0.01$)。这亦表明:可通过操纵囚徒困境中的沉没成本改变被试的效用曲率,进而影响被试的选择策略。

17.4 意外获得(windfall gains)的影响

规范经济学理论指出,消费者是否购买商品和服务,可视为手中拥有现金的价值和所要购买物的价值之间进行"竞争"的结果。如果欲购买的物品被认为比购买者手中拥有的钱更有价值时,消费者将会选择购买;反之,则不会选择购买。然而,心理学在"意外获得"(windfall gains)(Arkes, Joyner, & Pezzo, 1994；Kameda, Takezawa, Tindale, & Smith, 2002)、"赚钱时机"(money-earning time)以及"兑钱路径"(money-exchanging route)(Li, 2002)的相关研究均表明(见第三篇第38章)，这种公理化的分析存在问题，其实，金钱的"身世"也会影响被试的购买意愿(willingness to buy)。

在以下实验中，"意外获得"的概念被附加到囚徒困境情境中。这并非为了增进对金钱身世如何影响消费者偏好的理解，而是试图检验这种"意外获得"是否会导致个体的效用曲率发生变化。在囚徒困境中，我们假设有意外获得的人会比没有意外获得的人更愿意合作，因为意外获得的主观价值比非意外获得的主观价值更小。

人们普遍认为意外获得的主要特征是不劳而获，Arkes, Joyner和Pezzo(1994)将意外获得的特征定义为意料之外的状态。本实验假设为：当收益是挣得的而非不劳而获时，这种收益来源的差异对决策的影响与沉没成本对决策的影响类似。该研究采用被试间设计，请50名本科生完成实验3的任务，且增加了以下指导语：

实验4：

一位生产商通过努力工作积累了财富以购买矿泉水和装瓶机器，而另一位生产商则是因为一次军事演习占地而得到了赔偿款，并且在演习期间意外地发现了一个泉眼。除此之外，两位生产商的其他背景完全一样。

设想你是那位因为一次军事演习而获得金钱和水资源的生产商，你会怎么决策？

设想你是通过努力工作积累了财富而获得金钱和水资源的生产商，你会怎么决策？

结果表明，在两种情景中被试选择大机器和小机器之间存在显著的偏好差异。意外获得组($M = 4.60$)比非意外获得组($M = 7.12$)显著地偏好选择合作(选择小机器)($t(49) = 3.35$，$p < 0.01$)。由此可见，选大机器或小机器的倾向会受被试的资金是意外获得还是非意外获得所影响。实验结果违背了基本经济学假设的可替代性原则，即，金钱的身世不会对消费过程产生影响(von Neumann & Morgenstern, 1947, p. 8)。

17.5 单一或多元投资的影响

操纵单一投资或多元投资亦可以改变效用曲率。这样操纵的基本原理在于：把自己所有的鸡蛋放在一个篮子里将会使得投资者对自己收益的差异更加敏感；然而，如果把别人所有的鸡蛋放在一个篮子里则不会使得投资者对自己收益的差异更加敏感。当实验情景从单一投资朝着多元投资改变时，该研究预测被试的效用曲率将变得平坦，这样的改变将会使得"自己报酬维度"的差异相对更小。因此，关注"他人报酬维度"的可能性就增加了。值得注意的是:"多元投资"的操纵并不等同于沉没成本效应中的"舍不得放弃太多的投资"。这是因为沉没成本效应涉及的是人们在初期投资后会增加风险寻求,导致投资者的效用曲率变得更陡峭(对获得和损失更加敏感)。与此相对应地,意外获得效应将会使得投资者的效用曲率变得更平坦(对获得和损失更不敏感)。共有 70 位银行培训学员完成了与实验 3 中相同的选择任务,但替换了补充指导语:

实验 5:

一位生产商把他所有的资金都投入到矿泉水生产中,而另一位生产商则除了投资矿泉水外还投资了多个食品产业。除此之外,两位生产商的其他背景完全一样。

设想你是那位把自己的资金都投资到矿泉水的生产商,你将如何决策?

设想你是那位把自己的资金投资到矿泉水和其他食品产业的生产商,你将如何决策?

实验结果表明:不同投资情景(单一投资 vs. 多元投资)会影响被试在囚徒困境中选择合作/竞争的倾向。如齐当别模型所预测,单一投资情景 ($M = 7.00$)比多元投资情景($M = 5.74$)下的被试显著地偏好于竞争行为($t(69) = 2.94$,$p < 0.01$)。因此,其结果为实验假设提供了支持性证据。

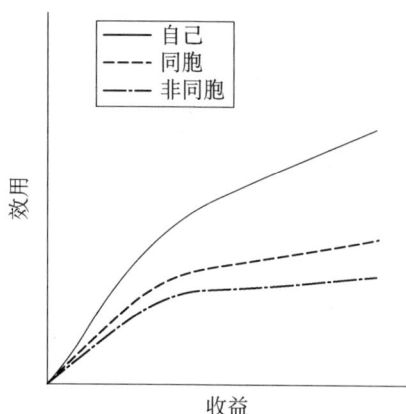

图 17.6 被试身份对"获得与效用(主观价值)之间的假设关系"的作用函数

17.6 博弈者身份的影响

该研究尝试了操纵效用曲率的另一种方法,即,改变博弈者之间的关系。实验假设为:当他人与自己的关系从不同国籍改变为相同国籍时,两名博弈者的效用曲率将会更加接近,如图 17.6 所示。如果齐当别模型是正确的话,拥有相同国籍的博弈者比拥有不同国籍的博弈者更可能选择合作行为。该实验采用 2×2 的混合设计。共有 98 名中国被试和 80 名澳大利亚被试完成了与实验 3 中相同的问题,且替换了补充指导语(给澳大利亚学生呈现斜体的词,而给中国学生呈现括号内的词):

实验 6:

想象你是一位在亚洲国家(澳洲)的澳大利亚(中国)投资者。你和 X(可能是中国人也可能是澳洲人)是本地区仅有的两个矿泉水厂的拥有者。

如果 X 是一位*澳洲*(亚洲)人,你会如何决策?

如果 X 是一位*亚洲*(澳洲)人,你会如何决策?

如图 17.7 所示,方差分析结果表明,被试身份的主效应显著 ($F(1, 176) = 10.03$, $p < 0.01$)。这表明博弈者身份会影响囚徒困境中的合作行为。中国组和澳大利亚组被试之间的差异不显著 ($F(1, 176) = 2.73$, *ns*),交互作用不显著($F(1, 176) = 0.89$, *ns*)。这表明中国和澳大利亚被试有相似的行为,即与相同国籍的对手博弈比与不同国籍的对手博弈更可能选择合作。

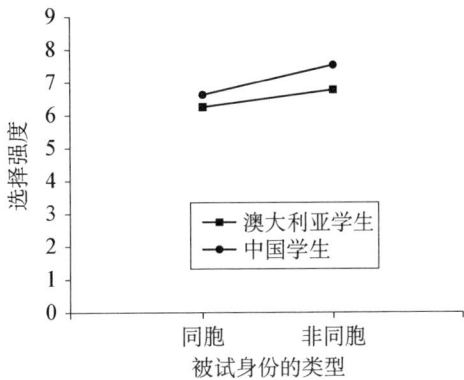

图 17.7 不同身份被试的选择强度分布图

17.7 讨论与启示

通过以上 6 个实验,我们得以从新的视角来审视囚徒困境问题。这系列实验尝试借助"自己报酬维度"和"他人报酬维度"以表征经典的囚徒困境,并假设这两个报酬维度上的差异可改变倚重"自己报酬维度"还是倚重"他人报酬维度"的齐当别的策略;人们选择竞争是因为最终决策只在"自己报酬维度"上进行,人们选择合作是因为最终决策只在"他人报酬维度"上进行。自 Li 和 Taplin(2002)首次提出"囚徒困境博弈中的决策行为是权衡在'自己报酬维度'上做选择还是在'他们报酬维度'上做选择的过程,"该文被他引颇多。但引文大都从"quantum probability explanation"的视角研究囚徒困境问题,潜心尝试借助这 2 个特殊维度以加深我们对囚徒困境引发问题的理解仍需要我辈努力。

致谢:本章的主要研究始于新南威尔士大学(ARC:F79700830),成于中国科学院心理研究所(百人计划)。感谢两位期刊匿名审稿人的评论和意见,并感谢 Elise M. Hopkins 对文章的润色及修改。

参考文献

Arkes, H. R. , & Blumer, C. (1985). The psychology of sunk cost. *Organizational Behavior and Human Decision Processes*, 35, 124 - 140.

Arkes, H. R. , Joyner, C. A. , & Pezzo, M. V. (1994). The psychology of windfall gains. *Organizational Behavior and*

Human Decision Processes, *59*, 331‒347.

Bolle, F., & Ockenfels, P. (1990). Prisoner's dilemma as a game with incomplete information. *Journal of Economic Psychology*, *11*, 69‒84.

Bonini, N., Tentori, K., & Rumiati, R. (2004). Contingent application of the cancellation editing operation: The role of semantic relatedness between risky outcomes. *Journal of Behavioral Decision Making*, *17*(2), 139‒152.

Kameda, T., Takezawa, M., Tindale, RS, & Smith, C. (2002). Social sharing and riskreduction: Exploring a computational algorithm for the psychology of windfall gains. *Evolution and Human Behavior*, *23*, 11‒33.

Li, S. & Taplin, J. E. (2002). Examining whether there is a disjunction effect in Prisoner's Dilemma Games. *Chinese Journal of Psychology*, *Taiwan*. *44*(1), 25‒46.

Li, S. (2002). Do money-earning time and money-exchanging route matter? *Psychology and Marketing*. *19*(9), 777‒782.

Li, S., & Adams, A. S. (1995). Is there something more important behind framing? *Organizational Behavior and Human Decision Processes*, *62*, 216‒219.

Li, S., Taplin, J. E., & Zhang, Y. (2007). The equate-to-differentiate's way of seeing the prisoner's dilemma. *Information Sciences*. *177*(6), 1395‒1412.

Navarro, A. D. & Fantino, E. (2005). The sunk cost effect in pigeons and humans. *Journal of the Experimental Analysis of Behavior*, *83*, 1‒13.

Shafir, E. (1994). Uncertainty and the difficulty of thinking through disjunctions. *Cognition*, *50*, 403‒430.

Shafir, E., & Tversky, A. (1992). Thinking through uncertainty: Nonconsequential reasoning and choice. *Cognitive Psychology*, *24*, 449‒474.

Tversky, A., & Kahneman, D. (1986). Rational choice and the framing of decisions. *Journal of Business*, *59*, S251‒S278.

von Neumann, J., & Morgenstern, O. (1947). *Theory of Games and Economic Behavior*. 2nd ed. Princeton, N. J.: Princeton University Press.

第18章 跨期选择众异象的"齐当别"解

共同作者：江程铭、刘洪志

日常生活中，人们往往会面临如下一些选择：是购买当下的奢侈品还是把钱留给未来养老；是吃份甜食以享受目前的美食乐趣还是坚持减肥计划以在将来获得美好身材；是现在还是押后撰写学术论文等。这些选择的共同特点是人们需要对不同时间点的损益做出权衡，研究者把这种决策称为跨期选择（intertemporal choice）（Frederick, Loewenstein, & O'donoghue, 2002）。苏格兰经济学家 John Rae 于 1834 年首次提出了跨期选择的社会和心理问题，并认为跨期选择会影响到一个国家的经济发展和财富积累。此后，经济学家和心理学家对跨期选择进行了一系列实证研究（Frederick et al., 2002）。研究结果对经济学、心理学、医学和哲学等基础学科以及市场营销、犯罪和成瘾等应用领域产生了深远影响（Read, 2004）。近年来，跨期选择研究更是延伸到环境保护领域，以帮助人类面对日益严重的环境危机（Hardisty, Orlove, Krantz, Small, Milch, & Osgood, 2012）。特别是目前全球经济低迷，环境政策的制定者面临着比以往更为复杂的两难选择：一是不采取或少采取应对全球气候变化和环境污染的政策措施，这样有助于现在经济的恢复，但未来将付出更大代价；二是采取相关政策措施，这有助于未来的可持续发展，但现在要付出很大代价，不利于经济的复苏（魏玮，2014）。Preis, Moat, Stanley 和 Bishop（2012）的研究表明，国民越着眼于未来，人均 GDP 越高，其国家的经济发展前景越好。从进化论的角度看，跨期选择是人类社会从狩猎文明进入农耕文明过程中发展出的一种重要决策能力，只有人类足够勇敢地做出"播种当下即可食用的种子,换取季后或许更多收成"这样一个跨期选择时,我们才得以告别狩猎文明转向农耕文明。可见,跨期选择是关乎国计民生的重要决策类型。

在决策研究领域,研究者通常采用经典的跨期选择问题形式,即以金钱为结果的二择一选择问题,要求被试在一个小而早(smaller-sooner, SS)和一个大而迟(larger-later, LL)的金钱结果选项中进行选择。比如,选择现在获得850元(SS选项)还是1年后获得1 000元(LL选项)。主流的跨期决策理论——折扣模型(discounting model)认为,当面临如此选择时,人们会以一定比率(折扣率,discounting rate)折扣未来的价值,然后通过比较折扣后的价值,选择折扣值较大的选项。举例来说,在上述选项中,如果你的1年折扣率为20%,即你认为1年后的1 000元仅相当于现在的800元,那么会选择现在获得850元而不是1年后获得1 000元。如果你的折扣率为10%,即认为1年后的1 000元相当于现在的900元,那么你会选择1年后获得1 000元而不是现在获得850元。

最典型的折扣模型是诺贝尔经济学奖获得者Samuelson(1937)所提出的折扣效用模型(discounted-utility model)。该模型认为人们将按照同一折扣率对未来不同时间点的效用进行折扣。意即,不同个体的折扣率可以不一样,但每个人的折扣率是恒定的,不应随着延迟时间长短、结果数量大小等条件的变化而变化。比如,你每年的折扣率恒定为20%,那么2年后的1 000元应该相当于1年后的800元,也应该相当于现在的640元。折扣效用模型不仅被认为是一个规范性理论(normative theory),同时也被认为是人们实际跨期决策行为的描述性理论(descriptive theory)(Frederick et al.,2002)。

然而,行为经济学的大量研究证据表明,人们会系统地违背折扣效用模型,研究者把这些违背折扣效用模型的现象称之为异象(anomalies)。

18.1 异象

现已知的跨期选择的异象包括:

(1)即刻效应(immediacy effect):延期的时间点从现在开始的选项比从未来开始的选项折扣更高(Keren & Roelofsma, 1995)。比如,某人对"现在获得100元"和"3个月后获得150元"这两选项并无明显的偏好,但是将这两选项的延迟时间增加一个月后,她会偏好"4个月后获得150元"而非"1个月后获得100元"。

(2)共同差异效应(common difference effect):两个选项加上一个共同的延迟,人们会更倾向于选择LL选项(Kirby & Herrnstein, 1995)。比如,某人对"1个月后获得 200 元"和"3 个月后获得 350 元"这两选项并无明显的偏好,但是将这两选项的延迟时间增加 6 个月后,她会偏好"9 个月后获得 350 元"而非"7 个月后获得 200 元"。

(3) 数量效应(magnitude effect):结果数量越小,折扣率越高(Thaler, 1981)。比如,某人对"1 个月后获得 20 000 元"和"3 个月后获得 35 000 元"这两选项并无明显的偏好,但是将这两选项的结果缩小到原来的百分之一,她会偏好"1 个月后获得 200 元"而非"3 个月后获得 350 元"。

(4) 间隔效应(interval effect):间隔效应分为次可加性和超可加性两种。两个跨期选项结果之间的时间差距称之为间隔。相对于短间隔,如果长间隔的每单位时间的折扣率更小,则称之为次可加性(subadditivity)(Read, 2001)。比如,某人对"1 个月后获得 250 元"和"3 个月后获得 450 元"这两选项并无明显的偏好,亦对"3 个月后获得 450 元"和"5 个月后获得 600 元"这两选项并无明显的偏好,但是如果面对"1 个月后获得 250 元"和"5 个月后获得 600 元"这两选项时,她更偏好**后者**(5 个月后获得 600 元),就表现为次可加性。相对于短间隔,如果长间隔每单位时间的折扣率更大,则称之为超可加性(superadditivity)(Scholten & Read, 2010)。比如,某人对"1 个月后获得 5 000 元"和"3 个月后获得 6 500 元"这两选项并无明显的偏好,亦对"3 个月后获得 6 500 元"和"5 个月后获得 7 500 元"这两选项并无明显的偏好,但是如果面对"1 个月后获得 5 000 元"和"5 个月后获得 7 500 元"时,她更偏好前者(1 个月后获得 5 000 元),就表现为超可加性。不仅是折扣效用模型,目前所有的折扣模型都不能解释间隔效应。

(5) 延迟/提前效应(delay/speed-up effect):延迟获得的折扣率比提前获得的折扣率要大(Loewenstein, 1988)。在延迟条件下,假设某人将在 7 天后获得 100 元。现在她面临两个选项:按计划"7 天后获得 100 元"(SS 选项),或者延迟计划,"14 天后获得 150 元"(LL 选项)。在提前条件下,她将在 14 天后获得 150 元,现在面临两个选项:按计划"14 天后获得 150 元"(LL 选项),或者提前计划,"7 天后获得 100 元"(SS 选项)。如果她在延迟条件下对 SS 选项和 LL 选项并无明显的偏好,那么,在提前条件下,她将会更偏好 LL 选项。

(6) 符号效应(sign effect):损失比获得的折扣率要小(Thaler, 1981)。某人如果对"7 天后获得 100 元"和"14 天后获得 150 元"这两选项并无明显的偏好,那么,将两选项的结果变为损失后,她会更偏好"7 天后损失 100 元"而非"14 天后损失 150 元"。

(7) 日期/延迟效应(date/delay effect):如果结果的延迟(如 6 个月后)用日期(如 10 月 17 日)来表示,会大大降低折扣率(Read, Frederick, Orsel, & Rahman,

2005)。比如,某人对"今天获得1 000元"和"6个月后获得1 500元"这两选项并无明显的偏好,她会更偏好"10月17日获得1 500元"而非"今天获得1 000元"。

(8) 序列效应(sequence effect):一个序列是指按照预定时间将会发生的一组结果,如一个人的薪水或按揭付款。在各种选择背景下,即使当序列中的总数保持恒定,人们通常偏好恒定(比如,序列"1年后获得3 000元,2年后获得3 000元,3年后获得3 000元")或递增的序列(比如,序列"1年后获得2 000元,2年后获得3 000元,3年后获得4 000元"),而非递减序列(比如,序列"1年后获得4 000元,2年后获得3 000元,3年后获得2 000元")(Loewenstein & Prelec, 1993; Read & Powell, 2002)。

(9) 跨期版艾勒悖论(intertemporal version of the Allais paradox):一对跨期选项同时加上一个共同成分(延迟结果),会改变原有的偏好。该异象是所有基于独立性和可加性的跨期决策理论所解释不了的(Rao & Li, 2011)(参见本篇第5章)。

众多异象迫使研究者必须不断改进折扣效用模型,以使其拟合实验中观察到的数据。一些研究者通过修正折扣函数,比如发展出准双曲线折扣函数(Laibson, 1997)和双曲线折扣函数(比如,Loewenstein & Prelec, 1992),对异象进行诠释,以期显示跨期选择仍然是基于折扣求和的决策行为。

我们认为,相较于折扣模型,齐当别模型能更好地解释跨期决策的心理过程及其异象。齐当别模型认为,人们在进行跨期选择时并非对选项的未来价值进行折扣,而是比较两个选项在一个维度(比如"延迟")上的差异之后再比较选项在另一个维度(比如"结果")上的差异,最后比较延迟维度上和结果维度上的差异大小,根据差异最大的维度来决定选择哪个选项。比如,在面临"1年后获得320元"和"3年后获得520元"的选择问题时,齐当别模型假设:决策者将会在结果维度上比较"520元"和"320元"的差异,以及在延迟维度上比较"3年"和"1年"的差异,如果她认为"520元和320元的差异"大于"3年和1年的差异",她会选择只在结果维度上做决策,即选择拥有更大结果(520元)的选项(3年后获得520元);如果她认为"3年和1年的差异"大于"520元和320元的差异",她会选择只在延迟维度上做决策,即选择更早(1年)获得结果的选项(1年后获得320元)。

18.2 齐当别模型对跨期选择的解释

Li(2004a)最初用相关性方法检验了齐当别模型能否对跨期选择做出解释。被试被要求依次完成以下问题(问题1)的两个任务:

问题 1：

（1）选择任务：作为利润分享的一部分，你的雇主将给你如下选择，你将选择哪一个？

A：1 年后获得 2 500 元

B：4 年后获得 6 000 元

（2）判断任务：下面哪个选项的差异较大？

C："获得 2 500 元"相对于"获得 6 000 元"

D："1 年后"相对于"4 年后"

根据齐当别模型，判断任务应该可以预测选择任务，即如果被试认为金钱差异（C："获得 2 500 元"相对于"获得 6 000 元"）较大，其将选择 LL 选项（B：4 年后获得 6 000 元）；如果被试认为延迟差异（D："1 年后"相对于"4 年后"）较大，其将选择 SS 选项（A：1 年后获得 2 500 元）。结果支持了齐当别模型对跨期选择的解释（$\chi^2 = 41.81$，$p < 0.001$，效应量 $\varphi = 0.51$），反应数据见表 18.1。

表 18.1 问题 1 选择和判断数据列联表

		选择	
		A	B
判断	C	23	(26)
	D	(98)	13

注：括号内为与齐当别模型预测相符人数。

江程铭、刘洪志、蔡晓红和李纾（2016）改进了相关性方法，应用更严格的实验程序和更高级的统计方法检验了齐当别模型对跨期选择的解释和预测。我们将选择前的金钱差异和延迟差异的比较过程称之为维度间差异比较。齐当别模型对跨期选择的过程描述如下：X（跨期选项的金钱和延迟参数）通过 M（维度间差异比较）影响 Y（偏好选择），或者 X 对 Y 的影响是 M 中介（mediated）的。在整个研究中，我们操纵了跨期选项的各种（金钱和延迟）参数（X），让被试假设在面临这些选项时，完成维度间差异比较任务（M）和偏好选择任务（Y）。我们通过中介分析统计方法（以 X 为自变量，Y 为因变量，M 为中介变量）对此模型进行检验（Judd, Kenny, & McClelland, 2001；Preacher & Hayes, 2008）。

针对跨期选择的数量效应以及共同差异效应产生的条件，我们操作了金钱维度（见以下问题 2）和延迟维度（见以下问题 3）上的差异。我们推测：当两个跨期选项的结果同时扩大 n（n>1）倍后，被试知觉到的结果维度的差异相对于延迟维度的差异会变大,从而更倾向于选择 LL 选项(即表现为数量效应);当两个跨期选项的延迟同时加上共同成分 d(d>0)后,被试知觉到的延迟维度的差异相对于结果维度的差异会变小,从而更倾向于选择 LL 选项(即表现为共同差异效应)。

问题 2 分为小额组和大额组两种条件。小额组条件选项为"1 年后得到 320 元人民币"和"3 年后得到 520 元人民币";大额组为小额组中的两个选项的金钱数量同时乘以 1 000,即配对选项变成"1 年后得到 320 000 元人民币"和"3 年后得到 520 000 元人民币"。

问题 3 分为近期组和远期组两种条件。近期组条件选项为"1 个月后得到1 500 元人民币"和"6 个月后得到 1 800 元人民币";远期组条件在上面两个选项的延迟上同时加上 72 个月,即为"73 个月后得到 1 500 元人民币"和"78 个月后得到 1 800元人民币"。

实验采用六点量表来测量被试的偏好选择。分数越小表明被试越倾向于选择SS 选项,分数越大表明被试越倾向于选择 LL 选项。

然而,直接测量维度间差异比较相对大小的程度存在一定困难。Li(2004a)的判断任务(见问题 1)仅要求被试判断哪个维度的差异更大,而我们这里采用的过程检验则需要得到多点评定的数据。为此,我们在尝试了诸多文字量表后,自创了"直观模拟天平"(visual analogue scale)任务,借助比喻形象地表征了"延迟"维度的差异相对于"结果"维度的差异比较的相对大小(图 18.1),从而解决了维度间比较多点测量的难题。如果被试认为延迟维度的差异大于金钱维度的差异,用向左倾斜的天平来表示;如果被试认为金钱维度的差异大于延迟维度的差异,用向右倾斜的天平来表示;如果两者差异相似,则用水平的天平来表示。天平向不同方向倾斜的程度代表了两者差异(金钱维度上的差异和延迟维度上的差异)的相对大小,我们用 7 点量表来表示:分数越大代表金钱维度上的差异相对于延迟维度上的差异越大;分数越小代表

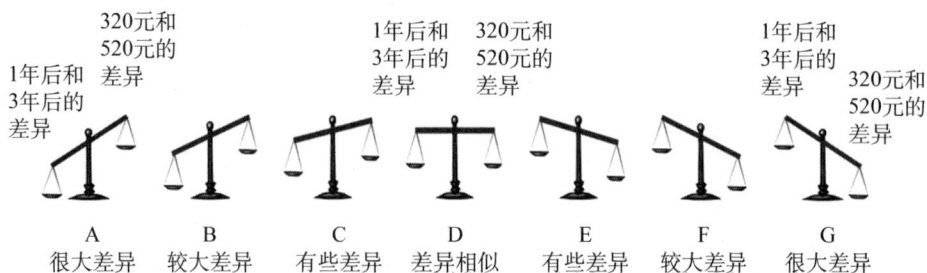

图 18.1 维度间差异比较(直观模拟天平)示意图(以问题 2 小额组为例,其他题目金钱数量和延迟长短参数作相应改变)

延迟维度上的差异相对于金钱维度上的差异越大(A=1, B=2, ……, G=7)。

在问题 2 和 3 的实验中,被试首先完成偏好选择任务,即用 6 点量表表示自己对两个选项的偏好程度,然后完成维度间差异比较任务,即直观模拟天平任务。

北京林业大学和中国农业大学的 116 名学生被试随机分配到问题 2 小额组和大额组(被试间设计)进行作答。北京林业大学的 122 名学生参加了问题 3 的作答,被试需要接受近期组和远期组两种条件的任务(被试内设计),一半被试随机先进行近期组任务,再进行远期组的任务;另一半被试顺序相反。

问题 2 的分析结果显示:相对于小额组条件,在大额组中,被试更倾向于选择 LL 选项 ($t(101.8) = 6.69$, $p < 0.001$, $Cohen's\ d = 1.20$),即偏好选择结果重复了以前关于数量效应的研究(Thaler, 1981);并且,被试更倾向于判断金钱维度差异大于延迟维度差异 ($t(105.5) = 5.27$, $p < 0.001$, $Cohen's\ d = 0.98$),见图 18.2 左和 18.2 右(图中误差棒为平均数±一个标准误)。

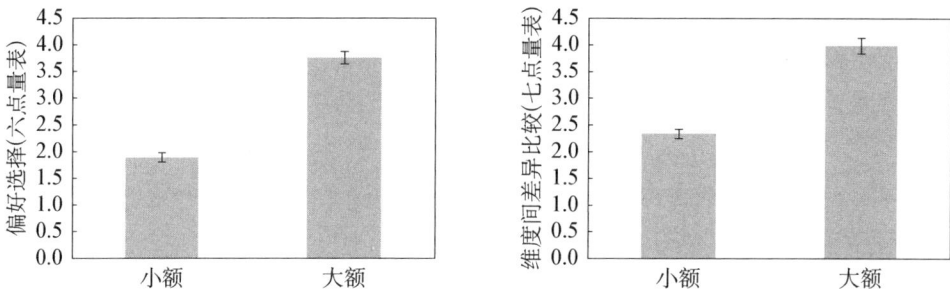

图 18.2 **左**:不同金钱数量下偏好选择分数;**右**:不同金钱数量下维度间差异比较分数。

问题 3 的分析结果显示:相对于近期组条件,在远期组中,被试更倾向于选择 LL 选项 ($t(121) = 4.49$, $p < 0.001$, $Cohen's\ d = 0.54$),即偏好选择结果重复了以前关于共同差异效应的研究(Kirby & Herrnstein, 1995);并且,被试更倾向于判断金钱维度差异大于延迟维度差异 ($t(116) = 3.35$, $p < 0.001$, $Cohen's\ d = 0.41$),见图 18.3 左和 18.3 右(图中误差棒为平均数±一个标准误)。

从图 18.2 和图 18.3 中可以看出:金钱维度差异相对于延迟维度差异的大小和对 LL 选项的偏好程度同方向变化,这在一定程度上支持了齐当别模型的解释,但尚不足以说明维度间差异比较导致了偏好选择。为此,实验采用 Preacher 和 Hayes (2008)开发的 Bootstrap 被试间中介分析程序与 Judd, Kenny 和 McClelland(2001)推荐的被试内中介方法分别对问题 2 和 3 的数据进行进一步检验。以选项条件为自变量,维度间差异判断为中介变量,偏好选择为因变量进行中介分析,结果发现中介检验均显著($p < 0.05$),从而进一步支持了齐当别模型的假设。意即:被试认为金

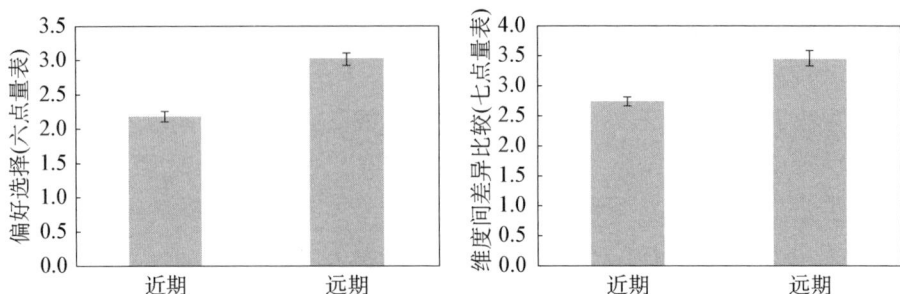

图18.3 **左**:不同延迟下偏好选择分数;**右**:不同延迟下维度间差异比较分数。

钱维度上的差异相对于延迟维度上的差异越大,越倾向于选择 LL 选项;反之,被试认为延迟维度上的差异相对于金钱维度上的差异越大,越倾向于选择 SS 选项。

在随后的实验中我们又通过改变实验程序:1. 首先进行维度间差异比较任务,然后进行偏好选择任务,从而证实了维度间差异比较是在选择时实时产生的[①];2. 通过把偏好选择测量从六点量表改为二择一选择,以及把选择任务和差异比较任务间隔一定的时空进行,从而解决了共同方法偏差问题[②](江程铭,刘洪志,蔡晓红,李纾,2016)。

以上一系列实验结果支持了齐当别模型对跨期选择的解释,同时验证了该模型对数量效应和共同差异效应的解释。

齐当别模型成功地解释了数量效应和共同效应,那么它对其他异象的解释力如何?

18.3 齐当别模型对跨期选择众异象的解释

江程铭,刘洪志,蔡晓红和李纾(2016)通过六个跨期选择问题,分别检验了齐当别模型对日期/延迟效应、超可加性、即刻效应、符号效应、次可加性和延迟/提前效应

---

① 先进行偏好选择,而后进行维度间差异比较的实验程序有可能导致人为假象(artifact)。认知失调 (cognitive dissonance)领域的研究表明,人们判断的改变有可能是选择后的结果而非选择时的实时过程(Brehm, 1956)。与此类似,维度间差异比较的结果有可能是实验程序导致的人为假象(artifact),而非选择时的实时过程。所以我们调整了实验程序,即先进行维度间差异比较,再进行偏好选择任务,以证实维度间差异比较是在选择时实时产生。

② 偏好选择和维度间差异比较任务采用了类似的(六点与七点)量表进行测量,并且两个任务在时间和空间上临近,因而有可能导致共同方法偏差问题,即被试为了保持心理一致,在两个任务的分数选择上共变,而并非是维度间差异比较对偏好选择的中介。所以我们通过把选择任务改为两项选择以及两个任务间隔一定的时空以解决此问题。

的解释：

问题 4（日期/延迟效应）：日期条件下的备择方案为"2013 年 3 月 6 日获得 7 700 元人民币"和"2015 年 9 月 6 日获得 14 800 元人民币"；延迟条件下的备择方案为"6 个月后获得 7 700 元人民币"和"36 个月后获得 14 800 元人民币"。所有被试均在 2012 年 9 月 6 日进行测试。

问题 5（超可加性）：短间隔条件下的备择方案为"12 个月后获得 82 500 元人民币"和"24 个月后获得 102 500 元人民币"，长间隔条件下的备择方案为"12 个月后获得 62 500 元人民币"和"36 个月后获得 102 500 元人民币"[①]。

问题 6（即刻效应）：即刻条件下的备择方案为"现在获得 260 元人民币"和"3 周后获得 285 元人民币"，非即刻条件下的备择方案为"24 周后获得 260 元人民币"和"27 周后获得 285 元人民币"。

问题 7（符号效应）：获得条件下的备择方案为"1 年后获得 3 500 元人民币"和"3 年后获得 8 000 元人民币"，损失条件下的备择方案为"1 年后损失 3 500 元人民币"和"3 年后损失 8 000 元人民币"。

问题 8（次可加性）：短间隔条件下的备择方案为"9 个月后获得 870 元人民币"和"12 个月后获得 950 元人民币"，长间隔条件下的备择方案为"6 个月后获得 870 元人民币"和"12 个月后获得 1 030 元人民币"[②]。

问题 9（延迟/提前效应）：延迟条件下假设：按规定被试可以在今天获得 100 元人民币，现在提供给他的备择方案为"按计划在今天获得 100 元人民币"和"延迟 1 年，获得 200 元人民币"；提前条件下假设：按规定被试可以在 1 年后获得 200 元人民币，现在提供给她的备择方案为"按计划在 1 年后获得 200 元人民币"和"提前 1 年，今天获得 100 元人民币"。

北京林业大学学生 106 人参加了问题 4、5、6 和 7 的作答。山东师范大学两批

---

① 如果被试在第一对选择里倾向于选择 LL 选项，按照折扣模型，他应该在第二对选择里也倾向于选 LL 选项。因为如果他偏好 24 个月后获得 102 500 元甚于 12 个月后获得 82 500 元，那么按照双曲线或者指数函数的折扣率，他应该偏好 36 个月后获得 102 500 元甚于 24 个月后获得 82 500 元。又因为价值的变化率是结果的递减函数，v(82 500) − v(62 500)＞v(102 500) − v(82 500)，所以，他应该偏好 24 个月后获得 82 500 元甚于 12 个月后获得 62 500 元，又根据传递率，他应该偏好 36 个月后获得 102 500 元甚于 12 个月后获得 62 500 元。如果实际结果与之相反，即为超可加性(Scholten & Read, 2010)。

② 如果被试在第一对选择里倾向于选择 SS 选项，按照折扣模型，他应该在第二对选择里也倾向于选 SS 选项。因为如果他偏好 9 个月后得到 870 元甚于 12 个月后得到 950 元，那么按照双曲线或者指数函数的折扣率，他应该偏好 6 个月后获得 870 元甚于 9 个月后获得 950 元。又因为价值的变化率是结果的递减函数，v(1 030) − v(950) ＜ v(950) − v(870)，所以，他应该偏好 9 个月后获得 950 元甚于 12 个月后获得 1 030 元。又根据传递率，他应该偏好 6 个月后获得 870 元甚于 12 个月后获得 1 030 元。如果实际结果与之相反，即为次可加性(Scholten & Read, 2010)。

学生各91人和96人分别参加了问题8和9的作答。其中问题4、7、8和9为被试间设计,被试被随机分配在两种条件下作答;问题5和6为被试内设计,一半被试被随机分配先进行一种条件的作答,再进行另一种条件的作答,另一半被试顺序相反。实验程序同问题2和3,即被试先进行偏好选择,然后进行维度间差异比较。

所有偏好选择的结果重复了以前的研究现象,包括日期/延迟效应、超可加性、即刻效应、符号效应、次可加性和延迟/提前效应。问题4到问题9的描述性数据见表18.2。

表18.2　不同效应的偏好选择和维度间差异比较平均分数(括号内为标准差)

任务	问题4(日期/延迟效应)		问题5(超可加性)		问题6(即刻效应)	
	日期	延迟	间隔短	间隔长	即刻	非即刻
偏好选择	3.68*** (1.68)	2.68*** (1.73)	3.29* (1.79)	3.06* (1.68)	2.16** (1.65)	2.56** (1.60)
维度间差异比较	4.02*** (2.10)	2.60*** (2.05)	3.61** (2.02)	3.27** (1.96)	2.90*** (1.81)	3.37*** (1.62)

任务	问题7(符号效应)		问题8(次可加性)		问题9(延迟/提前效应)	
	获得	损失	间隔短	间隔长	延迟	提前
偏好选择	3.44*** (1.79)	4.48*** (1.72)	2.55*** (1.35)	3.40*** (1.69)	2.68*** (1.70)	4.28*** (1.79)
维度间差异比较	3.37 (2.11)	3.66 (2.22)	2.45* (1.34)	3.00* (1.57)	2.56*** (1.59)	3.52*** (1.55)

注:*** 代表两组平均数的比较在0.01水平显著,** 代表两组平均数的比较在0.05水平显著,* 代表两组平均数的比较在0.10水平显著。

对问题4—9的中介分析结果显示:问题4(日期/延迟效应)、问题5(超可加性)、问题6(即刻效应)和问题8(次可加性)的中介检验显著(除问题8边缘显著 $p<0.06$,其他问题均 $p<0.05$),而问题7(符号效应)和问题9(延迟/提前效应)的中介检验不显著。综上所述,齐当别模型能够解释大部分跨期选择异象,包括日期/延迟效应、超可加性、即刻效应、次可加性,但不能解释符号效应和延迟/提前效应。

因而,我们认为齐当别模型描述了跨期选择主要的心理机制,即决策者比较延迟维度上和结果维度上的差异大小来进行选择。Arieli, Ben-Ami 和 Rubinstein(2011)的研究为我们的检验结果提供了支持证据。他们用眼动追踪技术探索了风险和跨期选择的信息获取过程,发现在跨期选择中被试三分之二的眼动是基于维度内的,即在金钱和金钱之间、延迟和延迟之间跳动,而非基于选项的,即在金钱和延迟之间跳动。这种信息获取模式与齐当别模型的预测一致,即决策者的信息加工更多是基于维度内的,而非选项内。

　　齐当别模型可以很好地解释跨期选择的大部分异象,但除了齐当别模型所述机制外,可能还存在其他的机制共同或者单独发生作用。本章节发现齐当别模型不能解释符号效应和延迟/提前效应,一个可能的原因是,不同的跨期选择问题和不同的表达形式都有可能影响到跨期选择的心理机制(Frederick & Loewenstein, 2008)。比如,Weber等人(2007)用质询理论(query theory)解释了延迟/提前效应。他们认为决策者在面临是提前还是延迟消费的问题时,会质询长时记忆里有关当前问题的信息来构建偏好。质询是基于序列的且前面的质询会干扰后面的信息提取。由于最初的质询一般是评价现状的价值,从而使决策者产生倾向于现状的偏好。因而相对于提前消费,延迟消费的折扣率较高。而关于符号效应,Hardisty, Appelt和Weber(2012)的研究表明人们在损失领域也存在着现状偏差,即情愿现在而不是未来遭受损失。孙红月等人(孙红月,2014;Sun et al., 2015)则从改造决策表征空间的角度理解符号效应,认为当面对一个将来发生的负性事件时,人们会主动生成一个潜在的维度,这个维度表征了含有**两种成分**的预期负性体验(一是预期负性情绪,如"焦虑、害怕、恐惧等";二是预期认知负荷,如"分心、牵挂"等)。预期负性体验增大了负性事件的负效用,从而使人们偏爱现在而不是未来发生的负性事件(亦见第二篇第24章)。

　　此外,本研究也没有检验序列效应和跨期版艾勒悖论的心理机制。因为对于序列效应,齐当别模型暂没有合适的解释。如上所言,跨期选择可能涉及多种心理机制。序列效应的产生可能是由于决策者希望在多个时间点平均分配消费额度或者是参照点依赖(人们对后面时间点结果的判断要参照前面时间点的结果)造成的(Read & Powell, 2002)。而对跨期版艾勒悖论,现有的跨期决策模型均无法提供整体性的解释(Rao & Li, 2011)。从齐当别模型对艾勒悖论的解释观点来看(Li, 1993, 2004b;李纾,2001),只有共同成分的变化能够改变不同维度上选项的大小差异时,艾勒悖论才有可能产生;加入了共同成分而没有改变不同维度上选项的大小差异,艾勒悖论则不可能产生。囿于我们开发的范式适于单结果跨期选择的研究,却不足以应对多结果跨期选择的研究,我们未能对跨期版艾勒悖论的心理机制进行检验。我们希望未来能在研究方法上有进一步的创新。

18.4　讨论与展望

　　以往跨期选择研究对于模型检验多着眼于结果预测(outcome prediction)或模型拟合。研究者通过数据结果是否符合某个模型(而不是另一个模型)的预测来验证模型,或通过各个模型拟合度之间的比较来选择解释力最强的模型(如,Laibson,1997;Read, 2001;Scholten, Read, & Sanborn, 2014)。基于这些模型检验的方法,各类模型均得到了一些研究结果的支持。比如,Laibson(1997)研究的选择结果的数据支持其所提出的准双曲线折扣函数;而 Scholten 和 Read(2010)研究的选择结果的数据支持他们所提出的权衡模型。因此,仅凭行为结果数据难以令人信服地判定跨期选择究竟执行了何种心理过程。采用数据拟合方法的研究者(Suter, Pachur, & Hertwig, 2015)也承认:尽管大部分被试的反应可被加权求和的规范理论(norm theory)所描述,但是数据拟合这种方法并不能排除"被试的真实决策依赖的是启发式原则而非期望法则式的计算"的可能性。我们对跨期选择过程的检验结果表明:面临跨期选择时,人们或许并非如主流折扣模型所认为"对未来的结果进行折扣后再进行选择",而是如齐当别模型所认为的"基于维度的差异比较后,在单一维度上进行选择"。

作为一种与主流模型——折扣模型大相径庭的模型,齐当别模型可为未来的跨期选择研究提供另一种研究视角。比如,神经经济学过去一直是在折扣模型理论框架指导下,按图索骥地去寻找与概念相应的神经基础(如 Kable & Glimcher, 2007;McClure, Laibson, Loewenstein, & Cohen, 2004),这种研究思路有可能妨碍对跨期选择神经机制的正确理解;而齐当别模型的视角则可能为未来研究指出一条崭新途径。

此外,以往研究大多假设跨期选择的结果是确定的。但是,真实世界中的大部分跨期选择情景都处于某种风险之中,若将风险变量纳入跨期选择的研究则有助于更好地解释人们的决策偏好。有研究发现,将不确定性引入跨期选择中,犹如增加一个时间延迟一样,会降低未来奖励的折扣程度(Stevenson, 1992;Ahlbrecht & Weber, 1997;Weber & Chapman, 2005);然而,另有研究认为风险和时间延迟对于跨期选择的偏好有着相反的影响(Anderson & Stafford, 2009)。李纾和孙彦则提出"风险的差异性编辑"假说,认为人们不会"理性"地对冲掉现在和未来的风险因素,风险最终会提高跨期选择的折扣率,并以实验证实了风险状态下跨期选择也存在量级效应和延迟效应(Sun & Li, 2010)。在未来的研究中,关注风险状态下的跨期选择,并尝试用齐当别原理解释、预测该类型的跨期选择当是我们面临的一大挑战。

致谢:感谢任衍具、汪祚军、唐辉、郑世良、回佳涵、陈煦海和杨晓东帮助收集研究数据。

参考文献

Ahlbrecht, M. , & Weber, M. (1997). An empirical study on intertemporal decision making under risk. *Management Science*, *43*(6),813 – 826.

Anderson, L. R. , & Stafford, S. L. (2009). Individual decision-making experiments with risk and intertemporal choice. *Journal of Risk and Uncertainty*, *38*(1),51 – 72.

Arieli, A. , Ben-Ami, Y. , & Rubinstein, A. (2011). Tracking decision makers under uncertainty. *American Economic Journal*: *Microeconomics*, *3*,68 – 76.

Brehm, J. W. (1956). Postdecision changes in the desirability of alternatives. *Journal of Abnormal and Social Psychology*, *52*,384 – 389.

Frederick, S. , & Loewenstein, G. F. (2008). Conflicting motives in evaluations of sequences. *Journal of Risk and Uncertainty*, *37*(2 – 3),221 – 235.

Frederick, S. , Loewenstein, G. F. , & O'donoghue, T. (2002). Time discounting and time preference: A critical review. *Journal of Economic Literature*, *40*(2),351 – 401.

Hardisty, D. J. , Appelt, K. C. , & Weber, E. U. (2012). Good or bad, we want it now: Fixed-cost present bias for gains and losses explains magnitude asymmetries in intertemporal choice. *Journal of Behavioral Decision Making*, *26*(4), 348 – 361.

Hardisty, D. J. , Orlove, B. , Krantz, D. H. , Small, A. A. , Milch, K. F. , & Osgood, D. E. (2012). About time: An integrative approach to effective environmental policy. *Global Environmental Change*, *22*(3),684 – 694.

Judd, C. M. , Kenny, D. A. , & McClelland, G. H. (2001). Estimating and testing mediation and moderation in within-subject designs. *Psychological Methods*, *6*(2),115 – 134.

Kable, J. W. , & Glimcher, P. W. (2007). The neural correlates of subjective value during intertemporal choice. *Nature Neuroscience*, *10*(12),1625 – 1633.

Keren, G. , & Roelofsma, P. H. M. P. (1995). Immediacy and certainty in intertemporal choice. *Organizational Behavior and Human Decision Processes*, *63*(3),287 – 297.

Kirby, K. N. , & Herrnstein, R. J. (1995). Preference reversals due to myopic discounting of delayed reward. *Psychological Science*, *6*(2),83 – 89.

Laibson, D. (1997). Golden eggs and hyperbolic discounting. *The Quarterly Journal of Economics*, *112*(2),443 – 478.

Li, S. (1993). What is wrong with Allais' certainty effect? *Journal of Behavioral Decision Making*, *6*,271 – 281.

Li, S. (2004a). A behavioral choice model when computational ability matters. *Applied Intelligence*, *20*(2),147 – 163.

Li, S. (2004b). An alternative way of seeing the Allais-type violations of the sure-thing principle. *Humanomics*, *20*(1 & 2),17 – 31.

Loewenstein, G. F. (1988). Frames of mind in intertemporal choice. *Management Science*, *34*(2),200 – 214.

Loewenstein, G. F. , & Prelec, D. (1992). Anomalies in intertemporal choice: Evidence and an interpretation. *The Quarterly Journal of Economics*, *107*(2),573 – 597.

Loewenstein, G. F. , & Prelec, D. (1993). Preferences for sequences of outcomes. *Psychological Review*, *100*(1), 91 – 108.

McClure, S. M. , Laibson, D. I. , Loewenstein, G. F. , & Cohen, J. D. (2004). Separate neural systems value immediate and delayed monetary rewards. *Science*, *306*(5695),503 – 507.

Preacher, K. J. , & Hayes, A. F. (2008). Asymptotic and resampling strategies for assessing and comparing indirect effects in multiple mediator models. *Behavior Research Methods*, *40*(3),879 – 891.

Preis, T. , Moat, H. S. , Stanley, H. E. , & Bishop, S. R. (2012). Quantifying the advantage of looking forward. *Scientific Reports*, *2*,350.

Rao, L. L. , & Li, S. (2011). New paradoxes in intertemporal choice. *Judgment and Decision Making*, *6*,122 – 129.

Read, D. (2001). Is time-discounting hyperbolic or subadditive? *Journal of Risk and Uncertainty*, *23*(1),5 – 32.

Read, D. (2004). Intertemporal choice. In: Koehler, D, Harvey, N (Eds.), *Blackwell Handbook of Judgment and Decision Making*. Blackwell, Oxford, pp. 424 – 443.

Read, D. , & Powell, M. (2002). Reasons for sequence preferences. *Journal of Behavioral Decision Making*, *15*(5), 433 – 460.

Read, D. , Frederick, S. , Orsel, B. , & Rahman, J. (2005). Four score and seven years from now: The date/delay effect in temporal discounting. *Management Science*, *51*(9),1326 – 1335.

Scholten, M. , & Read, D. (2010). The psychology of intertemporal tradeoffs. *Psychological Review*, *117*(3),925 – 944.

Scholten, M. , Read, D. , & Sanborn, A. (2014). Weighing outcomes by time or against time? Evaluation rules in intertemporal choice. *Cognitive Science*, *38*(3),399 – 438.

Stevenson, M. K. (1992). The impact of temporal context and risk on the judged value of future outcomes. *Organizational Behavior and Human Decision Processes*, *52*(3),455 – 491.

Sun, H-Y. , Li, A-M. , Chen, S. , Zhao, D. , Rao, L-L. , Liang Z-Y. , & Li, S. (2015). Pain now or later: An outgrowth account of pain-minimization. *PLoS ONE*, *10*(3): e0119320.

Sun, Y. , & Li, S. (2010). The effect of risk on intertemporal choice. *Journal of Risk Research*, *13*(6),805 – 820.

Suter, R. S. , Pachur, T. , & Hertwig, R. (2015). How affect shapes risky choice: Distorted probability weighting versus probability neglect. *Journal of Behavioral Decision Making*, Article first published online: DOI: 10. 1002/bdm. 1888.

Thaler, R. (1981). Some empirical evidence of dynamic inconsistency. *Economics Letters*, *8*, 201 - 207.

Weber, B. J. , & Chapman, G. B. (2005). The combined effects of risk and time on choice: Does uncertainty eliminate the immediacy effect? Does delay eliminate the certainty effect? *Organizational Behavior and Human Decision Processes*, *96*(2), 104 - 118.

Weber, E. U. , Johnson, E. J. , Milch, K. F. , Chang, H. , Brodscholl, J. C. , & Goldstein, D. G. (2007). Asymmetric discounting in intertemporal choice: A query-theory account. *Psychological Science*, *18*(6), 516 - 523.

江程铭,刘洪志,蔡晓红,李纾.(2016).跨期选择单维占优模型的过程检验.心理学报,48(1),59—72.

李纾.(2001).艾勒悖论(Allais Paradox)另释.心理学报,33(2),176—181.

孙红月.(2014).负折扣现象产生的心理机制研究(博士学位论文).中国科学院心理研究所,北京.

魏玮.(2014年4月9日).破解环境政策制定的两难选择——解析环境政策与经济周期波动关系.中国社会科学报.

第 19 章 空间决策的"齐当别"解

共同作者:蔡晓红、刘洪志、杜志鸿

早在战国时期,尸子就曾对宇宙进行论述:"四方上下曰宇,往古来今曰宙。"[1]由此可见,空间与时间有着不可分割的紧密联系,并且有着极大的相似性。"时间"和"空间"都是抽象概念,"时间"表达事物的生灭排序,其内涵是无尽永前,其外延是一切事件过程长短和发生顺序的度量;"空间"则表达事物的生灭范围,其内涵是无界永在,其外延是一切物件占位大小和相对位置的度量。

与时间所对应的跨期决策类似,空间距离也对应一种决策类型,即**空间决策**(spatial choice)。它是指对发生在不同空间地点上的结果做出选择的过程。它包含了人们对商品、服务等在距离上的偏好(Hunt, Boots, & Kanaroglou, 2004)。古代称行走贩卖货物为商,住着出售货物为贾,而这因地域而产生的物价差应构成空间决策的要旨。鉴于时间和空间的相似性和关联性,我们不禁要问:空间决策是否也会生成类似于跨期决策的"异象"? 空间决策的心理机制如何? 是否也能被齐当别模型所解释呢? 我们大胆猜测,如果将上一章节所讨论的"共同差异效应"以及"数量效应"中的"时间"置换为"空间",我们或许也能在空间决策中观察到类似的选择"异象"。

在上一章节,我们采用过程检验而非结果拟合的方法,借助"直观模拟天平"任务,对维度间差异比较的大小进行测量,并且通过系列实验,揭示了维度间差异比较

---

[1] "时空"一词,出于现代人对西文 time-space 之对译,古代中国人则从不这么说。《尸子》(通常认为成书于汉代)上说:四方上下曰宇,往古来今曰宙。这是迄今在中国典籍中找到的与现代"时空"最好的对应(江晓原,1998)。

图 19.1 以空间度量时间

构成了跨期选择的重要(尽管可能不是唯一)决策过程,为支持齐当别提供了重要的过程验证证据。在本章节中,为检验我们的猜测并检验齐当别模型对空间决策的解释力,我们类比上一章节采用的研究思路设计了以下实验。

19.1 由空间决策所派生的"共同差异效应"及其过程检验

我们借助"异地找工作"情景,类比跨期选择的"共同差异效应"产生的条件,着重操纵了**"距离维度"**上的差异,设计了以下两个问题:

问题一:假设您正在找工作,有以下两个工作供您选择:

    A. 工作地点离家 5 公里,工资 6 000 元/月

    B. 工作地点离家 25 公里,工资 7 000 元/月

问题二:假设您正在找工作,有以下两个工作供您选择:

    A. 工作地点离家 135 公里,工资 6 000 元/月

    B. 工作地点离家 155 公里,工资 7 000 元/月

问题二是在问题一的基础上加上一段共同的距离(成分)"130 公里"转换而来,如果剔除这一共同成分,问题二便成了问题一。类比跨期决策"补偿性、折扣求和最大化"的主流理论(如 Hotelling(1929)提出的空间决策模型(spatial choice model))的诉求,人们在两道题目中的选择偏好不应随着相同距离的变化而变化。

齐当别模型对这类空间决策的解释是:人们在进行决策时,会先比较两个选项在一个维度(比如"距离")上的差异,之后再比较选项在另一个维度(比如"金钱结果")

上的差异,然后比较两个维度差异的大小,最后根据差异最大的维度来决定选择哪个选项。换言之,齐当别模型假设:在问题一中,决策者将在"金钱结果维度"上比较"6 000 元/月"和"7 000 元/月"的差异,以及在"距离维度"上比较"5 公里"和"25 公里"的差异,如果决策者认为"6 000 元/月"和"7 000 元/月"的差异大于"5 公里"和"25 公里"的差异,那么决策者会选择只在"金钱结果维度"上做决策,即选择工资更高(7 000 元/月)的选项(工作地点离家 25 公里,工资 7 000 元/月);相反,如果决策者认为"5 公里"和"25 公里"的差异大于"6 000 元/月"和"7 000 元/月"的差异,那么决策者会选择只在"距离维度"上做决策,即选择离家更近(5 公里)的选项(工作地点离家 5 公里,工资 6 000 元/月)。而在问题二中,决策者感受到两选项在"距离维度"上的差异("135 公里"和"155 公里")小于"金钱结果维度"上的差异(6 000 元/月"和"7 000 元/月"),因此相较于问题一,决策者更可能仅基于"金钱结果维度"进行决策,即更可能在问题二中选择 B 选项。

据此,我们假设,与跨期决策中的"共同差异效应"类似,在"异地找工作"的空间决策中,当两个选项加上一段共同的距离之后,人们会更倾向于选择距离远、工资高的选项。即,相较于问题一,在问题二中人们更倾向于选择 B 选项;并且,维度间差异的比较能够中介选择偏好的结果。

我们将选择前比较"金钱结果维度"差异和"距离维度"差异之间大小的过程称之为维度间差异比较。齐当别模型可简单概括如下:X(空间选择备选项的距离和金钱结果参数)通过 M(维度间差异比较)影响 Y(偏好选择),或者 X 对 Y 的影响是由 M 中介(mediated)的。在本实验中,我们操纵了空间选择备选项的"距离"参数(X),让被试假设在面临这些选项时,完成维度间差异比较任务(M)和偏好选择任务(Y)。我们通过中介分析统计方法(以 X 为自变量,Y 为因变量,M 为中介变量)对此模型进行检验(Judd, Kenny, & McClelland, 2001)。

为了验证假设,我们邀请 74 名中国农业大学学生参加实验,其中男性 36 人,女性 38 人,平均年龄 22.41±3.44 岁。被试在阅读完每道问题后,需在 6 点量表(6-point Likert scale)中评定对两选项的偏好强度(其中 1 表示非常肯定选 A, 6 表示非常肯定选 B)。

被试旋即再完成由上一章所介绍的"直观模拟天平"任务(图 19.2)。如果被试认为"距离维度"的差异大于"金钱结果维度"的差异,用向左倾斜的天平来表示;如果被试认为"金钱结果维度"的差异大于"距离维度"的差异,用向右倾斜的天平来表示;如果两者差异相似,则用水平的天平来表示。天平向不同方向倾斜的程度代表了两者差异("金钱结果维度"上的差异和"距离维度"上的差异)的相对大小,我们用 7 点量表来表示:分数越大代表"金钱结果维度"上的差异相对于"距离维度"上的差异越大;分数越小代表"距离维度"上的差异相对于"金钱结果维度"上的差异越大(A＝1，B＝2，……，G＝7)。

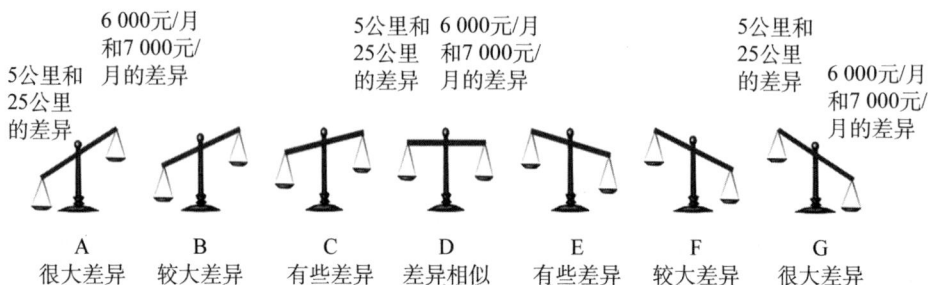

图 19.2　维度间差异比较(直观模拟天平)示意图

　　结果表明,两种条件(有加 130 公里 vs. 没加 130 公里)下被试的选择偏好存在显著差异。被试在有加 130 公里条件下 ($M = 3.46 \pm 1.84$) 比没加 130 公里条件下 ($M = 3.11 \pm 1.68$) 更倾向于选距离远、工资高的选项,$t(73) = 2.45$, $p < 0.05$。

　　为检验维度间差异比较能否中介偏好结果,我们按照 Judd, Kenny 和 McClelland(2001)推荐的被试内中介方法进行检验:首先计算每个被试对两个条件(远距离组和近距离组)的偏好强度分数之差(简写为 P－)、维度间差异比较分数之差(简写为 C－)以及中心化的维度间差异比较分数之和(简写为 C＋),然后以 P－向 C－和 C＋做回归,得到 C－的标准化回归系数 $\beta = 0.34$, $t(72) = 8.44$, $p < 0.001$,中介效应显著。因而偏好强度是通过维度间差异比较所中介的。即被试认为"金钱结果维度"上的差异相对于"距离维度"上的差异越大,越倾向于选择距离远、工资高的选项;反之,被试认为"距离维度"上的差异相对于"金钱结果维度"上的差异越大,越倾向于选择距离短、工资低的选项。

　　以上实验说明,在空间决策中也会生成与跨期决策中的"共同差异效应"类似的"异象",即,两个选项加上一段共同的距离,人们会更倾向于选择距离远、工资高的选项。并且,这种"异象"可以被齐当别模型所解释。

19.2　由空间决策所派生的"数量效应"及其过程检验

　　在空间决策中,是否还存在其他与跨期决策中的"异象"类似的效应? 齐当别模型对这些"异象"的解释力又如何?

　　我们随即将探讨在空间决策中是否存在类似跨期决策中的"数量效应",及该效应能否被齐当别模型所解释。我们继续借助"异地找工作"情景,类比跨期选择中"数量效应"产生的条件,着重操纵了**"金钱结果维度"**上的差异,设计了下列两个问题:

问题三:假设您正在找工作,有以下两个工作供您选择:

    A. 工作地点离家 7 公里,工资 4 000 元/月

    B. 工作地点离家 28 公里,工资 5 000 元/月

问题四:假设您正在找工作,有以下两个工作供您选择:

    A. 工作地点离家 7 公里,工资 40 000 元/月

    B. 工作地点离家 28 公里,工资 50 000 元/月

问题四是在问题三的基础上,将工资扩大 10 倍转换而来,因此两道题目中结果的比例是相同的。类比跨期决策"补偿性、折扣求和最大化"的主流理论(如Hotelling(1929)提出的空间决策模型)的诉求,人们在两道题目中的选择偏好也不应随着工资同时扩大 10 倍的变化而变化。

齐当别模型对此的解释是:在问题四中,"金钱结果维度"的差异("40 000 元/月"和"50 000 元/月")增大,因此相较于问题三,决策者更可能基于"金钱结果维度"进行决策,即,更可能在问题四中选择 B 选项。

据此,我们假设,与跨期决策中的"数量效应"类似,在距离不变的条件下,金钱结果(工资)数量越大,人们越倾向于选择距离远、工资高的选项。即,相较于问题三,在问题四中决策者更倾向于选择 B 选项;并且,维度间差异比较能够中介选择偏好的结果。

为了验证假设,我们仍然请 74 名中国农业大学学生参与本实验。实验程序同上,被试在阅读完问题后,需在 6 点量表(6 - point Likert scale)中评定对两选项的偏好强度,其中 1 表示非常肯定选 A,6 表示非常肯定选 B。被试随后再完成"直观模拟天平"任务。

结果表明,两种条件(工资扩大 10 倍前 vs. 工资扩大 10 倍后)下被试的选择偏好存在显著差异。被试在"工资扩大 10 倍后"条件下 ($M = 3.62 \pm 1.88$)比"工资扩大 10 倍前"条件下($M = 2.78 \pm 1.58$)更倾向于选距离远、工资高的选项,$t(73) = 4.29$,$p < 0.001$。

为了验证维度间差异比较能够中介选择偏好的结果,我们对维度差异判断的中介效应进行了检验,结果发现中介效应显著(C-的标准化回归系数 $\beta = 0.42$,$t(72) = 3.79$,$p < 0.001$)。即被试认为"金钱结果维度"上的差异相对于"距离维度"上的差异越大,越倾向于选择距离远、工资高的选项;反之,被试认为"距离维度"上的差异相对于"金钱结果维度"上的差异越大,越倾向于选择距离短、工资低

的选项。

以上实验说明,在空间决策中也存在与跨期决策中的"数量效应"类似的"异象",在距离不变的情况下,金钱结果数量越大,人们越倾向于选择距离远、工资高的选项;并且,这种"异象"也可以被齐当别模型解释。

19.3 讨论与启示

由于时间的延迟,获益往往无法立即获得,因此对结果进行折扣,由此产生了"利息";由于距离的延长,获益往往无法就近获取,因此对结果进行折扣,由此产生了"物流费"。时间与空间存在着许多共通之处,经典的决策理论中的加权求和思想也不出意料地渗透到了空间决策中。经典的空间决策模型认为,选项中的结果会被空间所损耗:空间越远,损耗后所得的总价值越小。人们由此根据距离的远近将选项的结果赋予不同的权重进行求和,并选择总效用最大的选项。

也正是因为时间和空间有着很多的相似之处,我们抑或可轻易地借助齐当别的思路派生出与跨期决策相似的空间决策"异象"(姑且称之为 Local Effect:here and there),如本章所报告的所谓的"共同差异效应"、"数量效应"等。我们斗胆预测,若照搬经典的加权求和思想来解释空间决策,则肯定会遇到与跨期决策相似的"异象"或者"悖论";研究者亦肯定会在诸"异象"或"悖论"的"逼迫"下不得不修改其"加权求和"的模型。或许,在陷入无止境地修改模型的怪圈之前,我们就应提前思考人们是否缺省(by default)地按照"加权求和"的方式进行空间决策。

在本章节中我们发现,对"距离维度"和"金钱结果维度"差异的主观评定中介了偏好选择,即在空间决策中,人们可能并不是按照"加权求和"的方式做决策,而是依照齐当别的逻辑,先比较"距离维度"差异与"金钱结果维度"差异的大小,再根据占优维度做决策。

相对于研究成果丰硕的风险决策、跨期决策研究,空间决策的研究尚属基本未开垦的"处女地"。而风险决策、跨期决策、空间决策三者有机地结合方构成完整的**贸易活动**——人类文明进步的象征、人类与动物的区别标记。为了解我们自身的行为标记是如何运作的,齐当别模型的视角或许能够给有意致力于空间决策的研究者指明一条别样的出路或捷径。

致谢:本章报告的研究部分得到中国科学院心理研究所本科生科学研究基金、北京市优秀博士学位论文指导教师人文社科项目(20138012501)的资助。

参考文献

Judd, C. M. , Kenny, D. A. , & McClelland, G. H. (2001). Estimating and testing mediation and moderation in within-subject designs. *Psychological Methods*, *6*(2), 115 - 134.

Hotelling, H. (1929). Stability in competition. *Economic Journal*, *39*, 41 - 57.

Hunt, L. M. , Boots, B. , & Kanaroglou, P. S. (2004). Spatial choice modelling: new opportunities to incorporate space into substitution patterns. *Progress in Human Geography*, *28*(6), 746 - 766.

江晓原. (1998). 古代中国人的宇宙. 传统文化与现代化. 0(5), 11.

第二篇 智慧决策

——在经过改造的表征空间里做决策

在第一篇里,我们主要介绍了决策者如何借 N 维空间来表征决策选项,如何选择决策策略并进行决策(即决策过程),以及如何在决策与判断中应用齐当别规则。

当前主流经济学与决策理论认为,人们应当遵从个人利益最大化或价值/效用最大化的原则(value maximization principle, VM 原则),选择能够直接给自己带来最大好处的选项(Cox, 2004; von Neumann & Morgenstern, 1944)。这种选择被认为是一种人类最原始的本能反应。例如,当我们年幼时,我们会很自然地在蛋糕群中选择更大的蛋糕。然而,随着我们年龄的增长,步入社会,在很多情境下我们会做出违背 VM 的决策(参见 Kahneman, Fredrickson, Schreiber, & Redelmeier, 1993; Li et al., 2011; Li, Bi, Su, & Rao, 2011)。在现实生活中,很多人选择了表面上并不利己,甚至会给自己带来即时损失(suffer an offered loss)的选项。如意大利谚语,"与老板一起吃梨时,不要选择最大的梨子",我国《三字经》所记载的"孔融让梨",均违背了价值/效用最大化的原则。

图 1 颐和园长廊故事:孔融让梨

在现有的"理性人"模型的框架下,似乎无法解释诸如此类的人类"慷慨"行为(Delton, Krasnow, Tooby, & Cosmides, 2011)。对于能被单维表征空间所表征的选择(一大一小两个梨子的选项),齐当别模型(Li, 1994, 2001, 2003, 2004, 2005)也无法对违背占优原则的案例(孔融让梨)做出解释。

那么,这种表面违背 VM 原则而选择吃亏的行为究竟是决策偏差还是有意为之?

目前,学界对这种选择"损己/吃亏"项的决策机制知之甚少。经典的选择模型认为,根据决策者的选择反应可推断其偏好,并假定选择反应能够反映出决策者对选项的潜在效用或价值所做的判断(Tversky, Sattath, & Slovic, 1988)。在这类决策模型中,每个选项可由给定的属性或维度 x 所表征,$v(x)$ 代表决策者在给定的属性或维度 x 上对选项所赋予的效用值,定义为"价"(value)。我们将在给定表征空间里(给定特征或维度集)所做的选择称为**基于"价"的选择(value-based choice)**。与此对应,我们提出和发展了一种**基于"值"的选择(worth-based choice)**的决策模型。该模型定义 x^c 为每一个选项所没有给出的属性或维度,这是由决策者自己生成的潜在特征或维度。此外,定义 $w(x^c)$ 为一种延时的"值"(worth),指由决策者在 x^c 潜在的特征或维度上所赋予的效用值。决策者不仅会被动地在"给定特征或维度集"上做选择,而且还会主动地改造表征选项的特征或维度集,并在改造过的表征空间(生成额外特征或维度)上赋予"延迟"获得的值。最终,决策者所选择的是最大"值"超过了最大"价"的选项。这种改造给定的表征空间并赋予"值"的加工过程,是导致做出种种"吃亏"决策的主因。

第九任美国总统威廉·亨利·哈里森(William Henry Harrison)可谓是深谙此道。年少的威廉是一个非常安静和害羞的男孩,正因如此,镇上的人都认为他不够聪明,于是经常在他面前放个 1 角硬币和 5 分硬币让他从中选一个。小威廉总是选择 5 分硬币,惹得众人发笑。有天一个妇人好奇地问他:"为什么你总是选 5 分硬币,你不知道 1 角硬币比 5 分硬币更值钱吗?""我当然知道的,"小威廉慢吞吞地说,"但是如果我选了 1 角硬币,还会有人给我钱让我选吗?"

在这个故事中,小威廉需要在一个 1 角钱硬币和一个 5 分钱硬币之间做出选择。如图 2 所示,$v(x)$ 即是小威廉在事先给定的维度(即当下的金钱获益)上分别对 5 分币和 1 角币赋予的"价";$w(x^c)$ 则是小威廉在自己主动生成一个累积 5 分钱的维度(即未来金钱获益)上分别对 5 分币和 1 角币赋予的"值"。这个主动生成的维度不是给定的维度,而是小威廉在看到选项后自己生成的一个潜在维度。小威廉不是在事先给定的维度(即当下的金钱获益)上做决策,而是在自己主动生成的额外维度(即未来金钱获益)上做决策。预见到额外维度上 5 分币的"值"大于给定维度上 1 角币的"价"(即选择 5 分币将能给自己带来更多金钱),$w(x^c) > v(x)$,小威廉从而选择了令自己当下吃亏的小面值硬币(5 分币)(Zheng et al., 2015)。

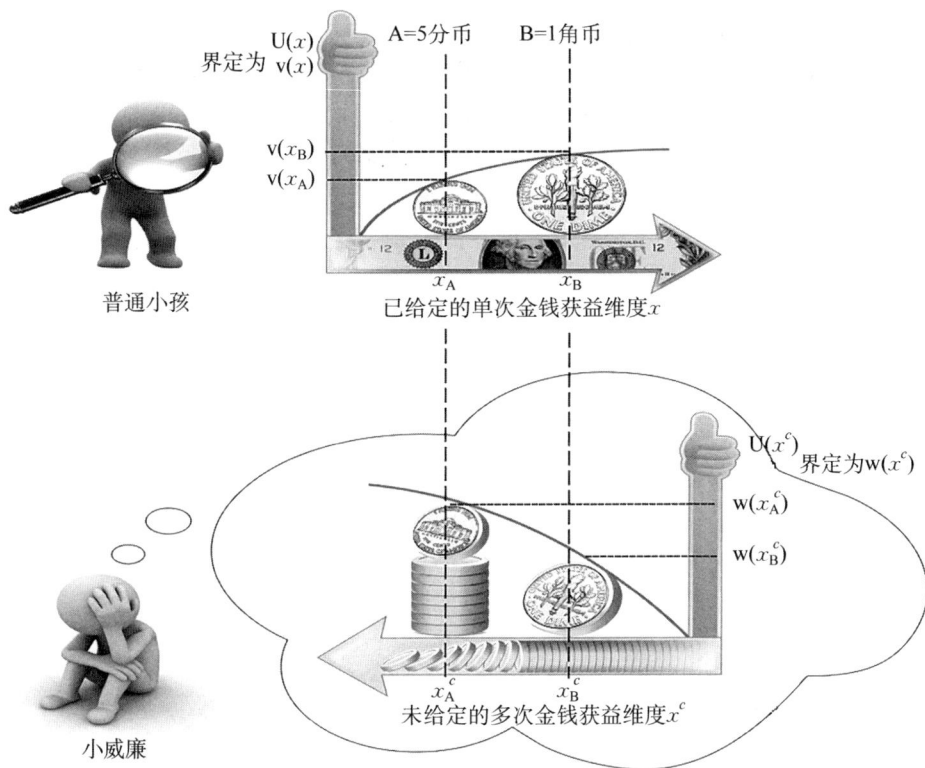

图2 选项A(5分币)和选项B(1角币)之间的抉择。对于普通孩子来说,已给定的、表征两个选项的维度是一个单次的金钱获益维度 x(single-play monetary dimension)。在这一维度上,选项A(5分币)被表征为 x_A,选项B(1角币)被表征为 x_B, x_A 和 x_B 分别被赋予价值(或效用) $v(x_A)$ 和 $v(x_B)$。从潜在的价值(或效用)来看, $v(x_B) > v(x_A)$,所以他们倾向于选择1角币,决策也即终止。然而,小威廉并没有停留于只基于已提供的维度进行价值或效用最大化的决策,而是进一步生成新的潜在维度,即多次的金钱获益维度 x^c(multi-play monetary dimension),在此基础上选项A(5分币)和选项B(1角币)分别被表征为 x_A^c(累积的多个5分币)和 x_B^c(唯一的1角币)。因为 $w(x_A^c) > w(x_B^c)$,所以他最终选择了5分币。

一言以蔽之,对于任一选项,我们将决策者在事先给定的维度(offered dimensions)上给各选项赋予的效用值定义为 $v(x)$,即"价";而将决策者主动在改造生成的新维度(unoffered dimensions)上给各选项赋予的效用值定义为 $w(x^c)$,即"值"。在做决策时,决策者会对"价"和"值"的相对大小做出判断,当认为"价"大于"值"时会基于"价"做选择,反之则会基于"值"做选择,即选择最"值得"的选项。

在以下章节里,冀能说明人们如何在潜维度上应用齐当别规则做出决策,且说明基于"值"的选择的决策何以能解释众多由此而生的决策异象或悖论。

第 20 章　不限于给定空间所做的决策

共同作者：郑昱

20.1　谁将小梨子看成"小"梨子？

为检验基于"值"的选择的假设，我们首先比较了父母和其孩子的决策行为。考虑到孩子或尚未从传统习俗、文化中习得选项中的隐藏含义而无法产生潜在维度，而父母在面对同样的选项时则可能理解其中隐藏含义从而产生潜在维度。我们由此推测，父母或根据选项的潜在维度进行选择，而孩子只能根据选项的表面属性或维度进行选择。

我们设置了两个儿童易懂的情景来检验儿童能否从传统习俗、文化中习得选项中的隐藏含义：买"手机号码"和"过年买灯笼"。预操作检查的结果表明，3—6 岁的孩子还没有从中国的传统习俗、文化中习得手机号码或灯笼所隐含的意义。考虑到中国的传统习俗、文化对于不同号码和灯笼含义的影响，在正式实验 1 中，采用"红灯笼和白灯笼"以及"514 和 518"手机尾号作为成人选择时可能生成潜在维度的选项，同时采用"蓝灯笼和紫灯笼"以及"513 和 517"手机尾号作为不可能生成潜在维度的选项。

实验被试为某幼儿园的 29 对母女和 31 对父子。实验设定了两种情景:购买灯笼和购买手机号码。每种情景下都包括 3 对选择(要求被试从两个选项中选一个):一个选项是较便宜的灯笼或手机号码(10 元),另一个选项是较贵的灯笼或手机号码(20 元),题目示例如下:

购买手机号码情景:

假设你要去买一个手机号码,下面有两个选择,你会选择哪一个:

A. 售价 10 元的尾号是 513 的手机号码

B. 售价 20 元的尾号是 517 的手机号码

购买过年灯笼情景:

假设你要去买一个过年家里挂的灯笼,下面有两个选择,你会选择哪一个:

A. 售价 10 元的蓝色灯笼

B. 售价 20 元的紫色灯笼

图 20.1 天津石家大院门前的红灯笼

购买手机号码的情景设置了三种配对条件(513 vs. 517;513 vs. 518;514 vs. 517),购买过年灯笼情景也设置了三种配对条件(蓝色 vs. 紫色;蓝色 vs. 红色;白色 vs. 紫色),各三分之一的被试(20 对父子或母女)被随机分配至手机号码情景和灯笼情景中的任一种配对条件下做选择(例如,513 vs. 517+蓝色 vs. 紫色)。对孩子和其父母分别单独施测,由主试询问其在每种情景下的选择意向,并记录选择意向的强烈程度,被试进行 6 点评分,其中 1 表示非常愿意选 A,6 表示非常愿意选 B,结果如表 20.1 所示(Zheng et al.,2015)。其中,在面对购买手机尾号和灯笼两种情景时,本实验的儿童被试总是倾向于选择价值更大的选项(更便宜),而不管与这个更便宜选项配对的另一个选项是哪一个(所有儿童被试选择倾向的均值都≤2.60,在不同配对条件下没有显著差异,$F(2, 57) = 0.42$,$p = 0.66$)。这种选择所表现出来的非常明显的偏好倾向表明:对于儿童而言,"价"更大的选项是具有明显优势的。当一个具有明显优势的选项存在时,这个选项就成为毋庸置疑的最佳可获得性选项,因此,决策者不会再做进一步的考虑和分析(von Winterfeldt & Edwards,1986)。然而,本实验中的父母被试在不同配对条件下均表现出显著的差异:在 513 vs. 517 手机尾号配对条件下和蓝灯笼 vs. 紫灯笼配对条件下,父母被试都倾向于选择"价"更大(更便宜)的选项;然而,当与 513 配对的手机尾号换成 518,与蓝灯笼配对的换成红灯笼,与 517 配对的手机尾号换成 514,与紫灯笼配对的换成白灯笼时,父母被试转而倾向于选择"价"更小(更贵)的选项。

表 20.1　数据汇总表(选择意向的均值,选择人数百分比,括号内是选择人数)

	配对选择条件								
不同手机尾号的选择	513—517 配对组 ($n = 20$ 对)			513—518 配对组 ($n = 20$ 对)			514—517 配对组 ($n = 20$ 对)		
	513	**517**	M (SD)	**513**	**518**	M (SD)	**514**	**517**	M (SD)
孩子	85.0% (17)	15.0% (3)	2.25 (1.71)	80.0% (16)	20.0% (4)	2.60 (1.93)	80.0% (16)	20.0% (4)	2.30 (1.92)
父母	80.0% (16)	20.0% (4)	2.30 (1.66)	15.0% (3)	85.0% (17)	4.95 (1.70)	10.0% (2)	90.0% (18)	5.10 (1.41)
不同颜色灯笼的选择	蓝色—紫色配对组 ($n = 20$ 对)			蓝色—红色配对组 ($n = 20$ 对)			白色—紫色配对组 ($n = 20$ 对)		
	蓝	紫	M (SD)	蓝	红	M (SD)	白	紫	M (SD)
孩子	85.0% (17)	15.0% (3)	2.05 (1.54)	80.0% (16)	20.0% (4)	2.30 (1.42)	75.0% (15)	25.0% (5)	2.45 (1.70)
父母	80.0% (16)	20.0% (4)	2.10 (1.37)	5.0% (1)	95.0% (19)	5.75 (0.91)	10.0% (2)	90.0% (18)	5.40 (1.31)

	$n = 60$ 对	
两种德芙巧克力的选择	Dove 德芙	Dove 德芙
孩子	6.7%(4)	93.3%(56)
父母	91.7%(55)	8.3%(5)

这种父母和其孩子之间的选择差异显著且稳定,以至于在真实情景中也能发现这种有趣的差异。实验 1 结束后,我们提供两块大小不同的德芙巧克力作为酬谢供被试选择(1 块归被试、一块归主试),其中 93.3% 的孩子选择了更大的德芙单条巧克力,然而他们的父母中只有 8.3% 做出了同样的选择。

综上所述,实验 1 的结果表明秉持 VM 原则做决策的是孩子而不是他们的父母。这些结论是否可以表明父母没有能力区分选项之间的"价"而他们的孩子却可以? 接下来的实验 2 试图回答这个问题:为什么在孩子眼中具有"优势"的选项在成人的眼中就变成"非优势"的选项,究竟是什么使成年人选择"小梨"?

20.2　是什么未知/非现实的因素致使成年人选"小梨"?

　　为了回答这个"为什么"的问题,我们在实验 2a 中采用了质询理论(query theory)的方法,该方法已经被成功地运用于相似任务的认知过程研究中(Hardisty, Johnson, & Weber, 2010; Johnson, Häubl, & Keinan, 2007; Weber et al., 2007)。实验 2a 首先要求成年被试完成与实验 1 一样的选择任务(手机号码情景和灯笼情景),然后要求被试列出他们所做选择的理由。根据询问的次序所做的统计变量称之为标准中数秩差(standardized median rank difference, SMRD,参见 Johnson, et al., 2007),本实验使用 SMRD 公式计算在不同配对条件下被试所得的 SMRD 分数。SMRD 分数的取值范围是−1(将金钱类理由全列在非金钱类理由之前)到+1(将非金钱类理由全列在金钱类理由之前)之间(表 20.2)。

表 20.2　基于理由聚焦和效价的分类

理由聚焦	理由效价	
	正性	负性
高价选项	"518"听起来像我要发① 红灯笼很吉利 价格高也值	这个东西太贵了 贵的东西并不就是好的
低价选项	这个东西更便宜 对我来说省钱很重要	"514"听起来像我要死② 白灯笼都是家有丧事用的 这个就算白给我也不要

注:左上角和右下角框里表示非金钱类理由,右上角和左下角框里表示金钱类理由。

　　实验 2a 的结果显示,当成年被试基于 VM 原则做选择时的 SMRD 均值在"−1～0"之间,这表示决策者所列的理由都是金钱类理由(参考表 20.2 右上角和左下角的内容)。而当被试不基于 VM 原则做选择时,四种配对条件下的 SMRD 均值都在"0～1"之间,这表示决策者所列的理由都是**非金钱理由**(参考表 20.2 左上角和右下角的内容)(Zheng et al., 2015)。然而,值得注意的是,这些**非金钱理由**(内容)均不是由

---

① 已有很多研究表明数字 8 的特殊含义及其在商业上的应用,例如北京奥运会之前有航空公司推出"888 美金到北京,好运带给你",北京奥运会也选在 2008 年 8 月 8 日晚 8 点开幕(Kramer & Block, 2008)。对于电话号码"88888888"曾有航空公司出价 240 万购买(Yardley, 2006)。

② "4"的发音在中文中类似"死",Bourassa 和 Peng(1999)的研究发现在新西兰奥克兰市有幸运号码门牌的房子升值很快;相反,带有号码 4 的房子,由于担心会带来厄运,中国人会避免购买带有号码 4 的门牌的房子。

选项本身给出的维度所表征的,而是由非给定的、潜在的维度所表征的。生成或想到这些潜在维度所表征内容的成人决策者**不基于** VM 原则做选择(选"**小梨**");而**没生成**或**没**想到这些潜在维度所表征内容的成人决策者则**坚定地**基于 VM 原则做选择(选"**大梨**")。

20.3　是什么已知/现实的因素致使成年人选"小梨"?

在实验 1 中,当被试面临真实的、非迷信的二择一选择(大的还是小的德芙巧克力)时,父母被试仍然选择了价值较小的选项。故事"孔融让梨"提示我们,这一决策的文化情境或隐含了社会关系,面临该选择的父母抑或考虑了"未选择的选项是否归他人所有"(例如,意大利谚语中大梨子是否应由老板吃,或者是大梨子是否应由孔融的兄弟吃)。实验 2b 的意图在于验证"未选择的选项是否归他人所有"的这种社会关系能否促使被试选择价值较小的选项。如果结果正如预期,那么我们就可以辨明,是什么促使人们选择了"价"更小的选项。

实验者设计了两对选择问题并呈现给 171 名大学生被试。被试需要在两种不同的情景下回答问题。在第一种情景下(未选择的选项没有归他人所有),指导语为"下面是一个二择一选项供您选择"。在另外一种情景下(未选择的选项归他人所有),指导语为"下面是 A 和 B 两个选项供您和您的一位朋友选择(即,您选择了 A,您的朋友则得 B;您选择了 B,您的朋友则得 A)"。

每种情景下均向被试呈现两对选择问题,如下所示:

第一对:有一个选项在多样性上占优势的铅笔问题

方案 A:从 2 支 ▌中选 1 支铅笔;方案 B:从 1 支 ▌和 1 支 ▌中选 1 支铅笔

第二对:有一个选项在数量上占优势的铅笔问题

方案 A:从 2 支 ▌中选 1 支铅笔;方案 B:从 2 支 ▌中取 2 支铅笔

被试首先需要在 Likert 6 点量表上(1＝"非常愿意选择 A",6＝"非常愿意选择 B")通过画圈的方式来分别评定对于方案的偏好选择。在做出二择一选择之后,被试则需要在"未选择的选项归一位朋友所有"这一情景下尽可能多地列出"您认为在情景二中选择 A 对您**本身**有什么好处"这一问题的答案。

实验结果表明,当在"未选择的选项**没有**归他人所有"这一情景下做选择时,被试在多样性优势($M_{多样性}$ ＝ 4.05)和数量优势($M_{数量}$ ＝ 3.76)这两对选择问题中均表现出对选项B较高程度的偏好。而当在"未选择的选项**归他人所有**"这一情景下做选择时,被试在多样性优势 ($M_{多样性} = 3.22$) 和数量优势($M_{数量} = 3.26$) 这两对选择问题中对于选项B的偏好程度均下降了(图20.2)。

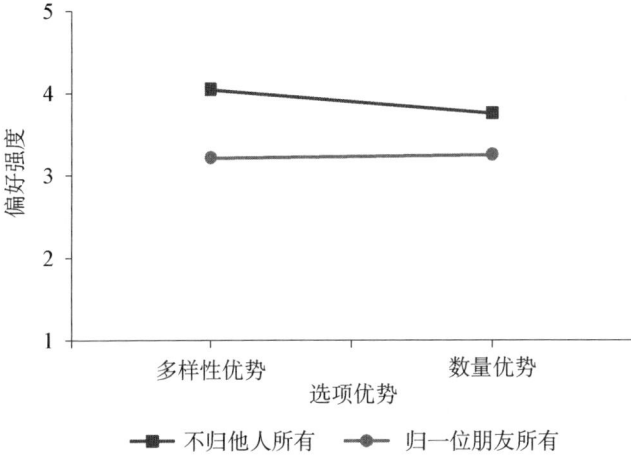

图 20.2　未选择选项(不归他人所有 vs. 归一位朋友所有)和选项优势(多样性优势 vs. 数量优势)条件下的选择偏好程度。偏好程度分数越高,表明被试越偏好选项B(在多样性或者数量上占优势的选项)。

对选择问题进行的 2(未选择选项:不归他人所有 vs. 归一位朋友所有)×2(选项优势:多样性优势 vs. 数量优势)方差分析结果表明(Zheng et al., 2015),未选择选项是否归他人所有这一操纵的主效应显著, $F(1, 169) = 23.36$, $p < 0.01$,而选项优势的主效应不显著,$F(1, 169) = 0.79$, $p = 0.374$,且未选择选项是否归他人所有和选项优势这两者的交互作用不显著,$F(1, 169) = 1.41$, $p = 0.236$。结果表明,基于对"未选择选项是否归他人所有"的这种社会关系的考虑,会促使被试选择"价"更小的选项。

表 20.3 呈现了被试对于"您认为在情景二中选择 A 对您本身有什么好处"这一问题的回答。共计记录了 433 个评定"好处"的条目,其中每名被试平均列出了 2.53 个理由。出现频率最高的理由为"让朋友开心"或者是"维持和发展友谊"(在多样性优势问题中所占比例分别为 34.6% 和 22.9%,在数量优势问题中所占比例分别为 36.1% 和 25.5%)。从表 20.3 的结果中我们可以推断出两个主要的结论:首先,无论人们实际上是否选择了选项 A,他们确实都能够生成"未给定"维度上的好处。这些好处编码为:a)将选项 B 留给朋友会使得朋友开心;b)做决策时更省心省力;c)从 2 支黑色铅笔中做选择感觉好;d)知足常乐。另一个结论为,选择选项 A 的被试相对于选择选项 B 的被试而言,在多样性优势的问题上生成了更多"好处"(选择 A:

$M_{多样性} = 1.64$ vs. 选择 B: $M_{多样性} = 1.24$），$t = 3.38$，$p < 0.01$，同时也在数量优势的问题上生成了更多"好处"（选择 A: $M_{数量} = 1.51$ vs. 选择 B: $M_{数量} = 0.74$），$t = 5.88$，$p < 0.01$。这表明个体这种在未给定的空间里表征"好处"的能力很可能解释了他们选择表面价值较小选项的行为。

表 20.3　被试列出的选项 A"好处"的数量（$n=171$）

编码选项 A 的"好处"	第一对：多样性优势		第二对：数量优势	
	选择 A	选择 B	选择 A	选择 B
将选项 B 留给朋友会使得朋友更开心	54(34.6%)	19(22.9%)	52(36.1%)	13(25.5%)
做决策时更省心省力	63(40.4%)	36(43.4%)	12(8.3%)	14(27.5%)
从 2 支黑色铅笔中做选择感觉好	13(8.3%)	16(19.3%)	26(18.1%)	10(19.6%)
知足常乐	/	/	35(24.3%)	5(9.8%)
其他	26(16.7%)	12(14.5%)	19(13.2%)	9(17.6%)
总计	156	83	144	51

注：括号内为该条理由的数目占该选择人数中所写总理由数目的比率。

简言之，实验 2a 和 2b 表明，对于那些选择了"价"较小的选项的被试而言，未给定维度上的表征与他们所处的文化背景中的某些社会性的事物有所关联。正是这些社会文化因素推动人们偏好"选小梨"，并为其选择"价"更小的选项做出了可能的解释。实验 2a 和 2b 的区别在于：在实验 2a 中，未给定维度上所表征的东西是生成于未知/非现实的来源（例如，迷信观念）；在实验 2b 中，未给定维度上所表征的东西是生成于已知/现实的来源（例如，友情）。

20.4　给定"价"vs. 生成"值"：齐当别的视角

实验 1 和实验 2 中的成人被试所做的选择表明，"价"更大（更便宜）的选项并不总是在选择时占据优势：一个选项在已给出的金钱维度上占据优势，而另一个选项可能在非金钱维度上占据优势。当选项之间的优势维度有冲突时，我们抑或借助"齐当别"模型所推介的"弱优势"原则（例如，Lee，1971；von Winterfeldt & Edwards，1986）以达成最终的决策。

实验 3 试图验证，即便人们生成了"潜在"的维度以表征备择选项，人们仍然"在某一维度上将差别较小的两个可能结果人为地'齐同'掉，而在另一维度上'辨别'差别较大的两个可能结果并作为最终决策的依据"（Li，1994，2001，2003，2004，2005）。

面对手机号码和灯笼情景（同实验 1），被试首先在两个选项中做出选择，然后在Likert 3 点量表上标明"表示选择该项的确定程度"，最后选出他们认为差别最大的一组配对。施测时被试被随机分至三种条件中。以条件 1 为例，判断任务题目如下所示：

条件 1 判断任务题目示例：

判断任务 1（请在您认为差别最大的那组配对前画钩）：

□"513 号码"对"517 号码"

□"花费 10 块"对"花费 20 块"

判断任务 2（请在您认为差别最大的那组配对前画钩）：

□"花费 10 块"对"花费 20 块"

□"紫色灯笼"对"蓝色灯笼"

选择任务和判断任务的结果如表 20.4 所示（Zheng et al.，2015）。根据"齐当别"的解释,决策者倾向于选择效用差异最大维度中较有优势的那个选项。以实验 3 的题目而言,例如,如果被试认为"513 号码"对"518 号码"的差别是最大的,则会在选择任务中选择 518 号码;如果被试认为"花费 10 块"对"花费 20 块"的差别是最大的,则会在选择任务中选择"花费 10 块"的那个选项。同理可推至其他条件下的选择。

表 20.4　在手机号码和灯笼情景下的选择任务、判断任务列联表

选择任务					
手机号码情景下的判断任务	$513-517(n=50)$		$513-518(n=50)$		$514-517(n=48)$	
C_{N1}	1	7	C_{N2}　9	28	C_{N3}　2	37
D	39	3	D　11	2	D　9	0
	$\chi^2=22.33$		$\chi^2=14.57$		$\chi^2=32.08$	
	$\varphi^2=0.54$		$\varphi^2=0.29$		$\varphi^2=0.78$	
	$r=0.55$		$r=0.56$		$r=0.87$	
灯笼情景下的判断任务	蓝—紫 $(n=50)$		蓝—红 $(n=50)$		白—紫 $(n=48)$	
C_{L1}	0	12	C_{L2}　2	44	C_{L3}　3	38
D	33	5	D　4	0	D　5	2
	$\chi^2=26.90$		$\chi^2=23.47$		$\chi^2=13.38$	
	$\varphi^2=0.61$		$\varphi^2=0.64$		$\varphi^2=0.37$	
	$r=0.68$		$r=0.77$		$r=0.46$	

注:C_{N1}表示"513 号码"vs. "517 号码"的差别最大;C_{N2}表示"513 号码"vs. "518 号码"的差别最大;C_{N3}表示"514 号码"vs. "517 号码"的差别最大;C_{L1}表示"蓝灯笼"vs. "紫灯笼"的差别最大;C_{L2}表示"蓝灯笼"vs. "红灯笼"的差别最大;C_{L3}表示"白灯笼"vs. "紫灯笼"的差别最大;D 表示"花费 10 元"vs. "花费 20 元"的差别最大。"r"表示点二列相关系数($ps<0.01$)。带有下划线的数据是与"齐当别"模型一致的结果。

点二列相关分析的结果支持了研究假设(判断任务和选择任务的点二列相关系数都在 0.46～0.87 之间, $ps < 0.01$)。对 6 组选择所做的卡方检验结果显示,判断任务可解释 29%～78%的选择变异($ps < 0.001$)。这些结果表明,在比较"两选项在'金钱'维度上的差别大还是在'潜在的非金钱'维度上的差别大"的"对决"(contest)中,其维度差别最大的胜者便可决定人们最终的决策只是简单地在"给定的两个金钱价值"之间做选择还是只是在"两个非金钱价值"之间做选择。这个结果有趣且富有意义,因为其意味着无论是违背 VM(基于"值"的选择)所做的选择还是遵循 VM(基于"价"的选择)所做的选择,都是系统的、可预测的选择。

20.5 给定"价"vs.生成"值":齐当别视角的再检验

实验 3 的结果表明,大多数成年人被试会在"给定的维度"上比较选项间的差异,同时也会在"自己生成的维度"上比较选项间的差异,若由此感知到两选项在"自己生成的维度"上的差异大于在"给定的维度"上的差异,成年人则更倾向于选择表面价值较小(吃亏)的选项。这就产生了一个问题:如果两选项在"自己生成的维度"上的差异发生了变化,例如,两选项在"自己生成的维度"上的差异变得小于在"给定的维度"上的差异,是否会影响我们的最终决策? 换言之,成年人选择"小梨",是在两选项(大梨 vs. 小梨)已给定的"价"保持不变的情况下发生的。试想,如果两选项的"值"发生了变化,比如"小梨"选项在"自己生成的维度"上的"值"减少了,决策结果又会变成怎样?

实验 4 试图回答这个问题。首先,为获得关于"选项在'自己生成的维度'的'值'"会发生改变的更直接证据,我们依"结婚喜宴的意义(Block & Kramer, 2009)与朋友聚会的意义不同"的想法,先对一批被试进行了测试,请他们想象自己是一家酒店的管理者,分别对于在 9 月 5 日和 8 月 18 日举办朋友聚会或婚宴进行价格设定(问题形式为填空题)。结果显示,被试对于结婚喜宴的价格设定($M = 1\ 137.89$ 元) 要显著地高于朋友聚会的价格($M = 450.70$ 元);对于 8 月 18 日设宴的价格设定($M = 927.70$ 元) 要显著高于 9 月 5 日($M = 660.89$ 元)的价格($ps < 0.05$) (Zheng et al., 2015)。我们关心问题的答案是:

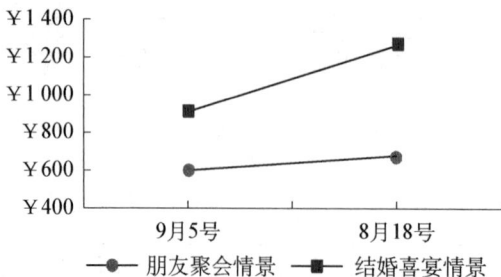

图 20.3 被试在两种情景下设定在 8 月 18 日和 9 月 5 日设宴的平均价格

两相同的选项在不同的聚会情景下,在"自己生成的维度"上的"值"(吉祥的定价)会有所变化。具体而言,相对于结婚喜宴情景,在"自己生成的维度"上的"值"在朋友聚会的情景下变小了。

而后,为了回答"两选项在'自己生成的维度'上的差异变得**小于**在'给定的维度'上的差异,是否会改变我们的选择?"这个问题,我们分别设定了"吉祥日期、高价格"与"非吉祥日期、低价格"的两种选项,并将选项置于两种情景(朋友聚会和结婚喜宴)中供被试选择。选择情景如下所示:

假如你要预订一个结婚喜宴(朋友聚会),你更倾向于下列的哪个选项:

A. 选择在 8 月 18 日举办,价格每桌 4 000 元

B. 选择在 9 月 5 日举办,价格每桌 3 000 元

被试选择的结果如表 20.5 所示,大多数的被试(73.9%)在"结婚喜宴"情景下选择了在价格更高的日期举办宴会,大多数的被试(88.0%)在"朋友聚会"情景下选择了在价格更低的日期举办宴会。同时,大多数的被试(80.4%)表示在结婚喜宴情景下要考虑日期的差异,而在举办朋友聚会时则不需要考虑日期的差异。

表 20.5　不同设宴情景下不同价格的选择百分比

		结婚喜宴		
		A(高价)	B(低价)	总计
朋友聚会	A(高价)	9.8%	2.2%	12.0%
	B(低价)	64.1%	23.9%	**88.0%**
	总计	**73.9%**	26.1%	$n = 92$
		McNemar's test, $p < 0.001$		

实验 4 的结果表明,对两个完全相同选项的选择在不同的情景下发生了**反转**:大多数成年人的选择在结婚喜宴情景下违背价值最大化原则,而在朋友聚会情景下则遵循价值最大化原则。这意味着,当选项在"自己生成的维度"上的"值"减少时(如,当"结婚喜宴"变为"朋友聚会"情景,吉利日期所产生的潜在价值随之减少),人们会做出基于"价"的选择而不是基于"值"的选择。

20.6　选大(小)梨子的后果

为证明当下主动"吃亏"的基于"值"的选择能够给人们带来更大程度的获益,我们在一项研究(唐辉,2012;唐辉,周坤,赵翠霞,李纾,2014)中以决策行为(基于"值"

的选择和基于"价"的选择)为自变量,以物质和精神获益为因变量,利用假设情景(hypothetical scenarios),操纵出两种决策行为,从而对比两种决策行为的获益状况。其中,选择的假设情境为两个典型的人际关系情境:平行关系(向同事借车)和上下级关系(领导问责)。共抽取140名大学生参加实验。比如,在"向同事借车"情境中,让被试设想以下两种情景:

第一种情景:你因事借用了同事A的车1天,还车时你准备给他100元的燃油费,结果对方**没有要**这100元钱。(吃亏/值)

第二种情景:你因事借用了同事B的车1天,还车时你准备给他100元的燃油费,结果对方**收下了**这100元钱。(不吃亏/价)

然后询问被试以下等问题:

(1) 请问,在第一种情景下,你是否会找个机会把钱还给同事A? □是□否

(2) 请问,在第二种情景下,你是否会在意同事B收你的钱? □是□否

(3) 现在,请想象你手上正好有一个可以合伙赚钱的机会,那么你:

选择同事A来参加的可能性有多大:_____(0%—100%)

选择同事B来参加的可能性有多大:_____(0%—100%)

我们得到的有趣结果是:

他人若基于"值"做选择,即,结果对方**没有要**这100元钱(吃亏/值):你当面未还债——借机再还;他吃小亏得大便宜。[1]

在"向同事借车"的第一种情景下(即同事A没有要这100元钱),大部分人(68.7%)会选择再找个机会把钱给同事A。并且,这些人在今后有合伙赚钱的机会时依然会选择把机会给同事A。

类似的发现也存在于"领导问责"情景中。在该情景中,让被试设想以下两种情景:

第一种情景:你是某部门的主管,因工作差错部门所有员工都将面临被扣发当月工资80%的处罚。当上级领导追究责任时,下属A表示差错**是**因自己的工作疏忽所致,从而独自接受了处罚。(吃亏/值)

第二种情景:你是某部门的主管,因工作差错部门所有员工都将面临被扣发当月工资80%的处罚。当上级领导追究责任时,下属B表示差错**不是**因自己的工作疏忽所致,从而避免了自己受处罚。(不吃亏/价)

---

[1] 此类问题的设计受张志学(2007)在第七届亚洲社会心理学大会(The 7th Biennial Conference of Asian Association of Social Psychology)上所做题为"Negative fantasy and avoiding conflict in Chinese social interactions"报告的启示,特此致谢。

(1) 请问,在第一种情景下,你是否会找个机会把相应的钱补偿给该下属:□是 □否

(2) 请问,在第二种情景下,你是否会在意下属 B 没有替你承担责任:□是□否

(3) 现在,请想象目前你们部门有一个晋升的机会,那么,你把这个机会:

给下属 A 的可能性有多大:_____(0%—100%)

给下属 B 的可能性有多大:_____(0%—100%)

在第一种情景下(即下属 A 主动承担责任而受罚),大部分人会选择再找个机会把钱补偿给下属 A。并且,这些人在今后有晋升的机会时会更倾向于把机会给下属 A。

可见,表现出基于"值"的选择行为的同事/下属 A 除了得到互动方等值的回报之外,还会在将来得到"涌泉相报"。

经过对被试回答结果的分析发现,在"向同事借车"情景中,具有基于"值"的选择行为的同事 A 获得人际接纳(图20.4 左)和合伙赚钱机会(图20.5 左)的程度均显著高于具有基于"价"的选择行为的同事 B。在"领导问责"情景中也发现了类似的结果,具有基于"值"的选择行为的下属 A 获得人际接纳(图20.4 右)和晋升机会(图20.5 右)的程度显著高于具有基于"价"的选择行为的下属 B。

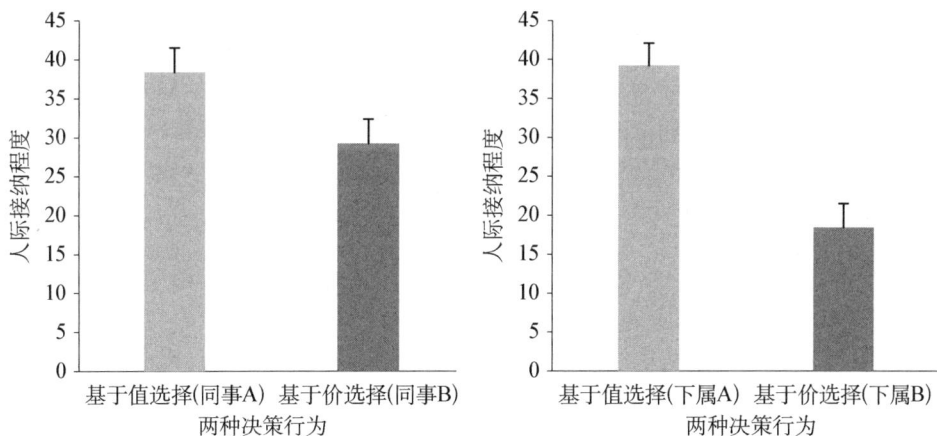

图 20.4 "向同事借车"情景(左图)与"领导问责"情景(右图)下两种决策行为的精神获益(人际接纳)

他人若基于"价"做选择:即,结果对方**收下了**这 100 元钱。(不吃亏/价):你表面**不介意——内心介意;他得小便宜吃大亏。**

在"向同事借车"的第二种情景下(即同事 B 要了这 100 元钱),绝大部分人(74.6%)表示不介意同事 B 收下自己的钱,但是等到今后有可以合伙赚钱的机会时,

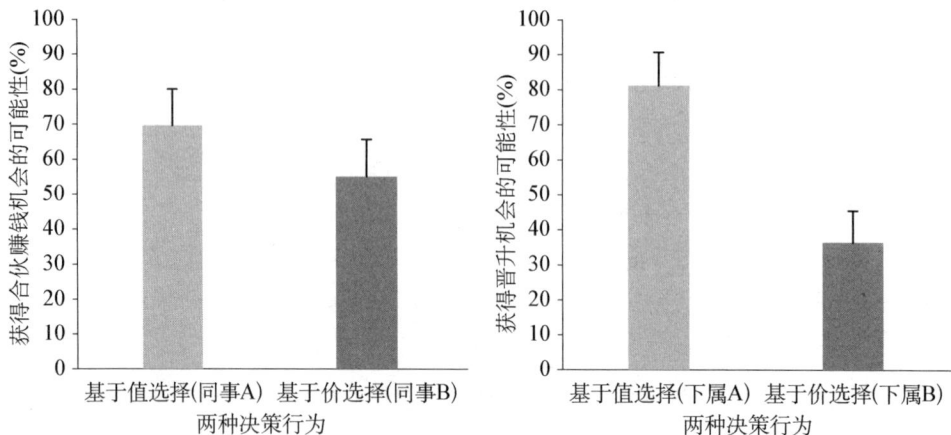

图 20.5 "向同事借车"情景(左图)与"领导问责"情景(右图)下两种决策倾向的物质获益(合伙赚钱/晋升机会)

这些曾说过"不介意"的人却不会把这个机会给同事 B。在"领导问责"情境中也发现了类似的结果,虽然半数以上的人会对下属 B 没有承担责任表示"不介意",但等到今后有晋升的机会时则不倾向于把机会给下属 B。而且,在"向同事借车"情景与"领导问责"情景下,同事/下属 B 获得人际接纳的程度均相对较低(图 20.4—20.5)。

以上分析表明两种决策行为的物质/精神获益大相径庭:基于"值"的选择比基于"价"的选择能得到更多的物质获益和精神获益。这两种决策行为的获益状况还体现出中国文化中的两个经典俗谚的意蕴:"吃小亏得大便宜","得小便宜吃大亏"。

综上,该部分研究通过直接对比"基于'值'选择"与"基于'价'选择"两种决策行为的获益状况,揭示了基于"值"的选择与更大获益之间的因果关系,为研究假设提供了直接的实验证据。

20.7 讨论与展望

从进化的角度看,人类从远古时代在丛林中生存时开始,就需要懂得趋利避害的生存法则才能一代又一代地繁衍至今。但时至今日,却存在许多违反这一法则的决策机制,究竟哪一种决策机制才更有利于我们人类的生存?

本章节所报告的研究发现尝试为违背 VM 的决策提供一解释框架。然而,仍有许多问题有待解答。无论是中国文化中的"孔融让梨"还是意大利谚语中的"不要选大梨子",这种表面违反 VM 的选择是不是人类进化的产物? 其选择的内在机制又是什么? 这类引发个体做出表面损己的决策行为,其背后的决策"理性"应予以重视并加以解释:难道是随着我们年龄的增长,我们失去了在这个益发复杂和竞争加剧的社会中有效识别哪种决策行为是 VM 的能力,失去了有效识别哪种决策行为是更适合我们社会生存的能力吗? 或许是人类在漫长的进化历程中学会去伪存真,适者生存,发展出很多"智慧决策"行为,究其根源这些智慧决策最终还是能给我们人类自身谋取更大的福祉。

值得还是不值得,本篇所报告的研究中自见真章。

致谢:本章研究部分得到教育部人文社会科学研究青年基金项目(13YJC190022;14YJC630208)、北京市重点学科建设项目、北京市优秀博士学位论文指导教师人文社科项目(20138012501)、天津市高等学校人文社会科学研究项目(20122503)、山东省应用基础型名校建设工程——应用心理学专业项目的资助。

参考文献

Abelson, R. P. , & Levi, A. (1985). *Decision making and decision theory*. In G. Lindzey & E. Aronson (Eds.), The Handbook of Social Psychology (3rd ed. , Vol. I, pp. 231 – 309). New York: Random House.

Allais, M. (1986). "*The general theory of random choices in relation to the invariant cardinal utility function and the specific probability function*", Working paper NO. C4475, Centre d'Analyse Economique, Ecole des Mines, Paris, France.

Aschenbrenner, K. M. , Albert, D. , & Schmalhofer, F. (1984). Stochastic choice heuristics. *Acta Psychologica*, *56*(1), 153 – 166.

Baron, J. (2004). *Normative Models of Judgment and Decision Making* (pp. 19 – 36). The Blackwell handbook of judgment and decision making.

Bernoulli, D. (1738). *Specimen theoriae novae de mensurasortis*. Comentarii Academiae Scientiarum Imperiales Petropolitanae, 5,175 – 192. (Trans. by L. Sommer in Econometrica, 1954,22,23 – 36.)

Brandstätter, E. , Gigerenzer, G. , & Hertwig, R. (2006). The priority heuristic: Making choices without trade-offs. *Psychological Review*, 113,409 – 432.

Busemeyer, J. R. , & Townsend, J. T. (1993). Decision field theory: a dynamic-cognitive approach to decision making in an uncertain environment. *Psychological Review*, *100*(3),432.

Delton, A. W. , Krasnow, M. M. , Tooby, J. , & Cosmides, L. (2011). The evolution of direct reciprocity under uncertainty can explain human generosity in one-shot encounters. *Proceedings of the National Academy of Sciences of the United States of America*, *108*,13335 – 13340.

Edwards, W. (1954). The theory of decision making. *Psychological Bulletin*, *51*(4),380 – 417.

Einhorn, H. J. , & Hogarth, R. M. (1981). Behavioral decision theory: Processes of judgment and choice. *Annual Review of Psychology*, *32*,53 – 88.

French, S. , Maule, J. , Papamichail, N. (2009). Decision analysis and multiple objectives (pp. 162 – 217). Decision Behaviour, Analysis and Support.

Hardisty, D. J. , Johnson, E. J. , & Weber, E. U. (2010). A dirty word or a dirty world? Attribute framing, political affiliation, and query theory. *Psychological Science*, *21*,86 – 92.

Kahneman, D. (1994). New challenges to the rationality assumption. *Journal of Institutional and Theoretical Economics*, *150*,18 – 23.

Kahneman, D. , & Tversky, A. (1979). Prospect theory: An analysis of decision under risk. *Economtrica*, *47*(2),263 – 291.

Kahneman, D. , Fredrickson, B. L. , Schreiber, C. A. , & Redelmeier, D. A. (1993). When more pain is preferred to less. *Psychological Science*, *4*(6),401 – 405.

Kramer, T. , & Block, L. (2008). Conscious and nonconscious components of superstitious beliefs in judgment and decision making. *Journal of Consumer Research*, *34*(6),783 – 793.

Kubovy, M. , Rapoport, A. , & Tversky, A. (1971). Deterministic vs probabilistic strategies in detection. *Perception & Psychophysics*, *9*(5),427 – 429.

Li, S. (1994). *Equate-to-differentiate theory: A coherent bi-choice model across certainty, uncertainty and risk*.

Unpublished doctoral dissertation, University of New South Wales. Sydney: NSW.

Li, S. (2001) Extended research on dominance violations in similarity judgments: The equate-to-differentiate interpretation. *Korean Journal of Thinking and Problem Solving*, 11(1),13–38.

Li, S. (2003). Violations of conjoint independence in binary choices: The equate-to-differentiate interpretation. *European Journal of Operational Research*, 148(1),65–79.

Li, S.(2004). Equate-to-differentiate approach: An application in binary choice under uncertainty. Central European *Journal of Operations Research*, 12(3),269–294.

Li, S.(2005). Choice reversals across certainty, uncertainty and risk: The equate-to-differentiate interpretation. *Acta Psychologica Sinica*, 37(4),427–433.

Li, S., Bi, Y.-L., Su, Y., & Rao, L.-L.(2011). An additional gain can make you feel bad and an additional loss can make you feel good. *Advances in Psychological Science*, 19,9–17.

Lopes, L. L. (1984). Risk and distributional inequality. *Journal of Experimental Psychology: Human Perception and Performance*, 10(4),465–485.

Lopes, L. L.(1987). Between hope and fear: The psychology of risk. *Advances in Experimental Social Psychology*, 20 (3),255–295.

Lopes, L. L.(1990). *Re-modeling risk aversion: A comparison of Bernoullian and rank dependent value approaches*. In G. M. von Furstenberg (Ed.), Acting Under Uncertainty: Multidisciplinary Conceptions (pp. 267–299). Boston: Kluwer Academic Publishers.

Payne, J. W.(1982). Contingent decision behavior. *Psychological Bulletin*, 92(2),382–402.

Payne, J. W., & Bettman, J. R.(2004). *Walking with the scarecrow: The information processing approach to decision research*. Blackwell handbook of judgment and decision making, 110–132.

Payne, J. W., Bettman, J. R., & Johnson, E. J.(1992). Behavioral decision research: A constructive processing perspective. *Annual Review of Psychology*, 43(1),87–131.

Quiggin, J.(1982). A theory of anticipated utility. *Journal of Economic Behavior & Organization*, 3(4),323–343.

Savage, L. J.(1954). *The foundations of statistics*. New York: Wiley.

Stevenson, M. K., Busemeyer, J. R., & Naylor, J. C.(1990). *Judgment and decision-making theory*. In M. D. Dunnette & L. M. Hough (Eds.), Handbook of industrial and organizational psychology (2nd ed., Vol. 1, pp. 283–374). Palo Alto, California: Consulting Psychologists Press, Inc.

Svenson, O.(1979). Process descriptions of decision making. *Organizational Behavior and Human Performance*, 23,86–112.

Tversky, A., Sattath, S., & Slovic, P.(1988). Contingent weighting in judgment and choice. *Psychological Review*, 95 (3),371–384.

Usher, M., & McClelland, J. L.(2001). The time course of perceptual choice: the leaky, competing accumulator model. *Psychological review*, 108(3),550.

von Neumann, J., & Morgenstern, O.(1944). *Theory of games and economic behavior* (1st ed.) Princeton, NJ: PrincetonUniversity Press.

Yaari, M. E.(1987). The dual theory of choice under risk. *Econometrica*, 55,95–115.

Zheng, Y., Tang, H., Zhou, K., Zhao, C-X., Shen, S-C., Rao, L-L, & Li, S. (under review). Worth-based choice: a choice that transforms an offered smaller cake into a bigger pie.

唐辉,周坤,赵翠霞,李纾.(2014).吃亏是福:择"值"选项而获真利.心理学报.46(10),1549—1563.

唐辉.(2012).吃亏是福:一种基于值的选择模型(博士学位论文).中国科学院心理研究所,北京.

郑昱.(2012).基于"值"的选择及其内在机制:来自行为、眼动、fMRI 的研究(博士学位论文).中国科学院心理研究所,北京.

第 21 章　改造空间后生成的潜在维度群

共同作者：唐辉

　　既然基于"值"的决策模型认为,决策者在决策过程中不仅仅是被动地在"给定特征或维度集"上做选择,而是会主动地改造表征选项的特征或维度集,并在改造过的表征空间(生成的额外特征或维度)上赋予"延迟"获得的值。那么,接下来我们要进一步回答的问题是：人们在运用基于"值"的决策模型过程中,通常会改造出什么样的表征空间,以及通常会生成哪些可能在将来给自己带来更大获益的潜在维度群?

21.1　研究一：四因素(惠、善、义、法)的"值"量表

　　为了探索基于"值"的决策模型可能拥有的潜在"值"维度群,唐辉等人(2014)利用开放式问卷收集基于"值"的选择行为的典型事例和关键表征,然后对收集的信息进行编码整理,在此基础上组织行为决策领域的研究生展开焦点群体讨论,初步形成53道情景题。每道情景题均包含一个情景和对应的两个选项(A 和 B),这两个选项内容分别体现基于"值"的选择与基于"价"的选择。然后,找15名心理学专业的研究生针对每个情景下面的选项进行评定,考察其是否能够分别反映出基于"值"的选择与基于"价"的选择。经过删减,最后形成了由45道情景题组成的基于"值"的选择行为预测问卷,采用 Likert 6 点量表计分(1＝"非常肯定选 A",6＝"非常肯定选 B")。例如"借相机"的情景题："假设一位同事借你的数码相机外出游玩,用时不小心把相

机摔坏,还你相机时说明情况并给了你用于维修的费用300元,你会要这300元钱吗? A、要;B、不要",然后让被试在6点量尺上做出选择。

研究者现场向高校和企事业单位的被试发放预测问卷240份,回收有效问卷224份(有效率93.33%)。经过**项目分析**,共筛选出39个项目。然后,根据探索性因素分析结果将基于"值"的选择行为划分为4个维度,根据项目内容,分别将其命名如下:

因子1包括项目1、3、5、10、11、18、41。主要反映的是牺牲或舍弃个人当下的利益,获取未来或其他方面更大的好处。"惠"字在《辞海》中的释义为好处,给人财物等,恰能较好概括这一维度体现的获取更大物质获益与好处,体现个体为了获取将来更多实惠而甘愿损失当下利益,故而将该维度命名为"惠"。**因子2**包括项目22、31、36、38。这些项目一方面反映的是在别人做过伤害自己的事情之后,能够宽恕对方,甚至做到"以德报怨"。另一方面反映的是具有博爱之心,乐于施舍。综合而言,这一维度主要反映出仁爱、慈善的行为。个体为了获得良心上的安宁、精神上的安慰,认为牺牲自己当下利益而做一些善举是值得的,因此将这一维度命名为"善"。**因子3**包括项目27、29、32。概括而言,这一维度主要体现的是"尚义"而"轻利",这里的"义"主要是指人与人之间的情义、信义等,因此将这一维度命名为"义"。**因子4**包括项目2、4、15、37,主要反映的是重视契约、规则或法则的思想。个体认为牺牲个人眼前利益来维护群体的法则或社会的规范,营造良好的集体环境和社会秩序是值得的,综合体现出一种"法"的意识,因此将该维度命名为"法"。

表21.1 基于"值"的选择行为探索性因子分析结果

题目	因子1	因子2	因子3	因子4
W10	**0.59**	−0.30	−0.12	−0.01
W18	**0.57**	0.03	−0.04	−0.10
W1	**0.55**	0.16	0.11	0.19
W11	**0.50**	0.17	0.06	−0.04
W5	**0.47**	0.13	0.25	−0.16
W3	**0.47**	0.26	−0.06	−0.06
W41	**0.47**	−0.03	0.34	0.18
W36	0.27	**0.65**	−0.10	−0.02
W31	−0.04	**0.64**	0.29	0.12
W22	0.03	**0.61**	0.04	0.07
W38	0.23	**0.51**	−0.07	−0.06
W27	0.05	0.08	**0.69**	0.00
W29	−0.04	−0.08	**0.62**	0.05

题目	因子 1	因子 2	因子 3	因子 4
W32	0.10	0.10	**0.56**	-0.15
W15	0.24	-0.18	0.15	**0.66**
W2	-0.14	0.02	-0.11	**0.62**
W4	-0.03	0.29	-0.32	**0.52**
W37	-0.22	0.36	0.14	**0.44**
特征根	2.56	1.86	1.52	1.31
方差解释量(%)	14.21	10.32	8.47	7.25
因素命名	惠	善	义	法

注:对大于或等于 0.40 的因子载荷予以加粗。

为了检验基于"值"的选择情景测验的信效度,我们向高校和企事业单位人员发放 350 份问卷,回收有效问卷 328 份。其中被试以本科学历为主,年龄范围为 18~55 岁,平均年龄 25.6 岁。这些被试中,参加过山区支教活动的大学生志愿者有 30 人,参加过深圳大学生运动会的志愿者有 77 人,有过献血经历的有 56 人。

信度:基于"值"的选择行为测验的内部一致性信度系数为 0.66,惠、善、义、法 4 个分量表的内部一致性信度系数范围在 0.55~0.65 之间。3 周之后的重测信度为 0.73,这表明总测验信度良好。

效度:首先,我们使用 Amos 17.0 进行验证性因素分析,发现结构效度良好,结果见图 21.1 和表 21.2。然后,我们比较**志愿者**及**献血者**组与**非志愿者**及**非献血者**组在基于"值"的选择情景测验上的得分,结果发现**志愿者**及**献血者**组被试的得分更高($ps < 0.05$),这表明测验的预测效度良好。最后,我们检验测验的四个分量表得分与中庸思维、宽恕行为、利他行为、规则意识 4 个量表得分的相关,结果发现相关显著(表 21.3),表明测验有良好的效标关联效度。

表 21.2 基于"值"的选择情景测验的模型拟合指数比较

模型	χ^2/df	p	AGFI	GFI	CFI	RMSEA	RMR
单因素模型	1.78	0.00	0.907	0.926	0.76	0.05	0.14
四因素模型	1.56	0.00	0.916	0.937	0.835	0.04	0.10

以上结果表明基于"值"的选择情景测验及其惠、善、义、法四维度,均具有良好的信效度。特别值得注意的是,现实生活中愿意并实践着"吃亏"的人群(志愿者及献血者),他们能够被"值"量表所辨别出来。

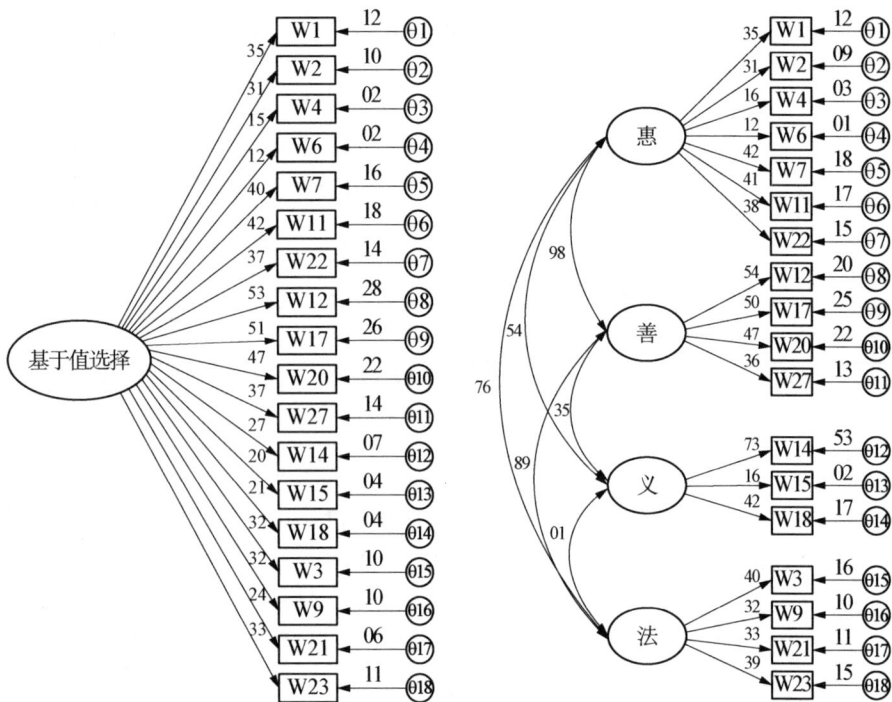

图 21.1　基于"值"的选择情景测验的单因素模型(左图)与四因素模型(右图)

表 21.3　测验 4 个分量表与中庸思维、宽恕行为、利他行为、规则意识的相关

变量	1	2	3	4	5	6	7	8
1 利他行为	1							
2 中庸思维	0.11**	1						
3 宽恕行为	0.17**	0.13**	1					
4 规则意识	0.18**	0.23**	0.27**	1				
5 惠	0.25**	0.23**	0.33**	0.23**	1			
6 善	0.25**	0.24**	0.39**	0.37**	0.45**	1		
7 义	0.05	0.05	0.20**	0.08	0.22**	0.26**	1	
8 法	0.22**	0.20**	0.29**	0.36**	0.30**	0.40**	0.06	1

21.2　研究二:基于成功人士吃亏轶事的测量——吃亏似然性量表

　　研究一基于中国传统文化从理论层面探索了基于"值"选择的潜在维度群——"惠、善、义、法"。鉴于理论与实践的差异,研究二则从现实生活层面,从功利与实用主义的视角出发,利用成功人士的吃亏轶事探索基于"值"选择的潜在维度群。即,将成功人士的吃亏轶事作为关键事件,开发基于轶事的量表来测量吃亏似然性。

确定与吃亏相关的轶事:如果"福"被看作是一种"生活中的成功",那么在"有福之人"的胜任力模型(McClelland, 1973; Lucia & Lepsinger, 1999)中,"吃亏"很可能是成为"有福之人"所必备的"胜任力",且"吃亏"这种胜任力可以被可观测的行为所定义,特别地,被成功人士的关键事例所定义。冀借助有福之人的"关键事例法"(Critical Incident Technique, CIT)对"吃亏"进行测量,Zhao 等人(under review)分别从政治、经济、文化和社会领域中搜集古今中外名人的吃亏轶事。10 名心理学研究生独自阅读《二十四孝》(陈小平 & Smith, 2010)、《李嘉诚全传》(孙良珠, 2010)、《世界名人故事全知道》(崔钟雷, 2010)、《第一家族》(刘亚洲, 2011)、《名人轶事》(马静, 2000)等名人逸事选集,从中选出 100 余条吃亏轶事(在金钱、物品、时间、健康、机会、关系和面子上有明显损失的事件)。

构建与吃亏相关情景题:我们在收集的吃亏轶事基础上,组织 8 位了解该主题的行为决策领域研究生展开焦点小组讨论,共形成 54 个吃亏相关轶事。随后,把轶事重新编辑成有两个选项(选项 A:像主人公那样做;选项 B:绝不像主人公那样做)的情景题。15 名心理学专业的研究生针对每个情景下面的两个选项进行评定,根据二项式分布,如果 15 位评估者中有 10 人以上选择选项 A,那么该情景题因其良好的区分度而得以保留,否则,予以删除(Siegel, 1956)。这一步共删除 27 道情景题。最后,吃亏似然性量表的题项由改编名人轶事而形成的 24 道情景题组成。遵循"把自己的脚放入别人鞋子里的逻辑",我们引导被试以如下方式对每个情景题做出选择"请仔细阅读如下情景,并基于你自己的个人经验,评估自己也会像主人公那样做的概率(0%~100%)有多大"。所填的数值越大,说明被试越可能做出吃亏选择。例如:"张某去一家门店拿货,交完钱回家后,对方来电说刚才有张 100 元是假币,但并不能肯定那张假币是出自张某之手。不过张某还是专程去换了钱。"请被试设身处地想象自己是那位张某,评估自己也这么做的概率(0%~100%)有多大。

为保证样本的代表性,我们在济南西站候车室内采用随机发放问卷的形式,共收回有效问卷 671 份,被试来自于 19 个省,近 60 种不同职业,年龄为 18 至 74 岁。所有被试通过 spss 统计软件随机分为两组,其中 335 名被试做探索性因素分析,另外 336 名被试做验证性因素分析。两组被试在年龄、性别、教育年限和月收入上均无显著差异。

通过项目分析筛选出 18 个项目,进一步进行探索性因素分析,抽取出三个因子构成吃亏似然性量表(表 21.4)。第一个因子包含项目 7、9、16、23、24,主要反映的是为了内心安宁(良心和道德)而主动"吃亏",因此命名为"吃亏求安";第二个因子包含项目 11、12、17、19,主要反映的是为了长远利益而宁愿现在"吃亏",因此命名为"吃亏求利";第三个因子包含项目 1、2、10,主要反映的是为了获得好的声誉和口碑而甘心"吃亏",因此命名为"吃亏求名"。

表 21.4　吃亏似然性量表(CLS)12 个项目的因子载荷

项目	因子 1	因子 2	因子 3
吃亏求安			
23	**0.72**	0.11	0.18
24	**0.68**	0.10	0.12
7	**0.64**	− 0.08	0.16
9	**0.56**	0.17	0.07
16	**0.52**	0.23	0.04
吃亏求利			
11	− 0.00	**0.68**	0.28
19	0.14	**0.67**	− 0.18
17	0.38	**0.54**	− 0.05
12	0.09	**0.52**	0.39
吃亏求名			
2	0.25	− 0.07	**0.63**
1	− 0.01	0.06	**0.63**
10	0.27	0.15	**0.62**

注:对等于或大于 0.40 的因子载荷予以加粗。

信度(表 21.5):总量表的克隆巴赫 α 系数为 0.79,分量表的 α 系数范围为 0.61～0.73,一个月后 3 个分量表的重测信度分别为 0.83(吃亏求安),0.70(吃亏求利)和 0.64(吃亏求名)。总量表重测信度为 0.86,说明该量表比较稳定。

表 21.5　吃亏似然性量表分量表的克隆巴赫 α 系数和平均题—总相关(和相关范围)

分量表与总量表	α n = 671	重测信度 n = 92	题—总相关 n = 671
吃亏求安	0.73	0.83	0.68(0.62 − 0.73)
吃亏求利	0.67	0.70	0.64(0.59 − 0.69)
吃亏求名	0.61	0.64	0.59(0.55 − 0.67)
总量表	0.79	0.86	0.66(0.55 − 0.73)

效度:用 Amos 17.0 进行验证性因素分析,验证"吃亏似然性"量表的结构效度(表 21.6),结果发现三因素结构拟合良好,且在各项指标上比单因素结构拟合度更

好。通过评估 CLS 与唐辉等(2014)开发的基于"值"的选择量表的相关性确定 CLS 的效标关联效度(表 21.7),结果表明唐辉等人的量表与 CLS 和三个分量表相关显著。另外,以**志愿者**和**养育两个或以上孩子的父母**作为肯"吃亏"样本,发现志愿者和养育两个孩子或以上的父母在 CLS 上的得分超过非志愿者和养育一个孩子的父母,说明本量表具有良好的预测效度(表 21.8)。

表 21.6　备择模型和显著性检验

模型	χ^2	df	χ^2/df	$\Delta\chi^2$	Δdf	NNFI	CFI	IFI	RMSEA
模型 1:单因素模型	109.17	71	1.54			0.87	0.95	0.95	0.05
模型 2:三因素模型	67.76	51	1.27	41.41	20	0.89	0.97	0.97	0.04

注:分析基于 336 个被试;模型 1 有一个因子(吃亏),模型 2 有三个因子(吃亏求安、吃亏求利和吃亏求名)。

表 21.7　CLS、分量表与唐辉等(2014)量表的皮尔逊相关

校标量表	n	CLS	吃亏求安	吃亏求利	吃亏求名
唐辉等的量表(2014)	198	0.51***	0.49***	0.28**	0.43***

注:** $p<0.01$,*** $p<0.001$。

表 21.8　不同样本在 CLS 上的平均数(和标准差)

不同样本	n	M	SD	t	p
志愿者	352	777.79	178.23	3.91	0.000
非志愿者	226	718.33	179.15		
养育 1 个孩子的父母	368	738.92	176.97	−3.03	0.003
养育 2 个或以上孩子的父母	204	786.15	182.31		

图 21.2　汶川地震灾民安置点的志愿者

研究二尝试开发一个基于成功人士吃亏轶事的量表,量表分为"吃亏求安"、"吃亏求利"、"吃亏求名"三个维度。分析表明,测验的信效度良好。吃亏似然性量表的

独特之处在于:(1)每个条目都是"吃亏"在前、成功(福报)在后的真实"关键事例"(critical incident);(2)量表采用把"自己的脚放入别人的鞋子中"的方法(C. R. Rogers, 1902-1987)测得被试也像成功者那般"吃亏"的可能性。

21.3 讨论与展望

迄今,人们在应用 von Neumann 和 Morgenstern(1944)提出的"决策分析"理论时,其"描述选项的表征空间"是由给定、不变的特征或维度集所组成的。唐辉(2012)和郑昱(2012)提出决策者不会被动地在事先给定的"描述选项的表征空间"里做出选择,而是会主动地改造"描述选项的表征空间",然后做出选择。这种主动改造表征空间(生成额外特征或维度),并在自生成的维度上赋"延迟"值的思维过程,是导致做出当下吃亏决策的主因。至于为何"吃亏是福"的说法不是虚幻而是真实的,这或因为"吃亏"的选项被我们在"潜在维度群"上赋予了更大的真实"值"。从理论层面的角度(唐辉,周坤,赵翠霞,李纾,2014),改造"描述选项的表征空间"后生成的潜在维度群为:"惠"、"善"、"义"、"法";从功利与实用主义角度(Zhao et al, under review)改造"描述选项的表征空间"后生成的潜在维度群为:吃亏求安、吃亏求利、吃亏求名。

在未来的研究中,可综合利用假设情景、行为实验等手段,探讨"关系"、"人情"、"面子"(Chen, Chen, & Portnoy, 2009; Leung & Morris, 2011)等具有中国文化特色的变量以及感戴(gratitude, Bartlett & DeSteno, 2006)、内疚(guilty, Nelissen & Zeelenberg, 2009)等道德情绪在构成基于"值"选择中"惠、善、义、法"或"吃亏求安,吃亏求利,吃亏求名"等诸潜维度时所扮演的角色。

抑或,我们还可以从中国传统文化中佛家、儒家、道家、兵家、法家、墨家、纵横家的学说,西方文化中基督教的教义,或民俗谚语(如阿 Q 精神等)中整理归纳有关**得失观**的论述,从不同的视角探索改造"表征空间"后可能生成的潜在维度群(郑昱,2012)。

致谢:本章研究部分得到教育部人文社会科学研究青年基金项目(13YJC190022、14YJC630208)、北京市重点学科建设项目、北京市优秀博士学位论文指导教师人文社科项目(20138012501)、天津市高等学校人文社会科学研究项目(20122503)、山东省应用基础型名校建设工程——应用心理学专业项目的资助。

参考文献

Bartlett, M. Y., & DeSteno, D. (2006). Gratitude and prosocial behavior: Helping when it costs you. *Psychological*

Science, *17*(4),319 - 325.

Chen, Y - R. , Chen, X. P. , & Portnoy, R. (2009). To whom do positive norm and negative norm of reciprocity apply? *Journal of Experimental Social Psychology*, *45*(1),24 - 34.

Leung, K. , & Morris, M. (2011). Culture and creativity: A social psychological analysis. In: D. de Cremer, R. van Dick, & J. K. Murnighan (Eds.), *Social psychology and organizations* (pp. 371 - 396). New York: Routledge.

Lucia, A. D. , & Lepsinger, R. (1999). *The art and science of competency models*. San Francisco: Jossey-Bass.

McClelland, D. C. (1973). Testing for competence rather than for "intelligence". *American Psychologist*, *28*(1),1 - 14.

Nelissen, R. M. A. , & Zeelenberg, M. (2009). When guilt evokes self punishment: Evidence for the existence of a Dobby Effect. *Emotion*, *9*(1),118 - 122.

Rogers, C. R. (1989). *The carl rogers reader*. Houghton Mifflin Harcourt.

Siegel, S. (1956). *Nonparametric statistics for the behavioral sciences*. DA Information Services.

von Neumann, J. , & Morgenstern, O. (1944). *Theory of games and economic behavior*. Princeton: Princeton University Press.

Zhao, C. X. , Rao, L. L. ; Tang, H. , Zheng, Y. , Zheng, R. , & Li, S. (under review). Suffer a loss is good fortune: Myth or reality?

陈小平,& Smith, A. (美). (2010). 二十四孝故事. 苏州大学出版社.

崔钟雷. (2010). 世界名人故事全知道. 时代文艺出版社.

刘亚洲. (2011). 第一家族. 山西经济出版社.

马静. (2000). 名人轶事. 外文出版社.

孙良珠. (2010). 李嘉诚全传:从塑胶推销员到华人商界领袖. 华中科技大学出版社.

唐辉,周坤,赵翠霞,李纾 (2014). 吃亏是福:择"值"选项而获真利. 心理学报. 46(10),1549—1563.

唐辉. (2012). 吃亏是福:一种基于值的选择模型(博士学位论文). 中国科学院心理研究所,北京.

郑昱. (2012). 基于"值"的选择及其内在机制:来自行为、眼动、fMRI 的研究(博士学位论文). 中国科学院心理研究所,北京.

第22章 在改造后空间里做决策的福报

共同作者:赵翠霞

吃亏是福——满者损之机,亏者盈之渐。损于己则益于彼,外得人情之平,内得我心之安,即平且安,福即在是矣。

——郑板桥(1693—1765)

作为 *Organizational Behavior and Human Decision Processes* 期刊中国专刊 *Leveraging phenomenon-based research in China for theory advancement* 的客座编辑,梁觉在邀稿信中说:"当前中国正处于高水平物质主义状态。"(Leung, 2013) Jonathan Baron 在应李纾之邀为其《思维与决策》中文版一书写序时也曾说:"我曾经一度觉得,中国一直过于实际,致力于经济发展,似乎不愿意浪费资源来发展那些没有明显和即刻回报的学术研究。"(Baron, 2009)

然而,中国传统"吃亏是福"的信条显然与当下国内"一切向钱看"的风气相悖。鉴古思今,我们不禁想问,本来就违背经济原理的"吃亏是福"在物欲横流的现代中国是否会荡然无存? 但是,时至今日,这句古语似乎还"经久不衰"。例如,我们仍可在市面上看到以"吃亏是福"作为书名的畅销书(赵文明,2008;刘佳辉,2011),何群执导的以"吃亏是福"作为片名的家庭伦理亲情剧,以及 Roberto Faenza 执导的改编自 Peter Cameron 的同名小说的美国电影——《吃亏是福》(*Someday This Pain Will Be Useful to You*)。有趣的是,我们的预调查显示,当被要求"在 6 点量表上标出你对 '吃亏是福'的认可程度,(1=完全不同意;6=完全同意)"时,年轻的中国人仍然倾向于认可"吃亏是福",且老一代(88 名超市顾客,年龄超过 40 岁)比年轻一代(92 名大学生,年龄在 18—23 岁之间)更认可"吃亏是福"($M_{超市顾客} = 4.76$, $M_{大学生} = 4.14$, $t = 4.1$, $p < 0.001$)。

　　显然,我们接下来要问的是:为什么这一古老信念得以流传并被物欲横流的社会所接纳?难道"吃亏"能够带来真金白银?以下研究旨在搜集"吃亏"与"真金"间关系的实验证据,亦旨在探索人们在经过改造的表征空间里做决策有何后果。研究概观如下:

　　研究一,我们用四因素(惠、善、义、法)"值"量表研究四因素(惠、善、义、法)"值"与物质或精神福报的关系。研究二,我们用基于成功人士吃亏轶事的"吃亏似然性量表"研究吃亏似然性与现实世界中的真实福报是否存在线性关系。研究三,我们研究吃亏似然性对后来物质或精神福报是否有反预测效应,即回溯性吃亏似然性能否预测一个人长期的物质或精神福报。

22.1　研究一:四因素(惠、善、义、法)"值"与物质或精神福报的关系

　　人们在真实世界中基于潜在维度所做出的"值"选择与真正"获利"之间是否有关联?这是研究一意欲回答的问题。为了解答这一问题,唐辉等(2014)以工作绩效易于测量的房地产中介公司、医药公司两类销售行业的销售人员作为目标群体,用其工作绩效(销售业绩)和主观幸福感(SWB)作为衡量指标,来考察销售人员做出"价"或"值"选择的倾向与这两种衡量指标之间的关联,以期从现实生活层面验证"基于'值'选择"与物质和精神获益间正向的线性预测关系。

　　研究者现场向房地产中介公司、医药公司两类销售行业的销售人员发放 200 份调查问卷,其中房地产、医药类销售人员各 100 份。共回收有效数据 178 份。调查问卷包括"基于'值'选择"情景测验、销售业绩水平(销售业绩越高,则个人提成或收入越多)、主观幸福感量表和人口统计学变量(包括年龄、性别、学历、行业、工作年限、月收入等信息)。其中,销售业绩水平用个人去年一年的销售总量、目标销售额的完成率、在销售团队内的排名、销售业绩主观评定等指标来衡量。

　　结果发现,房地产销售人员在"基于'值'选择"情景测验上的得分能够显著预测其去年的房屋销售总量和其销售业绩在团队内的排名。房地产销售人员在"基于

'值'选择"情景测验上的得分对销售业绩主观评定分数和目标销售额的完成率的预测作用均达到边际显著水平(表 22.1)。以上结果表明销售人员在"基于'值'选择"情景测验上的得分越高,其销售业绩越好。此外,房地产销售人员在"基于'值'选择"情景测验上的得分对其主观幸福感具有显著的预测作用,这表明越倾向于基于"值"选择,个体越能体验到更多的幸福感(表 22.1)。

表 22.1　房地产与医药销售人员"基于'值'选择"行为对销售绩效和主观幸福感的预测

控制变量	销售总量		销售额完成率		团队内排名		绩效主观评定		主观幸福感	
	房产租售	医药销售	房产	医药	房产	医药	房产	医药	房产	医药
性别[a]	0.06	−0.08	0.01	−0.15	0.14	−0.05	−0.12	0.05	0.13	−0.16
年龄	−0.13	0.45	−0.05	0.29	0.13	0.04	0.16	0.11	−0.16	0.43
学历[b]	0.28*	−0.07	−0.14	−0.02	0.08	0.09	−0.05	0.02	0.13	0.12
工作年限	0.39	−0.26	0.09	−0.04	0.12	0.06	−0.03	0.03	0.16	−0.45
前因变量										
基于"值"选择	0.29*	0.08	0.25	0.24	0.28*	0.28*	0.21	0.23*	0.46***	0.31**
ΔR^2	0.12*	−0.02	0.07	0.06	0.09*	0.08*	0.06	0.07*	0.20***	0.10**
F	2.73*	0.08	2.11	1.64	2.60	2.55*	1.96	2.81*	5.24***	4.52**

注:$n=178$;性别[a]:(1)男,(2)女;学历[b]:(1)高中(中专、高职)及以下,(2)大专,(3)本科,(4)研究生及以上。***$p<0.001$,**$p<0.01$,*$p<0.05$。

其次,医药销售人员在"基于'值'选择"情景测验上的得分能够显著预测其销售业绩在团队内的排名、销售业绩主观评定分数、主观幸福感,并对目标销售额的完成率的预测作用达到边际显著水平(表 22.1)。以上结果表明销售人员在"基于'值'选择"情景测验上的得分越高,其销售业绩越好、主观幸福感越高。

从以上结果可见,个体越倾向"基于'值'选择"行为,其销售业绩就越好,主观幸福感就越高,这从现实生活层面进一步验证了基于潜维度所做出的"值"选择与真正"获利"之间的确存在关联,"基于'值'选择"能够给个体带来更多的物质和精神获益。

22.2　研究二:吃亏似然性与当前物质或精神福报的关系

研究二旨在探究吃亏似然性("Chikui" likelihood, CL)与当前真实获益间是否存在线性关系。考虑到老一代与年轻一代相比更认可"吃亏是福",因此,Zhao 等人(under review)假设年龄将调节吃亏似然性与真实获益之间的关系。为验证调节效应的假设,我们建立了两个多元回归模型,该模型由一个自变量(吃亏)、一个调节变量(年龄)和两个结果变量(物质获益和精神获益)组成。自变量(吃亏似然性,CL)由CLS(Chikui likelihood Scale)进行测量,"物质获益"由社会经济地位指数(socioeconomic index, SEI)进行测量(Blau & Duncan, 1967; Hauser, 1997)。鉴于西方国家的社会经济地位指数的测量不适用于中国(李强,宋时歌,1998;许欣欣,2000),我们使用由李春玲(2005)修订的中文社会经济地位指数(SEI[①])的计算方法[此法计算的SEI已被证明在中国是有效的($R^2 = 0.81$)]测量被试的"物质获益"。另一结果变量"精神获益"由主观幸福感(SWB)进行测量。559名成年被试参加了本研究,他们来自20个省份,从事五十多种不同职业,平均年龄为32.1岁。其中367名被试在济南西客站候车室完成了纸笔问卷,另外192名被试通过电子邮件完成电子问卷。

结果发现(表22.2),CLS得分与SEI和SWB显著正相关;年龄在CLS得分和SEI间有显著的调节作用,即CLS得分与SEI的关系伴随被试年龄的增大而变强(图22.1);但年龄在CLS得分与SWB间没有调节作用。

表22.2 年龄的调节效应

模型	预测变量	社会经济地位			主观幸福感		
		模型1	模型2	模型3	模型1	模型2	模型3
第一步	**控制变量**						
	性别	−0.14***	−0.13***	−0.15***	0.07	0.08*	0.07
	教育年限	0.65***	0.61***	0.61***	0.19***	0.16***	0.16***
	工作年限	0.39***	0.23***	0.17*	−0.04	−0.11	−0.13
第二步	**自变量**						
	吃亏[a]		0.17***	0.15***		0.25***	0.25***
	年龄[a]		0.14*	0.17**		−0.01	−0.02
第三步	吃亏×年龄[a]			0.11***			0.04
	R^2	0.52	0.55	0.56	0.05	0.11	0.11
	ΔR^2	0.52	0.03	0.01	0.05	0.06	0.00
	F	182.41***	123.28***	106.91***	8.49***	11.82***	9.96***
	ΔF	182.41***	17.23***	11.74***	8.49***	16.41***	0.70

注:[a] 标准回归系数. * $p < 0.05$, ** $p < 0.01$, *** $p < 0.001$

本研究结果显示CLS得分正向预测SEI和SWB,意味着越倾向于吃亏的人对他

---

① SEI = 11.180 8 + 3.49×平均教育年限 + 0.573×平均月收入(百元) + 管理者[16.075×最高管理者/+11.262×中层管理者/+3.738×基层管理者] + 单位性质[8.942×党政机关/+6.841×事业单位/−5.694×企业单位] − 26.655×受歧视职业。

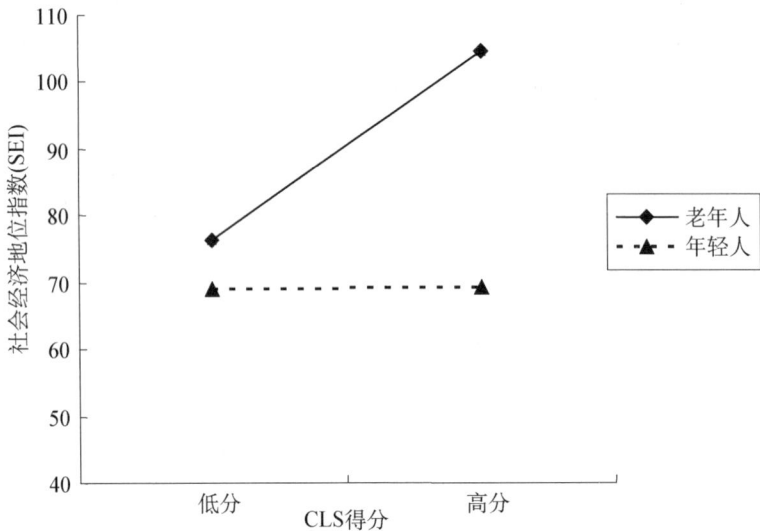

图 22.1 低、高年龄组 CLS 和 SEI 的关系

们的整体生活满意度越高并能够获得更多的物质回报。且伴随着年龄的增长,CLS 得分与 SEI 之间的关系也越来越紧密。然而,这一效应在 CLS 得分和 SWB 间不显著。这一结果暗示随着人们的年龄变大,实践"吃亏"的可能性更大,更可能达到高的社会经济地位,但并不必然获得更多幸福感。

22.3 研究三:吃亏似然性对今后物质或精神福报的回溯效应

研究二发现"吃亏有物质福在高龄组表现得更强"(但吃亏有精神福没有此效应)。其可能的解释是"物质福"需要时间的累积,而"精神福"却不需要。为验证这种可能性,同时也受"延迟满足"研究中的发现——学前儿童的延迟满足可预测长期的应对与适应(Funder et al.,1983;Mischel et al.,1988)所启发,研究三意欲探索"吃亏似然性"是否能预测人们中远期的物质或精神福报。为此,我们设想:时间间隔因素对"吃亏有物质福"的调节作用应更甚于对"吃亏有精神福"的调节作用。

为实现此目的,最理想的方案是实施追踪研究。然而,作为急功近利的中国人,Zhao 等人(under review)试图用另一方法收集支持证据。我们不是先测人们的吃亏似然性,然后再测多年后的物质和精神获益,而是测量其现在物质或精神获益,随后请被试评估他们多年前的吃亏似然性。我们预期,现在的物质或精神获益与他们回溯的吃亏似然性有显著相关,我们将其定义为吃亏似然性对后期物质或精神获益的回溯效应。研究三试图探索这种可能性。该研究沿用研究二中的测量方法,但除了测量人们当前的吃亏似然性得分外(即现在评估的 CLS 得分),还测量了被试回忆的多年前的吃亏似然性(即回忆的过去 CLS 得分)。回忆"过去吃亏得分"的指导语如下:"对每个情景,请写下两个值:一个反映你也像主人公那样做的可能性,另一个反映你是一名大学生时也像主人公那样做的可能性。"

本研究由 3 组大学毕业生被试组成。第一组被试是从山东师范大学毕业一年的 142 名大学毕业生;第二组被试是从山东师范大学毕业 10—13 年的 171 名大学毕业生;第三组被试是大学毕业 20 年以上的 75 名成年人。

结果发现,现在的 CLS 得分高于回忆的多年前 CLS 得分,且现在的 CLS 得分表现出年龄越大分值越高的趋势,但这一趋势在回忆的多年前 CLS 得分上不明显(表 22.3)。回忆的多年前 CLS 得分能显著正向预测大学毕业 20 年以上被试的 SEI,但对所有被试的 SWB 得分均没有预测作用(表 22.4 和图 22.2)。

表 22.3　研究三中各变量的平均数、标准差和相关系数

分组	变量	n	M	SD	1	2	3	4
组 1	1. SEI	142	83.48	5.98	—			
	2. SWB	142	5.05	0.77	-0.05	—		
	3. 现在 CLS	142	705.05	170.82	-0.09	0.22^*	—	
	4. 回忆的 1 年前 CLS	142	661.31	165.57	-0.06	0.15	0.70^{***}	—
组 2	1. SEI	171	109.98	19.86	—			
	2. SWB	171	4.83	0.93	-0.02	—		
	3. 现在 CLS	171	776.37	159.51	0.23^{**}	0.23^{**}	—	
	4. 回忆的 10—13 年前 CLS	171	692.82	165.41	0.10	0.19	0.75^{***}	—
组 3	1. SEI	73	116.66	33.55	—			
	2. SWB	75	4.81	0.78	0.30^{**}	—		
	3. 现在 CLS	75	848.84	257.95	0.68^{***}	0.53^{***}	—	
	4. 回忆的 20 年前 CLS	75	708.81	242.40	0.65^{***}	0.39^{**}	0.79^{***}	—

注:$*p<0.05$,$**p<0.01$,$***p<0.001$;组 1 是 1 年校友,组 2 是 10—13 年校友,组 3 是大学毕业 20 年以上的被试。

表 22.4　SEI 和 SWB 对回忆的多年前吃亏得分的等级回归分析(最后一步)

变量	SEI			SWB		
	1 年校友	10—13 年校友	大学毕业20 年以上	1 年校友	10—13 年校友	大学毕业20 年以上
控制变量						
性别	-0.15^*	-0.16^{**}	-0.21^{**}	-0.03	0.12	0.02

变量	SEI			SWB		
	1 年校友	10—13 年校友	大学毕业 20 年以上	1 年校友	10—13 年校友	大学毕业 20 年以上
年龄	− 0.02	0.06	0.01	− 0.02	0.12	− 0.17
教育年限	0.32***	0.42***	0.33***	− 0.03	0.06	− 0.04
工作年限		− 0.21**	− 0.15		0.02	− 0.06
现在 CLS	0.07	0.24**	0.31*	0.23*	0.19*	0.44***
自变量						
回忆的多年前的 CLS	− 0.13	0.10	0.48**	− 0.01	0.05	0.07
R^2	0.123	0.395	0.593	0.050	0.087	0.241
ΔR^2	0.008	0.005	0.044	0.000	0.001	0.001
F	3.98**	18.36***	19.35***	1.41	2.63*	3.52**
ΔF	1.18	1.25	8.03**	0.009	0.226	0.057

注: $*\, p < 0.05$，$*\,*\, p < 0.01$，$*\,*\,*\, p < 0.001$。

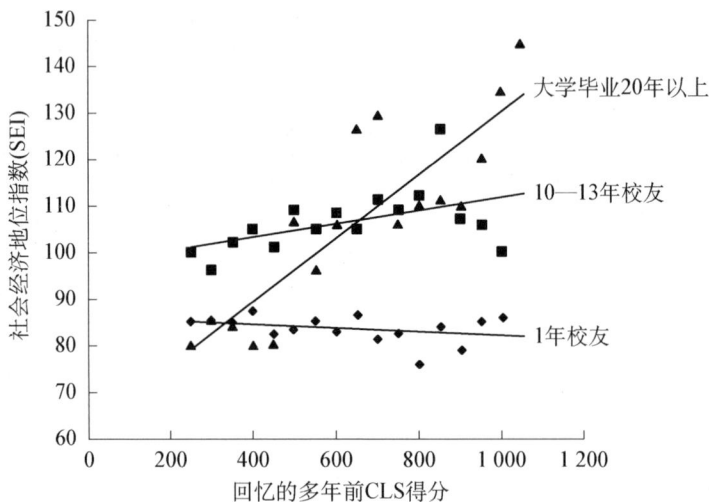

图 22.2　SEI 为回忆的多年前 CLS 得分的函数。菱形表示一年校友,正方形表示 10—13 年校友,三角形表示大学毕业 20 年以上。

简言之,我们用回溯方法测量被试多年前的 CLS 得分,发现当要求被试回忆和评估多年前回溯的 CLS 得分时,吃亏似然性与物质获益(非精神获益)的当前关系可以得到扩展。即回忆的过去 CLS 得分与现在的 SEI 呈正相关,并且,这一效应伴随着回忆时间点与现在间隔的增长而增强。显然,早期 CLS 得分对 SEI 的预测表现出时间滞后性和累积效应。这一发现正如郑板桥所言,"亏者盈之渐"。但这一效应在吃亏似然性和精神获益间没有发现。

总之,研究三验证了研究二中关于当前 CLS 得分正向预测 SEI 和 SWB 的结果。并且研究三修正了来自于研究二的推论,即吃亏似然性对 SEI 的积极效应伴随着年龄的增长而加强,回忆的长久过去(20 年以上)的 CLS 得分能显著正向预测 SEI,但短期过去(1 年校友和 10—13 年校友)的 CLS 得分对 SEI 没有这一预测作用。但值得注意的是,在 CL 和精神获益间没有发现这一效应,吃亏似然性对 SWB 的效应不随时间而改变,说明精神回报是即时获得的。

22.4　讨论与启示

中国是世界上物质主义最高的国家(Song, 2013)。本章节试图回答在我们急功近利的社会中,"吃亏是福"这一古语是否仍然发挥作用。考虑"福"可分为"主观"与"客观"之福,"报"可分为"现报"与"后报",我们发现:(1)个体越倾向于表现出"基于'值'选择"行为,其销售业绩水平(事关个人的提成和收入)越高,主观幸福感也越高;(2)当下吃亏似然性分数越高的人,当下拥有的社会经济地位指数越高、主观幸福感越强;(3)真金白银的当前社会经济地位指数既可以被当下的吃亏似然性所预测,也可以被想象的多年前吃亏似然性所预测(即以前的亏能预测现在的福),且想象以前吃亏的年代越久远,预测的效果越佳。我们的发现提示"吃亏是福"不是传说而是现实。

根据古语中对"福"的物质或精神获益描述,本研究中测"福"的指标是物质回报(社会经济地位指数)和精神回报(主观幸福感)。对精神回报而言,我们的研究发现:越倾向于选择吃亏的人,现在拥有越高的主观幸福感,这一效应不受年龄的影响。该发现与郑板桥所言,"放一着,退一步,当下心安,非图后来福报也"相一致。

然而,我们发现,吃亏行为不但带来当下心安(精神获益),而且与现在和后来的回报相关(物质获益)。尽管郑板桥没有期望吃亏带来后报,我们发现当回忆的多年前吃亏得分超过 20 年时,吃亏似然性对后来的物质回报有回溯效应。考虑到人的物质获益是随时间累积的,那么回忆的过去 20 年前的吃亏得分与 SEI 相关的发现就是合理和可理解的了。简言之,我们的发现表明,实践吃亏不但带来精神回报而且带来物质回报,如果时间允许,不但带来即时回报,而且带来后报。因此我们可以自信地说"吃亏是福"不是传说而是确定的事实。

总之,以上研究结果让我们重新审视中国人的行为哲学和决策偏差。在高物质主义的背景下,一些人为追求成功而千方百计地实现当前个人利益的最大化。这种短视决策与经济、政治、社会、教育和文化中的很多问题行为密切关联,并浪费大量的个人和社会成本。本研究的发现提示我们,表面看来,各行各业的许多人追求高水平的物质主义,但实际上他们的决策仍然受中国传统信念"吃亏是福"的引导,随后他们获得了真金(不是徒劳无功),即,潜流下中国的传统文化还在发挥作用。这些发现也可为初入世的年轻人选择何种能终身受用的生存法则提供实证性的参考。

致谢:本章研究部分得到教育部人文社会科学研究青年基金项目(13YJC190022、14YJC630208)、北京市重点学科建设项目、北京市优秀博士学位论文指导教师人文社科项目(20138012501)、天津市高等学校人文社会科学研究项目(20122503)、山东省应用基础型名校建设工程——应用心理学专业项目的资助。

参考文献

Baron, J. (2009). 思维与决策(第4版). 李纾, 梁竹苑等译. 北京:中国轻工业出版社.

Blau, P. M. , & Duncan, O. D. (1967). The American occupational structure. New York: Wiley.

Funder, D. C. , Block, J. H. , & Block, J. (1983). Delay of gratification: some longitudinal personality correlates. Journal of Personality and Social Psychology, 44(6), 1198‐1213.

Hauser, R. M. , & Warren, J. R. (1997). Socioeconomic indexes for occupations: A review, update, and critique. Sociological Methodology, 27(1), 177‐298.

Leung, K. (2013). Leveraging phenomenon-based research in China for theory advancement. Retrieved from http:// www. journals. elsevier. com/organizational-behavior-and-human-decision-processes/news/leveraging-phenomenon-based-research-in-china/.

Mischel, W. , Shoda, Y. , & Peake, P. K. (1988). The nature of adolescent competencies predicted by preschool delay of gratification. Journal of Personality and Social Psychology, 54(4), 687‐696.

Song, S. (2013, December 17). China confirmed most materialistic country in the world even as luxury spending slumps to lowest level since 2000. Retrieved from http://www. ibtimes. com/china-confirmed-most-materialistic-country-world-even-luxury-spending-slumps-lowest-level-2000.

Zhao, C. X. , Rao, L. L. ; Tang, H. , Zheng, Y. , Zheng, R. , & Li, S. (under review). Suffer a loss is good fortune: Myth or reality?

李春玲. (2005). 当代中国社会的声望分层——职业声望与社会经济地位指数测量. 社会学研究, 2, 74—102.

李强, 宋时歌. (1998). 中国人民大学一项职业声望调查表明科学家高居榜首. 职业教育研究, 1, 41.

刘佳辉. (2011). 吃亏是福. 北京:中国长安出版社.

唐辉, 周坤, 赵翠霞, 李纾. (2014). "吃亏是福":择值选项而获真利. 心理学报, 46(10), 1549—1563.

许欣欣. (2000). 从职业评价与择业取向看中国社会结构变迁. 社会学研究, 3, 67—85.

赵文明. (2008). 吃亏是福. 北京:中国商业出版社.

第 23 章　潜在的维度：深植于人脑之中的迷信观念

共同作者：郑昱

> 迷信是人类心灵的弱点，它一直并将永远潜伏在我们的心灵中。
>
> ——腓特烈大帝

当北京奥运会选在 2008 年 8 月 8 日晚 8 时 8 分 8 秒开幕，全世界都知道了中国人对吉祥数字"8"真的很着迷。无独有偶，当我们将目光投向 2012 年伦敦奥运会的闭幕式时，你会看到迷你伦敦巨眼摩天轮装有 32 个缆车包厢以代表伦敦 32 个自治区，但是为之编了 1—33 号——其中不吉祥的 13 号被隐身了（见右示意图）。

迷信一直伴随人类文明史的演进而不断发展。面对迷信现象，人们通常是将信将疑。中国有古训：不可不信，不可全信；

宁可信其有，不可信其无。英国经验论哲学家培根曾说过，"认为'迷信是可以避免的'这本身即是一种迷信"（Bacon, 1996）。如今大多数人愿意相信一些超自然现象是真实存在于我们这个世界上的，有些已经可以解释清楚，但有些仍然处于探索阶段而无法解释。很多现象至今仍然属于人类的"迷思"之一，以至于看上去这些超自然现象并不那么"真实"。在现代社会，面对这些现代科技也无法解释的超自然现象，我们不禁很好奇，为什么它们会如此根深蒂固地让人们深信不疑？

著名心理学家斯金纳（1948）曾经对存在于动物之中的迷信行为展开一系列经典实验，在他的研究中，在随机间隔的时间内给鸽子食物，会使鸽子在并不存在的食物和行为之间"构建"所谓的因果关系，基于此，迷信也可被定义为关于外界真实世界与超自然现象之间的"错误"联结（Beck & Forstmeier, 2007）。近来，很多研究者试图解开这种有趣的"迷信之谜"（Beck & Forstmeier, 2007；Devenport, 1979；Gosselin & Schyns, 2003；Shaner, 1999；Whitson & Galinsky, 2008；Yu & Cohen, 2009），其中有研究者指出，迷信是自适应策略进化的副产品（Beck & Forstmeier, 2007），也有研究者认为迷信反映了有机体在适应变化多端的外界环境时所做出的偶然尝试（Yu & Cohen, 2009）。

23.1　支撑迷信观念的神经基础

许多人相信某些迷信现象是真实可信的，但绝大部分人又意识到这些迷信现象在大多数情况下是不灵验的。在科学高度发展的今天，为什么不太靠谱的"迷信"思想会如此根深蒂固？难不成大脑内有支撑其存在的神经基础吗？有研究者做过相关的行为实验，结果表明，当人们感觉缺乏控制时会更倾向于做出一些迷信行为（Whitson & Galinsky, 2008）；在不确定性的情境下，未建构的白噪音可以激发迷信知觉（Gosselin & Schyns, 2003）。基于迷信是一种与非理性和不确定性更有关的认识，Rao, Zheng, Zhou和Li(2014)假定大脑中与理性和不确定性决策有关的脑区可能会在迷信行为发生时被激活。外侧前额叶皮层作为与认知控制、不确定性密切相关的区域（Volz, Schubotz, & von Cramon, 2004, 2005）抑或是与理性和不确定性决策有关的脑区。

为了获得迷信观念神经基础的直接证据，我们设计了包含两类选项的任务：价钱便宜不含吉祥数的宴会日期，价钱昂贵含吉祥数的宴会日期。并将这二择一的选项置于"结婚喜宴情景"和"朋友聚会情景"这两种情景下要求被试完成选择任务。指导语如下：

请您想象一个情景,假设您要办**结婚喜宴**,现有一家酒店在两个时间段可以满足您要承办 **12** 桌结婚喜宴的要求。该酒店根据承办婚宴的时间不同,价格也不同,但菜色质量是完全一样的。例如 1 月 2 日举办婚宴每桌价格 3 000 元人民币,1 月 13 日举办婚宴每桌价格是 2 000 元人民币。

请您想象另一种情景,假设您要办**朋友聚会**,现有一家酒店在两个时间段可以满足您要承办 **12** 桌朋友聚会的要求。该酒店根据承办聚会的时间不同,价格也不同,但菜色质量是完全一样的。例如 1 月 2 日举办聚会每桌价格 3 000 元人民币,1 月 13 日举办聚会每桌价格是 2 000 元人民币。

实验情景均采用电脑呈现,被试按照自己的想法如实回答,其中每屏上方分别用"朋"字表示您要举办朋友聚会的情景,"囍"字表示您要举办结婚喜宴的情景。电脑的呈现格式有如下四种:

Rao 等人(2014)推测:吉祥数字应该在有吉祥需求的条件(婚宴)下起作用,在无吉祥需求的条件(朋友聚会)下不起作用;相比之下,价钱应该在无吉祥需求的条件(朋友聚会)下起作用,在有吉祥需求的条件(婚宴)下不起作用。

在被试完成 fMRI 实验后,为测量其个体的迷信观念,每人填写完成了杨国枢(2007)所开发的迷信量表。该量表为 Likert 6 点量表,共 10 题,其中第 6 题是与结婚迷信直接相关的题目:

1. 遇到重大问题,应该到庙里请求神明指点;
2. 公司若要有好的发展,各方面都要请教风水师或算命师;
3. 冒犯了鬼神或祖先,人就会生病;
4. 问神求来的药方是有效治疗病痛的方法;
5. 在做重大决定之前,应该先请算命师算一下;
6. 如果男女双方的生辰八字不合,就该避免结婚;
7. 如果没有看个好日子就结婚,就会担心婚姻不美满;
8. 一个人的事业能有所成就,一定是上辈子积了阴德;
9. 人生了病,到庙里拿符水或香灰喝喝就会好了;

10. 祖坟的风水好，就可以做大官、发大财。

整体 fMRI 实验运行程序如图 23.1 所示，图 23.2 是 fMRI 实验结果，图 23.3 是两种决策(经济的选择 vs. 吉祥的选择)在右侧额叶中/上回的效果量差异与迷信观念的相关。

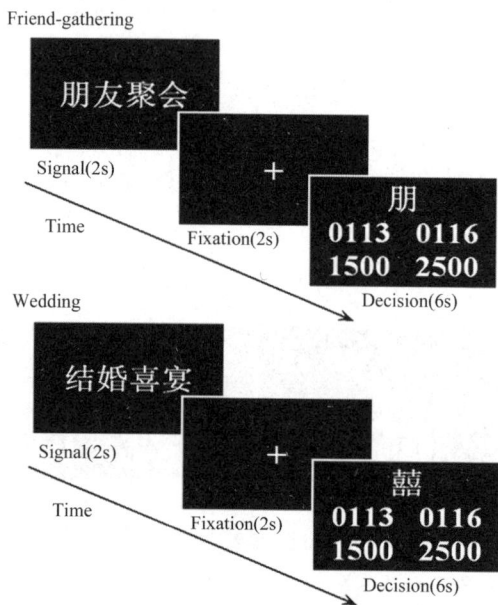

图 23.1 实验流程

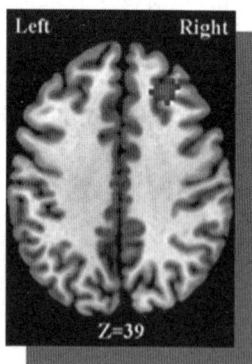

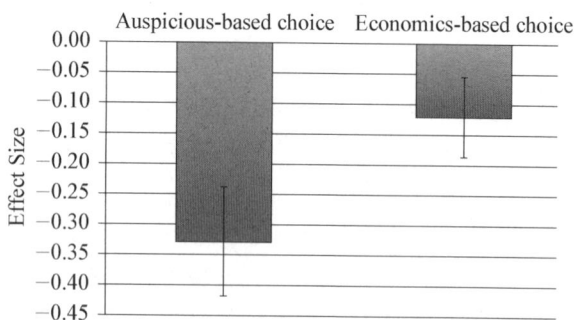

图 23.2 fMRI 实验结果

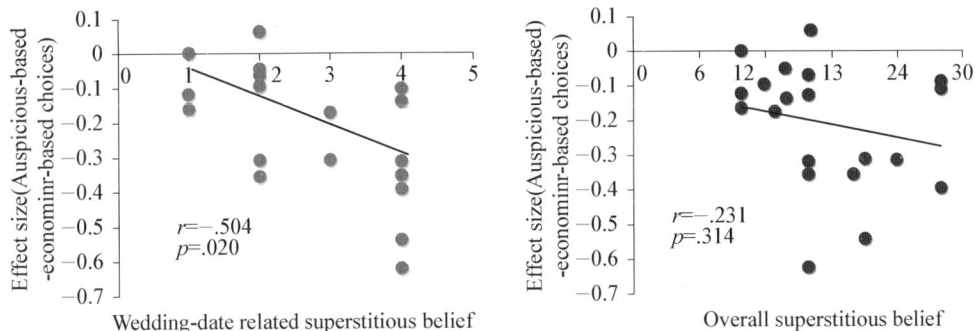

图 23.3 两种决策(经济的选择 vs. 吉祥的选择)在右侧额叶中/上回中的效果量差异与迷信观念的相关

方差分析发现,"经济的选择"和"吉祥的选择"的决策类型主效应体现在右侧额叶中/上回(BA 区 9/8;坐标 x = 30, y = 33, z = 39;$F = 24.66$;cluster size = 68)。事后检验发现,吉祥的选择比经济的选择在此脑区负激活程度更强($t = -4.50, p < 0.001$)(图 23.2)。图 23.3 展现了两种决策(经济的选择 vs. 吉祥的选择)在右侧额叶中/上回的效果量差异与迷信观念(特定结婚迷信题目(第 6 题)的分数或者迷信量表的总分)的相关。有趣的是,两种决策在右侧额叶中/上回的效果量差异与迷信量表总分相关不显著($r = -0.23, p = 0.314$),但是与特定的结婚迷信分数相关显著($r = -0.50, p < 0.05$)。这两种有趣的相关关系似乎提示我们:"迷信"决策是否存在领域特异性的可能?未来值得对此进行更深入的研究。

通过这个研究,我们获得的答案是:

(1) 人们宁可牺牲真实、可见的金钱去换取虚假、不可见的吉祥(auspiciousness),而这"虚假、不可见的吉祥"是人们自行生成的潜在维度,正是这潜在维度影响了人们做出表面看起来违背理性的最终决策;

(2) 这虚假、不可见的东西,确有其坚实的神经基础(右侧额叶中/上回);

(3) 在迷信量表中对特定结婚迷信题项作答时显示其迷信程度越高的被试,其脑成像数据表明右侧额叶中/上回在做出迷信选择和非迷信选择之间的激活程度差异越大。

23.2 思考与展望

有元分析研究发现在风险、不确定性条件下的决策所激活的脑区包括了右侧额叶中/上回(Krain, Wilson, Arbuckle, Castellanos, & Milham, 2006)。我们的研究则发现,当迷信观念涉及不确定性的未来结果(即,本研究中与吉祥日期相关的、未来可能有的"获益"——好兆头带来好结果)时,右侧额叶中/上回是这种迷信观念的神经基础。我们的研究也揭示了在这个脑区的激活程度也与迷信观念的个体差异有关,迷信选择倾向较高的个体与金钱选择倾向较高的个体在这个脑区的激活程度存在显著差异。

关于人类理性的解释,已有众多研究发现右侧额叶中/上回在整合情绪和认知之间起到了重要的作用(Gray, et al., 2002)。Rao等人(2014)推测被试在面对金钱成本和幸运日期所带来的"潜在"获得(gain)之间进行选择时,其实是对二者进行一种权衡的过程,人们在做出吉祥的选择时,理性受到了抑制(理性人假设)。从改造表征空间后做决策的角度出发,我们有理由认为,所谓"迷信",就是决策者不满在给定的表征空间里做决策,而自发生成了潜在的维度,并在这潜在的维度上赋予了"值"——"迷信"的"值"。因为迷信是跨期、不稳定的"正强化"(Skinner, 1948)),它也就通常被污名化、不为社会规范所接受。与之同病相怜的,是不为社会规范所接受的阿Q精神(参见第25章)。

人们在选择时经常关注潜在的获得,这些潜在的获得不是与选项表面已给出维度有关,而是与未给出维度有关。人们所进行的迷信决策实际上是在决策时赋予那些未给出维度以主观价值,未给出维度即为决策者自身生成的新维度(潜在维度——迷信的"值"),迷信决策是发生在已知价值和未知"值"之间的选择。需要引起注意的是,在基于迷信的决策机制中存在一个跨期属性:基于迷信的选择可能会导致一个即时较小的损失(loss)和未来更大的获得(gain),而基于金钱的选择则会导致一个即时较小的获得和未来的一无所获(nothing),甚至是更大的损失。这种选择带来的获得和损失在顺序上的差异可能导致了两种决策机制在决策难度和价值判断方面的显著差异。在未来认知神经科学领域的研究中,决策者自行生成潜在维度的决策研究将是值得关注的一个方向。

致谢:本章研究部分得到国家重点基础研究发展规划(973)项目(2011CB711002)、中国科学院知识创新项目(KSCX2 - EW - J - 8)、国家自然科学基金面上项目(31170976)、国家自然科学基金青年项目(31300843)和北京市重点学科建设项目的资助。

参考文献

Bacon, F. (1996). Of Superstition. In B. Vickers (Ed.), *Francis Bacon* (pp. 374). Oxford: Oxford University Press.
Beck, J., & Forstmeier, W. (2007). Superstition and belief as inevitable by-products of an adaptive learning strategy. *Human Nature*, 18(1), 35 - 46.

Block, L., & Kramer, T. (2009). The effect of superstitious beliefs on performance expectations. *Journal of the Academy of Marketing Science*, *37*(2),161 - 169.

Chiu, J., & Storm, L.(2010). Personality, perceived luck and gambling attitudes as predictors of gambling involvement. *Journal of Gambling Studies*, *26*(2),205 - 227.

Damisch, L., Stoberock, B., & Mussweiler, T. (2010). Keep your fingers crossed! How superstition improves performance. *Psychological Science*, *21*(7),1014 - 1020.

Devenport, L.D.(1979). Superstitious bar pressing in hippocampal and septal rats. *Science*, *205*(4407),721 - 723.

Dowd, S.(2008). *The London Eye Mystery*. New York: Random House.

Epstein, S., Pacini, R., Denes-Raj, V., & Heier, H. (1996). Individual differences in intuitive-experiential and analytical-rational thinking styles. *Journal of Personality and Social Psychology*, *71*(2),390 - 405.

Gosselin, F., & Schyns, P. G. (2003). Superstitious perceptions reveal properties of internal representations. *Psychological Science*, *14*(5),505 - 509.

Gray, J.R., Braver, T.S., & Raichle, M.E.(2002). Integration of emotion and cognition in the lateral prefrontal cortex. *Proceedings of the National Academy of Sciences of the United States of America*, *99*(6),4115 - 4120.

Krain, A.L., Wilson, A.M., Arbuckle, R., Castellanos, F.X., & Milham, M.P.(2006). Distinct neural mechanisms of risk and ambiguity: A meta-analysis of decision-making. *NeuroImage*, *32*(1),477 - 484.

Kramer, T., & Block, L.(2008). Conscious and nonconscious components of superstitious beliefs in judgment and decision making. *Journal of Consumer Research*, *34*(6),783 - 793.

Li, W., Qin, W., Liu, H., Fan, L., Wang, J., Jiang, T., & Yu, C. (2013). Subregions of the human superior frontal gyrus and their connections. *NeuroImage*, *78*,46 - 58.

Manes, F., Sahakian, B., Clark, L., Rogers, R., Antoun, N., Aitken, M., & Robbins, T.(2002). Decision-making processes following damage to the prefrontal cortex. *Brain*, *125*(3),624 - 639.

Miller, E.K.(2000). The prefrontal cortex and cognitive control. *Nature Reviews*, *1*,59 - 65.

Rao, L-L., Zheng, Y., Zhou, Y., & Li, S.(2014). Probing the neural basis of superstition. *Brain Topography*, *27*: 766 - 770.

Shaner, A.(1999). Delusions, superstitious conditioning and chaotic dopamine neurodynamics. *Medical Hypotheses*, *52*(2),119 - 123.

Skinner, B.F.(1948). Superstition in the pigeon. *Journal of Experimental Psychology*, *38*(2),168 - 172.

Volz, K.G., Schubotz, R.I., & von Cramon, D.Y.(2004). Why am I unsure? Internal and external attributions of uncertainty dissociated by fMRI. *NeuroImage*, *21*(3),848 - 857.

Volz, K.G., Schubotz, R.I., & von Cramon, D.Y.(2005). Variants of uncertainty in decision-making and their neural correlates. *Brain Research Bulletin*, *67*(5),403 - 412.

Whitson, J.A., & Galinsky, A.D.(2008). Lacking control increases illusory pattern perception. *Science*, *322*(5898), 115 - 117.

Yu, A.J., & Cohen, J.D.(2009). Sequential effects: Superstition or rational behavior? *Advances in Neural Information Processing Systems*, *21*,1873 - 1880.

杨国枢(2007).三探华人心理传统性与现代性:概念架构的扩展与研究工具的建立(3/3).行政院国科会专题研究计划(计划编号:NSC95 - 2413 - H - 033 - 008).

第24章 潜在的维度：导致
负折扣现象的解释

共同作者：孙红月

24.1 负折扣现象：折扣家族模型的命门

跨期决策需要决策者在眼前的利益得失与未来的利益得失之间做出权衡与取舍，是人类赖以生存和发展的重大决策。主流跨期决策模型认为，跨期决策存在一个时间折扣过程。所谓时间折扣，是指人们会根据将来获益或损失的延迟时间对其效用进行折扣，折扣后的效用小于原来的效用。根据时间折扣假设，当人们面临是现在获得一笔钱还是将来获得同样数量的钱时，人们应该选择现在获得这笔钱。因为，同样数量的钱如果将来获得的话，经过折扣之后其正效用小于现在获得的正效用。同理，当人们面临是现在损失一笔钱还是将来损失同样数量的钱时，人们应该选择将来损失这笔钱。因为，同样数量的钱如果将来损失的话，经过折扣之后其负效用小于现在损失的负效用。从20世纪30年代开始，经济学家和心理学家提出了一系列模型，以期对跨期决策的行为进行描述,无论是最初的折扣效用模型(Samuelson,1937)还是后来在此基础上发展出来的双曲线模型(Loewenstein & Prelec,1992)或是其他各种模型,都一直秉持着时间折扣的假说。

然而,近年来的研究发现,时间折扣假说或可描述"获得"领域的跨期决策行为,却描述不了"损失"领域的跨期决策行为。损失领域甚至存在着一种从根本上悖离折扣家族模型的现象。例如,在孙红月(2014)的研究中,让被试在现在失去100元和1周后失去100元两个选项中做选择。按照折扣家族决策模型的时间折扣假说,1周后失去100元所产生的负效用经过折扣之后小于现在失去100元所产生的负效用,因此被试应该选择1周后失去100元。然而,令人预想不到的是,竟然有超过一半(58%)的被试选择现在失去100元。这意味着,这些被试1周后的−100元折扣之后的价值小于现在的−100元。根据双曲线模型中折扣率的计算公式计算这些被试的折扣率,即 $k = \dfrac{V-v}{vD}$(V=折扣后的价值,v=折扣前价值,D=时间)(Loewenstein & Prelec,1992),发现这些被试的折扣率为负值。因此,这种偏爱现在损失的现象被称为负折扣现象(负折扣现象的图解请见图24.1)。

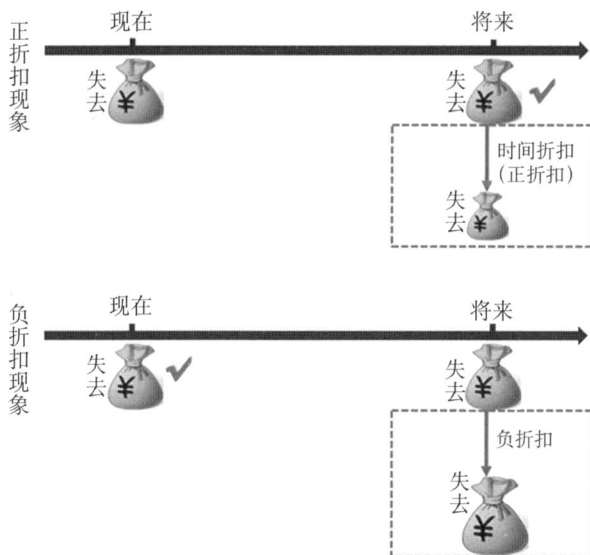

图24.1 负折扣现象图解:如果时间折扣为正(上图),将来的损失折扣后变小,人们应当选择($\checkmark$)较小的损失,即将来失去;如果时间折扣为负(下图),将来的损失折扣后变大,人们应当选择($\checkmark$)较小的损失,即现在失去。现实生活中,许多人选择"现在失去"即意味着他们的时间折扣率为负。这就成了折扣家族模型的命门:时间折扣率不可能为负数。

负折扣现象不仅存在于金钱损失领域,也存在于非金钱损失的其他负性事件领域。在金钱损失领域,Hardisty 和 Weber(2009)以及 Hardisty, Appelt 和 Weber(2012)均发现人们在损失金钱时的时间折扣率会出现负值。在健康领域,研究者发现一定比例的被试认为将来发生的病痛比现在发生的病痛更加让人痛苦,更厌恶将来发生的健康损失,宁愿现在生病更长时间也不愿意以后生病(Hardisty & Weber, 2009; MacKeigan, Larson, Draugalis, Bootman, & Burns, 1993; Redelmeier & Heller, 1993; van der Pol & Cairns, 2000)。在环境领域,Hardisty 和 Weber(2009)让被试在空气质量现在变差 21 天和 1 年以后空气变差更长时间两个选项之间选择,43%的被试更愿意现在体验差的空气质量。在其他领域,Mischel, Grusec 和 Masters(1969)让成人对不同时间发生的"吃味道糟糕的食物"、"喝味道苦的液体"等负性事件的喜欢程度进行评价,发现被试更偏爱马上发生的负性事件。Loewenstein(1987)发现相较于立即发生的电击刺激,被试平均愿意出更多的钱避免将来发生的电击刺激,说明被试更厌恶将来发生的电击刺激,希望电击立即发生。Harris(2012)发现,对于"丢失一张不可替代的照片"、"失去一个好朋友"等负性事件,被试更愿意这些负性事件现在发生而不是将来发生。

24.2　解开死结的可能心理机制

如果我们一直坚持在折扣家族模型的框架中解释负折扣现象,那么对于负折扣的理解就会形成一个死结。因为未来损失的负效用经过折扣之后不可能大于同等大小的现在损失的负效用。负折扣现象的存在必然违背主流经济学理论和决策理论一直秉持的最大化原则(Luce, 1959; Smith, 1776),同时挑战了进化理论所倡导的"趋利避害"原则(Li, Bi, Su, & Rao, 2011; Schall, 2001; Steelandt, Dufour, Broihanne, Thierry, & Santos, 2011)。那么,这种违背折扣家族模型的负折扣现象究竟是如何发生的,它背后有着怎样的心理机制,这是跨期决策研究领域的所有研究者都无法回避的问题。如果隐藏在负折扣现象背后的谜团不能得以破解,将一直阻碍我们完整地、深入地认识人们的跨期决策行为,也将一直阻碍我们进一步探究损失领域的跨期决策机制。

24.2.1　预期恐惧(anticipated dread)

Loewenstein(1987)猜测,对将来发生的负性事件所产生的预期恐惧可能导致将来的负性事件更加令人厌恶,因此人们更加偏爱现在发生的负性事件。他试图通过这种观点区分金钱损失的跨期决策和其他负性事件的跨期决策这两类跨期决策。他认为,将来的金钱损失**不会**让人感到预期恐惧,因此金钱损失不会产生负折扣现象。显然,Loewenstein(1987)的推论与金钱损失也存在负折扣现象的发现(孙红月,2014)不符。

24.2.2 生成潜在的维度(outgrowth account)——预期负性体验

基于 Loewenstein(1987)的假说,我们进一步认为,或许可以从改造决策表征空间的角度理解负折扣现象。一个跨期决策选项由已知的、给定的"结果"和"时间"两个维度构成,如"1 年后失去 100 元"。如果跨期决策单纯在给定的结果和时间维度上进行,那么负折扣现象的存在像是一种决策偏差。我们认为,对于涉及负性事件的跨期决策,人们不仅在给定的结果和时间维度上进行决策,还会主动生成潜在的维度以影响决策。具体表现为,当面对一个将来发生的负性事件时,人们会主动生成一个潜在的维度,这个维度被表征为——对等待负性事件的过程产生的预期负性体验。这种预期负性体验包含**两种**成分。一种成分是对负性事件本身所产生的**预期负性情绪**,如"紧张、焦虑、害怕、恐惧"等。另一种成分是对等待过程所产生的**预期认知负荷**,如担心等待过程中会感到"分心、牵挂"等,从而导致完成其他任务时效率低(Sun et al.,2015)。对于不同的负性事件,预期负性体验的主成分可能不同。例如,对于一个发生在将来的物理疼痛刺激,人们感受到更多的可能是针对疼痛本身产生的恐惧、害怕等预期负性情绪;而对于发生在将来的金钱损失,人们感受到更多的可能是针对等待过程产生的分心、牵挂等预期认知负荷。我们认为,预期负性体验的产生,使得将来发生的负性事件的负效用分解成两部分,一部分是将来发生的负性事件本身的负效用,另一部分是预期负性体验所带来的负效用。这两部分负效用加在一起,使得将来发生的负性事件的总负效用大于现在发生的负性事件的负效用,因此导致了人们偏爱现在发生的负性事件,出现了负折扣现象(负折扣现象产生原因的图解请见图 24.2)。

24.3 验证"潜在维度"的心理机制

我们通过 3 个实验逐步揭示并验证了预期负性体验对负折扣现象的作用机制(孙红月,2014)。

24.3.1 实验 1 预期负性体验的产生

实验 1 的目的是考察当人们面临将来发生的负性事件时,是否会生成预期负性体验。为了考察人们在面临负性事件时自动生成预期负性体验的过程,避免被试的

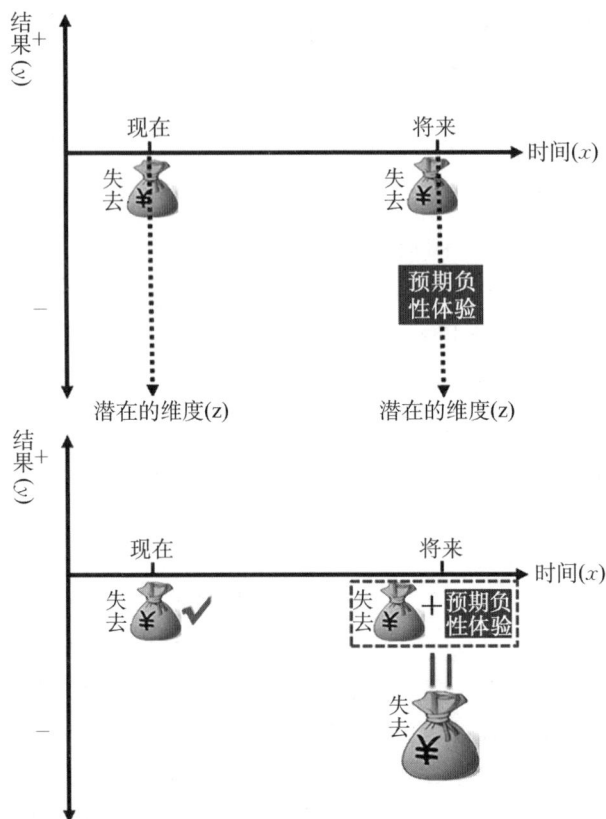

图 24.2 负折扣现象产生原因的图解
上图:生成潜在维度的图解(以失去金钱为例):人们不仅在损失时间(x)和给定的损失值(y)两个维度上进行决策,对于"将来失去"这个选项,人们还会主动生成一个潜在的维度(z)——预期负性体验——影响决策。**下图:负折扣现象产生的图解(以失去金钱为例)**:"将来失去一笔钱的负效用"+在潜在维度上产生的"预期负性体验的效用">"现在失去这笔钱的负效用"。所以人们选择(√)"现在失去"。

有意识控制以及外显测量中动机偏向的影响,该研究运用内隐联想测验(implicit association test, IAT)的范式考察被试面对将来发生的负性事件时是否会生成预期负性体验。

IAT 程序中的属性词包括感觉好词和感觉坏词各 6 个。感觉坏词包括:焦虑、不安、恐惧、负担、担心、心烦;感觉好词包括:安心、踏实、轻松、放松、安稳、放心。概念词包括表示负性事件现在发生的词和表示负性事件将来发生的词。负性事件选取失去金钱和接受物理疼痛刺激两类事件。现在词包括:立即失去 100 元、立刻失去 100 元、马上失去 100 元,立即遭受疼痛刺激、立刻遭受疼痛刺激、马上遭受疼痛刺激;将来词包括:3 天后失去 100 元、1 周后失去 100 元、1 月后失去 100 元、3 天后遭受疼痛刺激、1 周后遭受疼痛刺激、1 月后遭受疼痛刺激。在不相容判断分类任务中,被试把属于"负性事件将来发生"和"感觉好"的刺激归为一类并按相同的键反应,把属于"负性事件现在发生"和"感觉坏"的刺激归为一类并按相同的键反应。在相容判断分类任务中,被试把属于"负性事件将来发生"和"感觉坏"的刺激归为一类并按相同的键反应,把属于"负性事件现在发生"和"感觉好"的刺激归为一类并按相同的键反应。

结果(图 24.3)表明,被试在相容任务(compatible task)(将来+感觉坏)下的反应时($M = 811.29$ ms)显著短于不相容任务(incompatible task)(将来+感觉好)下的反应时($M = 940.76$ ms)。这说明对于被试而言,将来发生的负性事件与消极感受之间的联系非常紧密,被试能够把将来发生的负性事件和消极感受自动地、无意识地更快速地联系起来。该实验结果在一定程度上说明被试对等待负性事件的过程产生了预期负性体验。

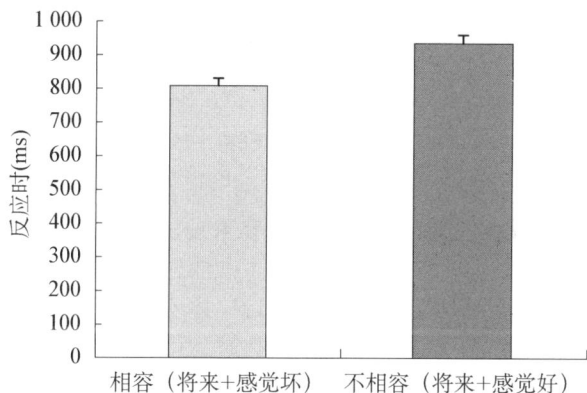

图 24.3　相容任务和不相容任务下的反应时

24.3.2　实验 2 负性刺激的大小影响负折扣现象——预期负性体验的中介作用

研究发现,损失领域的跨期决策存在量级效应(Chapman, 1996; Hardistry, 2012; Mitchell & Wilson, 2010)。由此推测,量级可能会影响负折扣现象的产生。因此,实验 2 试图检验量级是否会影响负折扣现象的产生,在此实验中,不仅探讨损失金钱数额的大小对负折扣现象的影响(实验 2.1),还将检验物理疼痛大小是否影响负折扣现象的产生(实验 2.2)。并且实验 2 还将检验预期负性体验是否在负性刺激的大小对负折扣现象的影响中起中介作用。

在实验 2.1 中,被试阅读一段情景,想象自己因为某种原因将要失去 X 元钱,可以选择从现在起到将来 1 年之间的任何时间失去。然后被试在一条长度为 13.4 cm 的线

段上(左端表示现在失去,右端表示 1 年后失去)画"|"以表示愿意失钱的时间。最后被试尽可能多地写出选择失钱时间的理由。被试被随机分成四组,每组被试失去金钱数额的大小不同,从小到大依次为 10 元、100 元、1 000 元和 10 000 元。具体情景为:

假设因为某种原因你要失去 10、100、1 000、10 000 元钱,可以选择从现在起到将来 1 年之间的任何时间失去,你愿意在哪个时间失去这 10、100、1 000、10 000 元钱? 如下图时间轴所示,左端代表现在,右端代表 1 年后,请您在合适的地方画"|",以表示你愿意失去这 10 元钱的时间。

现在　　　　　　　　　　　　　　　　　　　　　　　　　　1年后

请尽可能多地写出你这样选择的理由:

根据假设、之前的研究以及被试列出的理由形成了一个包含 11 条理由的编码表,每条理由的代表性描述以及对决策倾向的预测参见表 24.1。其中,预期负性体验是所假设的会影响被试负折扣现象的一个关键因素,当被试在理由中提到等待过程的痛苦时,如"早失早安心,省的老惦记"、"长痛不如短痛"、"早点失去早轻松,不然老想着,心理压力大"、"早失早好,没有心理负担"等,则视该理由为预期负性体验相关理由。形成理由编码表后,由两个独立编码者对被试列出的每条理由进行归类,判断其属于编码表中 11 种理由中的哪种理由,然后参照 Hardisty 等人(2012)的研究,统计各个理由在不同钱数大小下所占的比例。

表 24.1　失钱时间的理由编码表

原因	描述	决策倾向
现在偏差	"我不喜欢拖拉"、"我想快点失去"	选择现在
预期负性体验	"早失早安心,省的老惦记"、"长痛不如短痛"	选择现在
资源充足	"我现在承担得起"	选择现在
早弥补损失	"早早失去,早些弥补损失"	选择现在
机会成本(投资、储蓄)	"我现在可以把钱拿去投资、储蓄"	选择以后
金钱的时间价值	"钱以后会贬值"	选择以后
不确定性	"将来不确定,可能不会失去了"	选择以后
资源不足	"我现在没钱,以后会有钱"	选择以后
心理准备	"以后失去可以有个心理缓冲"	选择以后
本能规避	"不想马上经历不好的事情,能拖多久是多久"	选择以后
其他	"直觉"等	不确定

实验2.1的结果表明,相比较于失去金钱数额较大时,在失去金钱数额较小时被试更容易产生负折扣现象,即产生了负折扣现象的量级效应。并且,预期负性体验因素在失去金钱数额的大小对负折扣现象的影响中起中介作用(图24.4)。在失去钱数较小时,预期负性体验因素和其他影响跨期决策的因素相比显得更重要,人们更愿意现在失钱,即产生负折扣现象;在失去钱数较大时,预期负性体验因素不再是主导因素,而是其他因素变得更加重要,因此人们更愿意以后失钱,即不产生负折扣现象。同实验2.1的结果一致,实验2.2发现预期负性体验因素在疼痛程度大小对负折扣现象的影响中起中介作用。

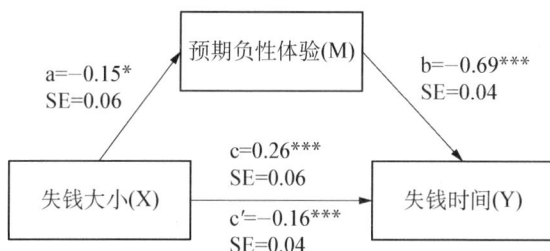

图24.4 中介模型:a是X对M的作用,b是M对Y的作用,c是X对Y的总作用,c'是X对Y的直接作用。路径上标注了非标准化的回归系数以及相应的SE($*p<0.05$, $**p<0.01$, $***p<0.001$)。

24.3.3 实验3 操纵预期负性体验影响负折扣现象

实验3运用质询理论操纵预期负性体验的强弱,看是否影响负折扣现象的产生,以进一步揭示预期负性体验对负折扣现象的影响。实验分为两部分,第一部分要求被试仔细阅读一段情景并完成抄写任务。在这部分实验中,被试被随机分配到两组实验条件中。每组被试首先阅读一段情景:

> 假设你长有一颗智齿,虽然目前智齿没有出现不良状况,但为了安全起见,医生建议拔除这颗智齿。因此5天后医生将为你进行拔牙手术,由于你对麻药过敏,医生将在不打麻药的状况下为你拔除这颗智齿。

阅读完情景后,给被试呈现两种面对5天后的拔牙手术可能出现的心情:

> ① 还有几天就要拔牙了,拔牙好疼,这两天我每天都睡不好觉,心里一直想着拔牙这件事,越想越害怕,越想越不安。

②还有几天就要拔牙了,拔牙好疼,幸好在拔牙前还能好好享受几天,痛苦的事情能晚来一天是一天。这两天我也可以为拔牙做做准备。要是5天后医生改变主意说不用拔了,那就更好了。

其中,第一种心情描述的是等待拔牙手术的坏心情;第二种心情描述的是等待拔牙手术的好心情。对两种心情的描述分别是根据实验2中被试列出的选择现在接受物理疼痛刺激和选择以后接受物理疼痛刺激的理由所构建。等待拔牙手术的坏心情主要反映的是负性体验的内容;等待拔牙手术的好心情主要反映的是被试面对拔牙手术所产生的本能规避、进行心理准备以及不确定性等心理。阅读完拔牙手术情景后,两组被试分别以不同的顺序阅读并抄写两种心情。

接下来,两组被试完成5道情景选择题,即为5种负性事件(失去100元、被马蜂蜇一下、在同学面前出丑、被社团开除、在评比中得到糟糕成绩)选择发生时间,备择时间选项为现在和1周后,被试在6点量表上标出自己的选择,1=非常肯定选现在,6=非常肯定1周后。

实验3的结果(图24.5)发现,对于5种负性事件,都是先抄写坏心情的被试比先抄写好心情的被试的选择评分更小,即更倾向于选择负性事件现在发生。这说明先抄写等待的坏心情增强了被试在选择任务中面对将来负性事件时的预期负性体验,因而出现了较强的负折扣倾向;而先抄写等待的好心情让被试在面对将来负性事件

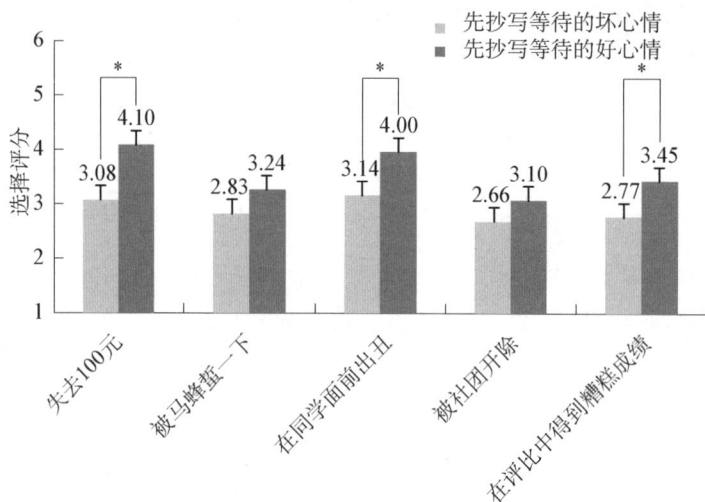

图24.5 两种抄写顺序组对于5种负性事件发生时间的选择评分(1=非常肯定选现在,6=非常肯定1周后)

注: * $p < 0.05$, * * $p < 0.01$, * * * $p < 0.001$。

时的预期负性体验受到了抑制,因而出现了较弱的负折扣倾向。实验 3 在实验 2 的基础上进一步验证了预期负性体验对负折扣现象的影响。实验 2 和实验 3 分别通过测量和操纵预期负性体验发现了预期负性体验对负折扣现象的影响,揭示了预期负性体验对负折扣现象的作用机制。

24.4 讨论与展望

本章节所报告的研究从改变决策表征空间的角度入手,初步探讨了生成的潜在维度——预期负性体验对负折扣现象的作用机制。其机制有助于我们理解为什么齐当别模型能够解释数量效应、共同效应、日期/延迟效应、超可加性、即刻效应、次可加性,却无法解释"符号效应"(江程铭,刘洪志,蔡晓红,李纾,2015),以及帮助我们理解李纾课题组和蒋田仔课题组首次发现的"对获得和损失进行折扣的神经机制不对称"(图 24.6)(Xu et al.,2009;徐丽娟等,2009)。

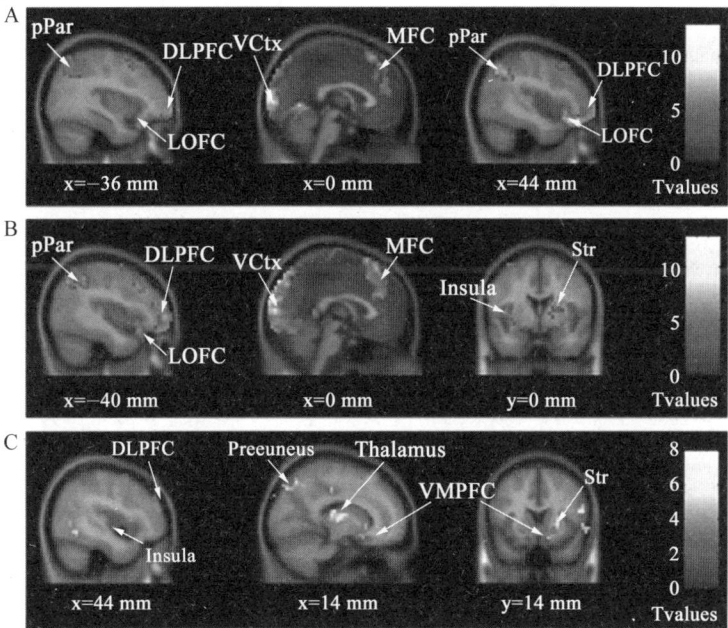

图 24.6 获得与损失条件下时间折扣的神经机制及其比较:(A)时间折扣获得时激活的脑区;(B)时间折扣损失时激活的脑区;(C)时间折扣获得与时间折扣损失的差异脑区。

然而,还有很多问题亟待解决,例如,预期负性体验是否确实包含所假设的两种成分——对负性事件本身所产生的预期情绪因素和对等待过程所产生的预期认知负荷,为什么负折扣现象会出现个体差异等。

之前的研究证实,目前的跨期决策模型在一定程度上可以较好地解释获得领域的跨期决策行为。然而,新近过程检验的研究并不支持时间折扣策略的假设(刘洪志,江程铭,饶俪琳,李纾,2015),负折扣现象的出现亦暗示我们目前的跨期决策模型可能并不足以解释涉及负性事件的跨期决策行为。因此,适用于负性事件领域的跨期决策理论还需要进一步建立、整合和完善,例如,在现有理论中加入体验、认知等因素,这还需要更多的研究者尝试探索这个问题。

致谢:本章研究部分得到国家重点基础研究发展规划(973)项目(2011CB711002)、国家自然科学基金面上项目(31170976;31471005)、北京市优秀博士学位论文指导教师人文社科项目(20138012501)的资助。

参考文献

Chapman, G.B.(1996). Temporal discounting and utility for health and money. *Journal of Experimental Psychology: Learning, Memory, and Cognition*, 22(3),771-791.

Hardisty, D.J., & Weber, E.U. (2009). Discounting future green: money versus the environment. *Journal of Experimental Psychology: General*, 138(3),329-340.

Hardisty, D.J., Appelt, K.C., & Weber, E.U.(2012). Good or bad, we want it now: Fixed-cost present bias for gains and losses explains magnitude asymmetries in intertemporal choice. *Journal of Behavioral Decision Making*, 26(4), 348-361.

Harris, C.R. (2012). Feelings of dread and intertemporal choice. *Journal of Behavioral Decision Making*, 25(1), 13-28.

Li, S., Bi, Y-L., Su, Y., & Rao, L-L.(2011). An additional gain can make you feel bad and an additional loss can make you feel good. *Advances in Psychological Science*. 19(1),9-17.

Loewenstein, G.(1987). Anticipation and the valuation of delayed consumption. *The Economic Journal*, 97(387),666-684.

Loewenstein, G.F. & Prelec, D. (1992). Anomalies in intertemporal choice: Evidence and an interpretation. *The Quarterly Journal of Economics*, 107(2),573-597.

Luce, R.D., (1959). *Individual Choice Behavior: A Theoretical Analysis*. New York: John Wiley and sons.

MacKeigan, L.D., Larson, L.N., Draugalis, J.R., Bootman, J.L., & Burns, L.R.(1993). Time preference for health gains versus health losses. *PharmacoEconomics*, 3(5),374-386.

Mischel, W., Grusec, J., & Masters, J.C.(1969). Effects of expected delay time on the subjective value of rewards and punishments. *Journal of Personality and Social Psychology*, 11(4),363.

Mitchell, S.H., & Wilson, V.B. (2010). The subjective value of delayed and probabilistic outcomes: Outcome size matters for gains but not for losses. *Behavioural Processes*, 83(1),36-40.

Redelmeier, D.A., & Heller, D.N.(1993). Time preference in medical decision making and cost-effectiveness analysis. *Medical Decision Making*, 13(3),212-217.

Samuelson, P.A.(1937). A note on measurement of utility. *The Review of Economic Studies*, 4(2),155-161.

Schall, J.D.(2001). Neural basis of deciding, choosing and acting. *Nature Reviews Neuroscience*, 2(1),33-42.

Smith, A. (1776). *The wealth of nations*. New York: Modern Library.

Steelandt, S., Dufour, V., Broihanne, M.H., & Thierry, B. (2011). Can monkeys make investments based on maximized pay-off? *PLoS ONE*, 6(3), e17801.

Sun, H-Y., Li, A-M., Chen, S., Zhao, D., Rao, L-L., Liang Z-Y., & Li, S.(2015). Pain now or later: An outgrowth account of pain-minimization. *PLoS ONE*, 10(3): e0119320.

Xu, L., Liang, Z.Y., Wang, K., Li, S., & Jiang, T. (2009). Neural mechanism of intertemporal choice: from discounting future gains to future losses. *Brain Research*, 1261,65-74.

van der Pol, M.M., & Cairns, J.A.(2000). Negative and zero time preference for health. *Health Economics*, 9(2),

171 - 175.

江程铭,刘洪志,蔡晓红,李纾.(2016).跨期选择单维占优模型的过程检验.心理学报,48(1),59—72.

刘洪志,江程铭,饶俪琳,李纾.(2015)."时间折扣"还是"单维占优"？——跨期决策的心理机制.心理学报,47(4),522—532.

孙红月.(2014).负折扣现象产生的心理机制研究(博士学位论文).中国科学院心理研究所,北京.

徐丽娟,梁竹苑,王坤,李纾,蒋田仔.(2009).跨期选择的神经机制:从折扣未来获益到折扣未来损失.中国基础科学,11(6),25—27.

第25章 潜在的维度：齐当别眼中的心理咨询

一能"读心"，二能"治心病"一直是普罗大众对心理学学科所"强加"（impose）的基本功能。

入心理学这行的人，大都被周遭的人问过："你是学心理学的，你知道我在想什么？"本书的大部分内容当是研究人们做决策的规律。了解人们做决策的规律，才有可能解释、预测人们的决策"想法"，其实也就是在做"读心"的工作。

入心理学这行的人，大都被周遭的人看作心理"医生"，大多有过被神秘兮兮"咨询"过的经历。

谈"心理咨询"太沉重。记得1988年硕士毕业，受福建华南女子学院名誉院长刘永和先生召唤，我在华南儿童教育与咨询专业讲授"行为矫正"课程三载。先生与我，彼此诚诚恳恳，有一句是一句。我去澳洲读博士时得知，先生没有在华南女子学院的"晚秋楼"颐养天年，而是在远在挪威的家中去世。

教书期间，我在福州西湖医院实践了一段时间的心理咨询。随后不敢做，亦不敢碰这一行，连外叔公沈觐寿手书"华南女子学院儿少心理诊疗中心"的墨宝也未能保留下来。窃以为这行对智商的要求实在太高。这活儿是"一把钥匙开一把锁"，说对话了，一句话就解决问题；话说不对，背完整本书也不得要领。30年过后，重提这个话题，特别是在"改造表征空间后做决策"这一篇里提到心理咨询，我思忖着心理咨询当与"生成的潜维度"有关。

在齐当别理论中,成功的心理咨询即在"给定的表征空间"之外能为受咨询者指出一潜在的维度。换言之,这一潜在的维度就是受咨询者的一条生路。

沿着个体成长历程,作者试挑几个共同关心的"心理问题"做些剖析。这些问题颇有"反直觉"(counterintuitive)的意味。即,从"公理"上看,不"应该"(should)是个问题,但"实际"(actual)上却是**难以启齿**的心理问题。

25.1 亲情:父子冷战

异性亲子关系(父女、母子)通常好过同性亲子关系(父子、母女)。坊间说,女儿是父亲的小棉袄,是父亲的前世情人。但这种比喻不说儿子,为什么?

父亲是家中的天,父亲是儿子幼时景仰的英雄。本应是亲密的父子情,在子承父业的路上走得大都不顺,父子通常要陷入一段时间的格格不入,甚至水火不容。如,蒋经国与蒋介石曾经反目,几成水火;电影《战马》(*War Horse*)中儿子 Albert 初始对酗酒、脾气暴躁的老骑兵父亲生厌,直到自己退役后父子间的隔阂才释然;戏剧《推销员之死》(*Death of a Salesman*)中父子由爱(威利对儿子的殷切期望,儿子渴望父爱)生恨(父亲恨儿子不成器,儿子恨父亲和女人鬼混),再由恨(相互欺骗、反目成仇)转爱(剧终父子间推心置腹地谈话)亦是经历了一番周折。

窃以为,问题出在这些儿子太崇拜父亲了,将父亲最重要维度视作自己生命中最重要的维度,有意无意继承了父亲最重要的维度。子承父业本是延续生命的大概率事件,但问题是在儿子成长的历程中,在**最重要维度上**,比不过父亲,无法与父亲对上话。若对父亲言听计从,成功了也不能归因于自己的能力。所以,随着儿子自我意识强大后一定会以自己独特的方式,与其父对着干。

作者的儿子曾多次当别人的伴郎,有对新人喜得贵子,一家人欢天喜地盘算如何取个"前程远大"的名字。不料儿子冷冷地冒出一句:"**这男孩子太可怜了!**"说得众人满头雾水。经点明,亲友个个神情黯然。原来,这新生儿的父亲会 4 种语言,读的均是法国、中国、澳洲、英国的名校,现在伦敦一大金融机构赚大钱。天生摊上这么优秀的一位父亲,怕是孩子这辈子都难以望其项背。其父子关系应比寻常父子僵持时间更长,不知需要等待多久方能趋于平淡,共享天伦之乐?

诡异:幼时最崇拜,大时却最隔阂。

原因:在成长**重要维度**上被优秀父母压制着,难以出头。

处方:指出这一父子俩都不曾意识的**重要维度**;建议父亲有意在**重要维度**上示弱;儿子早早错开二代人的**最重要维度**。否则,只能默默等待,等待花开——儿子成长到在**重要维度**上超越父亲了,父子俩方能好好说话。

25.2 友情：同伴拒斥

除了亲情，同伴关系是影响个体成长最重要的因素。被同伴背弃(shun)、欺负(bully)是件会"要命"的大事。社会心理学对"人际接纳"给予了极大的关注。虚拟传球游戏(Cyber ball-tossing game)(Williams, Cheung, & Choi, 2000；Williams & Jarvis, 2006)便是该领域的研究者为有效地研究这个问题而特意设计的。这个游戏可以操纵出社会拒斥(social rejection)和社会接纳(social acceptance)这两个变量。

最受伤、最致命的同伴拒斥是什么？不是肉体上的拳打脚踢，不是精神上的谩骂侮辱。最毒的是同伴不正眼看你，不在**重要维度**上与你玩。从鄙视的眼神中，你方知道你在**重要维度**上与伙伴的差别有多大。鲁迅曾说过，明言着轻蔑什么人，并不是十足的轻蔑。惟沉默是最高的轻蔑——最高的轻蔑是无言，而且连眼珠也不转过去。

现在不少中国留学生到海外求学，虽听得懂英文，但却融入不了西人学生的社交圈，倍感孤独，甚至出现抑郁，究其原因，除了自身性格因素，也在于是否找到相互调频的频道，即切换重要维度。

诡异：最不暴力，却伤害最深。

原因：你在**重要维度**上与同伴的差别太大了。

处方：建议开辟另外一个**重要维度**，让小伙伴们在这个新的**重要维度**上处于下风。

25.3 爱情：第三性(女博士)

寻求配偶，繁殖后代，是所有动物的天性。为什么动物世界的雄性(如公狮、公孔雀)比雌性漂亮，而人类社会的女人比男人打扮得更漂亮？

这是因为两性的优秀生殖资源(精子或卵子)不对称，雌性的卵子少，雄性的精子多。作者下乡时，喂过猪，本地贫下中农教导过，"母猪好，好一窝；公猪好，好一坡"，说的就是这个道理。在动物界，允许一夫多妻，再丑的雌性也能得到交配机会。因此雌性无需"精心打扮"即可得到最优秀雄性的精子，将优秀的基因传给自己的下一代。而雄性为了吸引尽可能多的雌性动物与之交配，则需要"精心打扮"，才能吸引到或美或丑的众雌性，才能将自己的基因传给下一代。久而久之，公狮、公孔雀等就越发漂亮。

人类的文化产物"婚姻"或是造成了这种逆转的首因。在人类社会，人类"文明"既不允许一夫多妻，也容不得婚外性。再美、再沉鱼落雁的女人也只能与一个男人交配。因此,女性碍于一夫一妻制,更要使出浑身解数,争得头破血流以获得最佳基因。女性若"懒于梳妆"就得不到最优秀男人的青睐,无法将优秀的基因传给自己的下一代。而再懒、再差劲的男人都会被"社保"起来,均匀地得到配对的机会,也能将自己的基因传给下一代。一代又一代,各国各民族的女人就越发漂亮。①

图 25.1 越秀公园菊花品种:懒梳妆

鉴于此,一天作者的儿子又冷冷地冒出一句:"韩国这个国家将灭亡。"其"歪理"是:生命的意义就是要将自己(生物或思想)的基因成功地传递给后代,为达到这个目标,个体须用心选择优秀的配偶。可是韩国举国整容,以次充好,岂不彻底坏了达尔文"物竞天择"的法则,后果便是国将不国。

剩男剩女是社会一大难题。剩女博士又是难中之难,有曰:"女博士是第三性。"照说,男女博士均是学术领域的佼佼者,精英当是达尔文眼中最适应生存的基因携带者。为什么男博士不找女博士?

喜欢一个人,这个人当在某一维度的表现出色,或胜过自己。一个人如果能坚持读到博士,当在学术这个维度上花费时间、精力最多。就是因"认知失调"(Festinger,1957)的缘故也会将此视为人生最看重的维度。男博士在这个维度上,能轻易**镇得住**愿意看重这个维度的任何不是博士的女性。而女博士在这个维度上,则难**遇**有能力的挑战者。其结果是,鲜有人胆敢在学术这个被女博士看重的维度上,尝试"收编"女博士。因为其风险是彻底丧失男人的尊严。

诡异:双双都最优,双双却最怵。

原因:在**重要维度上**不相上下,彼此都怕 hold 不住。

处方:建议女博士找一个不在乎学术维度,且在其他**重要维度**胜过自己的男人。

25.4 死亡:预测自杀

心理所一位同事欲借助对微博用户内容和行为的分析,预测其自杀风险,以期进

---

① 验证这条假设的途径是:试寻找令人信服的证据说明"一夫一妻制实行越早的社会,女人打扮的方法、手段、产品越多,越讲究"。

行有效及时的自杀干预。在相互交流研究想法时,想到:

侦测出**最重要维度**的变更(shift),或许能成为辨别自杀倾向的行为标记。试想象,一个站在高楼顶声称要自杀的人,若旁人这时向他(她)索要银行卡密码,这个索求或能成为甄别"真自杀"和"假自杀"的行为标记。对于真正想拥抱死亡的人,平时最在乎的"维度",这时应变得无所谓了。

诡异:《庄子·田子方》:"夫哀莫大于心死,而人死亦次之。"

原因:你这一辈子认为最**重要**的**维度**已经不复重要了。

处方:建议立即想到一个**重要维度**,让声称要自杀的人感到在这个世上、在这个**维度**上他(她)还有用。

25.5　阿 Q 精神:诡异的潜在的维度

阿 Q 精神,又叫精神胜利法,它来自鲁迅 1921 年在《晨报》副刊上发表的中篇小说《阿 Q 正传》。

有人将阿 Q 精神视为"国粹":阿 Q 是我们近代国人的灵魂,阿 Q 的"精神胜利法"是整个国民劣根性的体现。

也有人认为,阿 Q 精神是一种生活中的弱者的典型思想和精神,更严重地存在于被帝国主义欺侮的半殖民地的封建统治阶级之中,不只是中国有,其他国家也有。

重新审视《阿 Q 正传》中所描写的精神胜利法的案例:

> 阿 Q 对于自己的身世很是渺茫,与别人口角时却会说:"我们先前——比你阔的多啦! 你算是什么东西!"
>
> 阿 Q 生活困窘,地位低下,连老婆也娶不上,却夸口"我的儿子会阔得多啦"。
>
> 阿 Q 被打之后,认为"这是儿子打老子"。
>
> 在决定阿 Q 生死的画押时,仍想"孙子才画得很圆"。
>
> 被绑缚刑场,死到临头还高喊:"20 年后又是一条好汉。"

我们不难发现,阿 Q 所胜之处,其实都是在"给定的表征空间"的维度(身世、配偶、身手、命运等)上落败后,在"给定的表征空间"之外生成一新的潜在的维度。

这种在"新的潜在维度"上胜出的路数,其实也正是本章节在解决"亲情"、"友情"、"爱情"等心理问题时,建议所采用的"偏方"。两者在本质上并无二致。

那么阿 Q 精神究竟有何独特或诡异之处? 何以被尊为"国粹"?

试想一平常人被打之后,抑或会生成一新的潜在的维度:"我技不如人,我拜师学艺,我十年报仇。"而阿 Q 被人揪住黄辫子在壁上碰了响头之后,站了一刻,心想:"我总算被儿子打了。"

如此说来,阿 Q 其实是非常有创造性的。他之所以被"污名化"(stigmatized),这是因为平常人在潜在维度所赋的"值"(我学艺后胜你)是被"社会规范"所接受的、所鼓励的;而阿 Q 在潜在维度所赋的"值"(我是"父"你是"子")是不被"社会规范"所接受的。

因此,从本篇——**对给定的表征空间进行改造后做决策**——的角度看问题,我们对"阿 Q 精神"的理解或定义便显得简单、简洁:"阿 Q 精神"即是决策者生成了一个不被"社会规范"所接受的潜在维度,并在该维度赋予了胜于他人的"值"。

以上数例旨在说明,生活中许多问题是**最重要维度**的衍生物,能在"给定的表征空间"之外生成一新的潜在的维度抑或能产生"茅塞顿开"之效果。

致谢:感谢福建华南女子学院儿童教育与咨询专业的师生陈聆燕、蔡巧英、陈熹、游悦、陈建军、池小丹陪伴作者在福州西湖医院进行心理咨询的实习。

参考文献

Festinger, L.(1957). *A theory of cognitive dissonance*. Stanford, CA: Stanford University Press.

Williams, K. D., Cheung, C. K. T. & Choi, W.(2000). Cyber Ostracism: Effects of being ignored over the Internet. *Journal of Personality and Social Pyschology*, *79*(5),748 - 762.

Williams, K. D., & Jarvis, B. (2006). Cyberball: A program for use in research on ostracism and interpersonal acceptance. *Behavior Research Methods*, *Instruments*, *and Computers*, *38*(1),174 - 180.

第三篇 理解并改进决策（上）

——折射在文化遗产上的齐当别之道

迄今,有许多非补偿性、非基于选项的决策规则陆续进入决策领域研究者的视野(参见第一篇第 1 章表1.1)。

人们采纳"齐当别"规则,抑或不是在 N 个"非补偿性＋维度的"决策规则中的信手一捻。那么,为什么不是其他"非补偿性＋维度的"决策规则(如:字典法则(lexical rule))而是"齐当别"规则?其背后的推手是什么?我们或可从人类的历史、文化、文学、艺术、道德等精神遗产中一窥推动人们采纳"齐当别"规则的这个推手的身影。我们偏偏选中了这个 N 分之一,有其社会价值取向的考量。

抉择者一旦形成"齐当别"风格,形成这种有别于"期望最大化"或者"什么都要"的价值观,便可能形成一种类似"大智若愚"或"绅士"的处世品格。

对自己而言,"齐当别"准则能够帮助我们心安理得地做决策,心中坦然,知道自己要的是什么,不要什么。在现实决策中,我们无论选择哪一选项,总会有得不到的结果(如,第一篇第 1 章图 1.2 中被齐同的阴影部分),即使本次选择了非占优的选项(如孔融选择小的梨),也会从再次的选择中获得所"值"(如孔融孝悌的名望)。因此,对单次、孤立的决策,还真没有关于"决策质量"(decision quality)的评判标准,也就没有决策结果的所谓对错、优劣之分。正所谓"塞翁失马,焉知非福"。有所取舍,可以让自己在决策时不因为考虑的维度过多,而觉得"乱花渐欲迷人眼",不因齐同的部分感到不舍和犹豫,从而能专心致志于最重要的维度。这种不是什么都想要的决策观,也应了欧洲中世纪对贵族道德期望的基本常识:"国王应靠自己活,不能随意征税。"(熊芳芳,2014)

对他人而言,具备这一品质的决策者应该会成为"受欢迎/适合生存"的群体。因为不是什么都要,将"齐同"的部分留给他人,他人便可以在这些"齐同"的维度上胜出,这一做法有利于营建人与人之间和谐的关系。所谓欧洲的绅士（gentleman）、中国的君子，历史上有过诸多定义。英国的教育学家洛克认为，"绅士教育"的目的在于培养出"**有德行、有用、能干的人**"。至于什么才是真绅士、真君子，其答案亦是仁者见仁，智者见智①。窃以为，当得起这个"虚名"的人物一定不只在乎自己是否活得好，而须在乎别人是否也活得好。将自己整得什么都好，什么都占优，而将别人比衬得什么都不是，什么都不好，这样的决策举动不但不令人推崇，反而招人憎恨。所以，不咄咄逼人，不制造"陪衬人"是作为绅士或君子的最起码的标准。换言之，真正的绅士或君子就该让他人舒服、自在。懂得考虑他人感受的决策者才是这个世上真正的生存适应者。

---

① 画家陈丹青在《荒废集》"绅士的没落"一文中给绅士下的定义是"交谈时看着对方的眼睛，注意倾听，不打断……"；美国总统华盛顿交代秘书寻找绅士，其汇报的结果是：绅士就是不给别人添麻烦的人。

第26章 以一念代万念

共同作者:沈丝楚

> 多知多事,不如息意;多虑多失,不如守一。
>
> 录自《景德传灯录》卷三十、大正五一·四五八上—中

中国气功,讲究"以一念代万念"。对于初学气功的人来说,"一念代万念"是一种练功要求。它要求练功者采用意守的方法不断地排除杂念,使意识逐渐地进入气功状态。

中国禅宗的四祖道信有一个非常著名的四字口诀,就是"守一不移"。即,只有让心专一了,一切妄想杂念才能够停下来,内心的智慧才能开发出来。

以道家来说,它也有守一的思想,讲求"抱元守一"。这种说法警醒我们在物欲横流的世界里应保持淳朴之心,守住自我的安宁。

而"以一念代万念"的主旨正是不考虑对个体而言纷繁复杂的诸多念头,而仅仅关注于当下自我的一种念头,专注于这一念头,才能安定内心。

这种基本的要求正对应了"齐当别"决策规则的基本要求——最终的决策只在单一维度上进行。时常默念该口诀,亦可起到"启动"的作用——督促人们重视单维度的作用,尽早摒弃用"补偿性"、"选项性"策略对各维度间的差别进行"兑易"(tradeoff)的念头。

26.1　多念(杂念)中守一念

生命诚可贵，	*Freedom，Love！*
爱情价更高。	*These two I need.*
若为自由故，	*For my love I sacrifice*
两者皆可抛。	*Life.*
	For freedom I sacrifice
	My love. ①

　　这首短诗是 19 世纪匈牙利最为出色的抒情诗之一,诗的作者是裴多菲。诗歌描述了在生命、爱情和自由这 3 个备选项之间三对二择一选择的决策问题。之所以在本章节引用这首抒情诗,是因为:

　　其一,诗人明确告诉我们,尽管 3 个备选项(生命、爱情和自由)均是人生最最宝贵(valuable)、人人都渴望可以同时拥有的财富,但为了守住最重要的一念(维度),不能三者全要,只能割爱。

　　在此情况下,诗歌运用成对比较的决策过程来达成最终的选择。首先,诗人将"生命"和"爱情"进行了两两比较,其中生命作为首次比较中的失败者,被首先排除了。然后,第一次比较中的优胜者——自由,则被诗人放入了新的二择一选择中进行两两比较(自由与爱情)。之后第二次比较中的失败者(爱情)也被排除了,只剩下最终的优胜者——自由。年轻的诗人随后也果然如诗中所抒,在保卫匈牙利独立的战争中献出了他的生命,实践了他的浪漫选择,其亲身经历也成为这首诗歌美丽的注脚。

　　其二,诗人还告诉我们,要守住哪一个重要的念想(维度),对维度重要性的评判很主观。

　　这首诗歌之所以广为流传,是因为后人赞赏诗人对于这些选项非比寻常的"重要性"排序。它勾勒出诗人的个人效用与常人的效用大相径庭的画面,这也使得这一隐含决策的诗歌成为了百年来备受推崇的作品。

　　在诗歌中和现实生活中,诗人言行一致地表达了他对生命、爱情和自由这三者的重要性评判:U(自由)＞U(爱情)＞U(生命)。诗人明镜般地运用这样的排序来达成他的决策。

---

① 这首诗的英文版本出自 *The Princeton Encyclopedia of Poetry and Poetics*（Princeton，New Jersey：Princeton University Press，1974）.

为了解常人与诗人在维度重要性排序上的差异,作者曾请33名来自福建师范大学数学系的学生和47名来自澳大利亚新南威尔士大学心理学院的学生做如下评价:

请使用数字1—5来标明以下5项的重要性程度次序。5代表最重要,1代表最不重要。请将表示次序的数字写在每件事物左侧的括号里。

( )时间 ( )生命 ( )爱情 ( )金钱 ( )自由

其结果如图26.1所示。对于澳大利亚学生而言,平均重要性评分的次序为:生命(最重要)——爱情——**自由**——时间——金钱。对于中国学生而言,重要性程度的排序则为:生命,**自由**,爱情,时间和金钱(最不重要)(Li,1994)。次序上的细微差别(却是观念上的重要差别)在于:澳大利亚被试认为**爱情**比自由更重要,而中国被试

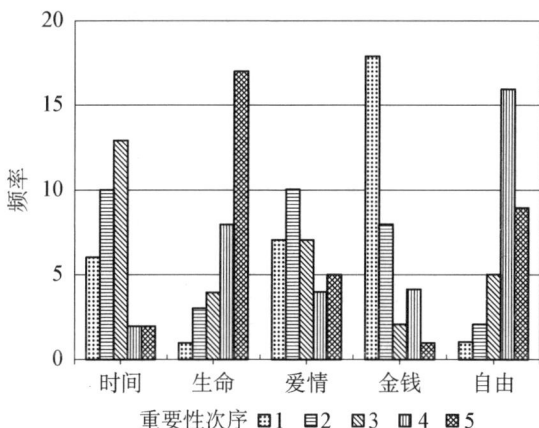

图 26.1a 评价结果(中国数据)

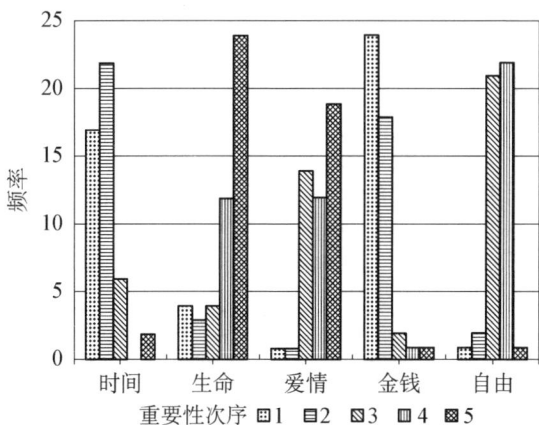

图 26.1b 评价结果(澳大利亚数据)

则认为**自由**比爱情更重要。无论是澳大利亚被试还是中国被试,尽管在爱情与自由的重要性排序上有所差异,却都毫不例外地将生命视为人生最重要之事。然而,诗人裴多菲却做出了"不自由,毋宁死"的选择,将"自由"这一念置于至高无上的地位。

26.2 靠一念达成决策

单维度上的决策何以如此被强调?这是因为,如若考虑其他维度(其他杂念),就达不成决策。以下"年终奖问题"就诠释了这层寓意(Li, 1994)。

年终奖问题

假设在年末,你所在的工作单位的每个员工都将会获得奖品。每个人都有可能获得一辆自行车和一台录音机,总价为 680 元。在意识到众口难调的情况下,负责管理奖品的工作人员安排了两种价位的奖品组合来供你选择:

你更加偏好哪一种组合?请在你的选择上画圈。

组合 A:自行车(660 元);录音机(20 元)　33％**　N＝175

组合 B:自行车(640 元);录音机(40 元)　67％

年终奖问题的结果表明:如果我们认为二择一选项可以通过两个不同的维度("奖励项目数量"和"金钱奖励数额")来表征,那么二择一的组合 A 和 B 在这样的表征空间中应该是重叠的(图 26.2a,表征 1)。由此推断:两个选项对决策者的吸引力应该是相同的,即,选择组合 A 和组合 B 的人数百分比应该大致相等。

然而,大多数被试的选择结果表明,尽管在二择一选择中两个选项的"奖励项目数量"和"金钱奖励数额"是相同的,他们还是更加偏好组合 B。这种结果并不支持

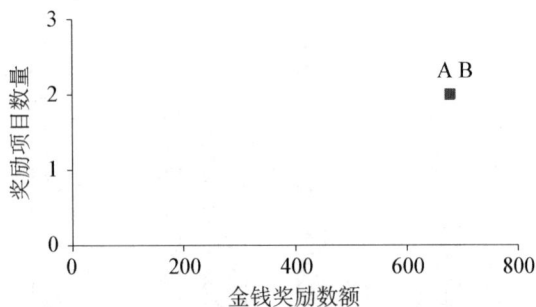

图 26.2a　年终奖问题的表征 1

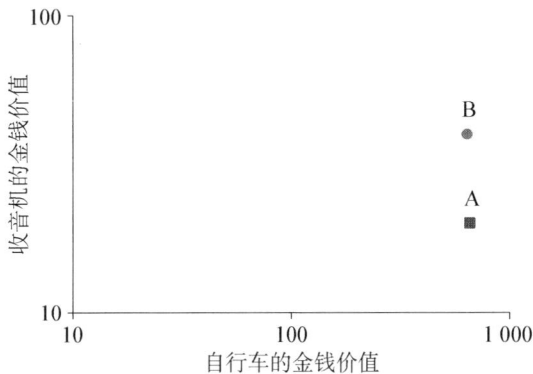

图 26.2b　年终奖问题的表征 2

"决策是基于如此表征系统(图 26.2a,表征 1)所做出"的推论。

对被试实际决策的解释或需借助另一表征系统(图 26.2b,表征 2)。其中,用以表征这两个选项的两个维度分别为"自行车的金钱价值"和"录音机的金钱价值"。两个维度均经金钱的主观效用函数(如图 26.3)做了转换。因为金钱的效用函数是与客观金钱价值一一对应的负加速度增长(上凹)曲线(图 26.3),所以 660 元和 640 元之间的差异会被认为小于 40 元和 20 元之间的差异。即从 40 元到 20 元的减少看起来比从 660 元到 640 元的减少更令人在意。

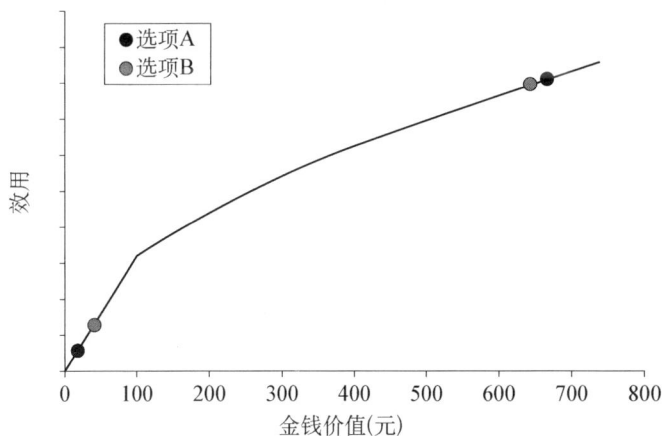

图 26.3　金钱的主观效用函数

因此,尽管 660 元和 640 元之间的差异与 40 元和 20 元之间的差异在客观的金钱计量上是相等的,但一经金钱的效用函数转换,就转换成存在差别的两个选项,由此解决了决策者的选择冲突并助他们达成最终的决策。

26.3 讨论与启示

对决策模型的研究,长期以来遵循"追求最佳"与"避免最差"的原则。然而,正如司马贺(Simon, 1955)的"满意模型"所阐述,人类基于自身认知资源的局限性,是有限理性的决策者。因此,齐同大多数维度的差异,只着重于单一维度上的差别进行选择的"齐当别"模型,可以助人得到"满意"的决策结果。

图 26.4 布达佩斯街头的裴多菲塑像

统计数学的真谛是化繁为简。大数定律与中心极限定理在混乱中理出头绪,使人们获得"大道至简"的醒悟。天下大势,乃繁久必简,简久必繁,循环往复以至无穷。看来,未来网络随机结构与规则结构并存,是大势所趋。当风险决策面临"多结果"选项时,或许我们的决策规则又会再度简化到 EV 这一单维度上去。即所谓本书的旨趣:**齐差求辨出决策,避繁就简成判断。**

无论是裴多菲对于自由、生命与爱情所做的二择一决策,还是孟子的"人有不为也,而后可以有为"的理念,都说明在现实决策之中,我们难以按部就班地依据规范性理论模型——计算每个选项在各维度上的总效用值来进行比较,而是更加倾向于在单一维度上,以个体的主观效用作为决策的依据。也就是所谓的"以一念代万念":只选取最具主观重要性的单一维度来进行考量,从而使我们能更容易、更心安地达成决策。

致谢: 当在新南威尔士大学图书馆的书堆里上下求索翻出裴多菲(1823—1849)的诗集时,竟久久不敢相信其英文版竟与中文版是同一首诗。从此,明白了"所谓诗,便是在翻译中流失的东西",由此倍加敬佩二位福州籍翻译家林纾、严复的工作,倍加感谢本书全体共同作者在写作过程中所付出的"再创作"的艰辛。

参考文献

Einhorn, H. J., & Hogarth, R. M. (1981). Behavioral decision theory: Processes of judgment and choice. *Annual Review of Psychology*, 32, 53 - 88.

Li, S. (1994). *Equate-to-differentiate theory: A coherent bi-choice model across certainty, uncertainty and risk*. Unpublished doctoral dissertation, University of New South Wales. Sydney: NSW.

Simon, H. A. (1955). A behavioral model of rational choice. *Quarterly Journal of Economics*, 69, 99 - 118.

熊芳芳. (2014 年 8 月 20 日). 中世纪法国王室收入与赋税征收. 中国社会科学报, 历史学, A05 版.

第27章　不自由，毋宁死

共同作者:魏子晗

在前一章节"以一念代万念"中,我们以裴多菲的诗为例,说明在现实决策之中,我们更加倾向于在单一维度上,以个体的主观效用作为决策的依据。裴多菲为了自由献出了他的生命,在本章节里,我们再以一个与"自由"相关的话题,说明是什么样的推手推动人们采纳"齐当别"这个规则。

18世纪中叶,北美要求斩断与英国的宗主国关系的呼声越来越高,到18世纪70年代,在列克星敦,波士顿人民打响了独立的第一枪。但此时,国内人民对是否要反抗英国仍争执不休。1775年3月23日,主张摆脱对英国的依附的Patrick Henry (1736 - 1799)在弗吉尼亚州议会上发表了著名的演说,其演讲的最后一句**"不自由,毋宁死"**(Give me liberty, or give me death!)把演讲推向了高潮,深深地鼓舞了人们为争取国家独立而斗争。如今,这种精神已经成为美国精神遗产的一部分。

这句话所描述的其实是一个不确定决策情境:如果决定反抗英国军队,有两种不确定的极端后果:自由或死亡。如果决定维持现状,不进行抵抗,则永远处于奴隶状态。若把这个决策问题用如今常用的形式表达,即:

行动 A:(效忠英国)完全确定生活在奴隶状态。

行动 B:(反抗英国)一个未知的机会,死亡或获得自由。

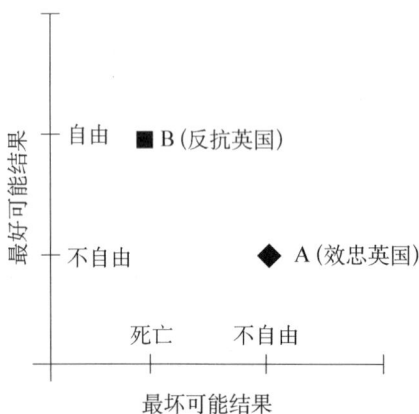

图 27.1 Herry 选择问题的空间表征图

在这个决策问题中,行动 A 是个确定的选项,它只包含一种结果——不自由,而行动 B 是一个具有不确定性的风险选项,它包含了两种可能的结果——获得自由或死亡。行动 B 的两种可能的结果可以被投射到两个不同的维度上:"最好可能结果"维度和"最坏可能结果"维度。行动 A 的结果则既可看成是"最好可能结果",又可看成是"最坏可能结果"。对两个选项的结果进行维度投射后,这一决策问题可以被表征成为图 27.1 所呈现的形式。其选择问题在这种表征系统里被简化为:选择空间中的点 A 还是点 B?

如何说服殖民地民众选择行动 B 这一"抛头颅、洒热血"的风险选项? Henry 采用的策略独辟蹊径。他既没有鼓励人们要"勇敢"(沉勇),也没有对党人许诺要"共进退"(同舟共济),更没有着墨成功后的愿景(前途、无恙故乡、如此江山)(图 27.2)。相反,他却高呼"**Give Me Death**"(中译"毋宁死"显得不达意)。

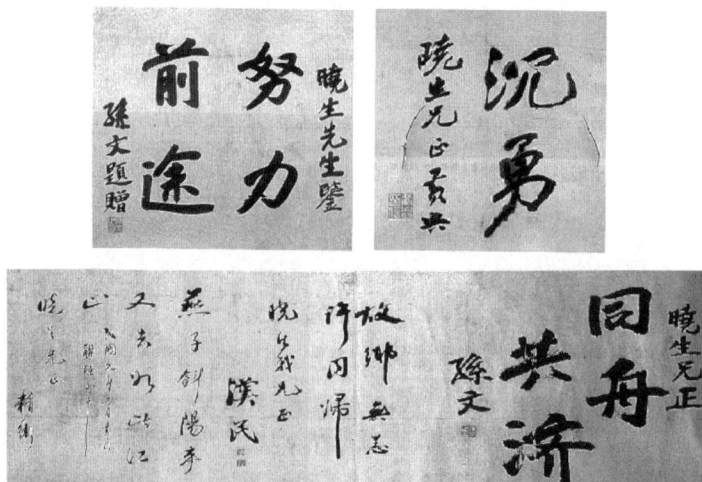

图 27.2 民国版的"不自由,毋宁死":以孙中山为首的同盟会骨干鼓动作者祖父李晓生投身革命。

期望法则似乎难以解释和预测广大民众的选择。因为,这个决策不属于"概率已知"的风险决策而属于"概率未知或需估计概率"的不确定决策。以期望法则为本的决策模型难以在此计算出各选项的期望价值或期望效用,因此无法解释和预测决策者选择哪一个选项。占优原则在解释和预测民众的选择时也遇到了困难。因为行动A在"最坏可能结果"这一维度上比行动B更占优,但是,行动B却在"最好可能结果"这一维度上比行动A更占优。

一些期望法则家族理论(如主观期望效用理论、预期理论等)认为,人们能够对每一个事件的发生概率给出主观概率估计(Savage, 1954),因此在客观概率未知的情况下(不确定决策),人们的选择依然遵循主观的期望法则,选择一个主观上整体估价或效用更加大的方案。而在方案既定的情况下,要促使人们选择某个方案,唯一的途径就是让该方案的整体估价的正效用"看起来"更大,或者整体估价的负效用"看起来"更小。例如,预期理论认为,框架效应之所以能够改变人们的决策倾向,正是由于负面框架使得确定选项"看起来"负价值(value)更大,风险选项"看起来"负价值更小;而正面框架则使得确定选项"看起来"正价值更大,风险选项"看起来"正价值更小。显然,Henry的演说词并不强调他推崇的选项是具备某种"最大期望值"的方案,因为高喊"Give Me Death"强调了方案的负效用,只能**降低**而非增加风险方案(反抗英国:一个未知的机会,死亡或获得自由)的整体估价或整体累计价值(devalue cumulated overall value or utility)。我们无法用期望法则家族理论来解释为什么"Give Me Death"能够使得美国人为之振臂而冒着生命危险参与到独立战争中。美国民众的选择显然违背了理性期望模型基本的最大化假设。

此外,Slovic等人(2007)的研究表明,相对于没有损失的风险选项(如:7/36的概率获得9美元,29/36的概率什么也没有),当风险选项中加入一个小的损失的时候(如:7/36的概率获得9美元,29/36的概率损失5美元),人们会认为有损失的风险选项更有吸引力。Slovic用"情感启发式"对这一现象进行了解释,他认为,小的损失会使得选项"获益部分"所引起的正性情绪更加强烈,所以使人们更喜爱有损失的风险选项。

值得注意的是,Slovic等人发现的效应,只发生在增加一个"小"损失的情境中(Slovic, Finucane, Peters, & MacGregor, 2007;Bateman, Dent, Peters, Slovic, & Starmer, 2007),而在Harry的演说情境中,"死亡"却是一个负效用无穷大的结果,因此,情感启发式也同样无法解释"Give Me Death"的诡异。

那么,Henry究竟是如何完成这项几乎不可能完成的任务(mission impossible)?"Give Me Death"又为何会如此煽情,如此打动人心,如此有说服力呢?根据"齐当别"理论(Li, 1994),在解决上述决策问题时,决策者首先需要比较两个选项在最坏可能结果维度上的效用差异与最好可能结果维度上的效用差异孰大孰小,然后选择在效用差异更大的维度上占优的选项(选择在"最好可能结果"维度上的更好选项,或者选择在"最坏可能结果"维度上不那么坏的选项)。Henry演说前,大部分殖民地人民选择逆来顺受。根据齐当别的解释,这是因为人们在"最好可能结果"这一维度上将"自由"与"不自由"两者的差异给主观地齐同掉,人们只关注"最坏可能结果"这一维度,且为了规避更糟的结果(死亡)所以选择行动A。Henry诡异的成功秘诀其实正是利用了齐当别策略,鼓动民众认为"不自由"与最坏的结果"Give Me Death"之间没有差别,即在最坏可能结果维度上,将2种可能结果("死亡"和"不自由")人为地"齐同"掉。在能接受"Give Me Death"的人眼中,再坏的结果之间亦是没有差别的。这就好比中国谚语中的"破罐破摔"——大碎片和小碎片并没有什么不同。这样,最终的抉择转而只是在"最好可能结果"维度上进行,即,简单地在"自由"与"不自由"之间选出可能获得自由的行动B(反抗英国)。

为了验证齐当别是否确能解释此类决策情境下的决策行为,我们设计了与Henry原情境的博弈参数(gamble parameter)大体一致的"考研或保研"决策情境。这一情境同样是一个二择一的不确定性决策问题:"保研"是一个"确定选项"(相当Henry情境中的"效忠英国"选项),"考研"是一个"不确定选项"(相当Henry情境中的"反抗英国"选项)。我们实验的目的是,用这一情境检验"降低风险方案(考研)整体估价的鼓动性语言"是否通过齐同最坏可能结果维度差异,凸显最好可能结果维度差异,而使决策者的选择更加冒险。

27.1 对"Give Me Liberty, Or Give Me Death!"的实证检验

27.1.1 实验一:"博弈参数"相同的不确定决策/测量2个中介变量

"博弈参数"相同的不确定决策情境(考研—保研)问题如下所示:

> 假设您是一所非211大学的应届生,且计划继续接受研究生教育。您现在面临一个选择:是"**保本校的研**"还是"**考名校的研**"。"保本校的研"即意味着您会"完全确定在本校读研";"考名校的研"即意味着您会有一个未知的概率"考上名校"或者"名落孙山"。

这一情境是国内大学生经常接触、较为熟悉的情境。如果说,Henry鼓动人们选择反抗的精妙之处就在于鼓动人们说出"Give Me Death",引导人们将"死亡"与"不自由"这两个最坏可能结果的差异齐同,然后基于"最好可能结果"维度进行决策,那

么,在"考研—保研"问题中,"考不上大不了名落孙山"这句鼓动性语言与"Give Me Death"的异曲同工之处在于:通过齐同掉最坏可能结果维度差异,凸显最好可能结果维度差异来鼓动学生选择风险方案(考研)。这种鼓动作用客观上却是降低了风险方案(考研)的整体估价。

基于上述想法,我们提出假设:被试越认同"考不上大不了名落孙山"这句鼓动性话语,就越倾向于选择考研。被试对两个选项"最好可能结果"差异和"最坏可能结果"差异的主观评定中介了"鼓动性话语的认同度"与"考研倾向"之间的关系,即被试越认同"考不上大不了名落孙山",越容易认为"名落孙山"与"本校保研"(最坏可能结果维度)的差异小,"考上名校"与"本校保研"(最好可能结果维度)之间的差异大,进而越倾向于选择考研。

为了验证上述假设,95名江西师范大学本科生参加了实验,他们在阅读完问题情境之后,先评定对"考不上大不了名落孙山"这句话的认同程度,然后再评定"名落孙山"与"本校保研"的差异和"考上名校"与"本校保研"的差异,最后评定自己在"考研"和"保研"两个选项上的偏好强度。题目示例如下所示:

鼓动性话语的认同度

当你正在犹豫的时候,有同学说:"考不上大不了名落孙山。"

你是否同意这一说法?(11点Likert scale;0表示非常不同意,10表示非常同意)

最坏可能结果维度差异

你认为,"本校保研"与"名落孙山"的差异有多大?(0—100评分;0表示几乎没有差异,100表示差异非常大)

最好可能结果维度差异

你认为,"考上名校"与"本校保研"的差异有多大?(0—100评分;0表示几乎没有差异,100表示差异非常大)

考研—保研偏好强度

对于下面两种行动方案,你更倾向于选择哪个行动方案?请勾选适当的选项来表示您的选择。

行动A(保本校的研):完全确定在本校读研。

行动B(考名校的研):一个未知的概率"考上名校"或"名落孙山"。

非常肯定选A	比较肯定选A	有点肯定选A	有点肯定选B	比较肯定选B	非常肯定选B
1	2	3	4	5	6

在我们的模型中,"鼓动性话语的认同度"是自变量,"考研—保研偏好"是因变量,"最坏可能结果维度差异"和"最好可能结果维度差异"均是"鼓动性话语认同度"和"考研—保研偏好"关系的中介变量,这是一个多重中介模型(温忠麟,叶宝娟,2014)。相关分析检验发现,"最坏可能结果维度差异"与"最好可能结果维度差异"的相关不显著($r = -0.183$, $p = 0.076$),因此这两个中介变量可视为是独立的,不存在相互影响,该模型是一个单步多重中介模型(Hayes, 2009)。

检验多重中介模型比较好的方法是 bootstrap 法(Cheung, 2007;温忠麟,叶宝娟,2014),我们利用 Preacher 和 Hayes(2008)开发的 bootstrap 分析程序进行中介分析(江程铭,李纾,2015),以"鼓动性话语的认同度"为自变量,"最好可能结果维度差异"和"最坏可能结果维度差异"为中介变量,"保研—考研偏好强度"为因变量,自取样(bootstrap resamples)次数设置为 10 000 次,选择"Bias Corrected"偏差校正法(后续实验中所使用的中介分析方法参数设置均与此相同)。中介分析结果显示,"鼓动性话语的认同度"对"考研—保研偏好"的影响作用确实是通过"最好可能结果维度差异"和"最坏可能结果维度差异"所中介的,"最好可能结果维度差"的 95%置信区间(CI)为(0.015 8, 0.160 0),"最坏可能结果维度差"的 95%置信区间为(0.003 8, 0.074 5),总体中介模型的 95%置信区间为(0.033 1, 0.160 0),两个中介变量和整体中介模型的置信区间都不包含 0,说明中介效应显著。中介关系如图 27.3 所示,即,被试越认同"考不上大不了名落孙山"这种鼓动性话语,越认为"考上名校"与"本校保研"的差异大,越认为"本校保研"与"名落孙山"的差异小,从而越倾向于选择考研。这一结果与我们的假设一致,为验证齐当别模型的思想提供了支持性证据。

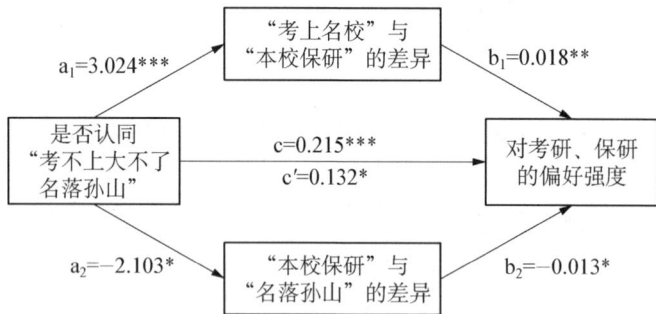

图 27.3 实验一的中介模型

27.1.2 实验二:"可能结果"相同的不确定决策/测量 3 个中介变量

实验一的结果很好地验证了在考研—保研情景中"考不上大不了名落孙山"这种

降低风险方案整体估价的鼓动性语言确实能够鼓动学生选择风险方案,这种鼓动作用是通过齐同掉最坏可能结果维度差异,凸显最好可能结果维度差异而实现的。考研—保研情景与 Henry 的"Give Me Death"具有相同的决策参数,在一定程度上证明了 Henry 的"Give Me Death"亦是通过类似的机制鼓动殖民地民众去反抗英国殖民。但是,在 Henry 的情景中,冒险选项(反抗英国)带来的可能结果是民众的"**死亡**",而考研—保研情景中"**考不上研**"的结果可能无法与 Herry 的情景中生死攸关的结果相提并论。因此,我们在实验二中,除了继续应用考研—保研问题情景外,还增加了一个新的假设性问题情景:医疗决策情景。这一情景与 Henry 的情景具有相同的博弈参数,同时,它的冒险选项带来的可能结果也是"死亡"。如果在这种攸关生死的医疗决策情景中同样验证了实验一的结果,那么就能够更好地说明在 Henry 情景中,民众们抛头颅、洒热血的冒险倾向确实是由 Henry 式的煽动语(Give Me Death)所驱动。医疗决策情景描述如下:

> 假设您被查出患上了一种比较罕见的疾病。您现在面临一个选择:"保守治疗"还是"手术治疗"。如果"保守治疗",您"完全肯定将会四肢瘫痪";如果"手术治疗",手术成功能使身体痊愈,但手术失败会致人死亡,这意味着如果"手术治疗"您会有一个未知概率"身体痊愈"或者"失去生命"。

在这个情景中,与"Give Me Death"所匹配的鼓动性语是"手术失败大不了一死"。根据齐当别模型,如果被试对这句话的认同度越高,越可能选择接受手术治疗这一冒险选项,而这两个变量的关系受到了"最坏可能结果维度差异"和"最好可能结果维度差异"的中介。与考研—保研情景类似,在这个情景中,我们先测量了被试对"手术失败大不了一死"的认同程度,然后测量了被试对"身体痊愈"与"四肢瘫痪"之间的差异(最好可能结果维度差异)、"四肢瘫痪"与"失去生命"之间的差异(最坏可能结果维度差异)的主观评定,最后让被试评定他们对进行手术治疗还是保守治疗的偏好强度。

除了增加"医疗情景"外,实验二还增加一种直接测量中介变量的方法。依据齐当别模型的思想,降低风险方案整体估价的鼓动性语言之所以能够鼓动决策者选择冒险选项,是由于这种语言促进被试主观上判断"最坏可能结果维度差异"小于"最好可能结果维度差异"。在实验一中,我们将被试评定的"最好可能结果维度差异"和"最坏可能结果维度差异"**分别**进行了测量,并验证了这两个变量对鼓动性话语和考研—保研偏好的中介作用。然而,实验一并没有直接测量被试是否认为"最好可能结果维度差异"大于"最坏可能结果维度差异"。因此,在实验二中,我们增加了"天平判断"问题(江程铭,刘洪志,蔡晓红,李纾,2016),用以测量被试是否认为"最坏可能结果维度差异"小于"最好可能结果维度差异"。天平判断问题将直接作为一种中介变量进行分析,两个情景都进行了天平判断问题的测量,天平判断问题示例如下。

天平判断问题:

请在以下选出一个示意图:天平的左端代表"**保本校研**与**考上名校**的差异",右端代表"**保本校研**与**名落孙山**的差异"。如果前者的差异要大于后者的差异,天平向左倾斜;如果后者的差异要大于前者的差异,天平向右倾斜;如果两者差异相似,则天平水平(图 27.4)。天平倾斜程度越大,代表两者之间的差异越大。请勾选示意图下的 A-G 之间的字母来表示您的感觉。

图 27.4 天平判断示意图(考研—保研情景)

实验二还选用了不同于实验一的被试样本。在实验一中,我们选取的被试来自于一所非 211 的学校(江西师范大学)。他们所面临的实际情况与实验中所描述的情景很相似,**保本校研**是一个不太好的结果,或许与"考研名落孙山"的差异确实不大;相对于**保本校研**,该校学生大都更愿意"考名校的研"。因此,实验一的结果便可能是被试固有的观念,而并非是通过材料操纵所得到的效应。为了排除这种可能性,我们在实验二中选取了北京师范大学的本科生被试。北京师范大学是一所 985、211 名校,对该校的学生而言,保研当是一个很好的结果,而"考研名落孙山"与"保本校研"的差异很大。我们设想,如果用这样的被试群体能重复得到实验一的结果,将反映我们实验效应的稳健性。

101 名北京师范大学的本科生参与了实验二,每名被试都完成了考研—保研情景和医疗决策情景。对于考研—保研情景来说,实验二的结果与实验一类似,利用 boostrap 分析发现,鼓动性话语对选择偏好的影响作用是通过"最好可能结果维度差异"和"最坏可能结果维度差异"所中介的,最好可能结果维度差异的95％置信区间(CI)为(0.058 8, 0.235 5),最坏可能结果维度差的95％置信区间为(0.019 4, 0.108 0),总体中介模型的95％置信区间为(0.109 2, 0.289 9),两个中介变量和整体中介模型的置信区间都不包含 0,说明中介检验效应显著,中介关系如图 27.5(a)所示。单独将天平判断问题作为中介变量进行分析,同样验证了齐当别模型的预测,用 bootstrap 分析的结果发现,天平判断的中介效应也显著,中介模型的95％置信区间为(0.023 0, 0.141 1),中介关系如图 27.5(b)所示。

医疗决策情景与考研—保研情景的结果一致,将"最好可能结果维度差"和"最坏可能结果维度差"同时放入中介模型中进行 bootstrap 分析发现,最好可能结果维度差的95％置信区间为(0.033 4, 0.121 2),最坏可能结果维度差的95％置信区间为(0.009 1, 0.081 9),总体中介模型的95％置信区间为(0.072 2, 0.164 0),中介检验效应显著,中介关系如图 27.5(c)所示。单独将天平判断问题作为中介变量进行分析发现,95％的置信区间为(0.001 5, 0.057 8),模型的中介效应显著,中介关系如图 27.5(d)所示。

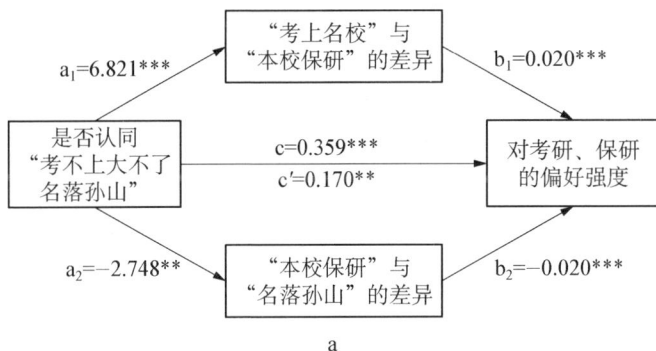

a

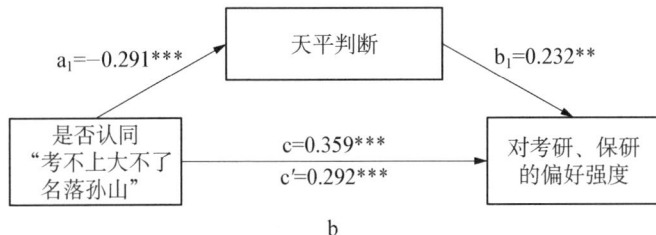

b

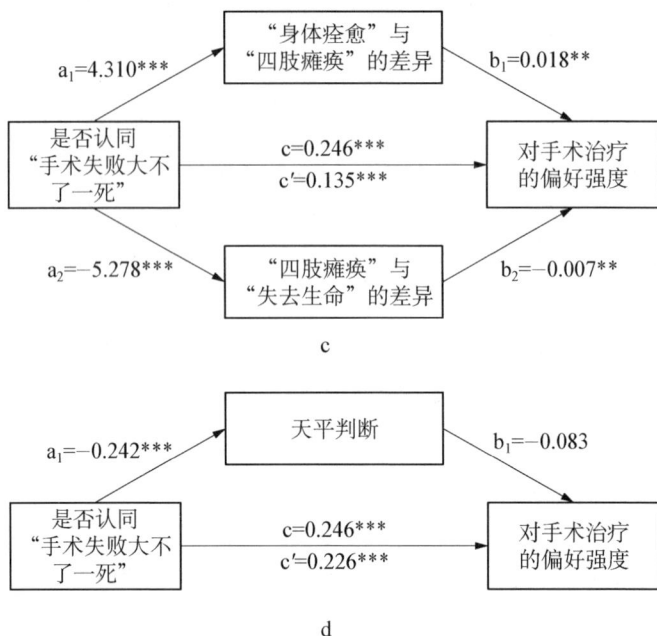

图 **27.5** 实验二中介模型示意图

27.1.3 实验三:博弈参数相同的不确定决策/操纵 2 个中介变量

通过上述两个实验我们验证了鼓动性话语对冒险行为的作用是通过影响人们对最好可能结果维度差异和最坏可能结果维度差异的判断实现的。但是,上述两个实验中的变量全部属于问卷**测量**所得,中介效应的分析也是基于回归分析,无法验证变量之间的因果关系。因此,在实验三中,我们对中介变量进行了**操纵**,以验证被试对冒险选项的偏好强度不同确实是由于被试对"最坏可能结果维度差"和"最好可能结果维度差"的不同所导致。实验三的决策情景与实验一相同,这是考虑到考研—保研情景与大学生生活更为贴近,并且更加具有可操作性。

实验被试是来自北京不同高校(包括北京邮电大学、北京林业大学、中国农业大学、中国矿业大学、北京科技大学等)的 135 名本科生。被试首先阅读实验一、二中相同的考研—保研情景材料,然后操纵一半被试($n = 66$)齐同"最坏可能结果维度差异",操纵另一半被试($n = 69$)齐同"最好可能结果维度差异"。操纵方式如下所示:

齐同最坏可能结果维度差异组

在做决定之前,您阅读了权威机构公布的高校就业情况统计资料,该资料显示,对于您所在的学校和专业来说,本科生就业情况与研究生的就业情况差异不大。这意味着,保研后**"本校保研"**与考研后**"名落孙山"**没有太大差异。

齐同最好可能结果维度差异组

在做决定之前,您阅读了权威机构公布的高校就业情况统计资料,该资料显示,对于您所在专业来说,名校研究生的就业情况与您本校研究生的就业情况差异不大。这意味着,保研后**"本校保研"**与考研后**"考上名校"**没有太大差异。

接下来,我们将被试对考研—保研的偏好强度作为因变量,并测量了被试主观评定的"最好可能结果维度差异"与"最坏可能结果维度差异",两个测量题目作为操纵检验,与实验一、二中的问题相同。

单因素方差分析(ANOVA)发现,齐同最好可能结果维度差异组的被试对最好可能结果维度的差异判断($M = 46.57$)显著低于齐同最坏可能结果维度差异组的被试($M = 66.68$)($F(1, 133) = 18.38$, $p < 0.001$),而齐同最好可能结果维度差异组被试对最坏可能结果维度的差异判断($M = 74.19$)则显著高于齐同最坏可能结果维度差异组的被试($M = 54.08$)($F(1, 133) = 18.68$, $p < 0.001$)。这说明,我们的操纵是有效的。

更重要的是,两组条件下被试的选择结果也再次验证了齐当别模型的预测,齐同最坏可能结果维度差异组的被试($M = 4.12$)比齐同最好可能结果维度差异组的被试($M = 3.12$)更加倾向于考研这一冒险选项($F(1, 133) = 10.90$, $p < 0.01$)。

27.2 讨论与启示

国难当前,如何鼓动民众奋起反抗,为了自由抛头颅、洒热血?若依据期望法则家族理论(期望效用理论、预期理论、累计预期理论等),人们当选择一个整体估价或效用更加大的方案。如此,其不二法门便是使风险方案中好结果的效用"看起来"更大,或使风险方案中获得好结果的概率"看起来"更大;使风险方案中坏结果的效用"看起来"更小,或使风险方案中获得坏结果的概率"看起来"更小。

但是,无论是当年 Henry 的一句"不自由,毋宁死",还是本研究的 3 个实验,都说明并非是要选项的负效用看起来小才能促进决策者选择该选项,相反,指出选项的负效用非常大亦能促进决策者选择该选项。不遵循期望法则亦能"控制"决策者的选择,这似乎暗示着人的决策过程亦非遵循期望法则。

我们的研究发现,诸如"Give Me Death"的话能起鼓动的作用,是因为在强调了"死亡"这一最坏可能结果之后,被试会在最坏可能结果维度上将两种可能结果("死亡"和"不自由")人为地"齐同"掉(被认为是较小的维度差别),然后选择在最好可能结果维度上占优(获得自由)的选项,也即选择反抗。这与齐当别模型的解释恰好吻合,这似乎暗示着人的决策过程遵循齐当别法则。

在实践中,我们要如何说服他人冒险? 本研究提示我们,增大风险选项的总分或许并非上策;貌似降低了风险选项的整体估计,但实质上是设法齐同"风险选项"与"确定选项"在最坏可能结果维度上的差异,反而更能鼓动他人选择冒险。实际上,这种说服技巧已经被应用到了现实生活中,例如下一章节所讨论的澳门赌场怂恿人们赌博的广告词,便与 Henry 鼓动人们冒险的演说词有着异曲同工之旨趣。其广告词中的"博彩无必胜"也是一种反其道而行之的鼓动法:降低冒险选项的整体价值。

致谢:本章报告的研究部分得到中国科学院心理研究所本科生科学研究基金、北京市优秀博士学位论文指导教师人文社科项目(20138012501)的资助。感谢蔡晓红、刘欢帮助收集数据,感谢郑蕊在情景设计和数据分析中所提供的指导和帮助。

参考文献

Cheung, M. W. (2007). Comparison of approaches to constructing confidence intervals for mediating effects using structural equation models. *Structural Equation Modeling: A Multidisciplinary Journal*, 14(2), 227 - 246.

Hayes, A. F. (2009). Beyond Baron and Kenny: Statistical mediation analysis in the new millennium. *Communication Monographs*, 76(4), 408 - 420.

Li, S. (1994). *Equate-to-differentiate theory: A coherent bi-choice model across certainty, uncertainty and risk*. Unpublished doctoral dissertation, University of New South Wales. Sydney: NSW.

Preacher, K. J., & Hayes, A. F. (2008). Asymptotic and resampling strategies for assessing and comparing indirect effects in multiple mediator models. *Behavior Research Methods*, 40(3), 879 - 891.

Savage, L. J. (1954). *The foundations of statistics*. New York: Wiley.

Slovic, P., Finucane, M. L., Peters, E., & MacGregor, D. G. (2007). The affect heuristic. *European Journal of Operational Research*, 177(3), 1333 - 1352.

Bateman, I., Dent, S., Peters, E., Slovic, P., & Starmer, C. (2007). The affect heuristic and the attractiveness of simple gambles. *Journal of Behavioral Decision Making*, 20(4), 365 - 380.

江程铭,李纾.(2015).中介分析和自举(Bootstrap)程序应用.心理学探新,35(5),458—463.

江程铭,刘洪志,蔡晓红,李纾.(2016).跨期选择单维占优模型的过程检验.心理学报,48(1),59—72.

温忠麟,叶宝娟.(2014).中介效应分析:方法和模型发展.心理科学进展,22(5),731—745.

第28章 澳门赌场箴言析

共同作者:郭慧芳

澳门号称世界四大赌城之一,早于1847年已将博彩业合法化,是中国境内目前唯一可以合法经营博彩业的地区。博彩是澳门旅游的一大特色(黄贵海等,2013)。有别于世界各地的赌场,澳门的赌场流传着一句独特的"劝世文"。正像香烟盒上都写着"吸烟有害健康"的警告语一样,澳门最大的赌场"葡京娱乐场"的每个入口处都镶着一块刻字铜牌,上刻据传是澳门旅游娱乐公司创始人撰写的"劝世文":**"博彩无必胜,轻注好怡情,闲钱来玩耍,保持娱乐性。"**

作者亲临葡京赌场抄录的英文版本为"NO ONE CAN WIN ALL THE TIME. WE ADVISE YOU TO PLAY MERELY FOR PLEASURE AND TO RISK ONLY WHAT YOU CAN SPARE."

其葡萄牙文版本为"NINGUÉM PODERÁ GANHAR SEMPRE. ACONSELHAMO-LO, PREZADO CLIENTE, A ENCARAR O JOGO COMO MERO PASSATEMPO E A ARRISCAR APENAS O QUE NÃO LHE FIZER FALTA."

这广为流传的"劝世文"究竟如何劝导人们进行风险(赌博)决策?

28.1 "劝世文"能起到什么劝导作用?

作为赌场(casino),其唯一的商业动机就是赚钱。然而,赚赌徒的钱必然承受着社会的伦理道德压力。澳门赌场"劝世文"究竟是劝勉目睹者赌博还是劝阻目睹者赌博?

孙悦和李纾(2005)对 186 名澳门永久居民进行调查。被试需要自我估计在过去的三年内参与赌博(亲临赌场赌博,赌马,赌狗,六合彩,白鸽票,赌波,麻雀,扑克,网上投注赌博)的次数。

为探究"劝世文"是否发挥劝导作用,所进行的调查采用了两种互补(complementary)的语义框架(劝勉 vs. 劝阻)。被试利用 Likert-type 7 点量表分别对**劝勉**框架(葡京娱乐场门前"博彩无必胜,轻注好怡情,闲钱来玩耍,保持娱乐性"的刻字铜牌旨在劝勉人们赌博)和**劝阻**框架(葡京娱乐场门前"博彩无必胜,轻注好怡情,闲钱来玩耍,保持娱乐性"的刻字铜牌旨在劝阻人们赌博)做反应。被试对这两种不同的陈述所表达的同意程度均数分别为: $M_{劝勉} = 4.23$ 和 $M_{劝阻} = 3.81$(1 = 非常不同意;7 = 非常同意)。

如果将劝阻分数转换成劝勉分数($M_{劝勉} = 4.19$),或者将劝勉分数转换成劝阻分数(参见 Shafir(1993)的研究),两种语义框架的平均分数差是 0.032($t(185) = 0.201, p > 0.05$)。其结果并不显著。即,所谓的"劝世文"的劝导作用其实是**中性**的,它既不劝勉也不劝阻人们赌博。无论是从正面劝勉还是从反面劝阻的角度询问,个体均不会产生理解上的歧义。这种结果或许正是赌场老板所乐见的:既不阻挡潜在的消费者,又担负起企业的社会责任(corporate social responsibility)。

28.2 "劝世文"诠释的齐当别要义

28.2.1 博彩无必胜/NO ONE CAN WIN ALL THE TIME

期望价值(expected value)理论是用于风险决策的第一个规范性理论。17 世纪数学家 Blaise Pascal 和 Pierre de Fermat 假定,一个具有($p_1, p_2, \cdots, p_n$)概率、($x_1, x_2, \cdots, x_n$)结果的博弈的吸引力是由其期望值 $\bar{x} = \sum x_i p_i$ 所决定的。用期望价值理论的语言说,博彩公司对每一种赌博产品(老虎机等)预设的期望价值(EV)一定是有利于博彩公司的,否则博彩公司必然破产倒闭。同样,赌徒也知道这个道理。

孙悦和李纾(2005)采用两种语义框架(庄家 vs. 下注者),调查了澳门人对多次性博弈期望值的理解。被试在 Likert-type 7 点量表分别对**庄家**框架(多次下注(比如下一百次注),总体上说,是庄家赢)和**下注者**框架(多次下注(比如下一百次注),总体上说,是下注者赢)做反应。被试对这 2 种不同的陈述所表达的同意程度均数为:$M_{庄家赢} = 4.92$ 和 $M_{下注者赢} = 2.91(1 = $ 非常不同意$;7 = $ 非常同意$)$。

将下注者赢分数转换成庄家赢分数($M_{庄家赢} = 5.09$),或者将庄家赢分数转换成下注者赢分数,两种语义框架的平均分数差是 $0.166($ $t(185) = 1.51, n. s.$ $)$。这种结果表明:无论是从下注者还是从庄家的角度询问,澳门被试都趋于认为多次性博弈的期望值是**有利于**庄家的。这种主观的风险判断符合概率的数学定律。

采用逐步回归分析(将下注者赢和庄家赢作为 2 个自变量,9 种赌博方式分别作为因变量)的方法亦没有发现被试越同意"多次下注,总体上说,是下注者赢",越热衷赌博。这表明,正确认识期望价值理论是一回事,实际参与赌博又是另外一回事。结果支持 Li(2003)的结论:多次博弈(multi-play)采用的机制与单次博弈采用的机制是截然不同的,个体在单次博弈时并不按照期望价值理论做抉择,而是遵循"齐当别"规则做抉择。

同时,对"下注者赢"和"庄家赢"的多变量变异数分析(MANOVA)表明,不同教育水平间存在差异($F_{下注者赢}(4,181) = 4.18$, $p < 0.01$; $F_{庄家赢}(4,181) = 2.15$, $p < 0.08$)。教育水平最高的人群(研究生或以上)最认同多次下注是庄家赢($M_{庄家赢} = 5.61$),并且最不认同多次下注是下注者赢($M_{下注者赢} = 2.11$)。另外,男性比女性更认同多次下注是庄家赢($F(1,184) = 5.74$, $p < 0.02$)。

正确认识期望值与实际参与赌博并无相关的结果,说明多数被试是理解重复多次博弈伴生的"大数谬论"(a fallacy of large numbers)(孙红月,苏寅,周坤,李纾,2011),也进一步证实一次性博弈不是由期望值所决定的。

我们推论,澳门人不喜欢赌博的另一个可能的解释是:澳门博彩业合法化已逾一个半世纪,在这漫长的岁月中,澳门人对期望值规律已有深刻的理解和体验。本地澳门人是从多次性博弈的角度看待赌博;来澳门赌博的游客是从一次性博弈的角度看待赌博。这种差异犹如俗语所言:小赌怡情,大赌倾家,与"劝世文"中的"轻注好怡情"恰有异曲同工之妙。

28.2.2 轻注好怡情/WE ADVISE YOU TO PLAY MERELY FOR PLEASURE

"轻注好怡情"这句话颇有意思,劝勉人们的不是最大化获益,也不是最小化损失,而是为了愉悦的情绪。这与本书第六篇"选择与情绪"中"买彩票不为钱,为心境好"所取证据不谋而合。在我们的研究中,实验者给两组被试分派同等价值的彩票或现金,并对其心境进行追踪调查。结果发现,获得彩票组被试的心境要显著好于获得现金组被试的心境,获得彩票组被试的心境在对奖前达到最好。更有趣的是:在实验中,彩票组诸多被试(58%)选择延迟对奖,更有甚者放弃对奖(42%),但其心境仍然维持在一个较好的水平(郭慧芳,2014)。

Ladouceur 等人(2003)的研究表明,赌博本身并不能使个体感到兴奋,而对赢钱的期望却让个体获得更多的积极情绪,它是影响唤醒水平的一个重要认知因素。郭慧芳(2014)发现,个体购买彩票后至对奖前,所测的心境呈逐渐上升的趋势,在对奖前达到最好。与此同时,或为保持自己的好心境,实验中彩票组所有的被试均选择延迟对奖或者弃奖。个体购买彩票并非为了钱,而是为了好心境,即"轻注好怡情"。

28.2.3 闲钱来玩耍/WE ADVISE YOU TO RISK ONLY WHAT YOU CAN SPARE

这句是赌博或风险决策的精髓,特别是英文所传递之意极具神韵。

Kahneman 和 Tversky(1979)曾列出以下两对选择题:

A:肯定获得 5 元。 【28%】
B:0.1%的机会获得 5 000 元,99.9%的机会获得 0 元。 【72%】
C:肯定失去 5 元。 【83%】
D:0.1%的机会失去 5 000 元,99.9%的机会失去 0 元。 【17%】

说明风险决策中存在"镜像效应"(reflection effect)所描述的"受益时偏好风险寻求"(risk-seeking preferences for gains)而"受损时偏好风险规避"(risk-averse preferences for losses)现象。这组数据被 Kahneman 和 Tversky(1979)看作为什么人们爱买彩票(大部分被试选择 B)和爱买保险(大部分被试选择 C)的证据。其解释为小概率被权重函数所高估(overweighed);接近确定性事件的边界,属于概率评价中的突变范围,决策权重常常被忽视或放大。

至于获得时偏好追求风险的赌博行为,关键是因为在最坏可能结果维度上,下注者能够将差别较小的两个可能结果("赌注"vs."一无所获")人为地"齐同"掉。这种风险决策的精髓机制与英文版"劝世文"强调"to risk only what you can spare"有着异曲同工之旨趣。

"劝世文"所说的"能出让的"(what you can spare)正是要下注者自己判断,"赌注"与"一无所获"之间的差异有多大? "输掉赌注"是不是你可以接受的? 是不是可以"风险自负"(at your own risk)(如图 28.1 所示)?

最终促成冒险(赌博或下海)决策的前提条件是建立在"最坏可能结果维度上的

差别可以被齐同"的基础之上。只有"最坏可能结果维度上的差别可以被齐同"——"输掉赌注"可以被接受，人们才会快乐地去冒险、去赌博。而这"齐当别"非常看重的"**齐同**"步骤，亦是"齐当别"的要义，被英文版的"劝世文"精妙、传神地诠释出来了。其"劝世文"的中文版(闲钱来玩耍)反而未能"信、达、雅"地将这关键一层的意思说明白(Li, 2002)。

图 28.1　马来西亚沙巴海滩边的"Swim at your own risk"警示牌

28.3　讨论与启示

作者留意到,在人来人往的葡京赌场入口处,几乎无人会停下匆匆的脚步阅读"劝世文"。其实,沉下心来设计实验,我们的实证数据能诠释"劝世文"的要义有三:

单次博弈有别于多次博弈。"劝世文"为我们提供了别样的视角来认识风险决策中单多次博弈有别的问题。"博彩无必胜"指的是:多次性博弈的期望价值是有利于**庄家**而不利**玩家**的。玩家进行"小赌"类似于"单次博弈",可不依期望价值理论而依齐当别规则行事;"大赌"则类似于"多次博弈",其设计是为了庄家获得期望价值的最大化,落在玩家头上的结果如坊间所说:大赌倾家。

劝在"能输"不在"想赢"。To risk only what you can spare。如果有"闲钱",可以来玩耍。赌场箴言的成功之处在于其表面上既不劝勉个体进行赌博,也不劝阻个体进行赌博,但实际上,其精萃之处在于劝你考虑"能输"多少,而不在于劝你考虑"想赢"多少。具体"能输"的"度"需要玩家自己来把握,可以冒多大的风险来追求"最好的可能结果——小概率的大奖金"完全取决于你是否能将"赌资"与"一无所获"齐同掉,即,你是否将"赌资"看作可以输掉的"闲钱"。这一貌似不惊人的劝言,抑或造就了世上所有赌城真金白银的辉煌。

言情不言钱。To play merely for pleasure 说的是"赌博不是为了钱,只是为了怡情"。保持娱乐性可以通过"轻注"来怡情,通过"小赌"来怡情。这种说辞在非赌场赌博,即,买彩票的赌博中或表现得更加明显。其目的是故意"漂白"还是人性使然,更直接的实证数据请参见第六篇第 42 章"买彩票不为钱,为心境好"。

赌博在一些人的眼中无疑是成为"财主"的一条"捷径",那么,"财主"在面临不确定时又是怎样做决策呢? 下一章我们一起来探讨"财主"的风险决策。

致谢:本章报告的研究部分得到澳门理工学院"赌客行为与负责任博彩"研究项目、中国科学院心理研究所本科生科学研究基金的资助。其中的彩票研究《个体的购彩动机分析——What we bet is not money, but mood》获评河南大学 2014 届本科优秀毕业论文。感谢行为决策课题组成员郑蕊、饶俪琳、孙红月对实验设计提出的宝贵意见。对澳门人少涉赌的好奇缘起于耳闻父亲少年居住澳门南湾 49 号时的禁赌家教,以及作者本人在澳门科技大学教书时目睹澳门人出奇平和的心态。

参考文献

Kahneman, D., & Tversky, A. (1979). Prospect theory: An analysis of decision under risk. *Economtrica*, 47(2), 263 - 291.

Ladouceur, R., Sévigny, S., Blaszczynski, A., O'Connor, K., & Lavoie, M. E. (2003). Video lottery: Winning expectancies and arousal. *Addiction*, 98(6), 733 - 738.

Li, S. (2002). An evaluation of traditional English-Chinese translation criteria for Internet-related technological terms: A study using multivariate analyses. *Journal of Translation Studies*, 7, 45 - 58.

Li, S. (2003). The role of expected value illustrated in decision-making under risk: Single-play vs multiple-play. *Journal of Risk Research*, 6(2), 113 - 124.

Shafir, E. (1993). Choosing versus rejecting: Why some options are both better and worse than others. *Memory & Cognition*, 21(4), 546 - 556.

郭慧芳. (2014). 个体的购彩动机分析——*What we bet is not money, but mood*. 学士学位论文, 河南大学, 开封.

黄贵海, 周坤, 孙悦, 饶俪琳, 唐辉, 李纾, 梁竹苑. (2013). 不参赌是规避风险还是规避后悔? 心理科学, 36(06), 1447—1450.

孙红月, 苏寅, 周坤, 李纾. (2011). 从风险决策中的多次博弈到单次博弈: 量变还是质变? 心理科学进展, 19(10), 1417—1425.

孙悦, 李纾. (2005). 澳门人的风险知觉与赌博行为. 心理学报, 37(2), 260—267.

第29章 财主进天国——难!

共同作者:江程铭

全世界约有 68%(46 亿)的人口(Diener, Tay, & Myers, 2011),中国约有 25%(3 亿)的人口信仰宗教(Deaton, 2009)。宗教作为普遍的文化现象影响社会生活的多个层面,也作为常见的心理现象作用于个人生活的各个方面。在宗教信仰自由的国度,是否信教是个体的自由选择。对个体而言,在信与不信之间做抉择,则是个决策问题。

为什么有些人信教,而有些人不信教?

面对以上问题时,鲜有人想到,行为决策的两类基本理论模型(基于理性的分析式系统和基于直觉的启发式系统)都曾经试图将自己的决策模型应用于分析和解释我们为什么信仰上帝(Pascal, 1847;李纾,2000;江程铭,李纾,2014)。

29.1 分析式决策:"帕斯卡的赌注"

心理学家关注风险决策问题几十年,然而哲学家和经济学家关注风险决策问题已经几百年了。最为学术界所津津乐道的一个例子是法国思想家帕斯卡(Blaise Pascal)所提供的。其在著作《思想录》中表达了著名的"帕斯卡的赌注",即:我不知道上帝是否存在,但是我知道,如果他不存在,我作为无神论者没有任何好处;但是如果他存在,作为无神论者我将有很大的坏处,所以,我宁愿相信上帝存在(Pascal, 1847)。帕斯卡对基督徒生活的分析论证被学术界普遍认为是历史上首例风险决策分析。

帕斯卡在此设问:在哲学争论中难以证明上帝是否存在的情况下,人们过基督教徒的生活是否值得? 在回答这个问题时,帕斯卡认为,本质上,上帝要么存在,要么不存在。如果上帝存在,个体过基督教徒的生活,就得到解救,这具有无限大的价值;而个体过常人的生活,将受到诅咒,这个负面价值非常大。如果上帝不存在,个体过基督教徒的生活相比于常人的生活只是轻微的不便。因而帕斯卡认为,过基督教徒生活的期望价值远远高于常人的生活方式。

"帕斯卡的赌注"首次将"不确定性决策"系统、公式化地上升为理论——期望价值(expected value, EV)理论。该理论认为人们决策时需要计算各选项的期望价值(EV),从而选取期望价值最大的选项。即:

$$EV = \sum_{i=1}^{n} P_i x_i$$

其中,p_i 表示随机事件 i 发生的概率,x_i 表示发生随机事件 i 所产生的结果。

我们可以用表格形式(表 29.1)来表征"帕斯卡的赌注":

表 29.1　不同状态世界下不同生活方式的可能结果

选项	状态世界	
	上帝存在	上帝不存在
过基督教徒生活	得以解救(100)	轻微不便(-5)
过常人生活	受诅咒(-100)	正常生活(0)

假设我们可以给不同状态的结果赋予价值:令"得以解救"所赋的值最大,为 100;而"受诅咒"所赋的值最小,为 -100,赋"正常生活"的值为 0,赋"轻微不便"的值为 -5。

根据表 29.1 所假定的赋值,我们又假设"上帝存在"的概率为 0.5,我们可计算出,"过基督教徒生活"选项的期望价值是:

$$EV = 0.5 \times (得以解救的价值) + 0.5 \times (轻微不便的价值)$$
$$= 0.5 \times 100 + 0.5 \times (-5) = 47.5$$

过常人生活的期望价值是:

$$EV = 0.5 \times (受诅咒的价值) + 0.5 \times (正常生活的价值)$$
$$= 0.5 \times (-100) + 0.5 \times 0 = -50$$

显然,"过基督教徒生活"选项的价值要大于"过常人生活"选项的价值。只要"上帝存在"的概率不是太小(基于上述赋值的情况下,只要不小于 0.025),过基督教徒生活便是值得的。

帕斯卡将虚幻的信教问题,简单明了地描述为风险选择的科学问题。其用 EV 模型来计算信上帝/不信上帝的价值:EV 模型中高度抽象的结果(outcome)代表获得和损失,概率代表上帝存在与否的状态。"帕斯卡的赌注"对风险决策理论产生了深远的影响,促成了几代风险理论发展。当代最有影响力的风险决策理论——预期理论(prospect theory, PT)的核心公式——$\sum \pi(p_i) v(x_i)$(Kahneman & Tversky, 1979),其算法乃源于"帕斯卡的赌注"的期望规则,仍是以期望计算为基石。

29.2 启发式决策:骆驼穿过针的眼,比财主进神的国还容易

有趣的是,在分析式决策研究了"帕斯卡的赌注"之后,简捷启发式(heuristic)决策也探究了同一个决策问题——"信上帝还是不信上帝?"即,齐当别模型尝试分析和诠释《马太福音》中所描述的"骆驼穿过针的眼,比财主进神的国还容易"的决策问题(李纾,2000;江程铭,李纾,2014)。

> 《马太福音》19 章(少年富人)中有一个人来见耶稣说:"夫子,我该做什么善事,才能得永生。"耶稣对他说:"你为什么以善事问我呢?只有一位是善的,你若要进入永生,就当遵守诫命。"他说:"什么诫命?"耶稣说:"就是不可杀人,不可奸淫,不可偷盗,不可作假见证,当孝敬父母,又当爱人如己。"那少年人说:"这一切我都遵守了,还缺少什么呢?"耶稣说:"你若愿意做完全人,可以去变卖你所有的,分给穷人,就必有财宝在天上,你还要来跟从我。"那少年人听见这话,就忧心忡忡地走了。因为他的产业很多。耶稣对门徒说:"我实在告诉你们,财主进天国是难的。我再告诉你们,骆驼穿过针的眼,比财主进神的国还容易呢。"

根据齐当别模型的分析,以上少年富人所面临的问题实际上是在匮乏信息的情况下进行的一个二择一决策。少年富人可从正反两方看备择结果。若将备择结果都看成是**受益**,其二择一决策为:

> 选择 A(不跟从耶稣):肯定保持人间的财宝。
> 选择 B(跟从耶稣):领受天国的财宝或者一无所有。

其中,人间的财宝是确定的,而天国的财宝是不确定的(概率与数量均未知):若

上帝存在,选择跟从耶稣便可领受天国的财宝;若上帝不存在,选择跟从耶稣便一无所有。

反之,若将备择结果都看成是**受损**,其二择一决策为:

选择 C(跟从耶稣):肯定失去人间的财宝。
选择 D(不跟从耶稣):失去天国的财宝或者一无所失。

少年富人的抉择结果是,将结果知觉为受益时**偏好保守**选择 A(肯定保持人间的财宝);将结果知觉为受损时**偏好冒险**选择 D(失去天国的财宝或者一无所失)。这种结果与 Tversky 和 Kahneman(1981)的"亚洲疾病问题"显示的框架效应(framing effect)完全吻合——人们在正面框架下表现为受益时的风险规避;在负面框架下表现为受损时的风险寻求(Tversky & Kahneman, 1981)。

运用齐当别模型分析少年富人的抉择问题,我们仍然可以借助最好和最坏可能结果维度来表征选择对象(图 29.1)。其中,肯定方案(肯定保持人间的财宝或者肯定失去人间的财宝)的结果本身既可看成是最好结果又可看成是最坏结果。值得注意的是,此时被表述的各可能结果不再涉及具体的概率。对需要计算最大(小)期望值的决策模型而言,缺少具体概率数值会使得最终结果变得不精确或无法求得。然而,对只需要决定一个最大维度差别的齐当别模型而言,缺少具体概率数值反而会使"齐同"选择对象在一(或一些)可能结果维度上的差别的过程变得更为容易。这是因为,考虑维度上的差别时只须考虑可能结果的量(一个变量),而无须考虑发生可能结果的概率。这样,在最好可能结果维度上,选择 A(不跟从耶稣)和选择 B(跟从耶稣)的结果分别是"保持人间的财宝"与"可能领受天国的财宝";在最坏可能结果维度上,选择 A(不跟从耶稣)和选择 B(跟从耶稣)的结果分别是"保持人间的财宝"与"可能一无所有"。根据"齐当别"模式的推测,少年富人若觉得"保持人间的财宝"与"可能领受天国的财宝"之间的差别较大,从而"齐同"了"保持人间的财宝"与"可能一无所有"之间的差别,那么,他应该在最好可能结果维度上精心挑选 B(跟从耶稣)所提供的较好结果(可能领受天国的财宝),即选择 B。反之,少年富人若觉得"保持人间的财宝"与"可能一无所有"之间的差别较大,从而"齐同"了"保持人间的财宝"与"可能领受天国的财宝"之间的差别,那么,他应该在最坏可能结果维度上刻意避免 B(跟从耶稣)所提供的较坏结果(可能一无所有),即选择 A。相同的分析同样适用于将备择结果都看成是受损的情景。

为了检验齐当别模型是否能对上述问题进行解释,作者对受益和受损的两种情景都做了模拟(李纾,2000;江程铭,李纾,2014)。在此以受益领域为例。为了将被试

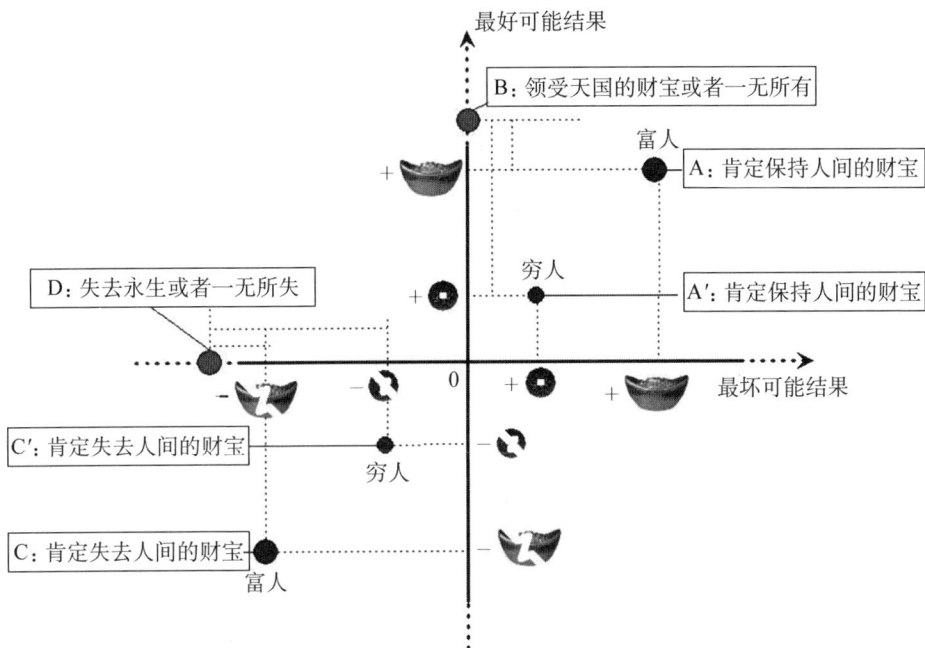

图 29.1 少年富人问题:受益框架/受损框架(李纾,饶俪琳,许洁虹,2010)

的脚伸进穷人/富人的鞋子里,作者要求让被试假想身处不同的贫富条件,然后对少年富人面对的模拟备择选项进行选择(见问题 1)。《圣经》的预测当是:家徒四壁条件下的被试(穷人)会更多地选择不确定选项(选项 B);而腰缠万贯条件下的被试(富人)会更多地选择确定选项(选项 A)。

问题 1:假设您腰缠万贯/家徒四壁,如有以下两个方案,您会选择哪个,请在您偏好的方案上打钩:

选项 A:肯定保持现有财产。

选项 B:一未知的机会得到一大笔数量未知的钱财或者一无所获。

85 名被试被随机分配到"家徒四壁"(42 人)和"腰缠万贯"(43 人)的假设情景中答题。问题 1 结果显示:在家徒四壁条件下更多被试(69.0%)选择不确定(风险)选项(即《圣经》中跟从耶稣的选项),而在腰缠万贯条件下更多被试(74.4%)选择确定选项(即《圣经》中不跟从耶稣的选项):$\chi^2(1) = 16.1$,$p < 0.001$,效应量 $\varphi = 0.44$。该结果表明,贫富差异可影响不确定选项的选择,从而提供了支持齐当别模型的证据。

在问题 1 里,作者采用**假想**的情境来操纵贫富水平(腰缠万贯/家徒四壁)以及获得量(现有财产/一大笔数量未知的钱财)。在下面的问题 2 和 3,作者进一步用**真实**

的现金(彩票)来操纵贫富水平以及获得量,以此检验齐当别模型对于宗教信仰选择的解释。

在某一实验结束后,作者让被试在问题 2 的 A、B 两选项中挑选一个作为实验报酬。两个选项分别为不确定选项(选项 A)和确定选项(选项 B)。作者控制不确定选项不变,操纵确定选项金额的变化,分别为人民币 1 元、5 元和 10 元(不同的贫富程度)。

问题 2:我们有下面两个奖励供您选择,您可以挑选其中之一,请打钩表示:

选项 A:概率未知,但奖金数额较大的奖券一张。

选项 B:人民币 1 元(5 元/10 元)。

80 名被试被随机分配到 1 元组(26 人),5 元组(28 人)和 10 元组(26 人)。待被试做出选择后,作者即发给他们对应的刮刮乐奖券(选项 A,一等奖金额为 100 000 元)或者人民币现金(选项 B)。结果发现,在 1 元组、5 元组和 10 元组,分别有 96.2%、64.3% 和 42.3% 的人选择了风险选项 A。统计结果显示,随着确定选项金额的增大,被试越不愿意选择风险选项: $\chi^2(2) = 17.4$, $p < 0.001$,效应量 $\varphi = 0.47$。由此推论,越富有的世人,越难放弃已拥有的财富去追逐不确定(风险)的选项(可能领受天国的财宝)。

在问题 2 中,作者通过操纵确定选项的金额大小(但保持不确定选项金额不变)来变化选项间可能结果的差异。在实际生活中,这种选项间可能结果的差异,应该还可以通过操纵"贫富"以外的因素来实现。

心理学有关具身认知(embodied cognition)的研究发现(Landau, Meier, & Keefer, 2010;Wilson, 2002),人们倾向于将物理位置的高低与价值判断的好坏或道德判断的高尚低劣相关联。作者因此推测:位于高处(如天堂)的选项,其价值应被知觉得更大。如果将问题 2 中的不确定选项(选项 A)置于更高的物理位置,其 A 和 B 选项间可能结果的差异应被知觉得更大,也就更容易导致人们选择不确定选项(选项 A)。

据此,作者沿用了问题 2 所采用的 A、B 两选项(确定选项 B 固定为人民币 5 元)。在某一实验结束后,作者让被试在问题 3 中选择一个选项作为实验报酬。与问题 2 不同的是:A、B 选项的描述被打印在一页 A4 纸张上(图 29.2,按照实际大小的 1/3 比例缩小)。作者固定确定选项(选项 B)的高度不变,操纵不确定选项(选项 A)的高度,分别形成低组(距离 B 选项近)和高组(距离 B 选项远)的两个条件。作者预测相对于低组,高组中的被试会将不确定选项的价值知觉得更大,从而增大"不确定选项"与"确定选项"之间的可能结果差异知觉,进而选择不确定选项。253 名被试被随机分派到高组(125 人)和低组(128 人)。作者发现高组中 67.2% 的被试和低组中

55.1%的被试,选择了不确定选项(选项 A),$\chi^2(1) = 3.87$,$p = 0.05$,效应量 $\varphi = 0.12$。由此提示:将"不确定选项"放置的物理位置越高(越接近天国),选择"不确定选项"(可能领受天国的财宝)的人数越多。这或许解释了为什么从 1311 年林肯座堂的尖顶超过吉萨大金字塔的高度开始,到 1884 年华盛顿纪念碑建成,这段时间有一连串的基督教堂享有世界最高建筑的头衔(图 29.3)。

问题 3:以下两个奖励供您选择,您可以挑选其中之一,请打钩表示:

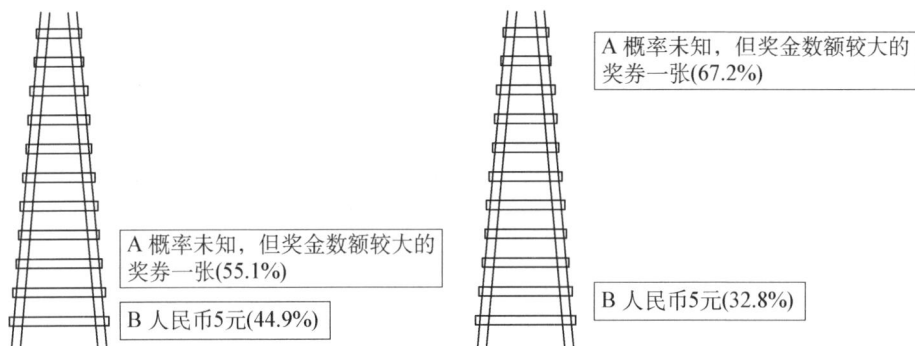

A 概率未知,但奖金数额较大的奖券一张(55.1%)

B 人民币5元(44.9%)

A 概率未知,但奖金数额较大的奖券一张(67.2%)

B 人民币5元(32.8%)

图 29.2 不确定选项和确定选项在低组(左图)和高组(右图)中分布示意图

《圣经》对冒险行为的解读是:人们对不确定事件的意愿不是事件发生概率的函数,而是现有财富量的函数。事实上,《圣经》的说法不仅直接排除了事件发生可能性的作用,而且排除了一些有助于提高进天堂概率的可能因素,如不杀人、不奸淫、不偷盗、不做假见证、孝敬父母、爱人如己等等。

以上 3 个问题的结果说明,齐当别模型亦将注意力集中在财富量上。所不同的是,该模型认为"财富量"对不确定决策的影响不是绝对的而是相对的。即,少年富人的问题不是为富不仁,而是太难为他将"金钱视如粪土"(将"肯定"结果与"零"结果之间的差别等同视之)。如果能齐同"肯定"结果与"零"结果之间的差别,便能下决心跟从耶稣,否则下不了毁家纾难的决心。这种"齐同"任务,对一个身无分文的穷小子(如图 29.1 中的 A′点)当易如反掌。

与《马太福音》中这个少年富人的故事相似的是,当代的富裕国家,如芬兰、瑞典等国,信教人群比例逐渐降低(Diener et al.,2011)。究其

图 29.3 德国科隆大教堂内部

原因,除了因生活富裕而无需依靠宗教来解决生活危机外,若严格依耶稣所言,"去变卖你所有的,分给穷人,就必有财宝在天上"作为追随耶稣的前提,生活富裕或成为通向天堂之路难以放弃的重荷。

29.3 讨论与启示

长期以来,宗教和科学一直被认为是存在不可逾越鸿沟的两个领域。诚如"文革"后期的手抄本小说《晚霞消失的时候》中所呼吁:科学是真,但未必美、善;艺术是美,但未必真、善;宗教求善,为什么非真不可(礼平,1981)。而这种状况正悄然发生着变化,已经有一小部分心理学家、神经科学家和宗教学家通过科学的方法来研究宗教。现在甚至出现了一门新的学科——神经宗教学(neurotheology),应用 fMRI、EEG 等技术手段来研究大脑和宗教的关系(Newberg, Aquili, & Rause, 2002)。

风险决策理论虽然最初产生于帕斯卡对宗教信仰选择问题的分析,但其建立的提取风险选项基本成分(风险概率和结果),以期望法则为核心的分析体系已成为一个通用性的理论基础。该理论的发展和应用已远远超过了宗教这个特定领域,已被人们应用于商业、医疗和政策制定等多个领域中,对各种涉及风险的任务进行分析。但是分析式决策在自身发展过程中也迎来了对立竞争模型——启发式决策的挑战。这两类基本理论模型在竞争中不断完善并改进各自提出的条件假设,从而加深了我们对风险决策本质的理解。

对宗教的研究发现,其实人们很少可以真正反思到自己信仰宗教的理由;即使那些被反思到的理由也有可能并不是促使其信教的真正理由(Barrett, 2004)。读者们可以扪心自问,是像帕斯卡那样通过价值期望法则计算宗教信仰的价值后,决定信还是不信上帝;还是将"去变卖你所有的,分给穷人,就必有财宝在天上"视为二择一决策后,决定是否追随耶稣?

无论读者心目中的答案什么,《圣经》中简单地将人分为"富人"与"穷人"阶级即可推测能否追随耶稣的记录,寓意般地诠释了"齐当别"模型为什么非常看重"难齐同"与"易齐同"之分:能否将"肯定"结果与"零"结果之间的差别视之等同,决定了人们是否冒险(是否追随耶稣)。

致谢:感谢《晚霞消失的时候》中一句:"科学是真,但未必美、善;艺术是美,但未必真、善;宗教求善,为什么非真不可。"它提醒我们:我们从小被教育要追求的"真善美"原来是可以分隔、独立看待的。三者的关系是非补偿性的,若一定要真(证明上帝存在),才能求善(行使宗教的功能),那谁又能说清"安慰剂"(placebo)所产生的真实效应。

参考文献

Barrett, J. L. (2004). *Why would anyone believe in God?* Altamira Press, Lanham.

Deaton, A., & Arora, R. (2009). Religion and well-being. *Unpublished Manuscript*.

Diener, E., Tay, L., & Myers, D. G. (2011). The religion paradox: If religion makes people happy, why are so many dropping out? *Journal of Personality and Social Psychology*, *101*(6), 1278 - 1290.

Kahneman, D., & Tversky, A. (1979). Prospect theory: An analysis of decision under risk. *Economtrica*, *47*, 263 - 291.

Landau, M. J., Meier, B. P., & Keefer, L. A. (2010). A metaphor-enriched social cognition. *Psychological Bulletin*, *136*(6), 1045 - 1067.

Newberg, A. B., d'Aquili, E. G., & Rause, V. (2002). *Why God won't go away: Brain science and the biology of belief*. Random House Digital, Inc.

Pascal, B. (1847). *Pensées sur la religion et sur quelques autres sujets* (Vol. 1), France: Club des libraires de France.

Tversky, A., & Kahneman, D. (1981). The framing of decisions and the psychology of choice. *Science*, *211*(4481), 453 - 458.

Tversky, A., & Kahneman, D. (1992). Advances in prospect theory: Cumulative representation of uncertainty. *Journal of Risk and uncertainty*, *5*(4), 297 - 323.

Wilson, M. (2002). Six views of embodied cognition. *Psychonomic Bulletin & Review*, *9*(4), 625 - 636.

江程铭,李纾.(2014).信教还是不信教:分析式和启发式决策的解释.Working paper.

礼平.(1981).晚霞消失的时候.十月,1981年第1期.

李纾,饶俪琳,许洁虹.(2010).冒风险的决策者:聪明乎? 糊涂乎? 上海管理科学,32(3),32 - 37.

李纾.(2000).不确定状态下抉择:为什么说富人进天堂比骆驼穿过针眼还难.(台湾)应用心理学报,8,19 - 29.

第30章 初筮告，再三渎，渎则不告

共同作者：王延伸、孙红月

Opportunity knocks but once.

"初筮告，再三渎，渎则不告。"出自易经《蒙》卦。意为：初次占筮则告诉(吉凶)，再三(来占问)是渎慢(占筮)，渎慢则不告诉(吉凶)。(此占)宜于守正道。

西谚云："Opportunity knocks but once."意为：机不可失，时不再来。

此处的《蒙》卦和西谚表达了一个共同的意思：单次和多次的博弈可能不是一回事。

诺贝尔经济学奖获得者 Samuelson 于 1963 年发现人们在单次和多次博弈条件下决策行为不一致。一次午餐时，他邀请同事们玩一个看似很有吸引力的掷硬币游戏，如果正面朝上，掷币者将获得 $200，如果反面朝上，掷币者将损失 $100。即，50％的概率获得 $200，50％的概率损失 $100。其中一个同事拒绝玩这个游戏，并表示如果让他玩 100 次的话，他才愿意接受这个游戏。孙红月、苏寅、周坤和李纾(2011)在其文章中综述了单次和多次这两种博弈条件下人们决策行为的差异，并质疑了这种差异的传统理论解释机制。无论是来自期望效用理论的解释还是基于预期理论的解释，这些解释均假定人们在两种博弈条件下都一致遵循期望法则(补偿性法则)做决策。然而，现有的实验证据提示我们，补偿性法则也许只适用于多次博弈而并不适用于单次博弈，从多次博弈到单次博弈，不单单是一种博弈次数(times of playing)上的变化(量变)，而是体现了从补偿性法则到非补偿性法则两种策略之间的转变(质变)。

30.1 平常人不遵循期望价值理论——St. Petersburg 悖论

17 世纪两位法国数学家 Pascal 和 Fermat 所提出的期望价值理论是最早关于风险决策的理论。然而，即使早期的研究也显示人们并不一定会完全按照期望价值理论预测的方式做决策。17 世纪早期，Bernoulli 运用以下选择来证明大多数人都认为期望价值理论是不可接受的：

假设您有一次机会玩下面这个游戏——抛硬币。当硬币被抛出，如果第一次的结果就是正面朝上，您就可以得到 \$2，同时游戏结束；否则，硬币将会第二次被抛出，如果此次硬币正面朝上，您将会得到 \$4，同时游戏结束。也就是说，当抛出的硬币第一次出现正面朝上，游戏就结束了。当第 N 次抛出的硬币第一次出现了正面朝上，您就会得到 \$2^N 的报酬，同时游戏结束。那么，您是否愿意拿出 \$1 000 来玩这个游戏呢？如果您的决策是基于期望价值理论，您将会拿出更多钱来玩这个游戏。因为这个游戏的期望价值(expected value, EV)是无穷大的：$\$2^1(1/2) + \$2^2(1/2)^2 + \$2^3(1/2)^3 + \cdots = \$1 + \$1 + \$1 + \cdots = \$$ infinite(表 30.1)。

表 30.1 St. Petersburg 悖论的期望报酬

抛硬币次数(N)	正面朝上概率 P(n)	奖励(prize)	期望报酬(expected payoff)
1	1/2	\$2	\$1
2	1/4	\$4	\$1
3	1/8	\$8	\$1
4	1/16	\$16	\$1
5	1/32	\$32	\$1
6	1/64	\$64	\$1
7	1/128	\$128	\$1
8	1/256	\$256	\$1
…	…	…	…
N	$(1/2)^N$	$\$2^N$	\$1

有趣的是,大部分人甚至都不愿意拿出 $100 来玩这个游戏,这个现象被称为 St. Petersburg 悖论。此后,大量的实验证据表明期望价值理论与实际行为之间存在着显著差异。

30.2 多次博弈比单次博弈更遵循期望价值理论——数学系学生的证据

研究表明,人们在多次博弈时比单次博弈时更遵循补偿性法则,简单的期望价值理论就能够很好地预测人们的多次博弈行为。

在多次博弈条件下,人们偏好具有较大期望价值的混合博弈(既包含风险获得也包含风险损失的博弈)(DeKay & Kim, 2005; Keren, 1991; Klos, Weber, & Weber, 2005; Langer & Weber, 2001; Li, 2003; Montgomery & Adelbratt, 1982; Redelmeier & Tversky, 1992; Wedell & Böckenholt, 1994)。Li(2003)给数学系的学生被试提供了两种抽球游戏的玩法,结果发现,只允许一次随机抽取一个球时,有 51.5% 的被试选择了 EV 较大的玩法;允许重复随机抽取球 100 次时,有 75.8% 的被试选择了 EV 较大的玩法。Montgomery 和 Adelbratt(1982)先向被试解释 EV 的概念,然后给被试呈现 17 对选项(每个选项均附有 EV 值),要求被试在每对选项中选出一个偏好的选项。结果发现,即使在提供 EV 的情况下,被试在单次博弈时也不会按照期望价值理论做决策,而在多次博弈时则会选择 EV 较大的选项。若将多次博弈所有可能得失的结果分布呈现给被试,人们则更愿意接受多次博弈(Benartzi & Thaler, 1999; Redelmeier & Tversky, 1992)。Redelmeier 和 Tversky(1992)向被试呈现一个博弈(gamble)——"50% 的概率获得 $2 000,50% 的概率损失 $500",只有 43% 的被试愿意接受这个博弈;当告诉被试这个博弈可以重复 5 次时,则有 63% 的被试接受这个博弈;当给被试呈现 5 次博弈实际的结果分布时,83% 的被试愿意接受这个博弈。

在 Li(2003)的实验中,数学系的学生被试要对获得框架和损失框架下的博弈做出选择。不同框架下的博弈均包含三个任务:多次博弈任务、单次博弈任务和匹配任务。具体的实验过程如下:

获得框架情景:

假设一个罐子里装有 100 个球,其中 88 个是红球,12 个是黄球。每一次随机摸取一个球。现有两种博弈(A 和 B)供您选择,两种博弈下摸到同一种颜色的球的奖金不同,两种博弈的奖金分布以及期望价值如下:

	红球(n=88)	黄球(n=12)	期望价值
博弈 A:押注红球	￥100	￥0	￥88
博弈 B:押注任意颜色球	￥77	￥77	￥77

解释:如果被试选择了博弈 A,那么当摸取出红球时,被试将获得 100 元;当摸取出黄球时,被试将获得 0 元。如果被试选择了博弈 B,那么无论摸取出什么颜色的球,被试都将获得 77 元。博弈游戏的期望价值(EV)反映了从长远角度考虑时,每一次博弈所获得的平均金钱数目。

多次博弈任务

假设允许您从罐子中摸球**多次**,每次取出球后都要放回罐子中以备下次摸取。请圈出在**多次**博弈条件下您偏好的选择。

A   B

单次博弈任务

现在请重新考虑这个博弈:在相同的条件下,只允许您摸球**一次**。请圈出在**单次**博弈条件下您偏好的选择。

A   B

匹配任务(选出差异最大的选项)

C:88% 的概率赢得 100 元(红球)vs. 确定赢得 77 元(红球或者黄球)。

D:12% 的概率赢得 0 元(黄球)vs. 确定赢得 77 元(红球或者黄球)。

损失框架情景与获得框架情景的唯一区别在于:博弈的结果从"获得"变成了"损失"。即,如果被试选择了博弈 A,那么当抽取出红球时,被试将损失 100 元;当抽取出黄球时,被试将损失 0 元。如果被试选择了博弈 B,那么无论抽取出什么颜色的球,被试都将损失 77 元。损失框架下的被试依然分别完成多次博弈任务、单次博弈任务和匹配任务。

表 30.2 以列联表形式呈现了实验结果。对表中数据进行拟合优度检验后发现,无论在获得框架还是在损失框架中,单次博弈与多次博弈的选择之间都不相关(获得框架:$\chi^2(1) = 2.33$,$p = 0.12$;损失框架:$\chi^2(1) = 0.01$,$p = 0.93$),这说明被试在评估单次博弈时与多次博弈时采用了不同的策略。

表 30.2　单次博弈与多次博弈的选择结果

		多次博弈		
		A	B	
	A	[11]	6	<u>17</u>(51.5%)
获得框架	B	14	[2]	16(48.5%)
单次博弈		<u>25</u>(75.8%)	8(24.2%)	
损失框架	A	[8]	12	20(60.6%)
	B	5	[8]	<u>13</u>(39.4%)
		13(39.4%)	<u>20</u>(60.6%)	

注:方括号中的数据是指在单次与多次博弈中都选择相同选项的被试人数;单条下划线的数据是指在单次博弈条件下,遵循期望价值理论的被试人数;双条下划线的数据是指在多次博弈条件下,遵循期望价值理论的被试人数。

从表 30.2 可看出,在多次博弈条件下,大多数被试(获得框架情景中有 25 名(75.8%)被试、损失框架情景中有 20 名(60.6%)被试)表现出 Pascal-Fermat 期望价值原则所描述的行为模式。这说明,在多次博弈条件下,被试的行为不为预期理论的"确定性效应"(certainty effect)所解释或预测,但是非常符合期望价值原则的预期,至少在给出 EV 提示的条件下非常符合其预期。在多次博弈条件下,EV 最大化原则足以描述被试的风险选择行为。另一方面,在单次博弈中,获得框架下的 17 名(51.5%)被试和损失框架下的 13 名(39.4%)被试做出的选择遵循期望价值原则;然而,在获得框架下其余的 16 名(48.5%)被试和损失框架下其余的 20 名(60.6%)被试做出的选择却违背了期望价值原则。这种颇对称的结果说明,尽管是数学系的学生,尽管给出 EV 值的提示,被试依然不会自然而然地用长远眼光看待短期的概率事件;被试在多次博弈中遵循期望价值原则的趋势在单次博弈中消失了。如果我们以正确预测选择的比例为标准,那么无论是期望价值理论还是其修正理论模型都无法正确预测全部数据。

从"齐当别"的角度解释单次博弈的选择模式,是看待这个问题的另一种视角。齐当别模型假设:左右人类风险决策行为的机制不是最大限度地追求某种形式的期望值,而是某种形式上辨察选择对象之间是否存在优势性关系。依据表征系统(通过最好可能结果和最坏可能结果)来描述当前的选择,博弈游戏 B(确定选项:本身既可以被看成是最好可能结果,也可以被看成是最坏可能结果)在最坏可能结果维度上要比博弈游戏 A 好,然而在最好可能结果维度上要比博弈游戏 A 差。为了利用"弱优势"原则做出决策,人们必须在一个或几个维度上将差别较小的可能结果人为地"齐同"掉,而在差别较大的维度上选择出具有优势的选项。

如果两个框架中的选择都以两个维度(最好可能结果和最坏可能结果)呈现(图

30.1),"齐当别"对结果的解释就很容易理解了。可以看出,在获得框架情景(选择30.1)中,博弈游戏 A 的零结果(最坏可能结果)与博弈游戏 B 的确定结果(获得 77元)之间的差异尤其显著;而在损失框架情景(选择 2)中,博弈游戏 A 的零结果(最好可能结果)与博弈游戏 B 的结果(损失 77 元)之间的差异尤其显著。在获得框架情景中,博弈游戏的参数设置使得齐同"最好可能结果维度"上的差异比齐同"最坏可能结果维度"上的差异更容易,而在损失框架情景中则相反。换句话说,博弈游戏所设计的参数就是为了鼓励被试在获得框架情景中区别"最坏可能结果"之间的最大差别,在损失领域下区别"最好可能结果"的最大差别。Kahneman 和 Tversky 提出的损失领域与获得领域的镜像偏好(mirror-image preferences)之所以出现,是因为每个选择并不是一贯地基于某一个固定的维度做出的。如果"齐当别"模型单维占优的观点是正确的,那么匹配任务的结果则可以解释或者预测人们的选项偏好。即,在获得框架中,如果选择了博弈游戏 A,那么被试就应该选择一对最好可能结果(C 选项)作为最大差别的选项,因此使最好可能结果的最大化。另一方面,如果选择了博弈游戏 B,那么被试就应该选择一对最坏可能结果(D 选项)作为最大差别的选项,而这则使最坏可能结果的最小化。对损失框架下的博弈游戏进行类似的分析后,我们预测,偏好博弈游戏 A 的被试将选择 D 选项作为最大差别的选项,而偏好博弈游戏 B 的被试将选择 C 选项作为最大差别的选项。

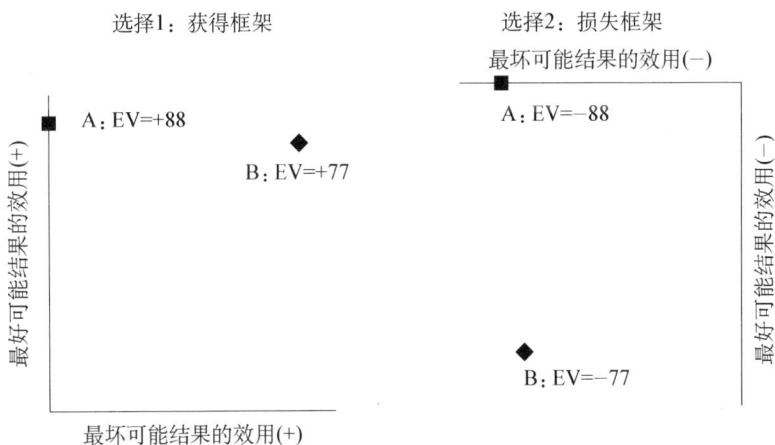

图 30.1 选择 1 和选择 2:获得框架 vs. 损失框架

齐当别模型对获得框架下选择的预测得到了 25 名被试(76％)的证实,而对损失框架下选择的预测得到了 24 名被试(73％)的证实(表 30.3)。对表 30.3 中的数据进行分析显示,匹配数据中能够解释选择变异的效应(φ^2)在获得领域与损失领域中分别是 0.27($p < 0.003$)和 0.17($p < 0.02$),证实了"齐当别"模型推理的合理性。

表 30.3　单次博弈和匹配数据的结果

		单次博弈选择			
		获得框架		损失框架	
		A	B	A	B
匹配	C	(12)	3	3	(7)
	D	5	(13)	(17)	6

注:圆括号中的数目是指在单次博弈中遵循"齐当别"原则的被试人数。

　　如此看来,简单、原始的期望价值理论足以准确地预测多次博弈条件下的风险行为,而修正期望价值理论的期望效用理论在多次博弈条件下似乎是多余的,在单次博弈条件下的风险预测能力仍不尽人意。

　　目前单次/多次决策差异的研究大多基于选择(choice)任务。另有学者对单次、多次博弈条件下的判断(judgment)任务也进行了探讨。Colbert、Murry和Nieschwietz(2009)沿用Li(2003)的任务情景对单次、多次博弈条件下的判断行为(询问被试愿意出价多少钱玩上述的抽球游戏)进行了研究。他们发现在多次博弈条件下,人们对抽球游戏的出价(判断)比在单次博弈条件下的出价更加符合期望价值理论,这与人们在执行选择任务时所采用的策略相同。

30.3　多次博弈比单次博弈更遵循期望价值理论——应急预案的证据

　　在应急管理的实践中,预案制定者按照数学模型事先制定出或者选择出基于补偿性规则的统计意义上的"最优"预案,即具有较大期望值的预案,危机来临时,预案即被实时实施于单一的突发事件。这意味着,预案制定者是站在一种多次博弈(预案将被实施多次)的角度并遵循补偿性规则制定预案,而预案实施则是一种单次博弈(预案将被实施一次)的过程。鉴于此,Sun, Rao, Zhou和Li(2014)基于单次/多次博弈的决策差异对应急预案制定与实施之间的差别进行了研究,从而将单次/多次博弈的决策差异的研究从金钱赌博范式扩展到应急事件管理领域。

　　单次/多次博弈的研究包含了两种多次博弈形式。一是行动方案被**执行多次**;二是行动方案被实施于**多个单位**(如多个人或多个地区等)。分别基于这两种多次博弈形式,Sun, Rao, Zhou和Li(2014)通过两个实验考察了应急预案制定和实施的决策差异。

在实验一中,基于行动方案被执行**多次**这种多次博弈形式,研究者构建了两种应急情景(疾病情景和经济情景)来考察应急预案制定和实施的决策差异。在每种情景下,每个被试分别在单次实施预案(预案将被实施1次)和多次实施预案(预案将被实施100次)两种条件下对一对应急预案做出选择,这对应急预案由一个无风险低期望值预案和一个高风险高期望值预案(基于补偿性规则的"最优"预案)构成。实验情景具体如下:

情景一:疾病情景

想象您是应急管理部门的决策人员,某类突发事件预计将导致600人死亡,现有两种处理该类突发事件的应急预案可供选择。假设各应急预案所产生的结果的精确科学估算如下:

应急预案A:将有200人生还。

应急预案B:2/5的机会600人生还,而有3/5的机会将无人生还。

单次实施预案条件:

假设您选出的预案只实施1次,您会选择哪种预案?(1 = 非常可能选A;2 = 可能选A;3 = 可能选B;4 = 非常可能选B)

多次实施预案条件:

假设您选出的预案会被重复实施100次,您会选择哪种预案?(1 = 非常可能选A;2 = 可能选A;3 = 可能选B;4 = 非常可能选B)

情景二:经济情景

想象您是风险投资部门的决策人员,现有两种投资预案可供选择。

投资预案A:确定获得5 000元。

投资预案B:0.1%的概率获得6,000,000元,99.9%的概率获得0元。

单次实施预案条件:

假设您选出的预案只实施1次,您会选择哪种预案?(1 = 非常可能选A;2 = 可能选A;3 = 可能选B;4 = 非常可能选B)

多次实施预案条件:

假设您选出的预案会被重复实施100次,您会选择哪种预案?(1 = 非常可能选A;2 = 可能选A;3 = 可能选B;4 = 非常可能选B)

结果发现,无论在疾病情景还是在经济情景中,在单次实施预案的条件下,被试都更偏好无风险低期望值预案,而在多次实施预案的条件下,被试都更偏好高风险高期望值预案(图30.2)。

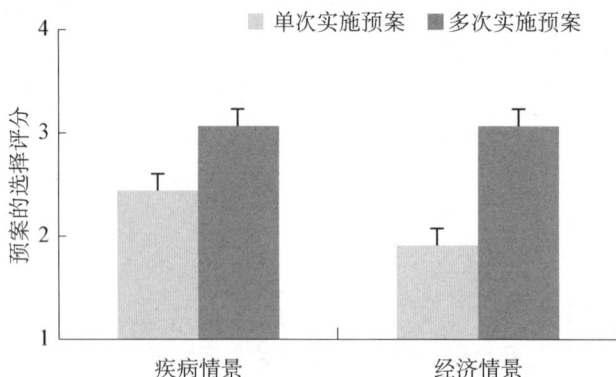

图 30.2 疾病和经济两种情景中,在单次实施预案和多次实施预案两种条件下被试对预案的选择评分 (1 = 非常可能选 A; 2 = 可能选 A; 3 = 可能选 B; 4 = 非常可能选 B)。图中纵坐标的分数越高,表示被试越偏好 B 预案(高风险高期望值预案),说明被试越倾向于遵循期望价值原则。其中,误差线表示评分的标准差。

在实验二中,基于行动方案被实施于**多个单位**这种多次博弈形式,研究者构建了两种不同于实验一的应急情景(粮食情景和图画情景)继续考察应急预案制定和实施的决策差异。在每种情景下,每个被试分别在单个地区实施预案(预案将被实施于 1 个地区)和多个地区实施预案(预案将被实施于 100 个地区)两种条件下对一对应急预案做出选择,同实验一相同,这对应急预案由一个无风险低期望值预案和一个高风险高期望值预案(基于补偿性规则的"最优"预案)构成。实验情景具体如下:

情景一:粮食情景

面临一种农业突发事件有两种粮食抢收预案可供选择。假设各应急预案在一个县内所产生的结果的精确科学估算如下:

抢收预案 A:肯定可以抢收 3 000 吨粮食。

抢收预案 B:80%的概率可以抢收 4 000 吨粮食,20%的概率抢收 0 吨粮食。

单个地区实施预案条件:

想象您是某县农业部门的负责人,需制定出一套预案在全县范围内实施,您会选择哪种预案?(1 = 非常可能选 A; 2 = 可能选 A; 3 = 可能选 B; 4 = 非常可能选 B)

多个地区实施预案条件:

想象您是某省农业部门的负责人(管辖 100 个县级农业部门),需制定出一

套预案同时在全省 100 个县实施,您会选择哪种预案?(1 = 非常可能选 A;2 =
可能选 A;3 = 可能选 B;4 = 非常可能选 B)

情景二:图画情景

  面临美术展览馆的火灾突发事件有两种应急预案可供选择,假设各应急预
案在一个馆内所产生的结果的精确科学估算如下:

  应急预案 A:肯定可以转移出 50 张画。

  应急预案 B:50% 的概率可以转移出 200 张画,50% 的概率转移出 0 张画。

  单个地区实施预案条件:

  想象您是某个美术展览馆的负责人,需制定出一套预案在全馆范围内实施,
您会选择哪种预案?(1 = 非常可能选 A;2 = 可能选 A;3 = 可能选 B;4 = 非
常可能选 B)

  多个地区实施预案条件:

  想象您是美术展览馆系统的负责人(管理 100 个美术展览馆),需制定出一
套预案在整个系统 100 个美术展览馆同时实施,您会选择哪种预案?(1 = 非常
可能选 A;2 = 可能选 A;3 = 可能选 B;4 = 非常可能选 B)

  实验二的结果重复验证了实验一的结果。无论在粮食情景还是在图画情景中,
在"单个地区"实施预案的条件下,被试均更偏好无风险低期望值预案,而在"多个地
区"实施预案的条件下,被试均更偏好高风险高期望值预案(图 30.3)。

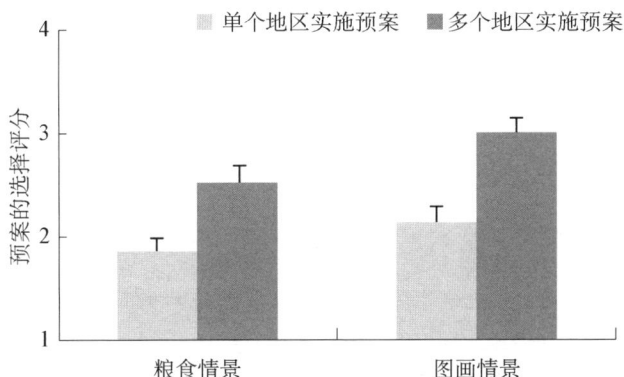

图 30.3 粮食和图画两种情景中,在单个地区实施预案和多个地区
实施预案两种条件下被试对预案的选择评分(1 = 非常可
能选 A;2 = 可能选 A;3 = 可能选 B;4 = 非常可能选 B)。
图中纵坐标的分数越高,表示被试越偏好 B 预案(高风险高
期望值预案),则说明被试越倾向于遵循期望价值原则。

实验一和实验二的结果表明,预先制定的基于补偿性规则的"最优"预案并不能如愿地实施于单一的突发事件。我们可以基于补偿性规则预先制定出统计意义上的"最优"预案,但实施者则不会将其切实地应用于单一的突发事件。即,制定预案是一回事,实施预案又是另外一回事。预案在理论上可以是最优的,但在实际应用中却不能如愿被实施。

30.4 多次博弈比单次博弈更遵循期望价值理论——眼动追踪的证据

为了给单次博弈与多次博弈的决策差异提供来自决策过程的证据,后继研究采用眼动追踪技术(Su, Rao, Sun, Du, Li, & Li, 2013; Sun, Rao, Zhou, & Li, 2014)记录并对比了被试在多次博弈和单次博弈时各自的眼动轨迹。

在 Sun, Rao, Zhou 和 Li(2014)的实验中,研究者沿用实验一的疾病情景和实验二的粮食情景,考察被试在单次/多次实施预案两种条件下的眼动模式差异。在每种情景下,每个被试分别在单次实施预案(预案将被实施 1 次)和多次实施预案(预案将被实施 100 次)两种条件下对一对应急预案做出选择,这对应急预案由一个无风险低期望值预案和一个高风险高期望值预案(基于补偿性规则的"最优"预案)构成。与实验一相同,在单次实施预案条件下,被试被问到:假设您选出的预案只实施 1 次,您会选择哪种预案? 在多次实施预案条件下,被试被问到:假设您选出的预案会被重复实施 100 次,您会选择哪种预案? 研究者通过有规律地变化预案的结果和概率大小,共构建出 15 对疾病应急预案和 14 对粮食应急预案供被试选择。

结果发现,在单次实施预案的条件下,被试的反应时、注视点的平均时长相对较短,信息搜索与加工更多地基于维度的方向(attribute-based)进行,不符合补偿性规则所要求的加权求和模式,而与启发式决策过程的预期相符;而在多次实施预案的条件下,被试的反应时、注视点的平均时长相对较长,信息搜索与加工更多地基于选项的方向(option-based)进行,符合补偿性规则所要求的加权求和模式(图 30.4)。

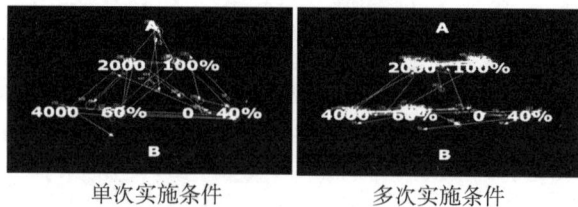

| 单次实施条件 | 多次实施条件 |

图30.4 被试在单次实施预案条件和多次实施预案条件中的眼动轨迹示意图(以粮食情景中的试次为例,绿色表示注视点,黄色直线表示扫视)。从图中可以看出,在单次实施预案的条件下(左图),被试的信息搜索与加工更多地基于维度的方向进行;在多次实施预案的条件下(右图),被试的信息搜索与加工更多地基于选项的方向进行,符合补偿性规则所要求的加权求和模式。

在 Su, Rao, Sun, Du, Li 和 Li (2013)的实验中,被试需要在单次风险任务与多次风险任务的条件下对两个风险选项(如,选项 A:10% 的概率获得 600 元,90% 的概率获得 200 元;选项 B:20% 的概率获得 700 元,80% 的概率获得 100 元)进行选择。两种任务所使用的实验材料和实验流程如图 30.5 所示。每一个任务都是由 4 组包含 32 次实验的区组构成,呈现的模式会在区组间进行平衡,即:2 种呈现模式(垂直呈现 vs. 水平呈现)×2 种概率和与其相联系的报酬的相对位置(报酬呈现在前 vs. 概率呈现在前),以平衡不同呈现模式对被试信息搜索模式的影响。区组的呈现顺序利用拉丁方设计在被试间进行平衡。每个区组内任务的呈现顺序是随机的。

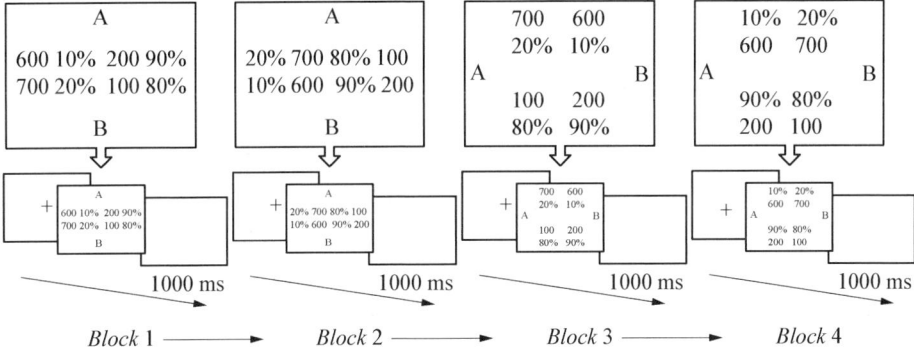

图 30.5 与每个报酬数额相关的数学符号"x%"表示"您将以 x% 的概率获得这个数额的报酬",被试需要在 2 个风险选项(一定概率获得一定报酬)间做选择。单次风险决策任务和多次风险决策任务都是由 4 组包含 32 次实验的区组构成,呈现的模式会在区组间进行平衡。区组的呈现顺序会利用拉丁方设计在被试间进行平衡。

从眼动轨迹示意图(图 30.6)可见,人们在"单次风险决策任务"中的信息搜索与加工过程与其在"多次风险决策任务"中的信息搜索与加工过程存在显著差异。在"多次风险决策任务"中,人们更多地基于选项的方向进行信息搜索与加工,这与加权求和计算过程的预期是一致的;而在"单次风险决策任务"中,人们的信息搜索与加工则更多地基于维度的方向进行。这一结果与加权求和过程的预期相悖,而与启发式决策过程的预期一致。同时,该研究还发现,在"多次风险决策任务"中,人们做出选择前的信息搜索量及注视点的平均时长均显著高于"单次风险决策任务";对加权求和"计算难度"的操纵只会影响人们在"多次风险决策任务"中的反应时和眼动轨迹,对"单次风险决策任务"中的过程数据则无影响。这些结果均表明,决策者在"单次风险决策任务"中并非如其在"多次风险决策任务"中一样遵循补偿性模型所预期的基于复杂计算的决策策略,而是采用某种信息加工深度较浅(决策前搜索信息较少)、加工复杂程度较低(注视平均时长较短)的非计算(不受加权求和计算难度影响)策略。

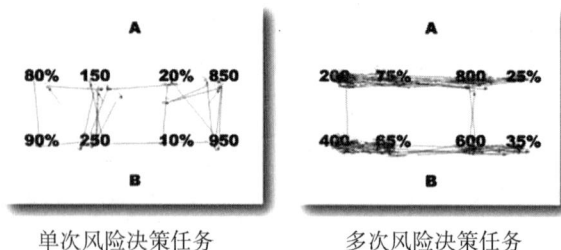

图30.6 被试在单次风险决策任务和多次风险决策任务中眼动轨迹示意图

30.5 讨论与启示

Samuelson 为后人留下的这个极具挑战性的问题引发了学者将近半个世纪的争论。但近年来,这方面研究或出现了阶段性停滞,我们希望借此机会呼吁国内更多的研究者关注多次博弈问题。

虽然众多研究证据已经表明,人们在风险决策中可能并非基于加权求和的补偿性法则(Rao, Zhou, Xu, Liang, Jiang, & Li, 2011; Rao, Li, Jiang, & Zhou, 2012; Su, Rao, Sun, Du, Li, & Li, 2013)进行选择,但主流理论始终没有放弃这一核心假设,而是沿着补偿性法则的道路不断修正。究其原因,这可能是因为研究者并未将决策视为针对自己的单次决策。Pascal 和 Fermat 提出期望价值的概念之初是为了向他人提供建议,而非为自己考虑。孜孜不倦地修正、完善"期望法则"的理论家们的本意也正是给所有面临风险决策的普罗大众以"放之四海而皆准"的普遍真理或普适规范,这种"好为人师"的想法导致研究者无法摒弃补偿性法则。

据此,我们推测:当决策会进行多次或决策是为众人做出时,补偿性法则才是适用的。Thaler(2004)曾试图检验 Samuelson 的问题而在课堂上询问学生(学生为一家公司的 24 名经理以及 1 名 CEO),问题为是否接受一个投资项目,该项目有 50% 的可能损失 1 百万美元,50% 的可能盈利 2 百万美元。结果发现:对于只能负责一个项目的经理,只有 3 人选择接受该投资项目;而 CEO 很痛快地选择接受,因为他意识到如果下属们都选择接受,其获得是惊人的,而且几乎没有损失的可能性。这一研究结果支持了我们的假设。

今后的研究或可从以下几方面展开:

第一,检验个体在为众人做决策时,是否遵循补偿性法则。虽然一些研究探索了为他人做决策的情况,但并未严格控制实验条件,因此尚需进一步实验证据的支持。

明确个体为自己与为其他人做决策时的心理差异,有助于了解研究者发展决策理论的深层次原因。

第二,进一步检验当为其他人做决策时,在损失而非获益决策中是否更加符合补偿性法则。一个可能的解释是,个体面对损失时会产生特殊的情绪反应,并导致相关的脑活动发生变化(Tom, Fox, Trepel, & Poldrack, 2007)。但是当为他人决策时,可能并不能诱导这种情绪。因此一个可能的结果是,在损失决策中,为自己和为其他人做决策的差异更大。当然,这需要研究进一步检验。

第三,为他人做出的决策可能更加理性,更符合长远利益。当为自己做决策时,个体可能会受到冲动性的影响,而做出某些"短视"决策。而当个体为他人做决策时,可能不受冲动性的影响,从而做出更理性、更符合长远利益的决策。例如,在食蚁兽—蚂蚁任务中,在为自己决策时更可能为了即刻利益而做出短视决策,在为他人决策时更可能做出符合长远利益的决策。

研究者所坚持的补偿性法则可能只适用于多次决策与为众人决策,当决策者为自己决策时,补偿性法则可能会失效。由于研究者试图建立适用于所有人的规范理论,因此可能会陷入补偿性法则的泥潭而无法自拔。究其原因,研究者是理论家,而决策者是实践者,不论理论如何完美,都要受到实践者的检验与挑战。

致谢:本文谨献给 Samuelson 教授,以纪念其首次发现人们在单次和多次博弈条件下决策行为的不一致。

参考文献

Benartzi, S., & Thaler, R. H. (1999). Risk aversion or myopia? Choices in repeated gambles and retirement investments. *Management Science*, 45,364 - 381.

Colbert G., Murray D., & Nieschwietz R. (2009). The use of expected value in pricing judgments. *Journal of Risk Research*, 12(2),199 - 208.

DeKay, M. L., & Kim, T. G. (2005). When Things Don't Add Up The Role of Perceived Fungibility in Repeated-Play Decisions. *Psychological Science*, 16(9),667 - 672.

Keren, G. (1991). Additional tests of utility theory under unique and repeated conditions. *Journal of Behavioral Decision Making*, 4(4),297 - 304.

Keren, G., & Wagenaar, W. A. (1987). Violation of utility theory in unique and repeated gambles. *Journal of Experimental Psychology*: *Learning*, *Memory and Cognition*, 13(3),387 - 391.

Klos, A., Weber, E. U., & Weber, M. (2005). Investment decisions and time horizon: Risk perception and risk behavior in repeated gambles. *Management Science*, 51(12),1777 - 1790.

Langer, T., & Weber, M. (2001). Prospect theory, mental accounting, and differences in aggregated and segregated evaluation of lottery portfolios. *Management Science*, 47(5),716 - 733.

Li, S. (2003). The role of expected value illustrated in decision-making under risk: single-play vs multiple-play. *Journal of Risk Research*, 6(2),113 - 124.

Montgomery, H., & Adelbratt, T. (1982). Gambling decisions and information about expected value. *Organizational Behavior and Human Performance*, 29(1),39 - 57.

Rao, L. L., Li, S., Jiang, T., & Zhou, Y. (2012). Is payoff necessarily weighted by probability when making a risky choice? Evidence from functional connectivity analysis. *PLoS One*, 7 (7), e41048. doi: 10. 1371/journal. pone. 0041048.

Rao, L. L. , Zhou, Y. , Xu, L. , Liang, Z. Y. , Jiang, T. , & Li, S. (2011). Are risky choices actually guided by a compensatory process? New insights from FMRI. *PLoS One*, *6*(3),e14756.doi: 10.1371/journal. pone. 0014756.

Redelmeier, D. A. , & Tversky, A. (1992). On the framing of multiple prospects. *Psychological Science*, *3*(2),191 -193.

Samuelson, P. (1963). Risk and certainty: A fallacy of large numbers. *Scientia*, *98*(612),108 - 113.

Su, Y. , Rao, L-L. , Sun, H-Y. , Du, X-L. , Li, X. , & Li, S. (2013). Is making a risky choice based on a weighting and adding process? An eye-tracking investigation. *Journal of Experimental Psychology: Learning, Memory, and Cognition*, *39*(6),1765 - 1780.

Sun, H-Y. , Rao, L-L. , Zhou, K. , & Li, S. (2014). Formulating an emergency plan based on expectation-maximization is one thing, but applying it to a single case is another. *Journal of Risk Research*, *17*(7),785 - 814.

Thaler, R. H. (2004). *Mental accounting matters* (pp. 74 - 103). Russell Sage Foundation. Princeton, NJ: Princeton University Press.

Tom, S. M. , Fox, C. R. , Trepel, C. , & Poldrack, R. A. (2007). The neural basis of loss aversion in decision-making under risk. *Science*, *315*(5811),515 - 518.

Wedell, D. H. , & Böckenholt, U. (1990). Moderation of preference reversals in the long run. *Journal of Experimental Psychology: Human Perception and Performance*, *16*(2),429 - 438.

Wedell, D. H. , & Böckenholt, U. (1994). Contemplating single versus multiple encounters of a risky prospect. *American Journal of Psychology*, *107*,499 - 518.

孙红月,苏寅,周坤,李纾. (2011).从风险决策中的多次博弈到单次博弈:量变还是质变? 心理科学进展,19(10),1417—1425.该文被中国人民大学书报资料中心复印报刊资料 B4《心理学》2012 年第 04 期全文转载.

孙悦,李纾. (2005).澳门人的风险知觉与赌博行为.心理学报,37,260—267.

第31章 "难得糊涂"诠释的齐当别哲理

聪明难,糊涂难,由聪明转入糊涂更难。放一着,退一步,当下心安,非图后来福报也。

——郑板桥

"难得糊涂"是清朝乾隆年间诗人、书法家郑板桥(郑燮,1693—1765)的传世名言。若将郑板桥所用之词"聪明"理解成"辨别",将"糊涂"理解成"齐同",Li(1994)曾尝试用"板桥体"诠释"齐当别"决策模型是如何理解、解释人们的决策过程,并讨论了"最终的决策只能在单一维度上进行"这一决策规则在现实生活中的旨趣和寓意(李纾,饶俪琳,许洁虹,2010)。

31.1 聪明难,糊涂难

用"齐当别"的语言说,"聪明"即工于"辨别","糊涂"即工于"齐同"。"聪明难,糊涂难"说的是"辨别"和"齐同"的过程都不容易。

一方面,面对这五花八门的世界,人们很难辨别出真假、善恶、美丑或者真正的得和失。人类是一种大器晚成的生物——他们的童年期和青春期的时间几乎是其他灵长类动物(例如黑猩猩、长臂猿或恒河猴)的两倍(Leigh,2004)。人类个体学习成长的时间远长于其他物种,我们花了大量时间学习,方可辨别出真假、善恶、美丑或者真正的得和失。儿时辨不出打是疼、骂是爱;下乡时辨不出稻秧与稗草;博士毕业时辨不出导师的推荐信说我有"a sense of humor"是夸我;做研究时辨不出"This is an interesting paper"是拒稿信惯用的骗人伎俩。在学术圈"浸濡"久了,方知"incredibly nice"是科学行话,如果哪一天有人说你的研究成果 incredibly nice,那可不是好事而是摊上大事了——这等于指责你伪造数据或结果。当你能辨别出个中差异,那么你便是"聪明"的,便修炼到了"世事洞明皆学问,人情练达即文章"的水平了。

另一方面,齐同(不辨)这个花花世界中的各种相异刺激也很难。不辨大小,说"大姨"与"小舅"都是娘亲,难;不辨长短,说长痛、短痛都是痛,难;不辨轻重,说"添花"与"送炭"都是情,难;不辨雌雄,说泰国人妖本是男人,难。将开考时间定于"9 点 18 分"而非"9 点 20 分"有区别吗?守时的德国师生不难辨别之,可这也太难为我们中国人了。总之,"齐同"林林总总的刺激是件难事——你会被人说是"糊涂",如果你对你的邻居一视同仁。

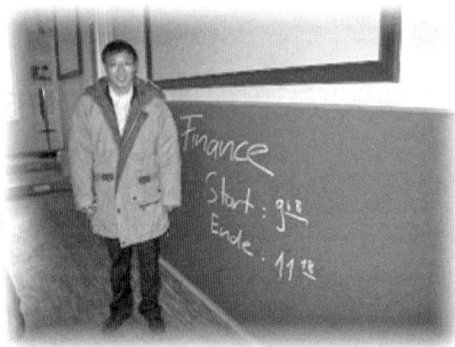

图 31.1 德国 Otto Beisheim School of Management 的考试通知

31.2 由聪明转入糊涂更难

"由聪明转入糊涂更难"则是点睛之笔,也是最费解的一句。该句提示世上有两种糊涂:一种是不知有差异的"齐同";另一种是明知有差异的"齐同"。后者难于前者。聪明之后的"糊涂"指的是一种察觉到差异后的"齐同",它表示在明知差异存在的情况下,仍然借助主观效用(utility)将差异"齐同"掉。只有这样做才有可能达到真正的"糊涂"境界。

2013 年在台南的安平古堡看到《1662 年郑成功与荷兰人的缔和条约》的第一条,内心为之一颤。对荷兰投降这类条款纵有千种胜利者的表征,万万没想到福建海盗郑芝龙儿子采纳的竟然是:**"双方都要把所造成的一切仇恨遗忘。"**

达到如此"糊涂"的境界,我们才能如《圣经》所教导的那样去"爱你的敌人"(Love thy Enemy),才能把敌人在所有"坏"维度的差异都"齐同"掉,只辨别其在"好"维度的差异而萌生爱意。抛开"齐同"的困难以及反悔,我们若能真心爱我们的敌人,那么,这意味着决策是一种艰难的"齐当别"过程,而不是分辨"加权求和"总体差异的补偿性过程。

推而广之,尽管在决策后的信心或后悔程度有所变化,《圣经》所言"爱你的敌人"、"爱你的邻居",甚至"爱你的上帝",均要求最终的决策只在单一维度上进行。

"单一维度"的思路并不是"齐当别"的创新。当弗洛伊德用精神分析的方法演示人类"力比多"(libido)的功效时,我们得知,如果人类的"动物"维度没被压抑住,伟人也会沦落至卑鄙小人。当斯金纳用行为主义的方法解释人类尊严时,我们盼望着,经社会性(维度)奖赏的不断正强化,普通人亦可升华为圣人。

因此,尽管精神分析和行为主义与行为决策的研究范式相去甚远,但是精神分析和行为主义都是在一个维度上定义伟大或者卑鄙。一旦考虑到其他维度上的判断,所谓的伟大就可能不复存在了。从这点出发,如果我们坚持在每个维度上严格区分对与错、好与坏、爱与憎,那么,我们则难以辨出敌与友。

对于爱,《圣经》曾给予了极大的权重和要求,并每每要求世人"**爱你的上帝**"(Love thy God)。如此强烈的诉求抑或道出了一个世人不愿承认的大真相:言者事先就知晓上帝不会在每个维度上都是完美无瑕的。如果上帝在每个维度上都是完美的(占优的),那么又何需费力**劝说**世人去"爱上帝"呢?

31.3 放一着,退一步,当下心安,非图后来福报也

最终的决策只能在单一维度上进行,这或许可以诠释最后那句话——"放一着,退一步,当下心安,非图后来福报也"。此处,"心安"是一个维度,而"福报"则是另一个维度。郑板桥要我们做的是:在"心安"这个维度上有所追求,在"福报"这个维度上有所舍弃。决策永远不可能是所有相关维度加权平均后的结果。依郑板桥的说法,我们应该在"后来福报"的维度上糊涂一些,在"当下心安"的维度上聪明一些。这句话帮助我们澄清自己决策策略的作用。作为一个行为决策者,我们应当清楚自己要遵循何种逻辑,追求何种目标。对什么都分辨,什么都想要,绝不吃亏的人,其兑易(tradeoff)的本领值得怀疑,在生活中,须避之、防之。

简而言之,达成一选择,最难做到的并不是"辨别"而是"齐同"。越是擅长辨别出所有维度的差异,我们越难做出选择。只有"齐同"方能解决"非占优性"(non-dominated)选项之间的冲突,产生最后的决定,并且减少事后的认知失调或者后悔。"齐同"正是"齐当别"的要旨。当面对复杂的世界时,我们真的是遵循着如此简单的规则而做出决策的么? 本书旨在试给出一科学的回答。

对郑板桥箴言的诠释当否,则让东西方的哲人评说去吧。

致谢:感谢邓小平做出恢复高考的决定,让我体验到"解放了"的感觉——不再为家庭出身而负罪,让我此生不愿重新为自己安一个"原罪"而笃信基督教。

参考文献

Leigh, S. R. (2004), Brain growth, life history, and cognition in primate and human evolution. *American Journal of Primatology*. *62*(3),139 - 164. doi: 10.1002/ajp. 20012

Li, S. (1994). *Equate-to-differentiate theory: A coherent bi-choice model across certainty, uncertainty and risk.* Unpublished doctoral dissertation, University of New South Wales. Sydney: NSW.

李纾,饶俪琳,许洁虹.(2010).冒风险的决策者:聪明乎? 糊涂乎? 上海管理科学,32(3),32—37.

第四篇 理解并改进决策（中）

——生存的决策法则

第 32 章　趋利避害:厌而避额外之"利",喜而趋额外之"害"

共同作者:刘洪志、毕研玲、苏寅、饶俪琳

夫凡人之情,见利莫能勿就,见害莫能勿避。

——《管子·禁藏》

趋利避害是生物的本能。《管子·禁藏》云:"夫凡人之情,见利莫能勿就,见害莫能勿避。"意思是根据人之常情,见到利益没有不追求的,见到祸害没有不想躲避的。事实上,做出获得奖励、避免惩罚的决策并有效实施的能力,是智慧生命的核心能力(Schall, 2001)。研究发现,动物和人类都能够估计决策行为的利弊,并做出快速而理性的决策。

占优原则(dominance principle)(Tversky & Kahneman, 1986)是规范性理论的基石之一。弱占优原则认为,选项 A 至少在一个维度上优于选项 B,且在其他维度上都等同于选项 B,那么选项 A 相对于选项 B 来说是优势选项(Lee, 1971; von Winterfeldt & Edwards, 1986)。依据该原则,人们在决策时会按照所谓的"两利相权取其重,两害相权取其轻"的方法进行选择,但研究者发现人们常常会违背这一原则。

亚当·斯密亦曾在 1776 年出版的《国富论》中指出,经济行为是由自我利益(self-interest)所驱动的(Ashraf, Camerer, & Loewenstein, 2005)。在经济学和心理学研究中,也普遍认为人们在决策时遵循价值最大化原则(value maximization, VM)(Luce, 1959),即在给定的设置下,选项 x 的价值为 $v(x)$,决策者会选择价值最大的选项(Tversky & Shafir, 1992)。

然而生活经验却告诉我们,趋利避害并非是生存的唯一法则。研究者试图通过单一的法则揭示人类复杂的决策行为本质,但仍有传统理论无法解释的决策现象。这些"异常"行为看似难以理解,却在一些情况下表现出必然性。人们或许看重某一决策维度而忽视其他维度,从而导致"趋害避利"行为的产生。这也为决策理论提供了更广泛的证据。

32.1 "趋害"的实验证据

Kahneman 等人(1993)的冷水实验最早证明了人们并非总是"两害相权取其轻",有时也会表现出"趋害"行为。在实验中,被试先后体验两种不同的负性刺激。刺激 A:将手在 14℃的水中浸泡 60 秒;刺激 B:将手在 14℃的水中浸泡 60 秒,随后提高水温至 15℃,继续浸泡 30 秒。其中,14℃与 15℃的水温均会令人产生不适感。在没有告知水温及浸泡时间的情况下,要求被试从以上这两个刺激中选择一个作为第三个刺激。结果发现:69%的被试选择了刺激 B 作为第三个刺激,即偏好负性刺激**更多**的选项。这违背了趋利避害的原则,因为额外加上一段负性刺激,不应让被试觉得更好。这个实验证明,人们有时也会"趋害"而不是"避害"。

32.2 "避利"的实验证据

虽然 Kahneman 等人(1993)选择负性刺激进行了一系列研究,对"两害相权取其轻"这一原则提出质疑,但鲜有研究选择正性刺激来探讨人们是否总是遵循"两利相权取其重"这一原则(苏寅,毕研玲,李纾,饶俪琳,2010)。

Li 等人(2011)选取金钱作为奖赏或惩罚刺激,检验了人们能否理性地遵循"趋利避害"原则。当额外获得/损失的量级有别于序列中的其他结果时,人们便能够将其识别出来。基于这一现象,该研究提出假设:在一个具有较长的获得/损失值且等值均匀分布的序列中加入额外的小获得/损失,使其变成分布不均匀的序列,将会使人们在获得时不愿选择分布不均匀的选项,在损失时更偏爱分布不均匀的选项。研究者基于该假设设计并实施了实验。

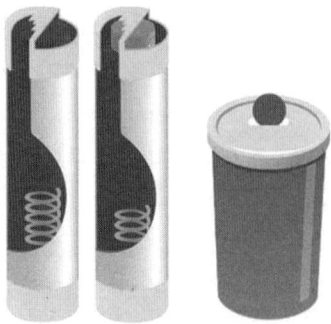

图 32.1 左边两个罐为 10 元硬币序列选项(罐中有 20 枚 5 角硬币)和 10.3 元硬币序列选项(罐中有 20 枚 5 角硬币和 3 枚 1 角硬币),每名被试从左侧的罐中逐枚拿出硬币,并放入右侧的盒中。

考虑到商学院的学生可能对金钱得失更敏感,实验选取了 120 名吉林大学商学院的本科生作为被试。在实验中,研究人员以检查各生产年代的硬币数目为由,要求被试逐枚地感受两个金钱序列:10 元硬币序列(由 20 枚五角硬币组成)和 10.3 元硬币序列(由 20 枚五角硬币和 3 枚一角硬币组成)。被试需逐枚地将硬币从一个不透明的罐中拿出,并报告硬币的生产年代,然后将硬币放入另一个盒中(图 32.1)。

随后要求被试评定获得各金钱序列(与硬币等值的金钱)的高兴程度以及损失各金钱序列的不高兴程度,被试通过在一条 120 毫米的线段上(左端表示"一点也不",右端表示"极其")画"×"进行评定。研究者会测量被试所画"×"距离左端的距离,以作为被试情绪的估计指标,该距离越大,说明被试的情绪越强烈。测量形式及结果如图 32.2 所示。

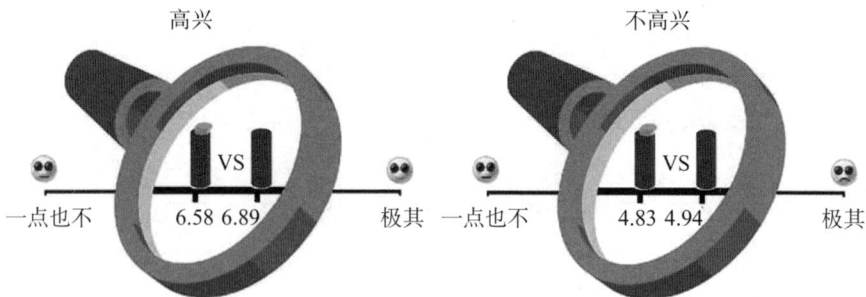

图 32.2 在 120 毫米的线段上进行情绪评价以及被试情绪评价的均值

最后要求被试选择其中一个金钱序列选项作为其奖赏或惩罚,并强调被试会获得与硬币选项等值的金钱,而不是硬币本身,以排除硬币物理特性(如不易携带或具有收藏价值等)的影响。

实验为 2(硬币顺序:3 枚一角硬币在序列始,3 枚一角硬币在序列尾)×2(检查顺序:先检查 10 元硬币序列,先检查 10.3 元硬币序列)×2(得失顺序:先得,先失)×2(效价:获得,损失)的 4 因素混合设计,其中效价为被试内因素。八种被试间条件,每种条件随机分配 15 名商学院学生作为被试。

实验结果发现:被试倾向选择获得少(10 元)和损失多(-10.3 元)的金钱序列。

当请被试选择一个金钱序列选项作为奖赏时,大部分被试(70.8%)选择金额较少的选项(10元),$\chi^2(1, N = 120) = 20.83$,$p < 0.001$;当请被试选择一个金钱序列选项作为惩罚时,大部分被试(65.8%)选择金额较多的选项(10.3元),$\chi^2 = 12.03$,$p < 0.002$。卡方检验发现,硬币顺序的效应不显著:奖赏$\chi^2 = 3.27$,$p = 0.07$;惩罚$\chi^2 = 0.04$,$p = 0.85$。这意味着被试的偏好选择与3枚一角硬币的位置无关。

实验结果还发现,当获得较多(10.3元)时被试所报告的高兴程度较低,当损失较少(−10元)时被试所报告的不高兴程度较高。卡方检验发现:当请被试对获得的高兴程度评价时,大部分被试(70%)对于金额较少的选项(10元)的高兴程度评价更高,$\chi^2 = 19.20$,$p < 0.001$;当请被试对损失的不高兴程度评价时,大部分被试(68.3%)对于金额较多的选项(10.3元)的不高兴程度评价更低,$\chi^2 = 16.13$,$p < 0.001$。这种偏好模式违背了价值函数单调递增的性质。

以情绪评价为因变量,做2(硬币顺序:3枚一角硬币在序列始,3枚一角硬币在序列尾)×2(选项价值:10元,10.3元)的方差分析。在奖励条件下:选项价值的主效应显著,$F(1, 118) = 7.57$,$p < 0.01$,$\eta^2 = 0.06$,获得价值较小选项的高兴程度($M = 6.93$,$SD = 3.16$)大于获得价值较大选项的高兴程度($M = 6.65$,$SD = 3.20$);硬币顺序的主效应不显著,$F(1, 118) = 0.21$,$p = 0.64$,$\eta^2 = 0.002$,这说明情绪评价不会随着3角钱硬币所处位置的不同而变化;交互作用不显著,$F(1, 118) = 0.77$,$p = 0.38$,$\eta^2 = 0.006$,说明选项价值的主效应与硬币顺序无关。在惩罚条件下的趋势与之相似:损失价值较小选项所引发的负性情绪($M = 4.96$,$SD = 3.87$)高于损失价值较大选项所引发的负性情绪($M = 4.86$,$SD = 3.79$),但选项价值的主效应不显著,$F(1, 118) = 1.05$,$p = 0.31$,$\eta^2 = 0.009$;硬币顺序的主效应不显著,$F(1, 118) = 0.001$,$p = 0.97$,$\eta^2 < 0.001$;交互作用不显著,$F(1, 118) = 0.46$,$p = 0.50$,$\eta^2 = 0.004$,说明选项价值的主效应与位置顺序无关。

总之,研究假设得到了支持与验证。即,加上额外的小获得会使人更不高兴且更不愿选分布不均匀的奖励选项(价值更大的选项),加上额外的小损失则会使人更愿意选择分布不均匀的惩罚选项(价值更小的选项),这明显违背了价值最大化法则。这意味着:"聊"并不胜于"无",反而是"无"胜于"聊"。

32.3 风险决策中"趋害避利"的实验证据

在风险决策研究当中,研究者也发现了"趋害避利"的实验证据。

Mellers,Weiss和Birnbaum(1992)发现,当一个博彩的价值变大时,被试对其的出价反而降低了。例如,对于以下两个博彩:

博彩 A:95%的可能获得 83.5 美元,5%的可能获得 31.5 美元

博彩 B:95%的可能获得 83.5 美元,5%的可能什么也得不到

客观地讲,博彩 A 的价值高于博彩 B,按照价值最大化原则,人们应当对博彩 A 的出价更高。但实验结果却发现,被试对博彩 A 的出价反而低于对博彩 B 的出价。这说明,给选项加上小概率的获得并不会增加选项的吸引力,"无"反而胜于"聊",体现了人们有时会"避利"的特性。

Bateman 等人(2007)也发现了类似的现象。他们发现,当一个博彩的价值变小时,选择他的人反而更多了。例如,对于以下两组选项:

选择一　A 选项:7/36 的可能获得 9 美元,29/36 的可能什么也得不到

　　　　B 选项:肯定获得 2 美元

选择二　C 选项:7/36 的可能获得 9 美元,29/36 的可能损失 5 美分

　　　　D 选项:肯定获得 2 美元

客观地讲,A 选项比 C 选项更好,因此选择一中选择 A 选项的比例应大于选择二中选择 C 选项的比例,但实验结果恰恰相反,少数被试在选择一中选择选项 A,多数被试在选择二中选择选项 C。这说明,给选项加上小的损失反而会增加选项的吸引力,体现了人们有时会"趋害"的特性。

32.4　跨期决策中"趋害避利"的实验证据

在跨期决策研究当中,同样存在"趋害避利"的实验证据。

Scholten 和 Read(2014)识别了四种违背价值最大化原则的跨期异象,即:给选项加上一个即刻或延迟的获得,会降低该选项被选择的概率;给选项加上一个即刻或延迟的损失,会增加该选项被选择的概率。Scholten 和 Read(2014)将其称之为"更好即是更坏,更坏即是更好"(better is worse, worse is better)。

具体来说:

(1) 给延迟损失加上一个即刻获得会使选项变得更差。

选择一　A 选项:今天损失 75 元

　　　　B 选项:1 年后损失 100 元

選择二　C 选项:今天损失 75 元

　　　　　D 选项:今天获得 5 元,1 年后损失 100 元

　　理性地讲,选择二的 D 选项优于选择一的 B 选项,但结果却发现,选择二中选择 D 选项的比例小于选择一中选择 B 选项的比例。

　　(2) 给即刻获得加上一个延迟获得会使选项变得更差。

　　　选择一　A 选项:今天获得 75 元

　　　　　　B 选项:1 年后获得 100 元

　　　选择二　C 选项:今天获得 75 元,1 年后获得 5 元

　　　　　　D 选项:1 年后获得 100 元

　　客观地讲,选择二的 C 选项优于选择一的 A 选项,但结果却发现,选择二中选择 C 选项的比例小于选择一中选择 A 选项的比例。

　　(3) 给延迟获得加上一个即刻损失会使选项变得更好。

　　　选择一　A 选项:今天获得 75 元

　　　　　　B 选项:1 年后获得 100 元

　　　选择二　C 选项:今天获得 75 元

　　　　　　D 选项:今天损失 5 元,1 年后获得 100 元

　　客观地讲,选择一的 B 选项优于选择二的 D 选项,但结果却发现,选择二中选择 D 选项的比例大于选择一中选择 B 选项的比例。

　　(4) 给即刻损失加上一个延迟损失会使选项变得更好。

　　　选择一　A 选项:今天损失 75 元

　　　　　　B 选项:1 年后损失 100 元

　　　选择二　C 选项:今天损失 75 元,1 年后损失 5 元

　　　　　　D 选项:1 年后损失 100 元

　　客观地讲,选择一的 A 选项优于选择二的 C 选项,但结果却发现,选择二中选择 C 选项的比例大于选择一中选择 A 选项的比例。

　　研究者将以上现象归因于人们对递增跨期序列的偏好,即人们都喜欢逐渐上升

的序列,而不喜欢逐渐下降的序列。虽然研究者未对选项进行情绪评价,但不难推测,递减序列会引发人们的负性情感。结合 Li 等人(2011)的研究结果发现,人们或倾向于将序列视为一个整体进行评价,当加入的奖励会降低序列整体的评价时,即使它会增加选项的价值,人们也不会选择它。

32.5 讨论与启示

虽然标准的规范性理论一直坚持价值最大化原则,但研究者已经发现了众多违背价值最大化原则的现象。例如,在金钱决策、风险决策和跨期决策当中都存在违背价值最大化原则的现象:在选项中加入一个小的损失会增加选择该选项的可能性,而在选项中加入一个小的获得则会降低选择该选项的可能性。这意味着有的时候"少"并不胜"无",反而是"无"胜"少"。

其中,伴随着违背价值最大化原则所产生的情感亦有悖于逻辑。负性情感的引发一般有其"逻辑正确"的原因(如,无惠而不乐),而在 Li 等人(2011)的研究中,引发负性情感的原因实属"逻辑错误"(如,惠多而不乐)。我们可能因为 100 件好事中的 1 件做得不够尽如人意,便引发他人的负性情感。这样的"冤"例屡见不鲜。美国前总统克林顿就曾抱怨公众:"不要用我所犯的一个错误来评判我,请更加关注我所做的九十九件好事。"(Don't judge me for the one mistake I have made, but on the ninety-nine good things I have done.)。古人云:"勿以善小而不为。"然而,额外之"小善"却往往起到画蛇添足、狗尾续貂的作用。孰愿为之? 这种不曾被定义而类似于"冤"的情感不仅见于个人,也见于民族、国家间的持续交往,值得进一步研究。

致谢:感谢刘钊、赵小昱、秦晓利、张杭、戚妍、齐薇、胡月、王艳双和余芝兰协助收集数据,并感谢 Rhoda E. Perozzi 博士和 Edmund F. Perozzi 博士对本章所报告研究提出有关文化以及英语语言方面的建议。

参考文献

Ashraf, N., Camerer, C.F., & Loewenstein, G. (2005). Adam Smith, Behavioral Economist. *Journal of Economic Perspectives*, *19*,131-145.

Bateman, I., Dent, S., Peters, E., Slovic, P., & Starmer, C. (2007). The affect heuristic and the attractiveness of simple gambles. *Journal of Behavioral Decision Making*, *20*,365-380.

Kahneman, D., Fredrickson, B.L., Schreiber, C.A., & Redelmeier, D.A. (1993). When more pain is preferred to less: Adding a better end. *Psychological Science*, *4*,401-405.

Lee, W. (1971). *Decision theory and human behavior*. New York: Willy.

Li, S., Bi, Y.L., Su, Y., & Rao, L.L. (2011). An additional gain can make you feel bad and an additional loss can make you feel good. *Advances in Psychological Science*, *19*(1),9-17.

Luce, R. (1959). *Individual choice behavior: A theoretical analysis*. New York: Wiley.

Mellers, B. , Weiss, R. , & Birnbaum, M. (1992). Violations of dominance in pricing judgments. *Journal of Risk and Uncertainty*, *5* ,73 - 90.

Scholten, M. , Read, D. (2014). Better is worse, worse is better: Violations of dominance in intertemporal choice. *Decision*, *1*(3),215 - 222.

Tversky, A. , & Kahneman, D. (1986). Rational choice and the framing of decisions. *Journal of Business*, *59* ,251 -278.

Tversky, A. , & Shafir, E. (1992). Choice under conflict: The dynamics of deferred decision. *Psychological Science*, *3* , 358 - 361.

von Winterfeldt, D. , & Edwards, W. (1986). *Decision analysis and behavioral research* (Vol. 604). Cambridge: Cambridge University Press.

苏寅,毕研玲,李纾,饶俪琳.(2010).“避害”还是“趋害”? 心理科学,33(2),506—508.

第33章 客观危险与主观害怕：心理台风眼效应

共同作者：郑蕊

害怕是人类应对周围环境中各类危险的本能反应。然而,在现实生活中,客观危险与主观害怕之间的关系却常常并非一一对应。正像 David Ropeik 在《今日心理学》中曾经提及的那样:"面对极低的风险(如乘坐飞机)时,人们常常表现得非常害怕,然而,在面对极高的风险(如吸烟)时,人们却反而又表现得无所畏惧。"Slovic (1999)甚至指出,尽管危险事件(dangers)是客观存在的,但是却并不存在着"真实的风险"(real risk)或者"客观的风险"(objective risk)(Slovic, 1999)。那么,究竟是什么造成了"危而不惧,惧而不危"的现象? 客观风险与主观害怕之间的关系究竟是什么呢?

33.1 心理台风眼效应的提出与界定

在风险研究的早期阶段,研究者将风险界定为负性事件发生的概率与后果的函数,并认为个体的风险认知正是对客观风险的折射。研究者(Slovic, 1987)指出人们由于风险事件所导致的恐慌,应如同掷入水中的石子所激起的涟漪一样(涟漪效应,ripple effect)。即,风险中心区的风险知觉水平最高,从风险中心逐圈、逐圈向外扩散开来,个体的风险认知水平也随之逐渐下降。

然而,实证研究却显示,客观风险与主观风险认知并不一致。研究者发现,与远离核反应堆居住的居民相比,住在核反应堆附近的居民不仅对核反应堆的风险认知更低,而且他们对于核反应堆的负面影响也更不担心;他们对核设施安全性的评价甚至要显著地高于远离核反应堆居住的居民的安全评价(Guedeney & Mendel, 1973; Maderthaner, Guttmann, Swaton, & Otway, 1978; Nealey, Melber, & Rankin, 1983)。Tilt(2006)有关工业污染企业的研究也报告了类似的发现,即距离污染物更近的工厂工人要比工厂外围的居民风险认知评价更低。Okeke 和 Armour(2000)还进一步发现,当风险还未来临时,人们对于风险事件表现得更加担心,然而当风险真正降临到人们身上之后,他们反而变得不再担心。现场研究(Okeke & Armour, 2000)的结果表明,在建设垃圾处理厂之前,当地居民出现了强烈抗争行为,风险认知与焦虑程度均较高。但是,当垃圾处理厂建成一段时间之后,人们的风险认知水平反而显著下降了,而且他们对之前原本很忧虑的事项也变得不再那么担心。

这种"危而不惧,惧而不危"的现象不仅见于对慢性应激环境的研究中,也见于对急性应激环境(如恐怖袭击、地震以及传染性疾病)的研究中。例如,在美国"9·11事件"后,Hoven 等人(2005)发现,在事发地(ground zero)附近的学校中,学生中有心理障碍(mental disorder)的人数反而显著少于距离事发地较远地区的学校。相似地,Wang 等人(2000)的研究也发现,地震后距离震中 0.5 公里的村子中患有创伤后应激障碍(PTSD)的人数显著地少于距离震中 10 公里的村子中患有创伤后应激障碍的人数。谢晓非、郑蕊、谢冬梅和王惠(2005)在 SARS 期间的研究发现,身处隔离区的被试比外围隔离区的被试焦虑水平更低;外围隔离区的被试比非隔离区但属疫区的被试焦虑水平更低;而疫区的被试比非疫区的被试焦虑水平更低。2008 年汶川地震后,Li 等人(2009)的研究发现,越接近震中的个体,心理反而越平静。其他研究者同期所做的研究也发现了类似的结果(谢佳秋,谢晓非,甘怡群,2011)。对地震灾区的后续调查(Li et al., 2010)显示这种效应并不是暂时出现的,该效应的影响作用在震后 1 个月、4 个月乃至 11 个月之后均依然强劲。

为了更为准确地描述这一现象,李纾等人假"台风眼"一词对该现象进行了命名。在气象学中,距离台风中心直径大约为 10 公里的圆面积通常被称为"台风眼"。由于台风眼外围的空气旋转剧烈,在离心力的作用下,外面的空气不易进入到台风的中心区内,因此台风眼区就像由云墙包围的孤立的管子,它里面的空气几乎是不旋转的,风力相对微弱(图 33.1)。李纾等人(Li et al.，2009)对以往研究进行概括提炼,形象地提出"心理台风眼"(psychological typhoon eye)的概念,即在时间维度上,越接近高风险时段,心理越平静;在空间维度上,越接近高风险地点,心理越平静。

心理台风眼效应的研究最先于 2010 年 3 月 17 日发表在《公共科学图书馆·综合》(*PLoS ONE*)上(Li et al.，2010)。该论文发表后就受到了学界诸多学者的关注,英国心理学家协会《研究文摘》(*BPS Research Digest*)对此做了报道并评论;且该文被 *Lancet*(《柳叶刀》)、*Psychological Science in the Public Interest*、英国心理学家协会会刊 *The Psychologist* 等多家期刊论文所引用。2010 年 4 月 5 日 *Nature* 高级主编 Noah Gray 对"心理台风眼"进行了评价①。他指出这一研究将有助于预测突发危机事件后公众的普遍反应,并告诫调查人员在采访幸存者和评估灾后援助时必须保持谨慎和怀疑的态度,因为灾民所提供的信息可能会受到心理台风眼效应的影响。BIOONNEWS 将该篇文章盘点为"2010 年度国内生命科学领域高水平文章荟萃"②。截至 2015 年 5 月,在 Google 中搜索中文关键词"心理台风眼"能找到约 59,200 条结果;搜索英文关键词"Psychological typhoon eye"能找到约 35,900 条结果。随后,"心理台风眼"被"百度百科"、"互动百科"、"台湾 Wiki"创建为词条。

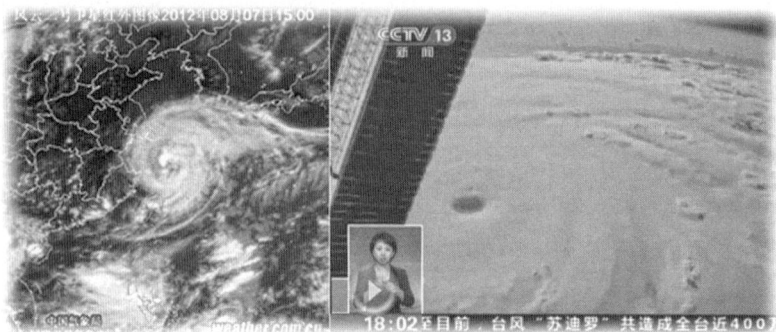

图 33.1 "台风眼"示意图

在本章节中,我们将详述心理台风眼效应的一些具体研究证据。在 5·12 汶川地震过后一个月,受中国科学院知识创新工程重要方向性项目"汶川地震灾区心理援助应急研究"(KKCX1－YW－05)资助,中科院心理研究所"受灾人群的心理反应分析及干预方案"子课题组对非灾区(北京、福建和湖南共 542 人)和灾区(四川和甘肃共 1 720 人)居民进行了有计划的大规模调查,以探索并检验四川汶川 8.0 级强烈地

---

① http://haitirewired. wired. com/profiles/blogs/senior-editor-of-nature-on.
② http://www. bioon. com/trends/news/470164_13. shtml.

震是否产生了"心理台风眼"现象。根据民政部、国家发展改革委员会、财政部、国土资源部和中国地震局5部门发布的《汶川地震灾害范围评估结果》，选取四川和甘肃两省的一般受灾地区(成都市区、温江、遂宁、乐山、天水)、重灾区(德阳市区、中江、武都、文县)和极重灾区(汶川、绵竹)共11个县、市1 720名居民，以及北京、湖南和福建等3个非受灾地区542名居民作为调查对象。其中，男性941人，女性1 310人，11人性别信息缺失；平均年龄32.40±9.83岁，22人年龄信息缺失。由于同一评估级别不同地区的受灾程度相差很大(例如，甘肃文县和武都同属重灾区，但文县的受灾程度比武都严重很多)。因而在灾区内部，研究者在问题呈现之后要求居民对其自身受灾程度进行主观评定。根据主观评定结果，对认为自己身处"轻度灾区"的918人、"中度灾区"的362人、"重度灾区"的440人进行分析。本调查始于2008年6月4日，完成于2008年7月15日。

33.1.1　非灾区和灾区居民对地震恐慌和担忧程度的对比

"5·12"大地震后，居民普遍认为，惟有献血才足以表达对灾民的关爱之情。各地民众献血热情高涨，致使血库在短短几天内爆满，血站不得不发出暂缓献血的通告。此举乃灾区外居民高估"灾情需求"的表现，可视为汶川大地震中首例"心理台风眼"效应所致的现象。我们调查了非灾区和灾区居民的恐慌与担忧程度，并进而分析比较他们之间的差异。出人意料的是，总体结果发现，非灾区居民对地震恐慌和担忧程度更甚于灾区居民。其统计分析结果见表33.1。

表33.1　非灾区和灾区居民对地震恐慌和担忧程度的对比

	非灾区 (均值)	灾区 (均值)
灾区有多大的可能性发生大规模传染病？(0—100％)	35.21	30.57
灾区发生100次余震中有几次需要采取避险措施？	42.24	28.21
灾区每1 000人需要医生的人数：	122.72	109.83
灾区每1 000人需要心理学工作者的人数：	148.75	123.78
如果恢复到灾前的生活水平，需要多长**时间**？(年)	7.49	6.61
如果恢复到灾前的生活水平，每户受灾家庭需要多少**资助**？(元)	86 820.01	69 363.26

进一步具体分析结果表明：(1)受灾程度不同地区的居民对灾区发生大规模传染病可能性的估计存在显著差异，$F(3, 2542) = 10.64$，$p < 0.001$。随着受灾严重程度的增加，对灾区发生大规模传染病可能性的估计从非灾区居民的35.21％到重度灾区居民的27.52％，呈单调递减的趋势(图33.2)。

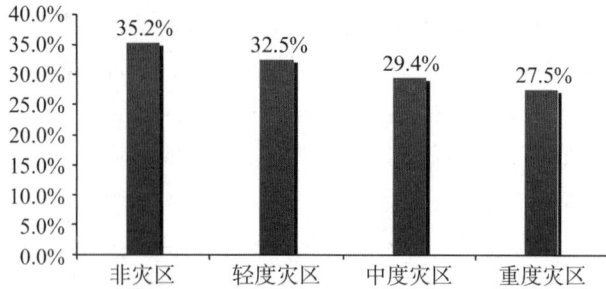

图33.2 受灾程度不同的地区民众对灾区发生大规模传染病的可能性的估计

(2) 受灾程度不同地区的居民对 100 次余震中有多少次需要采取避震措施的估计呈显著差异，$F(3, 2464) = 30.71$，$p < 0.001$。随着受灾严重程度的增加，对 100 次余震中需要采取避震措施数目的估计从非灾区居民的 42.24 次降至重度灾区居民的 25.48 次(如图 33.3)。

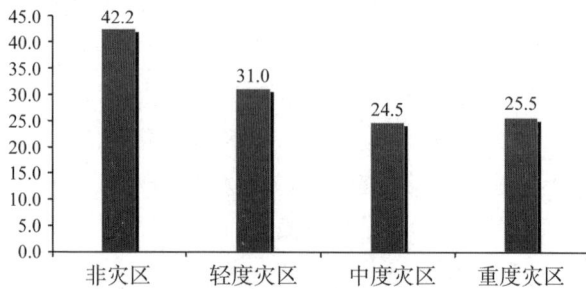

图33.3 受灾程度不同的地区民众对余震严重程度的估计

(3) 我们请被试估算"受灾程度不同的地区民众对灾区需要医生及心理学工作者的人数"，采用 2(需求类型：医生、心理学工作者) × 4(受灾程度：非灾区、轻度灾区、中度灾区和重度灾区) 的重复测量方差分析，结果发现：人们对心理学工作者的需求人数(120.25 人) 显著地多于对医生的需求人数(105.92 人)，$F(1, 2491) = 12.35$，$p < 0.001$；随着受灾严重程度的增加，对医生和心理学工作者的需求人数都呈减少的趋势，$F(3, 2491) = 12.54$，$p < 0.001$，见图 33.4。

(4) 我们请被试估算"如果恢复到灾前的生活水平需要多长时间"，方差分析的结果表明，受灾程度不同地区的居民对灾区居民恢复到灾前生活水平所需时间的估计存在显著差异，$F = 21.58$，$p < 0.001$。对比分析(Contrast Test：3，-1，-1，-1)显示，非灾区居民对所需时间的估计($M = 8.26$)比灾区居民对所需时间的估计($M_{轻度灾区} = 6.69$；$M_{中度灾区} = 5.65$；$M_{重度灾区} = 7.22$) 更长($p < 0.001$，见图 33.5)。

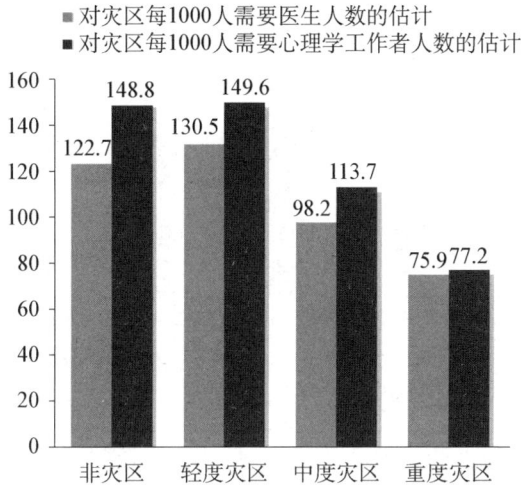

■ 对灾区每1000人需要医生人数的估计
■ 对灾区每1000人需要心理学工作者人数的估计

图33.4 受灾程度不同的地区民众对灾区需要医生及心理学工作者人数的估计

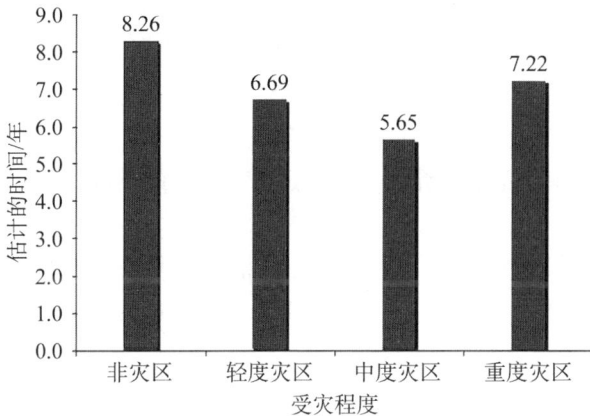

图33.5 受灾程度不同的地区居民对灾区居民恢复到灾前生活水平所需时间的估计

(5) 我们请被试估算"如果恢复到灾前的生活水平,每户受灾家庭需要多少资助(元)",方差分析的结果表明,受灾程度不同的地区居民对灾区居民恢复到灾前生活水平所需资金的估计存在显著差异,$F = 11.18$,$p < 0.001$。对比分析(Contrast Test:3,-1,-1,-1)显示非灾区居民对所需资金的估计($M = 95\,526.13$)比灾区居民对所需资金的估计($M_{轻度灾区} = 67\,854.37$;$M_{中度灾区} = 63\,497.78$;$M_{重度灾区} = 77\,361.05$)更多($p < 0.001$,见图33.6)。

上述非灾区和灾区居民对地震恐慌和担忧程度的比较研究,以及受灾程度不同的地区居民对地震恐慌和担忧程度的进一步分析,都证实了心理台风眼效应的假设。

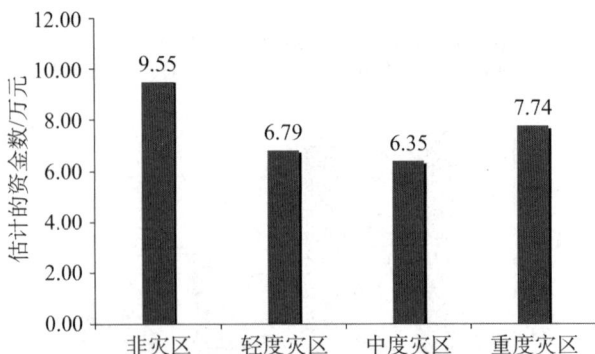

图 33.6 受灾程度不同的地区居民对灾区居民恢复到灾前生活水平所需资金的估计

值得注意的是,重度灾区居民对"所需资助"和"所需时间"严重程度的担忧并非处于最低水平(李纾,刘欢,白新文,任孝鹏,郑蕊,李金珍,饶俪琳,汪祚军,2009),这未如预期般表现出完美"心理台风眼"的特征,显得只差一步到罗马。其可能的解释是:这两个指标是对忧虑水平的间接测量(即,估计重建需要的时间或金钱)。如果采用更为直接的指标,其所获得的结果应该与台风眼的形态匹配得更加完美。这种解释尚待后续研究予以证实。

33.1.2 对受灾人需要服用治疗心理创伤药物剂量的估计

> 我现在老是害怕,你们有没有什么药,能让我吃了以后不害怕。
>
> ——都江堰紫坪铺水坝紫坪村 8 岁女孩李苗雨

2008 年 6 月 4 日,《南方人物周刊》记者蒯乐昊以"悲伤是一种缓慢的痛"为题,报道了 5·12 汶川地震灾区女童李苗雨特别希望这世上能有治疗心理创伤的药。研究者亦曾使用"假想的药剂"作为测量情感预期与实际情感体验的指标(Wilson, Wheatley, Kurtz, Dunn, & Gilbert, 2004)。为此,我们特别在灾区内测量了灾区居民认为受灾人需要服用治疗心理创伤药物的剂量。所询问的问题如下:

> 假设有一种药物,能够抚平重大灾害对人造成的心理创伤,没有过敏、呕吐等副作用。该药物的最大用量是 100 毫克/天。你觉得受灾人需要服多少剂量_____(毫克/天)?

分析结果表明,受灾程度不同的地区居民在对灾区居民需要服用治疗心理创伤药物剂量的估计上存在显著差异，$F(2, 1511) = 6.01$, $p < 0.01$。认为受灾人所需剂量最多的是自认为是轻度受灾的居民，其次是中度受灾的居民，认为受灾人所需剂量最少的反而是自认为是重度受灾的居民。即，随着受灾严重程度的增加，认为灾区居民需要服用治疗心理创伤药物的剂量从轻度灾区居民的 62.9 毫克/天到重度灾区居民的 56.3 毫克/天（最大数额设定为 100 毫克/天），呈单调递减的趋势（如图33.7）。其结果进一步证实了心理台风眼效应的假设。

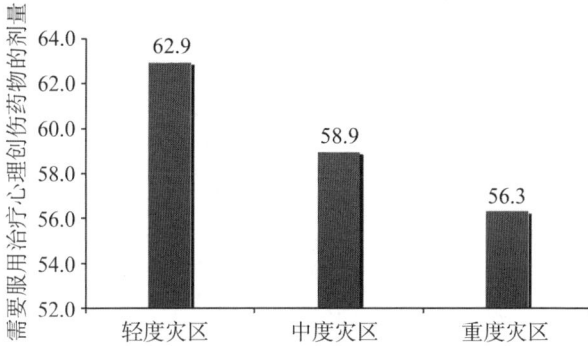

图33.7 受灾程度不同的地区民众对药剂量的估计

为进一步验证心理台风眼效应的有效性，Li 等人（2010）在汶川地震发生 4 个月（2008 年 9 月至 10 月）和 11 个月（2009 年 4 月至 5 月）后，又对灾区（四川、甘肃）的4 178名居民和非灾区（北京、福建）的 1 038 名居民进行了两次跟踪研究。通过采用和第一次研究相同的方法，后续两次的跟踪研究发现，心理台风眼效应在汶川地震近1 年之后仍然强劲：随着主观判断所在地灾情严重程度的增加（从非受灾、轻度受灾、中度受灾到重度受灾），居民估计灾区对医生的需求量、灾区对心理学工作者的需求量、灾区发生大规模传染病的可能性及需要采取的避震措施的次数均随之减少。具体结果如图 33.8 所示，该结果证明了心理台风眼效应并非是一个偶发现象。

A 需要医生的人数

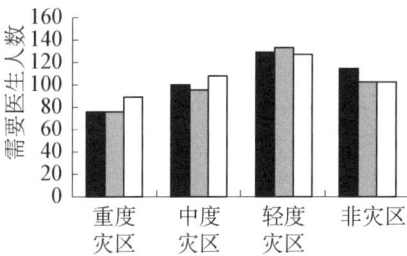

B 需要心理学工作者的人数

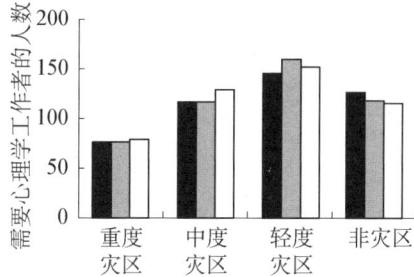

C 发生大规模传染病的概率

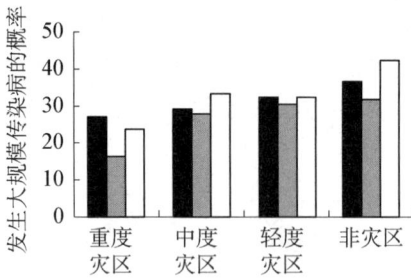

D 需要采取避险措施的次数

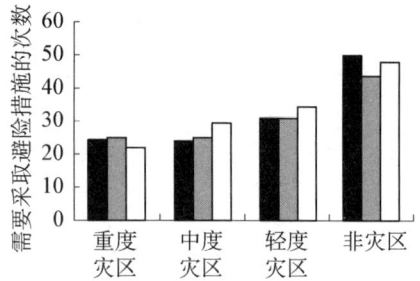

E 心理创伤药物剂量

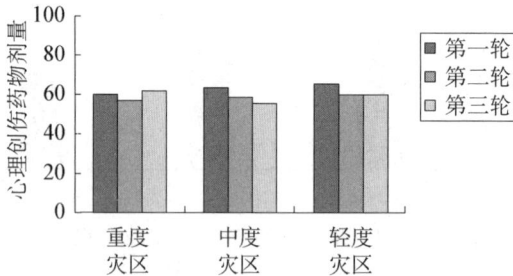

图例：
- 第一轮
- 第二轮
- 第三轮

图33.8 地震后民众三轮调查中有关安全与健康评估中的心理台风眼效应

33.2 心理台风眼效应的发展与变式

在验证心理台风眼效应的基础上,我们在汶川地震的跟踪研究(Li, et al., 2010)与随后的环境污染研究(Zheng, Rao, Zheng, Cai, Wei, & Li, 2015)中,发现了心理台风眼效应的两个**变式**:"关系"变式与"卷入"变式。

33.2.1 心理台风眼的"关系"变式

考虑到人们对同一刺激的反应会受到亲缘关系的影响,我们假设居民对健康和安全的担忧会受到居民与受灾人群的亲缘关系的影响。为了验证这一假设,我们在汶川地震后的第二轮和第三轮调查中测量了居民与受灾人群的关系(Li, et al., 2010)。我们要求被调查者回答以下两个问题:

1. 财产损失
在您周围的人当中,哪些人在地震中有财产损失?(可多选)

□本人　□配偶　□父母或子女　□兄弟姊妹　□亲戚

□熟人(如邻居、朋友、同学、师生)　□陌生人　□没有

2. 生命健康伤害

在您周围的人当中,哪些人在地震中受伤或者死亡? (可多选)

□本人　□配偶　□父母或子女　□兄弟姊妹　□亲戚

□熟人(如邻居、朋友、同学、师生)　□陌生人　□没有

对**财产损失**的分析结果发现,被调查者与受灾人群的关系越亲近,其心理台风眼效应也就越明显。与财产遭受损失的受灾人群的亲缘关系越接近,居民对灾区发生大规模传染病可能性的估计越低,对 100 次余震中需要采取避震措施的数目的估计越少,对医生和心理学工作者的需求人数的估计都呈减少的趋势($ps<0.001$)。这表明与财产遭受损失的受灾人群的亲缘关系越接近,居民对健康和安全的担忧反而越低。

对**生命健康伤害**的分析结果发现,与生命健康遭受伤害的受灾人群的亲缘关系越接近,居民对灾区发生大规模传染病可能性的估计越低,对 100 次余震中需要采取避震措施的数目的估计越少,对医生和心理学工作者的需求人数的估计都呈减少的趋势($ps<0.001$)。这表明,与生命健康遭受伤害的受灾人群的亲缘关系越接近,居民对健康和安全的担忧反而越低。

我们将这一变式称为"**关系**"版的心理台风眼效应,即与人们的直觉推断不同,居民对健康和安全的担忧并不随着与受灾人群的亲缘关系的接近而增加。相反,居民与受灾人群的亲缘关系越接近,居民对健康和安全的担忧反而越低。

33.2.2　心理台风眼的"卷入"变式

中国是世界上最大的铅锌生产国(USGS, 2013)。铅锌矿的开采和冶炼活动是重金属污染的重要来源(Horvath & Gruiz, 1996; Tong, Schirnding, & Prapamontol, 2000),已成为重要的环境健康威胁。然而,令人疑惑的现状是:坚决反对无保护性措施的铅锌开采的(即,三令五申严禁个人私自开矿)是那些没有直接受到健康威胁的群体(如政策制定者或公共事务管理者);而直接受到健康威胁的群体(如矿主或矿工)却无视法规法律的禁止,无视自身的健康风险,仍坚持"顶风"开采私人铅锌矿。

为了尝试解释这谜一般的现象,也为了尝试是否可以从心理台风眼的视角解释这一现象,我们实地调查了生活在铅锌矿区的居民(图 33.9)。该研究(Zheng, Rao, Zheng, Cai, Wei, & Li, 2015)的取样地为湘西凤凰县铅锌某矿区,该矿区开采历

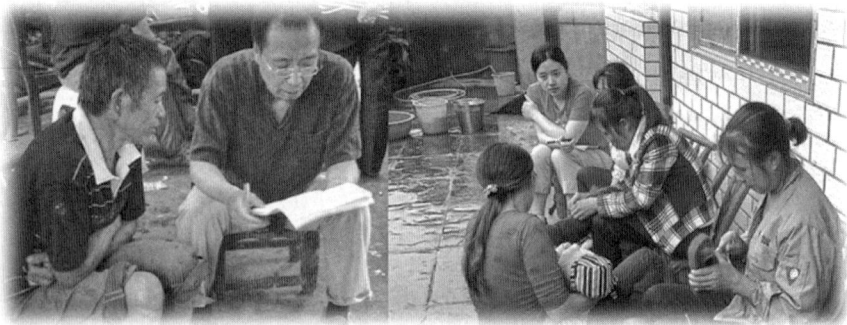

图 33.9 入户调查生活在湘西凤凰县铅锌矿区的居民

史悠久,坐落于一个行政村内,当地村民就生活在矿区的范围内。在调查执行期间,当地官方矿场已经关闭,但是村民的私人小矿却仍在持续开采,造成的环境污染已经破坏了当地的水源和土壤质量。该行政村共有村民 346 户,研究采用入户调查的方式,每户随机选取一人,最终共有 217 名矿区村民(男性占 42.3%;女性占57.7%)完成了本次调查。

该研究调查了卷入度(involvement)与村民开矿风险认知(risk perception)之间的关系。其中,采矿卷入度是通过当地村民身份的分类来测量的。根据当地村民参与矿业开采工作的不同程度将其分为四类:矿主(自家土地能够出产矿石的村民)、矿工(在小矿厂打工的村民)、矿工和矿主的家属以及未参与开矿的村民。其中,矿主参与度最高,矿工其次,矿工和矿主家属再次,普通村民则并未参与矿业工作。据此,我们将这四类村民的划分视为采矿卷入度的测量指标。而风险认知的测量则采用经典的心理测量学范式(psychometric paradigm),用忧虑性、可控性等风险特征来对铅锌矿风险进行评估。

调查结果显示,民众在风险认知上表现出明显的心理台风眼效应,不同卷入度村民的风险认知水平存在显著差异, $F(3, 213) = 3.04$, $p < 0.05$, $\eta^2 = 0.04$,事后检验显示矿主与矿工的风险认知水平最低,而未参与开矿的村民风险认知水平最高(图 33.10)。我们将之称为"**卷入**"版的心理台风眼效应,即,有悖于人们的直觉推断,村民对风险的认知并不随着卷入风险事件程度的增加而增加。相反,村民卷入风险事件的程度越高,村民对风险的认知反而越低。毫无疑问,矿主和矿工每日与重金属污染源的接触最多,受到的健康损害也是最大的,但是他们对重金属污染却似乎是最不担心的。进一步的分析发现,造成该现象的一个可能的原因是,风险卷入度越高的个体(如矿主或矿工),从采矿获益也更多,因而他们表现出更低的风险认知水平。

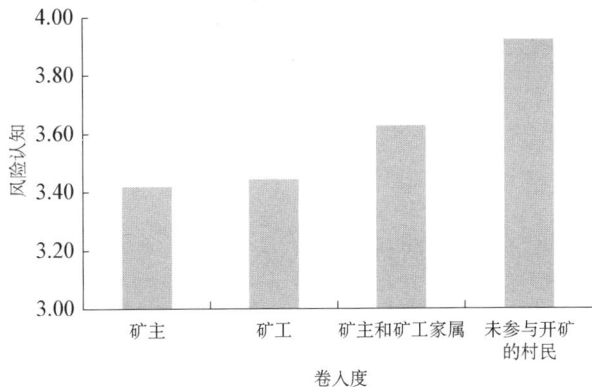

图 33.10 采矿卷入度与风险认知(5 点评分,分数越高表示被试的风险认知水平越高)

33.3 支持心理台风眼效应的媒体报道和生活观察

尽管对心理台风眼效应的命名和实证研究尚时日不久,但是在日常生活中,我们却不难观察到很多能够折射出心理台风眼效应的生活证据。例如,据 Wise(2009)在其书中所述,在第二次世界大战期间,德国对不列颠岛发起了大规模的空袭,试图通过轰炸来达到使英国屈服的目的。然而,天天处在德军轰炸之中的伦敦市区人,并没有像军事家所预测的那样,惶惶不可终日。相反,他们渐渐对这种空袭习以为常,不再害怕。反而是生活在郊区,远离轰炸中心的伦敦郊区人表现得更为恐慌。

再如,2011 年 3 月 11 日,日本东北部海域发生里氏 9.0 级地震并引发海啸,造成福岛发生核泄漏事件。事件发生后,日本居民尚生活有序,而我国的民众却出现了全国性的抢盐潮,一时之间盐价上涨,百姓抢购囤积(Setiogi, 2011)。本不受该事件波及的中国反而要花费大量的时间、金钱、精力应对这种非理性的行为。另外,受到日本"核泄漏"事件的波及,2013 年 7 月,我国价值近 400 亿元的江门鹤山核燃料项目被迫取消[1]。虽然此事尚无实证证据,但未经研究证实的媒体报道却与心理台风眼效应不谋而合:《每日经济新闻》记者调查发现,当初闹得最凶的"反对者"并非当地的普通群众,"民意"的核心力量反而来自于周边地区的压力,周边城市企业家成了江门反核者的急先锋。当地官员称,项目公示后,来自**周边**城市如佛山、中山、广州、深圳等地的恐慌情绪迅速蔓延,这令他们颇感意外。类似的非理性行为也见于西方诸国。

---

[1] http://www. guancha. cn/Industry/2013_07_22_160148. shtml.

如,在日本强震发生隔日,美国碘化钾大厂 Anbex 库存的 1 万多包 14 锭装钾片也旋即销售一空(石述思,2011)。在远离日本的德国,由于民众害怕发生类似事件而上街游行,迫使政府改变核电政策,承诺在 2022 年之前,德国都不会建设新的核电站(Wittneben, 2012)。这些证据不仅反映出心理台风眼效应的客观作用,也向我们提示有必要深入探讨心理台风眼效应的内在机制。

33.4 心理台风眼效应背后的机制

目前,有关心理台风眼效应的研究虽然已经得到了多方证据的支持,但是仍然鲜见探讨其机制的研究。综合来看,学术界所提出解释和预测心理台风眼效应的可能机制可概括为四类:获益判断、心理免疫、认知失调与预期体验说。

获益判断(benefit judgment):Slovic 等人(2004)指出,获益判断与风险判断可以通过影响情绪,从而进一步影响到个体的风险认知。在以往关于慢性应激风险的研究中,研究者普遍认为造成风险中心区与非中心区认知偏差的主要原因在于人们对于风险事件的认知不仅受到风险判断的影响,同时也会受到获益判断的影响。居住在风险机构(如核电站)周围的民众在受到生命威胁的同时,往往也能从中获得更多好处,如获得工作机会与工作收入(Midden, Daamen, & Verplanken, 1983; Tilt, 2006),个体就此形成策略性的风险认知(strategic risk perception)。我们在探索心理台风眼的"卷入"变式的内在机制时,亦发现并验证了获益判断的解释力。其结果证明风险卷入度高的个体,由于从采矿中获益更多,因而表现出更低的风险认知水平(Zheng, Rao, Zhen, Cai, Wai, & Li, 2015)。然而,该机制难以解释地震、恐怖袭击等突发危机事件中个体的心理台风眼效应。因为,处在震中的个体显然没有从灾难中获益,但是他们仍然会表现出一致的心理台风眼效应,这一点与获益判断的推测相悖。

心理免疫(psychological immunization):Maderthaner 等人(1978)用心理免疫理论中的单纯暴露效应来解释为什么核电站周边居民风险认知较低,他们认为多次经历可能会使居民产生熟悉化和习惯化过程,从而降低居民的风险认知水平。李纾等人(Li et al., 2010)与谢佳秋、谢晓非和甘怡群(2011)均沿用了这种解释,假设多次重复经历逆境就会让人们对于逆境产生免疫,使被试不再受其干扰。然而,李纾等人(Li et al., 2010)在震后所进行的三轮纵向调查中发现,直到震后 11 个月时,个体仍然表现出显著的心理台风眼效应,并没有随着暴露时间的增长而表现出心理免疫所预测的结果。因此,用该机制解释心理台风眼效应并不令人信服。

认知失调(cognitive dissonance):根据 Festinger(1962)的认知失调理论,研究者

(Li et al. ,2009；Li et al. ,2010；谢佳秋 et al. ,2011)认为，当人们处于风险事件影响中时，改变对潜在风险情景的信念和态度比改变自己所处的位置更加容易。例如距离震源很近的群体会体验到以下认知失调：认知元素1(居住在震源附近)与认知元素2(地震可怕)发生冲突。认知元素1是难以改变的，于是为了解决认知冲突，惟有将认知元素2从"地震可怕"改变为"地震不值得担心"。由此，认知失调使得处在风险中心区的个体降低了自己的风险认知水平。而居住在非灾区的居民并没有体验到认知失调，故无须改变态度(继续认为"地震可怕")。值得注意的是，正如Li等人(2010)所指：认知失调很难在现场研究中予以验证，其解释的有效性仍有待进一步的研究证实。

预期体验说(anticipation & experience)：Kasperson等人(1988)认为直接经历灾难可以提供灾难本质、强度及应对灾难方法的反馈，从而增强应对灾难的能力，也降低人们的风险认知水平。谢晓非、郑蕊、谢冬梅和王惠(2005)对SARS中疫区与非疫区民众心理反应差异的研究也认为，疫区民众因为自身经历得以了解到更多应对SARS的知识，从而降低了风险认知。由此可知，造成非风险中心区风险认知偏差的主要原因是他们获知风险的途径并不相同，亲身感知到的风险与预期的风险存在显著差异。事实上，近年来一系列相关的研究也表明，体验与预期将会导致不同的心理感受：从预期情绪(anticipated emotion)理论来看，研究者发现进行预期时，人们往往并不仅仅着眼于事件本身，事件所承载的情绪意义也同样在考虑之列(Wilson & Gilbert,2005；刘聪慧，张耀华，俞国良，2010)。人们会高估他们对未来事件的情绪反应强度和持续时间，甚至还会高估未来事件对他人情绪的影响。例如，Dunn和Ashton-James(2008)的研究表明，在面对大规模灾难时，人们往往高估他们的情绪反应强度。从进化心理学视角来看，这种对未来负性情感的高估可以驱动个体规避这些结果，但同样也可能给人们带来不必要的恐惧和担忧(Dunn & Laham,2006)。从经验性决策(experience-based choice)理论来看，处在风险中心区的个体依靠经历到的负性事件来知觉风险，属于经验性决策；然而，非风险中心区的个体则依靠各种媒体信息的描述。经验性决策对小概率事件的发生率评价更低(Bishara et al. ,2009；Camilleri & Newell,2011；Hau,Pleskac,Kiefer,& Hertwig,2008；Hertwig,Barron,Weber,& Erev,2004；Hertwig & Pleskac,2010)。Yechiam,Barron和Erev(2005)的研究结果支持了这一结论，即经常受到恐怖袭击的以色列人会比清楚地知道这些恐怖事件信息的旅游者表现出更强的风险寻求倾向。这些相关研究也可从侧面表明预期体验说可以作为非风险中心区个体风险认知偏差的一种解释机制。

33.5 意义与启示

心理台风眼效应的发现对非常规突发事件下各级部门的政策制定和应急管理具有积极的借鉴意义。首先,准确描述灾害中心理台风眼效应的表现形式和规律,将有助于相关部门因时、因地、因人制定有针对性的干预策略,从而为选择心理安抚的时机、地点、对象,以及力度提供科学依据,为国家高效、有序地应对非常规突发事件提供决策参考。其次,"心理台风眼"效应也提示我们应该谨慎运用调研的结果。当前,在制定决策前广泛征求民意已经成为风险沟通的必备流程,然而人们在表达民意时受到所处状态与所获利益的影响,或会表现出心理台风眼效应所描述的偏差。因此,相关政府部门应该更加重视决策前多方征求意见并谨慎解读调查结果。总之,心理台风眼效应的发现将有助于理解人们如何抵抗来自自然、疾病和这个变化莫测星球上其他威胁的侵害。

致谢:感谢甘肃陇南市委、市政府、科技局以及福州星源人力资源管理有限公司为汶川地震相关研究协助收集数据,感谢湖南省凤凰县疾病预防控制中心滕树忠、彭海燕,村医王平洪,中国健康环境与发展论坛(Forhead)Jennifer Holdaway、王五一和蔡超为矿区研究出谋划策,并协助收集数据,感谢张立荣、王霏、苏寅帮助分析处理数据;感谢行为决策课题组成员饶俪琳、梁竹苑、周媛、许洁虹、毕研玲、李金珍、汪祚军、郑晓璐等前期严谨的科研工作,以及在后期所提供的宝贵意见。

参考文献

Bishara, A.J., Pleskac, T.J., Fridberg, D.J., Yechiam, E., Lucas, J., Busemeyer, J.R., ... Stout, J.C. (2009). Similar processes despite divergent behavior in two commonly used measures of risky decision making. *Journal of Behavioral Decision Making*, 22(4),435-454.

Camilleri, A.R., & Newell, B.R. (2011). When and why rare events are underweighted: A direct comparison of the sampling, partial feedback, full feedback and description choice paradigms. *Psychonomic Bulletin & Review*, 18(2), 377-384.

Dunn, E.W., & Ashton-James, C. (2008). On emotional innumeracy: Predicted and actual affective responses to grand-scale tragedies. *Journal of Experimental Social Psychology*, 44(3),692-698.

Dunn, E.W., & Laham, S.M. (2006). *Affective forecasting: A user's guide to emotional time travel*. London: Psychology Press.

Festinger, L. (1962). *A theory of cognitive dissonance* (Vol.2). Stanford: Stanford university press.

Guedeney, C., & Mendel, G. (1973). *L'angoisse atomique et les centrales nucléaires*. Payot.

Hau, R., Pleskac, T.J., Kiefer, J., & Hertwig, R. (2008). The description-experience gap in risky choice: The role of sample size and experienced probabilities. *Journal of Behavioral Decision Making*, 21(5),493-518.

Hertwig, R., & Pleskac, T.J. (2010). Decisions from experience: Why small samples? *Cognition*, 115(2),225-237.

Hertwig, R., Barron, G., Weber, E.U., & Erev, I. (2004). Decisions from experience and the effect of rare events in risky choice. *Psychological Science*, 15(8),534-539.

Horvath, B., & Gruiz, K. (1996). Impact of metalliferous ore mining activity on the environment in Gyongyosoroszi, Hungary. *Science of the Total Environment*, 184(3),215-227.

Hoven, C. W. , Duarte, C. S. , Lucas, C. P. , Wu, P. , Mandell, D. J. , Goodwin, R. D. , ... Bin, F. (2005). Psychopathology among New York City public school children 6 months after September 11. *Archives of General Psychiatry*, 62(5),545‐551.

Kasperson, R. E. , Renn, O. , Slovic, P. , Brown, H. S. , Emel, J. , Goble, R. , ... Ratick, S. (1988). The social amplification of risk: A conceptual framework. *Risk Analysis*, 8(2),177‐187.

Li, S. , Rao, L.-L. , Bai, X.-W. , Zheng, R. , Ren, X.-P. , Li, J.-Z. , ... Zhang, K. (2010). Progression of the "psychological typhoon eye" and variations since the Wenchuan earthquake. *PLoS One*, 5(3),e9727.

Li, S. , Rao, L.-L. , Ren, X.-P. , Bai, X.-W. , Zheng, R. , Li, J.-Z. , ... Liu, H. (2009). Psychological typhoon eye in the 2008 Wenchuan earthquake. *PLoS One*, 4(3),e4964.

Maderthaner, R. , Guttmann, G. , Swaton, E. , & Otway, H. J. (1978). Effect of distance upon risk perception. *Journal of Applied Psychology*, 63(3),380‐382.

Midden, C. , Daamen, D. , & Verplanken, B. (1983). De beleving van energierisico's. *Petten: Energie Studie Centrum*.

Nealey, S. M. , Melber, B. D. , & Rankin, W. L. (1983). Public opinion and nuclear energy: DC Heath and Company, Lexington, MA.

Okeke, C. U. , & Armour, A. (2000). Post-landfill siting perceptions of nearby residents: Acase study of Halton landfill. *Applied Geography*, 20(2),137‐154.

Setiogi, S. (2011). Mixed uptake of social media among public health specialists. *Bull World Health Organ*, 89,784‐785.

Slovic, P. (1987). Perception of risk. *Science*, 236(4799),280‐285.

Slovic, P. (1999). Trust, emotion, sex, politics, and science: Surveying the risk‐assessment battlefield. *Risk Analysis*, 19(4),689‐701.

Slovic, P. , Finucane, M. L. , Peters, E. , & MacGregor, D. G. (2004). Risk as analysis and risk as feelings: Some thoughts about affect, reason, risk, and rationality. *Risk Analysis*, 24(2),311‐322.

Tilt, B. (2006). Perceptions of risk from industrial pollution in China: A comparison of occupational groups. *Human Organization*, 65(2),115‐127.

Tong, S. , Schirnding, Y. E. v. , & Prapamontol, T. (2000). Environmental lead exposure: Apublic health problem of global dimensions. *Bulletin of the World Health Organization*, 78(9),1068‐1077.

USGS. (2013). Mineral commodity summaries 2013. from http://103.2.211.229/videoplayer/mcs2013.pdf? ich_u_r_i=e9be83e0f229f84815bd97198fdccc8e&ich_s_t_a_r_t=0&ich_e_n_d=0&ich_k_e_y=1445058903750863032420&ich_t_y_p_e=1&ich_d_i_s_k_i_d=6&ich_u_n_i_t=1.

Wang, X. , Gao, L. , Shinfuku, N. , Zhang, H. , Zhao, C. , & Shen, Y. (2000). Longitudinal study of earthquake-related PTSD in a randomly selected community sample in north China. *American Journal of Psychiatry*, 157(8),1260‐1266.

Wilson, T. D. , & Gilbert, D. T. (2005). Affective forecasting. *Current Directions in Psychological Science*, 14(3),435‐411.

Wilson, T. D. , Wheatley, T. P. , Kurtz, J. L. , Dunn, E. W. , & Gilbert, D. T. (2004). When to fire: Anticipatory versus postevent reconstrual of uncontrollable events. *Personality and Social Psychology Bulletin*, 30(3),340‐351.

Wise, J. (2009). *Extreme fear: The science of your mind in danger*. New York: Palgrave Macmillan.

Wittneben, B. B. (2012). The impact of the Fukushima nuclear accident on European energy policy. *Environmental Science & Policy*, 15(1),1‐3.

Yechiam, E. , Barron, G. , & Erev, I. (2005). The role of personal experience in contributing to different patterns of response to rare terrorist attacks. *Journal of Conflict Resolution*, 49(3),430‐439.

Zheng, R. , Rao, L-L. , Zheng, X-L. , Cai, C. , Wei, Z-H. , Xuan, Y-H. , & Li, S. (2015). The more involved in lead-zinc mining the less frightened: A psychological typhoon eye perspective. *Journal of Environmental Psychology*, 44,126‐134. doi:10.1016/j.jenvp.2015.10.002.

李纾,刘欢,白新文,任孝鹏,郑蕊,李金珍,饶俪琳,汪祚军.(2009).汶川"5.12"地震中的"心理台风眼"效应.科技导报,27(3),87—89.doi:10.3321/j.issn:1000‐7857.2009.03.017.

刘聪慧,张耀华,俞国良.(2010).情感预测偏差的相关研究评述.心理科学进展,18(8),1246—1255.

石述思.(2011).疯狂抢盐风潮缘何而起? 创造,3,36.

谢佳秋,谢晓非,甘怡群.(2011).汶川地震中的心理台风眼效应.北京大学学报(自然科学版),47(5),944—952.

谢晓非,郑蕊,谢冬梅,王惠.(2005).SARS中的心理恐慌现象分析.北京大学学报(自然科学版),41(4),628—639.

第 34 章　患得之？　患失之？
——反应方式中的容斥原理

共同作者：马嘉羚

决策行为是以"接受"（accept）或"拒绝"（reject）的反应方式表现出来的。然而，正如经典的容斥原理（inclusion-exclusion principle）图所呈现的，很多人都知道这个世界不是非黑即白的，还有中间的灰色（图 34.1）。在判断与决策中，人们也能以这种世界观看待模糊的反应方式吗？一个生活中的简单例子便是，男孩总是不明白女孩在说"好吧"、"可能吧"、"不行吧"的时候到底是"接受"还是"拒绝"。在决策中，假想有这样一种选项供你选择：60％会获利，40％会损失。获利和损失是不兼容事件，那么，面对如此选项，我们是否根据"**接受** 60％，**拒绝** 40％"而做出选择？答案是否定的。

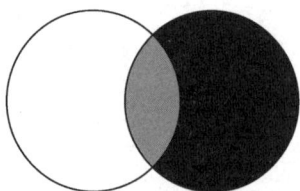

Shafir（1993）及 Downs 和 Shafir（1999）的两项研究认为，积极和消极维度在选择或拒绝时都会更受重视，积极维度在选择时比拒绝时显得更重要，而消极维度在拒绝时比选择时显得更重要。如图 34.1 中用白色表示某一事物的积极维度，用黑色表示它的消极维度。尽管事实上，黑和白的面积是相等的，但人们如果因为它的"白"而打算选择它的时候，"白"就会显得很

图 34.1　容斥原理

重要;当人们因为它的"黑"而打算拒绝它的时候,"黑"就会显得很重要。从理性角度来看,人们应该把等面积的"黑"和"白"抵消之后再做综合考虑。但事实上起决定作用的往往只有被夸大的某一方面。

本章节向读者介绍的是反应方式中的容斥原理。简单地操纵反应(提问)方式(如默认提问方式),亦可有效地改变决策结果。

34.1 认知偏差:既黑又白?

确认偏差(confirmation bias)是指人们更愿意寻找或使用预期的、已确定的证据(Nickerson,1998)。但造成这一现象的机制究竟是由于证伪证据本身的特点易为人所忽略,还是人们在判断决策时就不会主动寻找证伪证据? 为了验证哪种机制更准确,Coldstone(1993)采用随机和聚集分布的黑白方块图为实验材料(聚集分布的图中,更多相同颜色的方块聚在一起),以 48 名大学生为样本,让他们在 10 秒钟内判断两幅图中的哪一幅有更多的黑色(或白色)方块(图 34.2)。其中每幅图方块总和都是 60(告知被试),黑色方块和白色方块的数量差控制在 6 个以内,平衡不同数量黑白方块的出现次数,每个被试做 80 次判断。

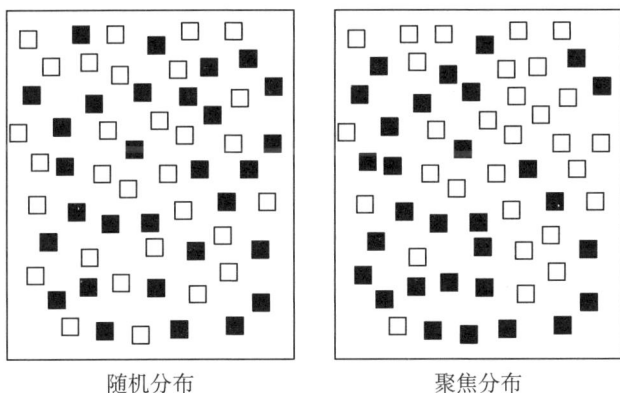

随机分布　　　　　　　　聚焦分布

图 34. 2 随机分布(左图)和聚集分布(右图)(Goldstone, 1993)

实验结果显示,当以"哪幅图中有更多**白**方块"提问时,被试有 55.9% 的次数选择"聚集分布"的图;然而,当以"哪幅图中有更多**黑**方块"提问时,被试有 56.2% 的次数仍然选择"聚集分布"的图。这两个百分比差异不显著,故将其合并(56%)后,与50% 做差异检验,结果发现,被试选择聚集分布图的可能性高于选择随机分布图的可能性,$t(47) = 3.78$, $p < 0.05$。

实验结束后,研究者询问被试:"是否发现方块以某种方式排列?"如果被试回答没有,则研究者向他们展示图34.2,继续问:"是否发现右图中的同色方块分布更聚集一些?"两个问题之后,共有17位被试发现其中一些图片的同色方块更聚集。有趣的是,统计结果显示,发现左右两幅图分布不同的被试有54.4%的次数选择了聚集分布的图中有更多的黑色或白色方块,但这个百分比在没发现不同的被试中更高,有56.8%。两者差异显著,$t(47) = 1.68$,$p < 0.05$。被试在明知每幅图黑白方块总和相等的情况下,依然做出了聚集分布的图中有更多黑方块和白方块的判断偏差,而知道两幅图分布不同的被试则会修正这种偏差。

Goldstone(1993)用"确认偏差"理论来解释实验结果。因为聚集分布的图相对随机分布的图而言,某一区域既是黑方块也是白方块出现较密集的区域,所以他认为,人们倾向于注意到之前提到过的信息(以"黑"或"白"提问)表现得更加聚集的区域,即证明了确认偏差的机制是由于人们不会主动寻找证伪证据所致。

该实验向我们呈现:简单地操纵"提问方式"便可改变判断与决策的结果,并用一种新的实验范式证明人们在判断和决策时的不理性是有其认知基础的。

34.2　性骚扰:欲拒还迎?

美国学者爱德华·霍尔提出高语境(high context)与低语境(low context)传播的概念。在高语境文化中,传播的信息极少存在于信息中,而存于物质语境或内化于传播者。而在低语境文化中,语言是信息的主要传播媒介。

可举如下例子对高语境与低语境语言进行解释:

> When a diplomat says "Yes," he means "Perhaps"; when he says "Perhaps," he means "No"; when he says "No," he is no diplomat.
>
> When a lady says "No," she means "Perhaps"; when she says "Perhaps," she means "Yes"; when she says "Yes," she is no lady.

以上句子是肯定/否定在高语境语言中的代表性例子。一般在高语境语言的文化中(如亚洲),背景信息是隐含的,而在低语境语言的文化中(如德国),背景信息是显露于外的。当两种文化背景的人在交换信息时,经常会发生错误的理解。

Li和Lee-Wong(2005)以跨文化的视角探究在新加坡(东方文化)作为沟通媒介的英语(西方文化)是否是一种高语境的语言,并据此研究新加坡人对性骚扰的理解是否会因为使用高语境的语言使得受害者的应对方式变得更复杂。

新加坡英文中,经常会在句子的结尾加上一些词素来表示强调,如-lah、-hor、-meh、-mah、-loh、-leh 和-hah。Li 和 Lee-Wong(2005)在研究中使用"lah"对新加坡英文是高语境还是低语境的语言进行了研究。共有 200 位新加坡各大学的学生及教职员参与实验,呈现给被试一个情景:一位男同事从后面靠近女同事,并拉她的胸罩带子。假设女同事的反应分别是 A 版本的"别这样!"(Don't be like this!)"住手!"(Stop it!)"请自重!"(Behave yourself!);或者 B 版本,即在 A 版本的后面加上新加坡英语特有的句末语气词"lah",类似于汉语里的"啦",变成"别这样啦!""住手啦!""请自重啦!"。要求实验被试对女同事"拒绝"或接受"性骚扰的程度从 1 到 7 进行判断并打分,在"拒绝"版中,1 = 完全不拒绝,7 = 完全拒绝;在"接受"版中,1 = 根本不接受,7 = 完全接受。其中一半实验被试对**拒绝**性骚扰评分,另一半对**接受**性骚扰进行评分;两组都要分别对 A 和 B 两个版本进行打分。实验材料如下:

1A:"*Don't be like this*!"
1B:"*Don't be like this lah*!"
2A:"*Stop it*!"
2B:"*Stop it lah*!"
3A:"*Behave yourself*!"
3B:"*Behave yourself lah*!"

实验结果如图 34.3 所示。对"拒绝"组的评分进行 2(有无句末语气词 lah)×3(拒绝方式:"别这样!""住手!""请自重!")的两因素方差分析,结果发现新加坡英语对拒绝性骚扰的评分影响显著,$F(1, 99) = 112.96$,$p < 0.001$,但不存在交互作

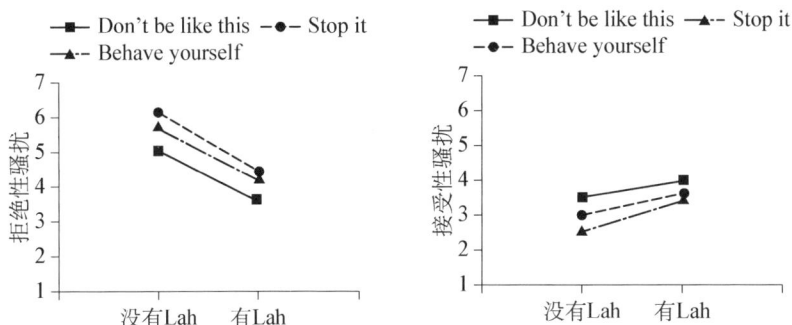

图 34.3 实验被试评定的"拒绝"与"接受"性骚扰的分数。在"拒绝"版中,1 = 完全不拒绝,7 = 完全拒绝;在"接受"版中,1 = 完全不接受,7 = 完全接受。如果新加坡英语是低情境性语言,那么 100% 的拒绝应该等于 0% 的接受。

用。即,在有句末语气词 lah 的情况下,被试会认为拒绝性骚扰的可能性更低。同时在"接受"组也发现了相似的结果,即有句末语气词的情况下,被试会认为接受性骚扰的可能性更高。

把"拒绝"的分数转化成"接受"性骚扰的分数后对比两组在没有 lah 版本下的三种拒绝方式("别这样!""住手!""请自重!")的平均值差异,发现差异显著,$F(1, 99) = 16.04$,$p < 0.001$,其中"别这样!"情况的结果为 $M = 0.67$,$t(198) = 2.032$,$p < 0.05$,"住手!"情况的结果为 $M = 0.55$,$t(198) = 2.332$,$p < 0.03$,而"请自重!"情况的结果为 $M = 0.72$,$t(198) = 3.132$,$p < 0.01$。这一结果说明,**接受**的反面并不等于**拒绝**,也即,新加坡英语是一种高情境性语言。

该实验一方面验证了新加坡英语是高语境的语言。比如,加了句末语气词 lah 后,"别这样!"("Don't be like this!")应对方式在"拒绝"组中的评分从5.5下降到3.5左右,即从拒绝变成了暧昧不清的态度。即使被骚扰者明确"拒绝",骚扰者仍然可能从其他信息中得出可以"接受"的错误结论,这使得性骚扰现象变得更加难以判断。另一方面,该实验验证了社会文化环境中相互矛盾的反应方式的"容斥"现象。因为,假如"接受"和"拒绝"是兼容事件,那么拒绝和接受的评分应该是相反的,也就是它们的评分之和应该为7。但从上图可以发现,它们的和并不为7。

从上述实验可以发现,沟通中若以"接受吗?"提问,回答会倾向于"接受",而以"拒绝吗?"提问,回答会倾向于"拒绝"。即改变提问方式会影响反应结果。那么在判断与决策领域如何解释这种现象呢?

34.3 审判:非授权即剥夺?

刺激和反应的"兼容原则"(stimulus-response compatibility, SRC)是指,如果刺激和反应是同一维度的(如都是视觉的,而非两者中刺激是视觉,但要求反应方式是听觉;或都是同一方位,如都是左边,而不是两者中刺激是左边,但要求反应方式是右边),则信息处理会更加快速和准确(Kornblum, Hasbroucq, & Osman, 1990)。Shafir(1993)设计了包含不同程度积极和消极维度的选择实验,把"刺激方式和反应结果"中的兼容原则拓展到了决策领域。共有 170 名大学生参与实验,研究者要求被试根据材料做出二择一的选择。实验为组间设计,对一半被试以"您会**授予**哪一位父母对孩子的监护权?"提问,对另一半被试以"您会**剥夺**哪一位父母对孩子的监护权?"提问。实验材料及被试选择的百分比如下:

假如您现在是一名法官,正在审判离婚案件中独生子的完全监护权。由于所涉及的经济、社会以及情感方面的因素太复杂,您决定只根据以下少量观察从而做出您的决定。您会授予哪一位父母对孩子的监护权?(您会剥夺哪一位父母对孩子的监护权?)

		授予	剥夺
A 父母	普通收入		
	平均健康水平		
	普通的工作时间		
	与孩子关系一般		
	相对稳定的社会生活	36%	45%
B 父母	高于平均水平的收入		
	与孩子的关系非常密切		
	社会生活极端活跃		
	频繁出公差		
	健康有些小问题	64%	55%

A 父母是"贫乏"的选项,各项都平平;B 父母是"丰富"的选项,既有偏向授予监护权的积极维度(如和孩子关系亲密,高收入),也有偏向剥夺监护权的消极维度(如健康有小问题,频繁出公差等)。选项的右边是实验被试授予或剥夺监护权的百分比。结果显示,B 父母被授予或剥夺监护权的可能性都更高,其和大于 100%($64\%+55\% = 119\%$,$z = 2.48$,$p < 0.02$)。

Shafir(1993)及 Downs 和 Shafir(1999)的两项研究均认为,积极和消极的维度在被选择或拒绝时都会变得更加重要。因为积极的维度在选择比拒绝时显得更重要,而消极维度在拒绝比选择时显得更重要,所以"丰富"的选项比"贫乏"的选项同时具备更多被选择或拒绝的可能性。就像人们对待珍贵的事物一般,"其未得之也,患得之;既得之,患失之"。

34.4 投资:非冒险即保守?

为了检验集体主义文化是否让中国人更加喜欢冒险(risk-seeking)(Weber & Hsee, 1998; Hsee & Weber, 1999),Li 和 Fang(2004)设计了一个风险投资实验,发现人们对投资者是否投资的概率判断违背了"兼容"原则。

实验共招募 175 名新加坡华人大学生,向每位实验被试呈现关于"家庭"及"社交"两种版本的情景,一半被试以"您认为哪个人**会**投资?"方式提问,另一半则以"您

认为哪个人**不会**投资?"方式提问。实验材料如下:

> 投资者 A 生活在一个大家庭(投资者 C 有一个大的社交圈)
> 投资者 B 生活在一个小家庭(投资者 D 有一个小的社交圈)
> 假设他们都面临一个会赚很多钱或者会赔很多钱的投资项目。
> 现在他们当中有一个人决定投资(不投资),您认为哪个人会决定投资(不投资)?

"决定投资"组的被试,继续回答他们选择的理由。理由有两种,分别为"获得钱"或"损失钱"。"损失钱"理由进一步由软垫效应(cushion effect)(他能得到家人或朋友的经济**支持**)和包袱效应(burden effect)(他可能会对家人或朋友造成经济上的**影响**)所解释。同样"获得钱"理由也由软垫效应(他能给家人或朋友**提供**经济上的帮助)和包袱效应(他必须**义务**地在经济上帮助家人或朋友)所解释。实验结果见下表34.1。

表34.1 两组(投资或不投资)不同情景(家庭或社交)实验被试选择的百分比

		版本	
		投资($N=87$)	不投资($N=88$)
家庭	A(大家庭)	45(51.7%)	49(55.7%)
	B(小家庭)	42(48.3%)	39(44.3%)
社交	C(大社交圈)	78(89.7%)	28(31.8%)
	D(小社交圈)	9(10.3%)	60(68.2%)

结果发现,在社交情景下,以"您认为哪个人会投资?"方式提问,大多数被试会因为软垫效应而判断 C 决定投资(89.7%);而以"您认为哪个人不会投资?"方式提问,大多数实验被试会因为包袱效应而判断 C 决定不投资 (31.8%)(89.7% + 31.8% = 121.5%, $z=2.84$, $p<0.005$)。在这里,投资者 C 被认为既是冒险又是保守的。从逻辑上来看,判断 C 投资和不投资的百分比和应该是 100%,但实验结果却大于 100%。为什么人们对投资和不投资的判断不是概率之和为 1 的不兼容事件呢? 这和上述"34.1认知偏差:既黑又白?"中,实验被试在明知每幅图的黑白方块总和是相等的情况下,却做出了聚集分布的图中有更多黑或白方块的判断偏差非常相似。那么如何用判断与决策中的理论来解释这种不理性现象呢?

进一步对被试选择理由的数据进行分析。表 34.2 是对"选择理由"数据进行 2

(选择)×2(理由)χ^2 检验的结果。

表34.2 "投资"组中实验被试的选择和理由

		理由			
		获得钱		损失钱	
		软垫	包袱	软垫	包袱
家庭	A(大家庭)	(33)	12	(37)	8
	B(小家庭)	32	<u>10</u>	13	<u>29</u>
		$\chi^2(1)=0.09$, $p>0.05$		$\chi^2(1)=23.36$, $p<0.01$	
社交	C(大社交圈)	(54)	24	(70)	8
	D(小社交圈)	1	<u>8</u>	5	<u>4</u>
		$\chi^2(1)=11.72$, $p<0.01$		$\chi^2(1)=7.93$, $p<0.01$	

注:下划线所示的数据是符合**软垫**效应解释的数据;括号里的数据是**包袱**效应所预测的数据。

该实验中"丰富"的选项是 A(C),因为它拥有更丰富的资源,它的积极或消极作用在判断时会被放大。如,由表34.2中数据可知,在"损失"领域中,更多选择 A(C) 的被试接受**软垫**效应的解释,认为能得到家人或朋友经济上的帮助(家庭情景下是82%,朋友情景下是89%),而在"获得"领域中,亦有更多选择 A(C)的被试接受**软垫**效应的解释,认为能在经济上帮助家人或朋友(家庭情景下是73%,朋友情景下是69%)。该实验结果与 Shafir(1993)及 Downs 和 Shafir(1999)等的实验结果及解释理论相互印证。

另一方面,该实验也发现,在"损失"领域中,多数选择 B(D)的被试考虑的是**包袱**效应的解释,担心其投资行为会对家庭成员造成经济影响(69%)或对朋友造成经济影响(44%)(意味着"更怕连累家人")。而在"获得"领域中,选择 B(D)被试亦考虑的是**包袱**效应的解释,担心必须在经济上帮助朋友(89%)与家人(24%)(意味着"更怕帮衬朋友")。由于对家庭成员的考虑均胜过对朋友的考虑,这一结果也恰恰应了"血浓于水"这句古话,验证了集体主义文化让中国人更加喜欢冒险。

虽然操纵提问方式使决策结果产生差异这一现象对于日常生活中小事的影响看似微不足道,但如果要决定的事件是影响人生或对公众利益有深远影响的大事呢?对待重要的大事,决策者是不是就变得颇为审慎,从而能做出最理智的决定呢?

34.5 两难选择:非"鱼"即"熊掌"?

现实生活中人们除了要面对"非此即彼"的判断和决策,更多时候要权衡利弊才能做出更好的决定。比如自然和社会的资源是有限的,很多时候政策制定必须在政策落实后能得到的益处与当前的人力、物力、财力之间相权衡,即:"鱼,我所欲也,熊掌亦我所欲也;二者不可得兼,舍鱼而取熊掌者也。"假设问人们"要买鱼还是熊掌",绝大多数人会为了尝个鲜选择了珍贵的"熊掌"。但是接下来仅仅是告诉他们,熊掌1 000元一斤,鱼10元一斤,选择的结果还会一样吗? 这正是典型的突出性效应(prominence effect)。

突出性效应是指人们相对重视自己觉得重要的目标,忽略看似较不重要的目标。Tversky, Sattath 和 Slovic(1988)探究了突出性效应在判断与选择中的影响,对偏好反转、选择和评价不对称等现象进行检验,并提出"不对称的权重"理论来整合解释它在决策中的影响和应用。其中预防交通事故问题的实验材料如下:

> 在以色列,每年约有600个人死于交通事故。交通运输部门制定了各种方案以减少死亡人数。考虑以下两个方案,每个方案所需要的费用和方案实施后预期死亡人数如下所示:
>
> | | 预期死亡人数 | 每年费用 |
> |---|---|---|
> | 方案 A | 500 | $55 million |
> | 方案 B | 570 | $12 million |
>
> 你更愿意选择哪个方案?

实验被试共96名,其中67%选择了方案A,即他们认为救更多的人更重要。另外有两个配对组共146人,分别对方案A或B的费用进行评估,如果他们评估的费用小于原来实验材料中呈现的数目,即表示他们对该方案不满意,反之,表示对现在的方案满意。举例来说,假设方案A的成本缺失了,一个实验被试填入数字40(million),那么推测这个实验被试觉得原来的55 million费用太高,会偏爱方案B。实验结果是配对组96%的被试不满意方案A,喜欢更经济的方案B。Tversky,Sattath 和 Slovic(1988)认为这是典型的突出性效应,即在选择方案时更重要的维度是伤亡人数,而在评估费用时更重要的维度是费用,所以产生了偏好的反转。该实验也可证明操纵提问方式会使得互不兼容的事件偏好发生转变。

但对于偏好反转的机制解释可能并不是突出性效应促使选择和评价时维度的权重变化那么简单。Li(2004)采用澳大利亚、新加坡和中国样本共180名被试对Tversky, Sattath 和 Slovic(1988)等人的实验进行了重复验证,不同的是增加了让实验被试按重要程度排列"时间、生命、爱、金钱、自由"(参见第三篇第26章)及询问维度间差异的实验任务。询问维度间差异的材料如下所示。

匹配任务(请圈出差别较大的选项)

C: "500 人会死亡"vs."570 人会死亡"

D: "每年费用是 $55 million"vs."每年费用是 $12 million"

结果(如左表 34.3 所示)发现选择 A 的被试中 90% 认为生命更重要,这是符合突出性效应的;但选择 B 的被试中只有 24% 选择了金钱更重要,这个现象不能用突出性效应来解释——为什么认为生命更重要,却选了救人更少更经济的 B 方案呢?

表 34.3　以突出性效应分析

	A	B
生命更重要	(85)	50
金钱更重要	9	(16)

注:括号中是根据突出性效应做选择的人数。

但如果用齐当别模型对该结果进行解释,就显得比较合理(Li, 2004)。齐当别模型认为决策者会在维度间进行比较——该实验中被试会在"伤亡人数"和"费用"两个维度间进行比较,正如选项 C 和 D 所呈现的。如果决策者认为选项的维度中,其中一个维度的差别不大,那么他会对差别大的维度进行比较,从中选出优劣。该实验中,如果被试认为选项中"伤亡人数"维度的差别比"费用"维度大(即选 C),那么他会根据"伤亡人数"维度做决定,选择伤亡人数少的 A 选项;反之 D 对应的是 B。如右表 34.4 呈现的,选择 C 的被试中 74.47% 选择了 A,而选择了 D 的被试中有 84.85% 则选择了 B。齐当别模型在心理过程层面合理地解释了实验被试偏好反转的原因。

表 34.4　以齐当别模型分析

	A	B
选择 C	(70)	10
选择 D	24	(56)

注:括号中是根据齐当别模型做选择的人数。

用容斥原理图来比较突出性效应和齐当别模型显得更直观。如图 34.4 所示,假设白色部分是积极维度,黑色部分是消极维度,需要在 A 或 B 选项中二择一。可以发现,A 比 B 的灰色部分要少,B 比 A 的白色部分要多。突出性效应认为选择时如果目标是要更多的"白色",那么会选 B,反之选 A。齐当别模型认为人们会把黑色面积的差别和白色面积的差别进行比较。以图 34.4 进行举例,由于 A、B 选项黑色面积的差别小,因此倾向于忽视黑色面积这一维度;而 A、B 选项白色面积的差别更大,所以人们会倾向于选择白色面积更大的 B 选项。可以预见的是,齐当别模型能更准确地解释与预测选项维度增加、选项积极和消极维度随着时间变

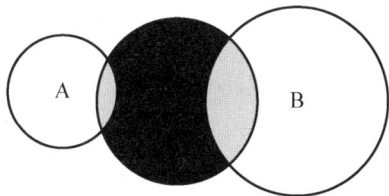

图 34.4　突出性效应和齐当别模型比较

化等更贴近现实生活中的决策,并且随着决策变得复杂,突出性效应对维度内比较的解释力度会下降。

34.6 讨论与展望

Tversky, Sattath 和 Slovic(1988)认为根据兼容性的原则,与输入(刺激)相兼容的产出(反应)会得以增强。如果反应是"选择"的话,一个选项的正面维度(优点)会被夸大;如果反应是"拒绝"的话,一个选项的负面维度(缺点)会被夸大(Shafir, 1993;Downs & Shafir, 1999)。所以"选择"的反面不一定是"拒绝",换言之,100%的"黑"不等于0%的"白"。

因此,人们的判断和偏好可能不是由方案本身的优劣所决定的,而是决策过程中被"诱导"的(Shefir, 1999;Li & Lee Wong, 2005;梁哲等人,2008)。不仅如此,方案的"构造方式"也会明显影响决策,如选项的描述方式是得(gain)还是失(loss)(Tversky & Kahneman, 1986),反应方式是选择(choose)还是判断(judge)(Payne, 1982;Tversky, Sattath, & Slovic, 1988)。决策者往往不是"理性"的,会出现一些偏差,需要引起人们的重视。

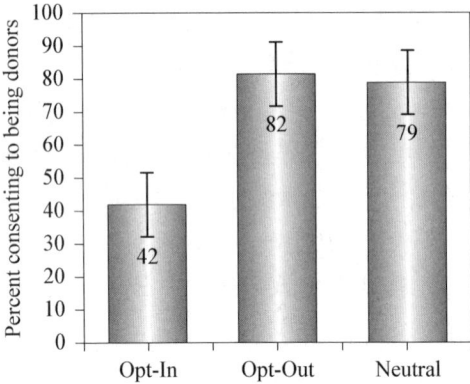

图34.5 不同默认选项下的志愿器官捐献率

回顾前人文献,发现研究大多集中在反应方式的"接受"、"拒绝"这两个方面,或者是相对立的情况。其实,反应方式除了"接受"、"拒绝"这样明确的态度,还存在比较模糊的"灰色地带"(如图34.1)。默认选项效应(default options effect)当是"灰色地带"的一个非常成功的应用研究。人们反应时容易受到默认选项效应的影响。Johnson 和 Goldstein(2003)对161名被试进行网上调查,将被试分为三组,一组是默认不捐献(opt-in),另一组默认捐献(opt-out),以上两组要求被试选择确认或更改,还有一组没有默认选择,只是问是否愿意捐献器官(neutral)。结果发现,在默认不捐献器官的情境下,人们更不愿意捐献器官,结果见上图34.5。对设置不同默认选项的国家及不同年份的器官捐献率的调查也发现了对应现象,即若默认选项是捐献器官,则捐献率更高。Johnson 和 Goldstein(2003)认为政策制定者应该合理利用默认选项效应,提高民众志愿捐献器官率,改变困扰各国的移植器官短缺的问题。

　　人们总倾向于认为偏差是不好的,凡事做到精确才是好的,但事实上,发现偏差的规律并掌握规律能更好地帮助我们理解世界,改造世界。如能熟谙反应方式中的"容斥原理",掌握本章所介绍的种种反应方式的操纵,政策制定者可使任一有争议的方案得以顺利通过或采纳;法官可使任一对立的原被告得到她(他)想要的判决;投资者可使自己或冒险或保守的投资行为均得到认可或被选中。希望本章所报告的内容能帮助我们了解决策的反应方式对自己做选择的影响,从而调节自己患失患得的心态。

致谢:本章似乎在说:言谢即不是谢,不言谢即是谢。所谓"大恩不言谢",一个人做了好事,若一直提起,岂止不厚道,甚至可恶。

参考文献

Downs, J. S., & Shafir, E. (1999). Why some are perceived as more confident and more insecure, more reckless and more cautious, more trusting and more suspicious, than others: Enriched and impoverished options in social judgment. *Psychonomic Bulletin & Review*, 6(4), 598-610.

Goldstone, R. L. (1993). Feature distribution and biased estimation of visual displays. *Journal of Experimental Psychology: Human Perception and Performance*, 19(3), 564-579.

Hsee, C. K., & Weber, E. U. (1999). Cross-national differences in risk preference and lay predictions. *Journal of Behavioral Decision Making*, 12(2), 165-179.

Johnson, E. J., & Goldstein, D. (2003). Do defaults save lives? *Science*, 302, 1338-1339.

Kornblum, S., Hasbroucq, T., & Osman, A. (1990). Dimensional overlap: cognitive basis for stimulus-response compatibility-a model and taxonomy. *Psychological Review*, 97(2), 253-270.

Li, S. (2004). A behavioral choice model when computational ability matters. *Applied Intelligence*, 20(2), 147-163.

Li, S., & Fang, Y. (2004). Respondents in Asian cultures (eg, Chinese) are more risk-seeking and more overconfident than respondents in other cultures (eg, in United States) but the reciprocal predictions are in total opposition: How and why? *Journal of Cognition and Culture*, 4(2), 263-292.

Li, S., & Lee Wong, S. M. (2005). A study on Singaporeans' perceptions of sexual harassment from a crosscultural perspective1. *Journal of Applied Social Psychology*, 35(4), 699-717.

Markman, A. B., & Gentner, D. (1993). Structural alignment during similarity comparisons. *Cognitive Psychology*, 25(4), 431-467.

Nickerson, R. S. (1998). Confirmation bias: A ubiquitous phenomenon in many guises. *Review of General Psychology*, 2(2), 175-220.

Payne, J. W. (1982). Contingent decision behavior. *Psychological Bulletin*, 92(2), 382-402.

Shafir, E. (1993). Choosing versus rejecting: Why some options are both better and worse than others. *Memory & Cognition*, 21(4), 546-556.

Shafir, E., Simonson, I., & Tversky, A. (1993). Reason-based choice. *Cognition*, 49(1), 11-36.

Tversky, A., & Kahneman, D. (1986). Rational choice and the framing of decisions. *Journal of Business*, 59, S251-S278.

Tversky, A., Sattath, S., & Slovic, P. (1988). Contingent weighting in judgment and choice. *Psychological Review*, 95(3), 371-384.

Weber, E. U., & Hsee, C. (1998). Cross-cultural differences in risk perception, but cross-cultural similarities in attitudes towards perceived risk. *Management Science*, 44(9), 1205-1217.

梁哲,许洁虹,李纾,孙彦,刘长江,叶先宝.(2008).突发公共安全事件的风险沟通难题.自然灾害学报,17(2),25—30.

第 35 章　缺陷的保留与进化：
过分自信的优势

共同作者：毕研玲

It is not a lucky word , this name "impossible"; no good comes of those who have it so often in their mouths.

Thomas Carlyle (1795 – 1881)

　　多数人都会带着玫红色的眼镜来看待自己，这也正如本杰明·富兰克林所说的那样，"了解自己是一件最难的事情"。人们常常会高估自己的实际能力、绩效、控制水平以及成功可能性等。我们将以上人们在认识与了解自己时的偏差表现称为过分自信。

　　作为预测与现实情况的差异，过分自信最为极端的表现是"在结果未知前，明明自己是错的，但却认为自己是对的"。这就违背了传统理论中有关衡量预测质量的"无差"标准。对中西方文化进行考量，不难发现，不同文化均鼓励人们无偏差地看待自己。孔子在《论语·为政》中的"知之为知之，不知为不知，是知也"，以及苏格拉底的观念"承认我们的无知，乃是开启智慧之母"均是要求人们客观认识自己的名言警句。然而，过分自信却是人们不能客观认识自己的一个明证。

　　由于过分自信会导致决策建立在失真的基础之上，所以其会对决策产生危害（于窃,李纾,2006)。目前有关过分自信的危害已经为多个领域中相当多的研究所证明。过分自信导致医疗决策失误(Berner & Graber, 2008),是赌徒输钱的原因(Goodie, 2005)并可导致问题赌徒的形成(Källmén, Andersson, & Andren, 2008),也是导致战争的罪魁祸首(Johnson, 2004),它降低过分自信者的人际信任(Tenney, Spellman, & MacCoun, 2008),等等。鉴于过分自信的诸多危害,Plous 对过分自信做了这样的评价:"在判断与决策领域,没有任何问题比过分自信更普遍,更具有潜在的危害性。"(Plous, 1993)

那么,过分自信是否可由于人们认识到其危害性而逐渐消失了呢?答案是否定的。调查发现,二十几年来人们在看待自己时的乐观程度一直在增强(Twenge & Campbell, 2008)。而且,更为奇怪的是,人们承认自己的预测存在偏差,但认为偏差的主要问题是表现出来的乐观程度还不够(Armor, Massey, & Sackett, 2008)。这一发现对决策领域的主流研究提出了挑战。

物竞天择,适者生存。在人类的进化历史中,过分自信没有随着进化而消失,反而能够普遍存在于决策中,必有其存在的原因。早在 1992 年,Griffin 和 Tversky 认为,我们使用过分自信这种方式追求心理健康可能会付出较高的代价,但同时也提出了"过分自信的益处可能会超出其代价"的疑问(Griffin & Tversky, 1992)。而随后有关过分自信的研究多数还只是集中在证明过分自信这种现象的存在,在什么情况下会发生,其心理机制是什么,过分自信带来的危害是什么以及应该采用什么样的方法来降低过分自信等。仅在最近几年,研究者才将工作重心从验证这一效应以及如何矫正过分自信上转移到过分自信的社会效益(social benefits)上来,并发表了一些具有代表性的研究。其中,Johnson 和 Fowler 通过对竞争中过分自信作用的模拟,提出过分自信可以使决策者在竞争中获得有利地位,是进化选择的结果(Johnson & Fowler, 2011),该结果发表于 *Nature*。随后,Anderson 等人明确提出,在对过分自信的产生原因进行分析时,还存在着这样一个角度,即过分自信能给决策者带来社会效益。通过对过分自信与地位之间关系的研究,Anderson 等人发现,高过分自信有助于决策者获得较高的地位(Anderson, Brion, Moore, & Kennedy, 2012),这一结果发表于 *Journal of Personality and Social Psychology*。之后一年,Kennedy 等人发现即使是当过分自信被揭露时,过分自信者也不会因此受到负面评价,相反,仍能维持较高地位(Kennedy, Anderson, & Moore, 2013),该结果发表于 *Organizational Behavior and Human Decision Processes*。以上高水平期刊所发表的有关过分自信益处的研究,开启了对为何过分自信适应进化而存在的探索。

综合现有研究者对过分自信的认识,我们认为,为更加全面地认识过分自信,还可以从绩效裨益(performance benefits)角度来对过分自信进行解释。以下是李纾研究团队在该方面进行探索的一个实验研究(Bi, Zhang, & Li, under review;毕研玲, 2011)。

35.1 过分自信、情感体验与绩效

有研究者指出,自我估计成绩应该划归为情感测量,因为其与两个情感指标——满意和动机之间存在很高的相关。通常,我们会认为,满意度与实际成绩有关,但我们常常又会看到这样的情况,即同样的成绩让某些人欢喜,让某些人失望。所以,成绩的高低并不是满意度的最终决定指标,满意的高低还与预期之间存在关系(Golub, Wilson, & Gilbert, 2009; Patterson, 1993)。当成绩低于预期时,就会导致个体产生负性情感(Leventhal, 1976)。McGraw, Mellers 和 Ritvo(2004)证明,过分自信的个体会对结果感到不满意。

那么,个体如何调节负性情绪呢? 一条途径就是通过努力来缩小预期与现实之间的差距(Taylor, Fisher, & Ilgen, 1984)。如果个体认为自己还没有达到目标,个体就会继续努力(Carver & Scheier, 1990),努力的程度与个体的不满情绪高度相关。

关于过分自信与成绩的关系,主流观点认为,正确的自我评估是学习的先决条件。了解自己的优势与劣势,可以使学习者在学习过程中更为自如。目前,普遍接受的观点是,正确的自我评估是提升学习效果的一个方法。

很多研究者肯定了过分自信与学业成绩之间存在负相关,表现上乘的人通常低估自己的成绩,而表现下乘的人却倾向高估。尽管很多研究对过分自信是否源于较低的成绩进行了检验,但并没有对过分自信是否会降低成绩进行清晰的解答。现有的相关研究对该问题的回答也并不一致,如 Ochse(2001)与 Robins 和 Beers(2001)的研究。

Ochse(2001)的研究表明,过于正面的自我评估是学业成绩的障碍。但这个研究或许存在着这样一个逻辑错误:首先,研究者将被试按照学业成绩与自我估计之间的差异由高到低分成三组(高估者、准确评估者与低估者),然后,研究者发现,低估者的成绩要好于准确评估者与高估者。但当结合上面讲过的,成绩差的人倾向于高估自己的成绩这一结论,就可以发现,分组时,高估者这一组的成绩已经是差的了,所以再发现其比其他两组成绩差这个结果,也并不奇怪。

Robins 和 Beers(2001)使用纵向研究检验了过分自信与学业成绩的关系。他们发现,在大学四年中,过分自信并不能显著预测学业成绩。实际上,在大学一年级时的过分自信水平与大学最后一年的学业成绩之间的相关是零。结合过分自信与当下成绩之间的负相关关系这一结论,可以发现,过分自信与成绩之间的相关在学生的大

学四年中实际上发生了由"负"到"零"的变化,这预示着在四年中,学生的学业成绩发生了转变。Wright(2000)为转变的方向提供了解释,他发现,高估者在学期末的学业成绩要好于准确评估者和低估者。所以,尽管过分自信者现在的成绩不好,但其将来却可能取得更好的成绩。

35.2 研究假设与总的实验程序

综上,Bi 等人(under review)提出,过分自信者会对自己的成绩不满意,进而在后继的任务中会更加努力而取得更大的进步。

Bi 等人(under review)研究的总实验程序如下:首先,被试基于自己对学习任务的理解来对自己的成绩做出估计,然后,学习并测验,这个阶段称为阶段 1。接下来,在得到成绩反馈后,被试对自己取得成绩的满意度做出评价。最后,被试继续学习并再一次做测验,这个阶段称为阶段 2。

35.2.1 被试

在首都师范大学招募 85 名本科生,其中 1 人报告患了重感冒并影响了成绩,1人因临时有事中途退出实验,故有效样本为 83 人。其中女生 53 人,男生 30 人,平均年龄 20.23 岁(SD=2.03)。

35.2.2 实验材料及程序

学习材料为 60 个五字母的英文单词,词性为名词。被试在学习时,给出单词,单词的音标及相应的中文解释,如"**altar**[ˈɔːltə]祭坛,圣台"。

测验材料为两份,第一次测验材料和第二次测验材料,一式两页,一页中只呈现所有学习的 60 个单词,另一页中只呈现所有学习的 60 个单词的中文解释。在测验任务中,被试只要将每个英文单词相应的中文解释的标号添在单词后即可。

$$\begin{array}{r} 2\;8\;5 \\ \times\;1\;2\;6 \\ \hline \end{array}$$

图 35.1 测验与学习之间干扰材料

此外,为防止被试学习和测验之间产生的首因效应和近因效应,在学习和测验之间加入干扰材料,被试在每次学习和测验之间需要完成 3 道三位数乘以三位数的乘法算式,要求写出具体演算过程。干扰材料的形式如图 35.1所示。

被试独自来到实验室,在一名主试的指导下在单独的隔间内单独施测。被试首先在主试的指导下熟悉实验流程。主试首先给出 5 个与正式学习材料同为 5 个字母、词性为名词、难度与测验材料相当的英文单词要求被试学习。在学习后,主试指导被试完成干扰材料,然后给被试出示学习的 5 个单词的测验材料,要求被试完成测验。待确保被试完全明白实验流程后,主试告知被试,在正式的学习任务中,将学习 60 个这样的单词,学习的时间是 8 分钟。然后请被试估计在学习后的测验中能正确匹配单词的个数(估计成绩),并且将其记录下来。

随后主试指导被试进行学习,这一阶段为阶段 1 学习。学习开始,按秒表计时,当学习时间满 8 分钟时,将学习材料收回,给被试呈现学习与测验之间的干扰材料。随后,给被试呈现第一次测验材料,并告知被试,待自认为已经做好测验材料时,告知主试。然后,主试在被试面前对其此次测验进行评分(阶段 1 成绩),并将评分结果告诉被试。

接下来,要求被试对自己的成绩与努力进行评价,包括三道题:(1)对自己成绩的评价(从非常差到非常好,-9 至 9,为一条 18 cm 长的连续直线,中间标为 0 点,被试在直线上相应位置打"×"来表示自己的感受,该题目来源于 McGraw 等人(2004)的研究);(2)对自己成绩的满意度进行评价(从非常不满意到非常满意,-9 至 9,为一条 18 cm 长的连续直线,中间标为 0 点,被试在直线上相应位置打"×"来表示自己的感受);(3)对"如果还有一次学习机会,我会投入更多努力以争取取得更好的成绩"这一描述的符合程度进行评价(1 到 6 点评价,从非常不符合到非常符合)。

最后,为第二次学习与测验阶段。被试在主试的指导下进一步学习第一次学习的内容,学习时间仍是 8 分钟。程序与第一次学习和测验相同,此处得到被试的阶段 2 成绩。

35.3 结果

被试阶段 1 平均成绩为 $M_1 = 25.51$, $SD = 10.54$,阶段 2 平均成绩为 $M_2 = 44.37$, $SD = 10.04$,被试内方差分析表明,第二次成绩显著高于第一次成绩,$F(1, 82) = 649.28$, $p < 0.001$。

过分自信指采用可操作的指标(operational criteria)对被试估计成绩与实际成绩的差异进行计算,具体计算方法为:

$$过分自信 = 估计成绩 - 阶段 1 的成绩$$

被试自我感觉成绩好坏与被试评定对成绩的满意度两题相关系数为 0.930,$p < 0.001$。故将两题目合并来代表被试对成绩的满意度($M = -0.78$, $SD = 4.22$)。

各变量之间的关系如表 35.1 所示。

表 35.1　各变量之间的相关

变量	变量				
	1	2	3	4	5
1. 估计成绩	—				
2. 阶段 1 成绩	.324**	—			
3. 阶段 2 成绩	.444**	.786**	—		
4. 过分自信	.470**	−.683**	−.391**	—	
5. 对成绩的满意度	−.199*	.612**	.285**	−.725**	—
6. 再次学习将投入的努力	.234*	−.109	−.044	.283**	−0.153

注: * $p<0.05$. * * $p<0.01$.

表 35.1 的相关分析结果表明,过分自信与对成绩的满意度之间存在着显著的负相关关系, $r=-0.725$, $p<0.001$,这表明,随着过分自信的提高,被试对成绩就愈加不满意(具体结果见图 35.2)。该结果与 McGraw 等人(2004)以投篮命中率为任务的研究中得到的过分自信与满意度之间关系的结果相吻合。

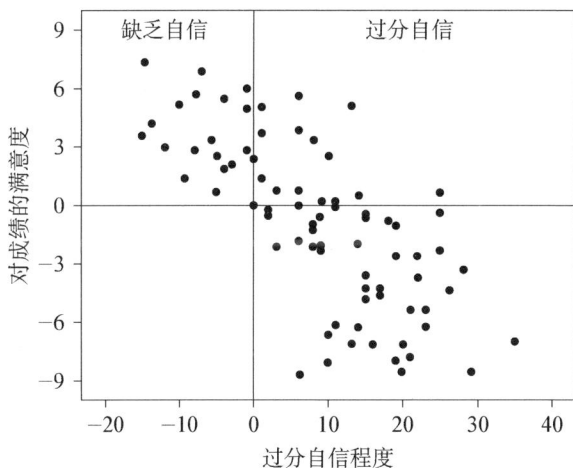

图 35.2　过分自信程度与对成绩满意度之间的关系。左边代表缺乏自信群体,右边代表过分自信群体。

相关分析结果表明,对阶段 1 成绩的满意度评价与阶段 1 成绩和过分自信之间的相关显著,且与过分自信之间的相关大于与阶段 1 成绩之间的相关, $|-0.725|>|0.612|$, $p<0.10$。这表明,尽管成绩越高,被试对成绩越满意,但这个满意度和被试估计成绩与实际成绩的差异之间相关更为密切,即,实际成绩越是高于自己的估计,满意度越高,越是低于自己的估计,满意度越低。

与 Granmzow 等人(2006)的研究结果相同,过分自信与学习成绩之间存在负相关,如表 35.1 所示,其与两次学习成绩之间的负相关均显著。由于阶段 2 成绩与阶段 1 成绩相关较高,故将阶段 1 成绩作为控制变量对过分自信与阶段 2 成绩之间的关系进行偏相关分析,偏相关结果为 $r = 0.323$, $p < 0.01$,这表明,阶段 1 成绩相同的情况下,过分自信越高,在阶段 2 的学习中取得的成绩越好;过分自信与对成绩的满意度之间存在显著负相关 $r = -0.531$, $p < 0.001$,这表明过分自信越高,对得到的成绩越不满意。同样,控制阶段 1 成绩,得到过分自信和"再次学习将投入的努力 ($M = 5.05$, $SD = 1.15$)"之间的偏相关 $r = 0.287$, $p < 0.01$,这一结果表明在阶段 1 成绩相同的情况下,过分自信程度越高的被试越愿意在今后的学习中投入更多的努力。以上结果可以表明,过分自信程度越高,得到成绩之后会觉得越不满意,进而投入更多努力,最终取得了更好的成绩。

使用自举(bootstrap)程序对"过分自信"、"第一阶段成绩满意度"与"阶段 2 成绩"进行中介分析(图 35.3)。研究结果显示,在控制"阶段 1 成绩"的情况下,"阶段 1 成绩满意度"完全中介"过分自信"与"阶段 2 成绩"之间的关系。这表明,过分自信对学习成绩的促进作用,是通过对成绩的满意度实现的。过分自信越高,对成绩越不满意,在后继的学习中将会投入更多努力,从而取得较好的成绩。

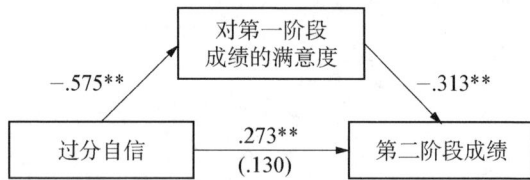

图 35.3 中介模型与标准化回归系数($** p < 0.01.$)

35.4　讨论

继 McGraw 等人(2004)发现过分自信会对结果的满意度存在情感上的伤害之后,本研究再次验证了这一结果。但本研究进一步发现,正是由于人们对结果的不满意,促使他们在进一步的学习中投入更多努力,最终取得了更好的成绩。

俗语说,知足常乐,但本研究的结果却提示人们,不知足才是向上的车轮。在本研究中,不满意作为一种对当前成绩的态度,促使人们在未来的学习中投入努力以使其对于自身情况的认知与现实保持一致。在此,不满意这种态度所发挥的作用与其他很多研究相似(例如,Morris, 1998; Schuler et al., 2004),都起到了一种动机的作用。

尽管在事件发生前对结果有较低预期,可以降低人们对事件结果的负面情绪(Norem & Cantor, 1986),但按照 Golub 等人的观点,这样做对情绪所带来的损伤要远高于得益,因为在事件结果出来之前,积极预期者可以将积极心情保持至结果揭示,并且,在得到事件结果后,并不会比消极预期的人们有更糟糕的情感体验(Golub, Wilson, & Gilbert, 2009)。所以,即使从情感最大化的角度讲,在决策中,过分自信也是一个占优选择。而且,最为重要的是,想象自己会成功比想象自己失败时的成绩要好(Ruvolo & Markus, 1992)。

　　本研究的结果为:过分自信可以通过不满意的动力作用来提升随后的学业成绩。这一结果可以对过分自信的起源从绩效裨益的角度做出一定的解释。尽管过分自信的危害不容忽视,但作为一种未被矫正而稳定存在于人类这个追求零偏差群体中的偏差,其对人类的益处与人类社会发展的贡献同样不可小觑。

　　总之,本研究的结果(即过分自信可以通过不满意的动力作用来提升随后的学业成绩)为"过分自信可提升绩效"提供了实验证据。这种促进效应或可解释"为什么'过分自信'没有在进化过程中被淘汰或纠正"。

致谢:本章部分得到国家自然科学基金面上项目(31400907)、教育部人文社会科学研究(14XJC190001)与陕西省教育科学规划课题(SGH140551)的资助。在南京师范大学召开的第十一次中国心理学大会上,作者有关过分自信的论文"Peer-comparison overconfidence:Does it measure bias in self-evaluation?"独获 2013 年度"Wiley-IPCAS 心理科学优秀奖"(2013 Wiley-IPCAS Prize—Excellence in Psychological Science;5 000 美元)。

参考文献

Anderson, C., Brion, S., Moore, D. A., & Kennedy, J. A. (2012). A status-enhancement account of overconfidence. *Journal of Personality and Social Psychology*, *103*(4),718 - 735.

Armor, D. A., Massey, C., & Sackett, A. M. (2008). Prescribed optimism:Is it right to be wrong about the future? *Psychological Science*, *19*(4),329 - 331.

Berner, E. S., & Graber, M. L. (2008). Overconfidence as a cause of diagnostic error in medicine. *The American Journal of Medicine*, *121*(5S),2 - 23.

Bi, Y-L., Zhang, B-S., & Li, S. (under review). The Enhancing effect of overconfidence on subsequent learning performance:Potential mediation effects of dissatisfaction.

Carver, C. S., & Scheier, M. F. (1990). Origins and functions of positive and negative affect:A control-process view. *Psychological Review*, *97*(1),19 - 35.

Golub, S. A., Wilson, T. D., & Gilbert, D. (2009). Anticipating one's troubles:The costs and benefits of negative expectations. *Emotion*, *9*(2),277 - 281.

Gramzow, R. H., & Willard, G. (2006). Exaggerating current and past performance:Motivated self-enhancement versus reconstructive memory. *Personality and Social Psychology Bulletin*, *32*(8),1114 - 1125.

Goodie, A. (2005). The role of perceived control and overconfidence in pathological gambling. *Journal of Gambling Studies*, *21*(4),481 - 502.

Griffin, D., & Tversky, A. (1992). The weighing of evidence and the determinants of confidence. *Cognitive Psychology*, *24*(3),411 - 435.

Johnson, D. (2004). *Overconfidence and war: The havoc and glory of positive illusions*. Harvard University Press.

Johnson, D., & Fowler, J. (2011). The evolution of overconfidence. *Nature*, *477*(7364), 317-320.

Källmén, H., Andersson, P., & Andren, A. (2008). Are irrational beliefs and depressive mood more common among problem gamblers than non-gamblers? A survey study of Swedish problem gamblers and controls. *Journal of Gambling Studies*, *24*(4), 441-450.

Kennedy, J. A., Anderson, C., & Moore, D. A. (2013). When overconfidence is revealed to others: Testing the status-enhancement theory of overconfidence. *Organizational Behavior and Human Decision Processes*, *122*(2), 266-279.

Leventhal, G. S. (1976). *The distribution of rewards and resources in groups and organizations*. InBerkowitz, L. & Walster, W. (Eds.), Advances in experimental social psychology (Vol. 9, pp. 91-131). New York: Academic Press.

Morris, E. W. (1998). Household responses to major economic change in Poland: A theoretical framework. *Journal of Family and Economic Issues*, *19*(3), 199-220.

McGraw, A. P., Mellers, B. A., & Ritov, I. (2004). The affective costs of overconfidence. *Journal of Behavioral Decision Making*, *17*(4), 281-295.

Norem, J. K., & Cantor, N. (1986). Defensive pessimism: Harnessing anxiety as motivation. *Journal of Personality and Social Psychology*, *51*(6), 1208-1217.

Ochse, C. (2001). Are positive self-perceptions and optimistic expectations really beneficial in an academic context? *Progressio*, *23*(2), 52-60.

Plous, S. (1993). *The psychology of judgment and decision making*. New York: McGraw-Hill.

Robins, R. W., & Beer, J. S. (2001). Positive illusions about the self: Short-term benefits and long-term costs. *Journal of Personality and Social Psychology*, *80*(2), 340-352.

Ruvolo, A. P., & Markus, H. R. (1992). Possible selves and performance: The power of self-relevant imagery. *Social Cognition*, *10*(1), 95-124.

Schuler, P. B., Broxon-Hutcherson, A., Philipp, S. F., Ryan, S., Isosaari, R. M., & Robinson, D. (2004). Body-shape perceptions in older adults and motivations for exercise. *Perceptual and Motor Skills*, *98*, 1251-1260.

Taylor, M. S., Fisher, C. D., & Ilgen, D. R. (1984). Individuals' reactions to performance feedback in organizations: A control theory perspective.. In K. M. Rowland & G. R. Ferris (Eds.), *Research in Personnel and Human Resources Management* (Vol 2. pp. 81-124). Greenwich, CT: JAI Press.

Tenney, E., Spellman, B., & MacCoun, R. (2008). The benefits of knowing what you know (and what you don't): How calibration affects credibility. *Journal of Experimental Social Psychology*, *44*(5), 1368-1375.

Twenge, J. M., & Campbell, W. K. (2008). Increases in positive self-views among high school students: Birth-cohort changes in anticipated performance, self-satisfaction, self-liking, and self-competence. *Psychological Science*, *19*(11), 1082-1086.

Wright, S. S. (2000). Looking at the self in a rose-colored mirror: Unrealistically positive self-views and academic performance. *Journal of Social and Clinical Psychology*, *19*(4), 451-462.

毕研玲. (2011). 过分自信与绩效的关系: 过分自信为何如此普遍? (博士学位论文). 中国科学院心理研究所, 北京.

于窈, 李纾. (2006). "过分自信"的研究及其跨文化差异. 心理科学进展, 14(4), 468—474.

第36章 弱势导致亲社会行为

共同作者:韩茹、饶俪琳

> 二战期间,一名美国飞行员和一名日本海军上校被困在太平洋的一个荒岛。在战场上杀死对方当是生存之道,但在荒岛上还是要彼此依靠对方、互相合作才能生存下去。
>
> ——电影《决斗太平洋》剧情

生物有机体的利他行为是达尔文自然选择学说难以解释的现象之一。在纪念《科学》(Science)创刊125周年之际,科学家们总结出了当今人类125个未解之谜。在重中之重的前25个问题中就有一个是:**合作的行为是如何进化的**? 这一问题一直困扰着众多研究者。我国2009年973计划立项项目"攻击与亲和行为的机理和异常——多学科多层次交叉研究"亦旨在回答这个科学问题(王赟等,2016)。

利他与亲社会行为的定义繁多,但不外乎包括如价值观、目标、动机和情境等要素。Staub(1979)将亲社会行为定义为有益于他人的行为并且是有意而为之,包括分享、合作、帮助、捐赠、安慰等等。

现有研究主要关注亲社会行为的特质性和情境性因素(Batson & Powell, 2003)。一方面,特质

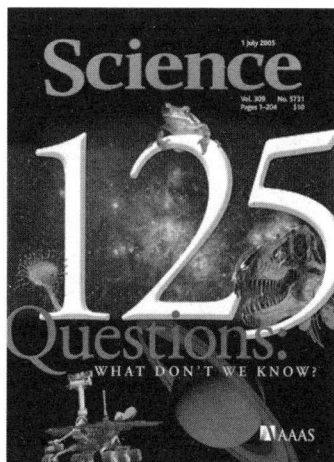

性因素表现出亲社会行为的稳定性,包括人格、智力、自主性、共情(empathy)以及观点采择(perspective taking)(Gagné, 2003; George, 1990; Iannotti, 1985; Krebs & Sturrup, 1982; Staub, 1984)。另一方面,亲社会行为经常随时间和地点而变化,情境性决定因素被认为至少存在两种影响(Eisenberg & Mussen, 1989):(1)让人震惊、特殊的事件,(2)暂时的外部条件和异常的经历,或短暂的情绪和情感。自20世纪70年代以来,关于特质和情境性因素两者之间谁能更好地预测行为的问题,研究者们一直争论不休。然而,提出的亲社会行为的预测因素数目激增,远远超出最初的经二分法得到的两个因素,二者的结合产生了认知和情感反应,它们则被认为是亲社会行为的最接近的预测因素(Eisenberg, Fabes, & Spinrad, 2006)。

在现有文献中能找到的解释引起亲社会行为的潜在机制众多。如信任程度(degree of belief)(即信任或怀疑;Hashimoto, 1987)、道德系数 k(coefficient of morality k)(Sheng, 1994)、共情(Iannotti, 1985)、观点采择(Gagné, 2003; George, 1990; Iannotti, 1985)、模仿(mimicry)(Van baaren, Holland, Kawakami, & Van Knippenberg, 2004)、亲缘选择(kin selection)(Hamilton, 1964)、种群选择(group selection)(Eshel, 1972; Wilson & Sober, 1994)、惩罚(punishment)(Gächter, Renner, & Sefton, 2008; Gintis, 2008)、顺从(docility)(Simon, 1990)、学习(learning)(Grusec, Davidov, & Lundell, 2002)、互惠(reciprocation)(Axelrod & Hamilton, 1981; Trivers, 1971)、社会与个人准则(social and personal standards)(Dovidio, 1984; Omoto & Snyder, 1995; Schwartz & Howard, 1982)、激励与情感(arousal and affect)(Batson, 1991; Cialdini, Brown, Lewis, Luce, & Neuberg, 1997; Eisenberg & Fabes, 1991; Piliavin, Dovidio, Gaertner, & Clark, 1981)等等。

对于"是否要合作或者利他"这个问题,我们提出了另外一种潜在机制来解释亲社会行为的产生。即,在面对大自然的威胁时(如疾病、地震、洪水、野兽等),一个独立的个体是弱小且无助的,而个体间的互相帮助、相互合作则大大增加了个体生存的概率。这样的合作可见于亲人之间、朋友之间和陌生人之间。正如《决斗太平洋》这部影片中所描述的那样,由此产生的互助行为甚至可见于原本敌对的个体之间。从进化的角度看,这种对弱势情境的适应性反应很有可能会遗传给后代。

据此,我们开展了两个与地域有关的研究,以检验我们提出的"弱势会导致亲社会行为"(prosocial behavior can be induced in individuals by being at a disadvantage)的假设。

36.1 地域研究一：实验室研究

第一个地域研究是一项实验室研究。以往领域行为的研究主要都集中在动物种群，除了体育运动外很少涉及到人类。领域行为在动物王国中普遍存在，对很多物种而言这是交配和社会组织的基础。众多证据表明，动物在自己的领地上与其他动物对抗时具有相对优势。例如，身处自己熟悉水域的鱼会对那些随后进入的鱼呈现出统治状态(Figler & Evensen, 1979)；鸡在自己的笼子里比在陌生的笼子更可能啄啄陌生的同类(Rajecki, Nerens, Freedenburg, & McCarthy, 1979)。McAndrew(1993a)将个体在其领地上对访客或入侵者所表现出的优势定义为"居住优先效应"(prior-residence effect)。

据此，Han, Li 和 Shi(2009)选择自己地盘与他人地盘作为优势与弱势的操作，观测这种操作对亲社会行为的影响。该实验选取 64 名学龄前儿童(32 名女孩和 32 名男孩)。儿童的年龄介于 4.42 岁到 5.76 岁 ($M = 5.27$, $SD = 0.34$) 之间，他们分别来自同一所幼儿园的四个不同班级，其中两个班的教室位于教学楼的三楼，另外两个班的教室位于一楼。根据老师和预实验中的情况反映，一楼和三楼的班级之间基本没有交流机会，学童之间相互不认识。所有参加实验的儿童均在自己的班级里度过一学年，因此认为这些儿童会视其所在的教室为自己的领域。

实验者将 64 名儿童组配成 16 对男一男组合，16 对女一女组合，每对里面有一个儿童来自一楼班级，另一个儿童来自三楼班级。每名儿童都需要在他人(别人的领地)或自己的教室(自己的领地)完成两个实验任务，即"独裁者"博弈(DG)和"最后通牒"博弈(UG)。

在"独裁者"博弈中，被试得到 10 块塑料饼干(这些饼干可以用来交换玩具)，同时被试要决定分配几块塑料饼干给同伴。

在"最后通牒"博弈中，被试知道共有 10 块塑料饼干，请其建议分几块塑料饼干给同伴，剩下的留给自己。但同时同伴要决定接受还是拒绝被试的分配。如果接受，按照被试建议的方案进行分配，但如果是拒绝，两个人都将什么也得不到。

因此，实验设计是 2(领地：自己的教室 vs. 其他的教室)×2(性别：女孩 vs. 男孩)×2(博弈：独裁者 vs. 最后通牒)的混合设计，其中性别是被试间因素，领地和博弈是被试内因素。两个博弈结束后，参与者被邀请用游戏中所得的饼干换取一个玩具。他们手中的饼干越多(手中剩下的＋其他人提供的数量)，就越有优先权来换取自己最喜欢的玩具。

图 36.1 呈现的是实验结果。为便于分析数据，将净收益(给同伴后手中剩下的

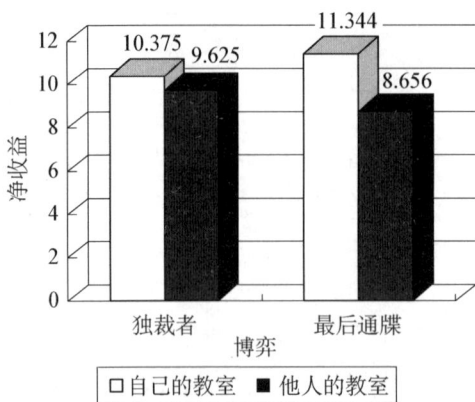

图36.1 实验室研究结果:处于自己教室的儿童表现出更强势的竞争行为。

饼干和从同伴那里接受的饼干的总和)设置为因变量。参与者扮演两个角色(即提议者和接受者)获得的饼干总数,被用来作为其决策时的优势指标(数目越大,优势越大)。

采用2(领地) × 2(性别) × 2(博弈)的重复测量方差分析来检验我们的假设。此分析表明领地具有显著的主效应,$F(1, 60) = 4.77$, $p < 0.05$,领地 × 博弈具有显著的交互作用,$F(1,60) = 4.86$, $p < 0.05$。其他效应都没有在0.05水平点上达到显著。

仔细观察图36.1可以发现,这些结果支持我们的假设——在两次博弈游戏中,当常驻者进入自己的教室时会比访客进入同伴的教室时获利更多。特别是"最后通牒"博弈中,当常驻者进入自己的教室 $(M = 11.34)$ 时,比当访客进入他们同伴的教室时 $(M = 8.66)$,常驻者向同伴提供更少的饼干,并从那里得到更多的饼干,$t(62) = 3.11$, $p < 0.01$。而在"独裁者"博弈中,常驻者 $(M = 10.38)$ 和访客 $(M = 9.63)$ 从同伴处获得的饼干数量没有显著差异,$t(62) = 0.82$, $p > 0.05$。获得的数据表明,地域的主人确实比访客享有优势,至少在"最后通牒"博弈中是这样的。

此外,考虑到在"独裁者"博弈和"最后通牒"博弈中给予数量通常被视为参与者亲社会行为的指标(Bolton et al. , 1998;Camerer & Thaler, 1995;Davis & Holt, 1993;Gallucci & Perugini, 2000;Henrich, 2006;Messick & McClintock, 1968),我们对"给予饼干数量"也做了分析。重复方差测量分析发现博弈的主效应显著,$F(1, 63) = 4.99$, $p < 0.05$,事后检验发现孩子在玩"独裁者"博弈 $(M = 5.19)$ 比他们玩"最后通牒"博弈 $(M = 5.86)$ 时向他们的同伴提供了更少数目的饼干。独立样本 t 检验表明,在"最后通牒"博弈时,常驻者进入自己的教室 $(M = 5.19)$ 比访客进入他们同伴的教室时 $(M = 6.53)$ 提供明显更少的饼干 $t(62) = 2.04$, $p < 0.05$。然而,玩"独裁者"博弈时,给予数量 $(M_{自己的教室} = 5.00$ 和 $M_{同伴的教室} = 5.38)$ 却没有达到统计差异的显著性,$t(62) = 0.56$, $p > 0.05$。在给予的饼干数量方面,两场博弈在0.05的水平上也没有明显的性别差异。这些结果表明常驻者在自己的地盘上比访客在同伴的地盘上会表现出较低水平的亲社会行为。

总之,研究发现:(1)实验中的"地头蛇"(处于自己地盘的儿童)表现出更强势的竞争行为;而来访者在别人领地的时候表现出更多的亲社会行为。(2)"独裁者"(掌握分配决定权的儿童)表现出更强势的竞争行为;而在博弈中没有掌握分配决定权的儿童会表现出更多的亲社会行为。这些结果都表明,儿童在感知到劣势的情况下(在他人的地盘上或在他人掌控下)会表现出更多的亲社会行为。这为解释合作、助人、分享等利他动机或非利他动机的亲社会行为提供了新的视角。

在本研究中,被操纵的"劣势"有着双重的意义。第一重意义是处于他人领地(being on another's turf)的劣势,这种领域的特点已在大量的动物研究和人类运动研究中被证实(Harris & McAndrew, 1986; Marcus & Francis, 1995; Rapoport, 1977, 2000; Sommer, 1969)。第二重意义是回应者无权说"不"(the right to say no)时的劣势。在"独裁者"博弈中,被动玩家没有权利说不,且对结果没有影响(Henrich, 2006)。回应者在"最后通牒"博弈中有说"不"的权利,这就将其他玩家置于劣势的地位,由此或导致亲社会行为。Kahneman, Knetsch 和 Thaler (1986)发现,参与者在"最后通牒"博弈中比在"独裁者"博弈中提供了更多的饼干,他们往往在"独裁者"博弈中表现得更自私。Falk, Fehr 和 Fischbacher(2003)也报告说,一旦被动玩家可以接受或拒绝对方的提议,主动玩家就会增加给同伴的提议数,以显示自己的友好与合作。Van Dijk 和 Vermunt(2002)提出,"最后通牒"博弈引发策略性动机,"独裁者"博弈则引发对公平的关注。他们认为一个玩家在无权利(即在"独裁者"博弈中作为接受者)时往往要比有权利(即在"最后通牒"博弈中作为接受者)时更具有善意。我们的研究结果提供了支持性的证据:儿童在"最后通牒"博弈中比在"独裁者"博弈中给予同伴更多。一种可能的解释是,当没有被拒绝的危险时,参与者感觉公平不太必要(Hoffman & Spitzer, 1985)。我们进一步设想或可设计一种"崭新"的"最后通牒"博弈,让回应者在这新的"最后通牒"博弈中拥有比目前常规"最后通牒"博弈更大说"不"的权利,提议者则应该会在这种新的博弈中给予更多(增加给同伴的提议数)。在今后研究中设计并试验这样新的"最后通牒"博弈将是十分有趣的。

值得注意的是,我们的被试年龄介于 4.42 岁到 5.76 岁。大量的证据表明,年龄较大的孩子比较小的孩子表现出更多的亲社会行为(例如,Denham, 1986; Eisenberg et al., 1998, 2006; MacDonald, 1988; Penner, Dovidio, Piliavin, & Schroeder, 2005; Radke-Yarrow, Zahn-Waxler, & Chapman, 1983)。在亲社会行为与年龄相关变化的元分析研究中,Eisenberg 和 Fabes(1998)把学龄前儿童与童年期或青少年期组别进行对比时,发现青少年期组的亲社会行为有所增加,但婴儿期和幼儿期的孩子之间没有差异。我们通过将学龄前儿童作为被试来获得"劣势效应"产生亲社会行为的证据,与个体在学校或更后期由于"社会化"所产生的其他机制相比,"劣势效应"这种机制更加"基本、原始"(primary)。

综上所述,本研究发现地域优先效应影响学龄前儿童的亲社会行为。我们发现,领域的主人确实比访客享有优势。在别人的地盘,访客会变得更亲社会。我们将这样的亲社会倾向归因于处在别人地盘的不利地位或不被赋予话语权。相比较认知道德发展和社会化研究中所涉及的机制,劣势效应被视为是更加原始或基本的机制。

36.2　地域研究二:现场研究

第二个地域研究是一项现场研究。2008 年 5 月 12 日的汶川地震无疑给灾区人民造成了巨大的物质和精神上的损失。汶川地震是自 1976 年唐山地震以来,发生在中国境内最严重的地震。官方报道显示,截至 2009 年 5 月 24 日,汶川地震中死亡人数为 88 928 人,超过 374 640 人在地震中受伤(Mu, 2009)。直接造成的经济损失就高达 1.17 万亿,其中,70% 的损失来自于房屋、学校和医疗设施等的损坏。此外,地震还严重影响了 115 万居民的生计问题(Yangtze, 2008)。由于地震损坏了大片竹林,甚至连大熊猫都不得不节食。这就使得地震灾区人民处于明显弱势。这一事实尽管悲恸,却给了研究者在现实世界中验证假设的一次机会。

在汶川地震发生 1 个月(2008 年 6 月至 7 月)、4 个月(2008 年 9 月至 10 月)和 11 个月(2009 年 4 月至 5 月)后,Rao, Han, Ren, Bai, Zheng, Liu, Wang, Li, Zhang 和 Li(2011)分三轮次调查了灾区(四川、甘肃)和非灾区(河北、北京、福建)近 8 500 名居民的亲社会行为水平。调查采用"独裁者"博弈(DG)来测量居民的亲社会行为水平。在"独裁者"博弈中,假设给予居民 100 元,要求他在自己与一个陌生人之间分配这 100 元,问居民会分给陌生人多少钱。居民分给陌生人的钱数越多,表明他亲社会行为水平越高。三次调查的结果显示,在控制了性别、年龄和教育程度这些因素的影响后,随着居住地灾情严重程度的增加(从非受灾、轻度受灾、中度受灾到重度受灾),居民的亲社会行为水平均随之增加(图 36.2)。这表明,弱势程度越高,人们的

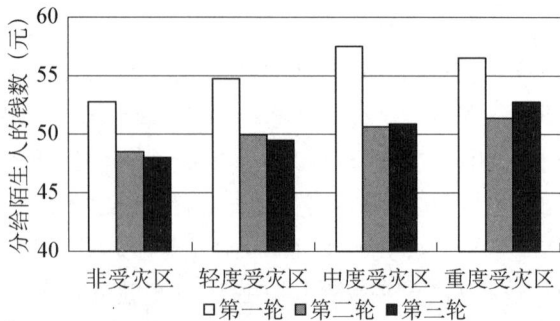

图 36.2　现场研究结果:灾情越严重,亲社会行为水平越高。

亲社会行为水平越高。然而,随着时间的流逝,由地震造成的弱势逐渐减缓,居民的亲社会行为水平随之降低。

有意思的是,将唐山地区居民(1976年7月28日唐山发生7.8级地震)的数据与其他非灾区居民的数据作对比,Rao 等人(2011)发现,唐山地区居民比其他非灾区(如福建、北京)的居民表现出更高水平的亲社会行为。这一发现也与现实生活中的报道相符。据报道,汶川地震最大的一笔私人捐款来自于唐山地震的一个孤儿。而唐山,也是全中国为汶川地震捐款最多的城市。这表明,大地震所产生的弱势效应可以持续相当长的一段时间。

这些发现均支持了弱势会导致亲社会行为的假说。弱势会导致亲社会行为的假说也得到前人研究结果的支持。有研究表明,受到自然威胁越多的个体会与长期交往的人合作越多(De Vos, Smaniotto, & Elsas, 2001)。还有研究表明,一旦受到优势或权利的启动,个体会更倾向于独自玩耍,独自工作,更少寻求帮助,也更少帮助他人(Vohs, Mead, & Goode, 2006)。从弱势假说的角度来看,这些独立的研究都相互印证,支持了弱势会导致亲社会行为的假说。

值得指出的是,弱势的情境有可能发生在双方(即,双方都处于弱势),也有可能发生在单方(即,只有一方处于弱势,而另一方不处于弱势)。Han 等人(2009)所研究的情况属于后者:一方处于弱势而另一方不处于弱势。在这样的情境中,尽管自身处于弱势,人们依然倾向于付出。而这样的行为会产生直接或间接的互惠,最终使得个人财富得到增加。而在 Rao 等人(2011)的现场研究中,双方都处于弱势的情况下,人们仍然愿意互助。我们可以想象,这样的互助可以在其他弱势个体中蔓延,从而使整个群体的财富得到增加。

现有的研究多针对利他行为的对象特征,如亲人、组内成员或有可能带来互惠的人等等。这虽然重要,但深究亲社会行为的起源,首要问题是决定是否作为(to do or not to do),然后才是确定合作的对象。我们的研究将弱势视为引发亲社会行为的始因,冀个中发现或能增进我们对于亲社会行为起源的理解。

36.3 讨论与展望

行为如何受到环境的影响,这一直是行为科学研究者关心的问题。西方有谚语如"Every dog is a lion at home","Every dog is valiant at his own door"等。中国也有谚语如"人在屋檐下,不得不低头"、"强龙拗不过地头蛇"等。这些中西方的谚语都是用来形容在自己地盘对待来访者会表现出更强势的竞争行为。在对环境的研究中,地域性的研究一直集中在动物行为研究领域。针对人类的地域性研究很少,仅涉及体育运动。

支持"居住优先效应"的证据和实证经验大多来自动物行为学研究,其研究范围从鱼类一直延伸到灵长类动物(例如,Braddock, 1949; Heuts & Nijman, 1998; Holberton, Hanano, & Able, 1990; Nijman & Heuts, 2000)。生物学家所感兴趣的是在动物行为(如交配,觅食等)中"居住优先效应"现象的重要性,而心理学家感兴趣的则是在团体或个体的交互作用或竞争中这种效应的重要性和可预测性(Carron, Loughhead, & Bray, 2005; Courneya & Carron, 1992; Edney, 1976)。

值得注意的是,已有大量研究证据支持体育比赛中的主场优势现象(Carron & Hausenblas, 1998; Courneya & Carron, 1992)。许多研究表明,在比赛中,主队相对于客队有非常明显的主场优势(例如,Greer, 1983; Silva & Andrew, 1987)。Carron和 Hausenblas(1998)认为主场优势存在于不同性别的专业和业余运动中。正如Courneya 和 Carron(1992)所言,主场优势的效应和稳定性在如今的体育运动中普遍存在。

在自己地盘上的优势亦已在一些人际互动研究(诸如执行、谈判、服从)中被证明,然而领域行为是否在人类和动物中具有相同机制则是一个悬而未决的问题(Edney, 1976)。Esser(1970)认为精神病患者更容易在自己的地盘上成功地影响他人。Martindale(1971)发现谈判者在自己的地盘上比对手能更好地完成谈判任务。Harris 和 McAndrew(1986)认为人们在自己的房间更容易拒绝令人感到无礼的诉求。Sommer(2002)认为领地是至关重要的、维持生命的活动场所,相比较于其他方面的入侵,对个体领地空间上的入侵会激起更大的抵抗。

合作、助人、分享等利他动机或非利他动机的亲社会行为的机制广受研究者的关注。对人们"为什么要合作"的疑问,达尔文对此提出了亲缘理论、互惠理论予以解释。但是这两个理论在解释人类在紧急情况下舍身救助陌生人的现象时还是缺乏说服力。人们开始寻找一些可以解释这些现象的潜在机制,比如有人从施与受两者的特质来考虑,有人从情境的特点来阐释,也有人从前两者结合后所产生的认知和行为的角度来探讨。美国国家科学院出版社(NAP)近年出版的 *Decision Making for the Environment*: *Social and Behavioral Science Research Priorities* 提倡从社会与行为科学角度来探讨环境与行为的相互影响。本章所介绍的操纵变量是"地域性",并借此对"合作的行为如何进化"之问做了探索性的尝试回答。

或许,"弱势会导致亲社会行为"的效应还会受到"社会文化价值观"变量的调节。比如,集体主义者的一个特征是愿意在"自己人"和"外人"之间作区分,而个体主义者则比较内外不分,对所有的人一视同仁。据此,Chen 和 Li(2005)提出如下假设:在国外的土地上,中国人(集体主义)会更愿意与也是身在异域的陌生同胞合作而不是和非同胞合作;但是澳洲人(个人主义)则会对同胞与非同胞一视同仁。这个假设得到了两组跨国实验数据的支持(Chen & Li, 2005;陈晓萍,李纾,2013)。

致谢:感谢北京快乐时光幼儿园园长陈宁对我们数据收集的帮助,感谢中科院心理所的李岩梅、上官芳芳、宋晓辉、张兴利、刘彤冉、荆承红、苏薇、段小菊、李晓燕、梁哲等人参与讨论。本章所报告的研究部分得到中国科学院知识创新工程重要方向性项目"汶川地震灾区心理援助应急研究"(KKCX1－YW－05)的资助。感谢《北京科技报》将我们的现场研究成果评为2010中国十大科学进展。

参考文献

Axelrod, R., & Hamilton, W. D. (1981). The evolution of cooperation. *Science*, *211*, 1390-1396.

Batson, C, D. (1991). *The Altruism Question: Toward a Social-Psychological Answer*. Hillsdale, NY: Erlbaum.

Batson, D. C. D., & Powell, A. (2003). Altruism and prosocial behavior. In T. Milon & M. J. Lerner (Eds.), *Handbook of psychology* (vol. 5, pp. 463-484). Hoboken, NJ: John Wiley & Sons Inc.

Bolton, G. E., Katok, E., & Zwick, R. (1998). Dictator game giving: Rules of fairness versus acts of kindness. *International Journal of Game Theory*, *27*(2), 269-299.

Braddock, J. C. (1949). The effect of prior residence upon the dominance in the fish Platypoecilus maculatus. *Physiological Zoology*, *22*, 161-169.

Brewer, G. D., & Stern, P. C. (eds) (2005). *Decision making for the environment: social and behavioral science research priorities, panel on social and behavior science research priorities for environmental decision making, committee on the human dimensions of global change*. Washington, DC: National Academies Press.

Camerer, C., & Thaler, R. H. (1995). Anomalies: Ultimatums, dictators and manners. *The Journal of Economic Perspectives*, *9*(2), 209-219.

Carron, A. V., & Hausenblas, H. A. (1998). *Group dynamics in sport* (2nd ed.). Morgantown, WV: Fitness Information Technology.

Carron, A. V., Loughhead, T. M., & Bray, S. R. (2005). The home advantage in sport competitions: Courneya and Carron's (1992) conceptual framework a decade later. *Journal of Sports Sciences*, *23*, 395-407.

Chen, X. P., & Li, S. (2005). Cross-national differences in cooperative decision-making in mixed-motive business contexts: the mediating effect of vertical and horizontal individualism. *Journal of International Business Studies*, *36*(6), 622-636.

Cialdini, R. B, Brown, S. L, Lewis, B. P, Luce, C., & Neuberg, S. L. (1997). Reinterpreting the empathy-altruism relationship: When one into one equals oneness. *Journal of Personality and Social Psychology*, *72*, 481-94.

Courneya, K. S., & Carron, A. V. (1992). Effects of travel and length of home stand/road trip on the home advantage. *Journal of Sport and Exercise Psychology*, *13*, 42-49.

Davis, D. D., & Holt, C. A. (1993). *Experimental economics*. Princeton, NJ: Princeton University Press.

De Vos, H., Smaniotto, R., & Elsas, D. A. (2001). Reciprocal altruism underconditions of partner selection. *Rationality and Society*, *13*, 139-183.

Denham, S. A. (1986). Social cognition, prosocial behavior, and emotion in preschoolers: Contextual validation. *Child Development*, *57*(1), 194-201.

Dovidio, J. F. (1984). Helping behavior and altruism: An empirical and conceptual overview. *Advances in Experimental Social Psychology*, *17*, 361-427.

Edney, J. (1976). Human territories: Comment on functional properties. *Environment and Behavior*, *8*, 31-47.

Eisenberg, N., & Fabes, R. A. (1991). Prosocial behaviorbehavior and empathy: A multimethod developmental perspective. In *Review of Personality and Social Psychology*, ed. M. Clark, 12:34-61. Newbury Park, CA: Sage.

Eisenberg, N., & Fabes, R. A. (1998). Prosocial development. In W. Damon (Series Ed.) & N. Eisenberg (Vol. Ed.), *Handbook of child psychology: Vol. 3. Social, emotional, and personality development* (5th ed., pp. 701-778). New York: John Wiley & Sons, Inc.

Eisenberg, N., & Mussen, P. (1989). *The root of prosocial behavior*. New York: Cambridge University Press.

Eisenberg, N., Fabes, R. A., & Spinrad, T. L. (2006). Prosocial development. In W. Damon, R. M. Lerner (Series Eds.) & (N. Eisenberg (Vol. Ed.), *Handbook of child psychology: Vol. 3 Social, emotional, and personality development* (6th ed., pp. 646-718). Hoboken, NJ: John Wiley & Sons Inc.

Eisenberg, N., Fabes, R. A., Shepard, S. A., Murphy, B. C., Jones, J., & Gutherie, I. K. (1998). Contemporaneous and longitudinal prediction of children's sympathy from dispositional regulation and emotionality. *Developmental Psychology*, 34,910 - 924.

Eshel, I. (1972). On the neighbourhood effect and evolution of altruistic traits. *Theoretical Population Biology*, 3,258 - 277.

Esser, A. H. (1970). Interactional hierarchy and power structure on a psychiatric ward. In S. J. Hutt & C. Hutt (Eds.), *Behavior studies in psychiatry* (pp. 25 - 29). New York: Oxford University Press.

Falk, A., Fehr, E., & Fischbacher, U. (2003). On the nature of fair behavior. *Economic Inquiry*, 41(1),20 - 26.

Figler, M. H., & Evensen, J. (1979). Experimentally produced prior residence effect in male convict cichlids: The role of initial proximity to territorial markers. *Bulletin of the Psychonomic Society*, 13,130 - 132.

Gächter, S., Renner, E., & Sefton, M. (2008). The long run benefits of punishment. *Science*, 322,1510.

Gagné, M. (2003). The role of autonomy support and autonomy orientation in prosocial behavior engagement. *Motivation and Emotion*, 27(3),199 - 223.

Gallucci, M., & Perugini, M. (2000). An experimental test of a game-theoretical model of reciprocity. *Journal of Behavioral Decision Making*, 13(4),367 - 389.

George, J. M. (1990). Personality, affect, and behavior in groups. *Journal of Applied Psychology*, 75(2),107 - 116.

Gintis, H. (2000). Strong reciprocity and human sociality. *Journal of Theoretical Biology*, 206,169 - 179.

Greer, D. L. (1983). Spectator booing and the home advantage: A study of social influence in the basketball arena. *Social Psychology Quarterly*, 46,252 - 261.

Grusec, J. E., Davidov, M., & Lundell, L. (2002). Prosocial and helping behavior. In P. Smith & C. Hart (Eds.), *Blackwell handbook of childhood social development* (pp. 457 - 474). Oxford, England: Blackwell.

Hamilton, W. D. (1964). The genetic evolution of social behaviour. *Journal of Theoretical Biology*, 7,1 - 52.

Han, R., Li, S. & Shi, J. N. (2009). The territorial prior residence effect and children's behavior in social dilemmas. *Environment and Behavior*, 41(5),644 - 657.

Harris, P. B., & McAndrew, F. T. (1986). Territoriality and compliance: The influence of gender and location on willingness to sign petitions. *Journal of Social Psychology*, 126,657 - 662.

Hashimoto, H. (1987). Beliefs and choice behavior at Prisoner's Dilemma Game. *Journal of Human Development*, 23, 48 - 52.

Henrich, J. (2006). Enhanced: Cooperation, punishment, and the evolution of human institutions. *Science*, 312(5770), 60 - 61.

Heuts, B. A., & Nijman, V. (1998). Aggressive behaviour of two swordtail colour breeds (Xiphophorus, Poeciliidae) in a prior residence situation. *Behavior Process*, 43,251 - 255.

Hoffman, E., & Spitzer, M. L. (1985). Entitlements, rights, and fairness: An experimental examination of subjects' concepts of distributive justice. *Journal of Legal Studies*, 14,259 - 297.

Holberton, R. L., Hanano, R., & Able, K. P. (1990). Age-related dominance in male dark-eyed juncos: Effects of plumage and prior residence. *Animal Behaviour*, 40,573 - 579.

Iannotti, R. J. (1985). Naturalistic and structured assessments of prosocial behavior in preschool children: The influence of empathy and perspective taking. *Developmental Psychology*, 21(1),46 - 55.

Kahneman, D., Knetsch, J., & Thaler, R. H. (1986). Fairness and the assumptions of economics. *Journal of Business*, 59,285 - 300.

Krebs, D. L., & Sturrup, B. (1982). Role-taking ability and altruistic behavior in elementary school children. *Journal of Moral Education*, 11,94 - 100.

MacDonald, K. B. (1988). *Social and personality development: An evolutionary synthesis*. New York & London: Plenum Press.

Marcus, C. C., & Francis, C. (1995). Growing up in a danger zone: How modernization efforts can improve the environment of childhood in public housing. *Children's Environments*, 12,57 - 57.

McAndrew, F. T. (1993a). *Environmental psychology*. Pacific Grove, CA: Brooks/Cole Publishing Company.

Messick, D. M., & McClintock, C. G. (1968). Motivational basis of choice in experimental games. *Journal of Experimental Social Psychology*, 4,1 - 25.

Mu, X. (2009). China reports 88,928 deaths in natural disasters last year. Retrieved May 24, 2009, from http://news. xinhuanet. com/english/2009 - 05/24/content_11428593. htm.

Nijman, V., & Heuts, B. A. (2000). Effect of environmental enrichment upon resource holding power in fish in prior residence situations. *Behavioural Processes*, 49,77 - 83.

Omoto, A. M., & Snyder, M. (1995). Sustained helping without obligation: motivation, longevity of service, and perceived attitude change among AIDS volunteers. *Journal of Personality and Social Psychology*, 68,671 - 686.

Penner, L. A., Dovidio, J. F., Piliavin, J. A., & Schroeder, D. A. (2005). Prosocial behavior: Multilevel perspectives. *Annual Review of Psychology*, 56,365 - 392.

Piliavin, J. A., Dovidio, J. F., Gaertner, S. L., & Clark, R. D III. (1981). *Emergency Intervention*. New York: Academic.

Radke-Yarrow, M., Zahn-Waxler, C. S., & Chapman, M. (1983). Children's Prosocial Dispositions and Behavior. In Mussen, (Eds), *Handbook of child psychology: Socialization, personality, and social development* (pp. 469 - 545).

New York: John Wiley & Sons. Inc.

Rajecki, D.W., Nerenz, D.R., Freedenberg, T.G., & McCarthy, P.J. (1979). Components of aggression in chickens and conceptualizations of aggression in general. *Journal of Personality and Social Psychology*, *37*, 1902 - 1914.

Rao, L-L., Han, R., Ren, X-P., Bai, X-W., Zheng, R., Liu, H., Wang, Z-J., Li, J-Z., Zhang, K., & Li, S. (2011). Disadvantage and prosocial behavior: The effects of the Wenchuan earthquake. *Evolution and Human Behavior*, *32*, 63 - 69.

Rapoport, A. (1977). *Human aspects of urban form: Towards a man-environment approach to urban form and design* (1st ed.). New York: Pergamon Press.

Schwartz, S.H., & Howard, J.A. (1982). Helping and cooperation: a self-based motivational model. In *Cooperation and Helping Behavior: Theories and Research*, ed. VJ Derlega, J Grzelak, (pp. 327 - 53). New York: Academic.

Sheng, C.L. (1994). A note on the prisoner's dilemma. *Theory and Decision*, *36*, 233 - 246.

Silva, J.M., & Andrew, J.A. (1987). An analysis of game location and basketball performance in the Atlantic Coast Conference. *International Journal of Sport Psychology*, *18*, 188 - 204.

Simon, H.A. (1990). A Mechanism for Social Selection and Successful Altruism. *Science*, *250*(4988), 1665 - 68.

Sommer, R. (1969). *Personal space: The behavioral basis of design*. Englewood Cliffs, NJ: Prentice-Hall, Inc.

Sommer, R. (2002). From personal space to cyberspace. In *Handbook of Environmental Psychology* (pp. 647 - 660), New York: Wiley.

Staub, E. (1979). *Positive social behavior and morality: Vol. 2. Socialization and development*. New York: Academic Press.

Staub, E. (1984). Notes toward an interactionist-motivational theory of the determinants and development of (pro)social behavior. In E. Staub, D. Bar-Tal, J. Karylowski, & J. Keykowski (Eds), *Development and maintenance of prosocial behavior* (pp. 29 - 50). New York: Plenum Press.

Trivers, R.L. (1971). The evolution of reciprocal altruism. *The Quarterly Review of Biology*, *46*, 35 - 57.

Van baaren, R.B., Holland, R.W., Kawakami, K., & Van Knippenberg, A. (2004). Mimicry and prosocial behavior. *Psychological Science*, *15*(1), 71 - 74.

Van Dijk, E., & Vermunt, R. (2002). Strategy and fairness in social decision making: sometimes it pays to be powerless. *Journal of Experimental Social Psychology*, *36*(1), 1 - 25.

Vohs, K.D., Mead, N.L., & Goode, M.R. (2006). The psychologicalconsequences of money. *Science*, *314*, 1154 - 1156.

Wilson, D.S., & Sober, E. (1994). Reintroducing group selection to the human behavioural sciences. *Behavioral and Brain Sciences*, *17*, 585 - 654.

Yangtze, Y. (2008). More than 600,000 Sichuan migrant workers return home jobless after quake. Retrieved July 3, 2008, from http://news. xinhuanet. com/english/2008 - 07/03/content_8484508. htm.

陈晓萍,李纾.(2013).为什么中国人更不愿意与陌生人合作? 中国管理新视野.7 月刊:1—3.

王赞,魏子晗,沈丝楚,吴斌,蔡晓红,郭慧芳,周媛,李纾.(2016).世纪科学之问"合作行为是如何进化的"——中国学者的回应.科学通报,61(1),20—33.

第 37 章 生存的行为标志物：
适应良好与适应不良

共同作者:沈丝楚

在进化过程中,人类之所以能成功地完成觅食、保障安全、选择配偶、保护后代等"生存任务",以至主宰地球,正是因为我们通过自然选择的过程,拥有了一种独特的技能——做出好的决策(李纾,梁竹苑,孙彦,2012)。人类世世代代做决策,而自然世世代代代做选择。人类在自然选择的过程中做出的决策造就了现在的、演化的人。人类如何在不确定的环境中做出适应性反应,从而更好地生存和繁衍下来,是一个重要的科学问题。因此,什么决策品质或指标能够区分适应良好(well-adaptive)与适应不良(mal-adaptive)的人群自然地成为了人们所关心的问题。

行为标志物(behavioral markers)是指行为表现在某些领域中所特定的一套行为指标(Flin & Martin, 2001)。其可用作诊断学的预测工具,或用作判断疾病产生和发展阶段变化的标志物,具有方便、快捷、经济的优势。

在《第三种黑猩猩》一书中,贾雷德·戴蒙德(Jared Diamond)认为,人类之所以成为万物之灵,在于人类拥有高度社会化的生活方式,有丰富而复杂的语言体系,会制造精密而功能强大的工具,能在艺术中彼此产生共鸣,能实践公平等(王志芳,2014)。受这种思路启发,本章作者考虑将:(1)远见;(2)礼让;(3)艺术共鸣;(4)可持续发展等特质作为可能诊断适应良好与适应不良人群的潜在行为标志物,以此尝试从决策的角度来区分适应良好与适应不良的人群。

37.1 潜在的行为标志物探索

37.1.1 远见

孔子有云:"人无远虑,必有近忧。"(图 37.1)只有未雨绸缪,才能够避免陷入困境,并获取长远利益。自农耕社会起,人们便开始耕种作物。比起采集,耕种需要耗费人类更长的时间与更多的精力,但却可保证食物的长期供给与储备,由此表现出人类对长远收益的重视。正如 Ascher(2006)的研究结果所示,比起距离较近的将来而言,人们对于遥远未来所发生的结果的重视程度并未表现出显著的降低,甚至有时人们更倾向于为了获取远期收益,暂时牺牲短期利益(如春天播下的种子),以此提高总体收益(秋天的收获)。有远见这一特质使得人类在自然演化的过程中能够更好地适应环境中的不确定性变化,从而能够代代繁衍生息。

图 37.1 阿德莱德大学心理学系旁的孔子塑像

由此,我们对"最后通牒"范式做改进,将其修改为跨期形式的决策问题:请被试作为提议的回应者(responder),分别判断在 2 种时间(现在 vs. 将来)节点接受不同提议的愿意程度,以期验证远见作为行为标志物的可能性。

在第一种情景中,让被试设想和一个不认识的人分 1 000 元,被试**现在**得钱,而对方在 **1 年后**得钱。提议示例如下:

你现在得到 400 元,对方 1 年后得到 600 元

非常不 愿意接受	比较不 愿意接受	有点不 愿意接受	有点 愿意接受	比较 愿意接受	非常 愿意接受
1	2	3	4	5	6

而在第二种情景中,同样让被试设想和一个不认识的人分 1 000 元,然而被试在 **1 年后**得钱,对方则**现在**得钱。示例如下:

你一年后得到 600 元,对方现在得到 400 元

非常不 愿意接受	比较不 愿意接受	有点不 愿意接受	有点 愿意接受	比较 愿意接受	非常 愿意接受
1	2	3	4	5	6

在这两种情景中,如果相较于情景一(被试现在获得),被试在情景二中(1 年后获得)更愿意接受提议,则表明被试更倾向于在未来获取收益,对于未来收益的折扣率低,即当具备有远见的特质。

37.1.2　礼让

在整个人类群体中,我们并不是一个个孤单的"星球",而是互相联系的群体网络中的一员。因此,只有懂得礼让,群体中的成员才能形成长远的互惠共赢关系。具体表现为:一方面,我们须懂得区分不同社会化程度的对象,表现出区别性的社会行为。例如,我们可能将儿童知觉为低人化(infrahumanization)的对象,将他们的行为解释为出自欲望和本能(Haslam, 2006)。Wang 等人(2014)的研究也支持了这一观点,在提议者(proposer)是"**电脑**"的条件下,正常成人对于不公平提议的接受程度高于提议者是"**成人**"的条件。另一方面,我们或会不计个人得失,表现出亲社会行为,以求取整个群体的共同获得。例如,社会正念(social mindfulness)这种人类特有的能力,就意味着人们能够从观点采择和共情关注的角度来体察他人的需求,而非仅仅考虑自身的利益,因此愿意将选择的机会和权利让渡给他人(van Doesum & van Lange, 2013)。

由此,我们对"最后通牒"范式中提议者的身份进行操纵:在变换提议者身份(成人 vs.儿童)的两种情景下,让被试分别决定接受不同提议的愿意程度,以期验证礼让作为行为标志物的可能性。在第一种情景中,让被试设想和一个不认识的**成人**分

100 元。而在第二种情景中,则让被试设想和一个不认识的**儿童**分 100 元。提议示例如下:

方案:对方得 90 元,你得 10 元

非常不 愿意接受	比较不 愿意接受	有点不 愿意接受	有点 愿意接受	比较 愿意接受	非常 愿意接受
1	2	3	4	5	6

在这两种情景中,如果相较于情景一(对方为成人),若被试在情景二中(对方为儿童)更愿意接受不公平提议,则表明被试更能够区分不同人性化发展程度的对象。换言之,其能区别对待提议者,不对社会化程度低的儿童提出的不公平提议做出惩罚性回应(拒绝提议),而是选择将更大份额的获利拱手相让,即当具有礼让的特质。

37.1.3 艺术共鸣

艺术是人类有别于其他生物的重要文明产物之一,它或体现了人类独特的文化。人们能够对于同一件艺术品产生类同的想法与感受,并拥有相似的理解与鉴赏能力,这种奇妙的"巧合",恰恰是群体文化的一种集中体现,也是群体成员识别身份的一种标签。换言之,拥有产生艺术共鸣的能力,才使得艺术品这种文明的产物有了价值,而能否欣赏艺术并产生共鸣,则是我们作为人类群体一员的标志之一。

由此,试以"人人都有此意,人人都无此语"之境界作为艺术欣赏的共鸣标准,编制或能测量艺术共鸣能力的决策问题。研究拟以和众人共同观看电影这种艺术欣赏的形式为情景,向被试展示在"人人都有此意"和"人人都无此语"这两个维度上各分两种水平的四种电影评价。被试需要分别选择愿意推荐朋友观看该电影的程度,以期验证艺术共鸣作为行为标志物的可能性。示例如下:

所有人都认为这个故事**不是/是**自己想讲的;所有人都认为换成自己也能**讲得好/讲不好**这样的故事。

请评价您愿意推荐您的朋友去看这场电影的程度(请在适当的数字上画圈)。

非常不 愿意	比较不 愿意	有点不 愿意	有点 愿意	比较 愿意	非常 愿意
1	2	3	4	5	6

在这四种情景中,如果被试更愿意推荐蕴含"人人都有此意,人人都无此语"特征的电影,则表明被试更欣赏能够引发自身共鸣的艺术。此外,也说明被试希望通过艺术的形式向他人表情达意,即当具有懂得艺术共鸣的特质。

37.1.4 可持续发展

可持续发展是人类生存与种族延续的保障。例如,Arkes(1996)的研究发现,在"购买新电脑"和"购买新电脑并将旧电脑交给商家"这两种选择之中,即使购买价格完全相同,个体也更倾向于选择后者。原因在于,个体愿意牺牲部分经济利益(旧电脑还值些钱)以使自己不显得浪费。在面临与可持续发展有关的抉择时,人们往往违背了经济人的理性,而做出了相对不那么"经济"的选择,争取达到物尽其用的目的。保护环境,合理利用资源,这样的决策偏好体现出人类群体对于长远发展的考量。

由此,研究设计以下决策问题以期验证可持续发展作为行为标志物的可能性。

首先,研究的情景设计为购买一台新电脑,向被试展示在"说明书材质"和"回收政策"这两个维度上各分二种水平的四种购买方案(无论是否将旧电脑交给商场,购买新电脑的价格均**相同**)。被试需要分别选择愿意购买该电脑的程度,由此编制或能测量可持续发展的决策问题。方案示例如下:

购买附**电子版/纸质版**说明书的电脑,**无需/需要**将旧电脑交还给商场。

请评价您愿意购买该电脑的程度(请在适当的数字上画圈)。

非常不愿意	比较不愿意	有点不愿意	有点愿意	比较愿意	非常愿意
1	2	3	4	5	6

图 37.2 莱茵河上过往驳船

在这四种方案中,如果被试更愿意购买附电子版说明书的电脑,并愿意回收旧电脑,则表明被试更倾向于循环利用资源。若被试愿意主动做出此类绿色环保的回收行为,则表明其当具备可持续发展的意识。

其次,另一平行研究的情景设计为一古人靠打劫河上过往船只为生,意欲发家后沿河修建一个城堡。向被试展示在"打劫频次"和"截货量比例"这两个维度上各分二种水平的四种情景,被试需要分别评价这座城堡能建成的可能性,由此编制或能测量可持续发展意识的决策问题。示例如下:

他**逢船就劫/每隔三条船**劫一条船,将船上**15%/100%**的货物劫下。
请您评价这座城堡能建成的可能性(请在适当的数字上画圈):

非常不 可能	比较不 可能	有点不 可能	有点 可能	比较 可能	非常 可能
1	2	3	4	5	6

在这四种情景中,如果被试认为在打劫频次低且截货量比例小的情况下更可能建成城堡,则表明被试认为不应杀鸡取卵,竭泽而渔。该情景也寓意着人类谋求生存的方式逐步文明化、理性化(这一现象在欧洲历史中可见一斑,譬如日耳曼人,开始是从入侵罗马帝国,野蛮地杀人越货来获取物资,到其后定居耕作,学习罗马的文明与律法,通过耕种与依法**收税**来生存发展),即当具有可持续发展的意识。

37.2 行为标志物的效标检验

为了检验上述潜在的行为标志物是否能区分适应良好与适应不良的人群,我们选取了抑郁症患者和服刑人员作为适应不良人群的代表,正常人群则作为适应良好的对照组。其中,抑郁症患者由于其认知功能的损伤表现出病理性的适应不良行为,而服刑人员则基于人格特质和应对方式等因素呈现出典型的适应不良行为(Leykin & DeRubeis, 2010; Leykin, Roberts, & DeRubeis, 2011; Zajenkowska, Jankowski, Lawrence, & Zajenkowski, 2013)。如果这两个群体与正常成人在以上行为标志物中表现出显著差异,我们或能以此快速简捷地诊断适应良好与适应不良的群体。

研究招募了365名正常成人,21名经过主治医师确诊为抑郁症的患者和214名服刑人员参与研究。

我们对正常成人、抑郁症患者和服刑人员在以上各决策问题的测验得分进行了差异检验。其结果如表37.1所示。首先,在远见问题上不同群体的差异显著。事后检验结果表明,正常成人相比起抑郁症患者和服刑人员得分高,更倾向于获得长远利益。其次,在礼让问题上,不同群体的差异显著。事后检验结果表明,正常成人和服刑人员相比起抑郁症患者得分高,更愿意接受儿童提出的不公平提议,即倾向于礼让儿童。第三,在艺术共鸣问题上,不同群体的差异显著。事后检验的结果表明,正常成人相较于服刑人员而言得分高,更欣赏引发共鸣感受的电影,即更可能具备艺术共鸣的特质。第四,在可持续发展——电脑问题上,不同群体差异不显著。最后,在可持续发展——打劫问题上,不同群体的差异边缘显著。事后检验结果表明,正常成人比服刑人员得分高,意味着他们更重视长远和可持续发展的收益。

表 37.1　不同群体在各行为标志物问卷中的平均分值与差异检验

行为标志物	问题	群体			ANOVA	
		正常成人	服刑人员	抑郁症患者	F	p
远见	远见	1.35(1.44)[a, b]	0.64(1.43)[a]	0.33(1.82)[b]	18.71	0.000
礼让	礼让	0.69(1.14)[c]	0.70(1.18)[d]	0.02(1.03)[c, d]	3.51	0.031
艺术共鸣	艺术共鸣	2.81(2.72)[e]	2.18(2.67)[e]	2.73(2.05)	3.58	0.028
可持续发展	电脑	−2.87(3.41)	−2.23(3.63)	−3.00(3.97)	2.29	0.102
	打劫	1.01(2.34)[f]	0.51(2.47)[f]	1.18(2.56)	2.89	0.057

注:括号内为问题得分的标准差。上标字母相同表示该问题得分的平均分差异达到 0.05 的显著性水平。

37.3　讨论与展望

本章试图探索什么决策品质或指标能区分适应良好与适应不良的人群。人类与黑猩猩的基因组差异极小,而究竟是什么使我们与动物有所不同? 人之为人,或许在于我们有远见、礼让、艺术共鸣和可持续发展的特质。这些与生存相关的行为以标志物的形式表现在决策上,可以简单却有效地区分适应良好与适应不良的人群。在复杂而不确定的世界中,做出适应性决策推动了人类的演化。而适应不良的决策行为则会迫使人类面临困境,如物种消亡、环境污染与战争。这些生存的行为标志物或可作为温和的演化选择指标。而我们这些适应性的行为,也恰是人类文明发展和文化教育的成果,如若能够通过决策问题予以区分,或可以为重要岗位人才的甄选提供适宜的指标。此外,从决策角度出发的这一区分方式可拓展行为标志物涉及的领域,或可为精神病理学的诊断与干预效果以及犯罪的预警提供辅助评估工具,并增进对于人类正常与异常决策行为的了解。

尽管人类具备非凡的独特特质,自然界中的其他物种也同样表现出它们的天赋与才能。在缤纷复杂的动物界,猴子会说话,大象能画画,蚂蚁更是以蘑菇养蚜虫在农业和畜牧业中颇有建树,其与人类的差别也仅在程度、规模上不同而已。因此,相应的行为标志物指标也不是二分的,而应是连续变量。换言之,我们建立的标志物并不是绝对地区分适应良好与适应不良的人群,而是在一个连续体上表现适应性的区别,从行为决策的角度提出一个可能的区分指标。

所谓的适应良好与适应不良,实际上只是相对而言的,即使是我们定义为适应良好的正常人群,也仅仅是在我们所预期的某些决策维度上表现出显著的适应性。真正"适应良好"的人当属那些能在充满不确定环境中看出"潜在"生机、做出有远见的应对,且经得起自然选择而不被淘汰的个人、团体、种群、国家。

致谢:感谢中国科学院心理研究所本科生科学研究基金(2014)资助了本章所报告的研究。

参考文献

Arkes, H. R. (1996). The psychology of waste. *Journal of Behavioral Decision Making*, 9(3),213 - 224.

Ascher, W. (2006). Long-term strategy for sustainable development: Strategies to promote far-sighted action. *Sustainability Science*, 1(1),15 - 22.

Flin, R., & Martin, L. (2001). Behavioral markers for crew resource management: A review of current practice. *The International Journal of Aviation Psychology*, 11(1),95 - 118.

Haslam, N. (2006). Dehumanization: An integrative review. *Personality and Social Psychology Review*, 10(3), 252 - 264.

Leykin, Y., & DeRubeis, R. J. (2010). Decision-making styles and depressive symptomatology: Development of the Decision Styles Questionnaire. *Judgment and Decision Making*, 5(7),506 - 515.

Leykin, Y., Roberts, C. S., & DeRubeis, R. J. (2011). Decision-making and depressive symptomatology. *Cognitive Therapy and Research*, 35(4),333 - 341.

van Doesum, N. J., van Lange, D. A., & van Lange, P. A. (2013). Social mindfulness: Skill and will to navigate the social world. *Journal of Personality and Social Psychology*, 105(1),86 - 103.

Wang, Y., Zhou, Y., Li, S., Wang, P., Wu, G.-W., & Liu, Z.-N. (2014). Impaired social decision making in patients with major depressive disorder. *BMC Psychiatry*, 14(1),18.

Yamagishi, T., Hashimoto, H., & Schug, J. (2008). Preferences versus strategies as explanations for culture-specific behavior. *Psychological Science*, 19(6),579 - 584.

Zajenkowska, A., Jankowski, K. S., Lawrence, C., & Zajenkowski, M. (2013). Personality and individual differences in responses to aggression triggering events among prisoners and non-prisoners. *Personality and Individual Differences*, 55(8),947 - 951.

李纾,梁竹苑,孙彦.(2012).人类决策:基础科学研究中富有前景的学科.中国科学院院刊.27(增刊):52—65.

沈丝楚.(2014).诊断适应良好与适应不良人群的探索研究——以"远见、关系、艺术共鸣、可持续"作为行为标志物.学士学位论文,福州大学,福州.

王志芳.(2014).万物之灵的危机.科技导报,32(1),84—84.

第 38 章 英雄不问出处
——身世效应

> 英雄各有见，何必问出处。
>
> ［明］杨基《感怀》

"英雄不问出处"说的是，不应以身份的高低、出身的贵贱来衡量英雄，而应以此人自身的本领论英雄。这种"不应计较英雄来自什么地方"的观点被经济学模型诠释为"来源独立"（source independence）原则。即，如何获得一件物品（或收益）的方式不应该视作给该物件定价（值）的依据（Loewenstein & Issacharoff, 1994）。换言之，商品本身当值何价，不应该由该商品如何得来而决定。

然而，有关消费者行为（consumer behavior）的研究已积攒了一些与这一见解相左的证据。如，有研究发现了"功利主义的交换模型"（utilitarian models of exchange）所无法解释的一些消费者行为（例如，Belk & Coon, 1993；Fournier, 1998）；此外，亦有研究表明"身世"对财产的象征意义具有重大的影响（Belk 1988；Csikszentmihalyi & Rochberg-Halton, 1981；Grayson & Shulman, 2000；Wallendorf & Arnould, 1988）。从广义的消费者行为角度看，究竟将这些发现视作"随机误差"还是"系统误差"的证据，仍然存在很大的争议。

传统经济学理论认为，买家在购买商品或服务时，会将"钱"的价值与欲购买"商品"或"服务"的价值进行比较和评估。如果"商品"或"服务"的价值大于买家手中

"钱"的价值,那么买家便倾向于购买(即,"商品"或"服务"更值钱);相反,如果"商品"或"服务"的价值小于买家手中"钱"的价值时,买家则倾向于不购买(即,手中的"钱"更值钱)。然而,心理学关于"意外获得"(windfall gains)的研究表明,相对于非意外所得的钱,人们更愿意花掉意外获得的钱(Arekes, Joyner, & Pezzo, 1994)。金钱的来源历史会影响消费者的购买意愿,这一结果出乎一般人的意料,也昭示着传统的经济学理论存在"盲区"。

Arkes 等人(1994)提出了一个大胆的假设:钱一物交易的时间和形式会影响钱的价值和买家购买时的出价,且赚钱时机(money-earning time)和兑钱路径(money-exchanging route)的心理过程会影响消费者花掉手头拥有金钱的意愿。

Li(2002)在研究中设计了2种通路以追溯消费者手中现金的来源:(1)哪里赚的钱;(2)什么时候赚的钱。其中,对"钱的身世"的探究不是操纵 Arkes 等人(1994)所研究的"意外获得",而是操纵了"赚钱时机"和"兑钱路径"这2个变量,其目的是为了增进人们对"钱的身世是如何影响消费者偏好"的理解。实验通过"购买意愿"(willingness to buy)来测量消费者在各种情景下花钱的意愿。其采用的方法不是直接询问被试"买"或"不买",而是要求被试在思考后给出愿意购买该商品的最高价格。该方法的基本原理是:当买家手中"钱"的价值小(大)于商品的价值时,消费者将会给出一个较高(低)的出价。购买相同的商品时,拥有更多现金的买家会给出相对较高的出价。下文将分别探讨"赚钱时机"和"兑钱路径"对"购买意愿"的影响。

38.1　赚钱时机的影响

传统经济学理论认为:买家在购买商品或服务时,其出价很大程度上是由交易时买家手中"钱"的价值所决定的。如果某人愿意提前支付购买款项,就会得到优惠的折扣(如,买房时采取预购形式比分期付款所需支付的费用少)。不过,尚无确切的经济学原理可解释相同的支付形式可改变金钱在交易时的价值。

Li(2002)在新加坡所做的一项研究探索了"赚钱时机"是如何影响钱的价值。呈现给被试的两个问题情景如下:

问题1:设想你是一个饭店的侍应生。一位顾客过生日需要你的帮助,**你按他的需求提供了服务,用餐后他给了你 $20 小费以表示感谢。**下班后,你在回家的路上突然想起你需要给朋友买一盒巧克力作为圣诞礼物,你打算花多少钱为你朋友买这盒巧克力?(一盒巧克力的价格在 $5—$20 之间)(N=131)

问题2:设想你是一个饭店的侍应生。一位顾客过生日需要你的帮助,**他预**

先给了你 **$20 小费并让你按他的需求提供服务。**下班后,你在回家的路上突然想到你需要给朋友买一盒巧克力作为圣诞礼物,你打算花多少钱为你朋友买这盒巧克力?(一盒巧克力的价格在 $5— $20 之间)(N＝122)

问题 1 和问题 2 之间的区别在于:问题 1 中被试是在服务**之后**得到劳动报酬,而问题 2 中被试是在服务**之前**得到劳动报酬。实验结果表明:两种不同的赚钱时机导致了巧克力出价的显著差异。"先得钱,后服务"的被试愿意出更高的价格购买巧克力(M ＝$15.48),而"先服务,后得钱"的被试平均出价更低(M ＝14.08),两组被试的出价存在显著差异,$t(251) = 2.07$, $p < 0.05$。这说明侍应生的赚钱时机对随后购买商品的意愿和出价的高低均产生了影响。

38.2 兑钱路径的影响

在 Li(2002)的研究中,被试还旋即对以下 2 个问题作答:

问题 3:设想你打算玩一个街机游戏,你带了 $50 并换成 100 个 ¢ 50 的**硬币**。然而,逛了几圈之后你决定不玩游戏,随即回家并把这些硬币放在了一边。3 个月之后,你突然重新发现这些硬币,你又变成一个拥有 $50"有钱人"了!这时候你想起原有一个约值 $30— $50 的卡西欧手表想买,但是之前你没有现金购买。你决定用这些钱去买下这块卡西欧手表。你愿意最多出多少钱购买这块手表?(N＝65)

问题 4:设想你打算玩一个街机游戏,你带了 $50 并换成 100 个**游戏币**。然而,逛了几圈之后你决定不玩游戏,随即回家并把这些硬币放在了一边。3 个月之后,你突然重新发现这些游戏币。**但是,当你到达游戏厅才发现游戏厅即将关门,经理说他们要用现金兑换回该游戏厅的所有游戏币。这种事还是第一次发生,**因为大家都知道游戏厅有"游戏币不允许换回现金"的规定。于是你将手里的游戏币全部换成现金,你又变成一个拥有 $50"有钱人"了!这时候你想起原有一个约值 $30— $50 的卡西欧手表想买,但是之前你没有现金购买。你决定用这些钱去买下这块卡西欧手表。你愿意最多出多少钱购买这块手表?(N＝60)

问题 3 和问题 4 之间的区别在于:你手中的现金经过了不同的兑换路径。在问题 3 中,兑钱路径为: $50 现金→ $50 **硬币**→ $50 现金;在问题 4 中,则为: $50 现金→ $50 **游戏币**→ $50 现金。实验结果显示:两种不同的兑钱路径导致了腕表出价的显著差异。由"游戏币换回现金"的玩家愿意出更高的价格购买腕表（$M =$ \$42.16），而经由"硬币兑换现金"的玩家平均出价更低（$M =$ \$39.28），两组玩家出价存在显著差异，$t(123) = 2.03$，$p < 0.05$。这表明兑钱路径会对随后购买商品的意愿和出价的高低产生影响。"兑钱路径"和"赚钱时机"的实验结果均违背了基本经济假设的"可替代性"（fungibility）原则——金钱的来源对消费不会产生影响（von Neumann & Morgenstern, 1947, p. 8）。

38.3　讨论与启示

为什么"赚钱时机"和"兑钱路径"可以如"意外获得"一样影响消费者的购买策略？人们通常认为，意外获得意味着得到的钱是不劳而获的。根据 Arkes 等人（1994）的研究，意外获得被定义为意想不到的收益。尽管不少研究发现钱的"身世"会影响被试的购买意愿，但是这些研究并没有操纵"钱"的赚钱特性（earnedness）或预期特性（anticipation）。以上两个研究表明，消费者决定是否购买商品时，会考虑"赚钱时机"和"兑钱路径"这两个因素。

从兑钱路径研究的两种情景中可见，"由游戏币兑换回现金"的被试会比"由硬币兑换回现金"的被试更乐意花掉手中未曾预料到的（3 个月后重新发现这笔钱）或非赚来的钱（即自己的钱）。这就提示，身世效应（history effect）应引起我们的特别注意。一种可能的解释是：金钱的心理形式太引人注意以至于直到交易前，钱的身世都会影响消费者的决策行为。

此外，在赚钱时机研究中，"先获后劳"比"先劳后获"的被试更乐意花掉手中赚来的现金。在这两种情景中，被试得到的钱均是自己赚得的（消费者给的服务费）以及自己并没有预料到的（在新加坡，服务费已经包含在食物的售价里了）。因此，这种现象或可假斯金纳的强化理论来解释（Skinner, 1971）。即，在提供服务（按杠杆）后得到小费（食物）被视为是斯金纳所定义的"正强化"（reward follows desirable behavior）；而值得注意的是，先给钱再提供服务并不是经典的"正强化"而是"贿赂"（bribe：食物出现在小白鼠按杠杆之前）（Li, Triandis, & Yu, 2006）。Li（2002）的实验结果或归因于人们更愿意花掉贿赂所得而非奖赏所得的钱。这些结果意味着购买商品或者服务行为更可能发生在：(1)高贪腐的国家或地区；(2)所持现金是由低流通货币（如伊拉克第纳尔）兑换高流通货币（如美元）时。

总之，Li（2002）的发现似乎在说：英雄莫问出处，富贵当问缘由。这些发现也为我们今后检验"可替代性"假设的研究指出了一新途径。

致谢:感谢新加坡南洋理工大学南洋商学院 LIM Lee Keng，NG Li Ching 和 Ivy SOH Hwee Fun 等人在资料收集、整理、翻译等方面所提供的帮助，感谢印第安纳大学的留学生"葛大安"送作者一本斯金纳原著 *Beyond freedom and dignity*。

参考文献

Arkes, H. R. , Joyner, C. A. , Pezzo, M. V. , Nash, J. G. , Siegel-Jacobs, K. , & Stone, E. (1994). The psychology of windfall gains. *Organizational Behavior and Human Decision Processes*, *59*(3),331 - 347.

Belk, R. W. , & Coon, G. S. (1993). Gift giving as agapic love: An alternative to the exchange paradigm based on dating experiences. *Journal of Consumer Research*, 393 - 417.

Belk, Russell W. (1988). Possessions and the extended self. *Journal of Consumer Research*, *15*(2),139 - 168.

Csikszentmihalyi, M. , & Halton, E. (1981). *The meaning of things: Domestic symbols and the self*. Cambridge: Cambridge University Press.

Fournier, S. (1998). Consumers and their brands: Developing relationship theory in consumer research. *Journal of Consumer Research*, *24*(4),343 - 353.

Grayson, K. , & Shulman, D. (2000). Indexicality and the verification function of irreplaceable possessions: A semiotic analysis. *Journal of Consumer Research*, *27*(1),17 - 30.

Li, S. (2002). Do money-earning time and money-exchanging route matter? *Psychology & Marketing*, *19*(9),777 - 782.

Li, S. , Triandis, H. C. , & Yu, Y. (2006). Cultural orientation and corruption. *Ethics & Behavior*, *16*(3),199 - 215.

Loewenstein, G. , & Issacharoff, S. (1994). Source dependence in the valuation of objects. *Journal of Behavioral Decision Making*, *7*(3),157 - 168.

Neumann, J. v. & Morgenstern. O. (1947). *Theory of Games and Economic Behavior* (2nd ed.). Princeton, N. J.: Princeton University Press.

Skinner, B. F. (1971). *Beyond freedom and dignity*. Middlesex, England: Penguin Books.

Wallendorf, M. , & Arnould, E. J. (1988). "My Favorite Things": A Cross-Cultural Inquiry into Object Attachment, Possessiveness, and Social Linkage. *Journal of Consumer Research*, 531 - 547.

第 39 章　人格倾向不移？
——灰发灰云效应

共同作者：刘长江

> 不敢冒险的人既无骡子又无马；过分冒险的人既丢骡子又丢马。
>
> ——拉伯雷（法）
>
> 江山易改，禀性难移
>
> ——明·冯梦龙《醒世恒言》

　　风险偏好存在稳定的个体差异吗？如果存在，什么样的特质会影响风险偏好呢？在不同决策领域中的这些差异会一致吗？对于第一个问题，有关风险偏好的人格差异研究证实了这种差异的存在。例如，采用大五人格量表来测量人格特质的研究表明，风险寻求与外倾性（extraversion）和开放性（openness）正相关，而与神经质（neuroticism）、宜人性（agreeableness）和尽责性（conscientiousness）负相关（Nicholson et al.，2005；Kowert & Hermann，1997）。

　　除了人格因素，思维类型也可能影响个体的风险偏好。思维的双加工模型提出，人类的思维模式存在两种完全不同的加工类型，一种是相对自动的、整体的加工类型，这种类型自动将问题进行情境化处理；一种是相对更控制的、分析的加工类型，它导致问题的去情境化（Stanovich & West，2000）。在风险偏好领域里，对情境线索敏感（如框架效应）可能是由加工类型所致。研究证实，与整体型思维的人相比，分析型思维的人所做出的反应更可能遵循期望效用理论（McElroy & Seta，2003）。

在行为决策研究里,风险偏好可能与不同的决策领域相关(Soane & Chmiel, 2005)。而且,研究指出,在解释描述性决策与规范性决策之间的差异时,研究者很少考虑到个体差异(Stanovich & West, 1998)。因而,尽管有关风险偏好的理论和实证研究有很多,但是,从个体差异的角度来理解不同情境中的风险偏好的研究还是很有限,尤其是对于不同反应模式的个体差异更是少有探讨。

基于此,Li 和 Liu(2008)考察了信息加工类型(information processing style)与二择一选择情景中风险偏好之间的关系。该研究在南洋理工大学南洋商学院的"组织行为"课堂上调查了 200 名一年级学生,其中男生 81 名,平均年龄是 21 岁,女生 119 名,平均年龄是 19 岁①。被试首先需要通过计算机计分系统来完成迈尔斯—布里格斯类型指标(Myers-Briggs Type Indicator, MBTI)测验,然后在课堂上(每次最多 20 人)完成两个问题,即亚洲疾病问题(Tversky & Kahneman, 1981)和投资问题(Hodgkinson et al., 1999)。每个问题均设计了两个版本,其中一个版本描述形式为正面框架,而另一个版本描述形式为负面框架。被试既需完成正面框架(即收益情景)下的决策,也需完成负面框架(即损失情景)下的决策。研究结果既发现了风险偏好在人格特质上存在稳定性的一面,也发现了风险偏好的人格特征与理性预期不一致的一面,我们将这种不一致隐喻表达为"灰发—灰云效应(grey hair/clouds effect)",喻意着在不同情景中风险决策不一致的人可能比一贯保守的人更依赖分析做出决策。

39.1 风险偏好与反应模式

规范性决策理论认为,假如两个选项的期望价值或期望效用等值,那么人们对其偏好就不应该表现出差异。然而,人们的风险偏好(risk preferences)常常违背规范性决策理论。在经济学研究中,研究者常让人们在概率分布已知的赌博问题中表达对赌博的偏好,以此来测量风险偏好或风险态度(Mellers, et al., 1998)。比如让人们做一个选择,这个选择它包含了两个选项,其中一个选项是确定事件,一个选项是与前一选项有着等同或者更高的金钱期望的赌博事件。若决策者选择确定事件,则认为该决策者更偏好保守,若决策者选择赌博事件,则认为该决策者更偏好风险。

例如,Tversky 和 Kahneman(1981)给被试呈现了下面两个问题,这一情景描述如下:

---

① 新加坡男生须服兵役后方准入大学,故男生平均年龄普遍大于女生。

问题 1:想象美国正准备对付一种罕见的亚洲疾病,预计该疾病的发作将导致 600 人死亡。现有两种与疾病作斗争的方案可供选择。假定对各方案所产生后果的精确科学估算如下所示:(N＝152)

如果采用 A 方案,200 人将生还。

如果采用 B 方案,有 1/3 的机会 600 人将生还,而有 2/3 的机会无人将生还。

请问,你偏好哪个方案呢?

问题 2:想象美国正准备对付一种罕见的亚洲疾病,预计该疾病的发作将导致 600 人死亡。现有两种与疾病作斗争的方案可供选择。假定对各方案所产生后果的精确科学估算如下所示:(N＝155)

如果采用 A 方案,400 人将死去。

如果采用 B 方案,有 1/3 的机会无人将死去,而有 2/3 的机会 600 人将死去。

请问,你偏好哪个方案呢?

上述问题就是在决策领域里影响广泛的亚洲疾病问题(Asian Disease Problem)的一个变式。问题 1 与问题 2 其实是互补的,在数学上是等价值的,但是前者是获得取向的,而后者描述为损失。规范性理论认为,如何描述选项不应该影响人们的偏好顺序。这也就是说,如果人们在问题 1 中偏好方案 A 多于 B,那么在问题 2 中也应该偏好方案 A 多于 B。反之亦然。

然而,研究结果发现,如果结果是以挽救生命这样的正面框架来表达,那么多数人(72%)偏好确定的选项(即问题 1 中的方案 A);而如果结果是以丧失生命这样的负面框架来表达时,多数人(78%)会偏好风险选项(即问题 2 中的方案 B)(Tversky & Kahneman,1981)。研究者将人们的这种偏好反转称为框架效应(framing effect),即所知觉到的领域受到问题措辞的改变而产生不同的决策结果(Fagley & Miller,1997)。

众多探讨框架效应的研究是基于亚洲疾病问题及其变式。研究广泛证实,风险偏好对决策框架的方式以及用于表达这一偏好的反应方式敏感(Fischhoff et al.,1980;Slovic,1995)。McNeil 等人(1982)发现,不仅普通人,哪怕是专家(如内科医生)也对框架效应敏感。

采用其他范式的情景也证实了描述差异对决策的影响。例如,Hodgkinson 等(1999)设计了如下投资问题:

问题1:假定,您要在下面两项投资中选择一项。

A:在国内开发新市场,不会扩展到国外。市场调研表明这一方案肯定会产生一百万的利润。

B:在国内停止新的开发,转而开拓国外市场。市场调研表明,这一方案有1/3的可能产生三百万的利润,2/3的可能毫无利润。

那么,在这两个方案中,您倾向于选择哪一个?

问题2:假定,您要在下面两项投资中选择一项。

A:在国内开发新市场,不会扩展到国外。市场调研表明这一方案肯定比预期目标少赚两百万的利润。

B:在国内停止新的开发,转而开拓国外市场。市场调研表明,这一方案有1/3的可能产生预期目标所设定的利润,2/3的可能比预期目标少赚三百万的利润。

那么,在这两个方案中,您倾向于选择哪一个?

在投资问题中,也存在两个选项,其中一个是确定选项,而另一个是风险选项。结果表明,在88名被试中,当框架描述为正面时,有18人(41%)表现为风险规避,26人(59%)表现出风险寻求;当框架描述为负面时,10人(23%)表现为风险规避,34人(77%)表现出风险寻求(Hodgkinson et al.,1999)。

可见,人们的风险偏好受到了框架被描述为正面还是负面的影响,从而表现出偏好反转。在负面框架时人们更容易表现为风险寻求(risk-seeking),而在正面框架时便不那么风险寻求,更可能表现出风险规避(risk-averse,在亚洲疾病问题中更为典型)。所谓的风险规避是指在包含确定选项和风险选项的选择中,人们选择了确定事件的选项;风险寻求则是指在同样的选择中,人们选择风险选项。然而,尽管对这一偏好反转现象(如框架效应)的理解有实证支持,也有理论解释(如预期理论,Kahneman & Tversky,1979;齐当别模型,Li,2004a,2004b;更全面的阐述,请参见第1篇第2章)。但是,元分析(Kühberger,1998)发现,实验操作、研究方法以及特定任务等因素未必导致单一的偏好反转。该元分析总结了描述框架对风险决策的影响,其结果来自136个框架实验,包含将近30 000名被试。结果表明,框架效应的效应量其实并不大,这主要依赖于研究设计。

因而,尽管有很多被试在这些任务中给出了如标准的规范式反应,但是,不排除被试可能选择其他的反应模式。仔细观察被试所面临的决策任务(两个问题,而每个问题有两个选项),我们可以发现,人们的反应模式可能存在四种组合,分别为:

(1)一致风险规避者(consistent risk-aversers),他们总是选择确定选项。这样,在亚洲疾病问题和投资问题中,他们都选择 A。

（2）一致风险寻求者（consistent risk-seekers），他们总是选择风险选项。这样，在上述两个问题中,他们都选择 B。

（3）框架效应者（framing exhibiters），他们表现出框架效应。这样,在上述两个问题中,他们在问题 1 中选择 A,在问题 2 中选择 B。

（4）反向框架效应者（reverse framing exhibiters），他们选择模式与框架效应相反。这样,在上述两个问题中,他们会在问题 1 中选择 B,在问题 2 中选择 A。

对于亚洲疾病问题,已有研究发现,30.3% 的被试是一致风险规避者,33.3% 的被试是一致风险寻求者,29.3% 的被试表现出正向框架效应,而 7.1% 的被试表现出反向框架效应（Frisch, 1993）。我们的研究（Li & Liu, 2008）则发现,在回答亚洲疾病问题时,200 名被试中有 118 人表现一致,其中,73 人（36.5%）是一致风险规避者,45 人（22.5%）是一致风险寻求者,66 人（33%）为框架效应者,16 人（8%）为反向框架效应者。在回答投资问题时,200 名被试中 112 人表现一致,其中,52 人（26%）是一致风险规避者,60 人（30%）是一致风险寻求者,74 人（37%）是框架效应者,14 人（7%）是反向框架效应者。可见,我们的结果与 Frisch（1993）基本一致,只有约 1/3 的被试表现出正向框架效应,而相当多的被试并没有表现出这种效应来,甚至与经济理性预期一致。

39.2 信息加工类型及其稳定性差异

在包含确定选项和风险选项的选择中,人们所做出的决策会受个体差异影响而不同吗？研究表明,个体的信息加工机制在做决策时很重要（Lichtenstein & Slovic, 1971）。信息加工类型是一种认知类型,它反映了人们在加工和组织信息,并基于其观察做出判断或者结论时的一种个体差异（Hunt et al., 1989）。研究证实,信息加工类型与决策行为的差异存在相关（Leonard et al., 1999）。

瑞士心理学家荣格于 1964 年提出了心理类型理论,全面地阐述了个体在执行特定任务时存在一种心理偏好,即信息加工类型。后来,Myers（1962）编制了 MBTI,该指标将荣格的理论进行操作,加以扩展,形成四个维度,并且认为人格类型存在与荣格的认知类型相对应的维度,即外倾与内倾（Extraversion vs. Introversion, EI）、感觉与直觉（Sensing vs. iNtuition, SN）、思维与情感（Thinking vs. Feeling, TF），以及判断与知觉（Judging vs. Perceiving, JP）。

这四个维度就像四把标尺,标尺的两端分别对应着每个维度的两种人格类型,某个人的人格类型得分越是靠近标尺的末端,那么这种人格类型越是典型。MBTI 采用偏好清晰度指数(preference clarity index, PCI)来说明回答者偏好一种认知类型的清晰程度和肯定程度。由此,PCI反映了个体将自己精确地放置于某种人格类型的信心程度(Myers et al., 1998)。PCI得分高意味着在完成选择时回答者对自己的需要更为清楚明了。在我们的研究中,我们所使用的MBTI版本是扩展版K(Step Ⅱ Expanded, Form K)。当PCI得分在26—30时,应答者的认知偏好非常清晰,得分在16—25表明其偏好清晰,得分在6—15表明其偏好中等清晰,得分在1—5表明其偏好不清晰(Myers et al., 1998),如果应答者得分30,那么他可能更偏好思维而非情感,得分15则可能是相反的意思。PCI得分低表明应答者对两个对立的选项有着相同的偏好。

我们认为,MBTI有两个维度与风险选择最相关,即感觉—直觉维度(SN)和判断—知觉维度(JP)。而且,两者与思维的双加工模式(整体型—分析型)存在一定的重叠。在SN维度上,感觉者(Sensor)偏好即时的、真实的、实践的方面,关注于此地此刻的经历;直觉者(iNtuitor)偏好可能性、关系以及意义,关注于未来的经历。在JP维度上,判断者(Judger)偏好以一种决断的、计划的、有序的方式生活,旨在管理和控制事件;知觉者(Perceiver)则偏好以一种自发的、灵活的方式生活,旨在理解生活并适应生活。

现有证据(McElroy & Seta, 2003)表明,在面临包含确定选项和风险选项的选择时,直觉者比感觉者更风险寻求,判断者比知觉者更风险规避。由此,我们假设,一致风险规避者比一致风险寻求者在SN维度或JP维度上的得分更高。为此,我们(Li & Liu, 2008)分别以被试在亚洲疾病问题和投资问题的决策结果为因变量,比较了表现出不同反应模式的被试在MBTI各维度上的差异,结果见表39.1。

对于SN维度,结果显示,在亚洲疾病问题上,PCI分值存在显著差异。事后检验表明,一致风险寻求者与一致风险规避者存在差异,一致风险寻求者与正向框架者存在差异。在投资问题上被试也表现出类似的差异,一致风险寻求者得分要比一致风险规避者或正向框架者得分低。

对于JP维度,在亚洲疾病问题上,PCI分值存在显著差异,正向框架者得分最高,一致风险寻求者得分最低。事后检验表明,这两者存在显著差异。投资问题上被试表现出类似的差异,即一致风险寻求者在JP维度上得分要低于正向框架者(一致风险寻求者得分也低于一致风险规避者,但差异未达到0.05的显著水平)。由此,假设得到支持。

此外,我们也分析被试在外倾—内倾(EI)和思维—情感(TF)两个维度上的得分差异。结果表明,对于TF维度,结果没有发现任何显著的差异,但是,对于EI维度,被试在亚洲疾病问题上差异显著,而在投资问题上没有显著差异。事后检验发现,一致风险寻求者与反向框架者差异显著。EI维度与风险偏好存在相关并不令人惊奇。根据荣格的心理类型理论，EI是指人们指向内在世界或外在世界的程度差异。因而，外倾的人更可能对外界的新奇刺激感兴趣，由此或可推测，外倾的人要比内倾的人更容易风险寻求。

表39.1　MBTI在四种反应模式上的平均分值及差异检验

| MBTI | | 反应模式 | | | | MANOVA | |
维度	问题	一致 风险规避	一致 风险寻求	正向框架	负向框架	F	p
EI	亚洲疾病	$-6.64(73)^*$	$4.51(45)^a$	$-5.05(66)$	$-14.63(16)^a$	3.667	0.013
	投资问题	$-6.96(52)$	$-0.59(60)$	$-5.70(74)$	$-2.36(14)$	0.887	0.449
SN	亚洲疾病	$7.33(73)^b$	$-6.13(45)^{b,c}$	$9.26(66)^c$	$7.13(16)$	6.584	0.000
	投资问题	$9.15(52)^d$	$-3.07(60)^{d,e}$	$8.82(74)^e$	$2.79(14)$	5.316	0.002
TF	亚洲疾病	$6.96(73)$	$3.02(45)$	$8.24(66)$	$10.81(16)$	0.635	0.594
	投资问题	$5.13(52)$	$6.85(60)$	$5.47(74)$	$19.86(14)$	1.651	0.179
JP	亚洲疾病	$9.96(73)$	$1.07(45)^f$	$14.76(66)^f$	$1.88(16)$	3.958	0.009
	投资问题	$10.08(52)$	$2.17(60)^g$	$12.46(74)^g$	$14.50(14)$	2.749	0.044

注：* MBTI各维度的PCI平均分，正分数越高越偏向E，S，T或J；负分数越高越偏向I，N，F或P。括号内数字为被试量。
上标字母相同表示PCI平均分差异达到0.05的显著性水平。

39.3　灰发—灰云效应

风险偏好可以区分为特定领域的偏好(domain-specific preferences)和跨领域一致的偏好(cross-domain consistency)(Soane & Chmiel, 2005)。前者是指在特定的领域中决策者的风险偏好，后者是指在不同的决策领域中个体对同一决策变量(如风险偏好)所表现出的变化程度。由于人们在不同领域中也可以表现出一致的风险偏好(如在损失领域或收益领域)，由此可以推测，这种相对稳定的风险倾向可能与人格相关。已有研究表明，人格特质在成年后终身稳定(Roberts & DelVecchio, 2000)，而且，即使在动物身上也存在可测量的人格差异(Gosling et al., 2003)。

如果人格特质是稳定的，我们预期，那些表现出框架效应的信息加工类型应该处于一致风险规避者和一致风险寻求者的信息加工类型之间。由此，我们假设，不一致决策者(即那些收益时风险规避而损失时风险寻求的人，或反之)在SN维度和JP维度上得分应该与一致风险寻求者和一致风险规避者两者的平均水平是一致的。

为此，我们(Li & Liu, 2008)将正向框架者和负向框架者合并，并定义为不一致风险决策者。这样,被试区分为三类,一致风险规避者、一致风险寻求者以及不一致风险决策者。这三类人在亚洲疾病问题和投资问题上对应认知类型的差异见图39.1和39.2。可见,一致风险规避者可以划分为感觉/判断组,而一致风险寻求者可以划分到直觉/知觉组,这一研究结果与以往研究一致。

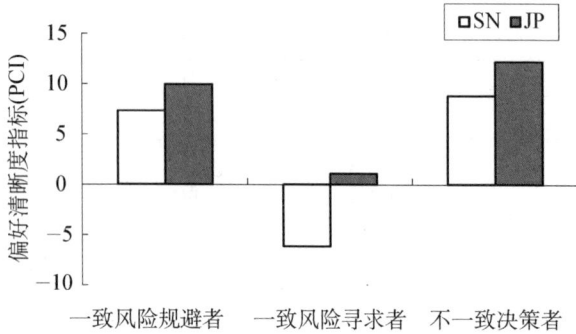

图39.1 亚洲疾病问题中认知风格与风险偏好

(得分为正表明偏好 S 或 J,得分为负表明偏好 N 或 P)

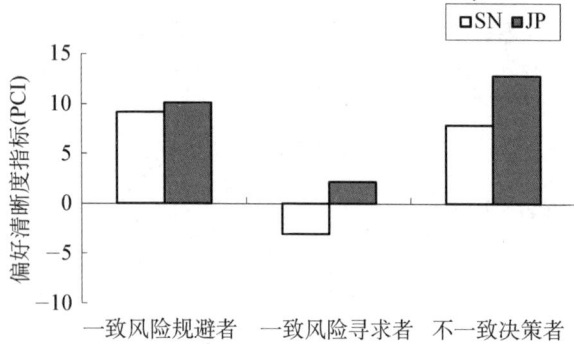

图39.2 投资问题中认知风格与风险偏好

(得分为正表明偏好 S 或 J,得分为负表明偏好 N 或 P)

　　然而,分析显示我们的预期并没有得到支持。对于亚洲疾病问题,PCI 结果显示,不一致决策者的 SN 分值显著高于一致决策者的 SN 分值(即一致风险规避者和一致风险寻求者的 SN 分值平均分)。同样,在 JP 维度上,不一致决策者的 JP 分值高于一致决策者的 JP 分值。对于投资问题,结果模式与亚洲疾病模式相似,即在 SN 和 JP 两个维度上,不一致决策者的分值高于一致决策者的分值。

　　这一结果显示,表现出框架效应者(不一致决策者)也更为偏向感觉者和判断者。Thorne 和 Gough(1991)认为 SN 和 JP 两个维度在概念上存在重叠,他们推理,这两个量表分别测量了稳定性和变化性两个方面,因为感觉者和判断者更为保守,而直觉者和知觉者则更可能反复无常,不遵守常规(Gardner & Martinko,1996)。然而,表现框架效应者与一致风险规避者有着相似的 SN 和 JP 得分。也就是说,这两者都表现为感觉的、判断的。因而,我们认为,人格类型并没有很好地预测风险偏好。

由此,我们联想到在风险决策领域里的分离效应(disjunction effect)(Tversky & Shafir,1992)。Tversky 和 Shafir(1992)假设在一场考试后,被试正要付费参加夏威夷度假旅游,付款后不可退款。研究设置三组条件:(1)考试"通过"组,即被试已经顺利通过考试;(2)考试"失败"组,被试没有在考试中过关;(3)"不知道"考试结果组,被试不知道自己考试是否顺利通过。结果显示,在"通过"组中有 54% 选择付费参加旅游,而在"失败"组中有 57% 也选择付费参加旅游,但是,在"不知道"组中,只有 32% 选择付费参加旅游。因而,被试在知道自己通过或者没有通过考试时都更可能选择付费参加旅游,但是,在不知道考试结果时便更不可能购买。与相因性推理(consequential reasoning)相反,"不知道"组中购买者的比例并没有落入"通过"组和"失败"组的购买比例之间。

与分离效应表现类似,我们的结果显示,一致风险规避者更可能是感觉者和判断者,一致风险寻求者更可能是直觉者和知觉者。因此,如果风险偏好是由人格塑造,那么不一致决策者不应该倾向于总是冒险或规避风险,即他们的风险偏好应该位于这两个极端的中间。但是,我们的结果与这一预期相反,即不一致风险决策者没有比一致风险规避者有着更低的 SN 和 JP 得分,他们的得分在这两个维度都是高的,且均高于一致风险寻求者的得分。

我们将这一结果命名为"灰发—灰云效应"(grey hair/clouds effect),这一隐喻源于 Medin 和 Shoben(1988)研究的启发。他们的研究发现,被试认为灰云与黑云更相似,而与白云更不相似;但是被试认为灰发与白发更相似,而与黑发更不相似。逻辑上,白发与白色是一类的,黑发与黑色是一类的,因此,一半黑发和一半白发应该是落入灰色类中,即两个极端的中间(图 39.3)。所谓的"灰发—灰云效应"是一种异象,

图 39.3 母亲的灰发(左)与沙巴的灰云(右)

它说明年轻人和老年人可以根据其黑发还是白发来区分,但是没有办法来根据灰发来定义中年人。同样的逻辑也可应用于云的例子中。对于我们的结果,不一致决策者的 SN 和 JP 得分与一致风险规避者的得分相似度要高于它与一致风险寻求者的得分。

39.4　展望

本章考察风险偏好与人格倾向或信息加工类型之间的关系。总的来说,在亚洲疾病问题和投资问题两个问题上,风险偏好在信息加工类型的 SN 和 JP 两个维度表现出差异,即风险寻求者要比风险规避者更为偏向直觉型和知觉型,更不偏向于感觉型和判断型。此外,与其他人格差异研究一致的是,风险寻求者还是比风险规避者更为外倾,这一结果与其他研究一致,显示了风险偏好具有稳定的人格倾向。

然而,我们还发现不一致决策者(即时而保守、时而冒险的人)的人格特征与风险规避者的人格特征更相似,而与风险寻求者的人格特征更不相似。按照逻辑推理,那些在决策行为中表现不一致的人在感觉/直觉和判断/知觉上的得分,理应介于"冒险者"和"保守者"之间。然而,结果并非如此,不一致决策者的人格特征并没有像理论预期的那样介于风险规避者和风险寻求者的人格特征之间。风险决策不一致的人可能和一贯保守的人一样也依赖分析做出决策。由此,我们提出了灰发—灰云效应。这预示了人格倾向未必能很好地预期风险偏好,希望这一结果可得到进一步探索。

其次,本章探讨风险偏好的个体差异,但只关注于可以产生框架效应,甚至镜像效应这样的选择问题,即一个选择有两个选项,其中一个是风险选项,一个是确定或安全选项。通常认为,框架效应仅出现在包含确定选项的选择中(Li, 1998)。这两个选项可以在两个维度上加以区分,即结果与可控性。可见,SN 和 JP 这两种认知类型最有可能影响到包含风险和确定选项的选择。即确定选项是可控的,结果是固定无风险的;而风险选项是不可控的,结果是概率的。然而,对于其他类型的风险偏好是否存在相应的人格倾向,期望未来的研究继续探讨。

致谢:感谢 Ong Ming Chuan, Tan Chin Tser 和 Mok Chun Chiang 帮助收集研究数据。

参考文献

Fagley, N. S. & Miller, P. M. (1997). Framing effects and arenas of choice: Your money or your life?. *Organizational Behavior and Human Decision Processes*, 71, 355 - 371.

Fischhoff, B., Slovic, P., & Lichtenstein, S. (1980). Knowing what you want: Measuring labile values. In T. S.

Wallsten (Ed.), *Cognitive processes in choice and decision behavior* (pp. 117 - 141). Hillsdale, NJ: Erlbaum.

Frisch, D. (1993). Reasons for framing effects. *Organizational Behavior and Human Decision Processes*, *54*, 399 - 429.

Gardner, W. L. & Martinko, M. J. (1996). Using the Myers-Briggs Type Indicator to study managers: A literature review and research agenda. *Journal of Management*, *22*, 45 - 83.

Gosling, S. D., Kwan, V. S. Y., & John, O. P. (2003). A dog's got personality: A cross-species comparative approach to personality judgments in dogs and humans. *Journal of Personality and Social Psychology*, *85*, 1161 - 1169.

Hodgkinson, G. P., Bown, N. J., A. Maule, J., Glaister, K. W., & Pearman, A. D. (1999). Breaking the frame: An analysis of strategic cognition and decision-making under uncertainty. *Strategic Management Journal*, *20*, 977 - 985.

Hunt, R. G., Krzystofiak, F. J., Meindl, J. R. & Yousry, A. M. (1989). Cognitive style and decision making. *Organizational Behavior and Human Decision Processes*, *44*, 436 - 453.

Kahneman, D. & Tversky, A. (1979). Prospect theory: An analysis of decision under risk. *Econometrica*, *47*, 263 - 291.

Kowert, P. A. & Hermann, M. G. (1997). Who takes risks? Daring and caution in foreign policy making. *Journal of Conflict Resolution*, *41*, 611 - 637.

Kühberger, A. (1998). The influence of framing on risky decisions: A meta-analysis. *Organizational Behavior and Human Decision Processes*. *75*, 23 - 55.

Leonard, N. H., Scholl, R. W., & Kowalski, K. B. (1999). Information processing style and decision making. *Journal of Organizational Behavior*, *20*, 407 - 420.

Li, S. (1998). Can the conditions governing the framing effect be determined? *Journal of Economic Psychology*, *19*, 133 - 153.

Li, S. (2004a). A behavioral choice model when computational ability matters. *Applied Intelligence*, *20*, 147 - 163.

Li, S. (2004b). Equate-to-differentiate approach: An application in binary choice under uncertainty. *Central European Journal of Operations Research*, *12*, 269 - 294.

Li, S. & Liu, C.-J. (2008). Individual differences in a switch from risk-averse preferences for gains to risk-seeking preferences for losses: Can personality variables predict the risk preferences? *Journal of Risk Research*, *11*, 673 - 686.

Lichtenstein, S. & Slovic, P. (1971). Reversals of preference between bids and choices in gambling decisions. *Journal of Experimental Psychology*, *89*, 46 - 55.

McElroy, T. & Seta, J. J. (2003). Framing effect: an analytic-holistic perspective. *Journal of Experimental Social Psychology*, *39*, 610 - 617.

McNeil, B. J., Pauker, S. G., Sox, H. C., & Tversky, A. (1982). On the elicitation of preferences for alternative therapies. *New England Journal of Medicine*, *306*, 1259 - 1262.

Medin, D. L., & Shoben, E. J. (1988). Context and structure in conceptual combination. *Cognitive Psychology*, *20*, 158 - 190.

Mellers, B. A., Schwartz, A., & Cooke, A. D. J. (1998). Judgment and decision making. *Annual Review of Psychology*, *49*, 447 - 477.

Myers, I. (1962). *The Myers-Briggs Type Indicator*. CA: Consulting Psychologists Press.

Myers, I. B., McCaulley, M. H., Quenk, N. L., & Hammer, A. L. (1998). *MBTI manual: A guide to the development and use of the Myers-Briggs Type Indicator*, *3rd edition*. CA: Consulting Psychology Press.

Nicholson, N., Soane, E., Fenton-O'Creevy, M., & Willman, P. (2005). Personality and domain-specific risk taking. *Journal of Risk Research*, *8*, 157 - 176.

Roberts, B. W., & DelVecchio, W. F. (2000). The rank-order consistency of personality from childhood to old age: A quantitative review of longitudinal studies. *Psychological Bulletin*, *126*, 3 - 25.

Slovic, P. (1995). The construction of preference. *American Psychologist*, *50*, 364 - 371.

Soane, E. & Chmiel, N. (2005). Are risk preferences consistent? The influence of decision domain and personality. *Personality and Individual Differences*, *38*, 1781 - 1791.

Stanovich, K. E. & West, R. F. (1998). Individual differences in framing and conjunction effects. *Thinking and Reasoning*, *4*, 289 - 317.

Stanovich, K. E. & West, R. F. (2000). Individual differences in reasoning: Implications for the rationality debate? *Behavioral and Brain Sciences*, *23*, 645 - 726.

Thorne, A. & Gough, H. (1991). *Portrait of Type: An MBTI Research Compendium*. CA: Consulting Psychological Press.

Tversky, A. & Kahneman, D. (1981). The framing of decisions and the psychology of choice. *Science*, *211*, 453 - 458.

Tversky, A. & Shafir, E. (1992). The disjunction effect in choice under uncertainty. *Psychological Science*, *3*, 305 - 309.

第 40 章　既能"吃掉"又能"持有"蛋糕？

——信息不灭定律

共同作者：岳灵紫、李跃然

If you have an apple and I have an apple, and we exchange apples, we both still only have one apple. But if you have an idea and I have an idea, and we exchange ideas, we each now have two ideas.

——George Bernard Shaw

一群新加坡商学院的学生乘坐捷运（MRT）回家。Ivy 好心递给她朋友一本当日新出版的时尚杂志来打发时间，但是这位朋友却婉拒了 Ivy，理由是她也已订阅了同样的杂志，回到家后即可收到新杂志。事后，Ivy 隐约感到，一定有什么不对劲的地方——拒绝别人相赠的都沙（dosa）或拉西（lassis）（印度式点心、饮料）倒是可以理解的，因为食物吃过就不复存在，就如西谚所说"You Cannot Have Your Cake and Eat It Too"。但是拒绝看一本打发时间的杂志似乎就不理性了，因为看过的杂志并无损耗：信息具有不灭的属性（the permanence feature）。

事实上，上述轶事反映的是信息共享和消费的问题。毋庸置疑，按照信息的不灭性,Ivy 的朋友在闲暇之余应该接受 Ivy 赠阅的杂志,因为这并没有给别人杂志中的信息造成任何损耗,可她为什么会选择拒绝呢? 生活在**信息**时代的我们一定会理性地遵循信息不灭定律吗? 如果不遵循这一定律,其背后的心理机制又是什么? 本章节从信息经济社会中的关键概念——"信息共享行为"的角度出发,对决策过程中的非理性做一番探索和研究,以期增进人们对信息行为和决策过程的理解。

40.1 大千信息知多少

信息是由单一或多个特定所指符码组成的意义序列,是构成大千世界传播现象的最基本单位。信息的含义虽然简单、清晰,但其特性却十分复杂、难以界定。在此我们着重讨论信息的不灭性、信息产品及信息行为的基本特征。

目前,人们能够普遍接受的信息特性是其"不灭性"。早在 1948 年,Wiener 提出"信息就是信息,不是物质也不是能量",指明了信息与物质和能量的不同之处。很明显,物质与能量均遵循"守恒定律",在物理进程中是**可灭**的(perishable)。而信息在传递中自身并不减少,因而具有不灭的特性。

在当今社会,信息主要以产品的形式展现在我们面前。而信息的不灭性"赋予"了信息产品别具一格的性质。从消费层面讲,一个人对信息的使用并不会影响其他用户的使用活动,因而信息具有公共产品的特征(Samuelson,1954,1958;Bates,1990)。Freiden 等人(1998)亦认为,信息产品不同于物质产品或者服务产品,对信息的消费并不使其耗竭、改变。从生产层面讲,信息产品的成本主要是制造和传输(或称复制)。制造信息颇费财力物力,而传输信息则花销甚少。一旦第一条信息被制造出来,大部分成本就成为无法挽回的沉没成本。复制的数量越多,平均成本越低(Shapiro & Varian,1999)。所以,信息产品具有高沉没成本(也称固定成本)和低复制成本(也称边际成本)的特征。

信息是一种资源,一种工具。我们需求、搜集、使用和传递信息时所从事的一切活动,都可以被称作信息行为(Wilson,2000)。利用信息总需要"互通有无",所以信息共享行为往往成为研究的热点。然而信息共享会有怎样的特点? Rafaeli 和 Raban(2005)从行为经济学的角度,发现了人们在信息共享过程中信息交易(information trading)层面所存在的四种现象。第一,在交易的过程中,信息权属影响了人们对于信息价值的判断。对于自己拥有的信息,人们赋予的价值较高,对于没有的则赋值较低。这一现象与禀赋效应理论(endowment effect theory)的预期相一致。第二,通过考察具体信息的性质(专门知识和普通知识)和状态(复制件和原始件)对于主观价值(Willingness to pay 和 Willingness to accept)的影响,进一步证明信息的主观价值遵循禀赋效应理论(Raban & Rafaeli, 2006)。第三,复制信息的主观价值显著低于原始信息(original information)的价值(Raban & Rafaeli, 2006)。第四,基于信息来源和信息权属对信息共享的影响,发现信息权属(私人所有 vs. 组织所有)会左右人们共享信息的意愿,相比之下,人们更加乐于分享私人所有的知识(Raban & Rafaeli, 2007)。

40.2 信息不灭定律的违背:"沉没成本效应"的解释

根据上文的论述,我们或可意识到,信息与物质存在巨大差异——信息是不灭的,信息是可以被共享的,信息不会因共享而损失,共享可以使使用价值(效用)增加。然而,正如开篇故事中所描述的,人们在日常生活中却经常做出违背信息不灭定律的怪事。Li, Li, Su 和 Rao(2012)推测,在信息共享的接受和给出过程中,"沉没成本效应"(参见第一篇第 17 章)是能够解释这一非理性行为的一个重要原因。

在决策领域,沉没成本是指先前的投入会对个体后续的决策行为产生影响,反映了个体对于成本和收益的考虑(Arkes & Blumer, 1985)。根据基本的经济原则,理性的决策仅仅需要考虑影响当下决策的成本和收益,而无需考虑与成本和收益无关的沉没成本。在对沉没成本的众多理论解释中,最主要的一种解释或是 Arkes 提出的避免心理浪费(psychology of waste)(Baron, 2008),即人们不想浪费已经投入的成本。例如,"提出"和"采纳"建议是与信息活动相关的基本决策。我们常向他人征求建议,也常向他人提出建议。Gino(2008)的分析认为,"沉没成本效应"为"建言"的**有偿**效应提供了绝好的解释,即建议的成本越高,决策者赋予其建议的权重也越高;且与无偿建议相比,决策者更倾向采纳有偿建议(李跃然,李纾,2009)。

Li, Li, Su 和 Rao(2012)从行为经济学的角度,以信息共享的两种形式——信息接受和信息给出展开研究,探索人们在信息产品共享中的非理性行为。研究一和研究二分别考察了沉没成本对于信息**接受**和信息**给出**行为的影响。研究三考察了沉没成本和复制成本对于信息给出复制行为的影响。

40.2.1 沉没成本对信息"接受"行为的影响

以往的研究与分析表明,信息和物质存在着本质上的差异,人们对两者的认识是截然不同的;同时,沉没成本因素可能会影响到对于信息产品的进一步使用(Gino, 2008)。研究一拟考察在沉没成本存在的条件下,人们是否依旧遵循信息不灭定律,对信息产品和物质产品表现出不同的接受意愿。

实验一为 2(产品种类:信息 vs. 物质)×2(产品拥有:是 vs. 否)的被试内二因素

实验设计,以接受与否的意愿作为因变量,编制了《产品接受决策问卷》4 点量表,对 219 名研究生进行了问卷调查。问卷的例题如下(括号内为可选的另一表述版本):

假设你独自参加了一个旅行团,与其他成员互不相识。

在旅途中,同行的一个成员主动拿出一卷摄影胶卷(电影光盘)给你用(看)。如果你没有携带这种胶卷(没有看过这部电影光盘),家里也没有买过(已经买了)这种胶卷(这张电影光盘),这时你是否会接受此人的好意?请在你选择的选项上打"√":

A:很可能接受;B:可能接受;C:可能不接受;D:很可能不接受。

被试内二因素分析表明:无论是否拥有摄影胶卷,被试都一致地倾向于不接受他人的给予,$F(1, 99) = 143.072$,$p < 0.001$;与摄影胶卷不同,被试更倾向于接受自己没拥有的电影光盘,且更倾向于**不**接受自己已经拥有的但还没有看过的电影光盘,$F(1, 218) = 50.911$,$p < 0.001$。也就是说,人们对待接受别人提供的信息产品与物质产品有所不同——对于物质产品,不管人们是否拥有,都倾向于拒绝;对于信息产品,已拥有但尚未利用比没拥有更倾向于拒绝。这发现符合篇头轶事中 Ivy 的朋友违背信息不灭定律的事例。

实验一以学生为研究群体,揭示了人们倾向于拒绝拥有但尚未使用的信息产品。Li, Li, Su 和 Rao(2012)预计这种违背信息不灭性定律的非理性行为是受到 Arkes 所描述的避免心理浪费的影响所致。然而,该现象是否是由于普通学生不了解信息特性和信息规律造成的呢? 以往的研究表明,领域内专家的决策往往比新手更加准确和可靠(例如,Ericsson & Smith, 1991),据此,Li, Li, Su 和 Rao(2012)推测,通晓信息特性和规律的专业人员可能更理解信息的不灭性并表现得更加理性,他们的行为意愿可能不会违背信息的不灭性定律。因此,改进的实验二具有双重目的:一方面,进一步考察专业人员在与实验一相同情景下的意愿;另一方面,对被试接受或者不接受的原因进行探测检查。

实验二选取了 100 名国家知识产权局的工作人员作为实验被试,沿用实验一中的设计与问卷材料进行了测验。为侦测"避免浪费心理"是否能成为接受或不接受的原因,在每一道题目之后追加了原因探测的检查:

你选择"接受"或者"不接受"是因为:

A:东西给我用后,对方还能再用;

B:东西给我用后,对方就不能用了;

C:家里已经买了的东西就白买了；

D:其他(请写出具体理由)_____

实验结果表明,专家组的实验结果与学生组的结果一致:产品类别的效应显著, $F(1, 99) = 143.072$, $p < 0.001$；产品拥有的效应显著, $F(1, 99) = 30.675$, $p < 0.001$；两因素交互作用显著, $F(1, 218) = 50.911$, $p < 0.001$。整合两次实验的数据进行三因素(产品种类×产品拥有×被试群体)分析的结果显示,学生样本和专家样本并无显著差异,且三因素间无显著的交互作用, $F(1, 317) = 2.458$, n. s. 。以上结果说明:(1)知识产权专家也会违背信息不灭定律;(2)专家被试并没有比学生被试表现得更加理性。

表40.1小结了不同情景下被试接受或者不接受信息的理由。原因探测的结果揭示,当自己没拥有信息产品时,愿意接受是因为可以重复使用,这符合信息不灭定律;然而,当被给予自己已经拥有但尚未使用信息产品时,多数人却转而不接受,并坚持一种避免浪费的观点。这为实验一和实验二中人们违背信息不灭性的非理性行为提供了可能的解释(Arkes & Blumer, 1985),即沉没成本影响了决策,从而使人们违背了信息不灭定律。

表40.1　不同情景下被试接受或者不接受的理由的百分比(%, N=100)

产品类型(信息,物质)	信息		物质	
拥有产品与否(是,否)	是	否	是	否
A 东西给我用后,对方还能再用	28	86	0	0
B 东西给我用后,对方就不能用了	0	8	72	72
C 家里已经买了的东西就白买了	66	0	0	4
D 其他	6	6	28	24

40.2.2　沉没成本对信息"给出"行为的影响

研究一通过两个实验,考察并验证了个体的沉没成本对于信息接受行为的影响。那么,在信息共享的另一个方面——信息**给出**会有怎样的结果？当他人已经有了沉没成本的时候,是否又会影响人们的决策,从而违背信息不灭性呢？如果是的话,那么这种违背将更加反直觉,因为这种沉没成本只与他人有关,而与决策者本身无关。研究二的目的在于考察沉没成本对于信息给出行为的影响。

研究二的设计与研究一相似,为2(产品种类:信息 vs. 物质)×2(产品拥有:是

vs. 否)的被试内二因素实验设计,在四种假设情景中使用《产品给出决策问卷》4 点量表(1 为很可能给,4 为很可能不给),考察被试是否愿意给出信息或物品。问卷的例题如下(括号内为可选的另一表述版本):

　　假设你独自参加了一个旅行团,与其他成员互不相识。

　　在旅途中,你带了一张电影光盘(一卷摄影胶卷)。如果同行的一位成员没有看过这部电影(携带这种胶卷),家里也没有买过(已经买了)这张光盘(这种胶卷),这时你是否愿意将这张光盘(这卷胶卷)给他看(用)? 请在你选择的选项上打"√":

　　A:很可能给;B:可能给;C:可能不给;D:很可能不给。

实验三以研究生为被试,结果表明:被试更倾向于给出($M = 1.63$)他人没有的电影光盘,却倾向于不给出($M = 1.88$)他人已经有的且还没有看过的电影光盘,$F(1, 119) = 8.688$, $p < 0.05$。与电影光盘不同,无论他人拥有($M = 2.89$)或是没拥有($M = 2.96$)摄影胶卷,被试都一致地更倾向于不给出,$F(1, 119) = 1.067$, $p > 0.05$。该结果表明,在信息给出情景下也存在违背信息不灭性的现象。

实验四以知识产权专家为被试,采用与实验一相同的方法和问卷,测量考察通晓信息特性和规律的专业人员。随后检查避免浪费心理是否是接受或不接受的原因,在每一道题目之后加入了原因探测的检查题:

　　你选择"给"或者"不给"是因为:

　　A:东西给出后,我还能再用;

　　B:东西给出后,我就不能用了;

　　C:对方家里已经买了的东西就白买了;

　　D:其他(请写出具体理由)＿＿＿＿＿＿＿

专家组与学生组被试有着相似的实验结果。有趣的是,随后的比较分析发现:知识产权专家被试比学生被试更不愿在对方"拥有但尚未使用"的情况下给出信息,$F(1, 241) = 51.164$, $p < 0.001$,表现得更加不理性,更加明显地违背了信息不灭定律。而原因探测的结果(表 40.2)表明,导致知识产权专家被试违背信息不灭定律的原因仍旧主要是沉没成本。

表 40.2 不同情景下被试给出或者不给出的理由的百分比(%, N=100)

产品类型(信息,物质)	信息		物质	
产品拥有(有,无)	有	无	有	无
A 东西给出后,我还能再用	26.8	72.4	0.8	1.6
B 东西给出后,我就不能用了	0.8	0	81.3	82.1
C 对方家里已经买了的东西就白买了	62.6	0	0.8	0.8
D 其他	9.8	27.6	17.1	15.4

40.2.3 沉没成本和复制成本对信息给出复制行为的影响

信息产品的共享,不仅可以通过直接地交换,还可以通过间接地**复制**进行,因此信息的成本不仅包括购买信息的成本(沉没成本),还包括复制信息的成本(复制成本)。那么,沉没成本和复制成本是否会影响人们给出信息去复制的决策行为呢? 研究三的目的在于探索沉没成本和复制成本对于"给出信息复制"行为的影响。

研究三采用 2(购买价格:10 元 vs. 100 元)×2(复印价格:10 元 vs. 100 元)被试内实验设计,分别以研究生和知识产权专家为被试进行了两组实验,通过自编的《信息产品复制问卷》4 点量表(1 为很可能借,4 为很可能不借),考察被试是否愿意给出产品去复制,例题如下:

你花 10(100)元钱买了一本书,目前这本书已经售罄。有一位不相识的读者,向你借这本书去复印,并说明复印后马上归还。假设复印的费用为 10(100)元。这时你是否会借出你的书:

A:很可能借;B:有可能借;C:有可能不借;D:很可能不借。

实验首先以研究生为被试,得到的统计结果表明:人们的行为受到了(自己)沉没成本和(他人)复制成本的影响:信息产品的购买价格越低或复印价格越高,人们越愿意将其给予他人复制, $F(1, 336) = 251.69$, $p < 0.001$;相反,信息产品的购买价格越高或复印价格越低,人们越不愿意将其给予他人复制, $F(1, 336) = 116.77$, $p < 0.001$。这种行为显然是非理性的,因为花费在购买信息上的钱是一种沉没成本。信息的不灭性告诉我们,复制信息不会使其自身损耗。也就是说,鉴于沉没成本和信息不灭的特性,人们考虑是否将信息给出去复制时,应当丝毫不受这两种无关成本的影响。然而,事实却截然相反。

以知识产权专家为被试对结果进行分析,亦得到了相似的结果。事实证明,通晓信息特性与规律的知识产权专家被试仍旧违背了信息不灭定律,未因其专业性比学生被试表现得更加理性。

40.3 讨论与展望

"思想有别于蛋糕:你既可以吃掉又可以拥有吗?"

为回答以上问题,本章节所报告的研究表明:成本因素在信息共享的过程中影响了人们的决策。无论在信息给出还是信息接受情景中,如果人们拥有尚未使用的信息,就会为了避免浪费成本而拒绝它的流通。而这种非理性行为与信息不灭定律是背道而驰的。

有趣的是,"避免浪费"本应是我们在**物质交换活动**中所推崇的原则,然而人们却把这一原则不适宜地迁移到可以反复使用、无关浪费的**信息共享活动**中了。基于研究结果,我们猜测,历经漫长的历史演进,人类已经适应了物质交换的生态世界,而随着从物质时代到信息时代的跨越,人们的信息共享行为却没有跟上时代的步伐。物质的灭失特性仍旧深深地植根于人们的意识中。

深刻理解这一点,可以促使我们适时地改变自身行为,做出更加理性的信息共享决策。具体而言,如果人们在信息共享的过程中仍旧存在避免浪费的心理,那么我们抑或可以利用这一心理机制来控制一个特殊的信息共享现象——盗版。商业软件联盟(Business Software Alliance)发布的数据显示,2011 年全世界软件的盗版率为42%,市值高达 634 亿美元。同时,各国政府每年都为打击盗版投入了大量的人力与物力。如果我们能将合法的信息产品汇集到一个公共资源平台上,对公众设以相对较低的费用准入门槛,或许可以诱使人们产生避免"浪费"的心理。即,接受非法信息产品就意味着在某种程度上对合法信息产品的"浪费",从而抑制公众消费非法的信息产品。诚然,建立这样一个公共资源平台需要较多的资金支持,但是考虑到因盗版造成的市场损失和打击盗版的巨大投入,投资建立公共资源平台应该是很值得的。

致谢:本章所报告的研究部分得到国家自然科学基金项目(70632003;70871110)和中国科学院知识创新工程重要方向项目(KSCX2－EW-J－8)的资助。

参考文献

Arkes, H. R., & Blumer, C. (1985). The psychology of sunk cost. *Organizational Behavior and Human Decision Processes*, *35*, 124－140.

Baron, J. (2008). *Thinking and deciding*, 4th edition. New York: Cambridge University Press.

Ericsson, K. A. & Smith, J. (1991). *Toward a General Theory of Expertise: Prospects and Limits*. Cambridge, England: Cambridge University Press.

Freiden, J., Goldsmith, R., Takacs, S., & Hofacker, C. (1998). Information as a product: not goods, not services.

Marketing Intelligence & Planning, *16*(3),210 - 220.

Gino, F. (2008). Do we listen to advice just because we paid for it? The impact of advice cost on its use. *Organizational Behavior and Human Decision Processes*, *107*,234 - 245.

Li, S., Li, Y-R., Su, Y., & Rao, L-L. (2012). Is an idea different from cake: Can you have it and eat it, too? A violation of permanence in information consumption. *PLoS ONE*. *7* (7): e41490. doi: 10. 1371/journal. pone. 0041490.

Raban, D. R., & Rafaeli, S. (2006). The Effect of source nature and status on the subjective value of information. *Journal of the American Society for Information Science and Technology*, *57*(3),321 - 329.

Raban, D. R., & Rafaeli, S. (2007). Investigating ownership and the willingness to share information online. *Computers in Human Behavior*, *23*,2367 - 2382.

Rafaeli S., & Raban, D. R. (2005). Information sharing online: a research challenge. *International Journal of Knowledge and Learning*, *1*(1),62 - 79.

Samuelson, P. A. (1954). The pure theory of public expenditures. *Review of Economics and Statistics*, *36*(4),387 - 389.

Shapiro, C. & Varian, H. R. (1999). *Information Rules: A Strategic Guide to the Network Economy*. Boston, MA: Harvard Business School Press.

Wiener, N. (1948). *Cybernetics: Or control and communication in the animal and the machine*. Cambridge, MA: MIT Press.

Wilson, T. D. (2000). Human information behavior. *Informing Science*, *3*(2),49 - 55.

李跃然,李纾.(2009).决策者——建议者系统模型的回顾与前瞻.心理科学进展,17(5),1026—1032.(被《新华文摘》全文转载)

卢泰宏.(1989).信息人与信息心理法则.情报学报,3,208—212.

第五篇　理解并改进决策（下）

—— 决策的跨文化差异

第 41 章　判断和决策的跨文化差异

共同作者：毕研玲

　　一个人从一出生便被打上了文化的烙印,处于不同文化中的个体,心理与行为也存在着或多或少的差异(Cross & Markus, 1999)。我们处在迅速全球化的世界里,深入地了解判断和决策的文化差异显得非常重要。本章回顾总结了行为决策领域在以下五个方面所发现的跨文化差异:(1)风险寻求:相对于西方人,中国人在面对风险决策时,更倾向于冒险;(2)过分自信:相对于西方人,中国人在自我感知上,更倾向于过分自信;(3)合作竞争:在撤除"相互监视和制裁"系统后,中国人更倾向于竞争;(4)风险沟通:中国人比美国人存在更明显的"沟通模式偏爱悖论"(communication model preference paradox),甚至于表现出"下情上达评价悖论";(5)欺骗—腐败:在与外组成员互动时,集体主义的社会成员相对于个人主义的社会成员,更容易表现出欺骗和腐败行为。此外,本章亦尝试从集体—个人主义文化的角度对这五方面的差异提出分析和解释。鉴于目前关于判断和决策的跨文化差异研究还相对匮乏,冀这些回顾性分析能够加深我们对决策文化差异的理解,促进随后研究的发展,并将跨文化领域的研究成果真正应用于影响国计民生的重大决策中去。

41.1 风险寻求

无论是在影视作品中的表现,还是在体育运动的选择上,我们都存在着这样的刻板印象:美国人喜欢冒险并寻求风险,中国人却常常选择远离风险。但出乎我们意料的是,行为决策领域的研究表明中国人追求风险的表现与传统的"中庸"、"谦逊"刻板形象大相径庭。业已发表的跨文化系列研究一致表明:中国人比美国人更追求风险。这是跨文化研究中的一个"反直觉"的发现。

Hsee 和 Weber(1999)[①]最先对中国人与美国人的风险偏好进行了跨文化的研究。他们选取 99 名美国被试与 110 名中国被试,采用 2(领域:损失 vs. 获得)×2(损益值:大 vs. 小)的设计,对中美被试的风险偏好与对对方选择的预测进行了测量。

在获得领域,请被试想象:你在一周前买了一张彩票,现在彩票中心通知你中奖了,并且你可以在两种领奖方式中选取一种来领取你的奖金。然后,被试会看到以下两组问题,每组七个题目,每个题目有两个选项(表 41.1),被试所要做的就是选取他们喜爱的领奖方式。

表 41.1　获得领域题目

组	问题	确定选项	风险选项
1	1	确定获得 $400	掷硬币:正面获得 $2 000,反面获得 $0
1	2	确定获得 $600	掷硬币:正面获得 $2 000,反面获得 $0
1	3	确定获得 $800	掷硬币:正面获得 $2 000,反面获得 $0
1	4	确定获得 $1 000	掷硬币:正面获得 $2 000,反面获得 $0
1	5	确定获得 $1 200	掷硬币:正面获得 $2 000,反面获得 $0
1	6	确定获得 $1 400	掷硬币:正面获得 $2 000,反面获得 $0
1	7	确定获得 $1 600	掷硬币:正面获得 $2 000,反面获得 $0
2	1	确定获得 $20	掷硬币:正面获得 $100,反面获得 $0
2	2	确定获得 $30	掷硬币:正面获得 $100,反面获得 $0

[①] 本研究的发表时间虽然晚于其他两篇 1998 年发表的跨文化的风险寻求差异研究(Weber & Hsee, 1998;Weber, Hsee, & Sokolowska, 1998)论文,但其却是第一次对跨文化的风险寻求的差异进行的研究。

组	问题	确定选项	风险选项
2	3	确定获得 $40	掷硬币:正面获得 $100,反面获得 $0
2	4	确定获得 $50	掷硬币:正面获得 $100,反面获得 $0
2	5	确定获得 $60	掷硬币:正面获得 $100,反面获得 $0
2	6	确定获得 $70	掷硬币:正面获得 $100,反面获得 $0
2	7	确定获得 $80	掷硬币:正面获得 $100,反面获得 $0

注:组1为大损益值组;组2为小损益值组。

在损失领域,请被试想象:你在一周前违反交通规则并且撞伤了他人,现在,你要被处罚一笔钱,有两种交罚金的方式可供选择,请选择其中一种来交罚金。接下来,被试同样会看到与获得领域相同的问题,只是"获得"变成了"支付"。

随后,研究者将被试在以上问题中的选择转化为风险偏好指数进行分析。风险偏好指数范围为1(非常厌恶风险)至8(非常喜好风险)。如,在获得条件下的一组题目中,如果一个被试在所有7个题目中,选择的都是确定选项,他的风险偏好指数就是1,如果在所有7个题目中都选择风险选项,那么,他的风险偏好指数就是8。

具体研究结果如表41.2所示,进一步分析表明,中国被试的风险偏好水平显著高于美国被试,$F(1, 160) = 26.57$,$p < 0.001$。

表41.2 中美两国被试的风险偏好

领域	损益值	被试国籍	
		美国	中国
获得	大	2.49	3.55
	小	3.91	5.08
损失	大	3.64	4.48
	小	3.59	3.80
两国被试的列平均值		3.41	4.23

注:表中数值代表风险指数,范围为1(非常厌恶风险)至8(非常喜好风险)。

虽然结果发现中国人的风险偏好水平高于美国人,但同一批被试在使用同样的题目分别预测美国人和中国人的选择时,无论是中国被试,还是美国被试,都认为美国人应该更喜欢选择高风险的不确定选项(表41.3),也即拥有更强的风险寻求水平,$F(1, 91) = 17.81$,$p < 0.001$。

表 41.3　中美被试对中美被试风险偏好的预测

被试国籍	领域	损益值	预测结果 美国	预测结果 中国
美国	获得	大	3.45	3.05
		小	4.60	4.09
	损失	大	4.46	3.87
		小	4.23	3.59
中国	获得	大	4.91	3.81
		小	5.58	5.01
	损失	大	5.28	4.67
		小	4.36	3.63
两国被试的列平均值			4.60	3.97

在该研究中,Hsee 和 Weber 提出了所谓的"软垫效应"(cushion effect)来解释中国人的高冒险倾向。该效应认为,集体主义文化的社会成员之所以更容易做出冒险的决策,是因为他们比个人主义文化的社会成员更可能得到其他成员的帮助。而这些社会网的功能便成了冒险失败、摔跤时的"软垫",亲朋好友的帮助使得知觉的风险比实际的风险小得多。他们通过询问被试在遇到经济问题时,有多少人可以提供经济支持来检测中国人和美国人"软垫"的大小,发现中国人的"软垫"显著大于美国人,"软垫"的大小可以作为中介来解释国籍与冒险倾向之间的关系。

之后,Weber 和 Hsee(1998)于 *Management Science* 期刊发表的研究又进一步验证了中国人比美国人更爱冒险这一结论。

Weber、Hsee 和 Sokolowska(1998)还建议,研究者亦可从文化的厚实底蕴去探索中国人更冒险的原因。其中一个途径是探究民间谚语对人们决策行为的影响。如果软垫效应确实可以解释为什么中国人比美国人更加冒险,那么,在对谚语进行研究时,就可以发现:(1)集体主义文化生成的与风险相关的谚语比个人主义文化下生成的谚语更加鼓励人们冒险;(2)由于个人主义文化并不看重个体间关系以及社会关系网的作用,因此在该文化下与社会风险相关的谚语应少于集体主义文化的谚语,而在金融领域,则不应存在差异。

他们发现在 15 000 条中国谚语和 10 000 条美国谚语中,约有 549 条中国谚语和 187 条美国谚语与风险有关联。中国谚语如,"一失足成千古恨",美国谚语如,"A bold attempt is half success",研究者以这些与风险相关的谚语为材料进行了研究。

被试首先在"−2(风险规避)到+2(风险寻求)"的 5 点量表上对给定的谚语是鼓励小心还是冒险进行评定,亦要对给定的谚语适用于包含金融风险的决策还是包含社会风险的决策进行评价。研究结果如表41.4所示,中国文化背景中比美国文化背景中生成的谚语更加鼓励冒险。并且,中国文化背景中有关社会风险的谚语所占比例显著高于美国文化背景下的,但是有关金融风险的谚语比例却不存在差异。该结果间接对软垫效应提供了佐证。

表41.4　对不同文化下谚语的评定

评定	谚语来源的文化	
	美国	中国
鼓励冒险	−0.26	−0.11
谚语适用于		
金融风险	.83	.90
社会风险	.35	.56

李纾(2001)的研究也支持中国人更冒险的发现。他让新加坡南洋理工大学南洋商学院的 122 名二、三年级学生对艾勒悖论①(可参见第一篇第 4 章)的两对选择题进行作答。其中,在第一对选择中,此项实验有过半数的被试(61%)喜欢风险方案 B,其结果与艾勒式的选择结果(多数人偏爱确定选项 A)相反;在第二对选择中,此项实验的大部分被试(92%)喜欢方案 D(风险方案)。另外,75 名南澳大利亚大学中文工商管理硕士学生(香港地区)对艾勒悖论的两对选择题作答的结果也表现出非常低的规避风险行为分数(Li, 2004)。这些发现表明,如果 Allais 选择爱冒险的中国人作为被试的话,他便可能发现不了以他名字命名的艾勒悖论。

但是李纾的相关研究(Li, Bi, & Zhang, 2009;李纾,饶俪琳,许洁虹,2010;孙悦,李纾,2005)中,却都没有找到软垫效应的支持性证据。

在有关澳门人赌博行为的研究中(孙悦,李纾,2005),实验者问被试"假如需要钱财或者物质上的支持,估计您的亲戚和朋友中大概有几个人会向您伸出援手",被试所估计的"援手人数"作为自变量时,并不能显著地预测被试在 9 种赌博(亲临赌场赌博、赌马、赌狗、六合彩、白鸽票、赌波、麻雀、扑克以及网上投注)次数上的变异,这表明,该结果并不支持软垫效应。

在有关个人决策、集体决策与家庭决策的对比研究中亦没有找到支持软垫效应的证据(Li, Bi, & Zhang, 2009)。研究选取的被试是 218 名在南洋理工大学就读的

----

① Allais 所设计的原选择题与以下问题相近似:
　　第一对二择一选择题
　　　　选择 A　完全肯定获得一好结果 $1,000,000。
　　　　选择 B　0.10 的概率获得一非常好结果,$5,000,000;0.89 的概率获得一好结果 $1,000,000, 0.01 的概率获得一坏结果 $0。
　　第二对二择一选择题
　　　　选择 C　0.11 的概率获得一非常好结果 $1,000,000, 0.89 的概率获得一坏结果 $0。
　　　　选择 D　0.10 的概率获得一非常好结果 $5,000,000, 0.90 的概率获得一坏结果 $0。
　　面对第一对选择题时,大多数人偏爱 A,而面对第二对选择题时,大多数人则偏爱 D,这个结果违背了期望效用理论的一个重要公理——独立性原则,或称为"确定事件原则"。依该原则,人们对选择 A(C)或选择 B(D)的偏爱不应受到由 0.89 的概率所产生的共同结果值($1,000,000 或 $0)的影响。

新加坡华人学生(经验证仍属集体主义文化)。被试首先对实验材料中的问题做出个人决策,随后,将其中的 118 人随机分成 3—5 人的小组做出集体决策,其余 100 人将问卷带回家与家庭成员共同做出家庭决策。群体决策后询问被试有多少参与决策的人会在他们遇到困难的时候给予帮助,会提供多少金钱资助。研究结果表明,相较于个体决策,家庭决策并没有导致更强的风险寻求倾向,而可提供帮助的家庭成员人数和金钱资助数目对此也没有产生影响。该结果再次对软垫效应提出了质疑。

对于以上与软垫效应相左的证据,李纾等人认为可以这样进行解释:社会关系网不但可在纯损益的风险抉择里看成是"软垫"而促进冒险倾向,也可在纯获得的风险抉择里看成是"负担"而阻止冒险倾向。鉴于社会关系网所扮演的双重角色,故"可提供帮助的人数与帮助的钱数"并未起到鼓励冒险的作用。

由以上讨论可见,有关中国人"更加冒险"的"软垫效应"的证据多是混合的,现有的研究尚不足以为跨文化风险决策差异提供令人信服的预测和解释模型(于窈,李纾,2006)。

41.2 过分自信

在五千年文明和强大国力的浸濡下,中国常以世界中心自居,国民具有强烈的"文化优越感"。从对他国"蛮夷"的称呼中,其自信心态可窥一斑。晚清以降,西方列强入侵和经济科学落后,使中国人的自信心备受损害,觉得处处技不如人。不论过去的盲目排外,还是后来的全盘西化,都是国民不自信心态的表现之一。

改革开放后,国人体会到了祖国强大带来的民族尊严、荣誉和自豪、自信感。自信的跨文化比较也曾报告中国学生自信水平与日本学生没有差异(赵叶珠,王丽馨,2006)。但我们是否已度过这场漫长的自信危机,仍值得商榷。目前,公共舆论、刻板印象,甚至学术导向都表现出同一趋势:各类媒体宣传要"增强自信",为数不多的相关研究亦侧重在教育和实践中增强自信(车丽萍,2002;陈云海,2005)。而不论是中国人还是美国人,都认为中国人的自信水平低于西方人(Yates, Lee, & Shinotsuka, 1996)。

但值得深思的是:几千年谦逊中庸文化的熏陶和近百年的落后挨打,真的摧毁中国人的自信了吗?决策的跨文化研究领域的另一"反直觉"的发现是:与传统华人"谦逊"、"中庸"的刻板印象相反,中国人比个人主义文化成员(如美国人)更过分自信。

41.2.1 过分自信的界定与测量

1965 年,Oskamp 发现临床医生做临床诊断时,信心随着信息量的增大而增长,而诊断的正确率却并没有成比例增长,他将这种现象命名为过分自信。简单地说,过分自信就是指一个人过高地估计了自己判断的正确程度。假设一个人的实际正确率为70%,他在不知正确答案的情况下估计自己回答正确的可能性是X%。如果X%高于70%,那他就过分自信了;若X%等于70%,那他就获得了最佳的校准,即信心与准确度相匹配;若X%低于70%,那他就是自信不足。所以,过分自信被学者们定义为一个人的信心判断朝高于校准的方向偏离的现象。

过分自信的跨文化研究通常使用一般性知识问题(general knowledge question,也可以称为年鉴问题)和同伴比较问题(peer-comparison problem)这两种题目来考察过分自信。两种类型的题目与过分自信计算方式如下:

(1) 一般性知识问题

以下哪个城市人口较多?:

a. 墨西哥　　　b. 开罗

您选择(请圈出):　　　　　　　　　　a　　　b

您选择的答案正确的可能性是(50%—100%):_____

(Lee et al., 1995)

人们在做这个题目时按照顺序必须完成两个任务:首先要选出自己认为正确的选项;然后要指出自己对“自己的选择完全正确”的确信程度。

一般性知识问题的过分自信＝平均信心水平－平均正确率。

(2) 同伴比较问题

假如随机选取100个与你相同学校、相同性别的同年入学的大学生,你是其中之一。如果按照数学成绩将这100名学生进行排名(如熟练解决各类数学问题的能力),请你估计一下,会有多少人(0—99)排在你前面?:_____

(Lee et al., 1995)

同伴比较过分自信＝被试估计排序的百分等级－50%。

Bi, Du和Li(2013)对该类型的题目测量过分自信的有效性进行了验证,得到了肯定的结果。

在两种题目中,得到的差值越大,代表过分自信水平越高。过分自信的早期研究普遍发现:一般性知识问题和同伴比较等问题中,人们的判断表现出一致、真实的过分自信。

41.2.2 过分自信的跨文化比较

传统中人们对华人的刻板印象是"中庸"、"谦逊",不仅国人自认过分自信程度偏低,西方人也持有同样的观点。如 Yates 等人(1996)发现,中国人和美国人都认为在常识问题上美国人比亚洲人更加过分自信。Li 和 Fang(2004)的研究亦发现,在请被试预测美国人、中国大陆人、中国香港人、中国台湾人和新加坡华裔在估计 Y2K(千年虫)问题是否会引起空难的自信心程度时,被试预测过分自信程度最高的是美国人,最低的是中国大陆人(表41.5)。

表 41.5　被试预测的各组人过分自信程度

组别	预测过分自信程度(%)
美国人	81.97
中国香港人	73.45
中国台湾人	71.11
新加坡华人	73.93
中国大陆人	67.72

但实际情况与上述预测相左,在 Yates 等人的研究里,中国人在一般性知识问题中比美国人的过分自信水平更高,美国被试的平均过分自信指数为 7.2%,华人平均过分自信指数高达 13.4%(Yates, Lee, & Bush, 1997)。且 Li 等人发现,文化的确会影响人们的过分自信水平。在阅读《新加坡21》后被试过分自信水平明显降低,研究者认为其可能原因是《新加坡21》反映了中国传统文化"中庸之道"的导向(Li & Fang, 2002;李纾,房永青,2002)。

但以上过分自信的跨文化差异研究中一直存在着这样的争议:在学生被试身上观察到的过分自信现象是真实固有的还是人为因素导致的(如,问题选择偏差、统计方法或者是信心区间的宽度设定等)。

为验证过分自信的跨文化差异在其他人群中是否存在并解决以上争议,Li, Bi 和 Rao(2011)特地选取具有不同语言背景的《科学》(Science)和《自然》(Nature)杂志的作者作为被试。在探讨是否存在着语言背景差异的过分自信的同时亦了解这些高水平的学者们会不会像"王婆卖瓜,自卖自夸"一样地夸耀自己的研究。因为,科学不该有国界之别,无论从学生被试中得到的结论如何,我们都希望受过良好训练的学者在其科学研究中可以避免这一现象,即不希望看到来自不同语言背景的科学家在做研究时存在过分自信差异。

该研究采用邮件调查法(email-based investigation)进行数据收集。被试按语言背景分为母语为英文作者(作者拥有英文名字,并且其工作机构在美国、英国、加拿大或者是澳大利亚)和母语为中文作者(作者名字为拼音拼写,并且其工作机构在中国)。共向 980 名作者发出电邮,最终实际回收有效数据 107 份。

当让作者判断《科学》还是《自然》杂志 2006 年的影响因子更大时,60.8%的《科学》杂志作者选择《科学》,而 71.4％的《自然》杂志作者则选择《自然》。这些作者更倾向于认为自己所发文章的杂志拥有更高的影响因子。有趣的是,这些作者判断的平均正确率(44％)并不比随机猜测(50％)更好,而认为自己选择正确的信心程度却高达到 75％。这些作者像"王婆"那样表现出了过分自信。按照语言背景进行分析,发现母语为中文作者的自信水平比母语为英文作者更高,但其正确率也相应更高。

当问这些作者如下"同伴比较"问题时:

假设随机选取 10 名所做研究与您类似的研究人员,您是其中之一。请您估计一下有几名研究人员(0—9)会比您早发文章?

发现被试过分自信水平(22.5％)显著地偏高,这与"判断影响因子"问题得到的结果一致。此外,母语为中文作者 ($M = 1.91$, $SD = 2.07$) 比母语为英文作者($M = 3.33$, $SD = 2.52$) 更为过分自信:估计更少作者会早于自己发文章,$F(1, 105) = 9.44$, $p < 0.01$。该结果进一步支持了过分自信存在东西方的跨文化差异。

待卖的瓜不会因王婆的夸耀而变得更甜,同理,一个研究也不会因其作者的自我肯定而变得更加美妙。当王婆或研究者,过于乐观地看待自己的瓜或文章时,过分自信就产生了。在学术界顶级期刊上发表论文的科学家中的翘楚有可能像王婆一样自夸自己的文章,还可能过高估计自己知识的正确程度。如果顶级学术期刊的作者亦不能无偏无倚地与读者交流自己的研究结论,那么,普通读者只能自救,只能依靠自己从字里行间对结论的可靠性进行辨别。同时,本文三位作者李纾、毕研玲、饶俪琳在这篇文章中还特别提到,他们自己本身就是 100％的母语为中文的作者,所以敬请读者务必要谨慎地接受有关"《科学》、《自然》作者亦过分自信"这一结论。

41.2.3　过分自信跨文化差异的原因

Yates(图 41.1)等人(1992)提出"论点采纳模型"(argument recruitment model)对过分自信的跨文化差异进行解释,该模型认为被试判断时提出论点的质量和数量会影响概率判断。该模型指出,当人们在解决一般性知识问题(也可以是其他任何类型的问题)时,首先会尝试收集支持或反对各个选项的论点。Yates 等人认为,过分自信的跨文化差异折射出了东、西方人收集论点数目上的差异。中国直接指导式教育模式导致中国人在决策时收集的论点数目比处于建构式教育模式下的西方人要少。在中国,直接指导的教育模式仍是应试导向,即当孩子放学回家时,父母常问的问题还是:"你得了多少分?"而西方建构式教育模式则是以问题为中心,相比于东方

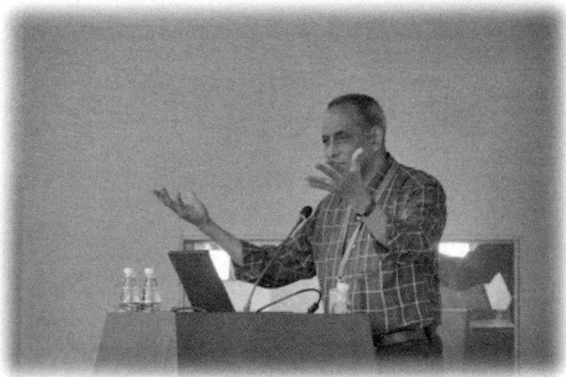

图 41.1 *Journal of Behavioral Decision Making* 主编、"Society for Judgment and Decision Making" 前主席 Frank Yates 在第二届决策与脑研究国际研讨会暨第一届全国决策心理学学术年会做特邀报告。

的家长,西方家长在孩子放学后,会经常问:"你今天提了几个问题?"显然,东方家长的教育能提高孩子关于对错的判断能力,而西方家长的教育则能提高孩子提出论点的能力(Li, Bi, & Zhang, 2009)。

Li 与其研究团队在研究过分自信的跨文化差异时,所得的论点采纳模型的证据却是正反交织。

Li 等人在使用个人决策、集体决策与家庭决策对中西方风险偏好差异进行对比研究的同时,亦对过分自信一并进行了检验,但并未找到支持论点采纳模型的证据(Li, 2004;Li, Bi, & Zhang, 2009)。研究发现,虽然群体决策(集体决策与家庭决策)降低了过分自信,同时也产生了更多的论点数目,但中介分析并没有发现论点数量对过分自信的影响。他们认为,这一结果可以用词典式规则(lexicographic rule)或消除法则(elimination by aspects rule)来解释。尽管群体决策与个体决策的论点数目不一,但按照这两个原则来匹配消除论点后,若所剩正反论点数目相等,也会导致概率判断保持不变。

在 Li 等人(Li, Bi, & Rao, 2011)关于不同语言背景的 *Science* 与 *Nature* 作者的过分自信研究中,亦让作者回答了以下与他们自己已发表研究相关的问题:

> 如果您重新审视你文章的结论,您能提出多少支持/反对自己文章结论的论点?

结果如图 41.2 所示:

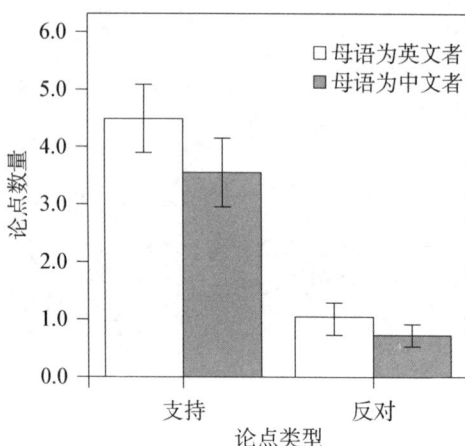

图41.2　不同语言背景被试所提的论点数量

分析发现,在提出论点数量方面,语言背景因素作用显著, $F(1, 105) = 6.58$, $p < 0.02$,母语为中文的研究者提出的论点数量显著少于母语为英文的研究者。同时,研究者们提出的支持的论点数目显著多于反对论点的数目, $F(1, 105) = 254.06$, $p < 0.001$。这与以往研究结果一致。让作者回答"同伴比较"问题时(假设随机选取 10 名所做研究与您类似的研究人员,您是其中之一。请您估计一下有几名研究人员(0—9)会比您早发文章?)发现过分自信与他们能提出的反对或支持论点的总数呈显著负相关。即,所提论点数目越多,过分自信水平越低,符合论点采纳模型的预测。

此外,Li 等人亦选取了文化相匹配的样本来验证教育是否会导致过分自信的差异(Li, Chen, & Yu, 2006)。研究选取了 316 名新加坡华人大学生与 340 名福建大学生共同做一道关于估计多少人会早于自己找到工作的同伴比较题目(估计人数越少,过分自信水平越高)。结果发现,新加坡华人大学生估计的人数($M = 36.63$)显著多于福建大学生($M = 27.36$), $F(1, 654) = 37.26$, $p < 0.001$,也即福建大学生过分自信水平显著高于新加坡华人大学生。鉴于两个样本的学生种族、语言与文化相近,所不同的仅是新加坡学生在教育方面更为西化,故该研究所发现的福建大学生的过分自信水平高于新加坡华人大学生这一差异更可能单独地归因于教育传统的差异。这一结果间接为论点采纳模型提供了支持性的证据。

由以上分析可见,过分自信的研究仍处于探索阶段。虽然普遍发现了跨文化差异,但证据多是正反交集,尚不足以对过分自信的成因及机制提供令人信服的预测和解释模型。

41.3　合作竞争

我们很容易在社会性动物身上看到利他行为,例如蜜蜂将食物的信息传递给其他同伴。人类社会也充满了合作行为,但迄今为止,有关合作行为的发生和发展仍是科学界有待解决的问题。从跨文化角度对合作行为进行分析,有助于深入理解《科学》(Science)杂志提出的世纪科学之问:"合作行为是如何进化的?"

Chen 和 Li(2005)使用混合动机投资博弈(个人利益与集体利益相冲突的情景),对不同文化下人们的合作行为进行了探讨,并对文化是如何对博弈中的决策产生影响的问题做了进一步的分析。该研究在文化为集体主义的中国与个人主义的澳大利亚两国取样进行。

41.3.1　研究假设

根据 Yamagishi(2003)提出"文化的制度观点"的论断,即,某些集体主义行为不是因为成员们具有本质趋向(intrinsic tendency),而是因为团体内部存在正式或非正式的相互监视和制裁系统(sanction systems)。一旦撤除这样的系统,如团体由完全的陌生人所组成,人们的行为也就不再被他人的关注所限制,集体主义成员便变得更加以自我为中心,本研究提出假设 1:当与完全陌生的人玩混合动机博弈时,中国人比澳大利亚人更不合作。

由于个人主义者较少受到社会的影响,其在混合动机博弈中,如果面对一个他们认识的人,决策时选择合作,那么,当他们面对陌生人时,他们也会做出同样的合作选择。而身处异国时,中国人由于"关系",以及国外同胞与非同胞对比时,同胞与自己的身体相似性、说同种语言等方面的特征凸显,会比在国内时与同胞间的合作更多。故得到本研究的假设 2:身处异国他乡的中国人比在国内的中国人与陌生同胞表现出更多的合作,而澳大利亚人则不会因为情景改变而表现出差异。

文化制度强调使用正式或非正式的监视与制裁系统来引导人们的行为。在中国,经常会使用这样的系统,如,为了激发学生的学习动机,学校经常对学生的考试成绩排名并将之公布,所以中国的文化应该是"垂直"定向(关于文化类型与文化定向,请参看本章"腐败—欺骗"部分)。而个人主义文化则强调达到目标或者自我实现,学校中更强调让学生挑战自我,学生的成绩将作为学生的隐私。由此可见,个人主义文化更倡导人们"水平"定向。综合上述观点提出假设 3:中国人与澳大利亚人的文化价值观不同,中国人在个人—集体的垂直维度得分高,而澳大利亚人在水平维度得分高。

虽然 Probst 等人(1999)发现,垂直个人主义者的合作行为依据个人目标能否最大化做出,而垂直集体主义者的合作行为则依据集体的目标是否能够最大化做出,但该研究并未使用跨文化样本,故而该研究中个体的文化价值取向不能对文化与个体行为之间的关系进行解释。而其他一些研究已经发现文化对个人行为的影响是通过个人文化价值取向起作用的,如 Chen 等人(1998)关于内群体偏爱(in-group favoritism)的研究。由此得到假设 4:个人文化价值定向是国家水平上对中国人与澳大利亚人在混合动机博弈中的合作表现进行分析时的中介变量。

41.3.2　研究一

由于 Hofstede(1980, 1991)对 40 个国家的大规模样本调查中,在 100 分的量表中澳大利亚的个人主义得分为 90(美国为 91),而中国的得分为 21,所以,在 Chen 和 Li(2005)的研究中,使用国家来代表文化。

研究情景为关于订购瓶子灌装机的囚徒困境形式的商业问题。在该问题中,被试要决定是订购大尺寸的还是小尺寸的机器。研究者告诉被试,如果他和另一个人同时订大的,那么他们每个人都会得到 10 的回报,如果同时都订小的,就会每人获得 50 的回报(数值越大,代表回报越多),但是,如果一个人订大,一个人订小,那么,订大的人将会得到 75,而订小的人却什么都得不到。订购小尺寸的机器代表合作,订购大尺寸的机器则代表竞争。

在该研究情景中,被试要在 9 点量表(1 代表肯定订小的,5 代表大小无所谓,9 代表肯定订大的)上标示出自己身处异国他乡时(中国人在澳大利亚,而澳大利亚人在中国),面对与同胞或非同胞时自己的订购意愿。结果如表 41.6 所示。

表 41.6　中澳被试竞争分数

商业合作者	竞争者		
	澳大利亚人	中国人	平均值
同胞	6.05	6.63	6.34
非同胞	5.93	7.51	6.72
平均值	5.99	7.07	

结果分析表明,国家的主效应显著,$F(1, 182) = 9.96$,$p < 0.01$,中国人比澳大利亚人合作少;国家与另一名玩家的文化背景(同胞或非同胞)的交互作用显著,中国人与同胞合作多,而与非同胞合作少,澳大利亚人则平等地与同胞或非同胞进行合作。

41.3.3　研究二

由于研究一中,同胞/非同胞作为被试内变量出现,澳大利亚被试有可能受到其国家要求自我一致(self-consistency)的文化要求而做出社会赞许的决策,而中国被试则有可能受到要求区别对待不同关系的人这样的文化要求,亦做出社会赞许的决策。所以,研究二将采用被试间设计对该问题进行改善。此外,研究一使用国家代表文化来探讨文化与合作之间的关系,对文化与合作之间的关系不能做出明确的论证。所以,研究二将对每个被试的文化价值定向进行测量,并检验文化对合作行为的影响是否是通过其起作用的。

研究为 2(国家:中国/澳大利亚)×2(决策时所处地点:国内/国外)×2(合作者:同胞/非同胞)被试间设计。

由于研究一的情景有可能会导致串通或共谋(collusion),而不同国家的人对此有不同的看法,所以,研究二采用了五人的公共资源困境的情景对文化与合作之间的关系进行探讨。在该情景中,被试获悉他们有 \$10,000 可以用于去建造风力发电站,该风力发电站由许多独立的风力发电机组成。还有另外四个人也对这个项目感兴趣,并且每人有 \$10,000 用于投资,每个人的钱只够买一台风力发电机,但是一个风力发电站至少需要三台风力发电机才能运转良好。如果少于三台风力发电机,也就是少于 \$30,000 的投资,电力供应将会变得不稳定,并且毫无用处,那么投资的钱将会白白浪费掉。如果投资超过 \$30,000,风力发电站将会运转良好,并且每个投资者都会因为投资而得到 \$20,000 的利润。所有被试要在 9 点量表上标示出自己的投资意愿(1 表示肯定投资,5 表示投不投资无所谓,9 表示肯定不投资)。

在完成投资决策后,被试继续完成 Singelis 等人(1995)的 32 题目的水平—垂直个体主义—集体主义问卷(详见本章中腐败—欺骗部分)。

研究结果见表 41.7。首先,部分结果重复了研究一的结果,中国人比澳大利亚人合作少;中国人与同胞合作多,而与非同胞合作少;澳大利亚人则平等地与同胞或非同胞进行合作。而且,进一步分析还发现,中国人与非同胞的合作并未受到自身所在地的影响(国内还是国外),但澳大利亚人则恰恰相反,在国内的时候,与非同胞的合作要多于在国外的时候。

表 41.7　中澳被试竞争分数

决策时所处地点	合作者	竞争者		
		澳大利亚人	中国人	平均分数
国内	非同胞	3.85	5.90	4.87
国内	同胞	4.68	5.78	5.22
国外	非同胞	5.11	6.08	5.60
国外	同胞	4.18	5.03	4.60
平均分数		4.46	5.70	

进一步的中介分析发现,水平个人主义与垂直个人主义完全中介国家与合作之间的关系,且垂直个人主义定向越强,越不合作,而水平个人主义越强,越倾向于合作。

该研究发现,在混合动机的商业情景中,集体主义者的合作是有限制条件的,具体表现为:在异国他乡,中国人与同胞合作较多,与非同胞合作较少;而澳大利亚人则平等地与同胞或非同胞进行合作。这一结果符合"文化的制度观点",即,某些集体主义行为不是因为成员们具有本质趋向,而是因为团体内部存在正式或非正式的相互监视和制裁系统。一旦撤除这样的系统,如团体由完全的陌生人所组成,人们的行为也就不再被他人的关注所限制,集体主义成员便变得更加以自我为中心。

41.4 风险沟通

在风险沟通时,跨文化差异主要表现在语言方面。李纾与其团队在该领域主要进行了两个方面的跨文化研究。研究发现(1)在语言理解方面,译意相同的语言会因为理解不同而产生决策判断上的文化差异;(2)在语言使用方面,中西方对沟通方式的偏爱存在差异。

41.4.1 对语言理解

(1) 对非概率词的理解

首先,由于语言的语境性影响,译意相同的非概率词在各种文化下的理解也不同,正如第 34 章中有关性骚扰(具体请参见"性骚扰:欲拒还迎?"一节)与语言的语境研究所得出的结论,在使用高语境语言的新加坡英文表达拒绝性骚扰时,尽管译意与英文相同,但人们对其理解却并不相同。但是,同一语言在表达同一信息时,不同人群是否也会存在不同的理解?

Li 和 Lee-Wong(2005)对新加坡四个种族对其官方语言之一的"英语"的表意进行研究,发现尽管是对同一信息的相同表达,但不同人群对该信息的理解亦存在着不同。他们对语言所表达的距离信息进行测量得出上述结论,具体研究过程与结果如下:

被试为新加坡几所高校的 120 名学生与学校工作人员,其中包括 30 名华族、30 名马来族、30 名印度族和 30 名欧亚裔。

研究情景为:假想你对一名性骚扰者的反应是"Go away!"请你写出你想让这名骚扰者走开的最小距离。将你的答案(如:走开 1 步、10 步,或者更多)写在下面给出的横线上:

_____步

对于不同种族的被试组,被试还需要回答同样的问题,只是呈现方式不同——
"go away"被直接翻译成他们的母语[走开(华族),*Berambus*(马来族),𑀕𑀼𑀭(印度族)]。由于欧亚裔被试的母语为英语,所以他们只回答了英文的问题。

2(英语 vs. 母语)×3(种族:华族、马来族、印度族)因素分析发现,在对走开距离的影响上,种族的主效应显著,$F(2, 87) = 12.58$,$p < 0.001$;语言的主效应不显著,$F(1, 87) = 3.64$,$p > 0.05$;种族与语言的交互作用同样不显著,$F(2, 87) = 1.00$,$p > 0.05$。

具体结果如图41.3所示,印度族需要骚扰者走开最远,其次是欧亚裔,然后是华族,马来族对骚扰者走开距离要求最短。

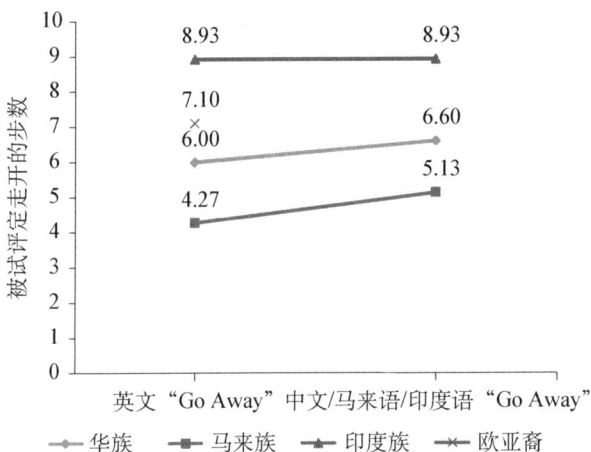

图41.3 不同种族被试在评定骚扰者应该走开的距离与语言
之间的关系。欧亚裔被试由于母语为英语,所以缺
少对照语言。

由此可见,语言的情境性造成译意相同的语言的不同内涵,同时,尽管是同一种
语言所表达的信息,不同种族的人群也会有不同的理解。

(2)对概率词的理解

对于事件发生可能性的表征形式主要可分为数字概率(numerical probability)和
文字概率(verbal probability)两种。所谓数字概率,就是以0到100%之间的百分数
或0到1之间的小数表示事件发生的可能程度;而文字概率主要是用"likely"、
"maybe"、"impossible"、"good chance"等词汇或短语来表示(许洁虹,李纾,2008)。

许洁虹和李纾(2007)对汉语文字概率表达的数字转换特点、汉语文字概率表达
与英文文字概率的比较进行研究。该研究请被试对20个文字概率词(表41.8左半
部分)的数字概率值进行评定,并将结果与 Budescu 和 Wallsten(1988)的结果(表
41.8右半部分)进行了对比。

首先,在表41.8中我们可以看到,把本研究的20个概率词按照数值评定结果从高到低排列下来,在"80%～90%"和"20%～30%"这两个数值概率区间里并没有对应的汉语概率词。这表明,人们没有办法用文字概率词来充分表达从完全否定(0%)到完全肯定(100%)的概率意义。

文字概率表达的中英文比较中一个有趣的问题是:汉语的文字概率所表达的不确定程度是否对应于其英语翻译词的不确定程度? 如:由表41.8可见,英语"probable"(0.74)、"possible"(0.38)、"perhaps"(0.39)这三个词都可以翻译成汉语"可能"(54.99%),但是,其所代表的概率值却发生了改变。这是一个可大可小的问题。比如,美国领导人如是说:"It's possible that the nuclear warfare will break out."中国领导人所听到的翻译可能是"爆发核战争是可能的"或"可能爆发核战争"。虽然翻译是准确无误的,但中国领导人对文字概率词"可能"的理解(54.99%)很可能高于美国领导人用"possible"实际想表达的心理概率值(0.38)。

表41.8 20个概率词在数值概率尺上的分布和英语概率词的概率分布

概率区间	对应中文的数字和文字概率	对应英文的数字和文字概率	概率区间
1.00	必然(95.41%)绝对(96.68%) 肯定(92.96%)一定(94.52%) 必定(94.81%)	certain(0.92)	1.00
0.90		very probable(0.86); quite certain(0.82) small doubt(0.83); very good hope(0.84)	0.90
0.80	很可能(77.79%) 应该(74.23%)	most possibly(0.75); great chance (0.76) probable(0.74)	0.80
0.70	一般(67.17%) 大抵(60.48%)	good chance(0.65); likely(0.67)	0.70
0.60	大概(55.89%) 可能(54.99%)	some doubt(0.53); danger(risk)(0.53)	0.60
0.50	也许(47.63%);或许(48.71%) 兴许(40.10%);不一定 (41.84%);没准(42.27%)	not certain(0.43); uncertain(0.44)	0.50
0.40	未必(39.88%)	possible(0.38); perhaps(0.39); a certain hope(0.39)	0.40
0.30		somewhat doubt(0.34)	0.30
0.20		a small hope(0.20)	0.20
0.10	不大可能(18.85%) 几乎不(10.29%)	quite doubtful(0.15); small chance (0.16); doubtful(0.18) not probable(0.13); not likely(0.13); small possibility(0.13)	0.10

概率区间	对应中文的数字和文字概率	对应英文的数字和文字概率	概率区间
0	不可能(7.14%)	improbable(0.08); very doubtful(0.09) impossible(0.02); not possible(0.03); no chance(0.03)	0

注:英语文字概率表达的数据引自1988年Budescu和Wallsten的研究。

41.4.2 对语言的使用——沟通模式偏爱

人们一般认为,文字概率所表达的信息不如数字概率所表达的信息那么清楚明确。有学者指出,文字概率和数字概率的不同之处不仅在于表述的精确程度,同时还反映了不同的思维方式:前者是直觉性思维,而后者是精细且规则的推理。那么,人们在人际沟通中,使用这两种信息时会不会有所偏好? 且看下面的例子:

> 开颅手术之前,病人就手术的成功率询问医生。医生说:"这个手术成功的可能性很大。"病人心里就纳闷了,这"很大"到底是多大? 一再追问下,医生终于说:"手术有90%的成功率。"哦,90%确实是很大。
>
> 隔天,朋友来探病,同样问起手术的成功率,病人不假思索脱口而出:"手术成功的可能性很大。"朋友的反应跟病人前一天的反应一样,直到听到"90%"这个数字出现时,才顿觉答案明了了。

以上案例中,病人在得到手术成功概率的解释时,希望听到的是数字概率,但是在将手术成功概率告诉别人时,却又喜欢使用文字概率进行交流。这种接收与表达偏好不一的情况被命名为"沟通模式偏爱悖论"(communication model preference paradox, CMP悖论),即在接收不确定信息时,希望得到数字概率(如90%)的表达方式,而在传达同一信息时,自己却喜欢用文字概率的表达方式。

Xu, Ye和Li(2009)对中国人与西方人的"沟通模式偏爱"进行了对比。研究采用一般情境(general context,取自Wallsten等人1993的研究)与天气预报情境。两情境如下所示:

一般情境:

(a) 当别人与你交流有关判断的不确定性时,你喜欢哪种方式?

(b) 当你与别人交流有关判断的不确定性时,你喜欢哪种方式?

被试的回答可以是"数字的"或者是"文字的"。

天气预报情境：

天气预报员 A：明天降雨的概率是 60％。

天气预报员 B：明天很可能（probable）降雨。

请问：

（a）你喜欢听哪个天气预报员（A 还是 B）播报天气？

（b）当家人或朋友向你问起明天的天气情况时，你选择哪个天气预报员（A 还是 B）的方式向你的家人或朋友传递天气信息？

表 41.9 列出了本研究的结果与 Wallsten 等人（1993）对美国人的研究结果。通过比较中国被试与美国被试在一般情境中的回答可以发现，两国被试偏爱的沟通方式差异显著。美国被试中，接收与传递方式相同（接收数字—传递数字；接收文字—传递文字）的被试的比例显著高于中国被试，而中国被试出现"沟通模式偏爱悖论"（接收数字—传递文字）的比例显著高于美国被试。

表 41.9　四种沟通模式的偏好分布

偏爱的沟通方式	中国被试		美国被试
	天气预报情境（％）	一般情境（％）	一般情境（％）
RN CN	10.4	18.1	34
RV CV	35.6	22.4	30
RN CV	52.1	58.7	35
RV CN	1.9	0.8	1

注：R = 接收；C = 传递；N = 数字；V = 文字。

此外，李纾等人通过调查管理者在"下情上达"情境下，对管理沟通模式的使用以及认同情况（李纾，许洁虹，叶先宝，2011）进行了研究。这四种管理沟通模式分别是：(1)两种"传声筒型"管理沟通模式：听取下级的文字概率信息并向上级汇报文字概率信息；听取下级的数字概率信息并向上级汇报数字概率信息；(2)两种"信息转化型"管理沟通模式：听取下级的文字概率信息却向上级汇报数字概率信息；听取下级的数字概率信息却向上级汇报文字概率信息。绩效预测任务即要求被调查者用百分制分别推测这四种管理沟通模式的绩效；认同打分任务则要求被调查者用 7 点量表分别表示自己对这四种管理沟通模式的认同程度。

结果如表 41.10 所示，绩效预测和认同打分两个任务对四类管理沟通模式进行评定，得到了相同的结果："下数字上数字"的评定结果最佳，"下数字上文字"其次，"下文字上文字"再次，"下文字上数字"最差。

表 41.10　对管理沟通模式的绩效预测和认同打分的平均值和标准差

	传声筒型管理沟通模式		信息转化型管理沟通模式	
	下数字上数字	下文字上文字	下数字上文字	下文字上数字
绩效预测	86.4(11.77)	63.88(17.68)	76.91(15.01)	61.51(19.64)
认同打分	5.76(1.43)	3.52(1.70)	4.99(1.64)	3.16(1.70)

　　由以上结果可见,中国被试表现出"下情上达评价悖论",即在传递概率信息时,认同数字概率"传声筒"而不认同文字概率"传声筒",认同将数字概率转化成文字概率的管理者而不认同将文字概率转化成数字概率的管理者。

　　美国国家科学院(The National Academy of Sciences)对风险沟通作过如下定义:风险沟通是个体、群体以及机构之间交换信息和看法的相互作用过程;这一过程涉及多侧面的风险性质及其相关信息,它不仅直接传递与风险有关的信息,也包括表达对风险事件的关注、意见以及相应的反应,或者发布国家或机构在风险管理方面的政策法规和措施等(Covello, Peters, Wojtecki, et al., 2001)。风险沟通对风险认知有直接的影响,风险沟通方式不当,极易导致认知偏差的产生(Slovic, 1987)。同时,为提高政府保障公共安全和处置突发公共安全事件的能力,最大程度地预防突发公共安全事件的发生及减少其所造成的损害,维护国家安全和社会稳定,保障公众的生命财产安全,相关部门有责任了解危机中公众的心理反应(梁哲,许洁虹,李纾,孙彦,刘长江,叶先宝,2008),沟通方式亦是其中重要主题之一。对不同文化群体沟通特点的研究,将有助于各个群体间进行有效的信息传递。

41.5　欺骗—腐败

　　欺骗是人与动物(鸟、大象、灵长类动物甚至是萤火虫)所共有的行为,但在不同文化背景下,欺骗的表现与程度却并不相同。

　　Triandis 等人(1995)将文化分为四种类型:水平个人主义,强调个体的独特性并且独立于他人;垂直个人主义,强调个体独立性的同时亦强调竞争,达到层级的最顶端;水平集体主义,强调与集体的关系、共情、社交以及合作;垂直集体主义,强调为组织做出牺牲,强调团体凝聚力,服从规范与权威。其后,Triandis 等人(2001)对文化与欺骗之间的关系进行了分析。该研究中欺骗或腐败是使用一个模拟的国际管理谈判进行测量的。结果表明,集体主义文化导致了更严重的腐败。

　　但是新加坡却是该结论的一个明显的反例(高集体主义,低腐败)。Li 等人对新加坡文化进行测量时,发现新加坡的文化是集体主义趋向(Li, Bi, & Zhang, 2009),但依据柏林透明指数(Berlin Transparency Index,是由世界著名非政府组织"透明国际"建立的清廉指数排行榜),新加坡却属于前10%的最清廉国家之一。

根据柏林透明指数,较腐败的国家多趋向是垂直集体主义文化的国家,较清廉的国家多趋向是水平个人主义文化的国家(集体主义文化与腐败的相关系数为0.63,$p<0.0001$)。文化的垂直—水平维度同样与柏林透明指数相关联,水平文化下腐败更少。

Li, Triandis和Yu(2006)就此提出了研究问题,如果亦有集体主义文化的国家属于最清廉国家之列,那么,在个体层次上,腐败与集体主义的关系是否能重复文化层次上的发现? 受该问题的启发,Li等人(2006)特地选取新加坡样本,对Triandis等人(2001)的研究结果在个体层次上进行验证,如果个体层次结果能重复Triandis等人集体主义与腐败相关这一结果,那么,就可以推论,可能是什么特殊事件的发生导致了新加坡的腐败与集体主义关系这个特例。

他们依据已有研究结果提出如下两个假设:

> 假设1:垂直集体主义水平越高,腐败—欺骗可能性越大;
> 假设2:垂直个人主义水平越高,腐败—欺骗可能性越大。

41.5.1 研究方法与材料

研究在组织层面和家庭层面设计了两个对比情境来测量腐败—欺骗,使用Singelis, Triandis, Bhawuk和Gelfand(1995)与Triandis, Chen和Chan(1998)两个量表测量文化定向。

组织情境:

请想象一下,你作为X公司10人谈判小组的组长,与Y公司洽谈关于向其提供原料的合同。同时,你知道,Z公司作为你公司X的竞争对手,也在与Y公司洽谈此项业务。竞争对手Z公司生产能力比X高10%。由于Y公司更看重能否准时交货,所以他们非常看重Z公司的较大生产能力。但是,除你公司员工外,无人准确地知道X公司的生产能力,并且在这个行业中延迟交货是很常见的。所以,就算在一个较长的时期内,X公司低Z公司10%的生产能力也不会被察觉。而且,如果你能拿到合同,你的公司也会找到很多理由来解释为何会延迟交货。你知道,如果你夸大你公司的生产能力,你将会有很大可能性签下这份合同。

你公司拨出这份合同价值的15%作为获得这份合同的开销,在大多数合同谈判中这是很常见的。你可以随意使用这笔钱或把它作为礼物给Y公司谈判小组组长以增加得到合同的可能性。

问题1:在类似情况下,大多数谈判小组的组长把钱作为礼物送给Y谈判组组长的可能性有多大?(9点评分:1表示根本不可能,9表示非常可能)

问题2:你把钱作为礼物送给Y谈判组组长的可能性有多大?(9点评分:1表示根本不可能,9表示非常可能)

问题3:在类似情况下,与Z公司的生产能力相比较,大多数谈判小组组长会声称你公司的生产能力是_____(从−10%到10%)?

问题4:作为X公司谈判小组的组长,与Z公司的生产能力相比较,你会声称你公司的生产能力是_____(从−10%到10%)?

家庭情境:

想象一下,如果你有一个哥哥(A),他想去国外求学。一个慈善组织X可以提供一笔海外奖学金。由于该组织的性质,奖学金的评选将以候选人或者其家庭成员参加志愿服务活动的时长(以小时为单位)为标准。你是志愿活动的一个活跃分子,所以,你哥哥有很大可能性获得这项奖学金。

现在你知道,另一个申请者B正在和你哥哥竞争这项奖学金,并且你也知道,B比你参加志愿服务的时间长10小时。但是,并没有人精确地知道你参加志愿活动的时长是多少。为了帮助你哥哥成功拿到奖学金,你可以多填些参加志愿活动的时间来降低他与B的差异。如果你夸大你参加志愿活动的时间,你哥哥将有很大可能获得这项奖学金。

问题1:在类似情况下,大多数申请者虚报参加志愿服务活动时长的可能性有多大?(9点评分:1表示根本不可能,9表示非常可能)

问题2:你虚报参加志愿服务活动时长的可能性有多大?(9点评分:1表示根本不可能,9表示非常可能)

问题3:在类似情况下,相较于申请者B,大多数申请者会声称他们参加志愿活动的时长是_____(0到+10小时)

问题4:作为申请者A的兄弟/姐妹,相较于申请者B,你会声称你参加志愿活动的时长是_____(0到+10小时)

文化定向测量:

(1) Singelis, Triandis, Bhawuk和Gelfand(1995)的32题目测量版本。该量表测量四种文化定向:水平个人主义(如,我经常做我自己的事情)、垂直个人主义(如,胜利才是一切)、水平集体主义(如,我合作者的幸福对我来讲很重要)、垂直集体主义(如,为了组织的利益,我经常牺牲自己的利益)。每种文化定向测量题目均为 8 道,都是在 9 点量表上对句子进行评定(1＝非常不同意;9＝非常同意)。

(2) Triandis, Chen 和 Chan(1998)的 16 情境量表。该量表中,每种情境后均有四个选项,分别代表水平个人主义、垂直个人主义、水平集体主义与垂直集体主义四种文化定向。被试在阅读情境后,在四个选项中选择一个与自己最为符合的选项。以下是其中一个题目:

你和你的朋友们决定一起去饭店吃饭,你认为以下哪种付账方式最好?
水平集体主义:不管谁点了什么,均摊账单。
垂直个人主义:吃多少,付多少。
垂直集体主义:由领导付账或由领导决定怎么付账。
水平个人主义:按照各自点的东西,各自付账。

关于欺骗的研究结果发现,欺骗可能性与欺骗程度评分显著,并且为家庭欺骗多于或高于为组织欺骗,具体结果如图 41.4 所示。

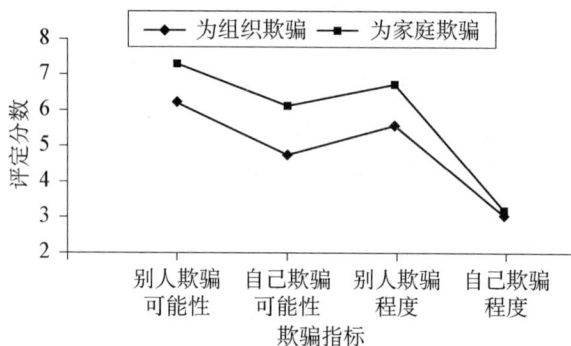

图 41.4 组织与家庭情境中的欺骗评定

16 情境文化定向测验结果与 Triandis 等人(1998)关于 8 个国家文化定向的结果对比分析发现,新加坡的文化定向与其中 4 个集体主义国家更相近。四种文化定向差异显著,且垂直集体主义显著低于其他三种文化定向。

32 题目文化定向测验结果依然表明四种文化定向差异显著,但却是垂直个人主义得分显著低于其他三种文化定向。

综合两种文化定向测验的结果,可以发现,在新加坡文化中,垂直个人主义与垂直集体主义的区分并不明显或者是很难区分。由于新加坡是高垂直集体主义,那么,其较高的垂直个人主义可能代表其"怕输"(kiasu)的价值观(Li & Fang, 2002)。

该研究中,使用逐步回归的方法探讨腐败—欺骗与文化定向之间的关系。其中腐败—欺骗为因变量,文化定向为自变量。结果发现:在组织情境中,垂直集体主义可以预测"别人欺骗的可能性",垂直个人主义可以预测"自己欺骗的可能性";在家庭情境中,垂直个人主义既可以预测"别人撒谎的可能性",亦能预测"自己撒谎的可能性"。这些结果表明,在个体层面上,竞争,即我想成为最棒的,才是欺骗的主要原因。

此外,作者亦对为何在家庭情境中发现的结果较组织情境更为清晰(家庭情境中,仅垂直个人主义就可对自己与他人撒谎的可能性进行预测)进行了探讨。作者认为,这可能是由于在集体主义文化的国家中,家庭要比组织更为重要,而本研究恰恰是在集体主义国家进行的取样。

41.6 讨论与展望

虽然近几十年决策领域的跨文化研究发展迅速,但从跨文化角度对判断与决策的研究尚显匮乏,仍处于积累证据阶段,缺乏一个广泛的、一般性的理论模型(Choi et al., 2004)。为能对判断与决策的跨文化差异有更深刻的理解,未来的研究尚需继续努力。

Ji和Kaulius(2013)提出未来跨文化决策研究的四个方向,为未来的跨文化研究提供了一个方向上的指引:

(1) 启发式的跨文化研究:虽然启发式是各种文化下人们共同使用的决策方式,但各种文化下的人们在决策时对其的依赖程度却有可能存在着差异。

(2) 相似文化的判断与决策差异:相似文化下,决策可能也会存在很大差异,如中国和日本尽管都是集体主义国家,但中国人的过分自信水平却显著高于日本。所以,更好地了解相似文化下的异同,可以避免做出笼统的概括性结论,帮助我们更加合理地理解判断与决策的过程和机制。

(3) 日常判断与决策的跨文化研究:目前很多决策研究使用的是经济学的博弈游戏,但对现实情境中人们的判断与决策,以及其跨文化差异的研究同样或者更为必要。

(4) 理论驱动的研究:在判断与决策领域收集到越来越多跨文化差异信息的同时,发展理论去指导进一步研究显得非常重要。

除此之外,本文作者认为,以下三个方面的判断与决策的跨文化研究方向同样值得研究:

(1) 建立超越"文化"的跨文化差异理论。行为决策的跨文化差异研究起步较晚,其经典研究一般集中在 20 世纪九十年代左右。需要注意的是,在跨文化研究的一些领域中,"文化"这一概念只是在 20 世纪六七十年代占据一定的主导地位,尽管近些年沿用"文化"这一概念来解释跨文化差异,但越来越多的研究倾向于将文化作为一个初级解释,试图在其基础上建立更具解释力的理论。所以,行为决策的跨文化研究的目标也应定位于挖掘其跨文化差异的深层次原因,对产生文化差异背后的认知机制进行探讨(如思维方式等)。

(2) 跨文化差异的追踪研究。目前研究中文化对行为决策的影响多集中在跨文化的比较上,还鲜有对某一地域的追踪研究。由于现今社会媒体、通讯以及交通等方面的便捷,必然导致社会文化变迁加速,因此通过对某一地域人群的行为决策的纵向追踪来研究文化变迁对行为决策的影响亦将是文化与决策领域的一个重要研究方向。

(3) 跨文化差异的功能。对某些存在跨文化差异的判断的功能是否存在文化差异进行进一步分析。在跨文化研究中,有可能某些指标的测量上存在文化差异,但其功能在各个文化中没有差别。所以,如能对行为决策中的某些指标(如过分自信)的功能是否存在跨文化差异这一问题进行进一步分析,将能够更为透彻地对文化差异的形成进行深层次的分析。

研究的最终目标是指导实践。目前,在全球化飞速发展的今天,关于判断和决策的跨文化差异的研究却还相对匮乏,冀这些回顾性分析能够加深我们对决策文化差异的理解,促进随后研究的发展,并将跨文化领域的研究成果真正应用于影响国计民生的重大决策中去。

致谢:本章部分得到国家自然科学基金面上项目(71071150;31170976;71001098;31400907)、中国科学院知识创新工程基础前沿专项研究(KSCX2 - EW - J - 8)、教育部人文社会科学研究(14XJC190001)、北京市重点学科建设项目资助,并以第 455 次香山科学会议(心理行为的生物学基础及环境影响因素)的报告内容为基础进行编撰。其中部分跨文化研究获 2008 年度中国科学院研究生院 BHP Billiton 奖,2013 年度"Wiley-IPCAS 心理科学优秀奖"(2013 Wiley-IPCAS Prize—Excellence in Psychological Science; 5 000 美元)。感谢中国科学院心理研究所图书馆陈晶博士,行为决策课题组成员许洁虹、杜雪蕾、江程铭、饶俪琳、孙红月、苏寅等在资料收集、整理、翻译等方面所提供的帮助。

参考文献

Bi, Y.L. , Du, X.L. , & Li, S.(2013). Peer - comparison overconfidence: Does it measure bias in self - evaluation?

PsyCh Journal, *2*, 17 - 25.

Budescu, D. V., Weinberg, S., Wallsten, T. S. (1988). Decisions based on numerically and verbally expressed uncertainties. *Journal of Experimental Psychology: Human Perception and Performance*, *14*, 281 - 294.

Chen, X. P., & Li, S. (2005). Cross-national differences in cooperative decision-making in mixed-motive business contexts: The mediating effect of vertical and horizontal individualism. *Journal of International Business Studies*, *36*, 622 - 636.

Chen, Y. R., Brockner, J. & Katz, T. (1998). Towards an explanation of cultural differences in in-group favoritism: The role of individual vs collective primacy. *Journal of Personality and Social Psychology*, *75*, 1490 - 1502.

Choi, I., Choi, J. A., & Norenzayan, A. (2004). Culture and decisions. In D. J. Koehler & N. Harvey (Eds.), *Blackwell Handbook of Judgment and Decision Making* (pp. 504 - 524). Malden: Blackwell Publishing Ltd.

Covello, V. T., Peters, R. G., Wojtecki, J. G., et al. (2001). Risk communication, the West Nile virus epidemic, and bioterrorism: Responding to the communication challenges posed by the intentional or unintentional release of a pathogen in an urban setting. *Journal of Urban Health*, *78*, 382 - 391.

Cross, S. E., & Markus, H. R. (1999). The cultural constitution of personality. In L. Pervin & O. John (Eds.), *Handbook of personality: Theory and research* (pp. 378 - 396). New York: Guilford.

Hofstede, G. (1980). *Culture's consequences*. Beverly Hills, CA: Sage.

Hofstede, G. (1991). *Cultures and organizations*. London: McGraw-Hill.

Hsee, C. K., & Weber, E. U. (1999). Cross-National differences in risk preference and lay predictions. *Journal of Behavioral Decision Making*, *12*, 165 - 179.

Ji, L. J., & Kaulius, M. (2013). Judgement and decision making across cultures. 心理科学进展, 21, 381 - 388.

Lee, J. W., Yates, J. F., Shinotsuka, H., Singh, R., Onglatco, M. L. U., Yen, N. S., et al. (1995). Cross-national differences in overconfidence. *Asian Journal of Psychology*, *1*, 63 - 69.

Li, S. (2004). Decision-making in the collectivist family in risk-seeking and overconfidence. In Kashima, Y., Endo, Y., Kashima, E., Leung, C., and McClure, J. (Eds.), *Progress in Asian Social Psychology*, Volume 4, 263 - 288. Seoul, Korea: Kyoyook-kwahak-sa.

Li, S., & Fang, Y. (2002). Are Kiasuism and Singapore 21 diametrically opposed in influencing Singaporeans' decision-making? *Psychologia*, *45*, 34 - 45.

Li, S., & Fang, Y. (2004). Respondents in Asian cultures (eg, Chinese) are more risk-seeking and more overconfident than respondents in other cultures (eg, in United States) but the reciprocal predictions are in total opposition: How and why? *Journal of Cognition and Culture*, *4*, 263 - 292.

Li, S., & Lee-Wong, S. M. (2005). A study on Singaporeans' perceptions of sexual harassment from a cross-cultural perspective. *Journal of Applied Social Psychology*, *35*, 699 - 717.

Li, S., Bi Y. L., & Zhang, Y. C. (2009). Asian risk-seeking and overconfidence. *Journal of Applied Social Psychology*, *39*, 2706 - 2736.

Li, S., Bi, Y. L., & Rao, L. L. (2011). Every Science/Nature potter praises his own pot-Can we believe what he says based on his mother tongue? *Journal of Cross-Cultural Psychology*, *42*, 125 - 130.

Li, S., Chen, W. W., & Yu, Y. (2006). The reason for Asian overconfidence. *Journal of Psychology*, *140*, 615 - 618.

Li, S., Triandis, H. C., & Yu, Y. (2006). Cultural orientation and corruption. *Ethics & Behavior*, *16*, 199 - 215.

Probst, T. M., Carnevale, P. J., & Triandis, H. C. (1999). Cultural values in intergroup and single-group social dilemmas. *Organizational Behavior and Human Decision Processes*, *77*, 171 - 191.

Singelis, T., Triandis, H. C., Bhawuk, D. & Gelfand, M. (1995). Horizontal and vertical dimensions of individualism and collectivism: A theoretical and measurement refinement. *Cross-Cultural Research*, *29*, 240 - 275.

Slovic P. (1987). Perception of risk. *Science*, *236*, 280 - 285.

Triandis, H. C. (1995). *Individualism and collectivism*. Boulder, CO: Westview.

Triandis, H. C., Carnevale, P., Gelfand, M., Robert, C., Wasti, A., Probst, T., et al. (2001). Culture, personality and deception: A multilevel approach. International *Journal of Cross-Cultural Management*, *1*, 73 - 90.

Triandis, H. C., Chen, X. P., & Chan, D. K.-S. (1998). Scenarios for the measurement of collectivism and individualism. *Journal of Cross-Cultural Psychology*, *29*, 275 - 289.

Wallsten, T. S., Budescu, D. V., Zwick, R., & Kemp, S. M. (1993). Preferences and reasons for communicating probabilistic information in verbal or numerical terms. *Bulletin of the Psychonomic Society*, *31*, 135 - 138.

Weber, E. U., & Hsee, C. (1998). Cross-cultural differences in risk perception but cross-cultural similarities in attitudes towards perceived risk. *Management Science*, *44*, 1205 - 1217.

Weber, E. U., Hsee, C. K., & Sokolowska, J. (1998). What folklore tells us about risk and risk taking: Cross-cultural comparisons of American, German, and Chinese proverbs. *Organizational Behavior and Human Decision Processes*, *75*, 170 - 186.

Xu, J. H., Ye, X. B., & Li, S. (2009). Communication mode preference paradox among native Chinese speakers. *The Journal of Social Psychology*, *149*, 125 - 129.

Yamagishi, T. (2003). Cross-societal experimentation on trust: A comparison of the United States and Japan, in E. Ostrom and J. Walker (eds.) Trust And Reciprocity, Russell Sage Foundation: New York, pp. 352 - 370.

Yates, J. F., Lee, J. W., & Bush, J. G. G. (1997). General knowledge overconfidence: Cross-national variations, response style, and "reality". *Organizational Behavior and Human Decision Processes*, 70,87 - 94.

Yates, J. F., Lee, J. W., & Shinotsuka, H. (1992). Cross-national variation in probability judgment. *Annual Meeting of the Psychonomic Society*, St. Louis.

Yates, J. F., Lee, J. W., & Shinotsuka, H. (1996). Beliefs about overconfidence, including its cross-national variation. *Organizational Behavior and Human Decision Processes*, 65,138 - 147.

Yates, J. F., Lee, J.-W., Shinotsuka, H., & Sieck, W. R. (1998). Cross-culture variation in probability judgment accuracy: Beyond general knowledge overconfidence? *Organizational Behavior and Human Decision Processes*, 74, 89 - 11.

车丽萍.(2002).国外关于自信的研究综述.心理科学进展,10,418—424.

陈云海.(2005).让学生在活动中找回自信.中国职业技术教育,10,59.

李纾,房永青.(2002).新加坡21对双语青年学生的决策影响.青年研究学报,5,162—171.

李纾,许洁虹,叶先宝.(2008).中文表达者的"沟通模式偏爱悖论"与"下情上达评价悖论".管理评论,23,102—108.

李纾,饶俪琳,许洁虹.(2010).冒风险的决策者:聪明乎? 糊涂乎? 上海管理科学,32,32—37.

李纾.(2001).艾勒悖论(Allais Paradox)另释.心理学报,33,176—181.

梁哲,许洁虹,李纾,孙彦,刘长江,叶先宝.(2008).突发公共安全事件的风险沟通难题——从心理学角度的观察.自然灾害学报,17,25—30.

孙悦,李纾.(2005).澳门人的风险知觉与赌博行为.心理学报,37,260—267.

许洁虹,李纾.(2007).汉语文字概率表达之数值转换的探索性研究.人类工效学,13,15—18.

许洁虹,李纾.(2008).英语文字的概率表达.经济数学,25,101—111.

于窈,李纾.(2006)."过分自信"的研究及其跨文化差异.心理科学进展,14,468—474.

赵叶珠,王丽馨.(2006).中日女校大学生自信水平的比较研究.中华女子学院学报,18,16—19.

第六篇 选择与情绪

在影响人们决策行为的众多因素中,情绪是一个极为重要的因素(毕研玲,李纾,2007;方平,李英武,2006)。国内外决策研究者历来都非常重视情绪对决策的影响作用(如,庄锦英,2003;Loewenstein, Weber, Hsee, & Welch, 2001;Mellers, Schwartz, & Ritov, 1999)。Hastie 在 2001 年 *Annual Review of Psychology* 上分析和综述"判断与决策"领域现存的科学问题时,指出了决策领域中未来需要解决的 16 个问题,而情绪正是其中之一。

作者研究决策问题数年,曾经遭遇过或绕不过"情绪"问题。本篇将向读者呈现"情绪"在决策过程中扮演重要角色的数个研究。

第42章 买彩票不为钱，为心境好

共同作者：郭慧芳

当被人问起："你为什么买彩票？"相信多数人都会不假思索地答道："还能为什么？为了中大奖，赢大钱呗。"然而，"中奖彩民屡屡弃奖"的媒体报道和彩票统计数据似乎提示我们：个体买彩票并非只是为了钱。

财政部公布2012年逾期未兑奖的彩票奖金额度达13亿7 069万。据统计，2012年仅福彩双色球的弃奖就多达8 276万个，其中一等奖3个，二等奖622个，三等奖4 116个，四等奖326 642个，五等奖14 319 582个，六等奖68 109 181个，总计弃奖金额7.63亿元。[1]

——财政部

据不完全统计，2013年，全国福彩双色球头奖弃奖事件共发生10起，累计达7 193万人民币。[2] 2014年双色球头奖弃奖事件共发生15起，弃奖奖金达到了1.03亿。[3]

——中彩网

---

[1] http://z1.caipiao.163.com/article/13/0915/10/98QD920E00052DT2.html.

[2] http://news.gxnews.com.cn/staticpages/20140110/newgx52cf6f6b-9420248.shtml.

[3] http://www.zhcw.com/xinwen/caizhongxinwen-ssq/4043730.shtml.

看过这些数据,你或许会重新认真考虑该如何回应这个"愚蠢"(stupid)之问,如果买彩票不像是为了赢大奖,那么"我们究竟为什么买彩票"?

42.1 极小概率事件

我们生活在一个不确定的世界里。购买彩票当是一种不确定事件,但又因为其事件本身能够**人为**地给出十分精准的概率和结果而被明确地定义(well-defined)为"风险"决策问题(参见第一篇第 16 章表 16.1)。

目前占统治地位的风险决策理论——预期理论,曾尽其所能描述或解释人们的购彩行为。预期理论是 Kahneman 和 Tversky(1979)在改进期望效用理论的基础上提出的一个描述性决策理论,其理论基石主要是两个函数:价值函数 v 与权重函数 π。价值函数指的是个体对同等的获得和损失表现出不对称的心理效用,其表现形式为"S"形曲线,即等量的损失比获得产生的心理效用更大。经过设计一系列精密的决策选项,Kahneman 和 Tversky 建立起相应的不等式,认为权重函数具有以下四个基本特性:①次加性,②高估小概率,③次确定性,④次比例性。假"S"形的价值函数曲线可将人们在"获得"时描述为"风险规避",在"损失"时描述为"风险寻求",然而,其"S"形特性所预测的不是"购彩的行为",反而是"**不购彩的行为**"。所幸,权重函数 π 高估小概率(overweighed low probabilities)特性所预测的方向与价值函数 v 的预测完全相反,即预测的是"**购买彩票**"的行为。高估小概率特性指的是:对小概率 p,$\pi(p) > p$。借助(5 000, 0.001) vs. (5)和(−5 000, 0.001) vs. (−5)这二对选项,Kahneman 和 Tversky(1979)不仅推导出 π 函数的特性是高估小概率事件的,并借此解释了为什么人们喜爱买彩票和买保险这两种常见的消费者行为。

然而,当读者仔细审视 π 函数曲线图(图 42.1)时,便会看出一个破绽:买彩票中大奖是一个极小概率事件,对于极小概率事件的主观估计,π 函数曲线图上有个留白处。因为这处留白,我们不知道 π 函数特性是高估极小概率事件 $(\pi(p) > p)$ 还是低估极小概率事件 $(\pi(p) < p)$。我们也就无从知道个体对客观极小概率的主观知觉是如何影响诸如购彩等风险决策

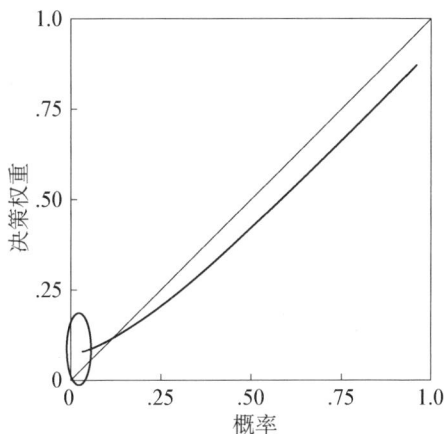

图 42.1 π 函数曲线图(转引自 *Scientific American* 中文版,(Kahneman & Tversky, 1982))

行为。"无限理性"决策模型以及期望效用理论也碍于这区间的空白而无法对极小概率条件下的风险决策行为(如购彩)做出合理的解释(Hartley & Farrell, 2002)。Mellers(2000)的研究提示我们,我们或许应**移离**认知的视角,用情感来替代权重和效用,根据情感来预测选择结果。那么,究竟是什么因素促使个体购买彩票呢?是发生概率极小的一笔庞大奖金,还是有可能"一夜暴富"所带来的好心境呢?郭慧芳等人(2015)尝试从一个新的视角(心境)来探索购彩与弃奖行为背后的隐情。

42.2 购彩前后心境变化:网络调查的证据

为了解普通彩民在购彩前后的心境变化,我们与北京师范大学中国彩票事业研究中心陈海平教授合作开展了一项大规模网络调查研究"中国彩民行为网络调查"(N=38 658)。在调查中,我们请被试分别对购彩前后四个阶段的心境进行评估,即:买彩票前(阶段1)、买彩票后至开奖前(阶段2)、开奖后至对奖前(阶段3)和对奖以后(阶段4)。其中,我们采用主观评定法来测量被试的心境,即,让被试用0—100之间的数字表示其心境的好坏程度,0表示最近的心境非常坏,100表示最近的心境非常好。

按照社会实际,根据年龄(11—80岁)、收入(0—500 000/月)、支出(0—200 000/月)、购彩消费(0—10 000/月)、购彩次数(0—1 000/月)的标准对该范围外的极端值进行筛选、删除,最终确定有效被试共35 665名(男:33 331人,女:2 312人,性别未知:22人;$M_{年龄} = 29.77$, $SD_{年龄} = 5.15$),问卷有效率为92.3%。方差分析的结果显示:在控制了性别、年龄、教育水平、身份、地位、收入、支出、购彩消费与购彩次数之后,个体的心境在购彩的不同阶段呈现显著差异($F(3, 34\ 297) = 90.57$, $p < 0.001$),即,彩民的心境在购彩过程中是有起有落的。事后检验(LSD)的结果显示:被试在阶段3的心境值最高($M_3 = 58.15$),阶段4的心境次之($M_4 = 57.58$),而在阶段1与2的心境存在显著差异($M_1 = 53.34$;$M_2 = 52.44$;$p < 0.05$)(图42.2)。这一结果提示我们,不确定自己是否中奖(开奖后至对奖前)会使自己的心境达到峰值,这个心境的峰值似乎与"真金白银"无关。

42.3 购彩前后心境变化:行为实验的证据

考虑到生活中的购彩是一个周而复始的过程,采用网络问卷调查或存在一个缺陷,即,对于经常购买彩票的彩民来说,所定义的阶段1(买彩票前)与阶段4(对奖以后)实际上是重叠的,我们所测得的这两个阶段的心境或是两者混合的结果。为了弥

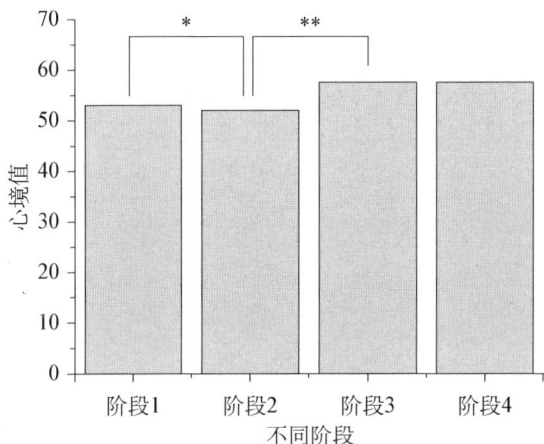

图 42.2 购彩不同阶段(阶段 1:买彩票前;阶段 2:买彩票后至开奖前;阶段 3:开奖后至对奖前;阶段 4:对奖以后)心境值的网络调查结果(注: $* p < 0.05$, $* * p < 0.001$.)。

补这一缺陷,分离出阶段 1(买彩票前)与阶段 4(对奖以后)的真实心境值,我们在实验室情景下再次测量了被试购彩前后的心境变化。模拟现实生活中的购彩行为,我们采用 2(报酬形式:发彩票 vs. 发现金)×7(获报酬阶段:七个时间点,t_1—t_7)的混合设计,对被试获得彩票/现金时心境的变化进行了更严谨的测量。

本实验通过海报、网站等形式于河南大学共招募被试 100 名(男:50 人,女:50 人;$M_{年龄} = 20.92$,$SD_{年龄} = 1.45$)。被试被随机分配到两个组别(彩票组与现金组)中,其具体实验流程如下所示:

1. 当被试抵达实验室后,主试采用主观评定法测量所有被试的心境(t_1:基线心境),测量方法与网络调查采用的方法相同;其后,为掩蔽实验的真正目的,让被试完成一份与本研究目的无关的干扰问卷。

2. 主试告知被试还有一项后续追踪实验,如果被试同意参加后续实验,则将他们随机分成两组:"彩票组"与"现金组"。彩票组被试的实验报酬以"彩票"形式支付,彩票类型为价值 45 元的"体育彩票顶呱刮":两张面额 20 元,一张面额 5 元。其中,20 元彩票最高中奖金额为 100 万元,而 5 元彩票最高中奖金额为 10 万元;若不中奖,被试将一无所获。另一组被试的实验报酬则以"现金"形式支付,金额同样为 45 元。此后,主试告诉所有被试实验报酬要延后支付,请他们 5 天之后,再来实验室领取实验报酬。告知被试后,主试对被试进行第二次心境测量(t_2:得知实验有报酬心境)。

3. 在等待"获得报酬(对奖/领钱)"的 5 天中,每天对被试的心境进行测量(t_3:等待 5 天间心境)。

4. 在第五天主试提醒被试可以开始联系主试获取报酬(对奖/领钱),领取时间是每天 8:00 至 18:00(10 个小时/天)。同时,继续记录被试的心境(t_4:临近对奖/领钱心境)。当被试抵达实验室的时候,主试记录被试对奖/领钱的时间,先测量一次被试的心境值(t_5:对奖/领钱前心境),随后即对奖或领钱。之后再完成一次心境测量(t_6:对奖/领钱后心境)。

5. 被试对奖/领钱后的 3 天内,每天对被试的心境进行追踪测量(t_7:追踪心境)。

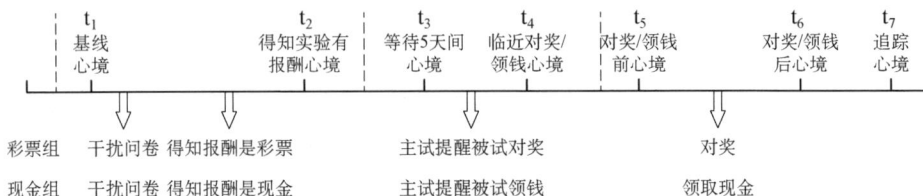

图 42.3 实验一整体流程图

实验结果:

在控制性别、年龄后,将报酬形式作为被试间因素,获报酬阶段作为被试内因素,对被试的心境进行 2 因素重复测量方差分析,结果显示:报酬形式与获报酬阶段存在交互作用 ($F(6, 450) = 3.51$, $p < 0.05$, $\eta^2 = 0.045$),即现金组与彩票组在获报酬不同阶段的心境变化趋势并不相同,其最主要的差异在于,彩票组在对奖前心境最好,而现金组在领钱后心境最好(图 42.4)。此外,报酬形式的主效应显著 ($F(1, 75) = 4.50$, $p < 0.05$, $\eta^2 = 0.057$),即,整体来看,彩票组的心境要显著高于现金组($M_{彩票组} = 83.93$, $M_{现金组} = 80.57$)。获报酬阶段的主效应亦显著($F(6, 450) = 3.69$, $p < 0.05$, $\eta^2 = 0.047$),即,被试在不同时间点上的心境值不同。进一步的事后检验表明,彩票组与现金组在得知实验有报酬的心境、对奖/领钱前的

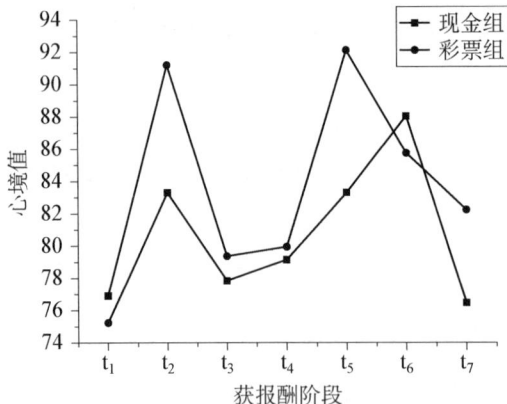

图 42.4 实验一:彩票组与现金组的心境变化(t_1:基线心境;t_2:得知实验有报酬心境;t_3:等待 5 天间心境;t_4:临近对奖/领钱心境;t_5:对奖/领钱前心境;t_6:对奖/领钱后心境;t_7:追踪心境)。

心境以及追踪心境存在显著性差异（$p < 0.05$），其他时间点二者的心境差异均不显著（$p > 0.05$）。

网络调查和实验室实验得出的汇聚（converging）证据是，在购买彩票的不同阶段中，个体的心境值在"**对奖前**"达到最高。两个研究结果不一致的是：在网络调查中，被试的心境值在购买彩票后有统计意义上的下降，而在实验室实验中，个体在得知实验报酬是彩票后，心境值显著增加。考虑在网络调查中，阶段 1（买彩票前）与阶段 4（对奖以后）或因被试重复购彩而有重叠，实验室实验所发现的"获得彩票—心境值剧增"的结果应当更可信。

此外，我们进一步分析了中奖者与未中奖者之间的心境差异。控制性别、年龄，进行方差分析，其结果显示："中奖与否"和"对奖前后"的交互作用显著（$F_{(1, 25)} = 34.21$，$p < 0.001$，$\eta^2 = 0.58$）。事后检验的结果表明，中奖的被试对奖后心境（$M = 92.75$）好于对奖前的心境（$M = 91.32$）；对于未中奖的被试而言，对奖后心境（$M = 67.42$）差于对奖前的心境（$M = 93.80$）。也就是说，中奖的个体心境无显著变化，而未中奖的个体心境有所下降。

最为有趣的是，在我们的实验室研究中也出现了**弃奖**和**延迟对奖**的现象。现金组的所有被试都在截止日期之前（准许对奖/领钱后的 10 天内）领取了现金；而彩票组只有 29 名被试在截止日期前完成了对奖，21 名（42%）被试未按照要求及时对奖而放弃对奖。这一结果亦为"买彩票是为了好心境，而非金钱"的假设提供了佐证。此外，对所有完成实验的被试（放弃对奖的被试除外）的延迟对奖时间（小时）进行分析，其结果显示：彩票组被试的延迟对奖时间（$M_{彩票} = 62.86$）显著长于现金组被试的延迟领钱时间（$M_{现金} = 26.24$）（$t_{(47.39)} = 5.96$，$p < 0.001$），见图 42.5。我们推测，彩票组被试或为保持好心境，从而选择延迟对奖（Kocher, Krawczyk, & van

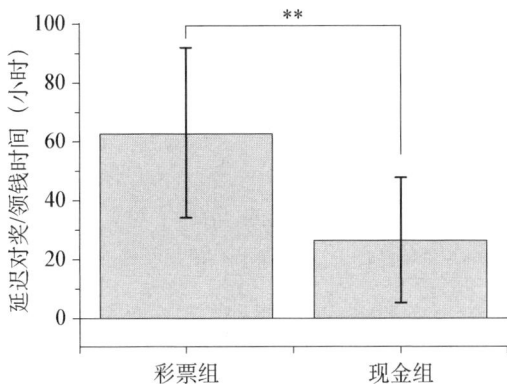

图 42.5 彩票组与现金组的被试延迟对奖/领钱时间（小时）（注：＊＊$p < 0.001$.）

Winden, 2014)。

42.4　心境对购彩行为的影响:启动行为实验的证据

上述研究表明,购彩可以让个体的心境变好。那么,反过来看,心境的好坏能否影响个体的购彩行为呢?

本实验采用被试间设计,其中自变量为心境(好心境 vs. 坏心境),因变量为被试选择的报酬形式(现金 vs. 彩票)。本实验通过海报、网站等形式共招募被试 115 名,其中有效被试 109 名(男:60 人,女:49 人;$M_{年龄} = 21.01$,$SD_{年龄} = 1.53$)。

实验具体流程:

1. 当被试抵达实验室后,主试测量所有被试的基线心境,其测量方法沿用之前研究的测量问卷。

2. 将被试随机分成两组:"梦想成真"启动组与"梦想破灭"启动组。本实验采用文字启动法,通过分别启动"梦想成真"与"梦想破灭"两种情景,改变被试的心境。对"梦想成真"启动组,主试要求被试首先写下人生中最大的梦想是什么;再写下若梦想成真,会有何种感受。对"梦想破灭"启动组,主试要求被试首先写下人生中最大的梦想是什么;再写下若梦想破灭,会有何种感受。

3. 进行第二次心境测量,以检验心境启动的有效性。

4. 感谢被试完成实验,并告知被试可以在两种金钱奖励(10 元现金 vs. 10 元"体育彩票顶呱刮")中选择一种作为实验报酬。在被试做出选择后,记录被试的选择,并进行第三次的心境测量。

实验结果:

首先,检验心境启动的有效性。控制性别、年龄因素,对被试的心境进行 2 因素重复测量的方差分析,结果显示,"测量阶段"与"启动"的交互作用显著 ($F(1, 95) = 18.06$,$p < 0.001$,$\eta^2 = 0.160$),即不同启动条件下被试在不同测量阶段的心境变化是不同的。事后检验的结果进一步表明,我们的实验操纵是有效的,在启动"梦想成真"后,被试的心境值提高;启动"梦想破灭"后,被试的心境值降低。

其次,卡方检验(表 42.1)表明实验结果证明了我们的先期假设。即,心境不同的被试对于实验报酬的选择偏好也是不同的($\chi^2(1) = 4.78$,$p < 0.05$),较于好心境的被试(45.3%,24/53),坏心境的被试更倾向选择彩票作为报酬(66.1%,37/56)。这意味着,个体在坏心境下更倾向于购买彩票。

表 42.1　心境对报酬形式选择的影响($N=109$)

| | | 报酬形式选择 | | 合计 | χ^2 | df | p |
		现金	彩票				
心境	好心境（梦想成真）	29	24	53	4.78	1	0.029
	坏心境（梦想破灭）	19	37	56			
合计		48	61	109			

综合之前的研究结果，我们可以得知，个体购买彩票可以获得好心境，而处于坏心境时，人们也更倾向于购买彩票。

42.5　意义与启示

回首本章开篇的"愚蠢之问"，其实它亦是一个"聪明之问"。跳脱出传统的概率与结果计算，从心境出发，可使我们从一个新的视角来审视期望理论的"空白"。这段神秘的空白，或使得秉持期望法则的风险决策模型手足无措，不知如何精准地解释或预测人们在这段概率区间的风险决策行为，亦给其他替代的风险决策模型留下了无穷遐想。葡京赌场《劝世文》有意言情不言钱，说，To play merely for **pleasure**。我们的研究结果则为该赌场箴言为何如是说寻得有利证据：买彩票可以获得好心境，而拥有坏心境的个体则更倾向于购买彩票。在人们理性难以企及的地方，正是这梦一般的"好心境"填补了预期理论 π 函数在极小概率区间留下的这处空白。

致谢：感谢中国科学院心理研究所本科生科学研究基金资助了本章节所报告的研究。感谢论文《个体的购彩动机分析—What we bet is not money, but mood》获评河南大学 2014 届本科优秀毕业论文。感谢行为决策课题组成员郑蕊、饶俪琳、孙红月对实验设计提出的宝贵意见。购彩动机的研究思路源于对生活中多例彩票弃奖的观察，以及受到澳门赌场《劝世文》的启发，谨希望此研究引发更多有关"心境"的思考与研究。

参考文献

Forrest, D., Simmons, R., & Chesters, N.(2002). Buying a dream: Alternative models of demand for lotto. *Economic Inquiry*, *40*(3), 485-496.

Hartley, R., & Farrell, L.(2002). Can expected utility theory explain gambling? *American Economic Review*, *92*(3),

613 - 624.

Hastie, R. (2001). Problems for judgment and decision making. *Annual Review of Psychology*, *52*(1),653 - 683.

Kahneman, D. , & Tversky, A. (1979). Prospect theory: An analysis of decision under risk. *Econometrica*, *47*(2),263 - 291.

Kahneman, D. , & Tversky, A. (1982). The psychology of preferences. *Scientific American*, *246*(1),160 - 173.

Kocher, M.G. , Krawczyk, M. , & van Winden, F. (2014). 'Let me dream on!' Anticipatory emotions and preference for timing in lotteries. *Journal of Economic Behavior & Organization*, *98*,29 - 40.

Loewenstein, G.F. , Weber, E.U. , Hsee, C.K. , & Welch, N. (2001). Risk as feelings. *Psychological Bulletin*, *127*(2),267 - 286.

Mellers, B.A. (2000). Choice and the relative pleasure of consequences. *Psychological Bulletin*, *126*(6),910 - 924.

Mellers, B. , Schwartz, A. , & Ritov, I. (1999). Emotion-based choice. *Journal of Experimental Psychology: General*, *128*(3),332 - 345.

毕研玲,李纾.(2007).有限理性的"占优启发式"和"齐当别"决策模型的作为——当 Allais 悖论杠杆撬动了期望效用理论.心理科学进展,15(4),682—688.

方平,李英武.(2006).情绪对决策的影响机制及实验范式的研究进展.心理科学,28(5),1159—1161.

郭慧芳.(2014).个体的购彩动机分析—*What we bet is not money, but mood*.学士学位论文,河南大学,开封.

郭慧芳,陈海平,郑蕊,饶俪琳,李纾.(2015).金钱与心境:基于购彩的动机研究.第三届亚太彩票与商业游戏研究学术会议暨亚太彩票发展高峰论坛论文摘要集.亚太博彩研究学会,2015:4.

庄锦英.(2003).情绪与决策的关系.心理科学进展,11(4),423—431.

第43章 损失规避与正负情感

共同作者:唐辉

> 风来疏竹,风过而竹不留声;雁渡寒潭,雁去而潭不留影。
>
> ——《菜根谭》

43.1 损失规避

损失和获得期望值相等的赌博游戏(50%概率输掉 $100 和 50%概率赢得 $100)对多数人来说并不具有吸引力,人们普遍不愿意参与这类赌博游戏(参与的比例低于随机水平 50%);且输赢的金钱数值越大,不愿参与赌博游戏的人数比例就越大。据此,Kahneman 和 Tversky(1979)认为,损失和获得的心理效用并不相同,客观上的损失比等量获得产生的心理效用更大,并将这种现象命名为损失规避(loss aversion)。

43.1.1 正负情感相减的逻辑

人们为什么会表现出损失规避? 在诸多解释中,来自情感角度(梁哲,李纾,李岩梅,刘长江,2007)的解释最为通达。其解释认为损失比获得对人的情感影响更大(e. g., Bar-Hillel & Neter, 1996)。Kahneman 和 Tversky(1979)曾指出,损失一定数量的金钱带给人的痛苦程度要比获得相等数量的金钱带给人的快乐显得更大。后续一系列实证研究大都基于这一观点对损失规避进行解释和预测(Ariely, Huber, & Wertenbroch, 2005; Kahneman & Tversky, 1984; Kermer, Driver-Linn, Wilson, & Gilbert, 2006; Zhang & Fishbach, 2005;刘欢,梁竹苑,李纾,2009)。如 Kermer等人(2006)认为,由于人们预测输 3 美元的痛苦会比赢 5 美元的快乐对自己影响更大,以致其不愿意接受该赌博游戏。即,当损失带来的痛苦大于获得带来的快乐,负性情感抵消了正性情感的作用,人们便拒绝参加此类赌博。Tang, Liang, Zhou, Huang, Rao 和 Li(2015)将这种假"正负情感相减"的思路对损失规避所做的解释称为"相减逻辑"(subtractive logic)。

43.1.2 对相减逻辑的质疑

乍看来,相减逻辑言之有理,但仔细分析便可发现"相减逻辑"背后隐藏着两条基本假设,这两条假设能否成立仍是个问题。第一条假设是关于损失与获得对情感影响的不对称性(Gal, 2006),即人们总是会预期"损失"带来的痛苦大于等量"获得"带来的快乐。第二条假设是关于快乐和痛苦对损失规避影响的方向相反性,即损失带来的痛苦对损失规避的影响是正向的,而获得带来的快乐对损失规避的影响是负向的。

疑问一,人们真的总是会预期损失带来的痛苦大于等量获得带来的快乐吗? 一些证据表明人们并非总是如此。例如,Mellers, Schwartz, Ho 和 Ritov(1997)曾让人们对混合博弈结果带来的情感反应在一个双极情感量表上进行评定,结果发现损失与获得带来的情感反应强度几乎是相等的。此外,一些研究者甚至发现损失带来的情感影响小于获得。比如,Harinck, Van Dijk, Van Beest 和 Mersmann(2007)发现,损失规避现象在小数额金钱(e. g., € 1)的条件下会出现反转。以上证据均表明人们在预期混合博弈结果带来的情感影响时,预期损失带来的痛苦程度并不总是大于等量获得带来的快乐程度。

疑问二,快乐和痛苦对损失规避的影响作用是相反的吗? 有研究表明不同效价的预期情感对决策行为可以产生相同方向的作用(Leone, Perugini, & Bagozzi, 2005)。情感启发式理论认为,人们更倾向于根据对事件的总体情感印象而非仔细权衡选项的优劣做出判断和决策。事实上,多数人都会带着一种**恐惧不安**的心理去应对风险事件,"风险"一词本身给人的印象常常是潜在威胁与危险(Weller, Levin, Shiv, & Bechara, 2007)。当人们认为一个事件会让其感到**不安**与危险的时候,便倾向于将该事件判断为一个坏的事件(Vazquez, 2001)。在这种情况下,不论个体预期这个风险事件的结果是损失还是获得,是带来痛苦还是带来快乐,对风险事件的规避都将成为最主要反应(Loewenstein, Weber, Hsee, & Welch, 2001)。在这一视角下,预期获得带来的快乐也和预期损失带来的痛苦一样,都对个体的损失规避倾向产生正向的预测作用。

以上分析质疑了"相减逻辑"的两条隐含假设,提示用"相减逻辑"解释损失规避或有违事实。

43.1.3 正负情感相加的逻辑

Damosio 等人(1994)的一项经典研究发现,相对于有正常情绪反应(如高兴、恐惧、焦虑等)的普通个体,某些对风险事件丧失情绪反应、"心如止水"的脑损伤病人,反而能够更好地完成在冰面上开车的风险任务。此后,Shiv, Loewenstein, Bechara, Damasio 和 Damasio(2005)进一步发现,丧失情感反应能力的病人在面对混合博弈任务时,比拥有正常情绪反应能力的个体更少地表现出短视损失规避(myopic loss aversion),决策得更出色。脑损伤病人之所以能做出更好的决策是因为他们不会对输和赢产生预期的情感反应,即赢钱不会让他们感觉更快乐,输钱也不会让他们感觉更痛苦。据此,我们自然会推想到,这种"有无"情感(质的差异)在损失规避上表现出的差异,是否会在有情感的正常人群体中表现出程度上(量的差异)的差异?即,在面临混合博弈任务时,情感反应强度高(大起大落)的人比情感反应强度低(心如止水)的人更易表现出损失规避的趋势?

Diener 等人曾提出情感强度(affect intensity, Diener, Emmons, Larsen, & Griffin, 1985)的概念,认为在面临情绪唤醒刺激时,有高强度正性情感体验的个体也倾向于体验到高强度的负性情感,而有低强度正性情感体验的个体也倾向于体验到低强度的负性情感。研究者曾将"正负情感线性叠加"作为情感强度进行进一步研究(Larsen & Diener, 1987)。借鉴这一做法,我们推测预期正负情感也可以用这种线性叠加的方式去解释损失规避。线性叠加的预期正负情感可视为预期情感强度(anticipatory affect intensity, AAI),即个体在面临风险事件时预期结果带来正负情感体验的"总强度"或"总幅度"。

基于以上分析,我们推测:预期正负情感可以线性叠加的形式作为预期情感强度去预测损失规避。我们以此提出以下假设:预期正负情感相加的逻辑比相减的逻辑能更有效地预测损失规避。

特别地,"预期情感强度"是个体在当下面临赌博方案时,预期赌博结果带来的正负情感强度总和。这种当下的或情境的预期情感强度可被称作情境性预期情感强度

(sAAI)。但个体的情境性预期情感强度并不是凭空产生的,它会受到个体过去在经历风险事件时的情感体验的影响。正如 Epstein(1994)指出的那样,当个体面临情绪性事件时,经验系统就会自动搜索过去发生过的相关事件及当时的情感体验。先前对日常生活中各种风险事件的情感反应会发展成相对稳定的人格特质,即特质性情感强度(Diener, Emmons, Larsen, & Griffin, 1985)或情感强度(AI, affect intensity)。研究表明,情感强度的个体差异与风险的认知和行为反应存在关联(e. g., Peters & Slovic, 2000; Lerner & Keltner, 2000);风险行为的差异可被个体对风险事件情感反应的差异所中介(Loewenstein, Weber, Hsee, & Welch, 2001)。因此,我们推测:曾经常体验到两极情感波动的个体在面对混合博弈时就更可能预期到自己会有较大的情感反应强度,继而表现出损失规避。

综合而言,我们提出以下具体假设:特质性情感强度和情境性预期情感强度都会影响个体的损失规避倾向,且情境性预期情感强度在特质性情感强度对损失规避的影响中起到中介作用。

Tang, Liang, Zhou, Huang, Rao 和 Li(2015)通过 4 个研究逐步验证以上假设。在研究 1 中,针对相减逻辑两条隐含假设的验证,我们将相减逻辑和相加逻辑放在同一个回归方程中检验究竟哪种逻辑能够有效解释损失规避。研究 2 旨在用真实金钱博弈再验证研究 1 的发现。研究 3 进一步认为当下的预期情感强度可能源自个体在情感强度方面的特质性差异,并检验了情境性预期情感强度在特质性情感强度和损失规避之间的中介作用。为了提高研究的外部效度,我们在研究 4 中将实验室实验拓展为现场调研(field survey),冀从现实生活情境中验证研究假设。

43.2 研究 1:虚拟的赌博游戏任务

研究 1 随机选取 91 名大学生(女生 61 人)。测量包括损失规避系数、参赌意愿以及预期情感强度。测量开始前,先让被试填写其当下的快乐程度(Kermer, et al., 2006),作为基线值。量尺为 130 mm 的直线,从非常不快乐到非常快乐。然后要被试填写损失或获得的金钱数额分别为多少时他们才愿意参与该项赌博游戏(例如,赌博 A:50%的概率赢¥20/¥100,50%的概率输¥_____,我才愿意参赌)。损失规避系数 λ 通过每项赌博方案中获得与损失数额的比值来衡量(G/L)(Tversky & Kahneman, 1992),λ 越大表明损失规避程度越高。

参赌意愿和预期情感强度。被试要完成一个虚拟的赌博游戏任务(投掷硬币游戏,如果正面朝上,你将获得¥X,正面朝下你将输掉¥Y)。赌博任务包括大小两种数额:较小数额获得和损失分别为¥20 和¥10;较大数额获得和损失分别为¥100 和

￥50。看到赌博选择后,被试要在一个6点量尺上评定其愿意参赌的程度。随后,让被试预期他们在赢钱或输钱之后的快乐(或不快乐)程度。

风险规避者预期负性情感大于正性情感? 参赌意愿为"非常不愿意"、"比较不愿意"以及"有点不愿意"的被试被归为风险规避者,其余为风险寻求者。独立样本 t 检验的结果显示:风险规避者并没有表现出预期痛苦程度大于预期快乐程度($M_N = 0.09$, $M_P = 0.24$, $t = -0.87$, $p = 0.39$)。风险寻求者也没有表现出预期快乐程度大于预期痛苦程度($M_N = -0.1$, $M_P = -0.27$, $t = 0.89$, $p = 0.38$)。这些结果表明损失规避并不是由于预期损失带来的痛苦超过获得带来的快乐,以及风险寻求也并非是由于预期获得带来的快乐超过损失带来的痛苦造成的。以上结果并不支持相减逻辑的第一条隐含假设。

快乐和痛苦对损失规避的影响作用方向相反? 为检验快乐与痛苦对损失规避的影响作用方向是否相反,我们分别建立了损失规避系数(λ)和参赌意愿(G)对预期正性情感(P)和预期负性情感(N)的两个多元回归方程。

$$\lambda = a + b^* N + c^* P \tag{1}$$

$$G = a + e^* N + f^* P \tag{2}$$

根据损失规避的情感含义"损失比获得显得更大",有 $|b| > |c|$ 和 $|e| > |f|$,其中 $b > 0$, $c < 0$ 以及 $e < 0$, $f > 0$。根据预期正负情感相减的逻辑,预期负性情感(N)对 λ 是正向预测作用,而正性情感(P)对 λ 应是负向预测作用,且 λ 对负性情感更敏感,即负性情感对损失规避的回归系数绝对值更大。然而,分析结果却令人感到惊奇,方程(1)中正性情感对损失规避系数居然起到正向的预测作用,$\beta = 0.19$, $p < 0.05$(相减逻辑预期该系数为负),方程(2)中正性情感对参赌意愿是负向的预测作用,$\beta = -0.28$, $p < 0.01$(相减逻辑预期该系数为正)。这些结果显示正性情感的作用方向跟相减逻辑预期的不一致,正性情感与负性情感对损失规避起到相同方向的预测作用。此外,我们甚至在方程(2)中发现负性情感对损失规避的预测作用小于正性情感($e = -0.01$, $f = -0.28$)。以上结果也不支持相减逻辑第二个隐含假设,即快乐和痛苦对损失规避的影响作用方向相反。

从以上结果可知,相减逻辑两个隐含假设均不成立。鉴于正性情感与负性情感对损失规避具有相同方向的预测作用,我们接着尝试将正负情感进行线性叠加,以考察此二者对损失规避的作用。

哪种逻辑能够更好地解释损失规避:相减还是相加? 为检验哪种逻辑能够更好地解释损失规避,我们将相加逻辑和相减逻辑放在同一回归方程中进行比较。除此之外,我们还特意将相加逻辑跟预期负性情感(N)放在同一个回归方程中进行比较,以进一步证明相加逻辑对损失规避预测的有效性。其中,相加逻辑用预期情感强度(A)为指标,相减逻辑用预期正负情感之差(S)为指标。损失规避分别用损失规避系数(λ)和参赌意愿(G)作为指标。

$$\lambda = a + g^*A + h^*S \qquad (3)$$

$$G = a + j^*A + k^*S \qquad (4)$$

$$\lambda = a + l^*A + m^*N \qquad (5)$$

$$G = a + n^*A + q^*N \qquad (6)$$

结果显示在方程(3)和(4)中,S 分数不能显著预测损失规避系数($h = 0.03$,$p = 0.76$)和参赌意愿($k = 0.18$,$p = 0.09$),但 A 分数却能够显著预测损失规避系数($g = 0.3$,$p = 0.007$,$R^2 = 0.09$)和参赌意愿($j = -0.24$,$p = 0.02$,$R^2 = 0.08$)。在方程(5)和(6)中,预期负性情感 N 不能显著预测损失规避系数($m = 0.04$,$p = 0.76$)和参赌意愿($q = 0.23$,$p = 0.12$),而 A 分数却同样能够显著预测损失规避系数($l = 0.27$,$p = 0.05$,$R^2 = 0.1$)和参赌意愿($n = -0.38$,$p = 0.01$,$R^2 = 0.07$)。

表 43.1 预期正负情感相加、相减逻辑以及预期负性情感对损失规避的预测力对比

	变量	损失规避系数(λ)	参赌意愿(G)
方程(3)和(4)	相加逻辑(A)	0.3**	−0.24*
	相减逻辑(S)	0.03	0.18
	R^2	0.09*	0.08*
方程(5)和(6)	相加逻辑(A)	0.27	−0.38*
	预期负性情感(N)	0.04	0.23
	R^2	0.1*	0.07*

** $p < 0.01$, * $p < 0.05$.

以上结果表明预期情感强度(相加逻辑)比正负情感之差(相减逻辑)以及单一的预期负性情感更能有效预测损失规避。

43.3 研究 2:真实的金钱得失情境

研究 1 初步证明了预期情感强度(相加逻辑)比正负情感之差(相减逻辑)更能显著预测损失规避。然而,研究 1 是在假想的赌博游戏中对赢钱和输钱结果进行情感

预期,这种假设情境实验虽然是决策领域的惯常做法,但换成真实的金钱得失情境可能会出现不同的结果(Parkinson & Manstead, 1993)。基于这点考虑,研究 2 旨在采用真实金钱刺激的任务情境再检验研究 1 的发现。

研究 2 招募了 50 名大学生(女生 28 人),年龄 19 到 25 岁。告知被试须完成一个品牌评定任务和一个行为实验,共需 30 分钟左右。完成品牌评定任务后支付报酬每人 10 元。随后,要求被试完成损失规避系数的测量问卷(同研究 1)。完成问卷后,告知被试接下来有一个投掷硬币的赌博游戏,如果硬币正面朝上他们将获得 20 元,正面朝下则会输掉 10 元。紧接着,实验人员和被试需各自拿出 ¥20 和 ¥10 放在桌面上。然后让被试在 6 点量尺上回答参加这一游戏的愿意程度,并评定赢钱或输钱后的快乐程度。愿意程度评定低于 4 的被试不参加赌博游戏。待被试完成所有的实验任务,向其解释实验目的。不论被试输赢与否,主试最终都支付被试 10 元钱的实验报酬,并让其保密以免干扰继后的被试。

与研究 1 的发现一致,独立样本 t 检验表明风险规避者的预期快乐和预期痛苦之间没有显著差异($M_N = 33.57$, $M_P = 33.85$, $t = -0.01$, $p = 0.99$),在风险寻求者身上也有同样的发现($M_N = 27.58$, $M_P = 31.5$, $t = -0.66$, $p = 0.51$)。该结果进一步证伪了相减逻辑第一条隐含假设。另外,我们建立了与研究 1 一样的 2 个多元回归方程,结果同样发现正性情感 P 对损失规避系数预测的回归系数为正,$\beta = 0.29$, $p < 0.05$(该系数在相减逻辑中预期为负);对参赌意愿预测的回归系数为负,$\beta = -0.33$, $p < 0.05$(该系数在相减逻辑中预期为正)。这些结果亦不支持相减逻辑第二条隐含假设。

哪种逻辑能更好地解释损失规避:相减还是相加? 与研究 1 结果类似,在方程 (3)、(4)中,S 分数不能显著预测损失规避系数($h = 0.1$, $p = 0.48$)和参赌意愿($k = 0.09$, $p = 0.53$),但 A 分数却可以显著预测损失规避系数($g = 0.43$, $p = 0.003$, $R^2 = 0.21$)和参赌意愿($j = -0.35$, $p = 0.02$, $R^2 = 0.12$)。在方程(5)、(6)中,预期负性情感 N 不能显著预测损失规避系数($m = 0.13$, $p = 0.48$)和参赌意愿($q = 0.08$, $p = 0.69$),而 A 分数却同样能够显著预测损失规避系数($l = 0.36$, $p = 0.05$, $R^2 = 0.2$),虽然 A 分数对参赌意愿($n = -0.32$, $p = 0.1$, $R^2 = 0.07$)的预测没有达到显著水平,但其预测效力依然大于预期负性情感。这些结果表明预期情感强度能够比正负情感之差及预期负性情感更好地预测损失规避。

概括而言,研究 2 重复验证了研究 1 的结果,证明在真钱赌博任务中正负情感相加逻辑也能比相减逻辑更好地解释损失规避。

43.4　研究3:特质性与情境性情感强度

以上两个研究表明预期情感强度在损失规避中起到重要作用。接下来,我们想知道人们在面临混合赌博时为什么会产生预期情感强度。我们推测当下产生的这种情境性预期情感强度(sAAI)很可能是源自个体早期形成的特质性情感强度(tAI)或情感强度(AI)。在研究3中,我们使用回归与中介分析检验特质性情感强度对损失规避的作用,以及情境性预期情感强度在特质性情感强度与损失规避间的中介作用。

研究3招募了184名大学生被试(女生97人)。问卷包括情感强度、损失规避和预期情感强度。使用了Geuens和De Pelsmacker(2002)修订的Larsen与Diener(1987)的简版情感强度量表,含20道题。损失规避与预期情感强度的测量同研究1。

与研究1类似,结果显示,预期情感强度能够显著预测损失规避系数($\beta = 0.31$, $p = 0.001$, $R^2 = 0.10$)和参赌意愿($\beta = -0.27$, $p = 0.002$, $R^2 = 0.08$)。同时,特质性情感强度也能够显著预测损失规避系数($\beta = 0.37$, $p = 0.001$, $R^2 = 0.14$)和参赌意愿($\beta = -0.31$, $p = 0.001$, $R^2 = 0.10$)。

为检验预期情感强度在情感强度与损失规避之间是否起中介作用,使用Preacher和Hayes(2008)推荐的Bootstrapping分析方法。用Accelerated-biased-corrected bootstrap进行分析,结果显示当下的预期情感强度在特质性情感强度和损失规避系数之间起中介作用(95% CI: 0.001, 0.007);同时,当下的预期情感强度在特质性情感强度和参赌意愿之间也起到中介作用(95% CI: -0.026, -0.001)。这些结果证明了当下的预期情感强度在特质性情感强度与损失规避间起到中介作用。

简而言之,以上结果表明损失规避既能够被情境性预期情感强度预测,也能够被具有稳定个体差异的特质性情感强度预测。不论是预期的情感强度还是情感强度,都遵循了正负情感相加的逻辑。这一结果进一步证明了相加逻辑对损失规避预测的有效性,同时也揭示了情感强度对损失规避的内在作用机制。

43.5　研究4:真实赌博情境下的真实赌博者

与以往对损失规避的解释不同,我们通过以上三个研究提供了一个不同的解释视角,即正负情感以一种相加的逻辑去解释损失规避,并通过中介分析进一步揭示了情境性预期情感强度源自于个体的特质性情感强度。然而,这些结论能否在现实情境中成立依然未知。鉴于风险决策研究中期望价值理论的诞生源自Pascal和

Fermat 关于赌博问题的讨论(Pascal, 1670)，且损失规避的概念亦源于人们不情愿接受赌博方案的探讨，我们在研究 4 中选择了真实赌博情境下的真实赌博者作为研究对象，以期为解释损失规避提供既生态又正本溯源的证据。

有"东方拉斯维加斯"之称的澳门地区真实赌博者参与了研究 4，样本包括 305 名具有赌博经历的澳门当地成年居民。其中有 27 人没有完全作答，其数据被剔除。最终样本数为 278 人。

测量内容包括预期情感强度、损失规避和情感强度。在被试回答问题前被告知调查具有匿名性并且结果会被严格保密。征得被试口头同意后才开始施测。完成调查任务后赠予每人价值约 7 澳元(Macau Pataca)的一件小礼品作为酬劳。预期情感强度的测量同研究 1 基本一致，不尽相同之处在于，研究 4 用更大的获得(1 000)和损失(500)替代了研究 1 中的较小获得(20)与损失(10)，货币单位也统一改成了澳元。被试需要预测他们在获得或输掉一定数量金钱后的快乐(不快乐)程度，并在与研究 1 相同的量尺上用"×"作标记。损失规避用"赌博频次"和"能承受的最大损失比例"两个指标测量。共使用 11 种类型的赌博。被试需回答他们在去年一年内参加以上类型赌博的次数(赌博频次)，以及在一次赌博中他们所能承受的相对于月收入的最大损失比例(能承受的最大损失比例)。低频次的赌博次数以及在一次赌博中能承受的最大损失数额较小，均被视为较大的损失规避倾向。情感强度使用研究 3 中所用的简版情感强度量表进行测量。

哪种逻辑能够解释损失规避：相减还是相加？ 结果发现在控制了性别和月收入后，预期正负情感相减的分数不能显著预测赌博频次($\beta = -0.05$，$p = 0.27$)和承受的最大损失比例($\beta = -0.07$，$p = 0.24$)，但预期正负情感相加的分数却能够显著预测赌博频次($\beta = -0.25$，$p = 0.001$，$R^2 = 0.20$)和承受的最大损失比例($\beta = -0.17$，$p = 0.005$，$R^2 = 0.06$)。此外，在用预期负性情感和预期正负情感相加逻辑共同预测损失规避的模型中，预期负性情感不能显著预测赌博频次($\beta = 0.09$，$p = 0.13$)和承受的最大损失比例($\beta = 0.07$，$p = 0.24$)，但预期正负情感相加的分数却能够显著预测赌博频次($\beta = -0.3$，$p = 0.001$，$R^2 = 0.1$)和承受的最大损失比例($\beta = -0.2$，$p = 0.001$，$R^2 = 0.04$)。可见，相减的逻辑和单一的预期负性情感对损失规避的预测力均非常有限，而预期正负情感相加的逻辑却依然能在现实生活情境中保持对损失规避的良好预测力。

情境性预期情感强度在情感强度和损失规避中的中介作用。利用回归分析检验情感强度对于赌博频次和承受的最大损失比例的预测作用。结果同研究 3 类似，情感强度能够显著预测赌博频次($\beta = -0.19$，$p < 0.01$，$R^2 = 0.04$)和承受的最大损失比例($\beta = -0.22$，$p < 0.001$，$R^2 = 0.05$)。使用 Bootstrapping 分析(Preacher &

Hayes，2008)进行中介分析，结果发现，预期情感强度能够中介情感强度对赌博频次的影响(95% CI：−0.01，−0.002)，以及情感强度对承受的最大损失比例的影响(95% CI：−0.023，−0.003)。这些结果进一步验证了预期情感强度在情感强度和损失规避间的中介作用，揭示了预期情感强度来源于特质性情感强度。

43.6　讨论与启示

　　4个研究从假设情境实验(hypothetical scenario experiment)到实验室实验(laboratory experiment)，再到现场调研(field survey)，从大学生被试到真实的赌博者，利用多种方法和手段为研究假设提供了汇聚证据，证明了相加逻辑(预期正负情感幅度加总为预期情感强度)比相减逻辑对损失规避具有更好的解释力。研究1在证伪相减逻辑两条隐含假设基础上，初步证明预期正负情感相加逻辑比相减逻辑能更有效预测损失规避。研究2采用真实的金钱得失，在实验室实验中再次验证了这一结论。研究3通过验证情境性预期情感强度在特质性情感强度和损失规避之间起到的中介作用，为研究假设提供了进一步证据。除了以上来自实验室的证据之外，为提高研究结论的外部效度，研究4取样于赌城澳门的真实赌博者，从催生损失规避问题的赌博活动中为研究假设提供了确凿的证据。

　　该研究的创新性贡献，主要在于提出并验证了一种解释损失规避的新思路。通过在同一方程模型中对比预期正负情感相加和相减两种解释逻辑的基础上，证明了相加逻辑对损失规避解释的有效性。损失规避或可归因为较大的预期情感强度。相对于低预期情感强度的个体，那些高预期情感强度的个体总体上对痛苦和快乐都更为敏感，更容易体验到像"过山车"般的两极情绪，所以更容易出现损失规避。对于这一结论，有人可能会产生以下疑问：或许仅仅是预期情感强度中的预期**负性**情感在预测损失规避中发挥作用，相加逻辑对损失规避的预测效力不可能超过预期负性情感。为排除这一点疑虑，我们分别在研究1和研究4中特意把预期负性情感和相加逻辑放在同一个方程中，对比它们对损失规避的解释效力。两个研究结果均发现，相加逻辑比预期负性情感能更有效预测损失规避。这一结果为我们的假设提供了强有力的证据。

　　预期情感强度是怎样解释损失规避的呢？我们尝试假调节定向理论(regulatory focus theory，Higgins，1997)予以解释。调节定向理论认为人们普遍存在两种动机导向系统：追求发展与成就的促进定向(promotion focus)和规避失败与受伤害的预防定向(prevention focus)，前者更关注风险中的积极结果，后者更关注风险中的消极结果。具有高情感强度的个体，面临风险时预期自己对结果会有强烈的情感反应，更容易产生焦虑(anxiety)、恐惧(fear)等情绪,而焦虑、恐惧等情绪被证明是预防定向形成的情绪基础。所以高预期情感强度的个体,在日常生活中更倾向于形成预防定向的动机模式,对风险事件的负面结果给以过高关注,进而感觉损失比获得显得更大(loss looms larger than gain),表现出损失规避。相反,具有低预期情感强度的个体,面临风险时预期自己不会产生强烈的情感反应,尤其是对负性结果不会产生强烈的负性情绪体验,更能理性地看待正负结果,在日常生活中逐渐形成追求成功的促进定向动机模式(Liberman, Molden, Idson, & Higgins, 2005),更倾向于选择冒险,表现出较少的损失规避倾向。

该研究的另一个创新性贡献在于发现了预期情感强度源自个体稳定的情感强度差异。中介分析验证了预期情感强度在情感强度和损失规避之间的中介作用。拥有高情感强度的个体将会在面临混合博弈时预期结果会给自己带来较大幅度的情绪影响,继而表现出损失规避。相反,低情感强度的个体则会在面临混合博弈时预期结果会给自己带来较小幅度的情绪影响,继而表现出较小的损失规避倾向。该研究同时考虑了情感强度的情境性和特质性两个方面,即被试面临混合博弈时的反应既取决于他们当下的情感体验(i. e., state),也取决于他们过去面临此类事件的一贯体验(i. e., trait)(Spielberger, 1972; Steyer et al., 1999)。

此外,该研究提供了实证证据证明正性情感对损失规避具有正向预测作用。这意味着人们并非是一味地追求正性情感,正性情感在有些情况下也会对人产生负面影响。这种关于正性情感会对人产生负面影响的说法很早就引起古人的注意,且在东西方文化遗产中留下记载。如西方的《圣经》指出,"笑中有痛,乐极生忧"。与之类似,中国的《黄帝内经》中也有"过喜伤心"的说法。近期有一项研究(Gruber, Mauss, & Tamir, 2011)专门探讨了在哪些条件下快乐是有负面作用的。因此,希望后续研究能为有关正性情感对损失规避具有正向预测作用的发现提供更多的证据。

43.7 意义与展望

该研究不仅具有重要的理论意义,还具有可预见的现实意义。该研究结果为理解个体在风险寻求和风险规避偏好方面的个体差异提供了新视角。企业单位若能有效根据个体在情感强度方面的差异进行人职匹配,则可使得人事选拔与管理工作更具成效。中国人常说"心如枯井,洞若观火"、"逢大事必有静气",情感强度较低的个体能够让自己在面临风险时保持冷静,宠辱不惊,也就能更多地进行理性决策。所以,在当今充满竞争的经济环境下,选择那些具有较低情感强度的个体比选择较高情感强度的个体更能有效胜任需大胆革新和冒险的领导者职位。类似地,在风险投资、应急管理、载人航天、特警部队以及高空作业等工作领域招募那些具有低情感强度的个体将更为有利。此外，该研究发现可以为赌博成瘾的干预和治疗提供科学依据。赌博成瘾干预治疗领域的方法设计与发展应该将重点放在那些具有低情感强度的个体身上，因为他们可能更容易形成重度成瘾。

最后，未来研究还需从以下方面增进对预期情感强度和损失规避之间关系的探讨。首先，可通过对预期情感强度进行实验室操纵，从因果层面证明预期情感强度对损失规避的影响。其次，该研究没有探讨预期情感强度对损失规避影响的内在机制。有研究表明调节定向在预期情感和行为评价之间起到调节作用(Leone, Perugini, & Bagozzi, 2005)，这启示我们未来研究或可检验动机模式在预期情感强度对损失规避影响过程中的中介或调节作用。再者，风险即情感理论认为，影响人们风险决策的情绪因素除了预期情感外还包括个体决策前的背景情绪(background mood)以及决策过程中的当下情绪(immediate emotions)等，未来研究或可考察这些因素与预期情感强度间的交互作用，以更全面了解情感与损失规避间的关系。

总之，Tang, Liang, Zhou, Huang, Rao 和 Li(2015)的研究证明了预期情感强度对损失规避预测的有效性。具有高预期情感强度的个体总体上对损失带来的痛苦和获得带来的快乐都更为敏感，更容易体验到像过山车般的两极情绪，也就更容易出现损失规避。并且，他们面临风险时当下产生的这种高预期情感强度，是源自于他们在日常生活中已然形成的高情感强度这一稳定性特质。故一言以蔽之，情绪"**大起大落**"让人更倾向于损失规避，"**心如止水**"让人更倾向于冒险。

致谢：感谢孙悦、梁竹苑、孙彦、郑蕊、苏寅、江程铭等对本文数据收集及文章修改所提供的帮助。感谢三位匿名审稿人提出了极富建设性的修改建议。本章节所报告的研究部分得到国家自然科学青年基金项目(31200793)、教育部人文社会科学研究青年基金项目(13YJC190022)、天津市高等学校人文社会科学研究项目(20122503)、北京市优秀博士学位论文指导教师人文社科项目(20138012501)及国家自然科学基金面上项目(31170976)的资助。

参考文献

Ariely, D., Huber, J., & Wertenbroch, K. (2005). When do losses loom larger than gains? *Journal of Marketing Research*, 42(2), 134-138. doi: 10.1509/jmkr. 42.2.134.62283.

Bar-Hillel, M., & Neter, E. (1996). Why are people reluctant to exchange lottery tickets? *Journal of Personality and Social Psychology*, 70(1), 17-27. doi: 10.1037//0022-3514.70.1.17.

Damasio, A. (1994). *Descartes' error: Emotion, reason and the human brain*. New York: Grosset/Putnam.

Diener, E., Emmons, R. A., Larsen, R. J., & Griffin, S. (1985). The satisfaction with life scale. *Journal of Personality Assessment*, 49(1), 71-75.

Epstein, S. (1994). Integration of the cognitive and the psychodynamic unconscious. *American Psychologist*, 49(8),

709 - 724.

Gal, D. (2006). A psychological law of inertia and the illusion of loss aversion. *Judgment and Decision Making*, *1*(1), 23 - 32.

Geuens, M., & De Pelsmacker, P. (2002). Developing a Short Affect Intensity Scale. *Psychological Reports*, *91*, 657 - 670. doi:10.2466/PR0.91.6.657 - 670.

Harinck, F., Van Dijk, E., Van Beest, I., & Mersmann, P. (2007). When gains loom larger than losses. *Psychological Science*, *18*(12), 1099 - 1105. doi:10.1111/j.1467 - 9280.2007.02031.x.

Higgins, E. T. (1997). Beyond pleasure and pain. *American Psychologist*, *52*, 1280 - 1300. doi:10.1037/0003 - 066X. 52.12.1280.

Kahneman, D., & Tversky, A. (1979). Prospect theory: An analysis of decision under risk. *Econometrica*, *47*, 263 - 291. doi:10.2307/1914185.

Kermer, D. A., Driver-Linn, E., Wilson, T. D., & Gilbert, D. T. (2006). Loss aversion is an affective forecasting error. *Psychological Science*, *17*(8), 649 - 653. doi:10.1111/j.1467 - 9280.2006.01760.x.

Larsen, R. J., & Diener, E. (1987). Affect intensity as an individual difference characteristic: A review. *Journal of Research in Personality*, *21*(1), 1 - 39. doi:10.1016/0092 - 6566(87)90023 - 7.

Leone, L., Perugini, M., & Bagozzi, R. P. (2005). Emotions and decision making: Regulatory focus moderates the influence of anticipated emotions on action evaluations. *Cognition and Emotion*, *19*(8), 1175 - 1198. doi:10. 1080/02699930500203203.

Lerner, J. S., & Keltner, D. (2000). Beyond valence: Toward a model of emotion-specific influences on judgment and choice. *Cognition & Emotion*, *14*(4), 473 - 493. doi:10.1080/026999300402763.

Liberman, N., Idson, L. C., & Higgins, E. T. (2005). Predicting the intensity of losses vs. non-gains and non-losses vs. gains in judging fairness and value: A test of the loss aversion explanation. *Journal of Experimental Social Psychology*, *41*(5), 527 - 534. doi:10.1016/j.jesp.2004.06.007.

Loewenstein, G. F., Weber, E. U., Hsee, C. K., & Welch, N. (2001). Risk as feelings. *Psychological Bulletin*, *127* (2), 267 - 286. doi:10.1037//0033 - 2909.127.2.267.

Mellers, B. A., Schwartz, A., Ho, K., & Ritov, I. (1997). Decision affect theory. *Psychological Science*, *8*(6), 423 - 429. doi:10.1111/j.1467 - 9280.1997.tb00455.x.

Parkinson, B., & Manstead, A. S. R. (1993). Making sense of emotion in stories and social life. *Cognition & Emotion*, *7* (3), 295 - 323. doi:10.1080/02699939308409191.

Pascal, B. (1670). *Pensées*. Paris: Port-Royal.

Peters, E., & Slovic, P. (2000). The springs of action: Affective and analytical information processing in choice. *Personality and Social Psychology Bulletin*, *26*(12), 1465 - 1475. doi:10.1177/01461672002612002.

Preacher, K. J., & Hayes, A. F. (2008). Asymptotic and resampling strategies for assessing and comparing indirect effects in multiple mediator models. *Behavior Research Methods*, *40*(3), 879 - 891. doi:10.3758/BRM. 40.3.879.

Shiv, B., Loewenstein, G., Bechara, A., Damasio, H., & Damasio, A. R. (2005). Investment behavior and the negative side of emotion. *Psychological Science*, *16*(6), 435 - 439. doi:10.1111/j.0956 - 7976.2005.01553.x.

Spielberger, C. D. (1972). Anxiety as an emotional state. In C. D. Spielberger (Ed.), *Anxiety: Current trends in theory and research* (Vol. 1, pp. 23 - 49). San Diego, CA: Academic Press.

Steyer, R., Schmitt, M., & Eid, M. (1999). Latent state-trait theory and research in personality and individual differences. *European Journal of Personality*, *13*, 389 - 408. doi:10.1002/(SICI)1099 - 0984.

Tang, H., Liang, Z., Zhou, K. Huang, G-H., Rao, L-L., & Li, S. (2015). Positive and negative affect in loss aversion: subtractive or additive logic? *Journal of Behavioral Decision Making*. DOI:10.1002/bdm. 1884.

Tversky, A., & Kahneman, D. (1991). Loss aversion in riskless choice: A reference-dependent model. *The Quarterly Journal of Economics*, *106*(4), 1039 - 1062. doi: 10.2307/2937956.

Tversky, A., & Kahneman, D. (1992). Advances in prospect theory: Cumulative representation of uncertainty. *Journal of Risk and Uncertainty*, *5*(4), 297 - 323. doi:10.1007/bf00122574.

Vazquez, E. L. (2001). Risk perception interactions in stress and coping facing extreme risks. *Environmental Management and Health*, *12*(2), 122 - 133. doi:10.1108/09566160110389889.

Weller, J. A., Levin, I. P., Shiv, B., & Bechara, A. (2007). Neural correlates of adaptive decision making for risky gains and losses. *Psychological Science*, *18*(11), 958 - 964. doi:10.1111/j.1467 - 9280.2007.02009.x.

Zhang, Y., & Fishbach, A. (2005). The role of anticipated emotions in the endowment effect. *Journal of Consumer Psychology*, *15*(4), 316 - 324. doi: 10.1207/s15327663jcp1504_6.

梁哲,李纾,李岩梅,刘长江.(2007).幸福感预测中影响偏差的产生.中国心理卫生杂志,21(10),693—695.

刘欢,梁竹苑,李纾.(2009).行为经济学中的损失规避.心理科学进展,17(4),788—794.

第 44 章　冷计算与热情绪

共同作者：李琦

没了，才知道什么是没了。——《唐山大地震》

　　规范性决策理论通常认为，解决抉择冲突是以"冰冷无情"的数学计算为基础的。风险决策即是在备择选项中选择出"加权求和"的最大项；跨期决策即是在备择选项中选择出"折扣求和"的最大项。"两利相权取其重，两害相权取其轻"是规范性决策理论的一大基本原则。然而，在现实生活中，人们的决策特别是涉及生存威胁的决策，常常会引发人们的情感，这种情感会在很大程度上影响我们的决策。而传统决策理论单纯用数学计算公式解决决策冲突的思路怕无法真实地描述人们的避害决策。

　　电影《唐山大地震》讲述了一个二择一的重大损失决策，元妮的女儿方登和儿子方达被同一块楼板压在两边，绝境下，两个孩子只能救一个。无论救哪一个，都意味着要放弃另一个。元妮无奈选择了牺牲女儿救儿子，这个决定使得这位母亲在震后32年里一直陷入痛苦之中无法自拔。由于传统决策理论无法解释重大损失抉择中引发的情感，致使理解重大损失决策的潜在机制仍然是心理学研究中的一个非常基础而又极度困难的问题。特别从进化的角度看，损失决策往往比获得决策更为重要，而重大损失决策更是会影响人的生存和发展。

　　本章着重介绍一项探讨"冷计算与热情绪"的功能磁共振影像（fMRI）研究（Li et al.，2011），意在直观地认识重大损失决策中大脑的神经活动模式，从而揭示出重大损失决策心理活动潜在机制的奥秘。

44.1　重大损失决策的神经机制

人类作为"适应执行者",为了生存,他们遵循着接近"获得"回避"损失"的原则 (Buss, 1995)。与获得相比,损失对生存的影响更大(Frederick, Loewenstein, & O'donoghue, 2002)。一些决策研究发现,在风险选择(Abdellaoui, Bleichrodt, & Paraschiv, 2007; Tversky & Kahneman, 1992)和跨期选择(Baker, Johnson, & Bickel, 2003; Xu, Liang, Wang, Li, & Jiang, 2009;徐丽娟、梁竹苑、王坤、李纾、蒋田仔,2009)中,人类的大脑对损失比对获得更加敏感。因此,研究损失决策对于理解与改进人类的生存状况具有重要意义。

"舍卒保帅"是动物和人类遇到生存威胁时所采用的明智且有效的策略。对动物的研究表明,当遇到生存威胁时,动物通常会选择牺牲它们的部分身体以避免自身生命的损失。例如,为了保住性命,壁虎会自动断尾,迅速逃走(Naya, Veloso, Muñoz, & Bozinovic, 2007);海参会吐出自己的内脏,来摆脱敌害(Dolmatov & Ginanova, 2009)。这些例子表明,当遇到生存威胁时,动物会愿意牺牲部分身体保住自身性命。然而,人类不仅可以为了保住性命而做出重大牺牲,还可以为了保护被人们视为是极其重要的、绝对的、不可侵犯的和不可兑易的(Tanner, Ryf, & Hanselmann, 2007; Tetlock, Kristel, Elson, Green, & Lerner, 2000)健康、本性、爱情、荣誉、正义或人权等而做出重大牺牲。

在影片《苏菲的选择》中,有两个生动的例子说明,重大损失决策是多么艰难和痛苦以及"舍卒保帅"策略是如何使用的。第一次,一个纳粹军官让苏菲选择"失去她的儿子"还是"失去她的小女儿"。这个选择对苏菲而言是艰难和痛苦的,因为无论她如何决定都会失去她的一个孩子。然而,如果她不选那么两个孩子都会死。第二次,当苏菲不得不在"失去儿子生命"和"出卖肉体"之间做出选择时,苏菲选择出卖肉体去拯救她儿子的命,当得知纳粹军官答应不杀她儿子时,她高兴不已(图44.1)。

在传统的二择一决策模型里,在选项间进行选择被认为是遵循价值最大化原则的(R. Luce,

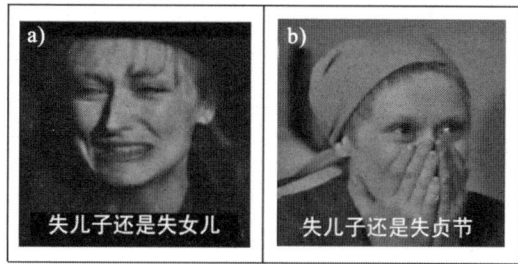

a) 失儿子还是失女儿

b) 失儿子还是失贞节

图44.1 苏菲的选择 a)重一重损失决策,苏菲做出失去儿子还是失去女儿的决策时痛苦地哭了;b)重一轻损失决策,苏菲在做出失去儿子还是失去贞节的决策时庆幸地笑了。

1959)。即,每个选项被独立地赋予一个效用值,比较这些效用值,并选择效用值最大的那个选项(Keeney & Raiffa, 1976)。这个假设貌似简单、直接,因为决策者仅需给每一个选项赋予一个主观值或者效用,然后选择"获得最大"或者"损失最小"的选项。这一类决策模型有一共同点:选择的难度是由选项间主观值或者效用的相似性所决定的(Biggs, Bedard, Gaber, & Linsmeier, 1985; Stone & Kadous, 1997)。在很大程度上,情绪在决策中的影响是被忽略不计的。

价值最大化原则(损失最小化)是如何描述或者预测苏菲的选择呢? 一方面,这个原则要求人们计算每个选项的主观值或效用,然后选择损失最小的选项。当各选项间总的主观值或者效用值相似性越大,决策就越困难(Biggs, et al., 1985; Stone & Kadous, 1997)。在苏菲的例子中,选择的难度来自于选项间价值的相似性(例如,她的儿子和女儿的命是同样重要的)。按照相同的逻辑,在假想失去一个男木偶和一个女木偶的选择难度应该与前者相似(例如,一个男木偶和一个女木偶是同样重要的)。然而,前者的决策明显比后者更难且伴有强烈的情绪。另外,无论苏菲选择失去她的儿子还是她的肉体,其决策结果都是绝对的损失,没有任何获得的成分或意义(Bernoulli, 1954)。显然,冰冷的计算方法无法解释为什么做出了一个绝对损失的抉择后,苏菲却是高兴的。因而苏菲的两个抉择质疑了采用冰冷的计算来解释人们面对重大损失时所做的抉择。

然而,目前学界对构成重大损失决策的神经基础仍然缺乏了解。为了弥补这个欠缺,Li, Qin, Rao, Zhang, Ying, Guo, Guo, Ding, Li 和 Luo(2011)设计了 fMRI 研究以模拟影片中苏菲的选择。在实验时,要求被试在两个失去的事物中做出迫选决策以调查以下三个损失条件下的神经元反应:(i)重一重损失决策,两个选项都是重要的。例如,"失去双眼"还是"失去双腿",这类选择类似于苏菲做出"失去儿子"还是"失去女儿"的决策。(ii)重一轻损失决策,一个选项是重要的,另一个是普通的。例如,"失去双腿"还是"失去台灯",这类选择类似于苏菲所做"失去儿子"还是"失去贞节"的决策。(iii)轻一轻损失决策,两个选项都是普通的。例如,"失去电报"还是"失去台灯",这类选择类似于苏菲所做"失去男木偶还是女木偶"的决策。借此,我们探索了重一重和重一轻损失决策的心理和神经机制(图 44.2)。

44.1.1 "重一重"损失决策

实验结果发现,尽管重一重损失决策和轻一轻损失决策在"冷"计算上是同等困难的,但两种决策所引发的"热"情感是不等的。与轻一轻损失决策相比,人们进行重一重损失决策时,决策更难,且研究者能够观察到内侧前额叶、杏仁核和喙部扣带(rACC)这些与情绪相关的脑区激活增加(图 44.3)。

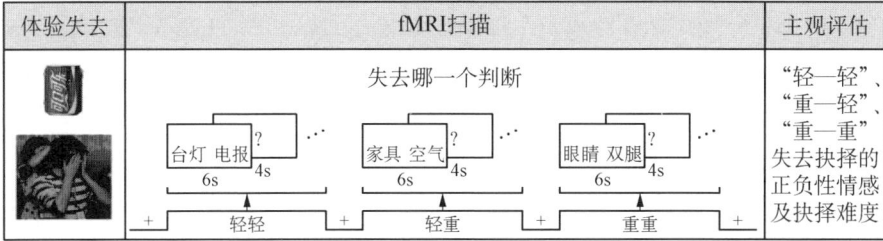

体验失去	fMRI扫描	主观评估

失去哪一个判断

| 台灯 电报 ?
6s 4s ··· | 家具 空气 ?
6s 4s ··· | 眼睛 双腿 ?
6s 4s ··· |

+ 轻轻 + 轻重 + 重重 +

"轻—轻"、
"重—轻"、
"重—重"
失去抉择的
正负性情感
及抉择难度

图 44.2 实验设计。实验由三部分组成:在扫描之前,给被试两个例子,失去可乐以及失去眼睛,以使他们熟悉实验情景;然后,被试参加一个 fMRI 实验,分别做出轻—轻,重—轻和重—重损失决策;扫描结束后,被试被要求在一个 7 点量表上评定他们的情绪和难度等级。

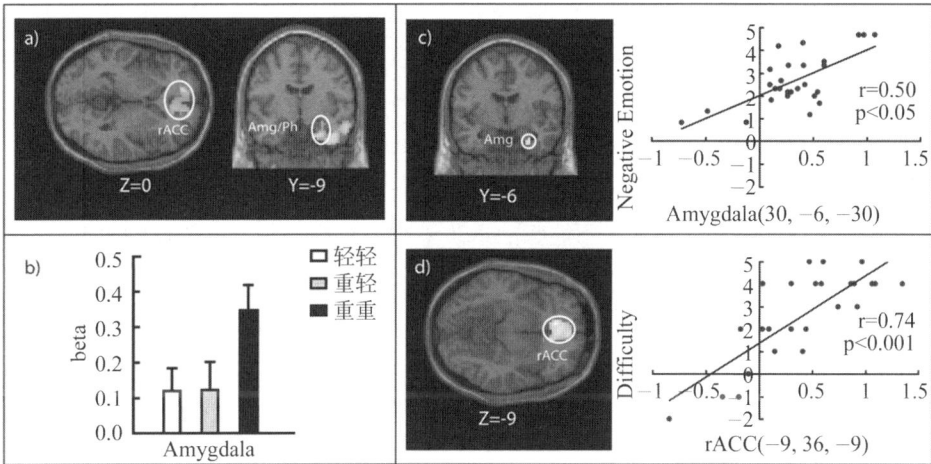

图 44.3 重—重损失决策的神经元反应:a)在重—重相对于轻—轻条件下,喙部扣带 rACC(15, 51, 0)和杏仁核/旁海马皮层 Amg/Ph(30, −9, −15)的激活。b)条形图展示了抽取解剖定义的双侧杏仁核在轻—轻、重—轻和重—重条件下的 beta values。c)在重—重相对于轻—轻条件下的杏仁核的激活是与选择的自我报告的负性情感正相关的。d)在重—重相对于轻—轻条件下的喙部扣带的激活是与自我报告的选择难度正相关的。所有散点图仅仅是为了展示的目的。每个点代表一个单一被试的数据。标注: rACC, rostral anterior cingulate cortex; Amg, amygdala; Ph, parahippocampal gyrus。

首先,按照规范性决策理论,选项的主观效用值的相似性决定了选择的难度(Biggs, et al., 1985; Stone & Kadous, 1997)。在轻—轻和重—重损失决策中,由于每个选项的主观效用值相似,因此两类决策的难度应该是相同的。但是,从本实验行为数据结果看,重—重损失决策与轻—轻损失决策相比,被试主观报告的决策难度值更大,被试实际决策所花费的时间更长。从全脑的功能影像数据与抉择难度的回归分析看,前额叶皮层和 rACC 激活增加。前额叶皮层是与认知控制相联系的

（Altamura et al., 2007；Linden et al., 2003），反映了人们决策加工的认知努力。rACC 是一个典型的情绪冲突区（Egner, Etkin, Gale, & Hirsch, 2008；Etkin, Egner, Peraza, Kandel, & Hirsch, 2006），反映了人们在决策加工中情感上的犹豫不决。重—重损失决策与轻—轻损失决策在选择难度上表现出的行为和脑激活的差异与"冷"计算的假设相悖。

其次，自我报告的数据显示，与轻—轻损失决策相比，人们做出重—重损失决策所唤起的负性情感体验更为强烈。与选择相关的自我报告的负性情感随着典型的情绪区域（包括杏仁核和后扣带皮层）激活的增加而增加。这些区域的作用在于加工情绪体验以及和情绪相关的记忆（Smith, Stephan, Rugg, & Dolan, 2006；Touryan et al., 2007），尤其杏仁核是一个典型的情绪反应区域，对恐惧和威胁信息特别敏感（Guyer et al., 2008）。这表明，情绪在重—重损失决策中发挥了重要作用。在我们的研究中，与轻—轻损失决策条件相比，重—重损失决策展示了更强的情感脑区（如内侧前额叶皮层、喙部扣带和杏仁核）的激活。与此相对照，任务难度（例如，认知过程的复杂性）能激活一系列典型的认知子区，包括背外侧前额皮层、背侧前扣带和顶叶皮层（Altamura, et al., 2007；Linden, et al., 2003）。认知难度的汇聚证据表明，由重—重损失决策引发的情绪不能归因于决策困难。行为和影像的证据表明，情感参与了重—重损失决策，这意味着重大损失决策并不是一个冰冷的计算过程。

然而，为什么重—重损失决策与轻—轻损失决策的决策难度不对等呢？一方面，由于决策者在进行选择时会意识到一些非常重要和微妙的事物处于危险之中（Hanselmann & Tanner, 2008），重大事物的丧失比普通事物的丧失对人的生存威胁更大，无论选择失去哪一个重大事物都会严重影响人的生存状态。因此，在选择失去重大事物的权衡中，巨大的生存威胁使人在决策中变得犹豫不决，使重—重损失决策的抉择难度大大高于损失普通事物的决策，并且激发了人在决策中的强烈的负性情绪体验（M. Luce, 1998；M. Luce, Bettman, & Payne, 1997, 2000；M. Luce, Payne, & Bettman, 1999）。另一方面，由于情绪在决策制定中扮演一个"顾问"或"信息"的角色（Hanselmann & Tanner, 2008；Pfister & Böhm, 2008；Zeelenberg & Pieters, 2007），它会提醒决策者保护选项中严重威胁自身生存的重大事物（JD Greene, Nystrom, Engell, Darley, & Cohen, 2004；Hanselmann & Tanner, 2008；Pfister & Böhm, 2008；Zeelenberg & Pieters, 2007）。因此，在重—重损失决策中，损失重大事物的选择所产生的负性情绪，会不断提醒人在失去重大事物的决策中慎重做出选择，从而增加决策的难度，这种决策难度体现的是人在情绪抉择上的艰难。

值得注意的是，重—重（难）相对于轻—轻（易）条件下大脑的激活模式与以往研究中个人的道德判断（难）相对于非个人的道德判断（易）条件下大脑的激活模式是非常相似的(J Greene & Haidt, 2002；JD Greene, et al., 2004；JD Greene, Sommerville, Nystrom, Darley, & Cohen, 2001)。在道德判断和重大损失决策中都发现了在更困难的条件下(例如,重—重条件和个人道德判断条件)更长的反应时间以及更强烈的与情感相关的脑区激活(例如,内侧前额叶皮层、后扣带和杏仁核)。从心理学的观点看,重大损失决策与个人道德判断(J Greene & Haidt, 2002；JD Greene, et al., 2004；JD Greene, et al., 2001；Hanselmann & Tanner, 2008)之间的高度相似在于人们情绪的卷入。然而,我们的研究在以下几个方面不同于个人道德判断。首先,重大损失决策涉及自我参照决策,决策所产生的严重损害后果发生在决策者自己身上。与此相对照,道德判断是与他人参照决策相联系,决策所产生的严重损害后果发生在其他人身上。第二,在重大损失决策中,唤起了人们的消极情绪,因为人们的选择与人们固有的生存目标相违背,而在道德判断中,负性情绪的唤起是因为人们的选择与他们长期在社会化中形成的道德和伦理原则相违背。因此,我们的研究扩展了以往情绪性困难决策研究中的思路。

44.1.2 "重—轻"损失决策

审视本实验的行为数据和脑影像数据,损失最小化(minimizing loss)的冷计算不能满意地描述或解释重—轻损失决策。重—轻损失决策与轻—轻损失决策,都是失去一个不太重要(轻)的事物,但是,当做重—轻损失决策时,在一个纯损失任务中居然伴随着一个更加积极的情感,这是一个非常有意思的发现(图44.4)。

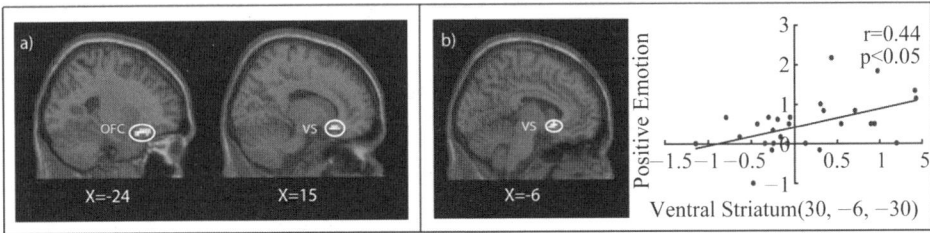

图44.4 重—轻损失决策相关的神经元反应:a)重—轻相对于轻—轻条件显著激活的脑区包括眶额叶皮层 OFC(−24, 18, −18)和腹侧纹状体 VS(15, 24, −15);b)重—轻相对于轻—轻条件下腹侧纹状体 VS 的激活与自我报告的选择中的积极情感正相关。散点图仅仅是展示的目的。每个点的数据来自于一个单一的被试。标注:OFC,眶额叶皮层;VS,腹侧纹状体。

具体来说,本实验的行为数据发现,与轻—轻损失决策相比,当人们进行重—轻损失决策时,被试主观报告的正性情绪值更大。影像数据揭示,伴随着自我报告中与选择有关的正性情绪的增加,腹侧纹状体有显著的激活。腹侧纹状体与奖赏反应(Bjork, Smith, & Hommer, 2008)、愉快刺激(Epstein et al., 2006)以及恐惧条件的减退（Schiller, Levy, Niv, LeDoux, & Phelps, 2008）相关。在金钱（Fujiwara, Tobler, Taira, Iijima, & Tsutsui, 2009）和电击（Chandrasekhar, Capra, Moore, Noussair, & Berns, 2008）领域亦有类似的报道，这些研究表明，由庆幸引起的情绪反应与高兴引起的情绪反应相似。我们综合这些来自非重大选择的证据发现，在重—轻损失决策中，在选择失去事物和未选保留事物的对比中出现了相对获得的奖赏情绪。这些发现与假设损失决策仅仅是"冰冷的"损失最小化的观点不符。

为什么人们在做纯损失的选择时会体验到了奖赏的情绪呢？一种可能的解释是，单一重大损失决策中失去了一个普通事物，这是一个绝对的失去。但是，参照点使得这个绝对的损失变为一个相对的失去。根据 Kahneman 和 Tversky（1979）的预期理论，在重—轻损失决策中损失是一个相对的概念而不是绝对的概念。根据参照点的解释，当与可能损失极重要的事物相比（例如，造成一个更大的威胁后果），人们会把损失普通的事物视作获得（例如，造成一个不太大的威胁后果）。换言之，能保护特别重要的事物（Hanselmann & Tanner, 2008）会使得决策者产生积极的情绪感受。鉴于此，"舍卒保帅"或"壮士断臂"等明智决策可能会在进化过程中得到传承。

据我们所知，目前鲜有针对"相对获得"的积极情绪的研究。而这种情绪普遍存在于人们生活中，是我们每个人生活的一部分。尽管我们没有直接检验是否观察到的积极情绪是"庆幸"，但是，我们推测在我们的研究中与相对获得相联系的积极情绪是与"庆幸"类似的，因为这种积极情绪的唤起是由于做了这样一件正确的决定：即选择的结果好于没有选择的结果。我们所观察到的是与以前研究中探索的"庆幸"非常相似的。由此，未来的研究应该在"庆幸"方面进一步展开。

44.2 意义与启示

在医学决策分析领域里，占统治地位数十年的效用理论（Clarke, Gray, & Holman, 2002; Edelen et al. , 2008）认为，当面对一个药物治疗和健康计划的决策时，人们须在生存质量和生存时间之间进行权衡。医生常常借助效用分析技术，为病人提供治疗建议以帮助他们做出治疗决策。医生通常担负着为病人的利益评估选择的责任，但是涉及重大损失的决策时，他们的判断和病人的偏好却常常不一致。质量调整生活年（QALY）是当前最重要的医学决策的效用模型，该模型试图将治疗结果计算出一个总效用值，进而来解决医疗方案的选择问题（Bleichrodt, van Rijn, & Johannesson, 1999）。以 Mehrez 和 Gafni（1989）的研究为例，病人或将治疗方案 A（经历三个月痛苦的医学治疗，余生（10 年）都活得非常健康）的效用值评定为 0，这意味着治疗方案 A 无异于死亡；或将治疗方案 B（不治疗，并且在一个较短的时间内（8

年)保持现在的健康状况)的效用值评定为 0.95(Mehrez & Gafni, 1989)。然而,依据 QALY 的计算结果则可能完全相反:方案 A 的效用值等于 5.92,方案 B 的效用值等于 5.26。这表明,QALY 的计算结果值与病患的自我偏好之间存在着明显的偏差(Bleichrodt, et al., 1999; Clarke, et al., 2002; Mehrez & Gafni, 1989)。正是经典而理性的医学决策模型计算出的医疗方案不符合病患本身的意愿,因此,在过去的十年里,医生如何向病人提供健康治疗方案开始发生重要的转变。人们逐渐转向以病人为中心,并以共同决策的方式将病人的偏好整合到临床咨询中。鉴于此,我们的发现抑或能帮助人们更好地理解 QALY 计算和个体的自我偏好之间的偏差(Bleichrodt, et al., 1999; Clarke, et al., 2002; Mehrez & Gafni, 1989),为医患交流的医学决策框架提供新的思考和定位。

致谢:感谢秦绍正、张文彩、孙世月帮助分析处理数据,以及在后期所提供的宝贵意见;感谢周媛、齐玥等对文章撰写提出的宝贵意见。

参考文献

Abdellaoui, M., Bleichrodt, H., & Paraschiv, C. (2007). Loss aversion under prospect theory: A parameter-free measurement. *Management Science*, *53*(10),1659 - 1674.

Altamura, M., Elvevåg, B., Blasi, G., Bertolino, A., Callicott, J., Weinberger, D., ... Goldberg, T. (2007). Dissociating the effects of Sternberg working memory demands in prefrontal cortex. *Psychiatry Research*: *Neuroimaging*, *154*(2),103 - 114.

Baker, F., Johnson, M., & Bickel, W. (2003). Delay discounting in current and never-before cigarette smokers: Similarities and differences across commodity, sign, and magnitude. *Journal of Abnormal Psychology*, *112*(3),382 - 392.

Bernoulli, D. (1954). Exposition of a new theory on the measurement of risk. *The Econometric Society*, *22*(1),23 - 36.

Biggs, S. F., Bedard, J. C., Gaber, B. G., & Linsmeier, T. J. (1985). The effects of task size and similarity on the decision behavior of bank loan officers. *Management Science*, *31*(8),970 - 987.

Bjork, J. M., Smith, A. R., & Hommer, D. W. (2008). Striatal sensitivity to reward deliveries and omissions in substance dependent patients. *Neuroimage*, *42*(4),1609 - 1621.

Bleichrodt, H., van Rijn, J., & Johannesson, M. (1999). Probability weighting and utility curvature in QALY-based decision making. *Journal of Mathematical Psychology*, *43*(2),238 - 260.

Buss, D. (1995). Psychological sex differences: Origins through sexual selection. *American Psychologist*, *50*(3),164 - 168.

Chandrasekhar, P. V., Capra, C. M., Moore, S., Noussair, C., & Berns, G. S. (2008). Neurobiological regret and rejoice functions for aversive outcomes. *Neuroimage*, *39*(3),1472 - 1484.

Clarke, P., Gray, A., & Holman, R. (2002). Estimating utility values for health states of type 2 diabetic patients using the EQ-5D (UKPDS 62). *Medical Decision Making*, *22*(4),340 - 349.

Dolmatov, I., & Ginanova, T. (2009). Post-autotomy regeneration of respiratory trees in the holothurian Apostichopus japonicus (Holothuroidea, Aspidochirotida). *Cell and Tissue Research*, *336*(1),41 - 58.

Edelen, M., Burnam, M., Watkins, K., Escarce, J., Huskamp, H., Goldman, H., & Rachelefsky, G. (2008). Obtaining Utility Estimates of the Health Value of Commonly Prescribed Treatments for Asthma and Depression. *Medical Decision Making*, *28*(5),732 - 750.

Egner, T., Etkin, A., Gale, S., & Hirsch, J. (2008). Dissociable neural systems resolve conflict from emotional versus nonemotional distracters. *Cerebral Cortex*, *18*(6),1475 - 1484.

Epstein, J., Pan, H., Kocsis, J., Yang, Y., Butler, T., Chusid, J., ... Stern, E. (2006). Lack of ventral striatal response to positive stimuli in depressed versus normal subjects. *American Journal of Psychiatry*, *163*(10),1784 - 1790.

Etkin, A., Egner, T., Peraza, D. M., Kandel, E. R., & Hirsch, J. (2006). Resolving emotional conflict: a role for the rostral anterior cingulate cortex in modulating activity in the amygdala. *Neuron*, *51*(6),871–882.

Frederick, S., Loewenstein, G., & O'donoghue, T. (2002). Time discounting and time preference: A critical review. *Journal of Economic Literature*, *40*(2),351–401.

Fujiwara, J., Tobler, P. N., Taira, M., Iijima, T., & Tsutsui, K. (2009). Segregated and integrated coding of reward and punishment in the cingulate cortex. *Journal of Neurophysiology*, *101*(6),3284–3293.

Gould, R., Brown, R., Owen, A., & Howard, R. (2003). fMRI BOLD response to increasing task difficulty during successful paired associates learning. *Neuroimage*, *20*(2),1006–1019.

Greene, J., & Haidt, J. (2002). How (and where) does moral judgment work? *Trends in Cognitive Sciences*, *6*(12), 517–523.

Greene, J., Nystrom, L., Engell, A., Darley, J., & Cohen, J. (2004). The neural bases of cognitive conflict and control in moral judgment. *Neuron*, *44*(2),389–400.

Greene, J., Sommerville, R., Nystrom, L., Darley, J., & Cohen, J. (2001). An fMRI investigation of emotional engagement in moral judgment. *Science*, *293*(5537),2105–2108.

Grouzet, F. M., Kasser, T., Ahuvia, A., Dols, J. M. F., Kim, Y., Lau, S., ... Sheldon, K. M. (2005). The structure of goal contents across 15 cultures. *Journal of Personality and Social Psychology*, *89*(5),800–816.

Guyer, A. E., Lau, J. Y., McClure-Tone, E. B., Parrish, J., Shiffrin, N. D., Reynolds, R. C., ... Nelson, E. E. (2008). Amygdala and ventrolateral prefrontal cortex function during anticipated peer evaluation in pediatric social anxiety. *Archives of General Psychiatry*, *65*(11),1303–1312.

Hanselmann, M., & Tanner, C. (2008). Taboos and conflicts in decision making: Sacred values, decision difficulty, and emotions. *Judgment and Decision Making*, *3*(1),51–63.

Heekeren, H., Marrett, S., Bandettini, P., & Ungerleider, L. (2004). A general mechanism for perceptual decision-making in the human brain. *Nature*, *431*(7010),859–862.

Kahneman, D., & Tversky, A. (1979). Prospect theory: An analysis of decision under risk. *Econometrica*, *47*(2),263–291.

Kasser, T. (2008). Pain and insecurity, love and money. *Psychological Inquiry*, *19*(3–4),174–178.

Keeney, R., & Raiffa, H. (1976). Decisions with multiple objectives: preferences and value tradeoffs.

Li, Q., Qin, S., Rao, L.-L., Zhang, W., Ying, X., Guo, X., Guo, C., Ding, J., Li, S., & Luo, J. (2011). Can Sophie's choice be adequately captured by cold computation of minimizing losses? An fMRI study of vital loss decisions. *PloS One*, *6*(3),e17544.

Linden, D., Bittner, R., Muckli, L., Waltz, J., Kriegeskorte, N., Goebel, R., ... Munk, M. (2003). Cortical capacity constraints for visual working memory: dissociation of fMRI load effects in a fronto-parietal network. *Neuroimage*, *20*(3),1518–1530.

Luce, M. (1998). Choosing to avoid: Coping with negatively emotion-laden consumer decisions. *Journal of Consumer Research*, *24*(4),409–433.

Luce, M., Bettman, J., & Payne, J. (1997). Choice processing in emotionally difficult decisions. *Journal of Experimental Psychology-Learning Memory and Cognition*, *23*(2),384–405.

Luce, M. F., Bettman, J. R., & Payne, J. W. (2000). Investigating emotional trade-off difficulty. *The why of consumption: Contemporary perspectives on consumer motives, goals, and desires*, *1*,59–80.

Luce, M., Payne, J., & Bettman, J. (1999). Emotional trade-off difficulty and choice. *Journal of Marketing Research*, 143–159.

Luce, R. (1959). Individual choice behavior: A theoretical analysis. New York: Wiley.

Mehrez, A., & Gafni, A. (1989). Quality-adjusted life years, utility theory, and healthy-years equivalents. *Medical Decision Making*, *9*(2),142–149.

Naya, D., Veloso, C., Muñoz, J., & Bozinovic, F. (2007). Some vaguely explored (but not trivial) costs of tail autotomy in lizards. *Comparative Biochemistry and Physiology-Part A: Molecular & Integrative Physiology*, *146*(2), 189–193.

Pfister, H.-R., & Böhm, G. (2008). The multiplicity of emotions: A framework of emotional functions in decision making. *Judgment and Decision Making*, *3*(1),5–17.

Röder, B., Stock, O., Neville, H., Bien, S., & Rösler, F. (2002). Brain activation modulated by the comprehension of normal and pseudo-word sentences of different processing demands: a functional magnetic resonance imaging study. *Neuroimage*, *15*(4),1003–1014.

Schiller, D., Levy, I., Niv, Y., LeDoux, J. E., & Phelps, E. A. (2008). From fear to safety and back: reversal of fear in the human brain. *TheJournal of Neuroscience*, *28*(45),11517–11525.

Smith, A. P. R., Stephan, K. E., Rugg, M. D., & Dolan, R. J. (2006). Task and Content Modulate Amygdala-Hippocampal Connectivity in Emotional Retrieval. *Neuron*, *49*(4),631–638.

Stone, D. N., & Kadous, K. (1997). The joint effects of task-related negative affect and task difficulty in multiattribute choice. *Organizational Behavior and Human Decision Processes*, *70*(2),159–174.

Tetlock, P., Kristel, O., Elson, S., Green, M., & Lerner, J. (2000). The psychology of the unthinkable: Taboo trade-offs, forbidden base rates, and heretical counterfactuals. *Journal of Personality and Social Psychology*, *78*(5), 853–870.

Touryan, S. R. , Johnson, M. K. , Mitchell, K. J. , Farb, N. , Cunningham, W. A. , & Raye, C. L. (2007). The influence of self-regulatory focus on encoding of, and memory for, emotional words. *Social Neuroscience*, *2*(1), 14 - 27.

Tversky, A. , & Kahneman, D. (1992). Advances in prospect theory: Cumulative representation of uncertainty. *Journal of Risk and Uncertainty*, *5*(4),297 - 323.

Xu, L. , Liang, Z. , Wang, K. , Li, S. , & Jiang, T. (2009). Neural mechanism of intertemporal choice: From discounting future gains to future losses. *Brain Research*, *1261*,65 - 74.

Zeelenberg, M. , & Pieters, R. (2007). A theory of regret regulation 1. 0. *Journal of Consumer Psychology*, *17*(1), 3 - 18.

徐丽娟,梁竹苑,王坤,李纾,蒋田仔.(2009).跨期选择的神经机制:从折扣未来获益到折扣未来损失.中国基础科学,11 (6),25—27.

第 45 章　后悔与风险决策

共同作者：孙悦、周坤、毕研玲、饶俪琳、梁竹苑、郑蕊、唐辉

后悔(regret)是一种基于认知的消极情感(emotion)，亦是行为决策领域中涉及情感的最重要研究领域之一(饶俪琳，梁竹苑，李纾，2008)。如果意识到或想到先前采取其他的行为将产生更好的结果时，我们就会产生后悔(Zeelenberg，1999)。决策领域中对后悔的研究，最早源自理论经济学家。传统的理性决策理论(如期望效用理论)认为，决策遵循效用最大化的原则，人们通过计算选项中概率和结果的乘积($EU = \sum p_i \cdot u(x_i)$)，从而选取效用最大的方案。Loomes 和 Sugden(1982)认为后悔也是决策结果的组成部分，因此在期望效用理论的基础上加入一个后悔函数(regret-rejoice function)，从而修正了原有的心理效用曲线，以期能够更好地解释人们实际的决策行为。

Loomes 和 Sugden 将后悔定义为：决策结果包括选项和事件发生的状态，而后悔就是这两个部分对比的结果(Loomes & Sugen，1982；Loomes，1988)。例如，在抛硬币的赌博游戏中有两种选择：选择 A，无论硬币出现哪一面都确定可获得 20元；选择 B，硬币出现"正面"将获得 50 元，出现"反面"将一无所获。如表 45.1所示。

表 45.1　抛硬币赌博游戏的报酬表

	正面（$p=0.5$）	反面（$p=0.5$）
选择 A	20 元	20 元
选择 B	50 元	0 元

在对该游戏决策的结果中,选项为选择 A 或 B,事件发生的状态为硬币出现"正面"或"反面"。如果被试选择 A 但结果出现"正面",被试就会感到后悔。因为如果被试没有选择 A 而是选择 B 的话,将获得 50 元(优于 20 元)。同理,如果被试选择 B 但结果出现"反面",被试也将会感到后悔。

45.1　后悔的影响因素

大量的行为研究和生活事例表明,后悔受到多种因素的影响,它不仅受反馈结果本身的信息属性(重要程度、数量大小、概率、部分反馈还是完全反馈等)、个体因素(内控—外控人格、成就动机、风险偏好等)、个体对行为结果的归因(内—外归因)等因素的影响,而且还受个体行为方式(做—不做,主动—被动)的影响,且其中大量研究集中在决策行为中个体行为方式对后悔强度的影响(索涛,冯廷勇,王会丽,李红,2009)。

Connolly 和 Zeelenberg 曾联合提出了后悔的决策判断理论(decision justification theory, DJT)(Connolly & Zeelenberg, 2002)。该理论假设与决策相关的后悔包含两个核心因素:其一与结果的对比评估相关;其二与自责的感觉相关,即感到做出了一个错误的选择。一般情况下,人们感到后悔既可能因为结果不够好,也可能因为自己的决策错误。但这两个因素并不是必须同时出现:就算结果是好的,一些高度自责的人也会感到后悔。

此外,研究者根据不同维度对后悔进行了分类。如,根据后悔的持续时间把后悔分为短期后悔(short-term regret/regret in the short term)和长期后悔(long-term regret/regret in the long term);或者根据后悔发生的时间,把决策前所考虑的后悔称为预期后悔(anticipated regret),把决策后所体验的后悔称为体验后悔(experienced regret)。

在本章里,我们尝试探讨了两个涉及后悔的风险决策问题:一是将后悔作为"自变量"(黄贵海,周坤,孙悦,饶俪琳,唐辉,李纾,梁竹苑,2013;孙悦,周坤,毕研玲,黄贵海,李纾,2010),探讨后悔规避(regret-aversion)是否左右人们的参赌意愿;二是将后悔作为"因变量"(饶俪琳,梁竹苑,李纾,2009),探讨我们自创的"迫选规则体验法"是否有助于回答"决策者实际采用的决策规则是什么"的问题。

45.2 后悔规避与风险倾向

预期后悔和体验后悔都会在不同程度上影响人们的决策行为。Zeelenberg 等人强调预期后悔的作用,提出左右人们决策的不是风险规避(risk-aversion),而是后悔规避(regret-aversion)(Zeelenberg, Beattie, van der Pligt, & de Vries, 1996)。即,人们在决策时选择预期的后悔量最小(regret-minimizing)的选项,而不是风险最小(risk-minimizing)的选项。

Zeelenberg 和 Pieters(2004)从现实生活中提取了一个例子来支持上述观点。荷兰发行两种彩票:邮政编码彩票(Postcode Lottery)的中奖号码就是居民住址的邮政编码,因此一个人就算不买彩票也能知道自己住址的邮政编码是否中奖;而国家彩票(National State Lottery)类似中国发行的福利彩票,由买彩票的人自己选定数字。Zeelenberg 和 Pieters(2004)认为这两种彩票最大的区别在于反馈机制不同。他们调查了现实生活中购买彩票的人群,发现邮政编码彩票确实更能引发后悔情绪,并且这种后悔情绪会激发人们去购买邮政编码彩票。

认知神经科学的研究从神经机制的角度证实了后悔规避的存在(Camille, Coricelli, Sallet, Pradat-Diehl, Duhamel, & Sirigu, 2004; Coricelli, Critchley, Joffily, O'Doherty, Sirigu, & Dolan, 2005)。眶额皮层(orbitofrontal cortex)受损的病人无法报告后悔或者预期他们选择的消极结果。在正常被试中也发现,眶额皮层的激活可以调节后悔的强度,预期后悔程度增加时,眶额皮层的活动性也增加。

45.2.1 风险规避还是后悔规避:十三种赌博的证据

究竟什么可以阻止人们冒险? 是害怕风险还是害怕后悔? 在现实生活中,各国都有众多流传至今的谚语、成语分别佐证上述两种看法。如,"前怕狼,后怕虎","The cat would eat fish and would not wet her feet"常被用以描述人们怕冒风险而难于决断;而"一失足成千古恨,再回头已百年身","事后追悔不如事前稳妥","It is better to be safe than sorry"等,则常常被人们用以自我规劝或规劝他人在决策前要三思,以免事后后悔。

长期以来,风险决策领域的研究者们对此也一直各持己见:有些学者认为,人们在决策时总是倾向于选择那些预期后悔量最小(regret-minimizing)的选项;而有些学者则认为,风险最小(risk-minimizing)的选项才最受人们所青睐。

究竟是风险规避还是后悔规避影响人们的参赌意愿? Li, Zhou, Sun, Rao, Zheng 和 Liang(2010)的研究提供了一个独特的视角,即,并非所有风险对人而言都是"生而平等"的,决策者是规避风险还是规避后悔具有领域特异性(domain-specific)。我们以博彩这一高风险行为为例,检验了上述观点。

该研究选了一个较为特殊的取样地点——世界知名"赌城"澳门,通过问卷调查了373名当地居民,以期探讨风险知觉、预期后悔与参赌意愿的关系。具体调查采用纸笔调查,设计5点计分的情境性问题,用以测量被试的参赌意愿,如下:

如果用您一天的薪水作为赌注,您有多大可能会参加该博彩游戏?请在1—5中最适合您情况的数字上画圈。其中,1代表非常不可能,5代表非常可能。

主试要求被试针对流行于澳门的13种博彩回答上述问题,所涉及的13种博彩按顺序包括番摊、百家乐、赛狗、赌大小、足球彩票、牌九、赛马、廿一点、轮盘、中式彩票、麻将、联奖扑克、老虎机。被试在各博彩上的自评分数即为其在该项博彩上的参赌意愿。

除**参赌可能性**外,研究也对被试在13种博彩中的**风险知觉**和**预期后悔**进行了调查。用于测量上述2个变量的情境性问题依次如下。

您觉得该博彩游戏的风险程度有多大?请在1—5中最适合您情况的数字上画圈。其中,1代表完全没有风险,5代表风险非常大。

如果用您一天的薪水作为赌注,您因为赌输而后悔的程度有多大?请在1—5中最适合您情况的数字上画圈。其中,1代表完全不后悔,5代表非常后悔。

结果发现"跨情境特殊性"的特征不仅存在于一般的风险决策中,而且也存在于个体在各种赌博游戏的参赌倾向上,即个体在不同种类的赌博上表现出不同的参赌意愿。在低对弈性赌博中,被试表现出较低的参赌意愿;而在高对弈性赌博中,被试则表现出较高的参赌意愿。被试对麻将、赌大小、老虎机、廿一点、百家乐等几种博彩表现出相对较高的参赌意愿。被试所报告的赌博意愿排序与澳门博彩监察协调局(简称 DICJ)所统计的2003—2008年间各项赌博给博彩经营场所带来的毛收入(表45.2)数据相匹配,说明该研究具有良好的生态效度。DICJ 数据显示,2003—2008年间,百家乐、老虎机、赌大小、廿一点、赛马等博彩给博彩经营场所带来的毛收入一直位居前列。肯德尔等级相关分析结果表明,被试参赌意愿与赌博毛收入之间相关显著,$r_{(11)} = 0.55$, $p = 0.01$。

表45.2 实际博彩毛收入、参赌意愿及风险知觉/预期后悔与参赌意愿的相关($n=370$)

	赌博类别	参赌意愿 $\overline{X} \pm s$	博彩毛收入 (百万澳元)[1]	预期后悔与参赌意愿	风险知觉与参赌意愿
低对弈性赌博	赛狗	1.81±1.23	576	−0.157**	−0.142**
	牌九	1.62±1.13	587	−0.038	−0.053
	赛马	1.91±1.33	4 547	−0.169**	−0.119*

赌博类别		参赌意愿 $\overline{X} \pm s$	博彩毛收入（百万澳元）[1]	预期后悔与参赌意愿	风险知觉与参赌意愿
	中式彩票	1.92±1.26	34	−0.153**	−0.284**
	番 摊	1.76±1.21	925	−0.188**	−0.146**
	轮 盘	2.20±1.35	1 673	−0.131*	−0.262**
	联奖扑克	2.13±1.29	3 106	−0.135**	−0.165**
高对弈性赌博	廿一点	2.59±1.39	9 093	−0.245**	−0.195**
	赌大小	2.85±1.44	11 141	−0.187**	−0.105*
	麻 将	3.02±1.55	—[2]	−0.253**	−0.312**
	百家乐	2.53±1.40	67 437	−0.219**	−0.188**
	足球彩票	2.34±1.39	2 189	−0.188**	−0.161**
	老虎机	2.63±1.37	13 426	−0.269**	−0.190**

注:1. 博彩毛收入数据为澳门博彩监察协调局所发布的 2003—2008 年间各项博彩毛收入(资料来源: http://www. dicj. gov. mo/EN/index. htm)。

　2. 之所以无麻将的赌场毛收入数据,是因它不仅存在于赌场内,而且还是一种在社会上备受欢迎的民间消遣方式。

进一步分析发现,风险知觉、预期后悔都对被试的参赌意愿有显著的负效应,其结果支持了研究假设:在 13 种博彩中,个体是否愿意参与博彩,既非一味地由规避风险而定,也非一味地由规避后悔而定,而是具有领域特异性。即,这种负效应受到赌博游戏类别的调节而表现出领域特殊性(表 45.3)。

根据个体的赌博意愿,这 13 种博彩可以分为四类,第一类由"风险规避"决定,第二类由"后悔规避"所决定,第三类为二者共同决定,第四类则是二者都无影响。具体而言,在番摊、赌大小、赛马三种赌博游戏中,被试不愿参赌是基于对后悔的规避而非对风险的规避;在百家乐、赛狗、足球彩票、廿一点、麻将、老虎机六种赌博游戏中,被试不愿参赌既是为规避后悔,也是为规避风险;在轮盘、中式彩票、联奖扑克三种赌博游戏中,被试不愿参赌是出于对风险的规避;而牌九作为当下比较不流行的赌博游戏,被试不愿参赌与风险规避、后悔规避均无关(Li, Zhou, Sun, Rao, Zheng, & Liang, 2010)。

表 45.3　参赌意愿作为后果变量的分组回归分析($n=370$)

博彩(Gambling)	预期后悔			风险知觉			F
	B	β	t	B	β	T	
番摊(Fantan)	−0.117	−0.158	−2.955**	−0.108	−0.097	−1.810	8.511***
赌大小(Cussec)	−0.172	−0.173	−3.315**	−0.091	−0.069	−1.322	7.627**

博彩(Gambling)	预期后悔			风险知觉			F
	B	β	t	B	β	T	
赛马(Horse Racing)	−0.124	−0.147	−2.771**	−0.091	−0.078	−1.468	6.534**
百家乐(Baccarat)	−0.165	−0.179	−3.384**	−0.166	−0.135	−2.550*	12.692***
赛狗(Greyhound Racing)	−0.098	−0.129	−2.442*	−0.110	−0.109	−2.058*	6.833**
足球彩票(Football Lottery)	−0.137	−0.154	−2.901**	−0.141	−0.117	−2.198*	9.252**
廿一点(Blackjack)	−0.191	−0.206	−3.960***	−0.192	−0.137	−2.624**	15.473**
麻将(Mahjong)	−0.154	−0.159	−3.028**	−0.342	−0.253	−4.813***	24.983**
老虎机(Slot Machines)	−0.217	−0.237	−4.646***	−0.148	−0.134	−2.617**	18.156**
轮盘(Roulette)	−0.074	−0.088	−1.725	−0.288	−0.246	−4.839***	15.140***
中式彩票(Chinese Lottery)	−0.055	−0.069	−1.320	−0.289	−0.261	−4.976***	17.126***
联奖扑克(Stud Poker)	−0.082	−0.097	−1.830	−0.169	−0.139	−2.617**	6.901**
牌九(Paikao)	−0.018	−0.027	−0.500	−0.047	−0.046	−0.863	0.642

注: * $p < 0.05$, ** $p < 0.01$, *** $p < 0.001$。

我们的发现表明无论风险规避还是后悔规避都不能单独解释人们所有的风险决策倾向,个体是风险规避的,还是后悔规避的,抑或两者都有? 这取决个体参与的是哪一种赌博类型。

45.3 失望、后悔与"迫选规则体验法"

行为决策领域中对规范性与描述性理论孰是孰非的争论源来已久。回答人们实际上如何进行风险决策这一科学问题并非易事。风险决策研究发展历经百年,至今仍没有给出一个令人信服的解释。在检验规范性和描述性决策理论上缺乏可靠有效的通用检验标准,可能是其中原因之一。为验证这两类不同的决策理论,研究者对这两种理论进行了理论检验研究,但其检验方式却不大相同。

具体地说,检验规范性理论大多采用"决策结果的逻辑一致性"标准。规范性理论秉承了理性决策模型的框架,其理性表现为在信念和偏好系统内的内部一致性(internal coherence)和逻辑一致性(logical consistency)(Mellers, Schwartz, & Cooke, 1998)。该类理论假定人们在决策中必须遵循一些规范性公理,且人们的决策结果必须与这些公理保持一致,否则将引发对规范性理论的质疑。例如,绝大多数规范性理论要求满足一致性(consistency and coherence)原则,即同一问题以什么样形式出现,对其决策结果应保持一致。

与检验规范性理论不同,检验描述性理论大多采用"决策结果的预测准确性"标准。该类研究多将基于理论预测的结果与决策者实际决策结果进行对比,从而检验理论模型是否能准确预测决策者的行为(Birnbaum & Navarrete, 1998;Camerer, 1989;Levy & Levy, 2002a, 2002b;Newell, Weston, & Shanks, 2003)。

由于检验一种理论的标准无法适用于检验另一种理论,两类理论缺乏一致的评价指标,前人对决策理论的检验研究,多对规范性理论或描述性理论进行单独检验或同类理论间的比较,如 Birnbaum 对三种描述性决策理论的比较(Birnbaum, 2005)。其现状是,长期以来这两类模型各说各话、难辨是非。

现有的检验方法忽视了"黑箱"内部的决策过程,就像 Brandstätter, Gigerenzer 和 Hertwig 对保留期望价值理论的框架的一系列理论的评价:"它们很好地解释了人们的行为结果,但是却没有解释潜在的决策过程。"(Brandstätter et al., 2006)而在检验决策理论的研究中,更鲜有研究者对决策过程进行操作检查(manipulation check),即检查决策者在实际决策中是否真正使用或遵循了研究者预先假设的法则,或决策者实际采用的决策规则(真规则)是否与理论模型假设的决策规则(假规则)相匹配。此外,Li(1994)曾指出:"就算检验的结果是显著的……理论也只预测了大多数人的反应,没有系统考虑到少数人的反应。"因此,即使发现大多数被试的决策结果符合理论预测,依然无法推断每一个体的内在决策过程一定符合理论假设的规则。

在发展心理学研究中,有种方法对推断个体的内在决策过程很有启示。即,研究者无法让婴儿报告自己的内在认知过程,但可通过观察婴儿对认知对象的反应,如惊奇(surprise)或迷惑(puzzle)等,判断实验所示的物理规律与婴儿已有的知识系统是否一致,甚至能够判断婴儿是否具有概率判断这种高级的认知活动(Baillargeon, 2002;Teglas, Girotto, Gonzalez, & Bonatti, 2007)。

据此,饶俪琳、梁竹苑和李纾(2009)认为:可以通过决策者对决策过程的主观感受来考察决策者的内在决策过程。该研究拟使用 3 种不同的指标(行为结果、情感评定和认可程度评定)来检验两类决策理论,以期寻求一种既有别于"决策**结果**逻辑一致性"又有别于"决策**结果**预测准确性"的检验标准,并希望该标准可通用于规范性和描述性决策理论的检验。

具体地说,为克服以往研究忽视决策过程的不足,该研究首次尝试使用"迫选规则体验法",即,预先规定决策者的决策规则,指导被试严格遵循这些规则做出决策,然后对所遵循的决策规则进行情感和认可程度评定。我们认为,自主决策和规则迫选决策条件下做出的相同决策越多,表明该被试自主决策规则(真规则)和迫选决策规则(假规则)可能越匹配。而决策者对规则迫选决策过程的认可和情感评定,则可以衡量迫选的决策规则(假规则)是否为决策者在实际决策中真实使用的规则。

饶俪琳、梁竹苑和李纾(2009)的研究以期望价值理论为例,探讨了"迫选规则体验法"的适用性。被试为 120 名大学生,实验任务为要求被试分别完成自主决策(采用未知规则:真规则)和规则迫选决策(遵循给定规则:假规则)任务,并对决策后的情感和认可程度进行评定。

被试在两种决策条件(自主决策、遵循期望价值理论迫选决策)下分别做出决策后,对其决策过程的情感评定结果如图 45.1 所示。

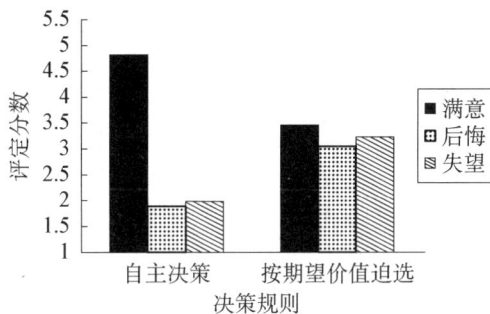

图 45.1 对遵循两种决策规则做决策的情感评定结果(评定分数 1 表示完全不同意;6 表示完全同意)

结果表明,被试在自主决策条件下比在遵循期望价值规则迫选条件下体验到的正性情感程度更高,负性情感程度更低。这一结果支持了我们的研究假设:与"自主决策"相比,决策者使用"期望价值"的规则做决策时,体验到的正性情感的程度更低,负性情感的程度更高,正性认可程度更低,负性认可程度更高。这些结果表明,作为检验规范性和描述性风险决策理论的新尝试,"迫选规则体验法"可能更有助于回答"决策者实际采用的决策规则是什么"的问题。

45.4 讨论与展望

对于我们尝试探讨的第一个涉及后悔的风险决策问题。该研究最重要的发现可归结为:面临是否参与赌博这一风险决策时,并非所有博彩对人们而言都是一样的(Not all gambles are created equal)。个体不涉赌的原因具有跨情境特殊性,既非一味地为规避风险,也非一味地为规避后悔。该研究结果说明,无论风险规避说还是后悔规避说,都不能单独解释人们的风险决策倾向。个体是风险规避的,还是后悔规避的,抑或两者都有,这取决于个体参与的是哪一类赌博。其研究发现不仅有助于加深人们对风险行为之特征的认识,同时亦可为赌博研究,尤其是各种机构预防及应对问题赌博提供有益的启发和指导。

在我们尝试探讨的第二个涉及后悔的风险决策问题中,为弥补前人研究中缺乏通用方法之不足,该研究试图采用"迫选规则体验法"对风险决策理论进行检验。我们的结果显示,"迫选规则体验法"可尝试作为检验规范性和描述性风险决策理论的通用标准。更重要的是,由于"迫选规则体验法"要求被试严格依据迫选的决策规则做出决策,这可以让被试更好地判断迫选的决策规则(假规则)是否是自己实际决策中真实使用的规则(真规则),从而有助回答"决策者实际采用的决策规则是什么"的问题。到目前为止,鲜有其他研究者采用类似"迫选规则体验法"的实验方法来比较人们决策过程的异同。作为初步尝试,"迫选规则体验法"可为回答决策者在自主决策和迫选决策中使用的是否是相同的决策过程这一问题提供令人较为信服的证据。在未来研究中,须进一步改进完善"迫选规则体验法",以期将该方法应用到对其他规范性决策理论和描述性决策理论的检验中去。

致谢:本章所报告的部分研究得到中国科学院"百人计划"、中国科学院知识创新工程重要方向项目(KSCX2 - YW-R - 130)、国家自然科学基金面上项目(70671099;70701036;70871110)、2007 年度中国科学院研究生科学与社会实践资助专项创新研究类项目及北京市教育委员会共建项目专项的资助。感谢首届亚太博彩与商业博彩学术研讨会(First Asia Pacific Conference on Gambling and Commercial Gaming Research)将我们 *Not all gamblers are created equal*: *Which game to play depends on the personality trait* 的报告评为研讨会最佳论文奖(conference best papers)。

参考文献

Baillargeon, R. (2002). The acquisition of physical knowledge in infancy: a summary in eight lessons. In U. Goswami (Ed.), *Blackwell Handbook of Childhood Cognitive Development* (pp. 47 - 83). Malden, MA, US: Blackwell Publishers.

Birnbaum, M. H. (2005). Three new tests of independence that differentiate models of risky decision making. *Management Science*, 51(9), 1346 - 1358.

Birnbaum, M. H., & Navarrete, J. B. (1998). Testing descriptive utility theories: Violations of stochastic dominance and cumulative independence. *Journal of Risk and Uncertainty*, 17(1), 49 - 78.

Brandstätter, E., Gigerenzer, G., & Hertwig, R. (2006). The priority heuristic: Making choices without trade-offs. *Psychology Review*, 113(2), 409 - 432.

Camerer, C. F. (1989). An experimental test of several generalized utility theories. *Journal of Risk and Uncertainty*, 2, 61 - 104.

Camille, N., Coricelli, G., Sallet, J., Pradat-Diehl, P., Duhamel, J. R., & Sirigu, A. (2004). The involvement of the orbitofrontal cortex in the experience of regret. *Science*, 304(5674), 1167 - 1170.

Connolly, T., & Zeelenberg, M. (2002). Regret in decision making. *Current Directions in Psychological Science*, 11(6), 212 - 216.

Coricelli, G., Critchley, H. D., Joffily, M., O'Doherty, J. P., Sirigu, A., & Dolan, R. J. (2005). Regret and its avoidance: A neuroimaging study of choice behavior. *Nature Neuroscience*, 8(9), 1255 - 1262.

Levy, H., & Levy, M. (2002a). Experimental test of the prospect theory value function: A stochastic dominance approach. *Organizational Behavior and Human Decision Processes*, 89, 1058 - 1081.

Levy, H., & Levy, M. (2002b). Prospect theory: Much ado about nothing? *Management Science*, 48(10), 1334 - 1349.

Li, S. (1994). *Equate-to-differentiate theory: A coherent bi-choice model across certainty, uncertainty and risk.*

Unpublished doctoral dissertation, University of New South Wales. Sydney: NSW.

Li, S., Zhou, K., Sun, Y., Rao, L.L., Zheng, R., & Liang, Z.Y. (2010). Anticipated regret, risk perception, or both: Which is most likely responsible for our intention to gamble? *Journal of Gambling Studies*, *26*(1),105-116.

Loomes, G. (1988). Further evidence of the impact of regret and disappointment in choice under uncertainty. *Economica*, *55*(217),47-62.

Loomes, G., & Sugden, R. (1982). Regret Theory: An alternative theory of rational choice under uncertainty. *Economic Journal*, *92*(368),805-24.

Mellers, B.A., Schwartz, A., & Cooke, A.D.J. (1998). Judgment and decision making. *Annual Review of Psychology*, *49*,447-477.

Newell, B.R., Weston, N.J., & Shanks, D.R. (2003). Empirical tests of a fast-and-frugal heuristic: Not everyone "takes-the-best". *Organizational Behavior and Human Decision Processes*, *91*(1),82-96.

Teglas, E., Girotto, V., Gonzalez, M., & Bonatti, L.L. (2007). Intuitions of probabilities shape expectations about the future at 12 months and beyond. *Proceedings of the National Academy of Sciences*, *104*(48),19156-19159.

Zeelenberg, M. (1999). Anticipated regret, expected feedback, and behavioral decision making. *Journal of Behavioral Decision Making*, *12*,93-106.

Zeelenberg, M., & Pieters, R. (2004). Consequences of regret aversion in real life: The case of the Dutch postcode lottery. *Organizational Behavior and Human Decision Processes*, *93*(2),155-168.

Zeelenberg, M., Beattie, J., van der Pligt, J., & de Vries, N.K. (1996). Consequences of regret aversion: Effect of expected feedback on risky decision making. *Organizational Behavior and Human Decision Processes*, *65*,148-158.

黄贵海,周坤,孙悦,饶俪琳,唐辉,李纾,梁竹苑. (2013).澳门人少涉赌是规避风险还是规避后悔? 心理科学.36(6), 1447—1450.

饶俪琳,梁竹苑,李纾. (2008).行为决策中的后悔.心理科学,31(5),1185—1188.

饶俪琳,梁竹苑,李纾. (2009).迫选规则体验法:检验规范性和描述性风险决策理论的新尝试.心理学报,41(8), 726—736.

孙悦,周坤,毕研玲,黄贵海,李纾. (2010).个体参赌意愿跨情境特殊性分析.中华行为医学与脑科学杂志,19(11), 1012—1015.

索涛,冯廷勇,王会丽,李红. (2009).后悔的认知机制和神经基础.心理科学进展,17(2),334—340.

第 46 章 "作为"与后悔

共同作者：宣艳华

后悔是一种普遍的心理现象。后悔在决策和社会生活中非常重要，据心理学家统计，它是人们在日常生活中体验到的第二常见的情绪(Shimanoff, 1984)。那么，在影响情绪的众多因素之中，是否存在着"后悔领域特定"(domain specific)的因素，即：这种因素对后悔的影响具有特异性的效果？换言之，操纵该因素会直接影响后悔情绪，但不见得会影响其他情绪。

46.1 作为/不作为对后悔的影响

后悔研究领域中一个很有意思的发现是 Kahneman 和 Tversky 在 1982 年提出的"作为效应"(action-effect)，即同样导致了坏结果，"作为"比"不作为"更让人后悔。假设在今年 5 月 30 日股市暴跌前夕有两位股民，一位将他的股票从一家公司转移到另一家公司，因此损失了 2 000 元；另一位曾准备将他的股票抛出但最终没有这样做，也因此损失了 2 000 元。尽管两人同是损失了 2 000 元。请问谁更后悔？Kahneman 和 Tversky 针对上述现象提出了后悔研究中著名的作为(action)效应，认为那位转移股票(作为)的人，要比那位没有抛出股票(不作为)的人更后悔(Kahneman & Tversky, 1982)。

Landman(1987)，Zeelerberg(2000)等人的研究结果进一步表明，这种所谓的"作为效应"不仅适用于由决策产生的不利结果产生的负性情感体验上，而且同样适用于有利结果产生的正性情感体验上。Landman 和 Zeelerberg 认为这一现象可能与归因过程相关,"作为"导致的结果更可能被归因于自身的责任(responsibility),所以引起的情感反应更强(Landman, 1987; Zeelenberg, van der Pligt, & de Vries, 2000)。

与此同时,Tykocinski, Pittman 和 Tuttle(1995)发现个体先前所拒绝的事情会对个体未来在同一领域的决策行为产生重要影响,个体在一定条件下表现出"不作为惯性",即如果先前已错过了一个更优的机会,当较次一些的类似机会再出现时(即使仍好于一般情况),个体会倾向于继续放弃这一机会(Tykocinski, Pittman, & Tuttle, 1995)。针对不作为惯性,Tykocinski 等(1995)提出了后悔情绪解释和估价解释,即先前决策情境导致的后悔情绪或先前机会锚定的估价影响了后续决策。Tykocinski 和 Pittman(1998)基于 Tykocinski 等人(1995)的研究,进一步探讨了后悔情绪的作用,发现当个体无法回避激发负性情绪的情景或当个体回避负性情景的代价很高时,不作为惯性将消失,从而支持了后悔情绪的解释(Tykocinski & Pittman, 1998)。Tykocinski 和 Pittman(2001)在实验中针对先前优惠出现的原因设置了两种情况,一种情况是先前的优惠机会是源于印刷错误而产生,第二种情况则是先前确实曾存在更优惠的价格。结果发现,即使在印刷错误的条件下也出现了不作为惯性,但是强度要显著小于第二种情况。该结果表明,价格比较虽然在不作为惯性的产生中具有一定作用,但实际上更支持了后悔情绪解释,因为如果价格比较具有较强作用的话,那么在实际存在和不存在先前更优惠机会这两种条件下,不作为惯性效应应该无显著差异(Tykocinski & Pittman, 2001)。由此可见,先前决策导致的后悔情绪会影响后续的同一领域的决策行为,导致个体出现"不作为惯性"。

一些研究区分了"作为"和"不作为"对后悔的影响,提出后悔的"作为效应"存在时间模式:短期内"作为"导致的后悔程度更高,而长期内则相反,"不作为"导致更高程度的后悔(Gilovich & Medvec, 1994; Gilovich, Wang, Regan, & Nishina, 2003)。Gilovich 和 Medvec 的研究表明,在人们回忆一生中最后悔的事件中,由"不作为"导致的后悔,其数量多于由"作为"导致的后悔;但当回忆近一个星期以来最后悔的事件时,被试报告得更多的是由于作为而导致的后悔(Gilovich & Medvec, 1994)。根据上述研究结果,Gilovich 和 Medvec 认为,作为和不作为产生的后悔心理存在一种时间模式,并提出了后悔的时间性模型。该模型认为,作为与不作为的后悔都可能随着时间降低,但与作为产生的后悔相比,不作为产生的后悔,其强度的降低速度更慢(Gilovich & Medvec, 1994)。因此,在短期内人们更易因为作为而后悔,而从长期来看人们更易因为不作为而后悔。

46.2 接近的调节作用

Kahneman 和 Tversky 借助其经典的"换股票"问题说明"作为"总比"不作为"导致更强烈的后悔。Kahneman 和 Miller(1986)在规范理论(norm theory)中进一步认为:当标准性低、可变性高时,事件就容易被改变,个体更容易产生假设思维,而越容易产生假设思维个体也就越后悔。但是,我们注意到,Kahneman 和 Tversky 所定义的"作为",并没有指明作为的方向。Kahneman 和 Tversky 曾经认为个体越"接近"而没有"达成"好结果,越后悔。Li 和 Liang 的一项研究为解开这一迷津提供了全新的思路:作为或不作为效应可能受作为结果与期望(desired)结果"接近"程度的影响。他们的研究认为:作为对后悔行为的影响受"接近"情景变量所调节(Li & Liang,2007),当作为的方向既不接近又不背离好结果时,此时的"作为"是无用功,所以比"不作为"更加后悔;当作为的方向接近好结果时,"作为"比"不作为"导致更强烈的后悔;当作为的方向是背离好结果时,"不作为"则比"作为"导致更强烈后悔。图 46.1 详细地描述了作为/不作为可能导致的对期望结果的接近程度,不作为和做无用功的作为都会导致离期望结果的距离不变,作为也可能导致更接近或远离期望结果,作为/不作为对于后悔的影响受到"**接近**"程度的调节。Kahneman 和 Tversky 的经典实验中所发现的作为效应,很可能只是既没有接近又没有远离好结果的特例:做"无用功"的作为。

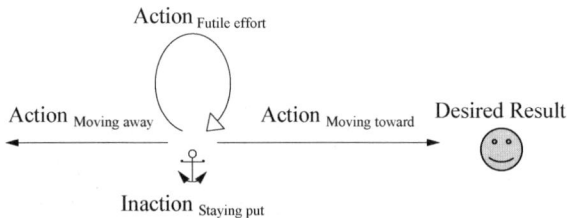

图 46.1 作为/不作为的结果与期望结果之间接近程度的图解(Li & Liang, 2007)

该研究巧妙设计了 5 个实验任务,主试在每一个实验任务中对结果接近或远离好结果的程度进行了不同水平的操作。被试是 150 名新加坡南洋理工大学和新加坡国立大学的本科生(84 女,66 男,平均年龄为 22.4 岁)。被试对 5 种后悔情景判断的结果支持本研究假说。

问题 1:4D 难题(4D(4 - Digits)指开奖号码由 4 位数字组成的彩票)

有 6 个人经常买 4D 彩票,他们最初都在投注单上涂了 6665 这个号码。然后,快要到达投注展位时,他们做出了以下决定:

A:改变主意买了号码 6661;

B:改变主意买了号码 6668;

C:改变主意买了号码 6663;

D:改变主意买了号码 6666;

E:先涂了号码 6662,然后改涂号码 6667,但是最后决定坚持买号码 6665;

F:坚持他最初的决定,买了号码 6665。

最终,获奖的号码是 6669。

基于以上信息,你认为每个人(A、B、C、D、E、F)经历的后悔的强度有多强?(使用 7 点量表打分,分数范围是 1—7,1 分表示非常轻微的后悔,7 分表示非常强烈的后悔)

问题 2:裙装设计师难题

今年的时装秀马上就要开始了。去年,齐膝裙装是最流行的。基于对今年流行趋势的预期,4 位时装设计师正努力构思裙装设计。

设计师 A:先想出长度在膝盖以上 15 cm 的裙子设计,然后想出长度在膝盖以下 15 cm 的裙子设计。最后,他还是决定坚持去年裙子长度齐膝的裙装设计。

设计师 B:想出长度在膝盖以上 15 cm 的裙子设计。

设计师 C:想出长度在膝盖以下 15 cm 的裙子设计。

设计师 D:决定坚持去年的风格,坚持齐膝长度的裙子设计。

最终,拖地长裙(一直到脚踝)是今年最流行的款式。

基于以上信息,你认为每个设计师(设计师 A、B、C、D)经历的后悔强度有多强?(使用 7 点量表打分,分数范围是 1—7,1 分表示非常轻微的后悔,7 分表示非常强烈的后悔)

问题 3:守门员难题

期待已久的鲸鱼杯比赛马上就要结束了,进入总决赛的两支队伍是 Barley 和 Garlic。两支队伍的比分一直是 0：0,直到最后几分钟,Barley 队拿到一个点球的机会。当 Barley 队的点球员一脚踢出,球飞向了球门的右侧。Garlic 队的守门员采取了如下行动:

守门员 A:保持在相同的位置没有移动,球射进了球门。

守门员 B:扑到了右边并且碰到了球。但是,射门力度太强,虽然使球偏移了,但还是进了球门。

守门员 C:扑到了左边,球射进了球门。

守门员 D:转移到左边,然后移到右边,但是当射门时还是返回了原来的位置(中间),球射进了球门。

基于以上情景,你认为守门员(守门员 A、B、C、D)经历的后悔强度有多强?(使用 7 点量表打分,分数范围是 1—7,1 分表示非常轻微的后悔,7 分表示非常强烈的后悔)

问题 4:考试难题

学生 A、B 和 C 将要在同一天参加地理和历史考试。

学生 A:考试前只复习历史。

学生 B:考试前地理和历史都没复习。

学生 C:考试前只复习地理。

当历史考试结果公布时(地理考试结果仍然不知道),发现学生 A、B 和 C 都没有通过他们的历史考试。基于以上信息,你认为每个学生(学生 A、B、C)经历的后悔强度有多强?(使用 7 点量表打分,分数范围是 1—7,1 分表示非常轻微的后悔,7 分表示非常强烈的后悔)

问题 5:赌球难题

随着新加坡博彩公司引入合法的赌博,赌足球的人越来越多。现有六个人(A、B、C、D、E、F)决定在一场足球比赛中赌三个球。他们最初和随后的决策是基于他们自己的预测,没有被他人干扰。在下注点时,他们做出了如下选择:

A:改为赌 2 个球。

B:改为赌 1 个球。

C:改为赌 4 个球。

D:改为赌 5 个球。

E:先赌了 2 个球,然后改为 4 个球,但是最后还是决定坚持赌 3 个球。

F:坚持最初的决策赌 3 个球。

该场比赛最终进了 6 个球。

基于以上信息,你认为每个人(A、B、C、D、E、F)经历的后悔强度有多强?(使用7点量表打分,分数范围是1—7,1分表示非常轻微的后悔,7分表示非常强烈的后悔)

从图46.2中可以看出,"作为"的结果离期望结果越远,个体感受到的后悔程度越低,其他问题的研究结果也支持这一趋势。对"作为"条件下的评价数据进行重复测量单因素方差分析,结果表明"接近"存在显著的主效应,接近期望结果时体验到的后悔程度要高于远离期望结果的情况:4D问题,$F(4, 596) = 84.40$,$p < 0.001$;赌球难题,$F(4, 596) = 174.59$,$p < 0.001$。被试内差异检验的结果表明,离期望结果越近,体验到的后悔程度越高(4D问题:1步,平均值 $= 5.51$;2步,平均值 $= 4.18$;3步,平均值 $= 4.37$;赌球难题:1步,平均值 $= 5.43$;2步,平均值 $= 3.98$;3步,平均值 $= 3.89$),且后悔程度均高于"不作为"组(4D难题:不作为组(3步),平均值 $= 3.33$;赌球难题:不作为组(3步),平均值 $= 2.84$;$ps < 0.001$)。不过,被试内差异检验表明,4D难题中,不作为组和远离期望结果4步和5步体验到的后悔程度没有显著差异。在赌球任务中,不作为组(3步)比远离结果4步和5步体验到的后悔程度更高。

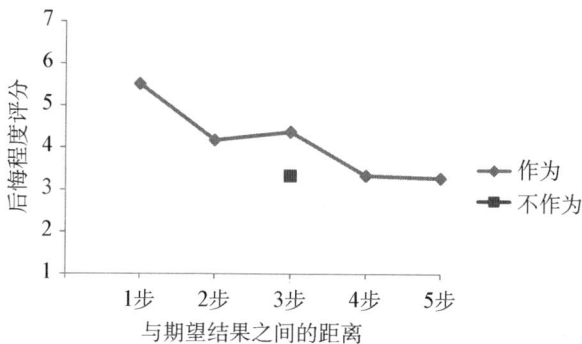

图46.2 4D难题的结果。"不作为"(坚持数字6665)和"作为"条件下后悔程度的平均评分(根据接近期望结果——数字"6669"的距离远近,将"作为"划分为五种水平:6668、6666、6665、6663、6661与期望结果之间的距离分别为1、2、3、4、5步)。

裙装设计师难题和守门员难题这两个诱发后悔的情景与上面两个不同,操纵了三个水平的接近程度(离期望结果1到3步)。重复测量单因素方差分析结果显示,"接近"有显著的主效应,接近期望结果时体验到的后悔程度要高于远离期望结果的情况:裙装设计师难题,$F(2, 298) = 26.18$,$p < 0.001$;守门员难题,$F(2, 298) = 22.99$,$p < 0.001$。被试内差异检验表明离期望结果越近,激发的后悔程度越强,并

且都强于不作为组；但是远离期望结果的作为相较于不作为组，并不能诱发更高程度的后悔。

综合上述四个研究可知，4D难题、赌球难题、裙装设计师难题、守门员难题的结果是一致的，接近期望结果的作为比远离期望结果的作为导致的后悔程度更高。与不作为组相比，远离期望结果的作为导致同等程度甚至更弱程度的后悔。这样的结果支持我们先前的假设：接近程度会调节作为导致的后悔程度，当作为导致接近期望结果时，后悔程度更强，而当作为导致远离期望结果时，后悔程度会减弱。

考试难题"作为"组的操纵最为简单：一个是接近目标(只复习历史)，另一个是远离目标(只复习地理)，"不作为"组的设计是考试前既不复习地理也不复习历史。单因素方差分析表明，"接近"具有显著的效应，$F(1, 149) = 166.52$，$p < 0.001$，即接近期望结果时体验到的后悔程度要高于远离期望结果的情况。被试内差异检验表明，"接近"引发的后悔程度高于不作为组，但是不作为组和远离期望结果组的后悔程度是同等的，这一结果也为我们的假设提供了支持。

总的研究结果表明，当作为的结果接近但未达到好结果时，作为比不作为更加后悔；但如果作为的结果远离好的结果，不作为比作为更加后悔。作为或不作为效应可能受到作为结果与期望结果的接近程度的影响。

46.3 展望

后悔是一种复杂的社会性情绪，了解后悔有助于我们更好地进行决策。从社会文化、情绪与认知，以及神经生理和脑机制等方面展开研究能为后悔的内在机制提供更多的证据。

"作为"与后悔的关系很特殊也很实际。无数"作为"(背井离乡)了的海外学人悔青了肠子，是"留"还是"回"一直是文学城(ChinaGate)"回国发展"与"人在他乡"论坛的永恒话题。

目前针对"作为"与后悔的研究尚存在一些不足。首先，在研究方法上，大多数后悔研究采用虚拟情景故事法和情景回溯法，与个体的实际生活和行为存在差别。采用新的实验范式(如赌博任务范式)可以提供一个更真实的任务环境，Tykocinski等人曾采用股票投资模拟游戏来研究股票市场可能存在的不作为惯性(Tykocinski, Israel, & Pittman, 2004)，未来的研究可以在已有研究的基础上展开更接近现实情境的研究。其次，目前关于"作为效应"的个体差异研究相对较少，个体的人格特质和归因方式、认知风格等是否可能会对"作为"导致的后悔程度存在影响，对这些因素的系统研究有助于我们更好地了解后悔，进而在决策中尽可能避免后悔的发生。

致谢：感谢新加坡南洋理工大学南洋商学院蔡丽冰、Leong Wan Bin 和 Leong Yew Bin 等同学在数据收集、整理、翻译等方面所提供的帮助。

参考文献

Gilovich, T. , & Medvec, V. H. (1994). The temporal pattern to the experience of regret. *Journal of Personality and Social Psychology* , 67(3),357 - 365.

Gilovich, T. , Wang, R. F. , Regan, D. , & Nishina, S. (2003). Regrets of action and inaction across cultures. *Journal of Cross-Cultural Psychology* , 34(1),61 - 71.

Kahneman, D. , & Miller, D. T. (1986). Norm theory: Comparing reality to its alternatives. *Psychological Review* , 93 (2),136 - 153.

Kahneman, D. , & Tversky, A. (1982). The psychology of preferences. *Scientific American* , 246(1),160 - 173.

Landman, J. (1987). Regret and elation following action and inaction affective responses to positive versus negative outcomes. *Personality and Social Psychology Bulletin* , 13(4),524 - 536.

Li, S. , & Liang, Z. Y. (2007). Action/Inaction and regret: The Moderating effect of closeness. *Journal of Applied Social Psychology* , 37(4),807 - 821.

Shimanoff, S. B. (1984). Commonly named emotions in everyday conversations. *Perceptual and Motor Skills* , 58(2), 514 - 514.

Tykocinski, O. E. , & Pittman, T. S. (1998). The consequences of doing nothing: Inaction inertia as avoidance of anticipated counterfactual regret. *Journal of Personality and Social Psychology* , 75(3),607 - 616.

Tykocinski, O. E. , & Pittman, T. S. (2001). Product aversion following a missed opportunity: Price contrast or avoidance of anticipated regret? *Basic and Applied Social Psychology* , 23(3),149 - 156.

Tykocinski, O. E. , Pittman, T. S. , & Tuttle, E. E. (1995). Inaction inertia: Foregoing future benefits as a result of an initial failure to act. *Journal of Personality and Social Psychology* , 68(5),793 - 803.

Tykocinski, O. , Israel, R. , & Pittman, T. S. (2004). Inaction inertia in the stock market. *Journal of Applied Social Psychology* , 34(6),1166 - 1175.

Zeelenberg, M. (1999). Anticipated regret, expected feedback and behavioral decision making. *Journal of behavioral decision making* , 12(2),93 - 106.

Zeelenberg, M. , & Beattie, J. (1997). Consequences of regret aversion: Additional evidence for effects of feedback on decision making. *Organizational Behavior and Human Decision Processes* , 72(1),63 - 78.

Zeelenberg, M. , van der Pligt, J. , & de Vries, N. K. (2000). Attributions of responsibility and affective reactions to decision outcomes. *Acta Psychologica* , 104(3),303 - 315.

第 47 章　冤：逻辑错误的情绪

情绪是人类重要的心理功能,亦是人类认识和适应环境的重要工具。情绪的非理性特征使得它与潜意识活动的关系更为密切。情绪在丰富人们的生活,给生活增添生动色彩的同时,也会给人们的决策过程带来影响,并影响着人类的感觉、认知等其他心理功能。

"喜、怒、哀、惧"是通常已被定义、被研究的 4 种人类基本情绪,其所对应的特定面部表情,为世界各地不同的文化所公认,包括没有文字、尚未受到电影、电视污染的人群,这说明情绪具有普遍性。

与决策判断最直接相关的情绪非"**后悔**"莫属(饶俪琳,梁竹苑,李纾,2008)。然而,李纾、毕研玲、苏寅、饶俪琳(2011)发现"加上额外的小获益会使人更不高兴",这种由违背"趋利避害"原则而伴生的情绪,可谓与决策判断相关的情绪中最离奇、最匪夷所思的一种。

在本章,作者则试图操作定义这一种与决策相关的情绪:**冤**。

47.1　冤的操作定义

第四篇第 32 章所报告的"趋利避害:厌而避额外之'利',喜而趋额外之'害'"(即,惠多而不乐)(李纾,毕研玲,苏寅,饶俪琳,2011)显然有悖逻辑。其悖谬之处有二:

其一,"无"胜于"聊"其判断本身就不合逻辑——违背价值最大化原则。

其二,情绪效价的引发一般有其"逻辑正确"的原因。如,我对你**不好**,你**不高兴**(害你而不乐),这种"不高兴"是对的,是"逻辑正确"的。然而,我对你**好**,你**不高兴**(惠你而不乐),这种"不高兴"就有问题了,是"逻辑错误"的。

这种"逻辑错误"的情绪在生活中却是真实存在的。试想,朋友天天请你吃大鱼大肉,你是会高兴;但是,今天朋友仅一次请你吃小鱼小肉或青菜豆腐,你便会不高兴。摊上这种"逻辑错误"的不高兴,比克林顿抱怨"Don't judge me for the one mistake I have made, but on the ninety-nine good things I have done"更冤,会把人气死。因为克林顿做的第一百件事是"坏"事(莱温斯基事件),而朋友做的第一百件事仍是"好"事,只不过相对于平日做的好事(大鱼大肉),今日的好事(小鱼小肉)小了些(图47.1)。

图47.1 左盘,德国主人:一份烤猪肘子(Haxenhaus);右盘,澳洲主人:一份红奥卡(red ochre)烤袋鼠肉。

为使读者对如此"悖谬"了然于胸,表47.1列出了欲定义的"冤"的情绪体察与"己方决策后果的指向"、"对方对后果的认知"、"对方情绪效价"、"己方后果引发对方情绪的逻辑"之间的逻辑关系或前因后果。希望读者在与其他体察到的情绪(值、侥幸、窃喜等)对比之后,可意会此中微妙。

表47.1 冤的操作定义

己方决策后果的指向	对方对后果的认知	对方情绪效价	己方后果引发对方情绪的逻辑	己方情绪体察(定义)
伤及对方	知晓	负性:怒、哀、惧	正确	**该**(不冤)
惠及对方	知晓	正性:喜	正确	值
伤及对方	不知晓	中性	正确	侥幸
惠及对方	不知晓	中性	正确	不值
伤及对方	知晓	正性:喜	错误	窃喜
惠及对方	**知晓**	**负性:怒、哀、惧**	**错误**	**冤**

47.2　散见于非研究记载的"冤"

这种不曾被定义而类似于"冤"的情绪不仅见于个人交友,也见于民族、国家间的持续交往。

例一:澳大利亚土著人是澳洲大陆的原住居民。1910 年,澳大利亚以改善原居民儿童生活为由通过一项政策,强行将 10 万名澳大利亚原住民儿童永久性地带往白人家庭或者政府机构照顾,以"白化"原居民。他们就是后来所谓的"被偷走的一代"(Stolen Generations)。"被偷走的一代"是澳洲历史上强行同化原住居民的"白澳政策"种下的苦果,被指责是"文化灭绝"。

当时制定政策者的初衷是希望加速土著人的文明进程,让他们脱离"将会消失"的处境,接受西方文明教育,融入现代社会。我们仅仅设身处地替那些实践这项政策的白人家庭设想,这是一件很难做到的事,因为收养、抚育"低贱无知"的土著人儿童,决不是一时、一刻、一天做一件"好事"的兴起。

"白化"原居民,土著人"因长惠而不乐",那些志愿抚养和教育土著儿童的澳洲白人当感到"冤"。

例二:建国初期中国接受过苏联大量援助。1949 年苏联以设备、机器和各种材料的商品形式向中国提供 3 亿美元贷款。1952 年中国制定"一五"计划时,斯大林同意帮助中国建设 141 项重点工程,1954 年赫鲁晓夫又追加 15 项并提升质量,成为奠定中国工业化基础的著名的"156 项"。后来落实的工程共 150 项,其中 44 项是军工企业,包括陆海空三军各种主战装备的制造厂。赫鲁晓夫时代对中国提供的最重要的援助,是帮助建造核弹、导弹生产企业和提供相应技术。没有苏联专家的帮助,新中国第一个五年计划"将会遇到不可想象的困难"。

之后,中苏在国际共运路线方针上南辕北辙,赫鲁晓夫决定撤走全部援华专家。1960 年 7 月,苏联撤回在中国核工业和军工部门的专家,不再履行这一领域的协定。中国举国上下群情激昂,批判指责苏修撤退在华专家是背信弃义,是造成我国三年困难的重要原因。

然而,不愿说的真相是:此前苏联的技术援助大大加快了中国"两弹"事业的进程。在不到 10 年时间内,中国就建立起配套的国防工业基础,在世界近现代历史上创造了成本最低和规模速度空前的记录。

撤走专家留下技术(资料),中方"因**减**惠而不乐",数以万计的苏联专家中当有不少人会感到"冤"。

例三:朝鲜是中国的近邻。中国对外援助 60 年的历史恰恰是从中国对朝鲜的援助起步的,中国的第一笔对外援助款是提供给朝鲜的。长期以来,中国对朝鲜的援助主要集中在工业、农业等一些生产领域,还包括一些基础设施的建设(《中国的对外援助》白皮书,2011)。中国向朝鲜提供了巨大援助是不争事实。

如今的板门店陈列室里,在数以百计的图片中,竟然完全找不到中国人民志愿军的任何身影。中方也曾通过**减少**对朝原油供应的方式针对朝鲜进行核试验、发射远程导弹等威胁朝鲜半岛稳定的挑衅行为进行了制裁。英驻朝大使都能看出,中国巨额援助朝鲜,朝鲜人讨厌中国。朝方如此"因**减**惠而不乐",中国人当感到"冤"。

47.3 住地依恋(place attachment)投射出的"冤"

城镇化发展是人类科学技术进步、改造自然能力提高的重要标志。

那么,是不是城镇化发展的程度越高,当地居民就会越满意、越幸福? 万一不是的话,不就遭遇了"端起碗来吃肉,放下筷子骂娘"的问题,城镇化发展的建设者、政策的制定者岂不都会感到"冤"?

在《伊索寓言》中有这么一个故事,城市老鼠和乡村老鼠互相倾慕对方的生活,于是彼此走动,发现由于住地改变而产生的巨大的环境差异。在体验了城市老鼠富裕的生活之后,乡村老鼠却感慨道:与其紧张焦虑地生活在城市中享用美食,还不如回到乡下,去过平静的生活,于是离开城市回到了自己的住地。这个故事告诉我们精神安逸或比物质充裕更为重要。

亦为了探索"端起碗来吃肉,放下筷子骂娘"是否只是传说或寓言,Wang, Li, Bai, Ren, Rao, Li, Liu 和 Zheng(2015)开发并采用间接的投射技术来评估人们与其居住地之间的情感联结,从中发现了一个有趣的"**城镇位错**"效应(**Town-Dislocation effect**)。

在该研究中,研究者并不直接询问被试对住地的看法和态度,而是要求被试对与自身生活关系重大的事件做出决策:**终身伴侣的选择,重生地的选择,希望子女掌握的方言,**以及**对外地人侮辱本地人的情绪反应**。如果被试具有强烈的住地依恋,那么他们就能在这些重大生活问题上选择为自己的住地背书(endorsement),即,希望**选择本地人做伴侣,来世再作本地人,让孩子掌握本地方言,并对外地群体侮辱本地人的言行表达强烈的情绪反应**。研究人员将这个任务命名为投射背书(projective endorsement),并将其作为反映居民"**住地依恋**"的重要指标。

其结果的有趣之处在于:若按照教育、医疗以及经济收入等硬指标来衡量城镇化发展的结果,从农村到城镇再到城市,各项指标应呈阶梯上升的趋势。根据常识或直觉,我们或自然而然地推测城市居民的住地依恋应该高于城镇居民,而城镇居民的住地依恋应该高于农村居民。然而,依据投射测验的结果,城镇居民对住地的依恋反而非逻辑地"掉"了下来,显著地低于另外两个区域,呈现出"软硬"指标的错位以及"常识预期"与"实际测量"的错位(图 47.2)。

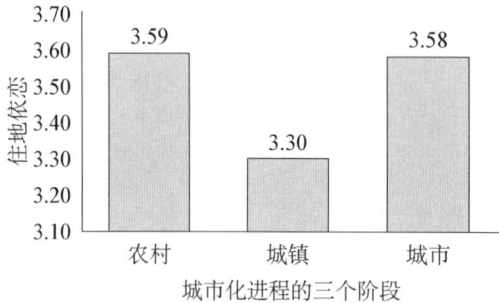

图 47.2 全国范围内入户调查 5 168 名居民的农村、城镇和城市的"住地依恋"均值(1—5 分制计分,分数越大表明越依恋本地区)见左图①,其呈现出的"位错"(out-of-pattern score (Oops))寓意如右图所示。城镇的地方官或许会感到"冤"。

该研究提示我们:(1)城镇化发展的成果固然可以用经济发展、生态改善以及气候与环境变化等指标来评价,但城镇化发展的最终目标还是提升居民的福祉。因此,客观硬指标并不是评估城镇化进程的唯一标准,当地居民对其住地的评价,即居民对城镇化发展的切身体会,才是最终决定性指标。(2)投射技术所提供的评价视角,或能帮助我们了解、确认诸多与"我对你**好**,你**不高兴**(惠你而不乐)"有关的真实感受,从而为全面、准确理解本章试图为"**冤**"所下的操作性定义提供启示。

47.4 展望

"冤"或是情绪研究领域尚未探索过的情绪。表 47.1 只是建构性地勾勒了"冤"产生的条件,其前因后果尚未得到任何实证的检验;所举的三个通俗的现实例子,从操纵定义上,肯定能挑出与严格的构念不符之处;"城镇位错"效应的研究虽然间接测量了"不高兴",但没有严格检验这种投射出的"不高兴"是否是因为"惠多"而导致的。因此,对其做严谨的实证检验是必须的。

末了,如果生活让你经历、体验到本章所定义的"冤",请你不要悲伤。请你把它当作生活中的一次磨练,当作生活教会你开启的一扇门,旋即向你的生活脱帽致谢。或许你从此就对研究"冤"感兴趣,成为研究情绪、驾驭情绪的专家。

---

① 详细的研究结果与分析见第七篇权变的研究方法,第 48 章投射技术:住地依恋。

致谢:感谢与饶俪琳在茶余饭后的闲谈中逐渐清晰了"人人都有此意,人人都无此语"的"冤"。

参考文献

李纾,毕研玲,苏寅,饶俪琳.(2011).厌而避额外之"利";喜而趋额外之"害".心理科学进展,19(1),9—17.

饶俪琳,梁竹苑,李纾.(2008).行为决策中的后悔.心理科学,31,1185—1188.

Wang, F., Li, S., Bai, X-W., Ren, X-P., Rao, L-L., Li, J-Z., Liu, H., Liu, H-Z., Wu, B., & Zheng, R. (2015). Town mouse or country mouse: identifying a town dislocation effect in Chinese urbanization. *PLoS ONE* 10 (5):e0125821.doi:10.1371/journal. pone. 0125821.

第七篇 权变的研究方法

国内心理学工作者在实验设计、数据分析、论文撰写等方面存在一些共同问题。这些问题关系到研究者们如何开展与国际接轨的心理学研究,如何遵循学术同行所认同的规则来发表研究成果。这些问题的解决之道在于加深对心理学基本科学研究方法的理解(李纾,2010)。做出一个好的研究,独立思考精神是非常重要的(陈晓萍,2010)。行为决策领域的研究和其他心理学领域一样,尤其注重在独立思考精神指导下,将研究问题与研究方法紧密结合,在具体方法的选择上,秉持"不拘一格,为我所用"的原则。

行为决策领域的早期研究除了使用访谈法、档案数据分析法之外,在很大程度上还依赖于实验室实验提供的证据。实验室实验研究方法主要包括:假设情景(hypothetical scenarios)、过程追踪(process tracing)、个体差异、训练与偏差消除(training and debiasing)、生理测量等。此外,行为决策领域还借鉴了实验经济学(experimental economics)的方法来进行研究。

假设情景法是行为决策研究的经典方法。该方法的研究范式,一般会先描述一个假设的情景,并询问被试在该情景中会怎么做。这种方法旨在通过观察在相关变量影响下人们的决策行为,从而推断人们所使用的决策方法。假设情景法擅长操作实验情景,探查影响被试决策的潜在因素。现实世界中的一些真实决策,因常常涉及到公众政策的选择而无法进行真实的操控,此时可使用假设情景法对可能的决策情景进行模拟,为考察人们的真实决策倾向提供有效的参考。

行为决策中的众多决策偏差,最早都是采用假设情景法发现的。例如,Tversky 和 Kahneman 曾利用其设计的"亚洲疾病问题"(Tversky & Kahneman, 1981),发现了著名的框架效应。在社会决策研究中常用的社会困境(social dilemmas)或公共困境(common dilemmas)也是一类特殊的假设情景。社会困境问题涉及群体中个人的自我利益和群体整体利益相冲突的决策。心理学家创造了各种实验室博弈(game)来研究在社会困境中人们的合作和背叛行为,如囚徒困境（prisoner's dilemma）、独裁者博弈（dictator game）、信任博弈（trust game）等。

过程追踪法也是行为决策研究中的一种重要方法。过程追踪法旨在追踪实际决策的发生过程，从而描述人们如何做出决策。这种方法更关心导致决策结果的步骤或"行动"，是研究人类决策过程必不可少的方法之一。过程追踪法常用计算机和其他一些仪器记录被试在完成一项决策时的各种活动，如在看什么，看了多久。过程追踪法采用的技术从"出声思维法"发展到 Mouselab 技术、眼动追踪（eye tracking）等，在检验决策的基础理论等方面发挥着重要作用（Schulte-Mecklenbeck, Kuehberger, & Ranyard, 2010）。

近年来，在传统行为实验法基础上，行为决策研究引入了其他学科常用的一些研究方法和技术。例如，使用现场（field）数据研究消费和金融决策（financial decision），使用虚拟现实、眼动追踪等方法研究决策过程，使用神经科学领域的 ERP、fMRI、PET、MEG、TMS 等工具研究决策的神经基础，使用双生子研究决策的遗传学基础等。此外，行为决策中研究规范性决策理论的分支也经常使用计算机模拟与人工智能的方法，而社会调查、基于互联网的实验与大数据挖掘等方法，也开始在更广泛的研究领域中发挥作用，如 Kahneman 关于幸福感的研究（Kahneman, Krueger, Schkade, Schwarz, & Stone, 2006）。

第48章 投射技术：住地依恋

共同作者：王霏、郑蕊

投射技术是人格心理学中常用的一种心理测量技术。通常,研究者向被试呈现模糊的(ambiguous)、非结构化(unstructured)的刺激物或情景(如墨迹、意义不明的图片或者未完成的句子等),要求被试对这些刺激物做出反应(这些反应往往是开放且不加限制的)。被试在接受投射测验时,由于缺乏明确的反应线索,较少受过去的经验或他人观点的影响,其反应往往投射出自己的人格、自我概念、态度或者观点(Donoghue, 2000; Payne, Cheng, Govorun, & Stewart, 2005)。该技术能够探索其他方法所不能触及的关于个人的最深层次的思想和感受(Burger & 陈会昌,2000)。"投射"一词最早来源于弗洛伊德(Freud)对心理防御机制的命名(Lilienfeld, Wood, & Garb, 2000; McGrath, Sherry Jr, & Levy, 1993; Payne et al., 2005)。1938年,弗兰克(Frank)最先提出了"投射技术"的概念,随后,众多研究者发展出了形式各异的投射技术(Carter, Daniels, & Zickar, 2013; Lilienfeld et al., 2000),并将其广泛应用于临床(Lilienfeld et al., 2000)、消费(McGrath et al., 1993)和管理(Carter et al., 2013)等诸多领域。

与传统的自陈量表相比,投射技术在某些情景下具有无可比拟的优势。首先,投射技术可以降低被试的"社会称许性"。当测量的问题涉及个人形象、自我评价和社会规范时,被试往往由于害怕真实的表达会损害其正面积极的形象,因而有意无意地抑制或扭曲自己真实的想法。这就使测量的结果成了修饰自己形象,成了迎合世俗、符合提问者期望的陈词滥调(Haire, 1950),从而无法反映被试真实的观点和感受。

其次,投射技术可以触及人格的深层结构。有时,即使被试有意愿表达自己真实的想法或观念,但由于他们不能明确地(explicitly)认识到自己的实际想法,因此很难被传统的自陈量表所侦测。比如,研究者很难通过外显的方法(如,言语报告)确认那些自认为没有种族偏见的人是否真的不具有偏见,但是通过投射测验则可敏锐地发现被试是否具有隐藏的偏见(Hugenberg & Bodenhausen, 2003)。综上所述,投射技术为揭示这两类情境中的深层次因素提供了强有力的手段。

投射技术也并不总是采用模糊的、非结构化的刺激和反应模式。该技术的刺激材料由完全模糊的、非结构化到清晰而确定的结构化构成了一个连续集合(Donoghue, 2000),其反应模式也可由被试自由报告到严格限定反应模式。经典的投射技术(包括罗夏克墨迹测验(Rorschach Inkblot Method, RIM)和主题统觉测试(Thematic Apperception Test, TAT))所使用的即是典型的非结构化的刺激。亦有不少研究使用明确的结构化刺激,如在著名的雀巢速溶咖啡研究中研究者就使用了明确的文字陈述作为刺激材料(Haire, 1950)。又如 Durante, Li 和 Haselton 等人(2008)采用图画作为明确的测试材料,要求处于不同排卵周期的女性为图片中的简笔画模特画上衣服。上述研究的刺激材料是明确的、结构化的,而被试的反应则是非结构化的。在另一些研究中,刺激是模糊的、非结构化的,而反应则是结构化的。Payne 等人(2005)向不认识汉字的被试呈现一些汉字,要求被试判断汉字在视觉上的愉悦程度。在呈现汉字之前,以被试难以察觉到的速度呈现了一些图片(如微笑的婴儿面孔),这些图片传递了或积极或消极的情绪,并且这些图片与后面的汉字没有任何关联。该实验的反应就是高度结构化的,被试只需要按代表愉悦和不愉悦的两个按键即可。

48.1 应用于研究的问题

在一些社会心理和判断与决策领域的研究中,研究者对传统的投射技术进行了改进。他们通过采用结构化的刺激材料和量化的反应模式对投射对象进行测量、比较,该方法为进一步探讨投射测量的变量与其他变量之间的关系提供了有效的工具。以下两项研究将投射技术运用于探索"种族认同"与"住地依恋"问题。这些研究不要求被试直接回答自己对种族/住地的看法和态度,而是通过被试对看似无关却对其意义重大的人生事件的决策,揣测其背后的真实态度。这种尝试对拓展投射技术在更多研究领域的应用颇有借鉴之处。

48.1.1 种族认同(ethnic identity)

在当今社会,语言和文化的流失似已影响年轻一代的种族认同意识。1999 年 12

月 3 日,新加坡国立大学社会学系高级讲师张汉音博士在东亚研究所的一个讲座上,公布了一项耗时十个月,有关文化价值观以及种族认同的抽样调查结果。这项在 1999 年对 811 名中学、初级学院和大学的学生的抽样调查结果显示,只有 78.4% 的华人学生选择"来世"要再做回华人,其余则分别有 11.8% 的华人学生选择"来世"要做白人,有 8.2% 的华人学生选择"来世"要做日本人;而马来族学生则有高达 91.9% 的受访者最希望自己来世还是马来人。在另一项对 807 名年长者的调查结果显示,其中 94.9% 的华人选择来世愿意再当华人(Chang, 2002, 2005)。尽管有人质疑这项调查的分析,但如果将上一代本族长辈和同代马来族同辈的选择进行比较,我们不难察觉新加坡华人种族认同萌生疲态(详细数据请参阅以下的统计表-联合早报.04/Dec/99.第 11 版)。

表 48.1 不同种族学生的族群认同

	如果有来生,我最希望		
	华族学生	马来族学生	印度族学生
是华人	**78.4**%	2.9%	5.1%
是马来人	1.5%	**91.9**%	1.6%
是印度人	1.7%	0.0%	**82.1**%
是白人	11.8%	4.9%	15.3%
是日本人	8.2%	1.0%	0.0%

48.1.2 住地依恋(place attachment)

当前世界上大约有一半的人口居住在城市(UN-HABITAT, 2008),到本世纪中叶,预计将有超过 70% 的人口居住在城市。近 30 余年来,中国社会经济高速发展,城镇化率急剧提高,该比率从 1978 年的 17.9% 发展到 2007 的 44.94%(NBS,2008),到 2050 年,这一比率预计将会增加到 70%(UN-HABITAT, 2008)。城镇化发展是人类科学技术进步、改造自然能力提高的重要标志。城镇化进程深刻地改变着人与人、人与住地之间的关系。"住地依恋"即是探讨人们与居住地之间黏合度(bonding)的重要构念,可用来评估人们与其居住地之间的情感联结。无论是采用定性还是定量的方法,传统的研究通常借助于直接询问被试对居住地态度的方法,对住地依恋进行测量。如向被试询问如下开放式的问题:"你对房子/街道满意吗?""你会称这个地方为'家'吗?"或者让被试用 Likert 量表判断如下命题:"这个地方对我来说意味着很多东西。""我不能长时间的离开自己的房子。"(Boğaç, 2009)。Wang 等人(2015)将"住地依恋"与"社会氛围评定"同时作为评价中国城镇化进程得失的软指标。社会氛围的评定采用被试自我报告法,直接询问被试对周围氛围的评价,如,要求被试回答社会是否更加公平,是否更加安全等问题。直接询问能够直观地反映被试表面态度,但这种自我报告法至少存在三个问题:其一,所询问问题与被试的个人形象联系在一起,为了避免给人以不好的印象,被试往往按照社会期望来回答;其二,有些问题过于抽象,缺乏实际可观察的标准,如,你觉得社会是否越来越好? 但好的标准因人而异;其三,被试或许常常被问及此类问题,类似日常问候,已经是老生常谈,因此被试在回答时可能不会深入思考,只是按照常规回答,结果并不能反映其真实心态。为了克服这三类问题,在"测量我国城镇化进程中居民住地依恋"的研究中,Wang 等人(2015)采用了间接的投射技术,即主试并不直接询问被试对住地的看法和态度,而是要求被试对与自身生活关系重大的事件做出决策。由李纾设计并主张采用的 4 个投射问题如下所示:

(1) 如果您可以选择或者再选择终身伴侣,您会:

    非常希望选择其他地区的人为终身伴侣 ·················· 1

    希望选择其他地区的人为终身伴侣 ····················· 2

    无所谓 ··· 3

    希望选择本地区的人为终身伴侣 ························· 4

    非常希望选择本地区的人为终身伴侣 ·················· 5

(2) 如果有来生,您会:

    非常希望做其他地区的人 ································· 1

    希望做其他地区的人 ······································· 2

    无所谓 ··· 3

    希望做本地区的人 ··· 4

    非常希望做本地区的人 ····································· 5

(3) 如果您有或者还会有子女的话,您会:

    非常不希望教我的子女说本地区的方言 ·············· 1

    不希望教我的子女说本地区的方言 ····················· 2

    无所谓 ··· 3

    希望教我的子女说本地区的方言 ························· 4

    非常希望教我的子女说本地区的方言 ·················· 5

(4) 如果有外地人当着您的面骂本地区的人,您会:

    非常高兴 ··· 1

    高兴 ··· 2

与张汉音博士的研究逻辑相仿,Wang 等人(2015)认为,终身伴侣的选择、重生地的选择、希望子女掌握的方言,以及对外地人侮辱本地人的情绪反应等决策与判断对个人意义重大。被试通常会慎重考虑此类问题。如果被试具有强烈的住地依恋,那么他们就能在这些重大生活问题上选择为自己的住地背书(endorsement),即,希望**选择本地人做伴侣,来世再作本地人,让孩子掌握本地方言,并对外地群体侮辱本地人的言语表达强烈的情绪反应**。因此,我们将这一测量命名为"投射背书"(projective endorsement),并将其作为反映居民住地依恋的重要指标。这是因为,该任务并不要求被试直接回答自己对住地的看法和态度,而是将自己对住地的态度**投射**到看似无关却对个人意义重大的人生事件(如选择终身伴侣)中去。这种方法把抽象的住地依恋概念具象化,用每个人在现实生活中都可能遭遇的问题来反映其对住地的抽象的依恋。

Wang 等人(2015)采用分层多阶段随机取样法,在全国范围内对处在城镇化发展不同进程中的地区前后开展了两轮入户调查研究(第一轮:2007 年 8 月至 9 月间;第二轮:2007 年 10 月至 11 月间)。调查取样共分为两个阶段:第一阶段,根据人均GDP、人口规模和地理分布(东部、中部和西部)选择多个城市、城镇和农村聚居地为样本点,第二阶段在上述样本中随机选择 10 到 15 个居委会或聚居区为样本点,每个样本点随机选择约 10 人。两轮共抽取 5 168 人参与调查(调查取样的人口统计学特征如表 48.2 所示)。其中,第一轮抽样调查共涉及 7 座城市、7 个城镇和 10 个农村,样本量为 3 716 人。第二轮抽样调查选取与第一轮抽样完全不同的 3 座城市、3 个城镇和 3 个农村,样本量为 1 452 人。两轮取样共涉及 19 个省/直辖市(北京市、上海市、重庆市、天津市、辽宁省、河北省、山西省、陕西省、河南省、山东省、安徽省、湖北省、四川省、贵州省、湖南省、江西省、浙江省、福建省、广东省)。

表 48.2　两轮调查取样的人口统计学特征

			百分比(%)		
			城市	城镇	农村
第一轮			(n=1 487)	(n=916)	(n=1 313)
(n=3 716)	性别	男性	48.8	46.8	46.8
		女性	51.2	53.2	53.2
	年龄	19 岁以下	2.4	5.1	5.3

			百分比(%)		
			城市	城镇	农村
		20—29	21.8	24.9	18.7
		30—39	25.7	25.3	23.9
		40—49	27.8	22.8	25.3
		50—59	20.8	19.5	23.5
		60 岁以上	1.3	1.9	2.2
		缺失	0.3	0.4	1.1
	教育程度	高中以下	25.7	54.3	75.6
		高中及以上	74.2	45.0	22.5
		缺失	0.1	0.8	1.9
第二轮			($n=639$)	($n=399$)	($n=414$)
($n=1\,452$)	性别	男性	44.9	47.1	49.5
		女性	55.1	52.9	50.5
	年龄	19 岁以下	3.1	10.0	1.7
		20—29	21.4	34.8	15.5
		30—39	28.3	26.8	28.3
		40—49	24.6	16.0	26.1
		50—59	20.7	11.3	26.3
		60 岁以上	1.9	1.0	2.2
	教育程度	高中以下	32.1	34.1	88.6
		高中及以上	67.9	65.9	11.4

　　两轮调查获得了非常一致的结果,即在控制了性别、年龄和教育程度的影响之后,处于城镇化进程不同阶段的三地居民在住地依恋上存在着显著差异(第一轮:$F(2,\ 3\,609) = 62.65$, $MSE = 0.44$, $p < 0.001$, $\eta^2 = 0.03$;第二轮:$F(2,\ 1\,446) = 15.00$, $MSE = 0.47$, $p < 0.001$, $\eta^2 = 0.02$),事后检验发现城镇居民对住地的依恋显著低于城市和农村居民(LSD 检验,两轮 $ps < 0.001$),而城市居民和农村居民对于住地的依恋程度差异不显著(第一轮,$p = 0.76$;第二轮,$p = 0.85$)。

　　如果按照教育、医疗以及经济收入等硬指标来比较,从农村到城镇再到城市,各项指标应呈阶梯状上升。研究结果也证实了这一点,如图 48.1 所示,居民的"人均月收入"水平从农村到城镇再到城市呈现出阶梯上升的趋势。根据常识或直觉,我们或自然而然地推测城市居民的住地依恋应该高于城镇居民,而城镇居民的住地依恋应该高于农村居民。然而,依据投射测验的结果,城镇居民对住地的依恋反而非逻辑地"掉"了下来(图 48.2—48.3),显著地低于另外两个区域,呈现出"软硬"指标的错位以及"常识预期"与"实际测量"的错位。我们将这一现象命名为**"城镇位错"效应**(Town-Dislocation effect)。进一步的分析表明"社会支持"变量能够中介"地区梯度"

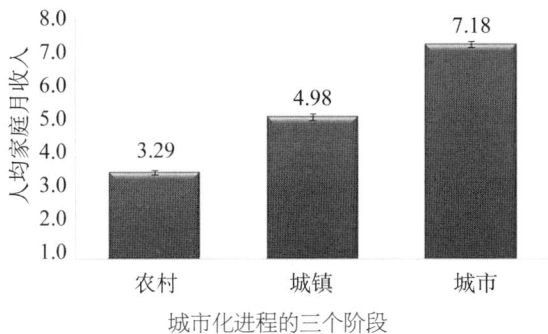

图 48.1 被调查居民的人均月收入水平(1—13 分制计分,分数越高,表明收入水平越高)

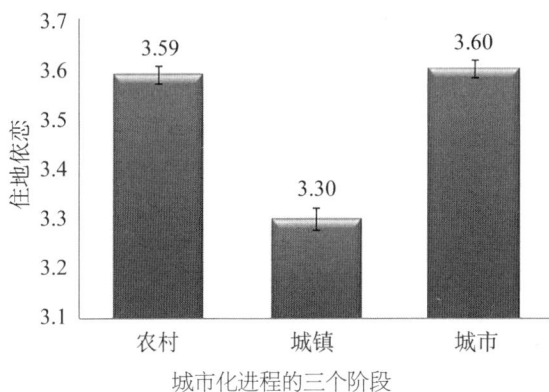

图 48.2 第一轮入户调查住地依恋的调查结果(1—5 分制计分,分数越大表明越依恋本地区)

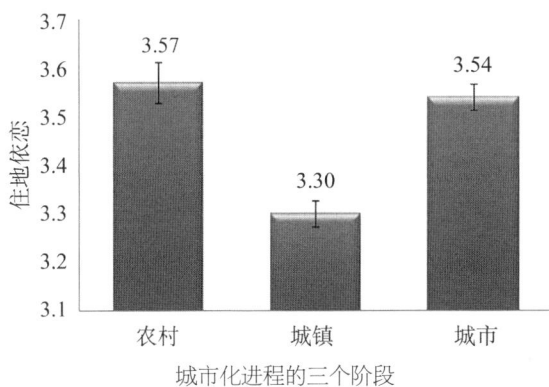

图 48.3 第二轮入户调查住地依恋的调查结果(1—5 分制计分,分数越大表明越依恋本地区)

与"住地依恋"的关系,这一结果提示我们,城镇居民社会支持度的缺失可能是造成该效应的一个原因。

采用间接的投射技术所测量的我国城镇化进程中居民住地依恋的结果虽颇为有趣,但也未必完全出乎意料。我们用投射技术所测得的"城镇位错"效应亦可视为"人类"版的"老鼠故事"。处在城镇化快速推进过程中的人们在重温《伊索寓言》中城市老鼠和乡村老鼠的故事时,当别有一番滋味在心头。"软硬"指标的错位以及"常识预期"与"实际测量"的错位结果可以为城镇化进程的评估提供独特的评价视角,或能帮助我们了解诸多与地域有关的真实认同感,从而为探讨城镇化进程中地方认同与依恋以及居民幸福感等问题提供启示。

48.2　讨论与启示

人类在漫长的发展历程中,遗留了许多领地纷争、居住地或民族认同等问题。领地纷争问题或不是心理科学所能解决的问题,但应用本章所介绍的投射技术,从民众的心理依恋感受入手,抑或能帮助我们了解、确认诸多与地域有关的真实认同感。而认同感的证据或在领地纷争中起到举足轻重的作用。

同时,本章研究还提示我们,行为决策研究不应拘泥于传统的行为实验室研究。形成于人格心理学和临床心理学领域的投射技术或可以为我们揭开决策机制的面纱提供新的视角。上述两项研究不仅尝试将投射技术应用于居民对种族认同与住地依恋的领域中,而且还在研究中对投射技术的探查手段也进行了部分修改,从最初的使用"模糊刺激和开放式反应"发展到本章研究中所使用的"明确的刺激和量化的反应",结论从之前的"言语揭示"发展到"数量化的精确测量"。这些测量方法上的有益探索拓展了行为决策领域的研究方法。

致谢:本章所报告的研究部分得到国家科技基础性工作专项"国民重要心理特征调查"(2009FY110100)、中国科学院知识创新项目(KSCX2 - YW-R - 130)、国家自然科学基金面上项目(70871110)、北京市重点学科建设特别基金及中国科学院心理研究所青年科学家项目(O8CX025002,O9CX104010)的资助。感谢参与两轮入户调查的所有主试和参与者。

参考文献

Boğaç, C.(2009). Place attachment in a foreign settlement. *Journal of Environmental Psychology*, 29(2),267-278.
Burger, J.M., & 陈会昌.(2000).人格心理学.(第六版).中国轻工业出版社 2004 年版.
Carter, N.T., Daniels, M.A., & Zickar, M.J.(2013). Projective testing: Historical foundations and uses for human

resources management. *Human Resource Management Review*, *23*(3),205‐218.

Chang., J. H.-Y.(2002). Singaporeans' preference for race identity. Paper presented at the International Conference on Applied Psychology, Singapore.

Chang., J. H.-Y.(2005). Globalization and ethnic identification. Paper presented at the 100th Annual Meeting of the American Sociological Association, Philadelphia, USA.

Donoghue, S.(2000). Projective techniques in consumer research. *Journal of Family Ecology and Consumer Sciences/ Tydskrif vir Gesinsekologie en Verbruikerswetenskappe*, *28*(1).

Durante, K. M., Li, N. P., & Haselton, M. G.(2008). Changes in women's choice of dress across the ovulatory cycle: Naturalistic and laboratory task-based evidence. *Personality and Social Psychology Bulletin*, *34*(11),1451‐1460.

Haire, M.(1950). Projective techniques in marketing research. *The Journal of Marketing*, *14*,649‐656.

Hugenberg, K., & Bodenhausen, G. V.(2003). Facing prejudice: implicit prejudice and the perception of facial threat. *Psychological Science*, *14*(6),640‐643.

Lilienfeld, S. O., Wood, J. M., & Garb, H. N.(2000). The scientific status of projective techniques. *Psychological Science in the Public Interest*, *1*(2),27‐66.

McGrath, M. A., Sherry Jr, J. F., & Levy, S. J.(1993). Giving voice to the gift: The use of projective techniques to recover lost meanings. *Journal of Consumer Psychology*, *2*(2),171‐191.

NBS.(2008). *China Statistical Yearbook* 2008. Beijing: China Statistics Press.

Payne, B. K., Cheng, C. M., Govorun, O., & Stewart, B. D.(2005). An inkblot for attitudes: Affect misattribution as implicit measurement. *Journal of Personality and Social Psychology*, *89*(3),277‐293.

UN-HABITAT.(2008). *State of the World's Cities* 2008/2009: *Harmonious Cities*. London: Earthscan.

Wang, F., Li, S., Bai, X-W., Ren, X-P., Rao, L-L., Li, J-Z., Liu, H., Liu, H-Z., Wu, B., & Zheng, R.(2015). Town mouse or country mouse: identifying a town dislocation effect in Chinese urbanization. *PLoS ONE*,10(5): e0125821.doi:10.1371/journal. pone. 0125821.

陈晓萍.(2010).独立思考精神:优秀学者的必备品质.心理学报,42(1),4—9.

李纾.(2010).行为研究所关心的实证方法——问题与解答.心理学报,42(1),1—3.

第 49 章 实验室实验法：浪漫音乐激活文化意蕴

共同作者：王霏、任晓媛

实验室实验法通常指在实验室内,保持其他条件不变(控制变量)的情况下,通过系统改变一个或多个因素(自变量)来确定这种改变是否影响另外一个或多个因素(因变量)(Baron & Branscombe, 2011)。心理学在成为一门独立的科学之前,是作为哲学的附庸存在的。那时候的心理学研究是由哲学家在研究物质与意识、心灵与身体的关系等哲学问题时附带进行的,没有自己的独立理论体系,研究方法也是借用哲学的思辨方法。现代心理学于 1879 年创立,这一年,W·冯特在莱比锡建立了世界上第一个心理学实验室,心理学从此宣告脱离哲学而成为独立的科学。行为决策也沿用实验室实验进行研究,既采用心理学的实验研究范式也采用经济学的实验研究范式。与传统的心理学实验相比,在行为决策领域所进行的实验经济学(experimental economics)研究具有以下四个方面特色:脚本扮演(script enactment)、重复试验(repeated trials)、基于绩效的金钱报酬(performance-based monetary payments)以及禁止欺骗(the proscription against deception)(Hertwig & Ortmann, 2001)。在本章中,我们选择介绍利用单因素实验法所进行的文化启动研究。

49.1 启动及文化启动

启动是指由于特定的表征在个体中被激活或者其可得性增加而对个体随后的判

断、行为或者其他反应造成影响(Smith & Mackie, 2014)。启动效应的研究有较长的历史(具体历史回顾见 Bargh, 2014),其任务形式多种多样,多个范式在认知心理学和社会心理学中被广泛使用(Doyen, Klein, Simons, Cleeremans, & Cleeremans, 2014)。典型的做法是,在被试完成目标任务之前先呈现一系列刺激任务,刺激任务与随后的目标任务表面上毫不相关。这些刺激任务可以要求被试有意识地参与,如要求被试数钱以启动金钱概念(Zhou & Gao, 2008);也可以不需要被试有意识地参与,如只在屏幕上呈现金钱而不要求被试刻意关注(Vohs, Mead, & Goode, 2006);甚至可以将系列刺激以阈下(subliminal)的形式呈现,使被试根本意识不到先前刺激的存在,如速示掩蔽范式(Payne, Cheng, Govorun, & Stewart, 2005)。但无论如何,实验操控成功的前提是:不能让被试意识到先前的刺激任务与随后的目标任务有任何关联(Molden, 2014; Oyserman & Lee, 2008)。

文化启动范式(Chiu et al. , 2013)是启动范式在跨文化研究领域的典型应用,主要包括两种类型,一类是文化构念启动(cultural construct priming),研究者启动了某个特定的文化构念(两种文化都包括的普遍维度),如个体主义和集体主义;另一类是文化启动(culture priming),研究者选择两种文化中具有代表性的符号作为启动刺激。文化启动的代表性符号多种多样(Ng & Lai, 2009; Oyserman & Lee, 2008),可以是文字的,如散句测验(scrambled sentence task)(Fujita & Trope, 2014; Wentura & Rothermund, 2014),也可以是图片的,如中国和美国的视觉符号、地标建筑等(Hong, Morris, Chiu, & Benet-Martinez, 2000; Ng & Lai, 2009),还可以是被试所熟悉的语言(Ji, Zhang, & Nisbett, 2004),如指导语用英语或中文等,甚至是具有典型文化特征的音乐,如美国黑人亚群体的暴力说唱音乐(Violent Rap Music)(Rudman & Lee, 2002)。文化启动范式的最大优势在于可以即时(online)且自由地操控被试的文化价值观,为确定文化价值观与被试的自我概念(Ng & Lai, 2009)、认知与行为(Hong et al. , 2000; Oyserman & Lee, 2008)乃至脑生理活动间(Han & Ma, 2014; Han et al. , 2013; Oyserman, Novin, Flinkenflögel, & Krabbendam, 2014)的因果关系提供有效的研究方法。

49.2 应用于研究的问题

假如,你被问及"It wouldn't be best to address Osama bin Laden[①]as Mr. Osama, would it?"你会如何回答?

---

① 据穆斯林传统,Osama bin Laden 表达的意思为:Osama 是 Laden 的儿子。Bin 表示这 2 人是父子关系。

如果你的母语是英语,且来自欧洲或者美国、加拿大等典型的西方国家,你可能会说:"No, it would be best to address him as Mr. Bin Laden."如果你来自穆斯林国家(如印度尼西亚、马来西亚和巴基斯坦),你可能会说:"Yes, it would be best to address him as Mr. Osama."①

但是,如果上述对话不是用英语,而是用中文或日文(即,儒家文化圈所使用的语言)作答,情况就完全不同了。与英文不同,在回答"我们最好不要称奥萨马·本·拉登为奥萨马先生,是不是?"这个问题时,中国人或日本人总是会以他们对"陈述"的**赞同**(是,最好称他为本·拉登先生)或**不赞同**(不是,最好称他为奥萨马先生)来开始。因此,考虑到受访者的文化背景,该问题至少会有 4 种可能"正确"的答案。

在全球化的时代,一个有意义且值得深思的问题是:双文化个体是如何回答以上问题的? 所谓双文化个体/群体,是指那些内化了两种文化并且这两种文化价值观在他们心中同时存在的人或人群(Hong et al., 2000)。以上 4 种回答是完全不兼容的,但又全部"在文化上正确"。因此,双文化个体对此类问题的回答,反映了其不断地切换具有文化意蕴的解释框架,以使自己对外部信息的反应显得"更加"正确(LaFromboise, Coleman, & Gerton, 1993)。

已有众多研究探索了文化对个体的情绪、认知和行为的影响,如文化如何影响人们的眼动模式(Chua, Boland, & Nisbett, 2005)、对事物关系的感知(Ng & Lai, 2009)、对事物的分类(Ji, Zhang, & Nisbett, 2004)、自我与身份表达(Markus & Kitayama, 1991; Ng & Lai, 2009)、对关系的推理(Hong et al., 2000)等。Li(2005)冀借助文化启动范式,探索在不同文化启动下,双文化个体会采用两种冲突的文化意义体系中的哪一种来指导他们对外界刺激进行解释。

具体而言,该研究的问题是:在何种文化启动条件下,双文化个体的回答会转而谋求"更加"正确的表达? 如,称日本为 Japan(一种被用来制造持久的、有光泽的罩面漆的瓷漆)还是 Nippon(太阳升起的地方)? 称中国为 China(瓷器或陶器)还是 ZhongGuo(中央王国)? 称世界最高峰为 Mt. Everest 还是 Sagarmatha(在尼泊尔有"天空女神"之意),抑或 Chomolungma(在西藏有"宇宙的圣母"之意)?

49.3 实验设计与结果

Li(2005)的实验为单因素两水平设计,自变量是被启动的东方文化和西方文化,

---

① 大多数西方媒体称马来西亚总理 Mahathir bin Mohamad 为 Mahathir 博士。

启动所使用的具体刺激材料是两首具有特定文化特色的乐曲。已有研究表明,特定的音乐可能会激活被试的高级知识结构(Martindale & Moore, 1988),即,将双文化个体暴露在有着强烈文化特质的音乐中,会激活他们对相关文化的知识网络的解释性构念。Li(2005)选择代表中国文化的乐曲是电影《梁祝》的配乐,代表美国文化的乐曲是电影《泰坦尼克号》的配乐《我心永恒》。这两首曲子都有舒缓悠扬的旋律,以浪漫的爱情为主题,最后以悲剧为结尾,故认定这两首乐曲有匹配之处。实验的因变量是对 8 张照片中的经典名人、物品或建筑命名,其中包括中国娱乐界名人,美国娱乐界名人,以及中、美标志性的建筑、符号及物品(图 49.1)。

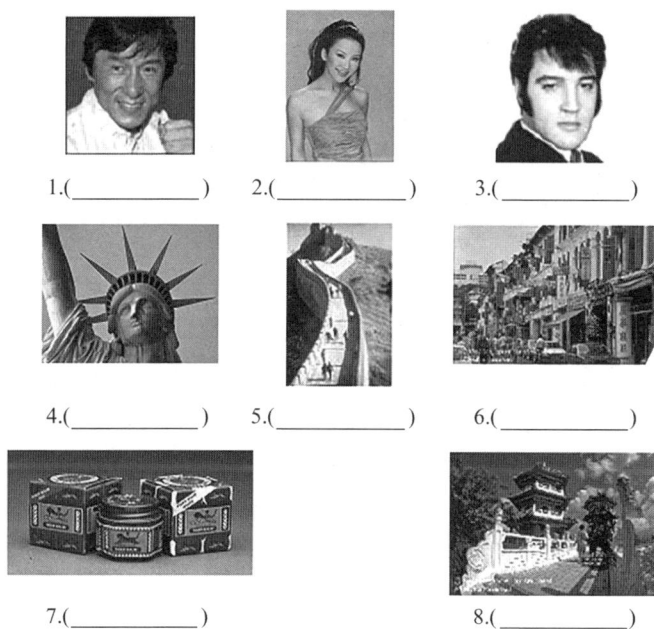

1.(_____)   2.(_____)   3.(_____)

4.(_____)   5.(_____)   6.(_____)

7.(_____)   8.(_____)

图 49.1　明星或事物图片共 8 张,被试的任务是在空白处写下图中人物或事物的名字(用汉语(拼音)或者英文均可)

入选命名对象的标准是,这些名人或物品须在本文化中有着独特的命名体系,其命名体系与其他文化中的命名体系**不兼容**。图 49.2 的树形图分析可以帮助我们理解这种基本标准。选择这样的实验刺激可保证不管被试是用中文还是英文表达,都将清晰地分辨出其反应是根植于中国文化还是根植于西方文化。

在实验中,被试需要完成以下两项任务,其一,按照自己的意愿对上述 8 个人物或物品进行命名,在图片下方空白处用汉语(拼音)或者英文写下图中人物或事物的名字;其二,完成任务一后,自由选择摆放在自习室出口处的茶(立顿车仔茉莉花茶)

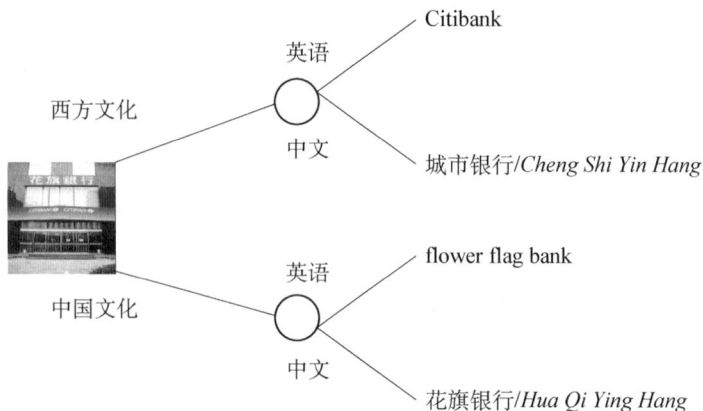

图 49.2 以国际知名品牌花旗银行(Citibank)命名的树形图①。近一个世纪以来,Citibank 在中国大陆和中国台湾被称为"Hua Qi Yin Hang"(花旗银行)。如果没有深厚的双文化知识,一个双语者会照字面意思将"Citibank"翻译成"城市银行"(Cheng Shi Yin Hang),或者将"花旗银行"(Hua Qi Yin Hang)翻译为"Flower Flag Bank"。

或者咖啡(雀巢咖啡)。茶通常被视为中国文化符号,而咖啡则通常被视为西方文化符号。

被试为南洋理工大学各院系的 223 名新加坡华裔学生,他们均自愿参加实验。这些学生都是在西方(主要是美国)教育体系中接受英语教育(英语是新加坡的官方语言和教学媒介),同时他们的父母是华人,因此可以被认为是双文化的个体。具体的实验操作程序是,首先将 223 名新加坡华裔被试随机分为两组,其中大约一半的被试($n=113$)被分配到播放中国音乐的教室中,另一半被试($n=110$)被分配到播放美国音乐的教室中。然后,将这些被试分成 5～10 人的小组,并给他们分发包含有名人或物品的 8 张相片,用英文指导被试用英文或者汉语拼音写下这些相片中名人、物品或建筑的名称。被试完成命名任务后,可以自由选择小点心、茶和咖啡,主试悄然记录每个被试的选择。

如表 49.1 所示,背景音乐激活了文化特异性(culture-specific)的命名体系,并影响了被试对饮料种类的选择。尽管被试的整体反应更倾向根植于西方文化,但是相对而言,在播放中国音乐时,更多的命名反应根植于中国文化(70.6%);反之,播放美国音乐时,更多的命名反应根植于西方文化(51.2%)($p<0.01$)。

---

① 注:尽管 Citibank 在中国香港和新加坡被称为"Wan Guo Bao Tung Yin Hang"(万国宝通银行)已有100年的历史,文化心理如此深入地根植于中文中,以至于该银行最近决定不再使用花旗银行以外的中文名称。

表 49.1 两种背景音乐启动下的命名结果总览

	背景音乐	
	中国	美国
根植于西方文化的反应		
1. Jackie Chan (杰克·陈/*JieKe Chen*)	88	96
2. Coco Lee(可可·李/*KeKeLi*)	103	99
3. Elvis Presley (埃尔非斯·普里斯利/*AierfeisiPulisili*)	97	99
4. Statue of Liberty (自由塑像/*Zi You Su Xiang*)	100	103
5. Great Wall (大墙/*Da Qiang*)	93	103
6. Chinatown (中国城/*ZhongGuo Cheng*)	92	99
7. Tiger Balm (老虎油/*Lao Hu You*)	100	105
8. Chinese Garden (中国花园/*ZhongGuo Hua Yuan*)	88	93
Total	**761** (48.8%)	**797** (51.2%)
根植于中国文化的反应		
1. 成(become)龙(dragon)/*Cheng Long*	25	13
2. 李(surname)玟(given name)/*Li Wen*	9	4
3. 猫(cat)王(king)/*Mao Wang*	13	6
4. 自由(liberty)女神(goddess)/*Zi You Nǚ Shen*	5	4
5. 长(long)城(castle)/*Chang Cheng*	16	5
6. 牛(buffalo)车(chariot)水(water)/*NiuCheShui*	10	1
7. 万(million)金(gold)油(oil)/*Wan Jin You*	9	3
8. 裕(wealthy)华(magnificent)园(garden)/*Yu Hua Yuan*	2	1
Total	**89** (70.6%)	**37** (29.4%)

文化(氛围)对于饮料的选择存在显著的影响, $\chi^2(1) = 7.57$, $p < 0.01$。如表 49.2 所示,美国音乐会使被试更倾向于选择咖啡(60.2%)而不是茶,而中国音乐则会得到相反的结果($p < 0.01$),尽管整体反应偏差更趋向于选择茶。该结果印证了前人的现场研究,North, Hargreaves 和 McKendrick(1997)发现,一家英国超市里播放不同文化的音乐(法国音乐或德国音乐)能影响消费者对货架上法国酒或德国酒的选择。即,当饮料货架旁播放的是巴黎手风琴乐曲/德式小酒店音乐时,则超市里的法国/德国葡萄酒销量增加。

相对超市背景音乐的研究结果,Li(2005)播放茶点音乐的结果颇有意思。即,播放中国(美国)音乐并不是增加中国或美国**产品**的选择(即,茶并不是中国生产的;咖啡也不是美国生产的),而是增加对其根植于**文化的符号**选择(即,茶属于中国文化符号;咖啡属于美国文化符号)。

表 49.2　两种背景音乐启动下的饮料选择

		背景音乐	
		中国	美国
饮料选择	茶(立顿车仔茉莉花茶)	76 (58.5%)	54 (41.5%)
	咖啡(雀巢咖啡)	37 (39.8%)	56 (60.2%)

事实上,这两种文化并不是平等地存在于双文化被试的意识当中。严格意义上讲,在命名时,西方文化支配着中国文化(部分原因可能是在新加坡做实验时使用英语作为指导语),而在饮料选择的偏好上,中国文化支配着西方文化。生活中亦有类似的例子:一个有着西方思想的人却有一个中国的胃。这种不对称的文化内化并没有消除启动效应。事实上,被支配文化或者说是被压抑文化(7.5%的中文的命名方式和41.7%的咖啡饮用)不仅被对应的音乐所激活,而且是与支配文化(92.5%的西方的命名方式和58.3%的茶饮用)相比有更大程度的激活。整个研究结果表明,如果有某种不容易获得或根植于更深的文化知识体系的"东西"可以影响着决策者的决定,那么,与任务关联不密切的浪漫音乐就可以起到这样的作用。

49.4　讨论与启示

本章介绍的研究方法是单因素实验室设计。在该研究中,只有一个自变量,即文化意义体系,包含两个水平,分别是东方文化和西方文化。对这两个水平的操控属于典型的文化启动范式,具体的启动刺激物是代表东西方文化的经典乐曲,以背景音乐形式向被试呈现,使被试不经意间即置身于特定的文化氛围中,启动了相应文化意义体系。在实验操作过程中,除了改变背景音乐外,其他条件保持恒定。该研究选择的因变量亦不拘不羁,除了要求被试自我报告(self-report)的测量外,还对被试自然展现的行为做了记录,准确地反映了被试的认知和行为的差异。

在实验室研究中,范式的确立为同一主题或者跨主题的研究者提供了对话的基础。在此基础上,研究者可不拘一格地选择启动刺激,启动刺激的创新和多样的研究结果丰富了文化启动范式家族的研究。

致谢:感谢 Tamo Nakamura 启发性的评论以及 GOH Chen Peng, Aileen KWEK Meei Huey 和 TAN Hui Ping(荟凭)帮助收集、整理实验数据。

参考文献

Bargh, J. A. (2014). The Historical Origins of Priming as the Preparation of Behavioral Responses: Unconscious Carryover and Contextual Influences of Real-World Importance. *Social Cognition*, *32*(Supplement), 209 – 224.

Baron, R. A., & Branscombe, N. R. (2011). *Social Psychology* (32 th ed.). *Pearson International Edition*.

Chiu, C.-y., Ng, S., & AU, E. W. M. (2013). Culture and social cognition. In D. E. Carlsto (Ed.), *Oxford Handbook of Social Cognition*. New York: Oxford University Press.

Chua, H. F., Boland, J. E., & Nisbett, R. E. (2005). Cultural variation in eye movements during scene perception. *Proceedings of the National Academy of Sciences of the United States of America*, *102*(35), 12629 – 12633.

Doyen, S., Klein, O., Simons, D., Cleeremans, A., & Cleeremans, A. (2014). On the other side of the mirror. Priming in cognitive and social psychology. *Social Cognition*, *32*(Supplement), 12 – 22

Fujita, K., & Trope, Y. (2014). Structured versus unstructured regulation: On procedural mindsets and the mechanisms of priming effects. *Social Cognition*, *32*(Supplement), 68 – 87.

Han, S., & Ma, Y. (2014). Cultural differences in human brain activity: A quantitative meta-analysis. *NeuroImage*, *99*, 293 – 300

Han, S., Northoff, G., Vogeley, K., Wexler, B. E., Kitayama, S., & Varnum, M. E. (2013). A cultural neuroscience approach to the biosocial nature of the human brain. *Annual Review of Psychology*, *64*, 335 – 359.

Hertwig, R., & Ortmann, A. (2001). Experimental practices in economics: A methodological challenge for psychologists? *Behavioral and Brain Sciences*, *24*(03), 383 – 403.

Hong, Y.-y., Morris, M. W., Chiu, C.-y., & Benet-Martinez, V. (2000). Multicultural minds: A dynamic constructivist approach to culture and cognition. *American Psychologist*, *55*(7), 709 – 720.

Ji, L.-J., Zhang, Z., & Nisbett, R. E. (2004). Is it culture or is it language? Examination of language effects in cross-cultural research on categorization. *Journal of Personality and Social Psychology*, *87*(1), 57 – 65.

LaFromboise, T., Coleman, H. L., & Gerton, J. (1993). Psychological impact of biculturalism: evidence and theory. *Psychological Bulletin*, *114*(3), 395 – 412.

Li, S. (2005). Romantic music activates minds rooted in a particular culture. *Journal of Consciousness Studies*, *12*(7), 31 – 37.

Markus, H. R., & Kitayama, S. (1991). Culture and the self: Implications for cognition, emotion, and motivation. *Psychological Review*, *98*(2), 224 – 253.

Martindale, C., & Moore, K. (1988). Priming, prototypicality, and preference. *Journal of Experimental Psychology: Human Perception and Performance*, *14*(4), 661 – 670.

Molden, D. C. (2014). Understanding Priming Effects in Social Psychology: What is "Social Priming" and How does it Occur? *Social Cognition*, *32*(Supplement), 1 – 11.

Ng, S., & Lai, J. (2009). Effects of culture priming on the social connectedness of the bicultural self. *Journal of Cross-Cultural Psychology*, *40*(2), 170 – 186.

North, A. C., Hargreaves, D. J. & McKendrick, J. (1997). In-store music affects product choice. *Nature*, *390*, 132.

Oyserman, D., & Lee, S. W. S. (2008). Does culture influence what and how we think? Effects of priming individualism and collectivism. *Psychological Bulletin*, *134*, 311 – 342. doi: 10.1037/0033 – 2909.134.2.311.

Oyserman, D., Novin, S., Flinkenflögel, N., & Krabbendam, L. (2014). Integrating culture-as-situated-cognition and neuroscience prediction models. *Culture and Brain*, *2*(1), 1 – 26.

Payne, B. K., Cheng, C. M., Govorun, O., & Stewart, B. D. (2005). An inkblot for attitudes: Affect misattribution as implicit measurement. *Journal of Personality and Social Psychology*, *89*(3), 277 – 293.

Rudman, L. A., & Lee, M. R. (2002). Implicit and explicit consequences of exposure to violent and misogynous rap music. *Group Processes & Intergroup Relations*, *5*(2), 133 – 150.

Smith, E. R., & Mackie, D. M. (2014). Priming from Others' Observed or Simulated Responses. *Social Cognition*, *32*(Supplement), 184 – 195.

Vohs, K. D., Mead, N. L., & Goode, M. R. (2006). The psychological consequences of money. *Science*, *314*, 1154 – 1156. doi: 10.1126/science. 1132491.

Wentura, D., & Rothermund, K. (2014). Priming is not priming is not priming. *Social Cognition*, *32*(Supplement), 47 – 67.

Zhou, X., & Gao, D.-G. (2008). Social support and money as pain management mechanisms. *Psychological Inquiry*, *19*, 127 – 144. doi: 10.1080/10478400802587679.

第50章 准实验设计法：用可见的距离测不可见的隐私

共同作者：任晓媛、王霏

　　准实验(quasi-experiments)设计是指由于某种不可控原因而无法操纵目标变量或者无法控制其他无关变量(如涉及到伦理问题或者自然和非自然灾害导致的心理现象等)而采取的一种折衷手段。与严格的实验室实验相似，准实验设计通常要比较不同的组或条件(类似不同自变量水平，也可以称之为准自变量)(Kantowitz, Roediger Ⅲ, & Elmes, 2014)，但这种设计在确定准自变量时不能通过人为操纵改变，而只能选择，如主试无法改变特定被试的性别、年龄等，而只能选择某个性别或年龄的被试。准实验设计包括非等组设计(如特殊被试的匹配组)、时间序列分析(如法案与交通肇事率的关系)，以及发展心理学中常用的横断研究和纵向追踪研究等(Gravetter & Forzano, 2005)。这种技术与相关研究中的事后回溯检验(ex post facto examination)非常相似，只是在准实验设计中，所选择的目标变量通过两个或者两个以上的水平来检验而非采用相关法(Kantowitz et al. , 2014)。

　　准实验设计的优势在于能够处理实验设计所不能应付的状况，对要求严苛的实验室设计是一种有益的补充。实验室实验一般要求尽量保持其他条件相对不变，精细操控目标变量(自变量)，才能发现该变量与其他目标变量(因变量)之间是否存在因果关系。然而，受限于某些因素，如伦理道德(如不能让被试处于吸毒、危险等境地等)或者变量是自发变化的(如社会制度变更、自然灾害、战争等),并不是所有的变量都是可以操纵的。身处这种特殊情境,我们只能采用准实验设计。准实验法结合了观察法、相关研究和实验法的优点,其设计的自变量来自真实的环境,通常具有实际的研究意义(Kantowitz et al., 2014)。

50.1 应用于研究的问题——隐私测量

隐私是指人们对自己行为保密的难易程度(Gintis, Bowles, Boyd, & Fehr, 2003)。作为概念,似乎人人都知道什么是隐私,但人们似乎又说不出隐私是什么。在涉及到个人隐私的情况下,人们往往采取各种手段来保护自己的隐私,如,由于不愿提供自己的具体信息,30%的人拒绝申请信贷或保险(Westin, 1991);在关于直销的研究中,51%的市场调查对象拒绝提供他们觉得没有必要或者过于隐私的信息(Nowak & Phelps, 1992)。有关的互联网研究发现许多在线用户不愿访问需要注册才能登录的网站,因为注册时通常需要用户填写大量的个人信息(Pitkow & Kehoe, 1997; Sheehan & Hoy, 1999)。随着用户对信息隐私关注的提高,在线用户更倾向于向网站提供不完全,甚至不正确的个人信息(Sheehan & Hoy, 1999)。

在人们越来越关注隐私的时代,我们不禁要问:能否设法用客观、**可见**的指标将**看不见、摸不着**的隐私测量出来?

Li 和 Li(2007)注意到:在特定情况下,人们不得不提供或透露一定程度的个人信息,如在公共地点使用自助类机器(如自动柜员机:ATM;自动充值机:AVM;自动售票机:TVM)。在公共场所使用这些需要使用者提供如个人身份证号(PINs)、交易明细、交易金额等个人信息的自助机器时,可能会给使用者带来不同程度的个人信息失控风险。这些机器一般都被安装在人流量大、使用频率高的地方,在这种环境中,使用者的个人信息有可能被陌生人有意或无意地看到。这时候排队者与机器使用者之间的人际距离往往较大,这是否可以折射出人们对隐私的关注?

以往的研究使用人际距离作为个人空间的行为测量指标。个人空间是自我或者围绕自我的不可见边界的最内层(Hall & Hall, 1966; Sommer, 1969),是一种隐私机制(Altman, 1976)。人际距离已经被用作信息隐私及其他隐私的指标,但少有研究对信息隐私进行分离、操作和测量。Li 和 Li(2007)推断在公共场所使用自助机器时,人际距离与信息隐私的关系如下:人际距离=信息隐私距离+其他隐私距离+操作空间。假设人们操作自助机器的空间相对来说是不变的,当其他隐私量不变时,用来计算这些隐私的距离亦不会发生变化。如果人际距离在这种情况下发生改变,变化的就只是信息隐私量。如果人际距离不是简单地随机器类型而变化,而是随着操作机器时暴露的个人信息量而变化,那么可以猜想信息隐私影响着人际距离。在实验一中,Li 和 Li(2007)研究了在使用暴露个人信息程度不等的自助机器时,使用者与排队等候者之间的人际距离是否存在差异,其人际距离是否随着个人信息暴露程度的增加而增加。实验二则探讨了能否使用人际距离来衡量信息隐私关注程度。

50.1.1 实验一:排队距离反映关注个人信息隐私的程度

为了探究使用不同类型自助机器的用户之间的人际距离是否存在差异,Li 和 Li (2007)分别收集了人们在使用 ATM、AVM 和 TVM 时人际距离的数据。数据收集的原则是,在操作 TVM 购买单程车票或游泳池门票时,几乎不涉及个人信息;操作 AVM 时,需要银行卡和 PINs;而在操作 ATM 时,除了 PINs,还包括了其他使用者不想被他人所知的信息,如人们的账户信息及交易量等。如此看来,就机器操作时涉及的个人信息量而言,操作 ATM,AVM 和 TVM 时各不相同,而使用 TVM 购买单程车票和游泳池门票大致相同。据此,Li 和 Li(2007)假设如果这些使用者没有个人隐私的意识,则 ATM/AVM 使用者和 TVM$_{single\text{-}trip}$(单程票售票机)或 TVM$_{swimming}$(游泳票售票机)使用者之间不存在距离差。相反,如果 ATM/AVM 使用者和 TVM$_{single\text{-}trip}$ 或 TVM$_{swimming}$ 使用者之间的距离差大于 0,则证明了人们的个人隐私意识。当前研究的假设如下:

> 假设 1a:排队等待使用 ATM 的人之间的距离会大于等待使用 AVM 的人之间的距离。
> 假设 1b:排队等待使用 ATM 的人之间的距离会大于等待使用 TVM 的人之间的距离。
> 假设 1c:排队等待使用 AVM 的人之间的距离会大于等待使用 TVM 的人之间的距离。

考虑到在新加坡只有捷运站同时拥有不同的机器(ATM、AVM 和 TVM$_{single\text{-}trip}$),实验者选择了 Bedok、ChoaChu Kang、Eunos、Orchard 和 TiongBahru 这 5 个覆盖了新加坡东部、西部及中部地区的捷运站,以及位于 Jurong 的几个游泳池的 TVM$_{swimming}$。采用方便取样法,在 5 个捷运站观察 ATM、AVM 使用者及 TVM$_{single\text{-}trip}$ 或 TVM$_{swimming}$ 使用者。共计观察 934 名新加坡本地被试(华裔、马来西亚裔和印度裔新加坡人),其中 379 名 ATM 使用者、408 名 AVM 使用者、95 名 TVM$_{single\text{-}trip}$ 使用者,以及 52 名 TVM$_{swimming}$ 使用者。

调查在工作日的白天进行(不包括上、下班及节假日)。借助于目标机器前地面

图50.1 新加坡城铁售票机

上设置的间隔 10 cm 的标记带,现场观察并记录目标机器的现在使用者与下一个使用者之间的实际距离。

以实际观察到的目标机器现在使用者与下一个使用者之间的距离作为人际距离的指标。4(机器:ATM vs. AVM vs. TVM$_{single\text{-}trip}$ vs. TVM$_{swimming}$)×3(性别配对:男—男 vs. 男—女或女—男 vs. 女—女)×3(种族:华裔 vs. 马来裔 vs. 印度裔)方差分析结果显示:不同种类机器使用者之间的人际距离差异显著($F(3, 904) = 94.33$,$p < 0.001$)。正如假设,ATM 使用者之间的距离($M = 1.86$)大于AVM 使用者之间的距离($M = 1.46$),$p < 0.001$;ATM 使用者之间的距离大于任一类型 TVM 使用者之间的距离($M_{single\text{-}trip} = 1.04$,

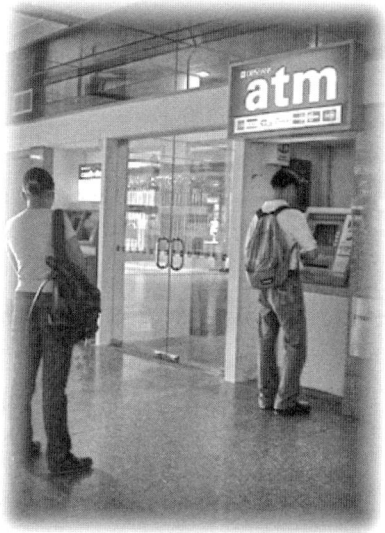

图50.2 新加坡自动取款机

$M_{swimming} = 1.08$),$p < 0.001$;AVM 使用者之间的距离大于任一类型 TVM 使用者之间的距离,$p < 0.001$。另外,TVM$_{single\text{-}trip}$ 使用者之间的距离和 TVM$_{swimming}$ 使用者之间的距离差异不显著($M_{single\text{-}trip} = 1.05$,$M_{swimming} = 1.08$,$n.s.$)。假设 1a、1b 及 1c 均得到验证。

方差分析显示,性别配对之间差异显著($F(1, 904) = 4.60$,$p < 0.01$),男—女或女—男配对($M = 1.63$)大于女—女配对($M = 1.58$,$p < 0.05$),女—女配对之

间的人际距离大于男—男配对（M＝1.42, $p < 0.001$）；性别与机器类型的交互作用显著（$F(6,904) = 4.99$, $p < 0.001$），事后检验发现，异性配对（男—女和女—男）的人际距离（M＝1.63）大于女—女配对（M＝1.58, $p < 0.05$），而女—女配对的人际距离大于男—男配对（M＝1.42, $p < 0.001$）；而性别、机器类型与种族三者之间的交互作用并不显著（$F(1, 904) = 1.89$, ns.）。另外，人际距离不存在种族差异，（$F(2, 904) = 0.66$, n.s.）。

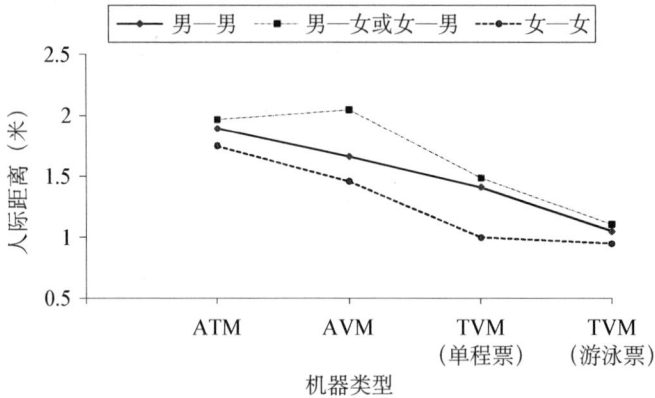

图50.3 不同机器类型和性别配对对平均人际距离的影响

50.1.2 实验二：期望他人对个人信息隐私的尊重程度

实验一表明新加坡普通民众确实存在个人信息隐私观念。那么，如果新加坡人具有信息隐私观念，他们是否有保护隐私的需要？换句话说，能否利用类似于实验一中的方法来测量这种需要？

在实验二中，实验者要求被试在使用 ATM 或 AVM 时，对下一使用者与自己之间的距离进行预期。考虑到人们主动接近目标时的人际距离小于人们被目标接近时的人际距离（Schiavo, Schiffenbauer, & Roberts, 1977），实验假设为：

假设2：自助机器的正在使用者与下一使用者之间的实际距离小于预期值。

同实验一，采取方便取样法在覆盖了新加坡东部、西部及中部地区的捷运站的5个捷运站选取了413名使用 ATM 或 AVM 的当地人，其中 ATM 使用者208名，AVM 使用者205名。

在实地测量时，首先观察记录 ATM 和 AVM 使用者之间的人际距离。然后，请机器的下一位使用者在现场的间隔标记带上指出,当他成为机器的现在使用者时,希望下一使用者远离自己的长度(cm)。

如图50.4所示,平均人际距离是机器类型和反应类型(实际距离平均值与期望值)的函数。2(机器类型:ATM vs. AVM)×2(距离:实际距离 vs. 期望距离)方差分析显示,期望距离 $(M = 1.81)$ 大于实际距离 $(M = 1.70)$,$F(1, 411) = 57.76$,$p < 0.001$,差异显著。ATM使用者的期望距离 $(M = 2.13)$ 大于实际距离 $(M = 1.99)$,$F(1, 411) = 45.05$,$p < 0.001$;AVM使用者的期望距离 $(M = 1.49)$ 大于实际距离 $(M = 1.41)$,$F(1, 411) = 16.29$,$p < 0.01$。假设2得到验证。

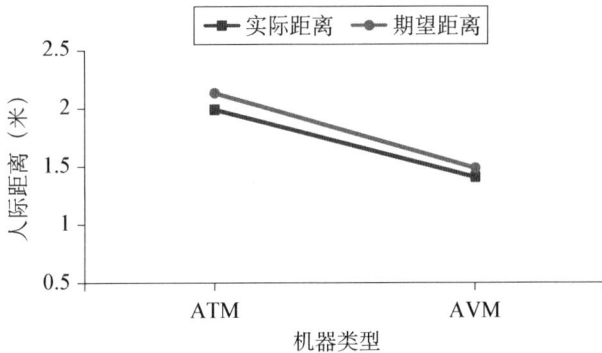

图50.4 不同机器类型和反应类型对平均人际距离的影响

方差分析结果亦显示了机器类型的主效应,ATM使用者之间的距离 $(M = 2.06)$ 大于AVM使用者之间的距离 $(M = 1.45)$,$F(1, 411) = 407.23$,$p < 0.001$。ATM使用者之间的实际距离大于AVM使用者之间的实际距离,$F(1, 411) = 300.62$,$p < 0.001$;ATM使用者的期望距离大于AVM使用者的期望距离,$F(1, 411) = 360.51$,$p < 0.001$。

50.2 讨论与启示

隐私问题在日常生活中是人人关心的问题,也是科学研究中社会心理学者最关注的问题之一。然而,隐私是一个抽象概念,在实验室中尚可通过主观报告的方式测量被试对隐私的关注(如,Li,2001),但公众或更乐见能用更加直观、更具生态效度的指标反映出"看不见、摸不着"的隐私。在此类需求之下,自然情境中的准实验设计应运而生,虽然这类设计增加了可能的额外因素的干扰,但能够在自然情境下检验个人隐私空间的现实性,有效地弥补了实验室研究缺乏生态效度的不足。Li 和 Li

(2007)的研究显示:不同的**排队距离**可以反映出不同的**隐私程度**,其实验证据令人信服地让人看到:个人对隐私关注越多,排队中人际距离越远;隐私就在各种自助类机器前,不来不去,不增不减。

人际距离作为一个可直接观察和测量的物理变量不仅可以用来体现被试对隐私关注,在其他情况下,还可以用来测量权威人物的权力空间(Lammers, Galinsky, Gordijn, & Otten, 2012)、被试情感状态(Williams & Bargh, 2008),以及社会亲密度(Vohs, Mead, & Goode, 2006)等多类心理变量。

致谢:感谢南洋理工大学的 Lim Ee San, Ng Pei Yi 和 So Zhang Ting 帮助收集并整理数据。文章写作得到中国科学院百人计划的支持。

参考文献

Altman, I. (1976). Privacy: A Conceptual Analysis. *Environment and Behavior*, 8(1), 7 – 29.

Gintis, H., Bowles, S., Boyd, R., & Fehr, E. (2003). Explaining altruistic behavior in humans. *Evolution and Human Behavior*, 24(3), 153 – 172.

Gravetter, F. J., & Forzano, L. A. B. (2005). 行为科学研究方法:陕西师范大学出版社.

Hall, E. T., & Hall, E. T. (1966). *The hidden dimension*. Garden City: Doubleday.

Kantowitz, B., Roediger Ⅲ, H., & Elmes, D. (2014). *Experimental psychology*: Cengage Learning.

Lammers, J., Galinsky, A. D., Gordijn, E. H., & Otten, S. (2012). Power increases social distance. *Social Psychological and Personality Science*, 3(3), 282 – 290.

Li, S. (2001). How close is too close? A comparison of proxemic reactions of Singaporean Chinese to male intruders of four ethnicities. *Perceptual and Motor Skills*, 93(1), 124 – 126.

Li, S., & Li, Y. -M. (2007). How Far is Far Enough? A measure of information privacy in terms of interpersonal distance. *Environment and Behavior*, 39(3), 317 – 331.

Nowak, G. J., & Phelps, J. (1992). Understanding privacy concerns. An assessment of consumers' information-related knowledge and beliefs. *Journal of Direct Marketing*, 6(4), 28 – 39.

Pitkow, J. E., & Kehoe, C. (1997). *Seventh WWW user survey*. Retrieved January 21, 2003, from http://www.primentet.com/-esearch/sv – 97aac.htm.

Schiavo, S., Schiffenbauer, A., & Roberts, J. (1977). Methodological factors affecting interpersonal distance in dyads. *Perceptual and motor skills*, 44(3), 903 – 906.

Sheehan, K. B., & Hoy, M. G. (1999). Flaming, complaining, abstaining: How online users respond to privacy concerns. *Journal of Advertising*, 28(3), 37 – 51.

Sommer, R. (1969). Personal Space. The Behavioral Basis of Design.

Vohs, K. D., Mead, N. L., & Goode, M. R. (2006). The psychological consequences of money. *Science*, 314(5802), 1154 – 1156.

Westin, A. F. (1991). *Harris-Equifax consumer privacy survey 1991*. Atlanta, GA: Equifax Inc.

Williams, L. E., & Bargh, J. A. (2008). Keeping One's Distance The Influence of Spatial Distance Cues on Affect and Evaluation. *Psychological Science*, 19(3), 302 – 308.

第51章 拜"同谋者"所托的实验：心理浪费效应

共同作者：邵洋、李跃然

在社会心理学研究中，为了验证某种理论模型，研究者会仿照真实情境的重要特点设计实验程序，并且往往会安排一些"同谋者"（confederate researcher），以使被试处在一个相对真实的情境之中。同谋者的角色会根据所进行实验的类型和研究者的目标而变化。同谋者扮演的是与真被试一起参与实验的被试，他们是为研究者服务的，并不是被观察和测量的对象。实验者要求同谋者以特定的方式行动，以观察其对于真被试的行为的影响。例如，在一个"模拟"团体的实验中，只有一个真被试，其他参与者是主试的"同谋者"（假被试），但这个情况真被试并不了解，还误以为其他人也是真正的被试。此时，研究者可观察在该模拟团体的相互作用中真被试的社会行为。

采用同谋者最著名的社会心理学实验当属阿希的"从众"实验（Asch，1951）。实验设计如下：将参加实验的被试分为八人一组，告知他们参加的是一个知觉判断实验。在这八人当中，只有一人是真正的被试，其余七人都是阿希的实验助手（同谋者）。实验材料为两张一组的卡片：每一组的两张卡片中，一张上有一条线段，为标准线段；另一张上有三条线段，分别标记为 A、B、C，其中一条同标准线段一样长（图51.1）。研究者告诉被试，他们的任务是判断 A、B、C 中哪一条线段和标准线段

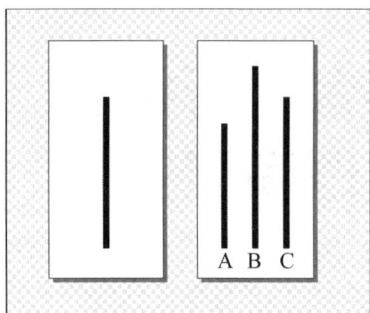

图 51.1 阿希的实验材料

一样长。

实验中,同谋者所做出的判断都是事先约定好的。在前两轮实验中,同谋者都选择了正确的答案。但从第三轮开始,同谋者一致性地选择了错误的答案。结果发现,尽管被试的从众程度不同,但总体上来讲,真被试做出的选择中有 1/3 是不正确的,而这些错误的选择往往就是假被试群体所做出的选择。且在整个实验过程中,有 75% 的被试至少表现出了一次从众行为。此外,阿希还设立了一个控制条件,即没有同谋者,被试独立进行线段判断。结果发现,在没有同谋者造成的从众压力的情况下,被试的线段判断错误率低于 1%。

为进一步探究影响被试从众的因素,阿希让一位假被试做出不同于其他多数人的反应,实验结果显示,真被试的从众行为大大减少了。如果群体中只有真被试一个人持不同意见,则他要承受巨大的压力。而如果群体中还有另外一个人持反对意见,真被试在团体中便得到了"社会支持",他所面临的从众压力则会大大缓解,其从众的程度随之明显降低(Asch, 1951)。

使用同谋者的研究需要严密的事前计划,对研究情境亦要做更多的控制。这类实验往往会采用一个"封面故事"(cover story)(如阿希告诉被试他们参加的是一个知觉判断实验),告知被试一个似是而非的实验目的,以防止被试因了解到实验假设或实验的真正目的而对实验结果产生不利的影响。采用同谋者的实验一般是在人为的实验室环境中进行的,有周密的规划及变量控制。相对于观察法,这类研究或可揭示研究变量间的因果关系。更重要的是,因被试不知道实验的真正目的,所表现出来的行为或反应更加接近在日常生活中的表现,其研究结果的生态效度和外部效度也较高。

总之,为观察被试真实、自然且充分的行为反应,防止实验结果受影响,以更好地揭示出研究变量间的因果关系,使用同谋者是行之有效的实验方法。

51.1 应用于研究的问题

51.1.1 浪费规避偏好

在人类漫长的物质交换社会生活中,我们形成了一种良好的生活习惯:"浪费规避偏好"(waste-averse preferences)(Schweitzer & Cachon, 2000)。即,在物质交换中,大多数人会遵循"不要浪费"的原则(Zultan, Bar-Hillel, & Guy, 2010)。

例如,Quested, Marsh, Stunell 和 Parry(2013)调查了 1 300 位英国消费者的研究发现,超过 70% 的受调查者对丢弃食物这一浪费行为"感到厌烦"。Moore 和 Taylor(2010)发现,当商家推行一些看似无利可图的营销(如,以同样价格出售任意规格的咖啡或饮料)时,消费者并不会一味地为了自己的经济利益最大化而选择规格最大的商品,而是依照"不要浪费"的原则进行选择;即使在免费获得商品的情境中,仍有消费者表现出了"浪费规避偏好"。

众多研究表明,人们在进行决策时,或许并不遵循传统的"成本—收益"的原则,而遵循诸如"waste not, want not"等合理的法则(Arkes & Blumer, 1985;Thaler, 1985;Larrich, Mrogan, & Misbett, 1990)。避免浪费的心理机制会使人们在做决策时产生行为偏差,从而做出有违其经济利益的决定。例如,不管是因为吃饱了还是太难吃,都不应该丢弃半个甜甜圈。Arkes(1996)对存在"沉没成本"的情景进行了研究,验证了人们"避免浪费"的倾向可以作为"沉没成本"效应的一种解释。

然而,经济发展的第三次浪潮将我们带入了一个信息社会。当今,我们生活的时代是一个信息的时代。社会的主要财产不再是土地和机器,而是信息。经济学家和信息研究专家 Porat(1977)在其出版的报告 The Information Economy: Definition and Measurement 中明确把经济划分为两大领域:"第一个领域包含了物质和能量从一种形式向另一种形式的转换,第二个领域包含了信息从一种模式向另一种模式的转化。这两个领域相互交融,不可分割。"

信息的不灭性是信息的基本属性之一,也是信息有别于物质的根本区别之一。它是指信息不会因一次或多次消费(使用)而灭失。换言之,一个人对某一信息产品的消费不会影响和限制他人对这一信息的继续消费,即,信息是可以重复消费的。英国作家萧伯纳曾讲过:"如果你有一个苹果,我有一个苹果,交换彼此的苹果后,我们每个人仍旧只拥有一个苹果;但是,如果你有一个思想,我有一个思想,交换彼此的思想后,我们每个人则有了两个思想。"这句名言将物质(苹果)与信息(思想)进行对比,形象地阐释了信息的不灭性。在信息时代和信息文化的生态环境下,人类不断地获取信息、消费信息、创造信息,逐渐形成某些共同性的信息行为和信息心理(卢泰宏,1989)。

当我们从物质时代跨越到信息时代之际,一个随之产生的疑问是:人们对不灭的信息的消费是否仍然遵循着"浪费规避偏好"原则? Li 等人(2012)猜测,如果消费者已经拥有某种信息,且尚未消费这一已拥有的信息,那么,人们则会受到"浪费规避偏好"的影响,将再次消费已拥有的信息视为浪费,因而不愿消费这些相同的信息。

为验证这一猜测,Li 等人(2012)通过使用同谋者的实验方法,考察了人们对于信息的认知和消费。

该研究方案通过了中国科学院心理研究所科研道德工作委员会的审核。考虑到该研究的低风险性和数据收集的匿名性,被试没有签署知情同意书,但征得了被试参与实验的口头同意。

51.1.2　情景一:真被试接受主试给予的信息(思想)

主试招募真被试参加一个与本研究无关的品牌认知实验。在参加品牌认知实验之前,研究者根据真被试抵达的时间将真被试分配到独立的实验室。

为了**操纵真被试拥有且尚未消费某一信息**,在被试等待品牌认知实验之时,主试请真被试在中国畅销杂志——《读者》的两本过刊中选择**一本**作为参与实验的馈赠小礼品(图51.2左),并告知被试,这本杂志将在实验后由主试统一邮寄出。所选杂志当场被装入信封,由真被试亲自在信封上填写自己的通信地址。

情景一中使用的过刊　　　　情景二中使用的过刊

图51.2　两种研究情景中使用的两组中国最流行杂志(《读者》)的过刊

为了**测量真被试接受(消费)何种信息**。在被试选择了杂志之后,品牌认知实验开始之前,主试询问被试:"为了打发时间,是否愿意阅读这本杂志?"主试首先询问的正是被试选择寄出的那期杂志,如果被试选择不阅读该期杂志,那么主试将继续拿另一期杂志再次进行相同的询问。

真被试"是否现在阅读受赠杂志"的决策,以及他们是否已经阅读过这两本杂志的历史则被记录下来。品牌认知实验之后,装有所选杂志的信封将被寄往被试所指定的地址。

结果表明,所有的被试均报告"他们此前都没有读过这两本杂志"。图51.3采用决策树的形式呈现了被试的阅读选择和实验结果。

如图51.3所示,在被观察的43名被试中,79.1%的被试选择不阅读即将寄给他们的那本杂志,仅有20.9%的被试选择阅读即将寄给他们的那本杂志;而在这

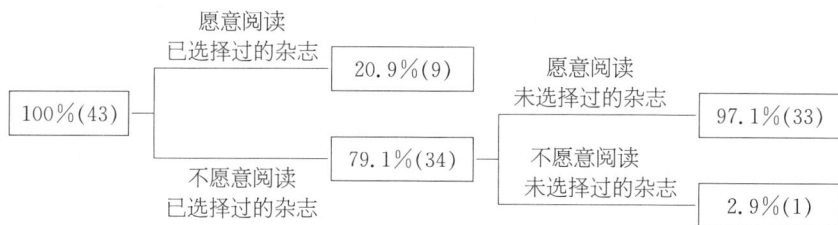

图 51.3 被试回应主试二次询问"为了打发时间,是否愿意阅读这本杂志?"的选择结果

79.1%的被试中,有97.1%(33人)的被试选择阅读他们没有选择寄出的那本杂志,仅仅2.9%的被试(1人)继续选择不读任何一本杂志。卡方检验表明,被试倾向于**不**阅读他们已经选择寄出的那本杂志($p < 0.001$),但却愿意阅读他们没有选择寄出的那本杂志($p < 0.001$)。

所观测到的选择模式支持了研究假设:在涉及"浪费"的情境中,不愿消费已拥有的信息;在不涉及"浪费"的情境中,则愿意消费赠予的未拥有的信息。Arkes(1996)的"浪费心理学"可满意地解释这种行为。

在该情景模拟实验中,研究者们对人们"接受"信息的情形进行了考察,发现了"浪费规避偏好"的影响。如果接受信息会受到"浪费规避偏好"的影响,那么,"给予"信息的情形是否依然会受到"浪费规避偏好"的影响呢?

51.1.3 情景二:真被试给予假被试信息(思想)

主试招募真被试参加一个与本研究无关的决策实验。在决策实验之前,主试安排一名真被试(A)和一名假被试(B,同谋者)同室等待参与决策实验。

为了**操纵真被试拥有信息**,主试免费赠予真被试两期《读者》杂志过刊(图 51.2右),作为参与实验的馈赠小礼品。

随后,**操纵假被试拥有某一信息(但没有机会消费)**,也即,当着真被试 A 的面,主试请假被试 B 选择两期《读者》过刊中的一期,并将 B 选出的那期《读者》装入信封,在信封上填好 B 的收信地址,等待统一寄出。

最后,为了**测量真被试给予假被试何种信息**。在等待决策实验的时间里,主试询问 A、B 正在无聊地等待实验,是否愿意将其手中两期杂志中的一期给 B 阅读,以打发时间。

真被试的选择结果详见表 51.1。卡方检验的结果表明,真被试选择给假被试的那期杂志,与假被试选择寄出的那本杂志有关($p < 0.05$)。在第 8 期杂志将被寄给假被试的情景中,76.2%(16人)的真被试选择将另一期(第 9 期)杂志提供给"无聊等待的陌生人",仅有 23.8%(5人)的真被试向假被试提供了同一期(第 8 期)杂志。类

似地,在第9期杂志将被寄给假被试的情景中,71.4%(15人)的真被试选择将另一期(第8期)杂志提供给"无聊等待的陌生人",仅有28.6%(6人)的真被试向假被试提供了同一期(第9期)杂志。

表51.1 被试的选择结果

		将邮寄给假被试(同谋者)的期号 （操纵拥有但无机会消费某一信息）	
		第8期(n=21)	第9期(n=21)
真被试提供的期号 （操纵给予何种信息）	第8期	23.8%(5)	71.4%(15)
	第9期	76.2%(16)	28.6%(6)

51.2 讨论与小结

在心理学研究领域,借助同谋者产生过一些杰出的经典实验,如,关于变色龙效应(Chartrand & Bargh, 1999)的研究。变色龙效应是指被动、非刻意地改变行为去迎合社交环境中的其他人,表现为无意识地模仿互动中对方的姿态、怪癖、面部表情和其他行为。在Chartrand和Bargh(1999)的研究中,主试安排一名真被试和一名同谋者共同进行照片描述任务。实验一中,同谋者按计划做出揉脸、抖脚、微笑等动作,而真被试会不自觉地模仿陌生的同谋者的行为;实验二则让同谋者去模仿真被试的姿态和行为,而这种模仿促进了交往的流畅性并提升了互动对象间的好感度;实验三中,同谋者被要求在互动中不断地揉脸、抖脚,结果发现,观点接受倾向更高的被试更容易模仿同谋者,而被试的移情关怀程度则不影响被试对同谋者的模仿。

采用同谋者是行之有效的实验方法或技巧。实验中的同谋者,按照实验者事先设置的指示,与真被试进行互动,以更好地达到实验者的目的。同谋者也即国人所说的"托儿"。托儿常常扮作路过的"旁观者"在顾客面前述说其雇主所售物品的长处,或者做出其他举动引诱顾客消费或上当,以使其雇主获利,如"房托儿"、"医托儿"等。

因此,在实验中使用"托儿"——即同谋者,有欺骗之嫌。采用同谋者的实验设计一般会将研究者置于伦理的两难困境——是否要使用欺骗。使用欺骗造成的伦理困境在著名的"权威—服从"实验(Milgram, 1963)中达到了无以复加的境地。实验中,主试要求不知情的被试给另一个人施加可能会很痛苦的电击。实际上,电击没有被执行,而被认为遭受了电击的人其实是研究者的同谋者。多数被试虽然服从了主试的指示进行了电击,但这一实验过程使被试产生了极度的精神紧张,被试会表现出典型性的情绪困扰,如出汗、发抖、口吃等,甚至有被试会控制不住发出紧张的笑声。这类采用欺骗的研究需通过伦理审核,实验者应当对实验参与者所面临的风险进行评估,而且有责任向参与者事后汇报(debriefing)——描述欺骗的实质,为什么这样做,为什么选择了这种方法而不是其他非欺骗的方法,并允许参与者表达他们对于所发生事情的感受。

在本章所介绍的实验中,真被试在等待参加与研究真实目的无关的实验时,按照研究者所设计的脚本,与研究者的同谋者进行了有关信息交换的互动。由于被试不知道自己正处于真正的实验中,被试所表现出来的行为反应更加真实自然,贴近现实。该研究对实验进行了周密的计划,并详细记录了被试的行为,实验包括接受信息和给予信息两种情景,被试均表现出了"规避浪费"的倾向。有趣的是,"避免浪费"本应是我们在物质交换活动中所推崇的原则,然而,人们却把这一原则不适宜地迁移到可以反复使用、无关浪费的信息共享活动中了。

致谢:感谢刘欢、周坤、孙红月、程莹协助收集数据。感谢 Rhoda E. Perozzi 博士和 Edmund F. Perozzi 博士所展开的多次讨论并帮助改进英语语言表达。

参考文献

Arkes, H. R. (1996). The psychology of waste. *Journal of Behavioral Decision Making*, 9(3), 213 - 224.

Arkes, H. R., & Blumer, C. (1985). The psychology of sunk cost. *Organizational Behavior and Human Decision Processes*, 35(1), 124 - 140.

Asch, S. E. (1951). Effects of group pressure upon the modification and distortion of judgments. In H. Guetzkow (Ed.), *Groups, leadership and men* (pp. 177 - 190). Oxford, England: Carnegie Press.

Chartrand, T. L., & Bargh, J. A. (1999). The chameleon effect: the perception-behavior link and social interaction. *Journal of Personality and Social Psychology*, 76(6), 893 - 910.

Larrick, R. P., Morgan, J. N., & Nisbett, R. E. (1990). Teaching the use of cost-benefit reasoning in everyday life. *Psychological Science*, 1(6), 362 - 370.

Li, S., Li, Y-R., Su, Y., & Rao, L-L. (2012). Is an idea different from cake: can you have it and eat it, too? A violation of permanence in information consumption. *PLoS ONE*, 7(7): e41490. doi: 10. 1371/journal. pone. 0041490.

Milgram, S. (1963). Behavioral study of obedience. *The Journal of Abnormal and Social Psychology*, 67(4), 371 - 378.

Moore, A., & Taylor, M. (2010). Waste not, even if it's free: an experimental explanation for apparently unprofitable promotions. *Applied Economics Letters*, 17(4), 341 - 343.

Porat, M. U. (1977). The information economy: definition and measurement.

Quested, T. E., Marsh, E., Stunell, D., & Parry, A. D. (2013). Spaghetti soup: The complex world of food waste behaviours. *Resources, Conservation and Recycling*, 79, 43 - 51.

Schweitzer, M. E., & Cachon, G. P. (2000). Decision bias in the newsvendor problem with a known demand distribution: Experimental evidence. *Management Science*, 46(3), 404 - 420.

Thaler, R. (1980). Toward a positive theory of consumer choice. *Journal of Economic Behavior & Organization*, 1(1), 39 - 60.

Zultan, R. I., Bar-Hillel, M., & Guy, N. (2010). *When being wasteful appears better than feeling wasteful* (No. 2011, 002). Jena economic research papers.

卢泰宏. (1989). 信息人与信息心理法则. 情报学报, 3, 208—212.

第52章　内隐测验：文字概率的变化特征

共同作者：王赟

过去20多年的研究有确凿的证据表明，社会认知常会以内隐的方式影响人们的判断和行为。但由于其无意识、自动化的特征，很难通过传统的、自陈式的方法进行直接测量，只有通过间接的方法才能对其进行测量。以往研究中常用的方法，如投射测验和情境测验(Greenwald & Banaji, 1995)，由于难以量化、主观性强而难以得到广泛应用。近年来另一种新的测量方法引起了研究者广泛的关注，这就是Greenwald等人于1998年提出的内隐联想测验(Implicit Association Test, IAT)(Greenwald, McGhee, & Schwartz, 1998)。

IAT的测验原理相当简单：当两个概念联系紧密时，人们容易对其样例作同一反应；反之，当两个概念联系不是很紧密甚至存在冲突时，对它们的样例作同一反应则较为困难。这就是测验中关键的分类任务："相容任务"(compatible task)和"不相容任务"(incompatible task)。所谓相容和不相容是针对被试的内隐认知结构而言，"相容任务"中被归为一类的两个概念的关系与被试的内隐认知结构相一致，而"不相容任务"中被归为一类的两个概念的关系与被试的内隐认知是不一致的。利用人们对不同概念的样例作同一反应的难易程度便可获得个体内隐认知层面这两者的联系强度。最初，Greenwald等将IAT用于种族偏见的研究，考察种族和正负性评价之间联系的相对强度。该研究证明了外显和内隐种族态度存在分离：在外显测验中白人被试很少报告对黑人的偏见，但IAT测验却表明这种偏见仍然存在于白人被试的内隐认知中(Greenwald et al. , 1998)。

Greenwald 等人认为 IAT 能避免自我报告中被试的自我掩饰,而且还可灵活利用不同的概念设计出适用于不同方面内隐认知的测量(Greenwald et al. , 1998)。由于具备以上这些优点,IAT 迅速被许多研究采用,领域涉及各类偏见和刻板印象(Dasgupta, McGhee, Greenwald, & Banaji, 2000；Nosek, Banaji, & Greenwald, 2002)、社会认同(Greenwald, Pickrell, & Farnham, 2002)、自尊(Greenwald & Farnham, 2000)、自我概念(Asendorpf, Banse, & Mücke, 2002)、病理心理学(Gemar, Segal, Sagrati, & Kennedy, 2001)以及消费者态度(Maison, Greenwald, & Bruin, 2001)。杜雪蕾(2013)和 Wang 等人(2014)曾借助内隐测验的优点,考察了不同概率表达方式和不确定类型之间的关系(Wang, Du, Rao, & Li, 2014；杜雪蕾,2013)。

52.1 应用于研究的问题

生存取决于对未来的成功预测。我们时刻对不确定性进行着预测,以期在事件发生之前做好准备。比如,我们可能想知道明天的空气质量是否会好转,股市是否会上涨,某处是否会发生飓风等等。在熟悉的领域,这样的预测已经够难了。然而,人们还要对不熟悉的领域进行预测(Stephens, Dunn, Rao, & Li, 2015)。我们需要预测不确定事件发生的可能性进而来指导我们的决策。因为个人的世界观和自身体验影响着我们对风险和不确定的感知(Fox & Irwin, 1998),所以,对某个事件发生可能性的预测依赖于一个人如何看待不确定性。

有两种截然不同的观点看待不确定性:不确定性是变化的和不确定性是不变的。两种观点都可以追溯到宗教中关于生命轮回问题的思考。例如,佛教信奉人生有来世。在佛教教义中,生命被理解为一个动态变化的过程,要经历三世因果六道轮回(Keown, 2000, 2013),善有善报、恶有恶报。业(karma)决定来世命运的所作所为。佛语有云"放下屠刀立地成佛"——心存善念的那一刻起,即使是十恶不赦之人也可使命运发生反转。相反,伊斯兰教的逊尼派则信仰宿命论,即,个体的命运是被真主安排好的,不可能通过人们的自由意志得以改变。在受真主安排的情况下,未来的命运是确定的,但是人们对它一无所知,所以命运仍然是一种不确定性,而且是不变的不确定性。

除了宗教思想,还有两种不确定性的观点也在预测理论中有所体现。比如《易经》和经典概率理论。《易经》是一部变化之书,强调用一种变化的观点预测事物的发展。在书中,阴阳变化贯彻始终,阴极则转阳,盛极则衰(Wei, 1939)。根据《易经》的理论,宇宙万物皆是变化的。因此在对未来进行预测时,需要考虑到各种变化因素,而不能将事件结果的可能性看作一成不变。比如,《易经》中既济卦言:亨小,利贞,初吉终乱(Wang & Ren, 1993),意为开头好但结局糟糕,境况会发生变化。相反,经典概率理论将数学思维运用到预测实践中,并从不变的角度去预测不确定性事件。该理论倾向于将不确定事件看作是随机发生的,当重复多次时,不确定事件的发生会遵循某种模式或规律(如,大数定理)。例如,抛掷一枚硬币将会产生两种同等可能性的结果:正面或反面的概率都是 1/2。因此,经典概率理论从数学规律的角度探讨随机事件发生的可能性,并且认为这种可能性是固定不变的。

语言是思维的载体,各种推理和预测最终都要通过语言表达出来。透过不同宗教和预测理论所体现出的关于不确定性的两种观点在语言上也应有所反映。一般而言,有两种概率表达方式可以对不确定性做出衡量,数字概率(如,"50%")和文字概率(如,"可能")。

数字概率伴随于经典概率理论的兴起和发展,力求将数学思维应用到随机事件的结果预测之上。但是,数字概率的计算需要满足一定的限制条件,如"客观性"和"随机性"。就像一颗骰子,自然抛起之后,出现任何一面的可能性随机且客观。据此,可以预测数字概率更适合表达不变的不确定性。与数字概率相比,文字概率的意义更富有弹性,且可以在一定范围内变化。比如,在某种情境下"可能"这一词语所表达的数字概率范围可以是 30% 到 60%。如果人们希望表达变化的不确定性,那么,所选择的表达方式需要为可能性的变化保留一定的空间。如此,可预测文字概率更适合表达变化的不确定性。依据上述推理,作者形成了如下假设:文字概率的表达方式反映了不确定性的变化性,而数字概率的表达方式反映了不确定性的不变性。即,文字概率和变化的不确定性更相容,数字概率和不变的不确定性更相容。

52.2 判断字体优美的内隐测验

从表面上看,概率表达方式和不确定性类型之间的关系并不是很明显,研究者故采用内隐测验的方法考察它们之间的关系。该研究的内隐测验是给被试呈现用不同字体写出来的语句,句子内容是用文字/数字概率来描述某一事件发生在变化/不变的事物上的可能性,需要让被试来评价每个句子里每种字体的优美程度。该任务设计源于以下思考:内隐联想测验(IAT)揭示事物之间紧密的联系,能够加速人们对信息的处理,对此类事物的反应速度更快;此外,有研究显示概念上信息处理的流畅性能够促进人们对事物的正性评价(Lee & Labroo, 2004;Reber, Winkielman, & Schwarz, 1998)。因此研究者假设,如果人们内心真的相信变化的不确定性和文字概率更相容而不变的不确定性和数字概率更相容,被试会判断"变化事物—文字概率"和"不变事物—数字概率"组合下的字体更为优美。

考虑到生命体和非生命体各自不同的特征,杜雪蕾(2013)首先考虑用生命体来表征人们对变化的不确定的知觉,而用非生命体来表征人们对不变的不确定性的知觉(杜雪蕾,2013)。Wang 等人(2014)预实验的结果也验证了这一假设,即发现人们倾向于将生命体知觉为变化的(93.6%(29/31)),而将非生命体知觉为不变的(90.32%(28/31)),列联表分析显示差异显著($p<0.001$)。接下来,Wang 等人利用上述字体判断的内隐范式来考察文字/数字概率和变化的/不变的不确定性(即生命体/非生命体)之间的关系。该研究设计了一个下棋情景,字体判断任务中 4 种组合条件下所使用的实验材料如表 52.1 所示。要求被试在长度为 74 mm 的线段上标注出每种字体的优美程度,线段的左端代表"非常不漂亮",右端代表"非常漂亮"。研究中 4 种条件的顺序在被试之间进行了平衡。该研究是 2(概率表达)×2(不确定性类型)的被试内实验设计。重复测量方差分析的结果发现概率表达和不确定性类型的主效应均不显著,但二者之间的交互作用显著 $(F(1, 102) = 61.533, p < 0.001, \eta^2 = 0.376)$。简单效应分析结果显示,被试评价"人类—文字概率"条件下的字体优美程度显著大于"人类—数字概率"条件下的字体优美程度($p<0.001$),并且评价"机器—数字概率"条件下的字体优美程度显著大于"机器—文字概率"条件下的字体优美程度($p<0.001$)(图 52.1)。该内隐测验显示被试将生命体(变化的不确定性)和文字概率连接得更为紧密,而将非生命体(不变的不确定性)和数字概率连接得更为紧密。但是,此研究使用生命体/非生命作为"变化性"变量的代理,并没有直接操纵"变化性"。

表 52.1　字体判断任务中 4 种组合条件下的实验材料——下棋情景

		生命性	
		人类	机器
概率表达	文字概率	棋手下棋,应该赢 棋手下棋,应该赢 棋手下棋,应该赢 棋手下棋,应该赢	机器下棋,应该赢 机器下棋,应该赢 机器下棋,应该赢 机器下棋,应该赢
	数字概率	棋手下棋,百分七十概率赢 棋手下棋,百分七十概率赢 棋手下棋,百分七十概率赢 棋手下棋,百分七十概率赢	机器下棋,百分七十概率赢 机器下棋,百分七十概率赢 机器下棋,百分七十概率赢 机器下棋,百分七十概率赢

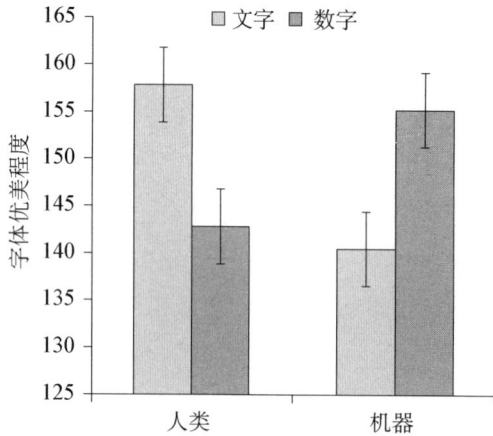

图 52.1 下棋情景中判断字体优美程度的得分

因为生命体/非生命体并非变化性的唯一代表,研究者在接下来的研究中直接操纵了变化性,以期从更广的角度探索概率表达和不确定性之间的关系。研究者设计了一个拥有不同变化性但属于同一非生命体的情景:水流情景(河流/池塘)。表52.2呈现了用文字/数字概率描述河流/池塘水位上升的可能性的句子。在这项研究中,被试仍需对不同句子中的字体的优美程度进行评价,4 种条件的顺序在被试之间进行了平衡。河流是流动的,而池塘是静止的。因此,推测被试会认为"河流—文字概率"及"池塘—数字概率"组合下的字体更为优美。此外,为了验证河流/池塘的可变性,字体判断任务结束后要求被试对这两种事物的可变性进行打分。在事物的可变性评价中,结果显示被试认为河流的变化性显著大于池塘($M_{河流} = 4.90$; $M_{池塘} = 3.08$; $t(95) = 9.697$, $p < 0.001$),该结果验证了前提假设。在字体判断任务中,重复测量方差分析结果发现概率表达和不确定性类型的主效应均不显著,但二者之间的交互作用显著($F(1, 96) = 11.264$, $p = 0.001$, $\eta^2 = 0.105$)。简单效应分析结果显示,被试评价"河流—文字概率"条件下的字体优美程度显著大于"河流—数字概率"条件下的字体优美程度($p < 0.005$),并且评价"池塘—数字概率"条件下的字体优美程度显著大于"池塘—文字概率"条件下的字体优美程度($p < 0.05$)(图52.2)。本研究的结果表明变化的物体和文字概率组合的相容性大于变化的物体和数字概率组合,并且不变的物体和数字概率组合的相容性大于不变的物体和文字概率组合。这项研究并没有使用生命体,被试依然将变化的不确定性和文字概率连接得更为紧密,将不变的不确定性和数字概率连接得更为紧密,这为验证假设提供了有力的证据。

表 52.2　字体判断任务中 4 种组合条件下的实验材料——水流情景

	水流	
	河流	池塘
文字概率	河流水位可能上涨	池塘水位可能上涨
数字概率	河流水位百分六十概率上涨	池塘水位百分六十概率上涨

(概率表达)

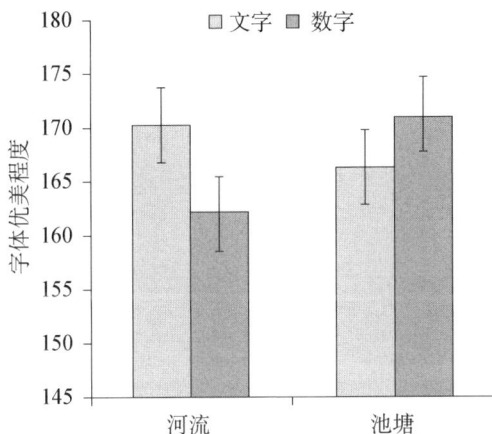

图 52.2　水流情景中判断字体优美程度的得分

52.3　讨论与启示

Wang 等人(2014)采用内隐测验的方法,首次发现文字概率除"方向性"(directionality)、"内/外归因"(internal/external attribution)、"自我—他人解释"(self-serving interpretation)和生命性(animacy)(Du et al., 2013)之外的又一个语义特征——变化性(changeability)。在这个不确定的世界上,大部分的不确定性都是时刻变化着的,文字概率在人们日常生活中的运用更为广泛。因此,文字概率的变化特征必定在其中起到重要的作用,值得今后深入研究其对不确定性决策的影响。

我们的世界充满了不确定。古希腊哲学家赫拉克利特认为，万物皆动。世界总是处于不停的发展变化之中。因此，"人不能两次踏进同一条河流"。本研究发现了文字概率的变化性这一语义特征，表明文字概率对于预测变化的不确定性至关重要。这一结果也为日常生活中人们为何偏爱文字概率的表达方式提供了一种可能的解释。本研究中所采用的内隐测验法是对传统内隐联想测验的继承和发展，通过采用结构化的刺激材料和确定的、量化反应模式对研究对象进行测量、比较，为进一步探讨研究对象与其他变量之间的关系提供了有效的工具。本实验的研究结果也对实际生活中的风险沟通有一定的指导价值。以医疗领域为例，在诊断结果不甚明朗时，医生经常需要向患者及其家属传达"患某疾病可能性"的信息。根据本研究的发现，如果该信息出自于医疗仪器，那么比较适合用数字概率来表征其可能性；如果该信息主要出自医生的临床经验，那么文字概率是比较合适的表达方式。如此表征更符合人们的心理预期，有可能会促进他们对风险信息的理解与接受。未来的研究还需要进一步探讨变化性这一语义特征对风险和不确定决策的影响。

致谢：本章的写作部分得到国家自然科学基金面上项目(31170976)、国家自然科学基金青年项目(31300843)和中国科学院心理研究所科研启动基金(Y2CQ043005)的资助。感谢蔡华俭研究员建议将字体判断任务作为内隐测量的方法。

参考文献

Asendorpf, J. B., Banse, R., & Mücke, D. (2002). Double dissociation between implicit and explicit personality self-concept: the case of shy behavior. *Journal of Personality and Social Psychology*, 83(2), 380.

Dasgupta, N., McGhee, D. E., Greenwald, A. G., & Banaji, M. R. (2000). Automatic preference for White Americans: Eliminating the familiarity explanation. *Journal of Experimental Social Psychology*, 36(3), 316-328.

Du, X-L., Liu, S-H., Xu, J-H., Rao, L-L., Jiang, C-M., & Li, S. (2013). When uncertainty meets life: The effect of animacy on probability expression. *Judgment and Decision Making*, 8(4), 425-438.

Fox, C. R., & Irwin, J. R. (1998). The role of context in the communication of uncertain beliefs. *Basic and Applied Social Psychology*, 20(1), 57-70.

Gemar, M. C., Segal, Z. V., Sagrati, S., & Kennedy, S. J. (2001). Mood-induced changes on the Implicit Association Test in recovered depressed patients. *Journal of Abnormal Psychology*, 110(2), 282.

Greenwald, A. G., & Banaji, M. R. (1995). Implicit social cognition: attitudes, self-esteem, and stereotypes. *Psychological Review*, 102(1), 4-27.

Greenwald, A. G., & Farnham, S. D. (2000). Using the implicit association test to measure self-esteem and self-concept. *Journal of Personality and Social Psychology*, 79(6), 1022-1038.

Greenwald, A. G., McGhee, D. E., & Schwartz, J. L. (1998). Measuring individual differences in implicit cognition: the implicit association test. *Journal of Personality and Social Psychology*, 74(6), 1464-1480.

Greenwald, A. G., Pickrell, J. E., & Farnham, S. D. (2002). Implicit partisanship: Taking sides for no reason. *Journal of Personality and Social Psychology*, 83(2), 367-379.

Keown, D. (2000). Contemporary Buddhist Ethics. Surry: Curzon Press.

Keown, D. (2013). Buddhism: A very short introduction. New York, NY: Oxford University Press.

Lee, A. Y., & Labroo, A. A. (2004). The effect of conceptual and perceptual fluency on brand evaluation. *Journal of Marketing Research*, 41(2), 151-165.

Maison, D., Greenwald, A. G., & Bruin, R. (2001). The Implicit Association Test as a measure of implicit consumer attitudes. *Polish Psychological Bulletin*, 2, 61-79.

Nosek, B. A., Banaji, M. R., & Greenwald, A. G. (2002). Math=male, me=female, therefore math≠ me. *Journal of

Personality and Social Psychology, 83(1), 44 - 59.

Reber, R. , Winkielman, P. , & Schwarz, N. (1998). Effects of perceptual fluency on affective judgments. *Psychological Science*, 9(1), 45 - 48.

Stephens, R. G. , Dunn, J. C. , Rao, L. L. , & Li, S. (2015). Exploring the knowledge behind predictions in everyday cognition：an iterated learning study. *Memory & Cognition*, 1 - 14. DOI：10.3758/s13421 - 015 - 0522 - 6.

Wang, R. P. , & Ren, X. H. (1993). Book of change. Shanghai, China：Shanghai Foreign Language Education Press.

Wang, Y. , Du, X-L. , Rao, L-L. , & Li, S. (2014). Probability expression for changeable and changeless uncertainties：An implicit test. *Frontiers in Psychology*, 5, 1313.

Wei, B. (1939). Gu wen can tong qi ji jie. Chang sha, China：Shang Wu Yin Shu Guan.

杜雪蕾. (2013). 文字概率与数字概率在表征不确定性上的共性与特性研究. 硕士学位论文, 中国科学院心理研究所, 北京.

第 53 章 眼动记录法：基于维度与基于选项

共同作者：汪祚军

53.1 过程追踪技术与眼动

眼动技术在认知科学领域具有较长的历史(Yarbis, 1967)，特别是在视觉及阅读研究领域具有广泛应用(例如，Liversedge & Findlay, 2000；Rayner, 1998)。20世纪70年代开始，眼动技术即被研究者用于考察决策过程。研究者认为，可以通过分析个体的眼动数据来考察决策者注意了哪些信息，并可借此推断决策者所采取的决策策略(Lohse & Johnson, 1996；Nyerges, Mark, Laurini, & Egenhofer, 1995；Russo, 1978；Russo & Rosen, 1975)。与其他过程追踪技术相比，如口语报告法(verbal protocol)和 Mouselab 技术，眼动技术具有其独特的优势。

口语报告法是一种质性研究方法(例如，Montgomery & Svenson, 1989；Nisbett & Wilson, 1977；Russo, Johnson, & Stephens, 1989)，包括即时性(concurrently)口语报告法和回顾性(retrospectively)口语报告法两类。即时性口语报告法要求个体在完成特定任务时"出声思考"(think aloud)，回顾性口语报告法则要求个体在完成特定任务后回忆他们的思考过程。即时性口语报告法可能干扰正在进行的问题解决过程，而回顾性口语报告法虽不会干扰个体正在进行的思考过程，但可能存在对思考过程的记忆扭曲、事后解释以及对未进入长时记忆的信息提取困难等问题(Russo, 1978)。Mouselab 技术是一种更为客观的计算机化过程追踪技术，其做法是：在电脑屏幕上呈现一个关于选项(option)和特征(attribute)的矩阵,让被试选择。实验开始时,矩阵内的特征信息不可见,被试需点击鼠标来查看。实验结束后,研究者通过分析被试查看特定信息的次数、时间及模式来推断其内在决策过程。然而,有研究者指出,Mouselab 技术可能妨碍决策者自然地做出决策,以及自动化地对信息进行加工(例如,Glöckner & Betsch, 2008; Lohse & Johnson, 1996)。

鉴于此,研究者建议采用非侵入性(non-obtrusive)的眼动技术来考察决策过程(Glöckner & Betsch, 2008)。Norman 和 Schulte-Mecklenbeck(2010)在对 Mouselab 技术和眼动技术进行系统比较后认为,Mouselab 技术更适用于考察有意识加工,而眼动技术却能考察直觉的或自动化加工。Seth, Dienes, Cleeremans, Overgaard 和 Pessoa(2008)认为,眼动技术是一种能反映行为无意识特征的客观测量方法。

53.2 应用于研究的问题

人们如何在风险及不确定条件下进行决策一直是经济学、心理学关注的重要课题。行为决策研究者通过建构不同的模型来描述、解释、预测及指导人们的行为。这些模型可以根据补偿性(compensatory)和非补偿性(non-compensatory)特征分为两大类:整合模型(integrative model)和启发式模型(heuristic model)(Birnbaum & LaCroix, 2008; Johnson, Schulte-Mecklenbeck, & Willemsen, 2008)。整合模型是基于"无限理性"观的基础提出来的,它假定人们愿意,也能够对各种信息进行整合,最后选择一个总体价值(value)或效用(utility)等最大化的选项。整合模型家族发展了包括后悔理论(Bell, 1982; Loomes & Sugden, 1982)、失望理论(Bell, 1985)、注意转换理论(Birnbaum & Chavez, 1997)、预期理论(Kahneman & Tversky, 1979)以及累积预期理论(Tversky & Kahneman, 1992; Schmidt, Starmer, & Sugden, 2008)等一系列模型。启发式模型则是基于"有限理性"观的基础提出来的,它假定人们不能,也不会对各种信息进行整合,而是通过各种启发式或经验法则(rules of thumb)来做决策。启发式模型家族包括齐当别策略、词典编撰策略(Tversky, 1969)、满意性法则(Simon, 1955)以及占优启发式模型(Brandstätter, Gigerenzer, & Hertwig, 2006)等。例如,齐当别模型认为,左右人类风险决策行为的机制不是最大限度地追求某种形式的期望值,而是某种形式上辨察选择对象之间是否存在优势性关系。该模型将人类的决策行为描述为一种搜寻一个备择方案的过程,且该方案在主观上优越于另一备择方案。为了利用"弱优势"原则达成决策,人们必须在一维度上将差别较小的两可能结果人为地"齐同"掉,而在另一维度上将"辨别"差别较大的两个可能结果作为最终抉择的依据(例如,Li, 2004a, 2004b;李纾,2005)。

虽然已有研究对整合模型和启发式模型进行了检验(例如,Birnbaum, 2008a, 2008b;Birnbaum & LaCroix, 2008;Brandstätter et al., 2006;Gigerenzer & Selten, 2001),但该类研究大多着眼于结果预测(outcome prediction)或模型拟合(goodness-of-fitting)。近年来,研究者们逐渐意识到这种结果预测或模型拟合研究范式的不足。首先,在某些情况下,潜在认知过程完全不同的决策模型可以解释相同的结果(选择偏好),在此种情况下,研究者无法从决策结果上判定哪一种(类)模型更好(Johnson et al., 2008)。其次,就整合模型的发展历史而言,它总是在遇到新的悖论时引进新的函数来对期望法则进行修正(例如, Brandstätter et al., 2006;汪祚军等, 2010),研究者指出,从决策结果等外在行为指标对整合模型进行攻击如同试图杀死希腊神话中的九头蛇——斩去一个头会生出两个头,无法从根本上证伪此类模型(饶俪琳等,2009)。

鉴于结果预测或模型拟合的方法无法有效检验两类决策模型,越来越多的研究者建议从决策过程的角度检验及建立新的行为决策模型(例如, Brandstätter et al., 2006;Johnson et al., 2008)。汪祚军和李纾(2012)基于决策过程视角,采用眼动技术对上述两类模型进行检验。

53.3　眼动技术检验风险决策模型

整合模型假定决策者会采用补偿性规则整合每个选项的"结果(x)"函数和"概率(p)"函数,即通过相乘(weighting)和相加(summing)过程分别计算出每个选项的总体期望价值或效用,故整合模型认为决策者主要在选项内搜索信息,隐含着基于选项(option-based)的信息搜索过程而非基于特征(attribute-based)或称为基于维度(dimensional)[①]的信息搜索过程(例如, Brandstätter et al., 2006;Glöckner & Betsch, 2008)。基于选项的信息搜索过程亦被研究者称为基于选项的转换;相应地,基于特征的信息搜索过程被称为基于特征的转换(Riedl & Brandstätter, 2006)。

以下图中的风险决策问题为例来说明汪祚军和李纾(2012)研究中的具体假设。首先,可将选项 A 和选项 B 的不同特征定义为不同的兴趣区(Area Of Interest, AOI):将选项 A 的最大结果(5 000 元)及其概率(20%)定义为兴趣区 AOI‑1,将最小结果(3 000 元)及其概率(80%)定义为兴趣区 AOI‑2;将选项 B 的最大结果(4 900元)及其概率(5%)定义为兴趣区 AOI‑3,最小结果(3 300 元)及其概率(95%)定义为兴趣区 AOI‑4。其次,以不同兴趣区之间的眼跳(saccades)作为决策者在不

---

① 为了与汪祚军和李纾(2012)的报告保持一致,在本章里我们统一称为基于特征的(attribute-based)。

同选项或特征之间转换的指标。眼跳是指从一个注视点到另一个注视点的眼球运动。例如,当注视点从兴趣区 AOI-1 到兴趣区 AOI-2 跳动 1 次或从兴趣区 AOI-2 到兴趣区 AOI-1 跳动 1 次就表示 1 次基于选项的转换。类似地,当注视点从兴趣区 AOI-1 到兴趣区 AOI-3 跳动 1 次或从兴趣区 AOI-3 到兴趣区 AOI-1 跳动 1 次就表示 1 次基于特征的转换。最后,可用 t 表示不同兴趣区之间的眼跳或转换次数。

设置两种不同的问题呈现形式:非交叉呈现和交叉呈现。非交叉呈现问题情景中两个选项的最大结果(及其概率)、最小结果(及其概率)对应呈现;而交叉呈现问题情景中两个选项的最大结果(及其概率)、最小结果(及其概率)交叉呈现(图53.1)。整合模型假定决策者主要在选项内搜索信息,故无论两个选项的特征是否交叉呈现,交叉转换次数(图 53.1 中交叉箭头所示)不应该有显著性差异;而启发式模型则假定人们会在特征之间搜索信息。例如,占优启发式模型假定人们的风险决策过程需要经历不同的决策步骤(Brandstätter et al.,2006):首先,决策者需要将两个选项最小结果的差值与抱负水平(aspiration level)(最大结果的 1/10)进行比较。如果这一差值大于或等于抱负水平,决策者就终止信息搜索,选择"最小结果"较大的选项(步骤1);否则,决策者就需要进一步搜索信息——比较两个选项最小结果的概率,如果两者的差值大于或等于抱负水平(10 个百分点),决策者就终止信息搜索,选择"最小结果概率"较小的选项(步骤 2);否则,决策者还需要进一步搜索信息——比较两个选项的最大结果,选择"最大结果"较大的选项(步骤 3)。换言之,根据启发式模型可以假定,在交叉呈现的问题情景中,交叉转换的次数应显著高于非交叉呈现的问题情景。

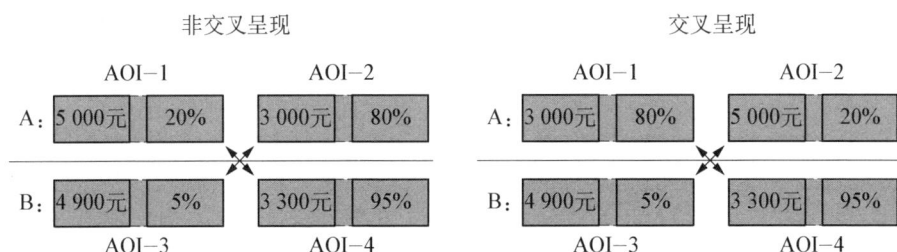

图53.1 非交叉呈现及交叉呈现两种问题情景中的兴趣区划分及兴趣区之间的眼跳示例。阴影部分代表划分出的不同兴趣区,箭头表示不同兴趣区之间的交叉眼跳。

此外,设置两种不同的决策任务:"自主决策"任务和"迫选规则"(EV 迫选、PH 迫选)任务。"迫选规则"任务是一种基线,以此考察人们在自主决策任务中是否是按照指定的规则(EV 规则或 PH 规则)进行决策的。EV 迫选任务条件下,要求被试先计算两个选项的 EV 值,选择 EV 值较大的选项。PH 迫选任务下,要求被试严格按照占优启发式模型所假定的不同决策步骤(1 个步骤/2 个步骤/3 个步骤)进行选择。如果自主决策任务条件下的信息加工模式与 EV 迫选任务条件下的信息加工模式相吻合,则认为实验证据支持整合模型;反之,则认为实验证据不支持整合模型。同理,如果自主决策任务条件下的信息加工模式与 PH 迫选任务条件下的信息加工模式相吻合,则认为实验证据支持占优启发式模型;反之,则认为实验证据不支持占优启发式模型。

采用被试内实验设计,每个被试均完成 3 项决策任务:自主决策任务、EV 迫选任务、PH 迫选任务。为了平衡实验任务之间的相互影响,3 项决策任务的完成顺序为:首先,所有被试均完成自主决策任务;然后,一半被试相继完成 EV 迫选任务和 PH 迫选任务;而另一半被试则相继完成 PH 迫选任务和 EV 迫选任务。每两次实验任务之间间隔一周。在 EV 迫选任务和 PH 迫选任务正式实验开始前对被试进行培训,让被试理解如何按照期望价值模型(EV)和占优启发式模型(PH)进行选择。培训完成后对培训效果进行检验,即在实验练习阶段向被试呈现 4 道决策问题,需要被试陈述"如果按照 EV/PH 该如何选择",被试陈述完全正确才能进入正式实验。

正式实验由 4 个 block 组成,每个 block 分别呈现某一类型(非交叉版本横向呈现、非交叉版本竖向呈现、交叉版本横向呈现、交叉版本竖向呈现)的 8 道决策问题(如图 53.2)。这样,整个正式实验中被试共完成 32 道决策问题。采用拉丁方设计

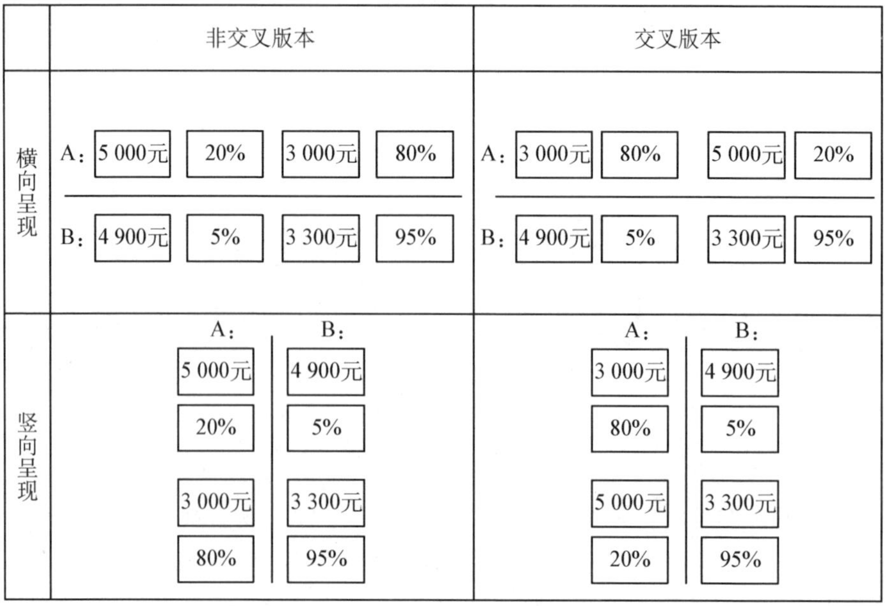

图 53.2 向被试呈现的决策问题示例

平衡 4 个 block 之间的顺序,每个 block 内的 8 道决策问题随机呈现。为保证眼动记录的精确性,在每道决策问题呈现之前,屏幕中央首先会出现一个"+"字,被试眼睛盯住"+"字(眼动仪自动进行漂移校正)并按键才呈现正式决策问题。被试思考决策问题,最后按键在每道决策问题的两个备择方案中做出选择,眼动仪自动记录自问题呈现到被试做出选择的整个过程的眼动数据。

为检验人们是遵循整合模型所假定的补偿性规则还是启发式模型所假定的非补偿性规则,对不同决策任务条件下决策者在不同问题情景中的交叉眼跳次数进行 2 (决策任务:自主决策任务、EV 迫选任务)×2(问题情景:交叉呈现问题情景、非交叉呈现问题情景)重复测量方差分析。结果表明,决策任务主效应显著,$F(1, 51) = 26.41$,$p < 0.01$,$\eta^2 = 0.34$;问题情景主效应显著,$F(1, 51) = 39.42$,$p < 0.01$,$\eta^2 = 0.44$;决策任务和问题情景交互作用显著,$F(1, 51) = 55.02$,$p < 0.01$,$\eta^2 = 0.52$(具体结果见图 53.3)。进一步简单效应分析表明,EV 迫选任务条件下交叉呈现问题情景中的交叉眼跳次数与非交叉呈现问题情景中的交叉眼跳次数无显著性差异,$F(1, 51) = 0.25$,$p > 0.05$,而自主决策任务条件下交叉呈现问题情景中的交叉眼跳次数则显著多于非交叉呈现问题情景中的交叉眼跳次数,$F(1, 51) = 52.46$,$p < 0.01$。

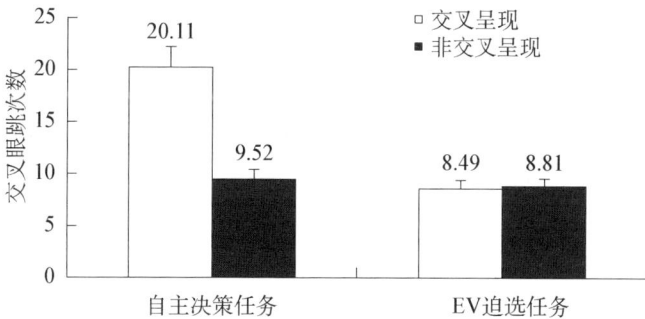

图 53.3 不同决策任务(自主决策任务、EV 迫选任务)及问题情景(交叉呈现问题情景、非交叉呈现问题情景)中的交叉眼跳次数

眼动轨迹的典型样例(typical trials)可以直观揭示决策过程的眼动模式。图 53.4 为自主决策任务中的典型样例。由图可见,相比于非交叉呈现问题情景,交叉呈现问题情景中有更多交叉眼跳。这表明,决策者倾向于将选项 A 的"最好结果及其概率"与选项 B 的"最好结果及其概率"进行比较,将选项 A 的"最差结果及其概率"与选项 B 的"最差结果及其概率"进行比较。

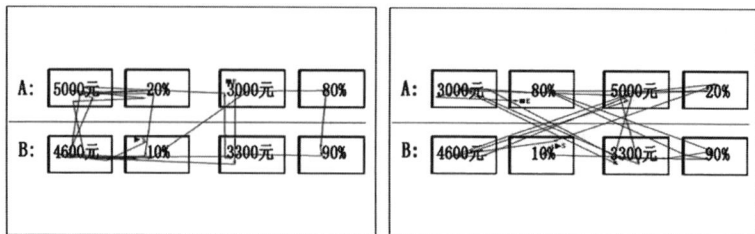

图 53.4 非交叉呈现(左图)及交叉呈现(右图)问题情景中的典型样例。箭头表示眼跳;"▶S"和"■E"分别表示眼跳轨迹的起点和终点。

以上实验结果表明:(1)自主决策任务与 EV 迫选任务条件下被试的信息搜索模式不同;(2)自主决策任务条件下,交叉呈现问题情景中的交叉转换次数显著多于非交叉呈现问题情景中的交叉转换次数。这些结果意味着被试在自主决策时更倾向于进行特征间的比较而不是选项间的比较,符合启发式模型(如齐当别模型,见 Li, 2004a; Li & Xie, 2006)的预期而不支持整合模型。虽然上述结果支持基于非补偿性原则的启发式模型,但决策过程是否符合占优启发式模型所假定的具体步骤呢?研究者分别对 1 个步骤和 3 个步骤决策问题进行分析,考察不同决策任务中被试在各特征兴趣区之间的眼跳次数。

在 1 个步骤决策问题中,采用 2(决策任务:自主决策任务、PH 迫选任务)×4(特征兴趣区:最大结果、最大结果概率、最小结果、最小结果概率)被试内重复测量方差分析,结果表明,决策任务主效应显著, $F(1, 51) = 81.05$, $p < 0.05$, $\eta^2 = 0.61$;特征兴趣区主效应显著, $F(3, 153) = 235.52$, $p < 0.05$, $\eta^2 = 0.82$;决策任务和特征兴趣区之间交互作用显著, $F(3, 153) = 149.61$, $p < 0.05$, $\eta^2 = 0.75$。具体实验结果见图 53.5。进一步简单效应分析表明,PH 迫选任务条件下被试在各特征兴趣区

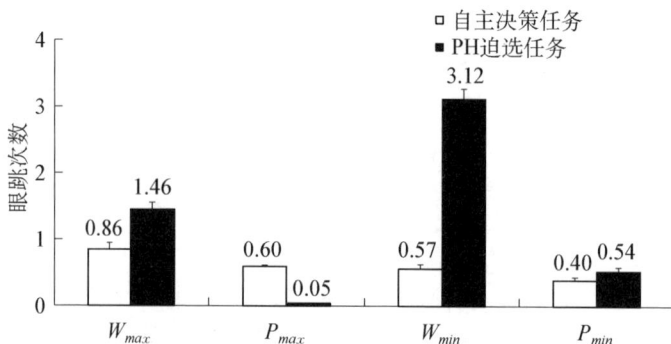

图 53.5 1 个步骤决策问题及不同决策任务(自主决策任务、PH 迫选任务)中被试在各特征兴趣区之间的眼跳次数($M \pm SE$)

之间的眼跳次数差异显著，$F(3, 153) = 227.16$，$p < 0.05$，$\eta^2 = 0.82$；自主决策任务条件下被试在各特征兴趣区之间的眼跳次数差异显著，$F(3, 153) = 18.0$，$p < 0.05$，$\eta^2 = 0.26$。事后检验(LSD)表明，PH迫选任务条件下，被试在最小结果(W_{min})之间的眼跳次数显著多于在其他特征(最小结果概率(P_{min})、最大结果(W_{max})、最大结果概率(P_{max}))之间的眼跳次数($p_s < 0.05$)；而自主决策任务条件下，被试在最小结果(W_{min})之间的眼跳次数与在最大结果概率(P_{max})之间的眼跳次数无显著性差异($p > 0.05$)，且显著少于在最大结果(W_{max})之间的眼跳次数($p < 0.05$)。

在3个步骤决策问题中，采用2(决策任务：自主决策任务、PH迫选任务)×4(特征兴趣区：最大结果、最大结果概率、最小结果、最小结果概率)被试内重复测量方差分析，结果表明，决策任务主效应显著，$F(1, 51) = 28.73$，$p < 0.05$，$\eta^2 = 0.36$；特征兴趣区主效应显著，$F(3, 153) = 103.34$，$p < 0.05$，$\eta^2 = 0.67$；决策任务和特征兴趣区之间交互作用显著，$F(3, 153) = 63.48$，$p < 0.05$，$\eta^2 = 0.56$。具体实验结果见图53.6。进一步简单效应分析表明，PH迫选任务条件下被试在各特征兴趣区之间的眼跳次数差异显著 $F(3, 153) = 143.13$，$p < 0.05$，$\eta^2 = 0.74$；自主决策任务条件下被试在各兴趣区之间的眼跳次数差异显著，$F(3, 153) = 17.25$，$p < 0.05$，$\eta^2 = 0.25$。事后检验(LSD)表明，PH迫选任务条件下，被试在最大结果概率(P_{max})之间的眼跳次数显著少于在其他特征(最小结果(W_{min})、最小结果概率(P_{min})、最大结果(W_{max}))之间的眼跳次数($p_s < 0.05$)；而自主决策任务条件下，被试在最大结果概率(P_{max})之间的眼跳次数虽然显著少于在最大结果(W_{max})之间以及最小结果(W_{min})之间的眼跳次数($p_s < 0.05$)，但却显著多于在最小结果概率(P_{min})之间的眼跳次数($p < 0.05$)。以上结果表明，决策者在自主决策任务中的决策过程不同于PH迫选任务条件下的决策过程，不支持占优启发式模型。

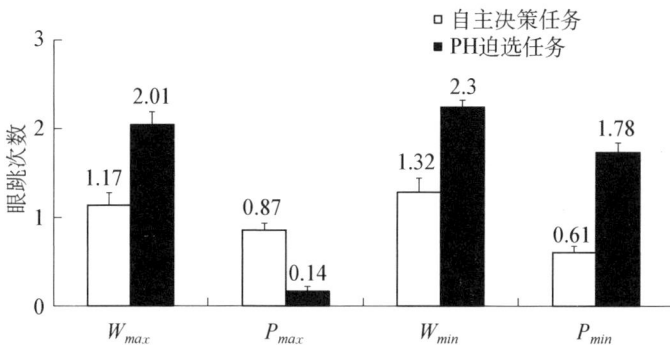

图53.6 3个步骤决策问题及不同决策任务(自主决策任务、PH迫选任务)中被试在各特征兴趣区之间的眼跳次数($M \pm SE$)

53.4 讨论与启示

杨治良(1993)指出研究决策的一条思路是"过程化"思路,强调研究决策者背后的认知过程。传统主流风险决策模型恰恰忽视了处在"黑箱"(black box)内部的这一认知过程(Brandstätter et al., 2006;饶俪琳等,2009)。决策者可能意识不到决策背后的过程,但是神经系统却在忠实地执行着某种过程(毕研玲,李纾,2007)。Rubinstein(2003)提出:"我们需要打开决策的黑箱,并且需要提出全新的模型。"从决策过程的角度构建启发式决策模型,以及采用过程追踪技术检验这些模型是打开决策"黑箱"的一把钥匙(例如,Brandstätter et al., 2006; Johnson et al., 2008)。

眼动技术避免了口语报告法和 Mouselab 技术的局限,是一种非侵入性的过程追踪技术,对于检验风险决策模型具有其独特的优势。汪祚军和李纾(2012)采用眼动技术对风险决策整合模型和占优启发式模型进行了检验。结果表明,被试在自主决策任务条件下更倾向于进行基于特征的信息搜索,而非进行基于选项的信息搜索。这一结果意味着,决策者的决策过程主要遵循启发式模型所假定的非补偿性规则,而不是遵循整合模型所假定的补偿性规则,不符合整合模型的预期。需要特别指出的是,虽然总体而言,决策过程遵循非补偿性的启发式策略,然而进一步的检验却表明,决策者并非按照占优启发式模型所假定的具体决策步骤进行决策。故本研究结果既不支持以累积预期理论为代表的整合模型,亦不支持占优启发式模型。汪祚军和李纾(2012)建议从决策过程视角检验已有决策模型,并建立新的启发式决策过程模型(process model)。

致谢:本章所报告的研究部分得到国家自然科学基金(31170976;31200791)、浙江省自然科学基金(LQ12G01001)和教育部人文社科基金(12YJC190029)项目的资助。

参考文献

Bell, D. E. (1982). Regret in decision making under uncertainty. *Operations Research*, 30(5), 961-981.

Bell, D. E. (1985). Disappointment in decision making under uncertainty. *Operations Research*, 33(1), 1-27.

Birnbaum, M. H. (2008a). Evaluation of the priority heuristic as a descriptive model of risky decision making: Comment on Brandstätter, Gigerenzer, and Hertwig (2006). *Psychological Review*, 115, 253-260.

Birnbaum, M. H. (2008b). Postscript: Rejoinder to Brandstätter et al. (2008). *Psychological Review*, 115, 260-262.

Birnbaum, M., & Chavez, A. (1997). Tests of theories of decision making: Violations of branch independence and distribution independence. *Organizational Behavior and Human Decision Processes*, 71(2), 161-194.

Birnbaum, M., & LaCroix, A. R. (2008). Dimension integration: Testing models without trade-offs. *Organizational Behavior and Human Decision Processes*, 105(1), 122-133.

Brandstätter, E., Gigerenzer, G., & Hertwig, R. (2006). The priority heuristic: Making choices without trade-offs. *Psychological Review*, 113, 409-432.

Gigerenzer, G., & Selten, R. (2001). *Bounded rationality: The adaptive toolbox*. Cambridge, MA: MIT Press.

Glöckner, A., & Betsch, T. (2008). Multiple-reason decision making based on automatic processing. *Journal of Experimental Psychology: Learning, Memory, and Cognition, 34*(5), 1055 - 1075.

Johnson, E. J., Schulte-Mecklenbeck, M., & Willemsen, M. C. (2008). Process models deserve process data: Comment on Brandstätter, Gigerenzer, and Hertwig (2006). *Psychological Review, 115*, 263 - 273.

Kahneman, D., & Tversky, A. (1979). Prospect theory: An analysis of decision under risk. *Econometrica, 47*(2), 263 - 291.

Li, S. (1994). *Equate-to-differentiate theory: A coherent bi-choice model across certainty, uncertainty and risk.* Unpublished doctoral dissertation, University of New South Wales. Sydney: NSW.

Li, S. (2004a). A behavioral choice model when computational ability matters. *Applied Intelligence, 20*(2), 147 - 163.

Li, S. (2004b). Equate-to-differentiate approach: An application in binary choice under uncertainty. *Central European Journal of Operations Research, 12*, 269 - 294.

Li, S., & Xie, X. (2006). A new look at the "Asian disease" problem: A choice between the best possible outcomes or between the worst possible outcomes? *Thinking and Reasoning, 12*, 129 - 143. DOI: 10.1080/13546780500145652.

Liversedge, S. P., & Findlay, J. M. (2000). Saccadic eye movements and cognition. *Trends in Cognitive Science, 4*(1), 6 - 14.

Lohse, G. L., & Johnson, E. J. (1996). A comparison of two process tracing methods for choice tasks. *Organizational Behavior and Human Decision Processes, 68*, 28 - 43.

Loomes, G., & Sugden, R. (1982). Regret theory: An alternative theory of rational choice under uncertainty. *The Economic Journal, 92*, 805 - 824.

Montgomery, H., & Svenson, O. (1989). A think-aloud study of dominance structuring in decision processes. In H. Montgomery, & O. Svenson (Eds.), *Process and structure in human decision making* (pp. 135 - 150). Oxford, England: John Wiley & Sons.

Nisbett, R. E., & Wilson, T. D. (1977). Telling more than we can know: Verbal reports on mental processes. *Psychological Review, 84*(3), 231 - 259.

Norman, E., & Schulte-Mecklenbeck, M. (2010). Take a quick click at that! Mouselab and Eye-Tracking as tools to measure intuition. In A. Glöckner & C. L. M. Witteman (Eds.), *Tracing intuition: Recent methods in measuring intuitive and deliberate processes in decision making.* (pp. 24 - 44). London: Psychology Press/Routledge.

Nyerges, T., Mark, D., Laurini, R., & Egenhofer, M. (1995). *Cognitive aspects of human-computer interaction for geographic information systems.* Dordrecht, Netherlands: Kluwer.

Rayner, K. (1998). Eye movements in reading and information processing: 20 years of research. *Psychological Bulletin, 124*(3), 372 - 422.

Riedl, R., & Brandstätter, E. (2006). Measures for quantitative process-tracing methods. *In the Proceedings of International Conference on Information Systems* (pp. 1159 - 1174). Milwaukee, Wisconsin.

Russo, J. (1978). Eye movements can save the world: A critical evaluation and comparison between eye fixations and other information processing methodologies. *Advances in Consumer Research, 5*, 561 - 570.

Russo, J. E., Johnson, E. J., & Stephens, D. L. (1989). The validity of verbal protocols. *Memory & Cognition, 17*(6), 759 - 769.

Russo, J. E., & Rosen, L. D. (1975). An eye fixation analysis of multialternative choice. *Memory & Cognition, 3*(3), 267 - 276.

Schmidt, U., Starmer, C., & Sugden, R. (2008). Third-generation prospect theory. *Journal of Risk and Uncertainty, 36*(3), 203 - 223.

Seth, A., Dienes, Z., Cleeremans, A., Overgaard, M., & Pessoa, L. (2008). Measuring consciousness: Relating behavioural and neurophysiological approaches. *Trends in Cognitive Sciences, 12*(8), 314 - 321.

Simon, H. A. (1955). A behavioral model of rational choice. *Quarterly Journal of Economics, 69*, 99 - 118.

Tversky, A. (1969). Intransitivity of preferences. *Psychological Review, 76*, 31 - 48.

Tversky, A., & Kahneman, D. (1992). Advances in prospect theory: Cumulative representation of uncertainty. *Journal of Risk and Uncertainty, 5*(4), 297 - 323.

Yarbis, A. L. (1967). *Eye movements during perception of complex objects.* In L. A. Riggs (Ed), Eye movement and vision (pp. 171 - 196). New York: Plenum Press.

毕研玲, 李纾. (2007). 有限理性的"占优启发式"和"齐当别"决策模型的作为——当 Allais 悖论杠杆撬动了期望效用理论. 心理科学进展, 15(4), 682—688.

李纾. (2005). 确定、不确定及风险状态下选择反转:"齐当别"选择方式的解释. 心理学报, 37(4), 427—433.

饶俪琳, 梁竹苑, 李纾. (2009). 迫选规则体验法: 检验规范性和描述性风险决策理论的新尝试. 心理学报, 41(8), 726—736.

汪祚军, 李纾. (2012). 对整合模型和占优启发式模型的检验: 基于信息加工过程的眼动研究证据. 心理学报, 44(2), 179—198.

汪祚军, 欧创巍, 李纾. (2010). 整合模型还是占优启发式模型? 从齐当别模型视角进行的检验. 心理学报, 42(8), 821—833.

杨治良. (1993). 当代思维研究·当代信息学研究. 北京大学出版社, 68—106.

第54章　事件相关电位（ERP）：
风险决策中概率信息加工

共同作者：蔡晓红、饶俪琳

1929 年，Hans Berger 报道了一组令人瞩目且备受争议的实验，他证明可以用放在头皮上的电极测量人脑的电活动，这种信号可以放大，还可以画出时间电压的变化（Berger，1929）。这是人类首次将从人脑的电活动中观察心理活动的理想变为现实，而这种电活动被称作脑电图（electroencephalogram）或者 EEG（Luck，2009/2005）。在 EEG 被发现以后，研究者力图从中提取心理活动信息，但是由于 EEG 是一种有许多神经来源的混合活动，所以难以从中把个别的神经—认知过程分离出来，也即难以用它来评价那些高度特异性的神经过程。

于是研究者又采用刺激诱发脑电的方法研究诱发电位（evoked potentials，EP）（Davis，1939）。但是 EP 的信噪比很低，EP 掩埋在 EEG 中，很不清楚。到了 1947 年，Dawson 首次实现使用叠加方法提高 EP 信噪比。20 世纪 50 年代末，随着计算机在生物学中的应用，开始运用计算机来对数字信号进行叠加平均。最开始 EP 是刺激诱发产生的，不过随着研究的深入，发现 EP 不仅可以由外界刺激感觉所致，也可由主动的自上而下的心理因素引起，故将"刺激"改为"事件"，"诱发电位"改为"事件相关电位"，即 ERP（event-related potentials）（魏景汉，罗跃嘉，2010）。

ERP 技术具有良好的时间分辨率，可以测量从刺激到反应的连续过程，可以研究决策的时间进程问题（Pirtošek，Georgijev，& Gregorič-Kramberger，2009）。这也正是以正确率、反应时为主要指标的行为测量所难以研究的。杜雪蕾（2013）就曾借助 ERP 技术的长处,检验了大脑加工文字概率和数字概率的异同。

54.1 应用于研究的问题

我们生活在一个不确定的世界里,几乎每天都需要对不确定性做出预测。这种概率预测能够对决策起到辅助作用,是人类赖以生存的关键工具之一。一般而言,有两种表达方式可以用来表征这些可能性预测和风险估计:一种是文字概率,即用"可能"、"或许"等词汇来描述,如"……肿瘤有较大可能是良性的……";另一种是数字概率,即用"50%"、"30%"等数字符号来体现,如"……明日降雨的概率为80%……"。

文字概率和数字概率两者的发展历史不同。人们最早使用的是文字概率,它伴随语言的发展而产生。而数字概率最初是由法学家所创造的,后来在 17 世纪,数字概率被运用到赌博游戏的数学运算中(Shafer, 1988)。由于两者的历史发展条件不同,所以文字概率和数字概率具备不同的特性,人们在风险沟通中对两种概率表达方式也具有不同的偏好(Wallsten, Budescu, Zwick, & Kemp, 1993; Xu, Ye, & Li, 2009;李纾,许洁虹,叶先宝,2011)。如,文字概率不仅能够表征概率水平还能传达一些言外之意(Windschitl & Wells, 1996)。业已证明,文字概率具有"方向性"(directionality)、"内/外归因"(internal/external attribution)、"自我—他人解释"(self-serving interpretation)以及生命性(animacy)(Du, Liu, Xu, Rao, Jiang, & Li, 2013)4 种语义特征。这些语义特征是数字概率所不具备的。

然而,白马、黑马都是马吗? 文字概率和数字概率作为表达同一概念的两种不同表达方式,我们的大脑是如何对其进行加工的? 是否会将貌似不同的文字概率和数字概率加工成本质相同的概念? 这便是研究者意欲回答的科学问题,亦是研究者想借助具有良好时间分辨率的 ERP 技术来回答的问题。

54.1.1 分阶段加工的逻辑

加工水平说认为情境记忆痕迹是认知系统执行操作的一种自动生成的副产品,语义加工越多,认知加工深度越深,情境记忆痕迹也越持久(Craik & Tulving, 1975)。文字概率和数字概率是表达同一概念的两种不同表达方式。根据加工水平说,概率加工可被划分成两个阶段:前期的感觉加工阶段和后期的语义加工阶段。在前期的感觉加工阶段,尽管文字概率与数字概率都表达同一概念,但它们有着不同的表达方式,所以对不同的表达方式的感觉加工应有所不同;在后期的语义加工阶段,尽管文字概率与数字概率有着不同的表达方式,但它们本质上是同一概念,对同一概念的语义加工应该是相同的。

如果概率加工确实如加工水平说所说,被划分成两个阶段,那么,借助可观测概率加工脑活动全过程的 ERP 技术,可帮助回答,我们的大脑是否会将貌似不同的文字概率和数字概率加工成本质相同的概念。

54.1.2　实验证据

Li 等人(2015)为了探索表达方式不同但表达概念相同的文字概率与数字概率在风险决策中是否共享加工机制,邀请了 25 名中国农业大学和北京林业大学学生参与实验。实验要求被试从确定选项——"确定获得 10 元"和风险选项——"有一定的可能性获得一定数量的金额"("一定数量"比 10 元高,且控制在 20、30、40 元)中选其一。其中,Li 等人操纵风险选项中概率的表达方式,即用文字概率和数字概率的形式描述"一定的可能性",以及概率的高低,即将"一定的可能性"控制在高、中、低三个水平,使实验共有 6(2×3)种实验条件(表 54.1)。Li 等人采用 ERP 技术记录被试做抉择的过程中 Fz、FCz、Cz、CPz、Pz、POz 和 Oz 这七个电极点上的脑电信号以及被试做抉择的反应时。

表 54.1　概率表达方式与概率高低各水平实验材料

	低概率	中概率	高概率
文字概率	较小可能	中等可能	较大可能
数字概率	20%	50%	80%

Li 等人(2015)发现,在概率加工前期,文字概率与数字概率只表现出形式上的加工差异,在 Oz 电极上,文字概率所诱发的 N1 波幅比数字概率更负(图 54.1);在概率加工后期,表现出概率高低的加工差异,低概率所诱发的 N2 波幅比高概率更负,

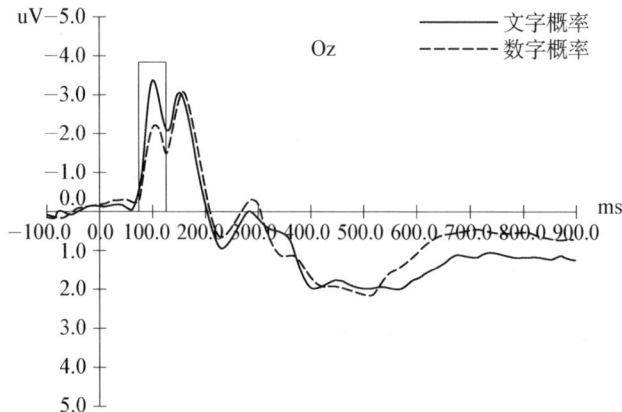

图 54.1　文字概率与数字概率在 N1(70—130 ms)的波形差异

P3波幅比高概率更小,且不存在概率高低与概率形式的交互作用(图54.2)。这表明概率加工可能存在两个阶段:刺激辨识阶段和概率高低的加工阶段。

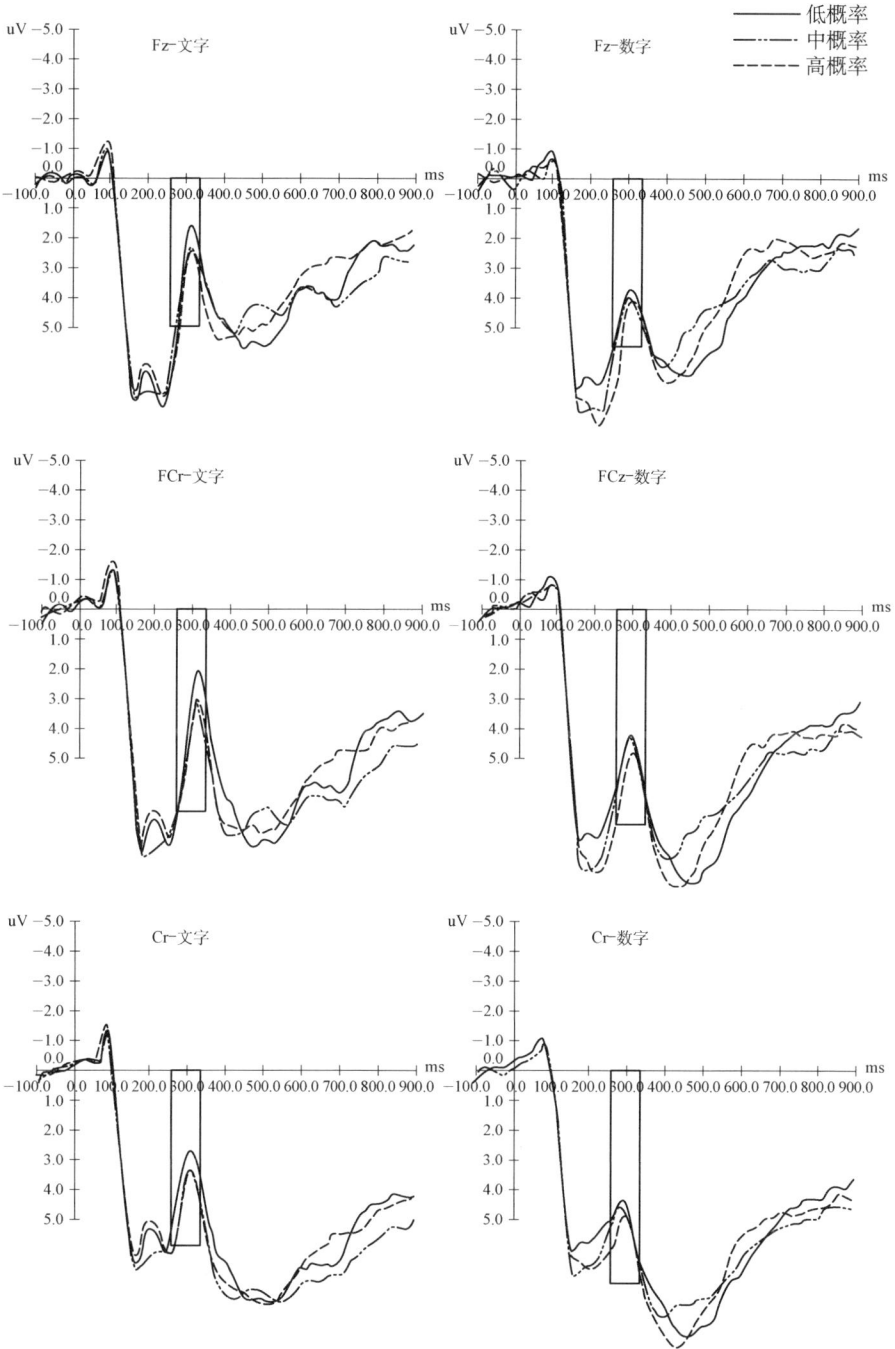

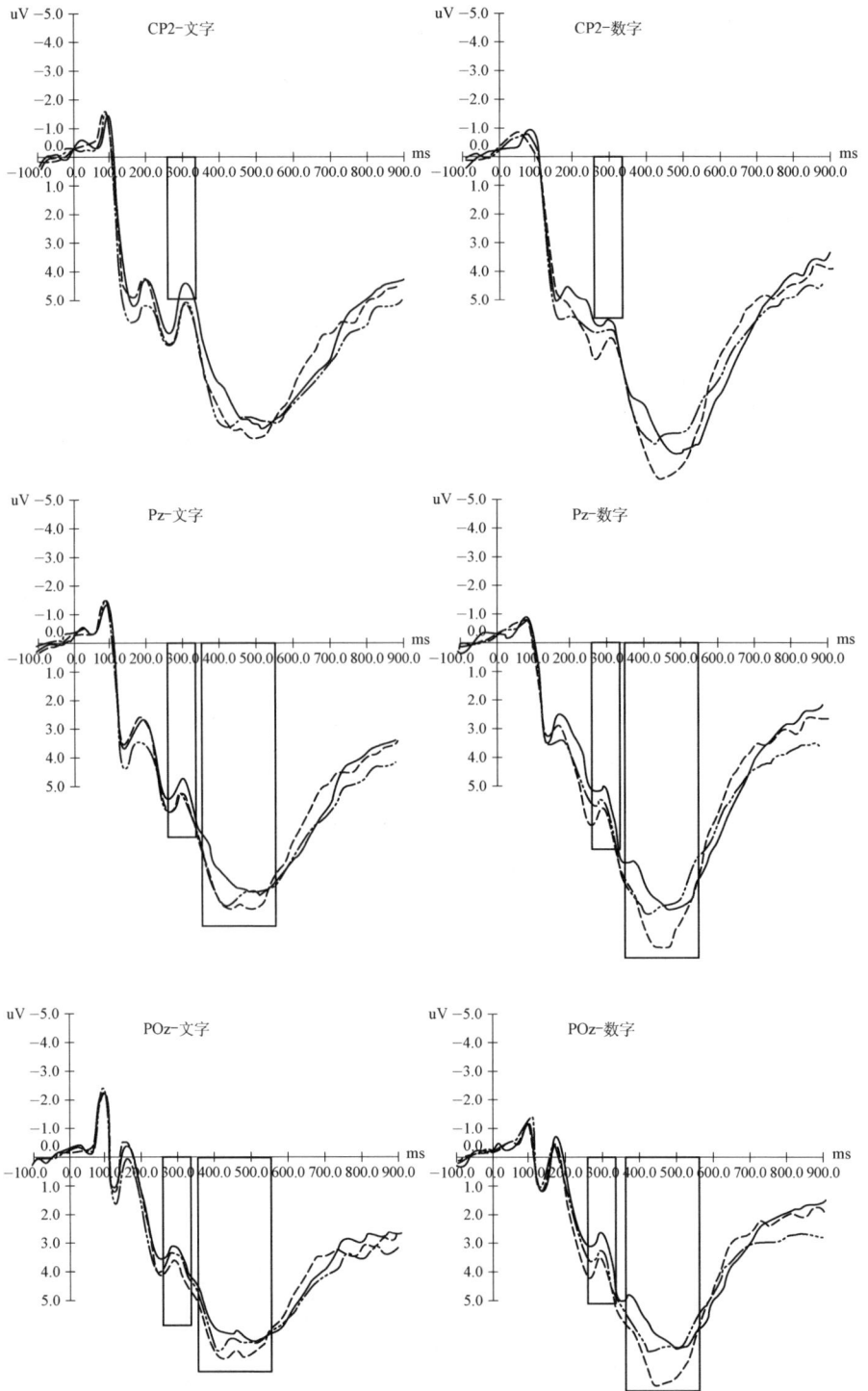

图 54.2 文字概率与数字概率在 N2(250—330 ms)和 P3(340—550 ms)各电极点波形差异

为了进一步检验 N2、P3 成分是否反映了概率高低的加工,研究者首先计算每位被试在高、低概率条件下选择风险选项的比例之差,然后再分别计算了 N2、P3 时段中高、低概率条件下波幅之差,最后计算了两者的相关。结果显示,在电极点 Fz、FCz 处,高、低概率条件下选择风险选项的比例之差与 N2 时段中高、低概率条件下波幅之差存在显著相关。在电极点 Pz、POz 处,高、低概率条件下选择风险选项的比例之差与 P3 时段中高、低概率条件下波幅之差存在显著相关。这进一步说明,N2、P3 反映了对抽象的概率高低的加工。

54.2　讨论与启示

ERP 技术时间精度高,可为研究者提供过程指标,这使得研究者可以研究发生迅速、结果性指标相同等的心理过程。由于 ERP 技术优势明显,ERP 技术现已广泛应用于心理学的各个领域中,帮助研究者探明心理活动的进程,以期揭示"黑箱"的实质。

在本章介绍的研究中,研究者借助高时间分辨率的 ERP 技术对概率加工过程进行研究,发现在概率加工前期刺激辨识阶段,文字概率与数字概率表现出形式上的加工差异,而在概率加工后期,表现出概率高低的加工差异,且不存在概率高低与概率形式的交互作用。另一方面,行为结果与脑电结果的相关分析发现,人们的风险选择行为分别与脑额叶部位(Fz、FCz)的 N2、脑后顶叶部位(Pz、POz)的 P3 存在显著的相关,即 N2、P3 表征了人们对概率高低的加工。这都表明,概率加工后期的电生理成分的确是在处理与概率风险相关的信息,也即文字概率和数字概率在风险决策中共享加工机制。虽然文字概率和数字概率形式不同,但借助 ERP 技术,可发现文字概率和数字概率共享加工机制。类似地,研究者可借助 ERP 技术发现很多其他有趣的结果。

致谢:本章的写作部分得到国家自然科学基金面上项目(31170976)、北京市优秀博士学位论文指导教师人文社科项目"风险决策中概率加工的认知神经机制"(20138012501)、中国科学院心理研究所本科生科学研究基金的资助。

参考文献

Berger, H. (1929). Über das elektrenkephalogramm des menschen. *Archives fur Psychiatrie und Nervenkrankheiten*. 87, 527 - 570.

Craik, F. I. M., & Tulving, E. (1975). Depth of processing and the retention of words in episodic memory. *Journal of Experimental Psychology*: General, 104, 268 - 294.

Du, X-L., Liu, S-H., Xu, J-H., Rao, L-L., Jiang, C-M., & Li, S. (2013). When uncertainty meets life: the effect of animacy on probability expression. *Judgment and Decision Making*, *8*(4),425 - 438.

Dawson, G. D. (1947). Cerebral responses to electrical stimulation of peripheral nerve in man. *Journal of Neurology*, *Neurosurgery*, *and Psychiatry*. *10*(3),134 - 140.

Li, S., Du, X.-L., Li, Q., Xuan, Y-H., Wang, Y. & Rao, L.-L. (2015). ERP correlates of verbal and numerical probabilities in risky choices: A two-stage probability processing view. *Frontiers in Human Neuroscience*. **9**:717. doi: 10.3389/fnhum.2015.00717.

Davis, P. A. (1939). Effects of acoustic stimuli on the waking human brain. *Journal of Neurophysiology*, *2*(6),494 - 499.

Pirtošek, Z., Georgijev, D., & Gregorič-Kramberger, M. (2009). Decision making and the brain: Neurologists' view. *Interdisciplinary Description of Complex Systems*, *7*,38 - 53.

Rao, L-L., Liu, X-N., Li, Q., Zhou, Y., Liang, Z-Y., Sun, H-Y., Zhou, R-L., & Li, S. (2013). Toward a mental arithmetic process in risky choices. *Brain and Cognition*. *83*(3),307 - 314.

Shafer, G. (1988). The construction of probability arguments. In P. Tillers & E. D. Green (Eds.), *Probability and Inference in the Law of Evidence* (pp. 186 - 204). Dordrecht: Kluwer Acedemic Publishers.

Wallsten, T. S., Budescu, D. V., Zwick, R., & Kemp, S. M. (1993). Preferences and reasons for communicating probabilistic information in verbal or numerical terms. *Bulletin of the Psychonomic Society*, *31*,135 - 138.

Windschitl, P. D., & Wells, G. L. (1996). Measuring psychological uncertainty: Verbal versus numeric methods. *Journal of Experimental Psychology*: *Applied*, *2*(4),343 - 364.

Xu, J-H., Ye, X-B., & Li, S. (2009). Communication mode preference paradox among native Chinese speakers. *Journal of Social Psychology*, *149*(1),125 - 129.

杜雪蕾.(2013).文字概率与数字概率在表征不确定性上的共性与特性研究(硕士学位论文).中国科学院心理研究所,北京.

李纾,许洁虹,叶先宝.(2011).中文表达者的"沟通模式偏爱悖论"与"下情上达评价悖论".管理评论,23(9),102—108.

史蒂文·拉克.(2009).事件相关电位基础.范思陆,丁玉珑,曲折,傅世敏译.上海:华东师范大学出版社.(原著出版年:2005)

魏景汉,罗跃嘉.(2010).事件相关电位原理与技术.北京:科学出版社.

第55章　fMRI 功能连接：报酬被概率加权（相乘）

共同作者：周媛

55.1　功能磁共振成像技术与功能连接分析

近年来,随着现代神经科学技术的发展,特别是功能磁共振成像(functional magnetic resonance imaging, fMRI)技术的广泛应用,经济学与神经科学逐渐交叉,脑成像技术开始应用在行为决策和经济学研究中。2002 年诺贝尔经济学奖得主弗农·斯密(Vernon Smith)在颁奖大会上所作的"经济学中的建构主义和生态理性"报告中指出:"新的大脑影像技术激发了神经经济学研究去探索大脑的内在秩序及其与人类决策之间的关系。"(Smith, 2002)利用功能磁共振成像技术研究人在决策过程中的脑活动,其重要意义在于:它将现代信息技术引入经济决策行为的研究,其可能产生的影响难以估量。

目前最为常用的活体脑功能检测技术是基于血氧依赖水平(blood-oxygenation-level dependent, BOLD)的功能磁共振成像技术,即 BOLD fMRI。BOLD fMRI 技术主要依据神经—血管耦联假说,通过检测局部区域的血液含氧量的变化来检测脑内神经细胞的功能活动,即神经细胞的功能活动会引起血液含氧量的变化,而血液含氧量的变化又会引起磁场中磁信号的变化。具体来说,在外加刺激任务的作用下,与该任务有关的脑区神经元产生活动,消耗大量的氧和能量,但同时也伴随着血流的增加和葡萄糖的消耗,其中葡萄糖通过糖酵解途径(即分解成乳酸并释放能量)消耗,属于无氧代谢,因此最终供应的氧大于消耗的氧,使得含氧量增加,脱氧血红蛋白浓度降低。由于脱氧血红蛋白是顺磁性物质,其浓度的减小延长了去相位,改变了 T2* 信号,从而表现为 fMRI 信号的增加(Heeger & Ress, 2002)。相应地,我们称该脑区在刺激任务作用下激活(activate)。需要指出的是,fMRI 获得的是相关刺激引起的大脑局部区域磁共振信号强度的变化,是间接反映神经元活动引起的瞬间生化及生物物理改变。虽然 fMRI 并不是直接测量神经元活动,但 BOLD 信号仍然具有生理意义。研究表明,BOLD 信号更多地反映了神经元活动的局部场电位而不是动作电位(Logothetis, Pauls, Augath, Trinath, & Oeltermann, 2001),其可以为神经细胞活动提供可靠的度量。

传统的基于 fMRI 的脑功能研究多是基于任务激活的,即通过对比任务状态与对照状态脑区信号的变化来判定任务激发的脑活动。这种基于激活区检测的研究方法,已经促进了对决策行为神经基础的理解。尽管激活区检测可以为研究决策行为的神经机制提供大量信息,但是人类完成任何高级功能活动都不是由某一局部脑区独立完成的,而是由许多脑区相互协调和交互作用而实现的。为了理解脑区之间是如何协调和交互作用的,研究者开始从功能连接的角度来研究决策行为。

相对于激活区检测,功能连接分析旨在从功能整合(functional integration)的角度理解脑功能。脑功能连接的概念最早出现在电生理的研究中,在 20 世纪 90 年代初期,英国 Wellcome 实验室的 Karl Friston 博士等人将其扩展到功能影像领域,并将其分为功能连接(functional connectivity)和效应连接(effective connectivity)。功能连接一般被定义为"在空间上分离的神经生理事件在时间上的相关性"(Friston, 1994)。功能连接度量了不同脑区间功能活动的统计依赖关系,即不同脑区之间是否存在功能联系,而不考虑相互作用的方向性。其分析通常是基于数据的,即不依赖于特定的模型。效应连接描述一个脑区是如何对另一个脑区进行作用的,Friston 等人将效应连接定义为"一个神经元系统对另一个神经元系统施加的直接或间接的影响"(Friston, 1994)。效应连接分析需要一个因果或非因果模型:研究者根据需要确定模型中的感兴趣区,之后综合考虑神经解剖、神经生理及功能影像学数据的约束来建立模型。简而言之,功能连接度量的是脑区间是否存在连接关系以及连接关系的强弱,而效应连接度量的是脑区间的信息传递模式。

55.2 应用于研究的问题

我们生活在一个充满不确定的世界里,并在不确定的情况下进行着我们的日常决策。但是,风险情境下人们如何进行决策,仍然是一个尚未解决的基本问题。尽管在该领域的理论发展过程中涌现了许多自认为不同的决策模型,但当前的主流决策模型实际上只研究和采用了一种评价法则——期望法则。即认为决策者在进行风险决策时需要通过计算各选项之报酬与其概率乘积的总和得出该选项的数学期望,然后选择期望值最大的那个选项。

然而,这种"加权"(相乘)的加工运算是否真是人们实际的决策所为仍不得而知。一些行为研究对风险决策期望法则所假定的"加权求和"过程提出了质疑,研究者认为人们实际风险决策中并不执行"加权求和"的加工过程,而是基于单一维度(报酬或概率)来进行决策的(Gigerenzer, Hertwig, & Pachur, 2011; Payne, Bettman, & Johnson, 1993)。

生活中,我们很难从行为观察上来判断风险决策的内在加工机制,因此对于加权求和的期望法则一直都存在争论。决策是一个需要多个脑区参与的复杂的认知过程。这些脑区的活动不是孤立的,而是必须作为一个系统或网络协同进行的。脑功能连接分析为我们提供了一种新的思路来考察风险决策的内在神经机制,从而也为解决上述争论提供了潜在可能。脑功能连接强度被认为能够反映脑区间的协作程度,因此,脑功能连接分析可以用来检测不同脑区间的相互关系和功能整合,这种方法已经被用来研究决策过程中不同脑区间的相互作用(Cohen, Elger, & Weber, 2008; Cohen, Heller, & Ranganath, 2005; Rilling et al., 2008)。

55.3 用 fMRI 功能连接来检验"加权"过程

为了检验风险决策是否遵循加权求和的期望法则,Rao 等人(2012)从脑功能连接的角度提出了独到的见解:通过"加权求和"做决策和"不进行加权求和"来做决策,二者之间表征概率和报酬的脑区间的功能连接强度是不一样的。根据期望法则,人们通过对所有可能结果进行加权求和的方法给每个选项赋值,那么表征概率和报酬的脑区之间应有比较强的协作性,脑区的高功能连接强度可以反映这种紧密的协作性。然而,若报酬和概率间不是加权求和的过程,那么表征报酬的脑区就不必和表征概率的脑区进行协作,从而预期脑区间的功能连接强度不会特别地强。

借助神经影像学的研究手段,Rao 等人(2012)设计了偏好决策和判断决策两个任务,通过对比这两个任务中脑功能连接模式的差异来检验风险决策是否遵循加权求和的期望法则。其基本逻辑是:偏好决策任务要求被试按照自己的偏好进行风险决策,而判断决策任务要求被试先根据"确定当量法"(certainty equivalent method)给每个风险选项赋值,然后选择赋值更大的那个选项。因此,判断决策任务即明确要求被试根据期望法则进行决策。若被试在偏好决策任务中也是根据期望法则做出决策的话,那么,应当会发现偏好决策和判断决策两个任务下表征报酬和概率的脑区间的功能连接强度是相似的。在实验过程中,被试将看到成对的风险选项,每一选项得到奖励或损失结果的概率不同。每一对选项中包括一个高概率(81%～97%)获得/损失中等数量金钱的选项和一个低概率(19%～39%)获得/损失较高数量金钱的选项。每对选项的期望价值相似,期望价值范围为±16 元～±44 元。图 55.1 显示了实验设计。在偏好决策任务中,被试被要求根据自身偏好从两个选项中选择一个。在判断决策任务中,被试被要求首先估计每个风险选项赢钱/失钱的"确定当量",即被试判断"肯定赢或失"多少钱方使得与给定的风险选项无差别;然后,从每对风险选项中选择确定当量较大的那一项。进行实验时,被试并不需要外显地指出每一选项的确定当量。由于确定当量法是基于期望价值决策遵循的补偿性规则(compensatory rule)(Simon, 1956; Tversky, Slovic, & Kahneman, 1990),通过这种操纵,可确保被试在执行判断决策任务时是遵循加权求和的期望法则进行决策。

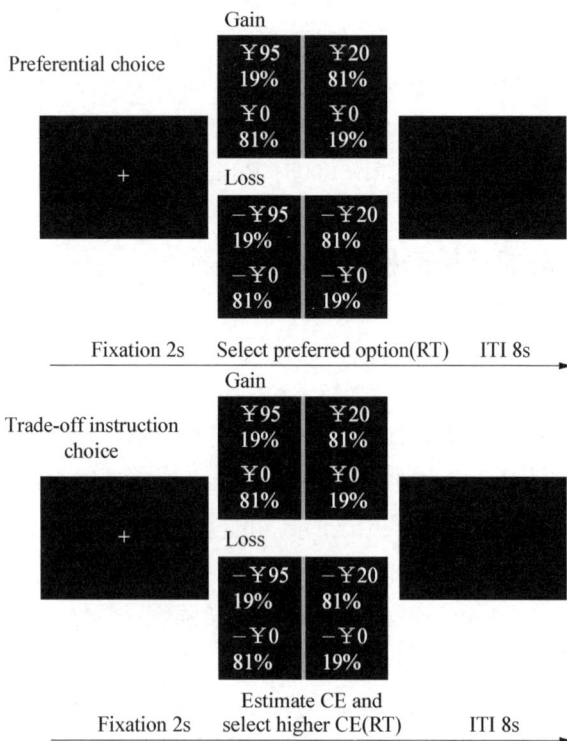

图 55.1 实验任务设计(CE 指确定当量)

基于脑区功能连接模式的分析,该研究将在两个决策任务中共同激活的脑区分成了两个截然不同的网络。一个是概率脑网络(probability network),主要包括双侧前额叶皮层和后顶叶皮层。依据已有的神经科学知识,这些脑区主要涉及数学计算、认知控制与风险信息处理。另一个是报酬脑网络(payoff network),由双侧基底神经节(包括丘脑、背侧及腹侧纹状体等)组成,这些脑区通常参与奖惩信息的处理。研究发现,与偏好决策任务相比,在判断决策任务中报酬脑网络与概率脑网络的部分脑区(左侧外侧前额叶皮层和双侧顶下小叶)间的连接显著增强。这一结果表明偏好决策任务中报酬脑网络和概率脑网络间的功能整合强度不如判断决策任务那般强(如图55.2)。这就提示:在风险决策中,报酬并没有被概率所加权(相乘)。

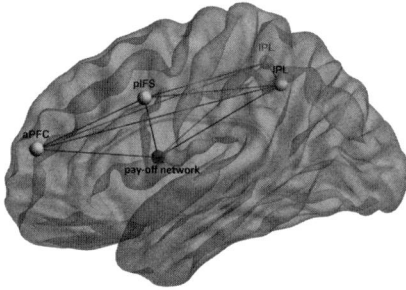

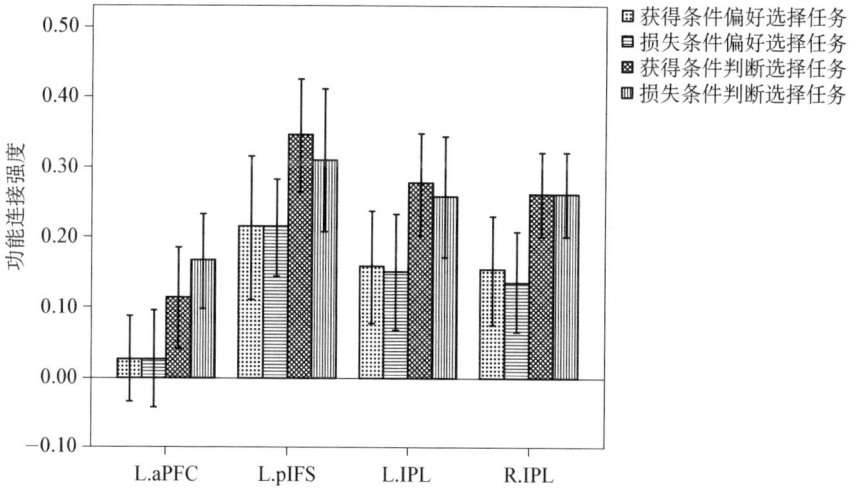

图 55.2 上图为报酬脑网络与概率脑网络示意图;下图为偏好决策和判断决策中报酬脑网络与概率脑网络间的功能连接强度比较。缩写:L. aPFC,左侧前额叶皮层;L. pIFS,左侧后部额下回;L. IPL,左侧顶下小叶;R. IPL,右侧顶下小叶;pay-off network,概率网络。

55.4 讨论与启示

功能磁共振成像技术的出现给神经科学领域的研究和发展提供了前所未有的契

机。神经科学研究者使用 fMRI 技术,根据设计的特定实验任务采集实验数据,能够对脑功能活动进行定量分析,从而确定参与特定任务的脑区,理解其功能;而通过对脑区间功能连接的研究,可以探索在不同任务状态下脑区之间是如何协同交互的,从脑网络角度帮助研究者更好地了解脑的工作机制。

Rao 等人(2012)的研究表明风险决策或并不像期望法则所描述的那样,是一个通过加权求和的方式给选项赋值的过程;相反,更可能是一个基于单个维度(报酬或概率)的决策过程。期望法则将人们的风险决策行为描述为期望值最大化过程,但它并没有揭示风险决策的实质,也许指导人们做风险决策的原则根本就不是期望法则。脑功能连接分析方法,从功能整合的角度为研究决策行为的神经机制提供了新的视角,能够加深我们对风险决策内在机制的理解。

致谢:本章的写作部分得到国家重点基础研究发展规划(973)项目(2011CB711002)、国家自然科学基金面上项目(31170976)、中国科学院知识创新项目(KSCX2 - EW-J - 8)和中国科学院心理研究所青年科学基金项目(Y0CX163S01)的资助。

参考文献

Cohen, M. X., Elger, C. E., & Weber, B. (2008). Amygdala tractography predicts functional connectivity and learning during feedback-guided decision-making. *Neuroimage*, *39*(3), 1396 - 1407.

Cohen, M. X., Heller, A. S., & Ranganath, C. (2005). Functional connectivity with anterior cingulate and orbitofrontal cortices during decision-making. *Cognitive Brain Research*, *23*(1), 61 - 70.

Friston, K. J. (1994). Functional and effective connectivity in neuroimaging: A synthesis. *Human Brain Mapping*, *2*(1-2), 56 - 78.

Gigerenzer, G., Hertwig, R., & Pachur, T. (2011). *Heuristics: The foundations of adaptive behavior*. New York: Oxford University Press.

Heeger, D. J., & Ress, D. (2002). What does fMRI tell us about neuronal activity? *Nature Reviews Neuroscience*, *3*(2), 142 - 151.

Logothetis, N. K., Pauls, J., Augath, M., Trinath, T., & Oeltermann, A. (2001). Neurophysiological investigation of the basis of the fMRI signal. *Nature*, *412*(6843), 150 - 157. doi: 10.1038/35084005.

Payne, J. W., Bettman, J. R., & Johnson, E. J. (1993). *The adaptive decision maker*. New York: Cambridge University Press.

Rao, L. L., Li, S., Jiang, T., & Zhou, Y. (2012). Is payoff necessarily weighted by probability when making a risky choice? Evidence from functional connectivity analysis. *PLoS ONE*, *7*(7), e41048. doi: 10.1371/journal. pone. 0041048.

Rilling, J. K., Goldsmith, D. R., Glenn, A. L., Jairam, M. R., Elfenbein, H. A., Dagenais, J. E., ... Pagnoni, G. (2008). The neural correlates of the affective response to unreciprocated cooperation. *Neuropsychologia*, *46*(5), 1256 - 1266.

Simon, H. A. (1956). Dynamic programming under uncertainty with a quadraticcriterion function. *Econometrica*, *24*, 74 - 81.

Smith, V. L. (2002). Prize Lecture: Constructivist and Ecological Rationality in Economics. Retrieved from http://www.nobelprize.org/ncbel_prizes/economic-sciences/laureates/2002/smith-lecture.html.

Tversky, A., Slovic, P., & Kahneman, D. (1990). The causes of preference reversal. *The American Economic Review*, *80*, 204 - 217.

第56章 双生子研究：风险倾向领域特异性的形成

共同作者：宣艳华、郑蕊

　　自从 1874 年英国学者 Galton 在人类遗传学研究中首次应用双生子研究范式以来，迄今该方法已被广泛用于医学遗传、行为遗传等诸多领域（Plomin, 2008）。1924年，Merriman 率先将该方法运用于心理学领域有关智力的研究中，自此，很多心理学家都将双生子研究范式作为探究遗传和环境对心理变量影响机制的重要手段，并将该方法大量应用于心理疾病（Sullivan, Kendler, & Neale, 2003）、认知能力（Plomin & Spinath, 2004）和人格（Yamagata et al., 2006）等研究领域。近十几年来，随着统计学和计算机技术的发展，更使得双生子领域出现了一些新的研究方法和理论，如结构方程模型、多变量设计、组合设计等，这些新的研究方法为心理学领域甄别个体心理状态、行为特征和心理疾患中遗传因素的影响作用提供了更为有效的证据。

　　具体而言，双生子研究范式是基于同卵双生子（Monozygotic Twins, MZ）和异卵双生子（Dizygotic Twins, DZ）在遗传因素和环境因素上相似性的差异来构建数学模型，从而厘清两个因素对行为或特质的具体影响程度。在遗传因素上，MZ 是由单个受精卵因未知原因分裂发育而产生的两个在遗传上完全相同的个体；DZ 则是由两个卵子分别受精发育而来，同其他同胞一样，他们在遗传上有 50% 的相似性。在环境因素上，无论是 MZ 还是 DZ，两人的共享环境效应都是完全相同的，而独特的非共享环境却各不相同。MZ 和 DZ 在遗传和环境相似性上的数量关系（Plomin, 1989）如表

56.1所示。通过将MZ和DZ双生子情境中的方差分解为遗传分量、共享环境分量和非共享环境分量可以计算单变量的遗传度,了解环境和遗传对于性状的影响程度,从而了解环境变化对性状改善的程度范围。而通过多变量的交叉协方差分析可以计算两个性状在遗传和环境起源上的相关,有时行为或特征在遗传上的相关可以从进化的角度揭示不同特质的发展和演化的规律,为我们更好地理解行为机制和来源提供证据。

表56.1 同卵和异卵双生子之间的遗传和环境相似性

	可加性遗传(A)	非可加性遗传(D)	共享环境(C)	非共享环境(E)
同卵双生子(MZ)	100%	100%	100%	0%
异卵双生子(DZ)	50%	25%	100%	0%

　　双生子研究方法为我们了解遗传和环境对于心理行为和特质的影响程度提供了有效的手段,而厘清遗传和环境的影响是了解特定基因作用,以及了解各种环境因素影响心理行为和特质的必要前提。此外,双生子研究还可以为传统的心理学研究打开新的视角:一些在行为上看起来似乎并不太相关的特质,有时可能却在遗传上具有很高的相关。揭示这些变量在遗传基因上的重叠以及在进化上的演化关系,可以为我们理解行为或特质的演化、发展机制提供全新的视角。例如,拖延和冲动看似是两种毫不相关的行为,但是Gustavson等人(2014)却通过双生子多变量遗传分析发现,它们在遗传上的相关系数基本为1(完全相关),说明拖延和冲动之间存在完全的遗传重叠(genetic overlap),即影响两者的遗传因素是相同的。因此,从进化的角度来讲,冲动的基因也导致了个体的拖延,拖延是冲动的演化副产物(Gustavson, Miyake, Hewitt, & Friedman, 2014)。众多的双生子研究为揭示心理行为、特质、疾病等的遗传程度和发展演化机制提供了新证据,因此我们也尝试将这一方法运用于决策领域的研究。

56.1　应用于研究的问题

　　以往研究表明,并非所有风险对人们而言都是"生而平等"的(Not all risks are created equal)(黄贵海等,2013)。比如,一个在股票市场上挥斥方道的人,却不敢乘坐过山车。Weber等人最先系统地提出了风险倾向的领域特异性,即人们的风险倾向并非一种稳定的态度或特质,具有跨领域的特异性(Weber, Blais, & Betz, 2002)。

基于这一观点，Weber 等人(Blais & Weber, 2006；Weber, Blais, & Betz, 2002)编制了风险倾向领域特异性问卷(domain-specific risk-taking scale, DOSPERT)(2002, 2006)，并调查发现人们的风险倾向具体可以划分为五个领域，即金融(financial)、健康/安全(health/safety)、娱乐(recreational)、道德(ethical)和社会(social)。Kruger 等人(2007)则从进化心理学视角出发，提出了与人类生存和繁衍息息相关的五个基本的风险倾向领域：组间竞争(between-group competition)、组内竞争(within-group competition)、婚配和配偶吸引中的资源分配(mating and resource allocation for mate attraction)、环境风险(environmental risks)和生殖风险(fertility risks)(Kruger, Wang, & Wilke, 2007)。与此同时，我国学者谢晓非等人(Hu & Xie, 2012)在前人研究的基础上，修订了中国版的 DOSPERT 问卷，验证了风险倾向的领域特异性的存在。她们的研究显示中国人的风险倾向也可划分为五个领域：道德(ethical)、娱乐(recreational)、健康/安全(health/safety)、赌博(gambling)、社会—投资(social-investment)领域。

需要指出的是，以往有关风险倾向的领域特异性研究都是通过采用因素分析等统计方法认定人们的风险倾向可以被划分为几个独立的、特异的领域，以及检验人们在这些领域上的风险倾向有何不同。然而，这种方法只能用来发现风险倾向在领域间的差异，却不能为我们揭示是什么造就了这种差异。因此，我们不禁有 2 个问题要问：(1)除了统计意义上(因素分析)的证据能支持风险倾向的领域特异性，我们还能否提供其他证据，能确凿无误地表明所谓的特异风险倾向领域是独立存在的？(2)在形成不同的风险倾向领域之际，是遗传还是环境因素的影响更大？

双生子研究范式为我们提供了一个划分领域特异性的新视角：即从遗传和环境因素对不同领域风险倾向的作用机制出发，探究领域特异性的行为遗传学基础。李纾课题组(Wang, Zheng, Xuan, & Li, 2014；2015)综合前人研究，编制了适合中国人的风险倾向领域特异性问卷。而后，通过中国科学院心理研究所北京双生子库(BeTwiSt)完成数据采集工作，共招募 18 岁以上成年双生子被试 240 对(其中同卵双生子 151 对，异卵双生子 89 对)，计算了各个领域风险倾向的遗传度，并通过多变量模型探究了风险倾向各领域之间相关性的来源，采用元分析技术对以往各领域风险倾向的双生子研究进行了综述。下面，我们以金融和娱乐领域的结果为例，对双生子方法在风险决策领域的应用做一简单介绍。

56.2　风险倾向的遗传度研究：单变量模型

单变量模型是指通过将 MZ 和 DZ 双生子情境中的方差分解为遗传分量、共享环境分量和非共享环境分量,从而计算遗传、共享环境、非共享环境所能解释的个体差异的比例(Plomin, 2008)。如表 56.1 中所示,影响一个表型的总的遗传效应可以分解为加性遗传 A(additive genetic effect,指多个位点等位基因的累加作用)、显性遗传 D(dominant genetic effect,指单个位点显性基因的直接作用),环境效应可以分解为共同环境 C(shared environmental effect,指一对双生子共同经历的环境因素的效应)和特殊环境效应 E(unique environmental effect,指双生子个体分别经历的环境因素的效应)。如图 56.1 所示,MZ 的加性遗传和显性遗传的效应相同,DZ 只共享一半的加性效应和 1/4 的显性效应(1/2A+1/4D)。无论是 MZ 还是 DZ,两人的共同环境效应是相同的。在选择模型时,如果 MZ 之间表型相关系数 r 大于 DZ 的两倍时,提示拟合 ADE 模型,如果 MZ 相关系数 r 小于 DZ 相关系数 r 的两倍时,则提示拟合 ACE 模型。AIC 值或 χ^2 值等拟合优度指标可以评价模型的拟合优度,模型中 A 和 D 所占的比例就反映了风险倾向行为或特征受到遗传因素影响的程度。

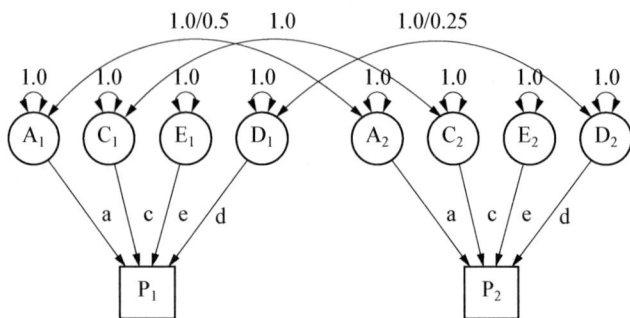

图 56.1 单变量模型示意图

表 56.2 展示了金融和娱乐领域风险倾向单变量遗传的最优拟合模型。研究结果显示,金融领域风险倾向的最优拟合模型是 AE 模型 ($a^2 = 0.39$, $e^2 = 0.61$),遗传因素能够解释 39% 的整体差异,非共享环境能够解释 61% 的整体差异,而共享环境几乎不起作用。娱乐领域风险倾向也最符合 AE 模型 ($a^2 = 0.48$, $e^2 = 0.52$),遗传和非共享环境能够解释 48% 和 52% 的整体差异,共享环境不发挥作用。从结果可知,遗传因素对金融和娱乐领域的风险倾向都起到中等程度的影响,娱乐领域风险倾向遗传度要略高于金融领域,金融领域的风险倾向受到环境影响的程度高于娱乐领域。这一结果意味着教育、传媒以及社会环境等影响因素对人们在金融领域风险偏向上作用的程度要高于娱乐领域。

表 56.2　金融和娱乐领域风险倾向单变量最优拟合模型

| 领域 | 模型 | AIC | χ^2 | df | p | Change from full model | | | a^2 | c^2 | e^2 |
						$\Delta\chi^2$	Δdf	p	(95%CI)	(95%CI)	(95%CI)
金融	AE	−6.31	1.69	4	0.79	0.00	1	>0.05	0.39 (0.25−0.51)		0.61 (0.49−0.75)
娱乐	AE	−4.95	3.05	4	0.55	0.00	1	>0.05	0.48 (0.35−0.59)		0.52 (0.41−0.65)

56.3　风险倾向不同领域间的相关研究:多变量模型

多变量遗传分析技术可以用于探讨遗传和环境对多个行为或特征间共变关系的影响(Plomin, 2008)。通过比较同卵和异卵双生子的跨特征、跨个体的相关系数(cross-trait cross-twin correlation),也就是双生子中一人的特征 X 与另一人的特征 Y 之间的组内相关系数,多元遗传模型可以估算出两个特征(或同一特征的两个时期)的相关在多大程度上源于相同的遗传因素和环境因素(如图 56.2 所示)。通过遗传相关系数(genetic correlation)、共享和非共享环境相关系数(shared and non-shared environmental correlations)等参数的估计可以评估两个特征的遗传因素、共享环境因

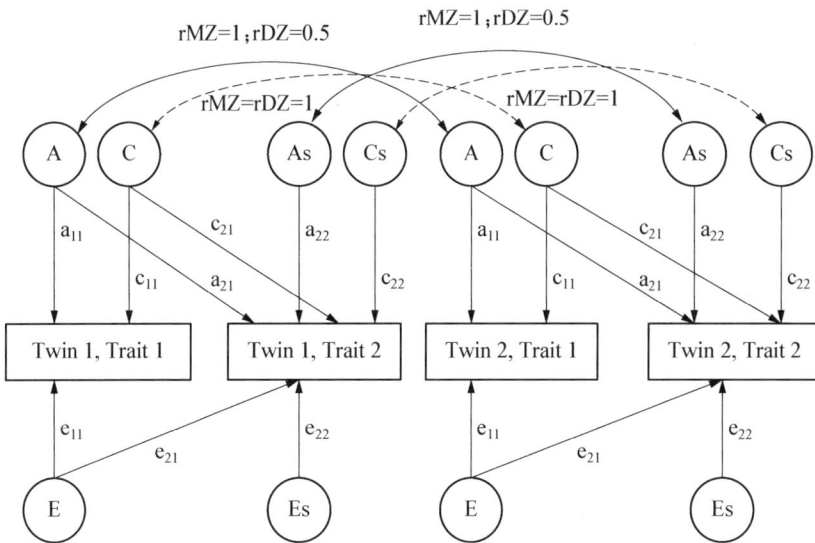

图 56.2　双变量 AE 模型示意图

素和非共享环境因素之间的重叠程度。需要注意的是,两个特征之间的遗传相关系数与各自的遗传度无关,高遗传度并不意味着两个特质的遗传之间有高度的相关,比如身高和智商的遗传度都很高,但它们之间的遗传相关数则较低(Beauchamp, Cesarini, Johannesson, Lindqvist, & Apicella, 2011)。同样,两个特征本身的遗传度不高,并不意味着它们之间的遗传相关就一定低。

我们的研究发现金融和娱乐领域的风险倾向存在中等程度的相关(表型相关系数 $r=0.26$)。遗传分析结果表明,金融和娱乐领域风险倾向在遗传上的相关系数为 $r_g=0.32$,置信区间为 $[0.07, 0.54]$,在非共享环境上的相关系数为 $r_e=0.20$,置信区间为 $[0.05, 0.33]$。这一结果表明,整体上金融和娱乐领域风险倾向在遗传上呈现出中等偏低水平的相关,且其相关性大部分来自于遗传,也有一小部分来自于非共享环境。从进化的角度来看,决定金融领域风险倾向的基因有一小部分也决定了娱乐领域的风险倾向。

56.4　风险倾向领域特异性的双生子元分析研究

遗传率是描述某一时期内、某一群体中遗传差异对个体间观测差异的贡献的统计量。在不同的群体或不同的时期内,环境或遗传影响可能不同,遗传率估计也会不同。遗传率的大小可以反映该性状变异传递给后代的可能程度。行为遗传学研究获得的遗传度和环境效应等估计值并不是绝对的,他们会由于基因库或者大环境的改变而改变,元分析有助于排除这种变异对于遗传度结果的影响,得到对于行为和特质的更加准确的估计结果。

我们对七个领域的风险倾向遗传度研究进行了元分析,以下以金融领域元分析研究的结论做一简单汇报。首先,我们采用"twin"、"genetic"和"financial risk"、"economic risk"等为检索术语,在 PubMed, PsycInfo, Science Direct, Web of Science 和 EBSCO 等数据库中检索了 2014 年 9 月 1 日之前金融风险领域的双生子研究,对文章中报告的被试群体、评估变量、实验方法、双生子类型、被试数量、效应量等指标进行了编码,并整合了文献中报告的 MZ、DZ 的被试数量和同一性状表型的相关系数。其次,我们对检索出的文献做了进一步的独立性检验:将来自不同样本库的被试群体看成是独立的样本,如果不同的研究采用了同一批被试,那么就从中选择样本量最大的研究或者将这几个研究的效应量结果进行加权平均再进行进一步分析。排除了不符合纳入标准或者没有报告被试量、效应量的文章后,我们最后确定了 10 篇文章纳入元分析。现有的分析中使用的效应量 r 是指类内或皮尔逊积差相关。我们通过模型拟合程序 Mx(Neale, Boker, Xie, & Maes, 2003)对所有数据进行分析,估计了遗传和环境影响的相对贡献。

金融领域风险倾向结果如表 56.3 所示,金融领域风险倾向遗传的最优拟合模型是 AE 模型,遗传解释了 29% 的总体变异,非共享环境解释了 71% 的总体差异,共享环境几乎不发挥作用。金融领域的遗传度元分析结果与上文中实验的结果基本一致,即遗传因素对金融领域的风险倾向能够起到中等程度的影响作用。

表 56.3　金融领域风险倾向最优拟合模型参数

风险领域	模型	AIC	χ^2	df	a^2	c^2	e^2
金融	AE	27.833	85.833	29	0.292 4	—	0.707 6

56.5　讨论与启示

我们的世界充满了风险和不确定性,了解风险倾向差异的起源和发展,对于我们理解人类的行为有着重要的意义。如果说以往的研究者是通过采用因素分析等方法,从心理测量与心理统计的层面上揭示出风险倾向的领域特异性,那么双生子的研究的范式或可为我们了解风险倾向提供一种新的视角,即从行为遗传学的视角出发,探究风险倾向各维度在起源和发展上的差异。其证据或能更令人信服地判别哪些风险倾向领域确实是特异性的,亦有助于揭示出风险的领域特异性是否在生命形成之初就存在于我们的遗传密码中。同时,双生子的研究范式也为我们揭示出哪些风险领域受遗传因素影响更大,而哪些风险领域受环境影响更大。基于双生子研究范式,我们知道如果一个领域特异性的风险行为受遗传因素的影响较大,则外界的干预可能对其行为的改变的影响作用较小;而一个领域特异性的风险行为受环境因素的影响较大,则一定的干预和预防措施可能会影响着行为的塑造和发展。因此,对于风险各领域决定因素的探讨有助于人们在日常生活中更为有效地实施风险管理。目前,行为遗传学正处于从数量遗传学为主导发展到与分子遗传学相整合的过渡时期,未来的研

图 56.3　匈牙利国家美术馆展品——《Twin》(双生子)

究可以通过更加多元的研究方法帮助研究者重新审视决策领域相关变量形成和发展的规律。

致谢:感谢中国科学院心理研究所北京双生子库(BeTwiSt)为本研究提供的样本支持,感谢中国科学院心理研究所的陈杰老师和罗宇老师在双生子研究方法上的指导,感谢周媛、饶俪琳、梁竹苑在研究设计方面的出谋划策,感谢王赟、周蕾、刘扬、杨柳青、郑党、刘洪志等同学帮助收集研究数据。本章的写作部分得到国家重点基础研究发展规划(973)项目(2011CB711002)、国家自然科学基金面上项目(31170976)、中国科学院知识创新项目(KSCX2 - EW - J - 8)和中国科学院心理研究所青年科学基金项目(Y0CX163S01)的资助。

参考文献

Barnea, A., Cronqvist, H., & Siegel, S. (2010). Nature or nurture: What determines investor behavior? *Journal of Financial Economics*, 98(3), 583 - 604.

Beauchamp, J. P., Cesarini, D., Johannesson, M., Lindqvist, E., & Apicella, C. (2011). On the sources of the height-intelligence correlation: New insights from a bivariate ACE model with assortative mating. *Behavior Genetics*, 41(2), 242 - 252.

Blais, A.-R., & Weber, E. U. (2006). A domain-specific risk-taking (DOSPERT) scale for adult populations. *Judgment and Decision Making*, 1(1), 33 - 47.

Cesarini, D., Johannesson, M., Lichtenstein, P., Sandewall, Ö., & Wallace, B. (2010). Genetic Variation in Financial Decision-Making. *The Journal of Finance*, 65(5), 1725 - 1754.

Eisen, S. A., Lin, N., Lyons, M. J., Scherrer, J. F., Griffith, K., True, W. R., ... Tsuang, M. T. (1998). Familial influences on gambling behavior: an analysis of 3359 twin pairs. *Addiction*, 93(9), 1375 - 1384.

Gustavson, D. E., Miyake, A., Hewitt, J. K., & Friedman, N. P. (2014). Genetic Relations Among Procrastination, Impulsivity, and Goal-Management Ability Implications for the Evolutionary Origin of Procrastination. *Psychological Science*, 25(6), 1178 - 1188.

Hu, X., & Xie, X. (2012). Validation of the domain-specific risk-taking scale in Chinese college students. *Judgment and Decision Making*, 7(2), 181 - 188.

Kruger, D. J., Wang, X., & Wilke, A. (2007). Towards the development of an evolutionarily valid domain-specific risk-taking scale. *Evolutionary Psychology*, 5(3), 555 - 568.

Merriman, C. (1924). The intellectual resemblance of twins. *Psychological Monographs*, 33(5), i.

Neale, M., Boker, S., Xie, G., & Maes, H. (2003). Mx: Statistical modeling. Richmond, VA: Department of Psychiatry. *Virginia Institute for Psychiatric and Behavior Genetics*, *Virginia Commonwealth University*.

Plomin, R. (1989). *Environment and genes: Determinants of behavior* (Vol. 44): American Psychological Association.

Plomin, R. (2008). *Behavioral genetics*: Macmillan.

Plomin, R., & Spinath, F. M. (2004). Intelligence: Genetics, Genes, and Genomics. *Journal of Personality and Social Psychology*, 86(1), 112 - 129.

Slutske, W. S., & Richmond-Rakerd, L. S. (2014). A closer look at the evidence for sex differences in the genetic and environmental influences on gambling in the National Longitudinal Study of Adolescent health: from disordered to ordered gambling. *Addiction*, 109(1), 120 - 127. doi: 10.1111/add.12345.

Slutske, W. S., Zhu, G., Meier, M. H., & Martin, N. G. (2011). Disordered gambling as defined by the Diagnostic and Statistical Manual of Mental Disorders and the South Oaks Gambling Screen: evidence for a common etiologic structure. *Journal of Abnormal Psychology*, 120(3), 743 - 751. doi: 10.1037/a0022879.

Sullivan, P. F., Kendler, K. S., & Neale, M. C. (2003). Schizophrenia as a complex trait: evidence from a meta-analysis of twin studies. *Archives of General Psychiatry*, 60(12), 1187 - 1192.

Wang, X. T., Zheng, R., Xuan, Y, Li, S. (2014, November). *The Origins of Domain Specific Risk Taking-Evidence From Twin Study and Meta-Analyses*. Society for Judgment and Decision Making 35th Annual Conference. Long Beach, California.

Wang, X. T., Zheng, R., Xuan, Y, Li, S. (2015, May). *Partition genetic and environmental contributions to domain-specific risk taking: A twin study and meta-analyses*. Paper at the 27th Annual Human Behavior and Evolution

Society Conference , Columbus, Missouri.

Weber, E. U. , Blais, A. R. , & Betz, N. E. (2002). A domain-specific risk-attitude scale: Measuring risk perceptions and risk behaviors. *Journal of Behavioral Decision Making* , 15(4),263 - 290.

Yamagata, S. , Suzuki, A. , Ando, J. , Ono, Y. , Kijima, N. , Yoshimura, K. , ... Spinath, F. M. (2006). Is the genetic structure of human personality universal? A cross-cultural twin study from North America, Europe, and Asia. *Journal of Personality and Social Psychology* , 90(6),987 - 998.

黄贵海,周坤,孙悦,饶俪琳,唐辉,李纾,梁竹苑.(2013).澳门人少涉赌是规避风险还是规避后悔? 心理科学,36(6), 1447—1450.

第八篇 超越实证（What is beyond）

第57章　基于"价"与基于"值"的文化划分

> 性交不是文化,婚内性才是文化。
>
> 没有文化也是一种文化。

Amos Tversky 做了一件事:证明了"**应该**"(should)与"**实际**"(actual)偏好性决策间存在沟壑,并尝试假预期理论填补这一沟壑。

Gerd Gigerenzer[①] 做了一件事:证明了用"**简捷启发式**"做预测性决策,不比那些复杂的"理性分析式"模型差,甚至更好。

本书作者意欲做一件事:证明"**齐当别**"规则不时助我们应对人生充满万变的决策,采用这个规则会使我们**糊涂得**更容易达成决策。

当作者将读者带入本书的最后一篇时,人们或许会发问,若根据"齐当别"做决策,其决策会是怎样的决策?

这个问题或引发三方面的思考。

---

① 原中文译名字为哥德·吉戈伦尔,2005 年来心理所时荆其诚研究员为其改译名为"吉仁泽"。荆先生曾为 1978 年诺贝尔经济学奖获得者 Herbert Simon 取中文名为"司马贺"。Gigerenzer 领导的 Adaptive Behavior and Cognition (ABC)研究团队产生了日益重要和深远的学术影响。

57.1 聪明乎？智慧乎？

本书根据"描述选项的表征空间"是否被改造,分为 2 种表征空间。将在给定的表征空间(representation space)里做出的"好"决策视为"聪明"决策,将在改造后的表征空间里做出的"好"决策视为"智慧"决策。那么,能主动生成新维度的"智慧"决策比不能主动生成新维度的"聪明"决策更好吗?

其实,在给定的表征空间里既可以做"补偿性＋整体"的决策,也可以做"非补偿性＋维度"的决策。同理,在改造给定的表征空间后既可以做"补偿性＋整体"的决策,也可以做"非补偿性＋维度"的决策。

重要的是,在这两种表征空间里,我们均可以采用"齐当别"规则做决策。只是"聪明"决策的最重要维度只能局限于给定的表征空间;而"智慧"决策的最重要维度既可能来自给定的表征空间,也可能来自改造后的表征空间。相较而言,"智慧"决策选择"最重要维度"的自由度更大些。

一旦采纳了"齐当别"决策规则,我们无论选择哪一个选项,心底就该十分明白:总会有得不到的结果(如,第一篇第 1 章图 1.2 中被齐同的阴影部分),总会有必须舍弃的东西。若在给定的表征空间里做决策,那么舍弃的是未选(not-chosen)项在差别不大维度上的结果(如,选择不跟从耶稣,少年富人就得舍弃"可能领受天国的财宝");在改造后的表征空间里做决策,舍弃的是未选项本身(如,孔融让出的大梨子)。

简言之,无论在哪一个表征空间里采用"齐当别"做决策,我们都会变得**糊涂**——明明知道将失去的东西就在那里,不增不减,却仍硬生生将差异"齐同"掉,该舍就舍,该弃就弃(李纾,饶俪琳,许洁虹,2010)。

57.2 好决策？坏决策？

"齐当别"规则不强调人们应该**选择什么**,只强调为达成决策,必须"**齐同**"掉什么。那么,根据"齐当别"做决策,会给我们带来更好的决策结果(decision outcome)吗?

若诸选项间存在一个"强占优"的选项,决策者应该能轻松、快速地**判断**出哪一个选项是"好"的选项,**选择**占优的选项无疑是"好"的决策。"齐当别"作为"弱占优"原则的特例,自然会引导人们选择"占优"的选项,其决策结果也就会被认为是好的。

然而,如果人们选择了"被占优"(dominated)的选项,能就此判断所做的决策是"坏"决策吗? 我们的研究表明:即使选择了"被占优"的选项(如,孔融选小梨让大梨;

小威廉选 5 分弃 1 角硬币),这种表面的"吃亏"仍然会给人们带来实实在在的"真利"。之所谓"吃亏是福"是也。本书第二篇所报告的研究发现,诱使人们选择吃亏选项的是"后福"——赋在潜在维度上的延迟获益,这些研究为中国文化中的"吃亏是福"提供了实证证据的支持(唐辉,周坤,赵翠霞,李纾,2014)。

"齐当别"对"吃亏是福"的可能解释是:决策者在决策过程中不是被动地在"给定特征或维度集"上做选择,而是会主动地改造表征选项的特征或维度集,并给额外生成的特征或维度赋予"延迟"获得的值。这种"改造'空间'并赋'延迟'值"的加工过程,是做出种种吃亏决策的主因(唐辉,周坤,赵翠霞,李纾,2014)。

从基于"值"的角度看选择,一次性的选择并无对错、好坏之分。正所谓"塞翁失马,焉知祸福"。只要决策者的生命还在延续,还有继续做决策(还有再次选择)的机会,也就无从评定此次决策的质量(好坏)。因此可推测,**决策机会**是能否对决策质量做判断的重要调节变量。

以行为经济学的角度看,所谓决策机会即是**博弈次数**(times of playing)。

诺贝尔经济学奖获得者 Samuelson 于 1963 年首次考察了人们在单次和多次博弈条件下的决策行为。一次午餐时,他向同事们提议做一个看似很有吸引力的掷硬币游戏,如果正面朝上,掷币者将获得 \$200,如果反面朝上,掷币者将损失 \$100。即,50% 的概率获得 \$200,50% 的概率损失 \$100。其中一个同事拒绝玩这个游戏,并表示如果让他玩 100 次的话,他才愿意接受这个游戏。Samuelson(1963)在随后撰写的一篇专门论述这一现象的文章中,将这种偏好重复多次博弈的行为称为"大数谬论"(a fallacy of large numbers)。后继的大量实验研究表明,人们在单次和多次博弈下的决策行为有着本质的不同。人们面临风险决策时,若行动方案只执行一次(single-play),人们并不会自觉地遵循补偿性规则,而是遵循启发式决策策略,即不整合所有信息,而只根据一个或某几个维度做出决策;若行动方案执行多次(multiple-play),人们才情愿遵循补偿性规则,选择具有较大期望值的行动方案。因此,从多次博弈到单次博弈,不单单是一种博弈次数上的变化(量变),更体现了从期望法则到非补偿性法则这两种策略之间的转变(质变)(孙红月,苏寅,周坤,李纾,2011)。

以进化心理学的角度看,所谓决策机会即是**生命史**(life-history)。

在生物的进化过程中,决策无休无止、无所不在地进行着。这也是为什么亚马逊创始人 Jeff Bezos 强调"是选择塑造了我们的人生"的原因。

每个生物体的生命全程,都是一个不断从环境中获取如能量、食物、时间、金钱、配偶等生存和繁衍所必需的信息和资源,并且利用这些信息和资源从事各种生命活动的过程。但依生命史理论(life-history theory)的假设,在特定的生命历史时期,个体会选择将有限的资源分配给相对重要的活动。从进化生物学的角度来看,受生理基础的限制,个体所能获得和利用的能量是有限的,所以在不同的生命活动中所投入的时间和精力也会受到限制。因此,个体生命所剩的时日和资源的储量也决定着个体是否还有决策机会。比如,蜜蜂会依据特定的生命历史时期,决定是否冒险出巢采蜜;人类在体内血糖含量较低时,其跨期选择表现出较大的折扣行为(Wang & Dvorak, 2010);人血糖的波动会影响感知异性之间交友(择偶)意向(Rao, Wang, & Li, 2015)。

一言蔽之,未到"盖棺定论"之时①,我们永远不知决策的质量是好还是坏。面对林林总总的选择,左右为难之时,"齐当别"规则能助人更容易、更心安地达成决策。至于选的哪一个选项是好的,哪一个选项是坏的,真是不重要。只要日后还有机会继续选择,就真没有必要为谋得某一选项而不择手段,更不值得因得不到某一选项而觅死觅活。俗语有云:"留得青山在,不怕没柴烧。"福州方言也说:"索(一)下踩勿死,就将骹(脚)搬开(意为:如果不能致人死地,就放人一条生路)。"

57.3 存于两类空间的习俗和文化

在 20 世纪 50 年代末期,我国社会主义建设时期的总路线是"多快好省地建设社会主义"。

在如今 21 世纪信息爆炸的时代,我们每时每刻,都在做着大量或难或易的决策。考虑采用"齐当别"规则会使我们**糊涂得更容易达成决策**,该规则或许可以帮助我们避免决策冲突,从而做出更多(个)、更快(速)、更省(时)的决策。

至于"总路线"所指的"好"的标准,齐当别模型则无法满足。这是因为,出于决策机会的考虑,人们无从评定单次决策是好决策还是坏决策。既然单次决策无好坏、对错之分,那么,是否能以无对错之分的**文化**对本书所讨论的决策进行划分?

从词源上讲,文化(culture)一词在西方来源于拉丁文"cultura",原义是指农耕及对植物的培育。在中国的古籍中,"文"既指文字、文章、文采,又指**礼乐**制度、**法律**条文等;"化"是"教化"、"教行"的意思。从社会治理的角度而言,"文化"是指以礼乐制度(即等级制度)教化百姓。

史上有多种文化的划分:如,"希伯来—希腊文化体系"(Hebrew-Hellenistic cultural system)、东方文化与西方文化、集体主义与个人主义文化(Triandis, 1995),

---

① 数年前,曾听说,当要求吸毒成瘾者在 Likter 量表上比较"性交"与"吸毒"之间的快感差别时,瘾君子竟可以将 2 者锚定在量表的 2 个极端。于是,与亲近的朋友笑约,假如能确定明天将死,今天一定倾囊买毒品体验一把。

不一而足。

Triandis 等人(1995)将文化分为 4 种类型:水平个人主义,强调个体的独特性并且个体间是平等的;垂直个人主义,强调个体独立性,但群体中存在等级,强调通过竞争达到层级的最顶端;水平集体主义,强调与集体的关系并且个体间是平等的,重视共情、社交及合作;垂直集体主义,强调与集体的关系,但群体中存在等级,提倡为组织做出牺牲,重视团体凝聚力,服从规范与权威。

本书作者在此试提出一种新的、与众不同的文化划分体系,即,依决策者是否改造"描述选项的表征空间"而划分出 2 种文化:"不改造表征选项空间的文化"与"改造表征选项空间的文化"。

借助文化冰山结构的隐喻,表 57.1 勾勒了这 2 种文化所属的各种表现形式、行为规范和行为方式层面、价值层面的核心或典型内容。在**不改造表征选项空间的文化中**,人们所做的决策是基于"价"的选择(value-based choice),而在**改造表征选项空间的文化中**,人们所做的决策是基于"值"的选择(worth-based choice)。

表 57.1 基于"价"与基于"值"的文化划分:以不同表现形式、行为规范和行为方式层面、价值层面构建的文化冰山

文化冰山结构 (各种表现层面)	文化划分	
	不改造表征选项空间的文化 Value-based 的文化	改造表征选项空间的文化 Worth-based 的文化
风尚 习俗 衣	重要节日有自己传统服装可穿 礼服、常服、睡衣分明	重要节日无自己传统服装可穿 男女装混穿、功能多用(藏袍、南美 APEC)(图 57.1)
食	佐料配方:论斤两毫克 食谱:200 度烤 20 分钟 菜单一清二楚:土豆烧牛肉、当归面 筋汤 茶名:红茶、花茶、绿茶 一人一案的分餐制:各自买单/AA 制	佐料配方:加盐少许 食谱:小火炖至收汁 菜单不知所云:佛跳墙、半月沉江 茶名:大红袍、金毛猴、铁观音 围桌合食的共餐制:一人为所有人买单
住	螺蛳壳里做道场 房间功能单一(厨、客、卧分开)	园林建筑的"借景" 房间具综合功能(厨、客、卧合一)
行	排队,红灯停绿灯行 以"东南西北"定向	不排队,见红灯绕着走 以"前后左右"定向
社交	您好	吃了没有
助人	同伴的钱被偷 小男孩:我将口袋里的钱都给他	同伴的钱被偷 小女孩:我陪她一起哭
恋爱	有爱就要说出来 分手后:一刀两断	将爱深埋在心底 分手后:藕断丝连

文化冰山结构 (各种表现层面)	文化划分	
	不改造表征选项空间的文化 Value-based 的文化	改造表征选项空间的文化 Worth-based 的文化
抚育 赡养	父母有义务抚育未成年子女; 子女无义务赡养年老父母	父母义务抚育未成年子女; 子女义务赡养年老父母
教育	喜数理化 授人鱼 高考"全命题"作文/答题形式:封闭式 (有标准答案)	好文史哲 授人渔 高考"话题"作文/答题形式:开放式(无 标准答案)
医疗	西医讲究技术的纯熟 头痛医头脚痛医脚	中医讲究经验的积累 治本而非治标
商业 行为	重契约,注重订立合同,力图在本次买 卖中获得最大化利益 产品盈利模式	重关系,重视发展长期合作关系、伙伴或 朋友关系(泛血缘关系) 广告盈利模式
合作 与竞 争	从一次博弈的角度着眼 台面上切蛋糕 亲兄弟明算账(拎得清) 计算式互惠(calculated reciprocity)	从多次博弈的角度着眼 台面下分人情 上阵父子兵(血浓于水) 对称关系的互惠(symmetry-based reciprocity)、态度式互惠(attitudinal reciprocity)
幽默 与讽 刺(玩 笑)	讽刺 男:陪我一起数星星吧。 女:算了,就你那智商,你还是数月 亮吧!	幽默 子:今天我跟着公交车跑回家,节省了1 元车票钱。 父:明天放学你跟着出租车跑吧。
文明	狩猎文明(即时决策)	农耕文明(跨期决策)
礼乐 (等级)	墨守成规 辨自女系的"姓" 名字有性别(bin/本/儿子之意;binti/本 蒂/女儿之意)、辈分(根据宗谱中的辈 分取名)、排行(伯仲叔季)之分	僭礼 辨自男系的"氏" 名字的性别、辈分、排行特征不明
礼仪	言必称谢、投桃报李 送易于度量(市面最贵重)的礼	大恩不言谢 送不易度量(对方最需要)的礼
体育 艺术		
棋牌	喜围棋:工于计算	喜麻将:盯住上家,看紧下家,防着对家
足球	长传冲吊 直传	短传渗透 二过一
武术	金钟罩、铁布衫(以硬碰硬)	太极拳(借力打力、四两拨千斤)
书法	有棱角的方笔 楷书(正书、真书)	无棱角的圆笔 行草书
艺术 风格	工笔画:张萱的《虢国夫人游春图》。作 者用笔精到,形体表现准确 八股文	水墨写意画:顾恺之的以山水为背景的 《洛神赋图》。画中的有大量留白,给人 以人无限遐想空间 散文

文化冰山结构 (各种表现层面)		文化划分	
		不改造表征选项空间的文化 Value-based 的文化	改造表征选项空间的文化 Worth-based 的文化
	舞台 道具	话剧:讲求实景逼真	京剧:用一根马鞭,就代表了骑马或牵马
	语言	低语境(low-context language) 干不了,谢谢	高语境(high-context language) 才疏学浅,恐难胜任,不堪从命①
	诗词	稻花香里说丰年,听取蛙声一片	齐白石以"蛙声十里出山泉"为题作画, 画面中只见蝌蚪不见蛙(图 57.2)
	情诗	从前慢 记得早先少年时 大家诚诚恳恳 说一句 是一句 清早上火车站 长街黑暗无行人 卖豆浆的小店冒着热气 从前的日色变得慢 车,马,邮件都慢 一生只够爱一个人 从前的锁也好看 钥匙精美有样子 你锁了 人家就懂了 ——木心《从前慢》	你见,或者不见我 我就在那里 不悲不喜 你念,或者不念我 情就在那里 不来不去 你爱,或者不爱我 爱就在那里 不增不减 你跟,或者不跟我 我的手就在你手里 不舍不弃 来我的怀里 或者 让我住进你的心里 默然 相爱 寂静 欢喜 ——仓央嘉措《见与不见》
政治 与法 规	法律条 文制定 法规	体系齐全、繁缛 金科玉律(不可变更)	原则、简明 朝令夕改(摸着石头过河)
	执行 法规	令必行,禁必止 王子犯法与庶民同罪	法外开度;法外施恩 父为子隐,子为父隐(亲亲相隐)
	对待违 规/法 行为	有错必究 法庭上见;愿将时间花在官司上	将错就错 庭外解决;不愿将时间花在官司上;不 纠缠
	政治 制度	选民直接选举	选民间接选举

---

① 胡适在五四时期提倡白话文,曾与学生有白话文与文言文何者更为精炼之争。胡适以复电拒绝行政院
长之职为题,让学生以文言文复电,字数越少越好。学生们所写的最短文言文电报"才疏学浅,恐难胜
任,不堪从命"用了 12 个字,而白话电报"干不了,谢谢"却仅有 5 个字,更为精炼。

文化冰山结构 (各种表现层面)		文化划分	
		不改造表征选项空间的文化 Value-based 的文化	改造表征选项空间的文化 Worth-based 的文化
观念 意识	道德	以个人利益为重	以集体利益为重
	佛教派	身是菩提树,心如明镜台。时时勤拂拭,勿使惹尘埃。 三皈五戒	菩提本无树,明镜亦非台,本来无一物,何处惹尘埃。 酒肉穿肠过
	宗教	道教:现世现报	佛教:转世轮回
	科学 精神	坚持"真理",相信权威,引经据典,言必称希腊 不容忍不同意见,过分自信 研究:"形而上学"或"可观察对象" 推崇:眼见为实	批判、质疑、挑战 易提出不同意见,不过分自信 研究:"理论术语"(如,电子、中子、黑洞)或"不可观察对象" 推崇:想象可能
	所有 制意识	私有制意识强;你我分清 核心家庭	公有制意识强;你我不分 多代同堂
	得失观	不占便宜就是吃亏	吃亏就是占便宜
	诚实观	从小不说谎;被欺骗很生气	说善意谎言(white lie);被生活欺骗能不生气
	公平观	分到小梨子:It is not fair!	选择小梨子:"He who eats pears with his master should not choose the best."(Italian proverb)
	挫败观	鲁迅:"杀不掉,我就退进野草里,自己舔尽了伤口的血痕,决不烦别人敷药。"(《南腔北调集·答杨邨人先生公开信的公开信》)	阿 Q:被人揪住黄辫子在壁上碰了响头之后,站了一刻,心想:"我总算被儿子打了,现在的世界真不像样……"
	历史观	对民族灾难进行清理和反思;民族血债的统计数字精准	"子不嫌母丑"将文革翻页;民族血债的统计数字模糊
	战争观	针锋相对,寸土必争 有胜算就战,无胜算就降(二战中的日本)	以退为进,曲线救国 有胜算战,无胜算也想方设法一战;屡败屡战(二战中的中国)
	是非观	大义灭亲(凛然) 有仇必报(斯拉夫民族有众多复仇词汇) 以眼还眼,以牙还牙	愿背黑锅(爷们) 宽恕(forgiveness);爱你的敌人 以德报怨
	世界观	静态(形而上学) 用数字(70%)表达变化的概率	动态(《易经》);"人不能两次踏进同一条河流。"——赫拉克利特 用文字(有可能)表达变化的概率

图 57.1　上：中国几代领导人的几种集体着装变更
　　　　下：APEC 会议各国领导人穿举办国的传统服装

图 57.2　收藏于匈牙利国家美术馆的油画"Birdsong"《鸟鸣》与齐白
　　　　石的国画《蛙声十里出山泉》表达出同样的意境（该图为匈
　　　　牙利国家美术馆出售明信片的扫描件）

　　鉴于我们每时每刻都在做着决策,冀这种以"改造/不改造表征选项空间"划分的"另类"文化或能更生态、及时地区分文化,由此将其文化的功能发挥到极致。

57.4　结语

须说明的是,表 57.1 只是基于生活观察的构思,其验证性工作尚未展开。作者亦不推介这两种文化有好坏、优劣之分。文化基于不同的自然与社会环境发展而来,作为适应彼时彼地的生存策略,无绝对的优劣可言,只要接受、适应个中规范,活在两种文化中的个体均可如鱼得水,落在每个决策者的心里,也不是非黑即白。

在"不改造表征选项空间的文化"与"改造表征选项空间的文化"中,若意识到、体验到"齐当别"规则有助于我们做出林林总总的决策,可**加深**我们对决策与判断的理解,亦可**修正**我们对决策过程的认识。将"齐当别"规则发挥到极致便是:即使你处在"强占优"(strong dominance)的位置,你仍会"想象"、"创造"出一个新维度,让别人能在这个维度上胜过自己。记得初学英文时,作者翻译了 *Reader's Digest* 1984 年 6 月刊的一篇文摘《敢于脆弱》(Dare to Be Vulnerable)。掩卷遐思,觉得这洋文真是反直觉,其旨趣是说真正的"男子汉"不是事事逞强的人,相反,敢于向别人露出自己弱点和脆弱,不仅不会降低别人对自己的评价,反而会拉近彼此间的距离,成就一个适应生存的强者。

这种选择不"强占优"的决策,抑或是"**选择塑造了我们的人生**"之真谛。

致谢:感谢跨文化心理学鼻祖 Harry Triandis 在中西文化交汇的新加坡面授机宜,传授研究心得与经验,激发了作者对文化研究的兴趣。

参考文献

Rao, L.-L., Wang, X-T., & Li, S.(2015). Investment choice and perceived mating intentions regulated by external resource cues and internal fluctuation in blood glucose levels. *Frontiers in Psychology*. 5:1523. doi: 10.3389/fpsyg. 2014.01523.

Samuelson, P. A.(1963). Risk and uncertainty: A fallacy of large numbers. *Scientia*, *98*,108‑113.

Triandis, H. C.(1995). *Individualism & collectivism*. Boulder, CO, US: Westview Press.

Wang, X. T., & Dvorak, R. D.(2010). Sweet future fluctuating blood glucose levels affect future discounting. *Psychological Science*, *21*(2),183‑188.

李纾,饶俪琳,许洁虹.(2010).冒风险的决策者:聪明乎? 糊涂乎? 上海管理科学,32(3),32—37.

孙红月,苏寅,周坤,李纾.(2011).从风险决策中的多次博弈到单次博弈:量变还是质变?.心理科学进展,19(10),1417—1425.该文被中国人民大学书报资料中心复印报刊资料 B4《心理学》2012 年第 04 期全文转载.

唐辉,周坤,赵翠霞,李纾.(2014).吃亏是福:择"值"选项而获真利.心理学报,46(10),1549—1563.

第58章 决策理论与社会制度实践

> 理论上,理论和实践没有差别,实际上,理论和实践确实有差别。
> ——Jan L. A. van de Snepscheut and others[1]

58.1 描述性、规范性和指导性决策理论

回顾决策理论的发展历程,起初,研究决策的理论家都将关注点聚焦于决策者**应该**如何决策这一**规范性**问题上。然而,随后人们开始对**描述性**问题感兴趣:决策者(个人、群体、组织、政府)**实际**会如何选择? 实际选择会遵循期望效用最大化原则吗? 判断与决策学会主席(2007 年度)Jonathan Baron 总结了决策理论的类型,认为按照其性质可分为三类:规范性模型(normative model)、描述性模型(descriptive model)以及指导性模型(prescriptive model)(Baron,2009)。

---

[1] 雷德·海斯蒂,罗宾·道斯. 不确定世界的理性选择——判断与决策心理学(第 2 版). 谢晓非,李纾,等译. 北京:人民邮电出版社,2013.

规范性理论是关于什么思维可以最佳地实现思考者的目标的理论。其关心的问题是：我们应该根据什么标准，如何评价思维、判断和决策（Baron，2008）？规范性决策理论以理性经济人假设为基础，赋予偏好以理性，对偏好的逻辑做出明确的规定和规范。规范性理论为决策提供了理性标准，规定了如何才是正确、最优的决策，它解决的是决策者"应该怎样"决策的问题。规范性理论强调在不违背其规范性公理的情况下，理性人的决策行为是可以被解释及预测的。von Neuman 和 Morgenstern（1944）最早提出风险决策的期望效用概念，随后在公理化假设的基础上，他们运用逻辑和数学工具，建立了不确定条件下对理性人（rational actor）选择进行分析的框架。基于理性人的前提，西方传统主流经济学认为，个人的选择是符合自身利益最大化的。但行为证据却暗示人们其实并不总是根据期望效用最大化的原则做决策。

描述性理论是关于人们通常如何思考的理论，其关心的问题是：我们如何思维？如何做出决策？是什么使得我们没有做出符合规范性标准的决策（Baron，2008）？描述性理论以有限理性假设为基础，认为人们实际上会偏离规范性决策理论的逻辑和规范，力图描述人们决策中真实出现的偏好。描述性理论提出，有些决策行为并不遵守所谓的规范性公理，但也不见得是非理性的。描述性理论认为，针对特定的情景，人们或采用**简捷启发式**（heuristics）或采用**经验法则**（rules of thumb）进行自己"真实"的判断与决策。其中代表性的理论有 Herbert Simon 于 1955 年提出的"满意原则"，认为人们做决策时追求的是"满意"而非"最优"。

指导性理论是"指导"或陈述我们应当如何思考的简单模型。其关心的问题是：从个人和社会的角度，我们能做些什么来改善我们的思维、判断和决策（Baron，2008）？指导性理论试图纠正人们实际决策中出现的违背逻辑与理性的偏差，通过外在干预的方式，使人们的决策偏好更符合理性标准。指导性理论告诉人们在自身的限制条件下（如认知和情绪影响）如何做决策（李金珍，李纾，许洁虹，2008）。

简言之，如果说规范性模型的基础是**反思**，描述性模型的基础是**观察**，那么指导性模型的基础则是**设计**（Baron，2008）。

58.2 规范性与描述性理论的检验

行为决策领域中对规范性与描述性理论孰是孰非的争论由来已久。为验证这两类理论，研究者对这两类不同的决策理论进行了理论检验研究，但其检验方式却大不相同（饶俪琳，梁竹苑，李纾，2009）。

具体地说，检验规范性理论大多采用**"决策结果的逻辑一致性"**标准。规范性理论秉承了理性决策模型的框架，其理性表现为在信念和偏好系统内的内部一致性

(internal coherence) 和逻辑一致性 (logical consistency) (Mellers, Schwartz, & Cooke, 1998)。该类理论假定人们在决策中必须遵循一些规范性公理,且人们的决策结果必须与这些公理保持一致,否则将引发对规范性理论的质疑。例如,绝大多数规范性理论要求满足一致性原则 (consistency and coherence principle),即同一问题不管以什么样形式出现,其决策结果应保持一致。但 Tversky 和 Kahneman(1981)以框架效应 (framing effect) 为例,证明了人们的决策违背一致性原则。框架效应与其他违背转移性 (transitivity)、不变性 (invariance) 等公理的现象 (Allais, 1953; Li, 1994, 1996, 2003) 一道,撬动了期望效用理论等规范性理论的基石。

与检验规范性理论不同,检验描述性理论大多采用"**决策结果的预测准确性**"标准。该类研究多将基于理论预测的结果与决策者实际决策结果进行对比,从而检验理论模型是否能准确预测决策者的行为 (Birnbaum & Navarrete, 1998; Camerer, 1989; Levy & Levy, 2002a, 2002b; Newell, Weston, & Shanks, 2003)。例如,预期理论认为人们在选择时对价值的感受性呈"S"形,在获得时,个体倾向于风险规避 (risk aversion),在损失时,个体倾向于风险寻求 (risk seeking) (Kahneman & Tversky, 1979)。但 Levy 和 Levy 证明在既有获得又有损失时并不存在 S 形曲线,至少76%～80%被试的选择与这种偏好不一致,这直接质疑了预期理论 (Levy & Levy, 2002a)。又如,假设有两个选项,选项 A 包含5%的概率获得 \$6,3%的概率获得 \$91 和92%的概率获得 \$99;选项 B 包含2%的概率获得 \$6,3%的概率获得 \$8 和95%的概率获得 \$99。对于这两种选择,预期理论预测人们更倾向于选择 B。但是 Birnbaum 和 Navarrete 发现选择 A 的被试显著多于选择 B 的被试,这与预期以及累计预期理论的预测均不相符 (Birnbaum & Navarrete, 1998)。

由于检验一种理论的标准无法适用于检验另一种理论,两类理论缺乏一致的评价指标。前人对决策理论的检验研究,大多是对规范性理论或描述性理论进行单独检验或同类理论间的比较,如 Birnbaum 对三种描述性决策理论的比较 (Birnbaum, 2005)。长期以来,这两类理论各自具有各自的检验标准,从而导致这两类理论各说各话、难辨是非。但两类理论检验方法也具有共同之处,即均把决策者决策后的行为结果作为检验理论的主要指标,如基于随机选择的刺激做出正确预测或解释的百分比等。而不同之处在于:检验规范性理论需要在决策者自主决策的结果之间进行比较,而检验描述性理论需要比较理论预测和决策者自主决策的结果。事实上,研究已证实,没有一个决策理论能够解释所有的数据 (Camerer, 1989)。

作为一种尝试,饶俪琳等人 (2009) 发展了一新方法——"迫选规则体验法",试图以此揭示个体潜在的决策过程,且作为检验规范性和描述性风险决策理论的通用标准。

58.3 社会制度实践

人类尝试过多种用以适应自身的社会制度。人类社会从古到今约实践过五种基本生产关系,依社会演变的过程,即有五种社会经济制度:原始公社制度、奴隶制度、封建制度、资本主义制度和社会主义制度。

将决策问题置于不同的社会制度情境,研究者大都会在意运转社会的决策是谁(who),是如何(how)做出的。由此派生出许多与决策相关的问题,如:

依"决策者"划分,奴隶社会、封建社会的统治者是决策者,而资本主义和社会主义的普罗大众是决策者。所谓"为民做主"和"人民当家作主"说的就是这种区别。

依"个人—群体"决策划分,在奴隶社会、封建社会,或是由统治者做出"个人"的社会上层的决策;在原始社会、资本主义社会和社会主义,或是由国民做出"集体"的社会上层的决策。

依"决策程序"划分,或有"独裁/专制—民主"之分。独裁是个人之治,专制是少数人之治,而民主却是多数人之治,不一而足。

58.4 理论与实践的契合

鲜有人会注意到:最初被学术界所推崇的决策理论——规范性理论,对应的竟是我们这一代中国人理想的共产主义制度;而目前趋于认为是"好"的决策理论——指导性理论,对应的竟是目前中国人实践着的"指导性的市场经济"(中国特色社会主义制度)。

58.4.1 规范性理论 vs. 社会主义/共产主义制度

社会主义的计划经济(command economy),或计划经济体制,又称指令性经济,是一种经济体系,而这种体系下,国家在生产、资源分配以及产品消费各方面,都是由政府事先进行计划。由于几乎所有计划经济体制都依赖政府的指令性计划,因此计划经济也被称为"指令性经济"。在共产主义蓝图里,整个社会有计划地按照不同人的需要进行大规模定制生产,实行各尽其能、按需分配原则。

与这种经济体制对应的决策理论是规范性理论(图58.1)。传统的决策研究认为客观最优的方案是效果最好的,在这种最优化思路的主导下,基于"无限理性"假设,建立决策最优化模型。其实质是沿袭规范性决策模型的思路,根据多次博弈(multiple-play)和统计最优原则形成一套目标综合最优方案,让决策者基于最优化模型进行决策(唐辉,孙红月,李纾,2011)。

图 58.1 规范性理论 vs. 共产主义制度

相对应的计划经济和最优化原则均是理论构建的最优,亦是人类智者的美丽理想。但每个决策者都有自己聪明的大脑,不愿听从一个超级大脑所发布的最优指令。所以,如题头语所云:"理论上,理论和实践没有差别,实际上,理论和实践确实有差别。"

58.4.2 描述性理论 vs. 资本主义制度

在当今的现实世界,流行的不是社会主义的计划经济,而是资本主义的市场经济。市场经济(又称为自由市场经济或自由企业经济)是一种经济体系,在这种体系下,产品和服务的生产及销售完全由自由市场的自由价格机制所引导。理论上,市场会透过产品和服务的供给和需求产生复杂的相互作用,进而达成自我组织的效果。所谓:个人在经济生活中只考虑自己利益,受"看不见的手"驱使,即通过分工和市场的作用,可以达到国家富裕的目的。

描述性理论(图 58.2)着重行为描述。实际的决策行为如本书大部分章节所描述,并不遵循规范性理论所假设的理性原理或公理,但会依照满意(satisfying)原则或

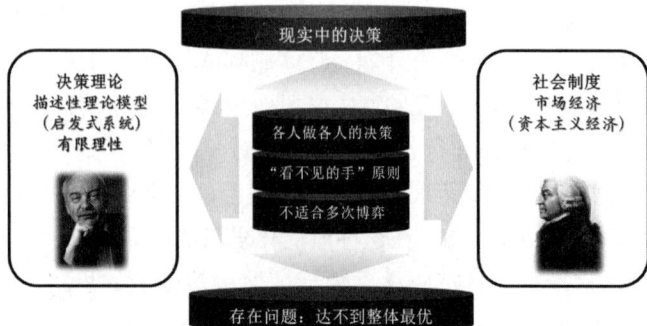

图 58.2 描述性理论 vs. 资本主义制度

齐当别原则做决策。这类"有限理性"的原则虽能助人心安理得地**易于达成决策**,但归根到底,乃是各人做单次"最满意"的决策,并不以整个社会、多次长期的"期望最大化"作为决策目标。因此,自由放任的个体行为不可避免地会导致如周期性的经济大萧条等恶果,难以达成全社会的整体最佳。

58.4.3 指导性理论 vs. 指导性的市场经济(中国特色社会主义制度)

指导性模型是在描述性模型的基础上,通过设计一些方法加以引导,避免或减少决策偏差,使实际思维与决策的结果更符合规范性模型所要求的最优标准。指导性模型包括一系列有用的启发式或经验法则(类似于组成描述性理论的那些启发式),其中,"模型"一词特指"理论"(theory)或"提议"(proposal)(Baron,2009)。简言之,指导性理论的任务就是通过指导人们决策,缩减现实决策与理想最优之间的差距。

有趣的是,当决策领域逐渐推崇指导性理论之时,中国亦转而实践着中国特色的社会主义制度,实行着指导性的市场经济。指导性的市场经济其要旨是各部门、地方和企业运用经济杠杆来实现国家下达的计划,但指导性计划(guidance planning)不具有强制性和约束力,各部门、地方和企业可以参照执行,亦可根据市场情况和自身条件进行调整和修改。

从决策心理的角度看,指导性理论与指导性的市场经济的共通之处在于:二者都希望以"非强制性"的手段缩小"理论最优"与"现实任性"之间的差距(图58.3)。现阶段的研究积累(如,呈现信息的框架效应和锚定效应、选择方式的默认(default)选项效应等)已经可以为"非强制性"的手段提供心理学的理论指导与支持。

图58.3 指导性理论 vs. 指导性的市场经济(中国特色社会主义制度)

在此,以"选择高等教育"、"选择出行方案"和"选择生育方案"为例(表58.1),试说明在不同的决策理论与社会制度实践框架下决策的区别。

表 58.1　不同决策理论与社会制度实践下的决策事宜(以"选择高等教育"、"选择出行方案"和"选择生育方案"为例)

决策理论	社会制度	决策问题	决策事宜					
			决策主体	决策目标	决策执行	评价指标	存在问题	应对改进
规范性理论	社会主义经济	高考志愿	中央协调的体制为受教育者做主;政府教育部门做计划	一个国家能招收多少人上全日制大学,是由这个国家的生产力水平决定的;追求整体最优,人尽其才,才尽其用	国家决定设置什么学校/专业,每个学校/专业向每个地区招收几名(工农兵)学生	用人单位的需求职位与高校供应毕业生学位匹配程度;专业对口	国家需求与个人志趣相左	牺牲小我、成就大我;"一颗红心两种准备";放弃"统一招生、统一分配"的计划
		出行方案	中央协调的体制(超级计算机)为出行者规划;用运筹学算出统计意义的最优出行方案	追求整体最优(以最低成本,最短时间,将所有人安全地输送到该去的地方)	国家决定什么人(级别)可以乘坐什么交通工具(飞机),走什么路径(水路),去什么地方(户口、粮票、介绍信)	全体出行者到达目的地所花费的时间、金钱等成本	只适用于"一切听从指挥"的军队、宗教组织等;个人则不能自由旅行和迁居	或将个人练成"一切行动听指挥"的"螺丝钉";或放弃国家对出行(出差)及居住地的种种限制
		生育方案	中央协调的体制(计划生育);根据国情制定生育计划;对一个家庭或一对育龄夫妇而言,则是有计划地安排生育子女	计划生育;控制人口数量,提高人口素质,提升人民生活质量	国家决定不同民族、不同地区、不同家庭情况的夫妻可以生育几个孩子	人口的增长速度、人口数量、人口素质;人口的增长同经济和社会发展计划相适应	每个家庭(夫妻)不能自主选择可以拥有的孩子数目;群众的生育意愿与国家政策存在一定差距;国家严重老龄化,未富先老	或加大教育力度,培养公民自觉"少生优生"的意识;或改变强制性政策,适当放开(如,2016年始全面放开二孩政策)
描述性理论		高考志愿	各考生自己收集信息,自行决定报考哪个高校/专业	考生追求个人爱好兴趣最大化	知道自己的考分,不知别人的考分;报已知录取分数线的院校	个人志趣与教学资源配置契合:每人都能进入自己喜欢的院校	供求失衡;自由放任地追逐导致热门越热,冷门越冷;冷热门专业年年变化	个人志趣—教育资源、所学专业—职场需求匹配交给市场去调节

决策理论	社会制度	决策问题	决策事宜					
			决策主体	决策目标	决策执行	评价指标	存在问题	应对改进
	资本主义经济	出行方案	各行人自行决定出行路线和时机	行人追求"说走就走"的出行	根据天气、心情、需求、经济状况惯性地选择出行	多快好省到达目的地	一窝蜂出行,局部客流量暴增,拥堵,费时,费钱	体验塞车、拥挤、滞留、踩踏后再自行寻求快捷、方便、安全之路
		生育方案	各家庭(夫妻)自主决定何时、何地生育几个孩子	家庭(夫妻)追求自由生育,尽可能多地延续自己的基因	根据各人的健康状况、年龄以及家庭经济情况等进行决策	出生人口的素质、健康状况、可享受的社会资源等	人口增长与社会发展失衡;社会负担加重;人口素质降低;人口增长超越资源供应,导致人均占有资源减少	感受到了生育成本(养育、保健、教育等)与亲子乐趣后,再调整生育方案
指导性理论	指导性的市场经济	高考志愿	中央协调的体制提供指导性建议,受教育者自己做决定	将"个人志趣最大化"与"整体最优"之间的差距减至最小	权威部门定期提供各类指导信息(考分,分数线,录取批次,报名人数,高校/专业人气榜、排名榜、就业率)	指导比不指导更好(上线不落榜,少焦虑,少改志愿,少后悔)	提供的指导信息越多,不见得越能减少"上线考生落榜",甚至热门专业没人敢报,冷门专业反而报名超多	针对不同的投档原则("分数优先"或"志愿优先")试提出不同的指导建议方案,以避免供求失衡
		出行方案	国家交通部门提供指导性出行建议,出行者自行决定出行方案	将"任性出行"与"整体最优"之间的差距减至最小	权威部门实时报告交通路况;超人(计算机)提供最优方案作为指导性参考	指导比不指导更好(安全、方便、快捷、省钱)	何时、何地、提供什么信息,如何提供,均是未解之谜	尝试呈现各种指导性信息(如路况是以正面(畅通度)、负面(拥挤度),还是以混合形式呈现),以促成整体最优

决策理论	社会制度	决策问题	决策事宜					
			决策主体	决策目标	决策执行	评价指标	存在问题	应对改进
		生育方案	国家政府提供生育意见,计划生育委员会提供建议,各家庭(夫妻)自己决定	将"计划生育"与"自由生育"之间的差距减至最小	权威部门定期报告各类信息(人口数量、人口增长速度、人口增长与经济发展的匹配程度等)	指导比不指导更好(利于和谐社会的构建,人口高素质,生活高质量,社会资源的最大化利用,人口结构与社会发展相适应)	提供的指导信息未必被家庭(夫妻)理解与接受	针对不同地区、不同民族、不同家庭情况试提出不同的指导性意见,以促进人口数量的增长与经济发展的平衡

　　表58.1所列的"选择高等教育"和"选择出行方案"的决策,属于千家万户所关心的平常事,也都属于"鱼与熊掌不可兼得"的案例。即,国家与个人,全局与局部的决策目标是冲突的。指导性决策理论的发展动力就是希望能改善人们的决策,缩小描述性决策理论所描述的实际决策与遵循规范性理论所要求的理性决策之间的结果差距。

　　此外,再以促进人们购买**养老金**①为例,试分析说明指导性决策理论抑或能改善人们决策。在养老保险领域,年金保险决策(即决定是否购买年金保险)是现实世界中最重要的金融决策之一。年金保险决策可为千家万户降低风险,防范后患,保障生活。

　　"养老金"决策问题与"选择高等教育"和"选择出行方案"的决策策略有不同,即,国家与个人,全局与局部的决策目标的冲突并不似前2例。因为,在计划经济国家,国民的养老完全由国家负担,国家决定什么人享受什么待遇;而在资本主义国家,则由各国民自行决定是否购买养老保险。个人/局部选择购买养老保险亦是国家/全局决策所乐见的。

---

① 根据北京大学教授黄益平等学者的研究,长期来看中国政府最大的财政风险是养老金缺口,未来养老金总负债将占GDP的62%～97%,随着养老金支出的迅速上升,甚至有可能超过国有资产总额。据清华大学公共管理学院的研究团队测算,在企业职工养老保险参保率上涨,GDP高速增长,不断增加工资(增长率8.7%)和缴费基数,养老金替代率约为社会平均工资51%的条件下,最乐观的估算结果是可维持到2020年,届时将出现3 377亿元的养老基金缺口(http://www.cfi.net.cn/p20130617001207.html)。

虽然这些决策关乎国家和社会的安定,但具体决策却不是在国家层面实施的。国家虽然倡导却不能强制。所谓的"年金难题"是指,从理性经济模型的角度来预测,人们会热衷于购买年金保险,但现实的数据显示鲜有人购买。因此,如何鼓励人们购买对于个人和组织、社会都更有利的年金保险已经成为金融领域一个至关重要的问题。在社会老龄化的美国,民众参加养老金计划的比率过低,储蓄率过低,这已经成为一个严重的社会问题。在国内,中国社会科学院于2012年12月17日发布的《中国养老金发展报告2012》显示,2011年全国14个地区养老金亏空700多亿元,而保险个人账户空账更是达到2.2万亿元。目前,养老保险资金来源的巨大缺口主要来自个人养老保险计划,即个人很少自愿购买养老保险。

在经济不发达年代,丧失生活能力的老年人若没有足够资金安度晚年,则不可避免要产生严重的社会问题。中国的历代统治者均不遗余力地推崇"孝"道(所谓"百善孝为先"),其"不能说的秘密"就是在经济拮据的情况下,欲将"维护国家稳定"的重任推给国家的最小组成单位——家庭。因此,若能运用决策心理学的相关理论制定相关政策,促使个人购买养老保险,这将是造福人类的大事。

问题是,如何才能促进人们购买养老金?社会主义国家和资本主义国家都希望但是都不能强迫其国民购买养老金。幸运的是,已有研究发现,利用行为决策中的默认选项效应,将美国401(k)养老金计划的默认选项由"不参加"变为"参加",可使得401(k)计划的参加率从37%增加到86%(Madrian & Shea, 2001)。另外,由Thaler和Benartzi(Thaler是美国奥巴马总统的经济顾问)提出的"为明天多储蓄"计划(save-more-tomorrow plan),利用时间折扣(time discounting)效应,要求人们承诺为未来而储蓄,可将储蓄率由收入的3.5%提高至13.6%(Thaler & Benartzi, 2004)。受这些研究的启发,美国劳工部已经允许雇主更改雇员养老金计划中的默认选项。其他国家也已经开始采用类似"为明天多储蓄"的计划来提高个人养老金储蓄率。例如,英国、意大利(解雇费改革TFR)推出了自动注册和默认缴费率等制度,使得默认缴费率得以提高。这些成功的案例可视为行为决策理论指导实践应用的范例。

本书作者在参加国家自然科学基金委员会管理科学部2013年重点项目申请答辩时,曾为"'绿色、可持续发展'导向的跨期决策机制研究"勾画了一研究设想,希望构建一个改善个人跨期决策的"聪慧计划"来改变个体的养老金购买行为。比如,在计划制定与执行中必然要面临诸多结构性问题,如:"采取何种扣付方式,是先行扣付,还是后行扣付?"前人在跨期决策研究领域中,对损失与获得不对称的一系列心理机制的探索,将为该问题的回答提供有效的科学依据,从而帮助我们在备择方案中做出最优的/满意的选择,最终制定一套能够提高"个人养老金"参与率的计划方案(图58.4)。

心理学依据	计划设计	备择方案
损失规避效应 禀赋效应 框架效应	扣付方式	先行扣付 后行扣付
折扣率知觉 领域特异性	扣付年限	1年 2年 …… N年
Date/Delay效应 框架效应	扣付频次	周 月 年
跨代知觉 生命周期 血糖信号	退体年龄	50岁 ……
序列效应 预期情感	扣付序列	渐增序列 恒定序列 渐减序列
跨代知觉 生命周期 婚姻/恋爱/生育状况	参与时机	年龄 婚龄 工龄
接受–拒绝效应 凸显效应	呈现–选择方式	文字 图表 默认选项
……	……	……
未来自我连续性	照片呈现方式	

图 58.4　"个人养老金"聪慧计划

聪慧计划开展一项延续数年的纵向追踪研究。首先,寻求自愿参与聪慧计划的组织与个人,建立实验组(执行聪慧计划的组织与个人)与控制组(与实验组匹配但不执行聪慧计划的组织与个人)。然后,长期追踪、记录他们做出"绿色、可持续发展"决策的指标,并检验实验组与控制组在做出"绿色、可持续发展"决策的差异是否达到统计意义以及现实意义上的差别。希望据此将心理学的相关理论构想付诸实施,总结、发展出决策指导性模型,制定相关政策法规,从而促进人类社会的发展,让心理学更好地为人们服务。

58.5 展望未来

规范性模型强调数理逻辑与推导严密,但优雅(elegant)的数学函数推导的是假设的理想,只是美丽的童话,它背离了实践中人们的需求行为。最优化模型在处理现实决策情景时所面临的窘境,主要围于"全能型"决策者的假设。"全能型"决策事实上是做不到的,即便通过决策支持系统也难以达到"全能"。

当前的决策研究在最优化思路的主导下,已然走入一个"瓶颈"阶段,理想目标与现实决策之间存在难以逾越的鸿沟。一些研究者提出可以通过发展决策指导性模型,来突破最优化思路的窠臼,以求缩小现实决策与理想目标之间的差距。行为决策可以,也有研究积累能够为此做出贡献。

在人类尝试、实践着各种社会制度的历史长河中,行为决策领域的研究者亦殚精竭虑地想着让心理学更好地造福社会服务全人类。依本书作者所见,心理学造福、服务的最高境界不是将"蛋糕"做大(将"蛋糕"做大是其他学科(如经济学)的事),而是将同样大小的客观"蛋糕",切出"主观"上更大的份额。

本书所讨论的决策问题、方法、理论,不仅存在于学术界的象牙塔,抑或也能助读者实践中国古代贤士的立世准则——"经世济民"。

致谢:2010 年以"非常规突发事件中的应急决策——构建指导性模型"为题申请国家自然科学基金重大研究计划的培育项目未果,但促成了对本书最后一章的认真思考。感谢当年一同参与写申请书的梁竹苑、饶俪琳、唐辉、孙红月、周坤、毕研玲、苏寅、李跃然、殷晓莉。

参考文献

Allais, M. (1953). Le comportement de l'homme rationel devant le risque: Critique des postulats et axioms de l'école americaine [Rational man's behavior in face of risk: Critique of the American School's postulates and axioms]. *Econometrica*, *21*, 503 - 546.

Baron, J. (2008). *Thinking and deciding* (4th ed.). New York, NY: Cambridge University Press.

Birnbaum, M. H. (2005). Three new tests of independence that differentiate models of risky decision making. *Management Science*, *51*(9), 1346 - 1358.

Birnbaum, M. H., & Navarrete, J. B. (1998). Testing descriptive utility theories: Violations of stochastic dominance and cumulative independence. *Journal of Risk and Uncertainty*, *17*(1), 49 - 78.

Camerer, C. F. (1989). An experimental test of several generalized utility theories. *Journal of Risk and Uncertainty*, *2*(1), 61 - 104.

Jonathan Baron. 思维与决策(第 4 版). 李纾、梁竹苑主译. 北京:中国轻工业出版社, 2009.

Kahneman, D., & Tversky, A. (1979). Prospect theory: An analysis of decision under risk. *Econometrica*, *47*(2), 263 - 291.

Levy, H., & Levy, M. (2002a). Experimental test of the prospect theory value function: A stochastic dominance approach. *Organizational Behavior and Human Decision Processes*, *89*, 1058 - 1081.

Levy, H., & Levy, M. (2002b). Prospect theory: Much ado about nothing? *Management Science*, *48*(10), 1334 - 1349.

Li, S. (1994). What is the role of transparency in cancellation? *Organizational Behavior and Human Decision Processes*, *60*(3), 353 - 366.

Li, S. (1996). An additional violation of transitivity and independence between alternatives. *Journal of Economic Psychology*, *17*(5), 645 - 650.

Li, S. (2003). Violations of conjoint independence in binary choice: The equate-to-differentiate interpretation. *European Journal of Operational Research*, *148*(1), 65 - 79.

Madrian, B. C., & Shea, D. F. (2001). The power of suggestion: Inertia in 401(k) participation and savings behavior. *The Quarterly of Economics*, *4*, 1149 - 1187.

Mellers, B. A., Schwartz, A., & Cooke, A. D. J. (1998). Judgment and decision making. *Annual Review of Psychology*, *49*, 447 - 477.

Newell, B. R., Weston, N. J., & Shanks, D. R. (2003). Empirical tests of a fast-and-frugal heuristic: Not everyone "takes-the-best". *Organizational Behavior and Human Decision Processes*, *91*, 82 - 96.

Simon, H. A. (1955). A behavioral model of rational choice. *Quarterly Journal of Economics*, *69*, 99 - 118.

Thaler, R. H., & Benartzi, S. (2004). Save more tomorrow: Using behavior economics to increase employee saving. *Journal of Political Economy*, *112*, 164 - 187.

Tversky, A., & Kahneman, D. (1981). The framing of decisions and the psychology of choice. *Science*, *211*(4481), 453 - 458.

von Neumann, J., & Morgenstern, O. (1944). *Theory of Games and Economic Behavior*. Princeton, N. J.: Princeton University Press.

李金珍,李纾,许洁虹.(2008).灾难事件后继风险决策.中国安全科学学报,18(4),37—43.

饶俪琳,梁竹苑,李纾.(2009).迫选规则体验法:检验规范性和描述性风险决策理论的新尝试.心理学报,41(8), 726—736.

唐辉,孙红月,李纾.(2011).非常规突发事件应急决策的研究述评及新思路——发展指导性模型.人类工效学,17(1), 78—82.

术语索引

刺激和反应的"兼容原则"(stimulus-response compatibility, SRC)要求"刺激"与"反应"须兼容,否则易犯人为错误。左图为新加坡南洋商学院的电梯按键设计,其即严重地违背了兼容原则:最高楼层(2)与最低楼层(B5)并非如箭头所指,"兼容"地**垂直**排列。愿本书提供的"术语索引"能帮助读者简捷地定位中英文含意,避免人为地引起混乱。

后记　守得云开见月明

"文革"家中遭变,我转学到外祖父沈觐康亲办的宫巷小学(原童宫小学),结识一喜欢图书(馆)的朋友。我偷看的莎士比亚、屠格涅夫都是经他的手荐的、借的。划片上了不同的中学后,他即假义务劳动之名长驻学校图书馆。临上山下乡,他决定要亲自建一个由他管理的知青队图书馆,并执意将建阳县的麻沙公社作为扎根农村的首选。1975 年那个清明节,我从泰宁县护送我们音山知青队的苏制 17 马力拖拉机去麻沙汽车保修厂大修,雨中重逢,他道出了他做抉择的理由:麻沙盛产木材,易于雕板,宋时印刷业极盛,为全国三大印刷中心之一,版本称"麻沙本"。

1977 年恢复了"文革"后的首次高考,我一波三折进了福州大学机械系,而他考进了"计划内"的北京大学图书馆系,从此我俩渐行渐远,终没有成为一辈子的朋友。究其因,是我俩不处于"各具其优"的关系上,这是一种"你在某些维度上优于我,我在某些维度上优于你"的关系。就这么一个聪慧过我,事事都能启蒙我的发小让我莫知优越,也无所给予,我活脱脱是个"被占优"(dominated)的选项:我在所有的方面(维度)都落了下风,无一所长是他有所求的。

对这种难以言传的反省,时隔多年,我才说得出口,但也没能说清。1988 年我在华南女子学院教"行为矫正"课,一天在课堂上突然对日常勤于比试穿着打扮的少女们没头没脑说了一句:"我发现你们在座的只有一个人有胆量敢穿带补丁的衣服!"说得全班女生一愣一愣、满头雾水。这时坐在后排一位常年素服的女生抬头幽幽地望了我一眼,她成绩很优秀。

说别人容易,可是自己做起来难。赴悉尼自费读博初期,因搞不定选题,我常坐在公园晒太阳发呆。周遭已有收入的熟人免不了用异样的眼光看着我,因为我们家全靠妻子一人星期日打工赚周票、赚房租、赚学费。住在 Strathfield 那段日子,我耍性子不替妻子分担任何家务,夜色再深,也非等到疲惫的妻子回家洗手做羹汤。所幸妻子冰雪聪明,不但不抱怨,反而在合租的留学生们面前真把我当作"翰林"侍奉着。直到我看出(see the point)预期理论的破绽,她才敢放手让我沾些柴米油盐的琐事。

没有一个过人之处，就会事事在意，事事较劲。对此，听者大多将信将疑。在新南威尔士大学与我共用一个办公室的日本女生，中村多藻（Nakamura Tamo），就不全信。她用时5年完成了旨在探索"安知鱼之乐"的博士论文（插图为颐和园 Bridge of Knowing the Fish——桥名源于中国古代两位哲学家庄子和惠施的一次观鱼对话）后问我："选谁做校外论文评审？"我脱口说："学我，找学术界'大牛'（big potato），如决策理论之父 Ward Edwards 和决策大家 Lola Lopes，且送审时一定送一本正式装订、带皮革封面的论文稿。"我送审的结果是：专家私底下提了许多建议，但论文稿本身则一字不改通过评审。Lopes 的评语是："This is a mark of excellence, something that would be found only in the very best PhD students in the United States." Edwards 建议："If some kind of dissertation prize is available, he should be nominated for it." 她不信我，将简易装订的论文送至欧洲—"大牛"和澳大利亚本土—"小公鸡"。中村多藻等到的结果是：欧洲成名教授的评价极佳；澳大利亚本土刚入行的悉尼大学讲师将论文批改得体无完肤，害她延迟数月才修改完事。

这或是因为牛人不屑在不重要的维度上费周章。上大学时，用英文教材教我们金相学的钱彬教授曾是大右派，遇到不解"球墨铸铁"的菜鸟，便手持蒲扇，指着身上皮肤病变的点点斑斑，笑曰这些黑斑便是图解也。父亲后告知，解放前这个钱彬与他一起办过上海交通大学的学生"伙食团"，是一个会开 M35 道奇十轮大卡车的美军翻译。

因儿子已到适婚年龄，近年我常看《非诚勿扰》。节日中红男绿女们时常挂在嘴边的"hold"住与"hold"不住的问题，用"齐当别"来表述，即，要求潜在配偶须在自己最在意的维度上有上乘表现。这辈子是否感受到"爱情"，在于你能否遇到一位能体察出你自己都飘忽不定的"最在意的维度"，并愿以"相许"式的权重帮助你笃信——你在这"最在意的维度"上增值了并超越了芸芸众生。这便是"齐当别"所定义的爱情。

每个人都有一条要守住的底线（或本书所说的"最在意的维度"），这个最重要或最在意的维度，或许是中国人说的"傲骨"。有这根骨头在，你就敢于低调，敢于自嘲，就有望习得幽默,可以容得他人将你在其他方方面面都"比"下去。至此,看风景的人抑或将你看作是也让他人活得好的绅士。

动笔于 2012 年 8 月 28 日北京懿品阁

共同作者简介

毕研玲　博士(中国科学院心理研究所),陕西师范大学心理学院副教授,中国心理学会决策心理学专业委员会委员,《心理学报》《心理科学》《心理科学进展》等期刊审稿人。研究兴趣包括行为决策及其偏差、跨文化心理等。主持国家自然科学基金青年科学基金项目(31400907)、教育部人文社科项目(14XJC190001)、陕西省教育科学规划项目(SGH140551)等多项课题。在 *Journal of Cross-Cultural Psychology*、*The Journal of Psychology* 和 *Journal of Applied Social Psychology* 等期刊发表论文 10 余篇。

蔡晓红　理学学士(江西师范大学),中国科学院心理研究所硕士研究生。研究兴趣包括行为决策、创造性问题解决等。主持 2015 年中国科学院心理研究所本科生科学研究基金项目。在《科学通报》《心理学报》和《心理与行为研究》发表论文 3 篇。

杜志鸿　理学学士(福州大学),中国科学院心理研究所科研实习生。研究兴趣包括腐败行为、社会决策等。

郭慧芳　理学学士(河南大学),中国科学院心理研究所硕士研究生。研究兴趣包括赌博的心理机制、小概率事件等。主持 2014 年中国科学院心理研究所本科生科学研究基金项目。获得 2014 年中国科学院大学生奖学金,被评为中国科学院 2014—2015 学年"三好学生"。在《管理学报》《科学通报》发表论文 2 篇。

韩　茹　博士(中国科学院心理研究所),中国科学院心理研究所助理研究员,《心理科学》《心理科学进展》、*Journal of Social and Personal Relationships* 和 *History of Psychology* 等期刊审稿人。研究兴趣包括亲社会行为的形成和发展机制、早期经历对儿童心理社会性发展的影响等。在 *Environment and Behavior* 等期刊发表论文 8 篇。

江程铭　博士(中国科学院心理研究所),浙江工业大学经贸管理学院讲师,《心理学报》、《心理科学进展》、《心理科学》期刊审稿人。研究兴趣包括行为经济学、消费行为等。主持国家自然科学基金面上项目"损失的跨期选择心理机制研究"（71571164），教育部人文社会科学研究青年基金项目"折扣还是齐当别——基于跨期决策过程的检验"（14YJC190009）等。在 *Judgment and Decision Making*、*Journal of Economic Psychology* 和《心理学报》等期刊发表论文 10 余篇。

李　琦　博士（中国科学院心理研究所），中国科学院心理研究所副研究员，*Cyberpsychology，Behavior，and Social Networking*、*PLoS ONE*、《科学通报》、《心理学报》、《心理科学进展》、《心理科学》等期刊审稿人。研究兴趣包括公平决策、情绪性决策的神经机制等。主持国家青年和面上自然科学基金项目（31200782，31571161）。共发表论文 30 余篇，其中以第一作者或通讯作者身份在 *Neuroimage*、*Cyberpsychology，Behavior，and Social Networking* 和 *Psychophysiology* 等期刊发表 SCI，SSCI 论文 10 余篇。

李跃然　硕士（中国科学院心理研究所），国家知识产权局专利局副研究员。研究兴趣包括风险决策、信息行为、知识产权、金融风险管理等。参与多项国家级科研项目。在《心理科学进展》、《新华文摘》、《中国发明与专利》和 *PLoS ONE* 等期刊发表论文 5 篇，出版译著 1 本。

梁竹苑　博士（北京师范大学），中国科学院心理研究所助理研究员，中国心理学会决策心理学专业委员会委员、秘书，《心理学报》、《心理科学进展》、《心理科学》等期刊审稿人。研究兴趣包括跨期决策、风险决策、决策中的个体差异等。主持国家自然科学基金面上项目（71071150、71471171）、青年科学基金项目（70701036）。以第一或通讯作者身份在 *Journal of Behavioral Decision Making*、*Journal of Gambling Studies*、*Brain Research* 等期刊发表论文多篇。

刘洪志　理学学士（南开大学），中国科学院心理研究所硕博连读研究生，《心理学报》期刊审稿人。研究兴趣包括风险决策、跨期决策等。主持 2013 年中国科学院心理研究所本科生科学研究基金项目。2013 年获得第八届华人心理学家学术研讨会"华人心理学新秀奖"。在《心理学报》等期刊发表论文 3 篇。

刘　欢　硕士（中国科学院心理研究所），中国科学院心理研究所在读博士，南昌大学心理健康教育中心讲师，《心理学报》、《心理科学》、《心理科学进展》期刊审稿人。研究兴趣包括损失规避、得失过程对决策的影响等。参与国家自然科学基金面上项目"损失规避的性质探索"（70871110）。在《心理学报》、《心理科学进展》等期刊发表论文 10 余篇。

刘　扬　硕士(中国科学院心理研究所),中国科学院心理研究所研究助理、中国科学院优秀毕业生。研究兴趣包括跨期决策、判断与决策中的框架效应等。参与国家自然科学基金面上项目"补偿性还是非补偿性规则:探析风险决策的行为与神经机制"(31170976)。2014年度硕士研究生国家奖学金获得者。在 *Frontiers in Psychology*、*PLoS ONE* 和《心理科学进展》等期刊发表论文约10篇。

刘长江　博士(中国科学院心理研究所),南京师范大学心理学院教授,教育部人文社会科学重点研究基地南京师范大学道德教育研究所兼职研究员。研究兴趣包括社会认知、利他与合作、道德判断与决策等。已主持完成一项教育部人文社科课题(06JCXLX003)和一项国家自然科学基金课题(30800307),在研课题多项。在《心理学报》等国内权威及核心期刊以及 *American Journal of Psychology* 等国际刊物上发表论文40余篇。

马嘉羚　教育学学士(中华女子学院),香港教育大学研究生。研究兴趣包括老年心理学等。主持国家级大学生创新创业训练计划项目"家庭支持对儿童创造力的影响"(201311149009)。

饶俪琳　博士(中国科学院心理研究所),中国科学院心理研究所副研究员,中国心理学会决策心理学专业委员会委员,*Quality of Life Research*、*International Journal of Psychology*、*PsyCh Journal*、*PLoS ONE*、《中国科学:生命科学》、《科学通报》、《科技导报》、《管理科学学报》、《心理学报》、《心理科学进展》、《心理科学》等期刊审稿人。研究兴趣包括行为决策、神经经济学等。主持国家自然科学基金项目(31300843)。获得2013年北京市优秀博士学位论文奖(共59名/中国科学院2名)。2015年入选中国科学院青年创新促进会会员。以第一作者或通讯作者身份在 *Evolution and Human Behavior*、*Judgment and Decision Making* 和 *Scientific Reports* 等 SCI、SSCI 期刊发表论文10余篇。

任晓媛　文学学士(中央民族大学),中国科学院心理研究所硕士研究生。研究兴趣包括绿色意识的文化差异等。

邵　洋　文学学士(厦门大学),中国科学院心理研究所硕士研究生。研究兴趣包括行为决策等。

沈丝楚　理学学士(福州大学),中国科学院心理研究所硕士研究生。研究兴趣包括行为标志物、绿色决策等。主持2014年中国科学院心理研究所本科生科学研究基金项目。中国科学院2014—2015学年"三好学生"。在《科学通报》、《管理学报》发表论文2篇。

苏　寅　博士(中国科学院心理研究所),阿里巴巴集团资深用户研究员,《心理学报》、《心理科学》期刊审稿人。研究兴趣包括消费决策、风险决策、眼动和数据挖掘方法在广告研究中的应用等。参与国家自然科学基金面上项目"跨期选择的性质探索"(71071150),国家自然科学基金面上项目"风险条件下的跨期选择研究"(71001098)。2013年度中国科学院院长优秀奖获得者。在 *Journal of Experimental Psychology*：*Learning*，*Memory*，*and Cognition*、*Journal of Economic Psychology* 和 *Journal of Behavioral Decision Making* 等期刊发表论文10余篇。

孙红月　博士(中国科学院心理研究所),上海师范大学心理系讲师,《心理学报》、《心理科学进展》等期刊审稿人。研究兴趣包括风险决策、跨期决策等。主持中国博士后科学基金第57批面上资助项目"从信息加工偏向的视角看乐观性对跨期决策的影响"(2015M571582),参与"补偿性还是非补偿性规则:探析风险决策的行为与神经机制"(31170976)等多项国家自然科学基金项目。在 *Judgment and Decision Making*、*Journal of Risk Research* 和 *PLoS ONE* 等期刊发表论文10余篇。

孙　悦　博士(澳门科技大学),渤海大学管理学院讲师。研究兴趣包括风险知觉与赌博行为等。在 *Journal of Gambling Studies*、《心理学报》、《中华行为医学与脑科学杂志》和《澳门理工学报》等期刊发表论文10余篇。

谭越展　理学学士(中国人民大学),中国人民大学物理学系本科生。研究兴趣包括跨期决策、行为经济学等。

唐　辉　博士(中国科学院心理研究所),天津职业技术师范大学心理学系副教授,天津市"131"第三层次人才,中国心理学会决策心理学专业委员会会员,中国心理学会会员,《心理学报》、《心理科学进展》等期刊审稿人。研究兴趣包括行为决策、合作博弈等。主持教育部人文社会科学基金项目(13YJC190022)及天津市高校人文社科一般项目(20122503),参与多项国家自然科学基金项目。在 *Journal of Behavioral Decision Making*、*Journal of Gambling Studies* 和《心理学报》等期刊发表论文10余篇。

汪祚军　博士(中国科学院心理研究所),宁波大学心理学系副教授,浙东青年学者,中国心理学会决策心理学专业委员会委员,中国心理学会会员,《心理学报》、《心理科学》、《心理科学进展》、*International Journal of psychology* 等期刊审稿人。研究兴趣包括风险决策、群体情绪与群体动力学等。主持国家自然科学基金项目(31200791)及多项省部级项目。在 *Journal of Economic Psychology*、*Frontiers in Psychology* 和 *Information Sciences* 等期刊发表论文 10 余篇。

王　霏　博士(中国科学院心理研究所)，厦门大学新闻传播学院讲师，中国心理学会决策心理学专业委员会委员，中国心理学会会员，《现代广告》(学术季刊)编委，American Academy of Advertising 会员。《心理学报》《心理科学进展》、*Psychological Reports*、*Journalism and Mass Communication Quarterly* 期刊审稿人。研究兴趣包括品牌与广告、无意识消费、消费中的自我与身份、消费的演化基础、消费决策、风险传播等。主持中央高校基本科研业务费专项资金项目(20720150016)，参与多项国家自然科学基金项目。在 *Frontiers in Psychology*、*PLoS ONE* 和 *Cognitive Development* 等期刊发表论文 10 余篇。

王延伸　管理学学士(兰州大学)，中国科学院心理研究所硕士研究生。研究兴趣包括跨期决策、行为经济学等。

王　赟　理学学士(南开大学)，中国科学院心理研究所硕博连读研究生，《心理学报》、《心理科学》期刊审稿人。研究兴趣包括行为决策、神经经济学、认知障碍的脑功能影像学研究等。参与国家自然科学基金面上项目"跨期决策的过程验证"(31471005)，国家自然科学基金面上项目"基于博弈论的精神分裂症心理理论障碍及其脑网络关联研究"(81371476)，北京市科技新星计划项目"抑郁症患者社会决策行为特征及其神经机制研究"(Z121107002512064)。2015 年度中国科学院大学 BHP Billiton 奖学金获得者，2013—2014 学年博士研究生国家奖学金获得者。在 *BMC Psychiatry*、*Frontiers in Psychology* 和 *Frontiers in Psychiatry* 等期刊发表论文 9 篇。

魏子晗　硕士(北京师范大学)，中国科学院心理研究所博士研究生，《心理科学》期刊审稿人。研究兴趣包括行为决策、眼动在决策中的应用等。在《心理科学进展》、《心理科学》、《科学通报》和 *Journal of Environmental Psychology* 等期刊发表论文 5 篇。

吴　斌　工学学士(华中科技大学)，中国科学院心理研究所硕士研究生。研究兴趣包括跨期决策、博弈论等。在 *PLoS ONE*、《科学通报》、《科技导报》和《心理科学进展》发表论文 4 篇。

宣艳华　理学学士(浙江大学)，中国科学院心理研究所硕士研究生。研究兴趣包括风险决策、跨期决策等。主持 2013 年中国科学院心理研究所本科生科学研究基金项目。

岳灵紫　文学学士(美国南方州立理工大学)，中国科学院心理研究所硕士研究生。研究兴趣包括决策领域特异性、跨期决策等。

赵翠霞 博士(沈阳农业大学),山东师范大学心理学院讲师。研究兴趣包括吃亏决策、投资决策、跨期选择、消费心理等。主持教育部人文社会科学研究青年基金项目"城郊失地农民的家庭资产选择现状、影响因素及存在的心理陷阱"(15YJC190032),并参与多项国家自然科学基金项目。在 *Frontiers in Psychology* 和《南开经济研究》等期刊发表论文 10 余篇。

郑 蕊 博士(中国科学院心理研究所),中国科学院心理研究所副研究员,《心理学报》、《心理科学进展》、《心理科学》等期刊审稿人。研究兴趣包括风险认知与风险沟通、行为决策等。主持国家自然科学基金青年基金项目"非风险中心区个体风险知觉偏差的机制探索"(71201163),中国科学院心理研究所青年基金项目"城市化进程中民众的社会认同及其影响因素研究"(O9CX104010)等,参与国家自然科学基金面上项目"跨期决策的过程验证"(31471005),"健康行为中的跨期决策研究——基于资源匮乏理论视角"(71471171),中国科学院规划与决策科技支持系统建设项目等。在 *Journal of Environmental Psychology*、*Journal of Risk Research* 和 PLoS ONE 等 SCI、SSCI 期刊发表论文 10 余篇。

郑 昱 博士(中国科学院心理研究所),山东青年政治学院副教授,美国心理科学协会会员(APS),中国心理学会会员。研究兴趣包括行为决策等。主持国家社会科学基金重大项目子课题(11&ZD025),教育部人文社会科学青年基金项目(14YJC630208)等。在 *Brain Topography*、《管理学报》、《管理科学》和《心理科学进展》等期刊发表论文 10 余篇。

周 坤 博士(中国科学院心理研究所),中国民航大学飞行学院讲师,中国心理学会决策心理学专业委员会会员,《心理学报》、《心理科学进展》等期刊审稿人。研究兴趣包括行为决策等。主持国家自然科学青年基金项目"风险状态下飞行机组人员的不作为偏差"(31200793)。参与多项国家自然科学基金项目及省部级项目。在 *Journal of Behavioral Decision Making*、*Journal of Gambling Studies* 和《心理学报》等期刊发表论文 10 余篇。

周 媛 博士(中国科学院心理研究所),中国科学院心理研究所副研究员,中国心理学会决策心理学专业委员会委员,*Frontiers in Human Neuroscience*、*Schizophrenia Research*、*Psychiatry Research*、*Journal of Affective disorder*、*Neuroscience Bulletin* 等期刊审稿人。研究兴趣包括神经经济学、认知功能障碍神经基础等。先后主持 2 项国家自然科学基金项目(30900487、81371476)、1 项北京市科委项目(Z121107002512064),参与 1 项国家重点基础研究发展计划(973)项目、1 项国家高技术研究发展计划

(863)项目、多项国家自然科学基金委项目包括重大研究计划重点支持项目及集成项目等。2011年入选中国科学院青年创新促进会会员,2012年入选北京市科技新星计划。已在SCI、SSCI检索杂志上发表论文40余篇,其中以(共同)第一、通讯作者身份在 *Schizophrenia Research*、*NeuroImage* 和 *Cerebral Cortex* 等期刊上发表论文20余篇。

当代中国心理科学文库

总主编:杨玉芳

24. 罗跃嘉:社会认知的脑机制研究进展

25. 左西年:人脑功能连接组学与心脑关联

26. 苗丹民:军事心理学

27. 董奇、陶沙:发展认知神经科学

28. 施建农:创造力心理学

29. 王重鸣:管理心理学

注:以上书单,只列出各书主要负责作者,最终书名可能会有变更,最终出版序号以作者来稿先后排列。具
体请关注华东师范大学出版社网站:www.ecnupress.com.cn,或者关注新浪微博"华师教心"。

图书在版编目(CIP)数据

决策心理:齐当别之道/李纾著.—上海:华东师范大学出版社,2015.12

(当代中国心理科学文库)

ISBN 978-7-5675-4453-6

Ⅰ.①决… Ⅱ.①李… Ⅲ.①决策学 Ⅳ.①C934

中国版本图书馆 CIP 数据核字(2016)第 000142 号

当代中国心理科学文库

决策心理:齐当别之道

著　　者　李　纾
策划编辑　彭呈军
审读编辑　孙　娟
责任校对　时东明
装帧设计　倪志强　陈军荣

出版发行　华东师范大学出版社
社　　址　上海市中山北路 3663 号　邮编 200062
网　　址　www.ecnupress.com.cn
电　　话　021-60821666　行政传真 021-62572105
客服电话　021-62865537　门市(邮购)电话 021-62869887
地　　址　上海市中山北路 3663 号华东师范大学校内先锋路口
网　　店　http://hdsdcbs.tmall.com

印刷者　常熟高专印刷有限公司
开　　本　787×1092　16 开
插　　页　4
印　　张　42
字　　数　846 千字
版　　次　2016 年 7 月第 1 版
印　　次　2021 年 2 月第 2 次
书　　号　ISBN 978-7-5675-4453-6/B·991
定　　价　88.00 元

出版人　王　焰